수능특강

한국사영역 한국사

기획 및 개발

김은미(EBS 교과위원)
신슬기(개발총괄위원)
박 민(EBS 교과위원)
박빛나리(EBS 교과위원)

감수

한국교육과정평가원

책임 편집

허윤희

정답과 해설은 EBS*i* 사이트(www.ebs*i*.co.kr)에서 다운로드 받으실 수 있습니다.

수능특강

한국사영역 **한국사**

이 책의 차례 Contents

Part I

Ⅰ 전근대 한국사의 이해

Ⅱ 근대 국민 국가 수립 운동

Ⅲ 일제 식민지 지배와 민족 운동의 전개

대한민국의 발전

Part II

이 책의 **구성과 특징** Structure

핵심 내용 정리

교과서의 핵심 내용을 쉽게 이해할 수 있도록 체계적이고 일목요연하게 정리하였습니다.

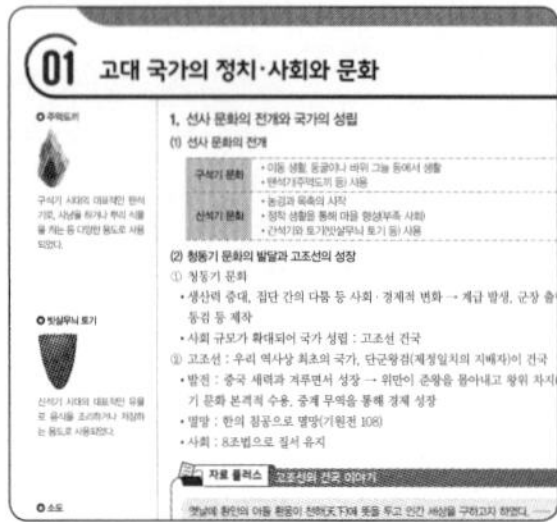

수능 유형 익히기

다양한 유형의 문항들을 수록하여 응용력과 탐구력 및 문제 해결 능력을 향상시킬 수 있도록 하였습니다.

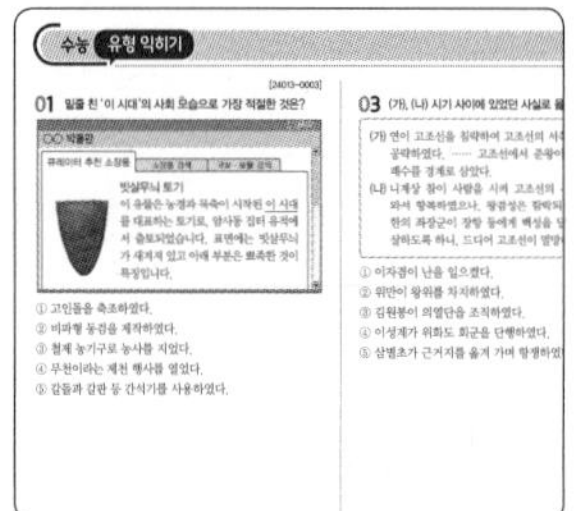

연표로 이해하는 한국사

주요 사건을 시대순으로 정리하여 한국사의 흐름을 한눈에 파악할 수 있도록 하였습니다.

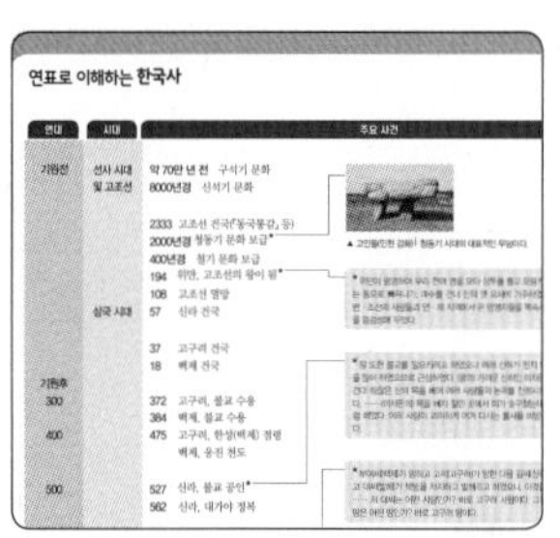

자료 탐구

1단계 자료 분석에서 핵심 내용과 관련된 주요 자료를 제시하여 문항 분석 능력을 익히고, 2단계 문항 연습으로 관련 자료에 대한 문항 적응력을 기를 수 있도록 하였습니다.

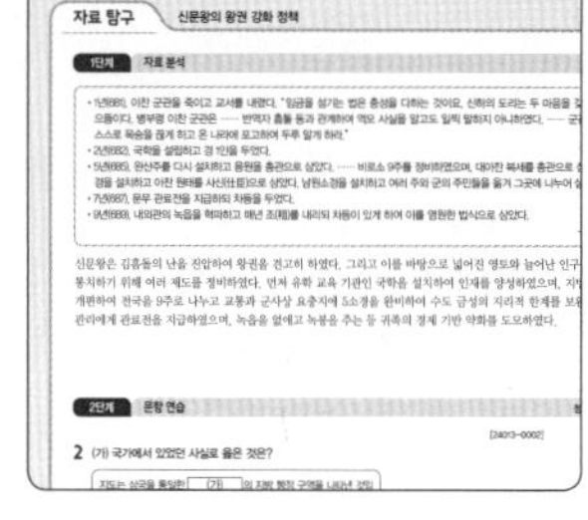

수능 유형 마스터

학습 내용을 최종 점검하여 실력을 테스트하고, 수능에 대한 실전 감각을 기를 수 있도록 수능 시험 형태로 구성하였습니다.

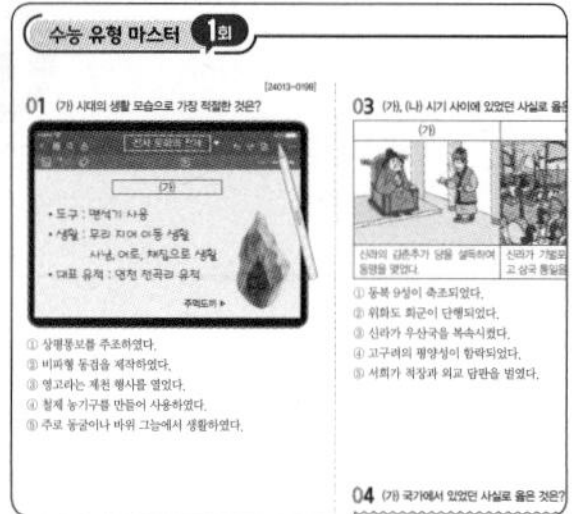

정답과 해설

정답과 오답에 대한 자세한 설명을 통해 문제에 대한 이해를 높이고, 유사 문제 및 응용 문제에 대비할 수 있도록 하였습니다.

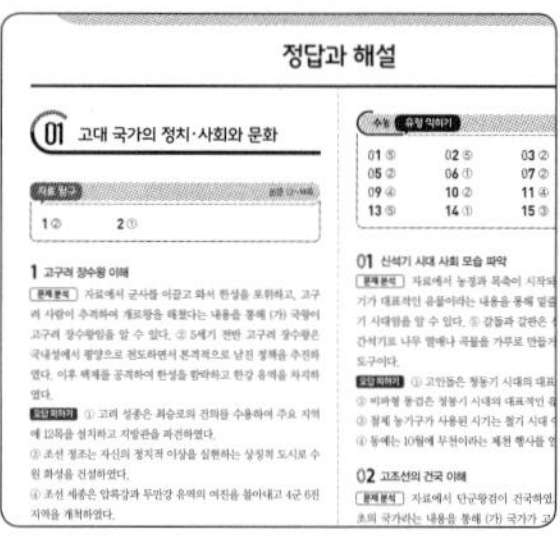

학생

인공지능 DANCHOQ

푸리봇 문|제|검|색

EBS*i* 사이트와 **EBS*i* 고교 강의 APP** 하단의 **AI 학습도우미 푸리봇**을 통해 문항코드를 검색하면 푸리봇이 해당 문제의 해설과 해설 강의를 찾아 줍니다. **사진 촬영으로도 검색**할 수 있습니다.

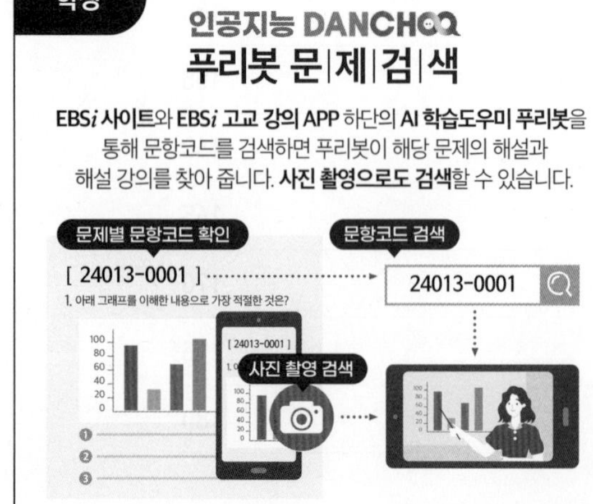

선생님

EBS 교사지원센터

교재 관련 자|료|제|공

교재 문항의 한글(HWP) 파일과 교재 이미지, 강의 자료를 무료로 제공합니다.

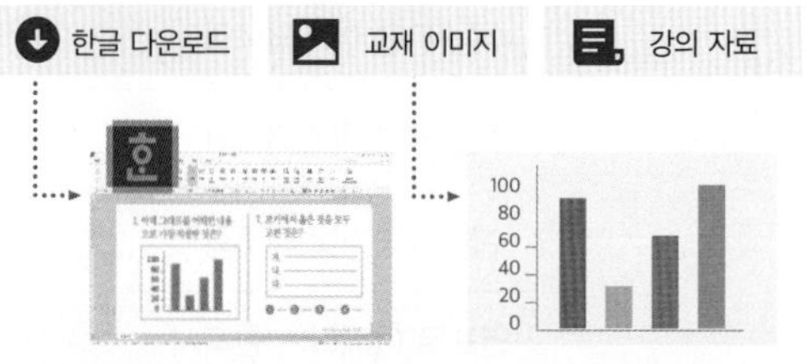

- 교사지원센터(teacher.ebsi.co.kr)에서 '교사 인증' 이후 이용하실 수 있습니다.
- 교사지원센터에서 제공하는 자료는 교재별로 다를 수 있습니다.

수능 고득점을 위한 EBS 교재 활용법

EBS 교재 연계 사례

2024학년도 대학수학능력시험 문항 4번

04 밑줄 친 '이 왕'에 대한 설명으로 옳은 것은? [3점]

사진은 고려를 건국한 이 왕의 무덤입니다. 무덤의 명칭은 현릉으로 현재 개성에 있습니다. 이 왕은 후삼국을 통일하고, 지방 호족들을 포용하는 정책을 펼쳤습니다. 또한 고구려 계승 의식을 내세우며 북진 정책을 추진하였습니다.

① 훈요 10조를 남겼다.
② 과거제를 시행하였다.
③ 평양으로 천도하였다.
④ 4군 6진을 개척하였다.
⑤ 홍범 14조를 반포하였다.

2024학년도 EBS 수능특강 28쪽 1번

01 (가) 왕에 대한 설명으로 옳은 것은?

이 왕릉은 고려를 세운 (가) 의 무덤으로 현릉이라고 불립니다. 현릉 근처에서 발견된 그의 청동상은 머리에 황제를 상징하는 통천관을 쓴 모습을 형상화하였습니다. 그는 후삼국을 통일했을 뿐만 아니라 발해 유민까지 포용하여 민족의 재통합을 이루었다고 평가받고 있습니다.

① 훈요 10조를 남겼다.
② 규장각을 육성하였다.
③ 나당 연합을 결성하였다.
④ 22담로에 왕족을 파견하였다.
⑤ 국내성에서 평양으로 천도하였다.

연계 분석 및 학습 대책

2024학년도 대학수학능력시험 한국사 4번은 EBS 수능특강 28쪽 1번 문항과 연계되어 출제되었다.

두 문항 모두 문항 풀이에 중요한 단서가 되는 사진 자료로 왕건릉을 제시하고 있다. 또한 고려를 건국하였다는 것, 무덤이 현릉으로 불린다는 것, 후삼국을 통일하였다는 것 등 고려 태조에 대한 단서가 매우 유사하다. 이 문항의 정답이 EBS 교재의 정답인 훈요 10조를 남겼다는 것과도 동일하여 연계도가 매우 높은 편이다.

수능에서는 EBS 교재를 다양한 방식으로 연계하여 출제하고 있다. 이 문항과 같이 문항 풀이의 단서가 되는 자료나 선지를 EBS 교재의 문항과 유사하게 제시하기도 하고, EBS 교재의 내용 정리나 자료를 활용하여 문항을 구성하기도 한다.

문항을 재구성할 때에는 묻고 있는 핵심 내용을 연계하면서 다른 형식으로 제시하거나 다른 형태의 자료나 선지를 활용하는 경우가 많다. 문항의 형식이나 유형은 문항 풀이에 큰 영향을 주지 않는다. 그러므로 EBS 교재에서 다루고 있는 핵심 내용을 중심으로 개념을 정리하는 것이 좋다. 특히 시대별 주요 사건의 흐름은 인과 관계를 통해 파악해야 한다. 한국사의 흐름을 한눈에 파악할 때 EBS 수능특강 맨 뒤에 있는 〈연표로 이해하는 한국사〉를 활용하는 것도 좋은 방법이다.

EBS 교재를 풀 때에는 자료에서 키워드를 찾는 연습이 중요하다. 키워드가 문항에서 묻고 있는 핵심 내용을 파악하는 중요한 단서가 되기 때문이다. 또한 정답 선지만 확인하지 말고, 해설을 활용하여 오답 풀이를 꼼꼼하게 해 두는 것이 필요하다.

한국사 10가지 문항 유형

평가 목표	문항 유형	
역사 지식의 이해	유형 1	기본적인 역사적 사실 알기
	유형 2	역사에서 중요한 용어나 개념 이해하기
연대기적 사고	유형 3	역사적 사건의 흐름 파악하기
역사적 상황 및 쟁점의 인식	유형 4	역사적 상황 인식하기
	유형 5	역사적 시대 상황 비교하기
역사적 탐구의 설계와 수행	유형 6	역사 탐구에 적합한 방법을 찾아 탐구 활동 수행하기
역사 자료의 분석과 해석	유형 7	역사 자료에 담긴 핵심 내용 분석하기
	유형 8	자료 분석을 통해 역사적 사실 추론하기
역사적 상상 및 판단	유형 9	역사 자료를 토대로 개연성 있는 상황 상상하기
	유형 10	역사 속에 나타난 주장이나 행위의 적절성 판단하기

유형편

01 고대 국가의 정치·사회와 문화

✪ 주먹도끼

구석기 시대의 대표적인 뗀석기로, 사냥을 하거나 뿌리 식물을 캐는 등 다양한 용도로 사용되었다.

✪ 빗살무늬 토기

신석기 시대의 대표적인 유물로 음식을 조리하거나 저장하는 용도로 사용되었다.

✪ 소도

정치적 지배자의 권력이 미치지 않는 신성 지역으로, 죄인이 이곳으로 도망해 숨더라도 잡아갈 수 없었다.

1. 선사 문화의 전개와 국가의 성립

(1) 선사 문화의 전개

구석기 문화	• 이동 생활, 동굴이나 바위 그늘 등에서 생활 • 뗀석기(주먹도끼 등) 사용
신석기 문화	• 농경과 목축의 시작 • 정착 생활을 통해 마을 형성(부족 사회) • 간석기와 토기(빗살무늬 토기 등) 사용

(2) 청동기 문화의 발달과 고조선의 성장

① 청동기 문화

• 생산력 증대, 집단 간의 다툼 등 사회·경제적 변화 → 계급 발생, 군장 출현, 고인돌·비파형 동검 등 제작

• 사회 규모가 확대되어 국가 성립 : 고조선 건국

② 고조선 : 우리 역사상 최초의 국가, 단군왕검(제정일치의 지배자)이 건국

• 발전 : 중국 세력과 겨루면서 성장 → 위만이 준왕을 몰아내고 왕위 차지(기원전 194) → 철기 문화 본격적 수용, 중계 무역을 통해 경제 성장

• 멸망 : 한의 침공으로 멸망(기원전 108)

• 사회 : 8조법으로 질서 유지

자료 플러스 고조선의 건국 이야기

옛날에 환인의 아들 환웅이 천하(天下)에 뜻을 두고 인간 세상을 구하고자 하였다. …… 환웅은 풍백, 우사, 운사를 거느리고 곡식, 수명, 질병, 형벌, 선악 등 무릇 인간의 삼백 육십여 가지의 일을 주관하였다. …… 환웅이 웅녀와 혼인하여 아들을 낳으니, 단군왕검이라 하였다. -『삼국유사』-

고조선의 건국 이야기를 통해 고조선은 이주민 집단인 환웅 부족과 선주민 집단인 곰 토템 부족의 연맹을 통해 형성된 국가임을 알 수 있다. 또한 제사장을 뜻하는 단군과 정치적 지배자를 뜻하는 왕검을 합친 '단군왕검'을 통해 제정일치 사회였음을 알 수 있다.

2. 여러 나라의 성장

(1) 철기 문화 : 기원전 5세기경부터 발달, 철제 무기와 농기구 사용 → 만주와 한반도에서 출현한 여러 나라의 성립과 발전의 기반이 됨

(2) 군장이 통치한 옥저, 동예, 삼한

옥저, 동예	• 함경도 해안 지역(옥저)과 강원도 해안 지역(동예)에서 성장 • 읍군·삼로가 부족 지배
삼한	• 한반도 남부에서 성장(마한·진한·변한), 소국의 연합, 신지·읍차 등이 정치적 지배, 제사장인 천군과 신성 지역인 소도 존재 • 마한에서 백제, 진한에서 신라, 변한에서 가야 성장

(3) 연맹체를 이룬 부여와 삼국, 가야

① 연맹체 : 여러 집단(소국, 부)이 모여 국가 형성, 가장 강력한 집단의 대표(지배자)가 왕이 됨, 그 외의 집단은 대표자[부여와 고구려의 가(加) 등]가 독자적으로 통치, 국가 중대사는 왕과 각 집단의 대표자들이 모여 논의·결정(회의체 운영)

개념 체크

1. 빗살무늬 토기는 (　　) 시대의 대표적인 토기로 음식물을 조리하거나 저장하는 데 사용되었다.
2. 고조선은 (　　)이 집권한 이후 철기 문화를 본격적으로 수용하였다.
3. 삼한에는 정치적 지배자 외에 (　　)이라는 제사장이 있어 제사를 주관하였다.

정답
1. 신석기 2. 위만 3. 천군

② 부여 : 만주(쑹화강 유역)에서 성장, 왕과 가 등 존재, 제가(마가, 우가, 저가, 구가 등)가 사출도 관장

③ 삼국

고구려	• 졸본 지역에서 건국 • 왕과 가들이 5부 연맹 형성, 제가 회의를 통해 국가 중대사 결정
백제	• 한강 유역에서 성립 • 마한의 여러 소국을 제압하며 성장
신라	• 낙동강 유역에서 진한의 소국들을 복속시키며 성장 • 박 · 석 · 김씨에서 왕을 배출, 거서간 · 이사금 등 여러 왕호 사용

④ 가야 연맹 : 변한의 여러 소국 통합 → 금관가야 중심으로 연맹 형성 → 고구려의 공격으로 금관가야 쇠퇴, 연맹 약화 → 대가야 중심으로 연맹 재편성

가야 연맹의 발전과 변천

가야 연맹은 변한 지역에서 형성되었다. 해상 교통의 중심지였던 김해에 위치한 금관가야는 질 좋은 철을 생산하였다. 또한 낙랑군, 왜 등과 활발히 교류하였고, 이를 바탕으로 3세기경 가야 연맹을 주도하였다. 한편 4세기 말에 왜가 신라를 공격하자 고구려의 광개토 대왕이 군대를 보내 신라를 구원하였다. 이 과정에서 금관가야도 고구려의 공격으로 큰 타격을 입었다. 이후 연맹의 주도권은 전쟁의 피해를 입지 않은 고령 지방의 대가야로 넘어갔다.

3. 삼국의 발전

(1) 삼국의 지배 체제 변화

① 건국 초기에 연맹체 형성 → 주변 세력 정복(영토 확장), 왕위 계승의 안정, 통치 체제 정비 등을 통해 왕권 강화 → 중앙 집권적 고대 국가로 진전

② 각 부의 지배층이 관등제 · 공복제 등을 통해 중앙 귀족(관료)으로 편입, 신라의 경우 골품제와 관등제 결합 → 국왕 중심의 위계질서 확립

③ 회의체 : 고구려의 제가 회의, 백제의 정사암 회의, 신라의 화백 회의에서 국가 중대사 결정

자료 플러스 **삼국의 국정 운영**

• 대가들도 사자 · 조의 · 선인을 두었는데 …… 범죄자가 있으면 제가들이 모여 회의하여 사형에 처하고 그 처자는 노비로 삼는다. –『삼국지』 위서 동이전 –

• 재상 자리를 논할 때에 뽑을 만한 사람 서너 명의 이름을 써서 상자에 넣고 봉하여 바위 위에 두었다. 얼마 후에 열어 이름 위에 도장이 찍힌 자국이 있는 사람을 재상으로 삼았기 때문에 (정사암이라) 이름을 붙였다. –『삼국유사』 –

• 나라에 큰일이 있을 때에는 반드시 여러 사람이 모여 의논한 후에 결정하였다. 이를 화백이라고 하였다. 한 사람이라도 의견이 다르면 결정하지 못하고 그만두었다. –『신당서』 –

삼국 시대 초기에는 가장 강력한 부의 대표가 왕이 되어 외교권과 군사권을 행사하였다. 그러나 국왕은 나라 안의 모든 지역을 직접 다스릴 만큼 권한이 크지는 않았다. 따라서 왕국의 중대사를 결정할 때는 각 부의 귀족들로 구성된 회의체가 각 부의 대표들과 협의하여 처리하였다.

✪ 사출도

사출도를 마가, 우가, 저가, 구가 등이 지배하였다는 것은 부여가 왕과 여러 가들의 연맹으로 이루어진 국가였음을 알려 준다.

✪ 신라의 왕호 변천

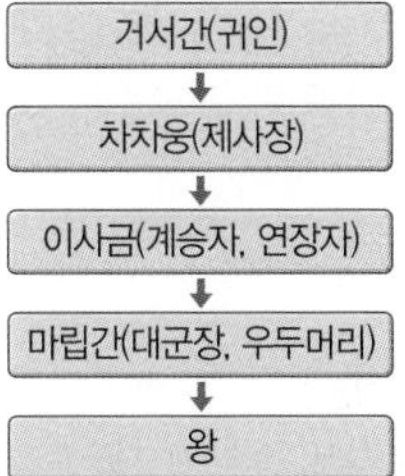

신라는 거서간, 차차웅, 이사금, 마립간 등의 고유어로 통치자를 표현하였다. 이후 지증왕 때 중국식인 '왕'으로 바꾸었다.

✪ 관등제

관리의 서열을 나타내는 위계 제도이다. 고구려는 대대로 이하 10여 관등, 백제는 좌평 이하 16관등, 신라는 이벌찬 이하 17관등으로 관등제를 정비하였다.

개념 체크

1. 부여에서는 마가, 우가, 저가, 구가 등 제가가 (　　) 를 관장하였다.
2. 전기 가야 연맹은 김해의 (　　)가 주도하였다.
3. 국가 중대사를 결정한 삼국의 귀족 회의로는 고구려의 제가 회의, 백제의 정사암 회의, 신라의 (　　) 회의를 들 수 있다.

정답
1. 사출도 2. 금관가야 3. 화백

(2) 삼국의 발전 과정

① 고구려

- 영역 확장 : 태조왕, 미천왕(4세기 초 낙랑군 축출) 등의 활약
- 체제 정비 : 소수림왕(불교 수용, 태학 설립, 율령 반포)
- 국력 확대 : 광개토 대왕 때 백제 공격(한강 이북 차지), 신라에 침입한 왜 격퇴 → 장수왕 때 남진 정책 추진(평양 천도, 백제 공격) → 한성 함락, 한강 유역 차지(광개토 대왕릉비·충주 고구려비 등에서 고구려의 팽창 확인)

② 백제

- 체제 정비 : 고이왕(관등제 마련 등), 침류왕(불교 수용)
- 국력 확대 : 근초고왕 때 마한의 여러 소국 복속, 고구려의 평양성 공격, 대외 교류(동진, 왜 등)
- 중흥 노력 : 5세기 후반 고구려의 공격으로 한성 함락, 웅진 천도 → 무령왕 때 22담로에 왕족 파견 → 성왕 때 사비 천도, 통치 체제 정비

③ 신라

- 체제 정비 : 내물왕(김씨 왕위 계승 확립), 지증왕(국호 '신라', 왕호 '왕' 확정, 우산국 복속), 법흥왕(율령 반포, 불교 공인, 금관가야 병합)
- 국력 확대 : 진흥왕 때 한강 유역 차지, 대가야 정복, 함경도 지역으로 진출(단양 신라 적성비와 4개의 순수비 건립)

4. 통일 신라와 발해의 발전

(1) 7세기 삼국 상황과 신라의 삼국 통일 : 고구려가 수·당의 침공을 격퇴(살수 대첩, 안시성 싸움), 신라가 당과 연합(나당 연합) → 나당 연합군의 공격으로 백제·고구려 멸망 → 나당 전쟁에서 신라가 당을 몰아내고 삼국 통일 완성(676)

(2) 통일 신라의 통치 체제 정비

① 문무왕, 신문왕 등을 거치며 왕권 강화(귀족 세력 제압, 녹읍 폐지 등)

② 집사부(국왕 직속 기구) 중심의 통치 체제 마련, 전국을 9주로 나누고 5소경 체제 완비(수도가 동남쪽에 치우친 점 보완)

③ 신라 촌락 문서(신라 민정 문서) 작성 : 조세 수취와 노동력 징발의 목적으로 3년마다 작성, 인구수·토지 종류와 면적·가축 수 등을 상세히 기록

자료 플러스 9주 5소경

삼국을 통일한 신라는 신문왕 때 전국을 9주로 나누고 군사·행정상의 요지에 5소경을 정비하여 중앙 집권을 강화하였다. 9주는 신라 본토, 옛 백제 영토, 옛 고구려 남쪽 지역에 3주씩 두었다. 5소경은 금성(경주)이 동남쪽으로 치우친 것을 보완하고 지방의 균형 발전을 위해 군사와 행정상 중요한 지역에 설치하였다. 5소경에는 옛 고구려와 백제, 가야 출신 귀족들을 옮겨 살게 하였는데, 이는 피정복민과 지방 세력을 견제하려는 의도가 담겨 있었다.

✪ 율령
죄와 벌을 규정한 형법적 성격의 율(律)과 국가 운영을 위한 제도를 규정한 행정법적 성격의 영(令)으로 이루어진 법률 체제를 말한다.

✪ 순수비
'순수'는 왕이 자신의 영토를 직접 돌아다니며 민심을 알아보는 것을 뜻한다. 진흥왕은 자신의 영토 확장과 순수를 기념하는 비를 세웠다.

✪ 녹읍
국가에서 관리에게 지급한 일정 지역의 토지로, 조세 수취와 거주민의 노동력 징발이 가능하였다.

✪ 집사부
왕의 명령을 집행하고 기밀 업무를 맡은 신라의 최고 행정 기구이다.

✪ 신라 촌락 문서
일본 도다이사의 쇼소인에서 발견된 통일 신라의 문서로, 당시 촌락의 경제 상황을 알 수 있다.

개념 체크

1. 고구려의 (　　)은 평양으로 천도하고 백제를 공격하였다.
2. 신라의 (　　)은 율령을 반포하고 불교를 공인하였다.
3. 신라는 왕의 명령을 집행하고 기밀 업무를 담당하는 최고 행정 기구인 (　　)를 설치하였다.

정답
1. 장수왕 2. 법흥왕
3. 집사부

(3) 발해의 발전

성장	• 대조영이 고구려 유민과 말갈인을 이끌고 동모산 부근에서 건국 • 고구려 계승 의식 천명 • 무왕 때 당, 신라 등과 대립 → 문왕 때 당과 우호 관계, 문물 수용 → 선왕 때 최대 영토 확보, 이후 '해동성국'이라 불림
통치 체제	• 당의 제도를 본떠 3성 6부 마련(명칭과 운영 등에서 독자성 확보) • 5경 15부 62주의 지방 행정 구역 설치

(4) 신라 말 통치 체제의 동요

① 정치 혼란 : 8세기 후반 혜공왕 피살 이후 진골 귀족들 간의 왕위 쟁탈전 발생

② 지방 통제 약화 : 농민 봉기 발생, 지방에서 호족 성장, 장보고가 청해진을 거점으로 세력 확대

③ 신라의 분열 : 후백제, 후고구려의 건국으로 후삼국 성립

자료 플러스 신라 말의 혼란 상황

• (780년) 이찬 김지정이 난을 일으켜 무리를 모아 궁궐을 에워싸고 침범하였다. 여름 4월에 상대등 김양상이 이찬 경신과 함께 군사를 일으켜 김지정 등을 죽였다.

• (822년) 3월 웅천주 도독 헌창이 그의 아버지 주원이 왕이 되지 못한 것을 이유로 반란을 일으켜 나라 이름을 장안이라 하고 …… 여러 군사가 성을 에워싸고 열흘 동안 공격하여 성이 장차 함락되려 하자 헌창은 화를 면할 수 없음을 알고 스스로 죽었다. －『삼국사기』－

8세기 후반에 혜공왕이 피살된 뒤 중앙 진골 귀족 사이에서 왕위 쟁탈전이 일어나면서 신라는 150여 년간 20명의 왕이 교체되는 혼란에 빠졌다. 중앙 정부의 지방 통제력이 약화되면서 김헌창 등이 지방에서 반란을 일으키기도 하였다. 또한 중앙 정부와 지방 세력가에게 수탈당하던 농민들이 전국 각지에서 봉기하면서 신라 사회는 더욱 혼란스러워졌다.

5. 고대 사회의 사상과 종교

(1) 천신 신앙

출현	청동기 시대 국가 성장 과정에서 통치 집단이 천신 신앙으로 권력 강화
발전	• 부여, 고구려 등 각국의 건국 이야기와 제천 행사(부여의 영고, 고구려의 동맹, 동예의 무천 등)에 천신 신앙 반영 → 삼국의 국왕들은 왕실 시조가 천손임을 내세워 왕권 강화와 왕실 안정 추구 • 대외적으로 독자적 천하관 주장(광개토 대왕릉비 등)

(2) 불교의 수용과 발전

① 수용과 성격

수용	• 삼국이 국가적 통합을 위해 4~6세기에 왕실의 주도로 수용 • 신라에서는 이차돈의 순교를 계기로 불교 공인
성격	• 국왕의 권위 강화(왕즉불 사상, 불교식 왕명 등)에 활용 • 국가의 안녕과 평안을 기원하는 호국 불교(황룡사, 황룡사 9층 목탑 등 대규모 사찰과 탑 건립)

② 통일 신라의 불교

• 불교 대중화 : 원효, 의상 등의 활약

원효	일심 사상과 화쟁 사상 주장, 아미타 신앙 전파
의상	화엄 사상 정립(신라 화엄종 개창), 관음 신앙 제시

✪ 발해의 고구려 계승 의식

발해는 일본에 보낸 국서에 고구려의 옛 땅을 회복하고, 부여의 풍속을 간직하였다고 밝혀 고구려를 계승하였음을 대외에 천명하였다. 일본도 발해 국왕을 고려 국왕, 발해 사신을 고려사 등으로 불렀다.

✪ 발해의 3성 6부제

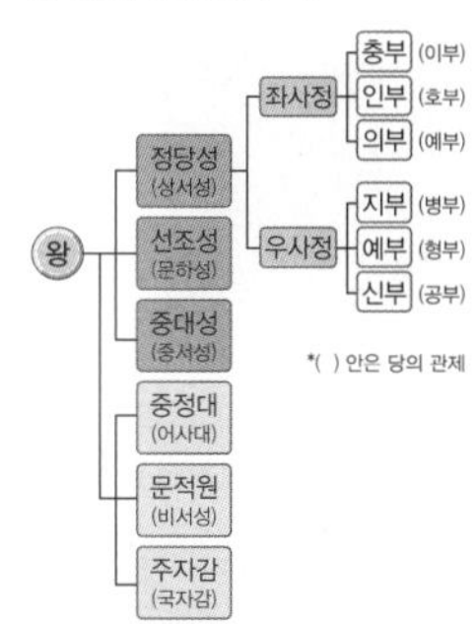

발해는 당의 3성 6부제를 수용하였으나 그 명칭과 운영 방식에서 독자성을 보였다. 특히 정당성은 아래에 좌사정과 우사정을 두고 6부를 둘로 나누어 관할하였는데, 6부의 명칭에 유교 덕목을 반영하였다.

✪ 왕즉불

삼국의 왕은 '왕이 곧 부처'라는 왕즉불 사상을 내세워 왕권을 강화하였다.

✪ 관음 신앙

자비를 베풀어 중생을 구제하는 관음보살(관세음보살)을 믿는 신앙이다.

개념 체크

1. ( )은 고구려 유민과 말갈인을 이끌고 동모산 부근에서 발해를 건국하였다.
2. 발해는 선왕 때 최대 영토를 확보하였으며, 이후 중국으로부터 ( )이라고 불렸다.
3. 통일 신라의 승려 ( )는 일심 사상과 화쟁 사상을 주장하였다.

정답
1. 대조영 2. 해동성국 3. 원효

✪ 선종
경전의 이해를 통해 깨달음을 중시하는 교종과 달리 참선 수행을 통한 깨달음을 중시하는 불교 종파이다.

✪ 산수무늬 벽돌

산과 나무, 그리고 물과 바위와 구름의 모습이 새겨져 있다.

✪ 독서삼품과
관리 선발에 활용하고자 국학 학생들의 유교 경전 독해 능력을 시험하여 상·중·하로 등급을 나누었다.

✪ 빈공과
중국 역대 왕조에서 외국인을 대상으로 시행한 과거 시험으로, 당 때 처음 개설되었다.

개념 체크

1. 신라 말에는 참선 수행을 통한 깨달음을 중시하는 불교 종파인 (　　)이 유행하였다.
2. 신문왕은 유학 교육 기관인 (　　)을 설치하였다.
3. (　　)는 6부의 명칭에 유교 덕목을 반영하였다.

정답
1. 선종　2. 국학　3. 발해

자료 플러스 원효의 불교 대중화 노력과 일심 사상

• 원효가 계율을 어겨 설총을 낳은 뒤로 속인의 옷으로 갈아입고 스스로 소성거사라 불렀다. …… 방방곡곡을 돌아다니며 노래와 춤을 통해 부처의 가르침을 전하였다. 이로 말미암아 가난하고 무지몽매한 사람들까지도 모두 부처를 알게 되고 '나무(아미타불)'를 외게 되었으니, 그의 교화가 자못 크다.
–『삼국유사』–

• 모든 경계가 무한하지만, 다 일심 안에 들어가는 것이다. 부처의 지혜는 모양을 떠나 마음의 원천으로 돌아가고, 지혜와 일심은 완전히 같아서 둘이 아니다.
– 원효,『무량수경종요』–

원효는 누구나 '나무아미타불'을 외우면 내세에는 서방 정토에 태어날 수 있다고 하여 불교 대중화에 기여하였다. 또한 모든 것이 한 마음에서 나온다는 일심 사상을 바탕으로 불교 종파 간의 대립을 완화하고자 노력하였다.

• 선종 확산 : 신라 말 사회 혼란 상황에서 참선 수행을 통한 깨달음을 중시하는 선종 유행, 호족의 지원(→ 9산선문 성립), 새로운 사회 건설을 위한 사상적 기반이 됨

③ 발해의 불교 : 왕실·귀족 중심으로 불교 유행, 왕실 권위 뒷받침

(3) 도교와 풍수지리설

① 도교
• 신선 사상을 바탕으로 여러 신앙이 결합
• 불로장생과 현세 구복 추구 → 고구려 고분 벽화의 사신도, 백제 산수무늬 벽돌과 백제 금동대향로에 도교 사상 반영
• 고구려 연개소문이 정치적 목적으로 도교 장려

② 풍수지리설
• 산, 땅, 하천의 형세가 인간 생활에 영향을 끼친다는 이론
• 신라 말 도선 등의 선종 승려에 의해 체계적인 풍수지리설 유행
• 신라 수도인 금성 중심의 지리적 관념에 변화(지방의 중요성 부각)

(4) 유학의 수용과 발전

① 삼국
• 중국과 교류하면서 유학 수용
• 유학 교육을 통해 인재 양성 : 고구려의 태학과 경당, 백제의 오경박사, 신라의 임신서기석 등

② 통일 신라
• 유학을 정치 이념으로 삼음
• 신문왕 때 유학 교육 기관으로 국학 설치
• 원성왕 때 독서삼품과 실시
• 유학자의 활동 : 강수·설총·김대문 등, 당에 유학하여 빈공과에 응시하기도 함

③ 발해
• 당 문물 수용, 당의 빈공과에서 신라 유학생들과 경쟁
• 유학 교육 기관으로 주자감 설치
• 6부 명칭에 유교 덕목 반영

1단계 자료 분석

(가) 근초고왕 26년(371), 왕이 태자와 정예 군사 3만 명을 이끌고 고구려를 쳤다. 평양성을 공격하니 고구려 왕 사유가 힘껏 싸우며 막다가 날아오는 화살에 맞아 죽었다. 왕(근초고왕)이 군사를 이끌고 물러났다. -『삼국사기』-

(나) 장수왕 63년(475), 왕이 군사 3만을 거느리고 백제를 침공하여 백제 왕이 도읍한 한성(漢城)을 점령하였다. 백제 왕 부여경(개로왕)을 죽이고 남녀 8천 명을 생포하여 돌아왔다. -『삼국사기』-

(가)는 4세기 백제 근초고왕이 고구려의 평양성을 공격하여 고국원왕을 전사시킨 사실을 보여 준다. 백제 근초고왕은 마한의 여러 세력을 정복하여 남해안까지 진출하였으며, 고구려를 공격하여 황해도 일대를 차지하였다. 또한 중국의 동진, 왜와 교류하였다. (나)는 5세기 고구려 장수왕이 백제의 한성을 함락시킨 사실을 보여 준다. 고구려는 장수왕 때 평양으로 도읍을 옮기고, 백제의 수도 한성을 함락한 뒤 개로왕을 죽였으며, 이후 한강 유역의 대부분을 차지하였다. 고구려에 한성을 빼앗긴 백제는 웅진으로 수도를 옮겼다.

2단계 문항 연습

정답과 해설 3쪽

[24013-0001]

1 (가) 국왕에 대한 설명으로 옳은 것은?

> (가) 이/가 군사를 이끌고 와서 한성을 포위하였다. 개로왕이 성문을 닫고 나가 싸우지 못하니 고구려 사람들이 군사를 네 길로 나누어 협공하고, 또한 바람을 타고 불을 놓아 성문을 불태웠다. 성안의 사람들은 매우 두려워하여 나가서 항복하려는 자들도 있었다. 개로왕은 어찌할 바를 몰라 수십 명의 기병을 거느리고 성문을 나가 서쪽으로 달아나니 고구려 사람이 추격하여 왕을 해쳤다.

① 12목을 설치하였다.
② 평양 천도를 단행하였다.
③ 수원 화성을 건설하였다.
④ 4군과 6진 지역을 개척하였다.
⑤ 화랑도를 국가적인 조직으로 개편하였다.

자료 탐구 신문왕의 왕권 강화 정책

1단계 자료 분석

- 1년(681), 이찬 군관을 죽이고 교서를 내렸다. "임금을 섬기는 법은 충성을 다하는 것이요, 신하의 도리는 두 마음을 갖지 않는 것이 으뜸이다. 병부령 이찬 군관은 …… 반역자 흠돌 등과 관계하여 역모 사실을 알고도 일찍 말하지 아니하였다. …… 군관과 맏아들은 스스로 목숨을 끊게 하고 온 나라에 포고하여 두루 알게 하라."
- 2년(682), 국학을 설립하고 경 1인을 두었다.
- 5년(685), 완산주를 다시 설치하고 용원을 총관으로 삼았다. …… 비로소 9주를 정비하였으며, 대아찬 복세를 총관으로 삼았다. 서원소경을 설치하고 아찬 원태를 사신(仕臣)으로 삼았다. 남원소경을 설치하고 여러 주와 군의 주민들을 옮겨 그곳에 나누어 살게 하였다.
- 7년(687), 문무 관료전을 지급하되 차등을 두었다.
- 9년(689), 내외관의 녹읍을 혁파하고 매년 조(租)를 내리되 차등이 있게 하여 이를 영원한 법식으로 삼았다.

– 『삼국사기』 –

신문왕은 김흠돌의 난을 진압하여 왕권을 견고히 하였다. 그리고 이를 바탕으로 넓어진 영토와 늘어난 인구를 효과적으로 통치하기 위해 여러 제도를 정비하였다. 먼저 유학 교육 기관인 국학을 설치하여 인재를 양성하였으며, 지방 행정 제도도 개편하여 전국을 9주로 나누고 교통과 군사상 요충지에 5소경을 완비하여 수도 금성의 지리적 한계를 보완하였다. 또한 관리에게 관료전을 지급하였으며, 녹읍을 없애고 녹봉을 주는 등 귀족의 경제 기반 약화를 도모하였다.

2단계 문항 연습

정답과 해설 3쪽

[24013-0002]

2 (가) 국가에서 있었던 사실로 옳은 것은?

지도는 삼국을 통일한 (가) 의 지방 행정 구역을 나타낸 것입니다. (가) 은/는 넓어진 영토와 늘어난 인구를 효과적으로 통치하기 위해 전국을 9주로 나누고 지방의 요충지에 5소경을 설치하였습니다.

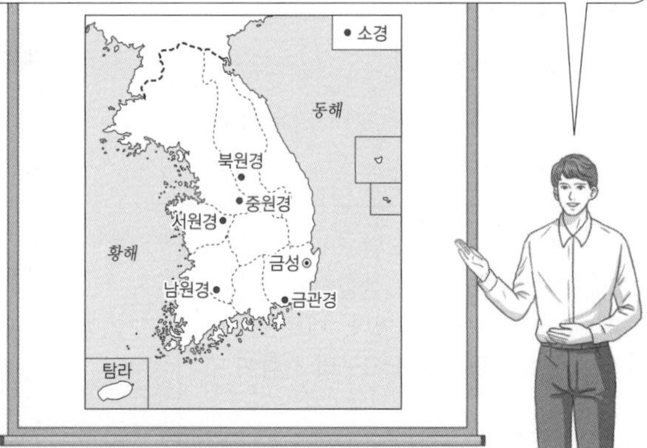

① 국학이 설립되었다.
② 경복궁이 중건되었다.
③ 삼국사기가 편찬되었다.
④ 훈민정음이 창제되었다.
⑤ 노비안검법이 시행되었다.

대표 기출 확인하기

1 (가)에 들어갈 유물로 가장 적절한 것은? 2024학년도 수능 9월 모의평가

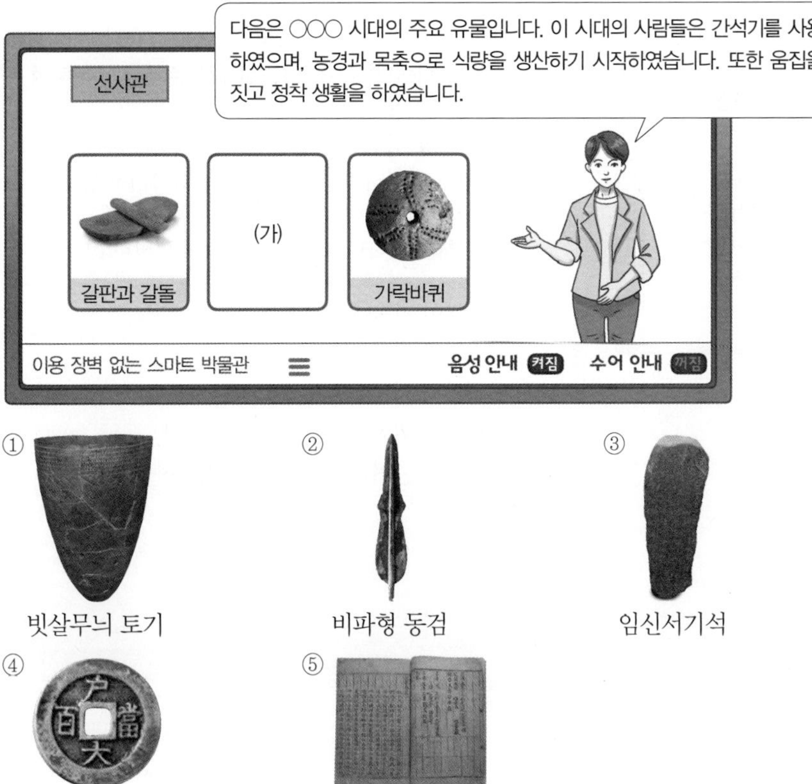
다음은 ○○○ 시대의 주요 유물입니다. 이 시대의 사람들은 간석기를 사용하였으며, 농경과 목축으로 식량을 생산하기 시작하였습니다. 또한 움집을 짓고 정착 생활을 하였습니다.
선사관
(가)
갈판과 갈돌
가락바퀴
이용 장벽 없는 스마트 박물관
음성 안내 켜짐
수어 안내 꺼짐

① 빗살무늬 토기
② 비파형 동검
③ 임신서기석
④ 당백전
⑤ 삼국유사

> **간략 풀이**
>
> 정답 | ①
>
> 풀이 | 간석기를 사용하고 농경과 목축으로 식량을 생산하기 시작하였으며, 정착 생활을 하였다는 점 등을 통해 신석기 시대임을 알 수 있다. 신석기 시대에는 빗살무늬 토기를 만들어 식량을 저장하였다. ② 청동기 시대에 제작되어 사용된 비파형 동검이다. ③ 신라의 두 청년이 국가에 대한 충성과 유학 경전을 공부할 것을 맹세한 임신서기석이다. ④ 흥선 대원군이 경복궁 중건 등에 필요한 재정을 확보하기 위해 발행한 당백전이다. ⑤ 고려 충렬왕 때 승려 일연이 저술한 역사서인 『삼국유사』이다.

2 (가) 국가에 대한 설명으로 옳은 것은? 2024학년도 수능 9월 모의평가

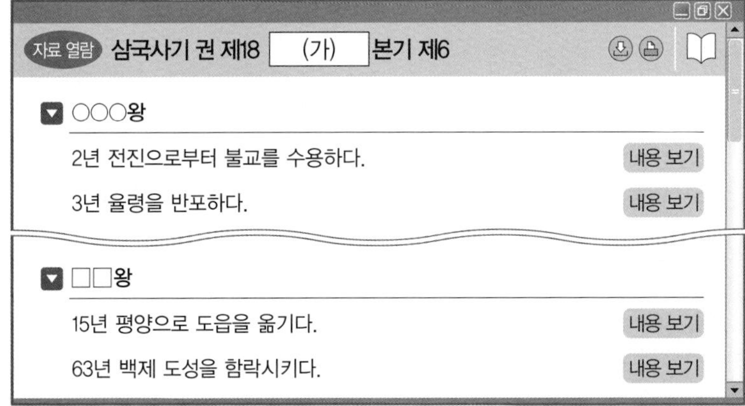
자료 열람 삼국사기 권 제18 (가) 본기 제6
○○○왕
2년 전진으로부터 불교를 수용하다. 내용 보기
3년 율령을 반포하다. 내용 보기
□□왕
15년 평양으로 도읍을 옮기다. 내용 보기
63년 백제 도성을 함락시키다. 내용 보기

① 왕건이 건국하였다.
② 태학을 설립하였다.
③ 골품제를 시행하였다.
④ 간도 협약을 체결하였다.
⑤ 군국기무처를 설치하였다.

> **간략 풀이**
>
> 정답 | ②
>
> 풀이 | 고구려는 소수림왕 때 불교를 수용하고 율령을 반포하였으며 유학 교육 기관으로 태학을 설립하였다. 장수왕 때에는 평양으로 천도하고 적극적인 남진 정책을 추진하면서 백제 도성인 한성을 함락시켰다. ① 왕건은 고려를 건국하였다. ③ 골품제는 신라의 신분 제도였다. ④ 을사늑약으로 대한 제국의 외교권을 빼앗은 일제는 1909년 청과 간도 협약을 체결하여 만주 철도 부설권 등의 이권을 얻는 대신 간도를 청의 영토로 인정하였다. ⑤ 조선은 제1차 갑오개혁을 추진하기 위한 총괄 기구로 군국기무처를 설치하였다.

[24013-0003]

01 밑줄 친 '이 시대'의 사회 모습으로 가장 적절한 것은?

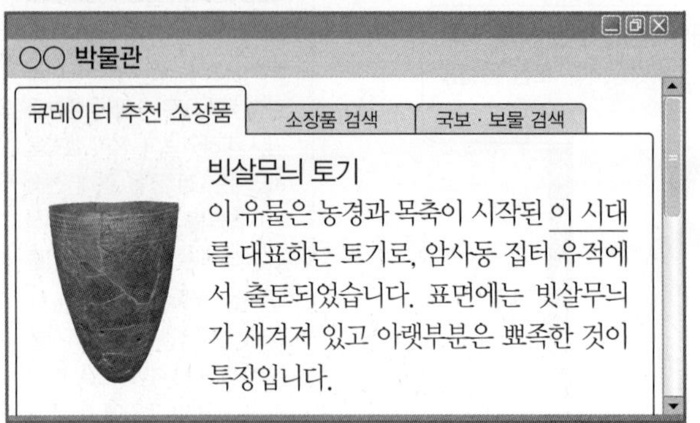

○○ 박물관
큐레이터 추천 소장품
소장품 검색
국보 · 보물 검색
빗살무늬 토기
이 유물은 농경과 목축이 시작된 이 시대를 대표하는 토기로, 암사동 집터 유적에서 출토되었습니다. 표면에는 빗살무늬가 새겨져 있고 아랫부분은 뾰족한 것이 특징입니다.

① 고인돌을 축조하였다.
② 비파형 동검을 제작하였다.
③ 철제 농기구로 농사를 지었다.
④ 무천이라는 제천 행사를 열었다.
⑤ 갈돌과 갈판 등 간석기를 사용하였다.

[24013-0004]

02 (가) 국가에 대한 설명으로 옳은 것은?

[10월 계기 교육]

10월 3일 개천절은 단군왕검이 우리 역사상 최초의 국가인 (가) 을/를 건국한 것을 기리는 기념일입니다. 단군 사상을 기반으로 창시된 대종교에서 음력 10월 3일에 하늘에 제사를 올리는 행사를 치른 것에서 비롯되었습니다.

① 과거제를 시행하였다.
② 6조 직계제를 실시하였다.
③ 전민변정도감을 설치하였다.
④ 한성 사범 학교를 설립하였다.
⑤ 청동기 문화를 바탕으로 건국되었다.

[24013-0005]

03 (가), (나) 시기 사이에 있었던 사실로 옳은 것은?

(가) 연이 고조선을 침략하여 고조선의 서쪽 땅 2천여 리를 공략하였다. …… 고조선에서 준왕이 즉위하여 연과 패수를 경계로 삼았다.
(나) 니계상 참이 사람을 시켜 고조선의 우거왕을 죽이고 와서 항복하였으나, 왕검성은 함락되지 않았다. …… 한의 좌장군이 장항 등에게 백성을 달래고 성기를 주살하도록 하니, 드디어 고조선이 멸망하였다.

① 이자겸이 난을 일으켰다.
② 위만이 왕위를 차지하였다.
③ 김원봉이 의열단을 조직하였다.
④ 이성계가 위화도 회군을 단행하였다.
⑤ 삼별초가 근거지를 옮겨 가며 항쟁하였다.

[24013-0006]

04 밑줄 친 '이 나라'에 대한 설명으로 옳은 것은?

- 이 나라에서는 12월에 제천 행사를 지내는데 그 이름을 '영고'라고 한다. 이때 사람들이 연일 크게 모여서 먹고 마시며 노래하고 춤춘다.
- 이 나라에는 왕이 있다. 가축의 이름으로 관직명을 정하여 마가, 우가, 저가, 구가 등이 있다.

① 군국기무처를 설치하였다.
② 22담로에 왕족을 파견하였다.
③ 가(加)들이 사출도를 다스렸다.
④ 중국으로부터 해동성국으로 불렸다.
⑤ 8조법을 만들어 사회 질서를 유지하였다.

[24013-0007]

05 밑줄 친 '이 나라'에 대한 탐구 활동으로 가장 적절한 것은?

금석문으로 보는 한국사

필연적으로 하늘의 도(道)를 내려 주시니
스스로 원왕(元王)을 계승하시어
시조 추모왕이 나라를 개창하셨도다.
일월의 아드님이시자 하백의 후손으로서
신령의 보호와 도움을 받아
나라를 건국하고 강토를 개척하시었다.

해제

이 금석문은 중국 지린성 지안시에서 발견된 비석에 새겨진 것으로, 추모왕(주몽)이 이 나라를 건국하였다는 내용을 담고 있다. 압록강 부근의 졸본 지역에서 건국하여 국내성으로 수도를 옮긴 이 나라는 5부 연맹을 토대로 성장하였다. 태조왕 때에는 옥저를 복속시키고 요동 지방으로 진출을 꾀하였으며, 계루부 고씨의 독점적 왕위 세습 기반을 마련하였다.

① 주자감의 역할을 찾아본다.
② 제가 회의의 기능을 살펴본다.
③ 임신서기석의 내용을 조사한다.
④ 별무반의 편성 과정을 알아본다.
⑤ 대한국 국제의 제정 배경을 파악한다.

[24013-0008]

06 (가) 국왕에 대한 설명으로 옳은 것은?

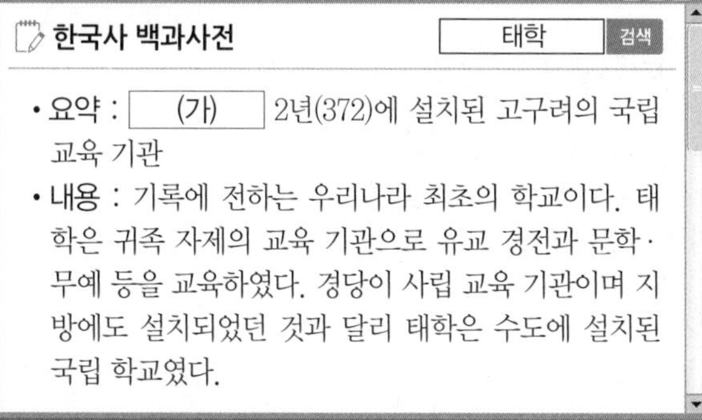

한국사 백과사전 [태학] 검색

• 요약 : (가) 2년(372)에 설치된 고구려의 국립 교육 기관
• 내용 : 기록에 전하는 우리나라 최초의 학교이다. 태학은 귀족 자제의 교육 기관으로 유교 경전과 문학·무예 등을 교육하였다. 경당이 사립 교육 기관이며 지방에도 설치되었던 것과 달리 태학은 수도에 설치된 국립 학교였다.

① 율령을 반포하였다.
② 경국대전을 완성하였다.
③ 초계문신제를 시행하였다.
④ 독서삼품과를 마련하였다.
⑤ 화랑도를 국가적인 조직으로 개편하였다.

[24013-0009]

07 (가) 나라에 대한 설명으로 옳은 것은?

[탐구 보고서]

주제 : '쇠나라'로 불리던 (가)

▲ 철제 갑옷과 투구

해상 교통에 유리한 김해 지역에 자리 잡은 (가) 은/는 질 좋은 철을 생산하여 낙랑군, 왜 등과 활발히 교류하였다. 그러나 4세기 말 신라의 구원 요청을 받아 왜군을 격퇴하러 온 고구려 군대의 공격으로 큰 타격을 받았다. 이후 6세기에 신라에 통합되었다.

① 8도에 관찰사를 파견하였다.
② 전기 가야 연맹을 주도하였다.
③ 골품제라는 신분 제도가 있었다.
④ 읍군, 삼로라고 불리는 군장이 통치하였다.
⑤ 도병마사에서 국가의 중요한 일을 논의하였다.

[24013-0010]

08 (가) 국왕에 대한 설명으로 옳은 것은?

이 시에는 백제 (가) 이/가 태자와 함께 고구려의 평양성을 공격하였을 당시 고국원왕이 전사한 사실이 나타나 있습니다.

[옛 시로 배우는 한국사]

고구려 왕 백제를 막다 화살에 맞아 죽으니
아들 구부 복수 위해 군대를 일으켰네.
병화가 두 나라에 끊임없이 이어지니
죄 없는 백성들만 가장 가련하구나.

① 우산국을 정복하였다.
② 균역법을 시행하였다.
③ 쌍성총관부를 공격하였다.
④ 사심관 제도를 실시하였다.
⑤ 마한의 여러 소국을 복속시켰다.

[24013-0011]

09 다음 상황이 나타난 배경으로 가장 적절한 것은?

> 백제 왕이 아들 문주를 신라에 보내어 구원을 요청하였다. …… 문주가 신라에서 군사 1만 명을 얻어 왔으나 왕은 죽고 성은 파괴되었다. 이후 문주가 마침내 왕위에 올랐다. 그는 성격이 착하고 부드러워 결단성이 없었으나 백성을 사랑하였다. 문주왕은 한성이 파괴되고 고구려와 가까운 것을 염려하여 수도를 한성에서 웅진으로 옮겼다.
>
> -『동사강목』-

① 정중부가 무신 정변을 일으켰다.
② 을지문덕이 살수에서 승리하였다.
③ 어재연이 광성보에서 항전하였다.
④ 장수왕이 남진 정책을 추진하였다.
⑤ 성왕이 관산성 전투에서 전사하였다.

[24013-0012]

10 (가) 국왕의 재위 기간에 있었던 사실로 옳은 것은?

> (가) 이/가 북한산에 행차하여 개척한 영토의 경계를 정하였으니, 지금 삼각산 승가사 근처 봉우리 위에 순수비가 있다. 순수비의 비문은 모두 열두 줄로서, 제1행에는 "(가) 와/과 신하 등이 순수할 때 기록한다."라고 하였다. 동북 경계는 함흥* 황초령에 이르니, (가) 이/가 세운 순수비가 함흥부 북쪽 초방원에 있다. 비문에 "관할 경내를 순수하며 민심을 살펴보았다."라고 하였다.
>
> -『임하필기』-
>
> *함흥 : 함경도에 위치한 지역

① 비변사가 설치되었다.
② 대가야가 멸망하였다.
③ 홍범 14조가 반포되었다.
④ 노비안검법이 시행되었다.
⑤ 팔만대장경이 조판되었다.

[24013-0013]

11 (가) 국가에 대한 설명으로 옳은 것은?

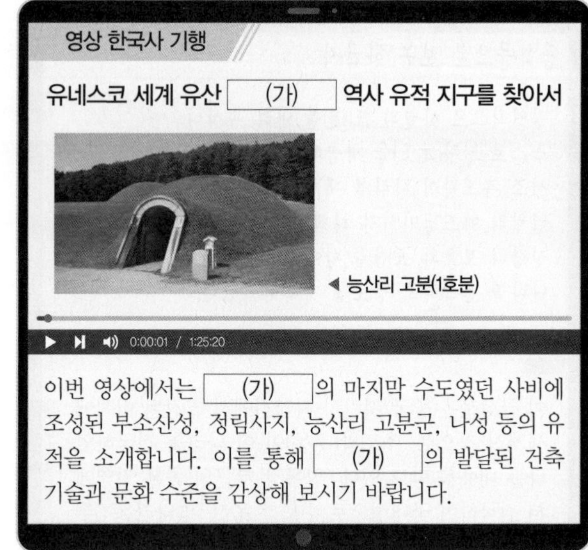

영상 한국사 기행
유네스코 세계 유산 (가) 역사 유적 지구를 찾아서
◀ 능산리 고분(1호분)

이번 영상에서는 (가) 의 마지막 수도였던 사비에 조성된 부소산성, 정림사지, 능산리 고분군, 나성 등의 유적을 소개합니다. 이를 통해 (가) 의 발달된 건축 기술과 문화 수준을 감상해 보시기 바랍니다.

① 5도에 안찰사를 파견하였다.
② 의정부 서사제를 시행하였다.
③ 광개토 대왕릉비를 건립하였다.
④ 나당 연합군에 의해 멸망하였다.
⑤ 3성 6부로 중앙 관제를 정비하였다.

[24013-0014]

12 (가) 국가에서 볼 수 있는 모습으로 가장 적절한 것은?

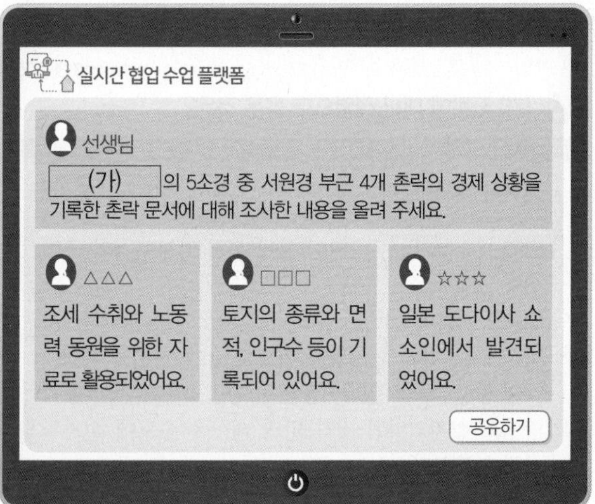

실시간 협업 수업 플랫폼
선생님
(가) 의 5소경 중 서원경 부근 4개 촌락의 경제 상황을 기록한 촌락 문서에 대해 조사한 내용을 올려 주세요.
△△△
조세 수취와 노동력 동원을 위한 자료로 활용되었어요.
□□□
토지의 종류와 면적, 인구수 등이 기록되어 있어요.
☆☆☆
일본 도다이사 쇼소인에서 발견되었어요.
공유하기

① 지계를 발급받는 지주
② 회사령 공포 소식을 듣는 기업인
③ 속현에서 공물을 징수하는 향리
④ 녹읍 폐지에 반발하는 진골 귀족
⑤ 상평통보로 물건을 구매하는 공인

[24013-0015]

13 (가) 국가에 대한 설명으로 옳은 것은?

옛 고구려의 장수 대조영이
태백산 남쪽 성을 근거로 하였으니,
……
나라를 열고 이름을 (가) (이)라 하였네.
우리 태조 8년에 온 나라가 연달아 왕경에 내조하였으니,
누가 능히 정세가 변한 것을 알고 먼저 귀부하였던고?
예부경과 사정경이었네.

－『제왕운기』－

① 과전법을 실시하였다.
② 중국에 연행사를 파견하였다.
③ 중서문하성이 국정을 총괄하였다.
④ 교육 기관으로 성균관을 설립하였다.
⑤ 5경 15부 62주의 행정 구역을 갖추었다.

[24013-0016]

14 밑줄 친 '이 시기'에 있었던 사실로 옳은 것은?

이곳은 완도 청해진 유적의 외성문입니다. 장보고는 청해진을 설치하여 해적들을 소탕하고, 당과 신라, 일본을 잇는 해상 무역권을 장악하였습니다. 유력한 해상 세력으로 성장한 장보고는 혜공왕이 피살당한 후 진골 귀족 간의 왕위 쟁탈전이 일어났던 <u>이 시기</u> 중앙의 권력 다툼에 영향력을 행사하다가 암살당하였습니다.

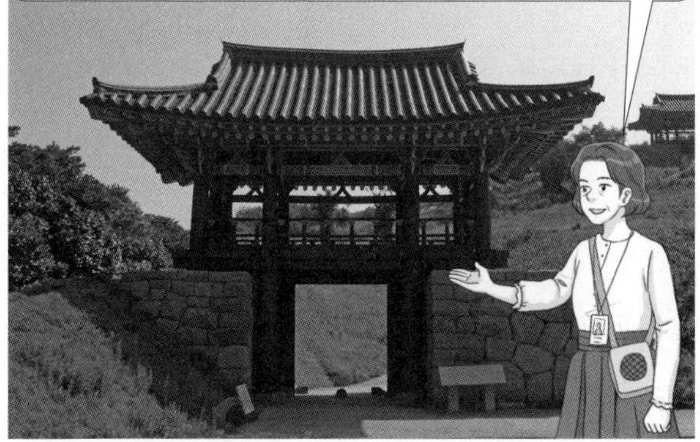

① 선종이 유행하였다.
② 대동법이 시행되었다.
③ 망이·망소이가 난을 일으켰다.
④ 신식 군대인 별기군이 조직되었다.
⑤ 권문세족이 대규모 농장을 경영하였다.

[24013-0017]

15 (가) 인물에 대한 설명으로 옳은 것은?

[이달의 문화 인물]

불교 종파 간의 대립을 완화하고자 노력한 (가)

(가) 은/는 신라의 승려로 모든 진리는 한마음에서 나온다는 일심 사상을 바탕으로 화쟁 사상을 주장하였습니다. 그리고 불교의 교리를 쉬운 노래로 만들어 부르며 백성들에게 아미타 신앙을 적극적으로 전파하였습니다. 대표적인 저서로는 『대승기신론소』와 『금강삼매경론』 등이 있습니다.

① 화엄종을 개창하였다.
② 교관겸수를 제시하였다.
③ 불교 대중화에 이바지하였다.
④ 수선사 결사 운동을 주도하였다.
⑤ 서경 천도와 금 정벌을 주장하였다.

[24013-0018]

16 (가) 종교에 대한 탐구 활동으로 가장 적절한 것은?

궁금해요 한국사!

백제 금동 대향로에 담긴 (가) 의 요소를 알려 주세요.

백제 금동 대향로 윗부분에 있는 봉황과 그 아래의 삼신산은 불로장생을 상징적으로 나타내는 것입니다. 이는 불로장생과 현세 구복을 추구하는 (가) 의 이상 세계를 표현한 것으로 보입니다.

① 병인박해의 전개 과정을 살펴본다.
② 판소리가 유행한 배경을 알아본다.
③ 신진 사대부의 사상적 기반을 분석한다.
④ 고구려 고분에 그려진 사신도를 찾아본다.
⑤ 황룡사 9층 목탑이 건립된 이유를 조사한다.

02 고려의 정치·사회와 문화

1. 고려의 후삼국 통일과 체제 정비

(1) 고려의 건국과 후삼국 통일

① 건국 : 송악의 호족 출신 왕건이 신하들의 추대로 왕위에 올라 국호를 고려로 정하고(918), 철원에서 송악(개경)으로 천도(919)

② 후삼국 통일 : 발해 유민 포용 → 신라의 항복 → 후백제를 멸망시키고 후삼국 통일(936)

(2) 국가 기틀 마련

태조	혼인 정책 시행, 호족 우대와 견제, 유력 호족이나 발해 왕자에게 성씨 하사, 북진 정책 추진, 훈요 10조 제시, 팔관회 장려
광종	황제 칭호와 독자적 연호 사용, 노비안검법·과거제 시행
성종	최승로의 시무 28조 수용 → 유교 중심의 통치 체제 정비

자료 플러스 태조의 훈요 10조

4. 우리 동방은 옛날부터 중국의 풍속[唐風]을 본받아 문물과 예악 제도를 따랐으나, 지역이 다르고 인성도 각기 다르므로 반드시 같게 할 필요는 없다.
5. 짐은 삼한의 산천 신령의 도움에 힘입어 대업을 성취하였다. 서경은 수덕이 순조로워 우리나라 지맥의 근본이 되며 대업을 만대에 전할 땅이다.
10. 나라를 다스리는 자와 집을 가진 자는 근심이 없더라도 경계를 늦추지 말고, 유교 경전과 역사서를 널리 읽어 옛일을 거울삼아 지금을 경계해야 한다.

－『고려사』－

고려 태조는 후손들에게 훈요 10조를 남겨 고려 왕조의 나아갈 방향을 제시하였다. 여기에서 태조는 중국 문화를 주체적으로 수용하고, 서경을 중시할 것 등을 강조하였다.

(3) 통치 체제의 정비

① 중앙 정치 조직

2성 6부	중서문하성(최고 관서), 상서성(6부를 총괄)	
중추원	군사 기밀과 왕명 출납 담당	
삼사	화폐와 곡식 출납, 회계 담당	
대간	어사대의 관원 및 중서문하성의 낭사로 구성	
도병마사	국방 문제 등 담당	고위 관료들의 회의 기구
식목도감	법률, 제도 등 제정	

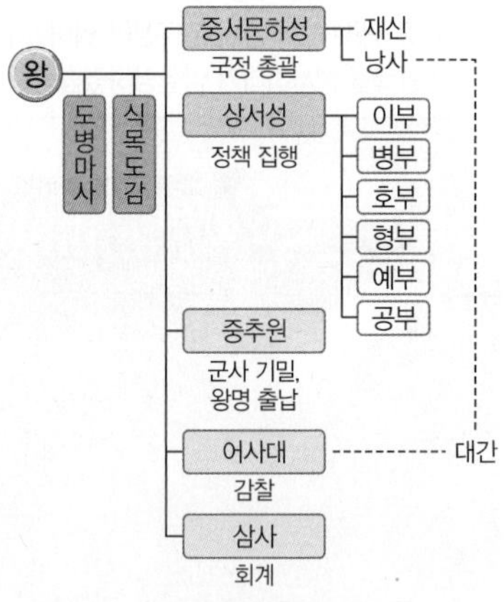

▲ 고려의 중앙 정치 기구

② 지방 행정 조직

5도	일반 행정 구역, 안찰사 파견
양계	동계와 북계, 군사 행정 구역, 병마사 파견
주현과 속현	• 주현 : 지방관이 파견된 현 • 속현 : 지방관이 파견되지 않은 현, 주현의 지방관이 향리를 통해 간접적으로 통치
향·부곡·소	특수 행정 구역

③ 관리 등용 제도

과거	시험을 거쳐 관직에 진출
음서	공신과 종실, 5품 이상 고위 관료의 자손에게 과거를 거치지 않고 관직 수여

✪ 노비안검법
본래 양인이었으나 불법으로 노비가 된 사람을 파악하여 양인 신분을 회복시킨 법이다.

✪ 대간
왕과 관리의 잘못을 비판하고, 관리의 임명이나 법령 제정·개정 과정에서 동의권을 행사하면서 정치 운영에서 견제와 균형을 이루는 기능을 하였다.

✪ 향리
고려의 중앙 집권 체제가 강화됨에 따라 지방에 남아 있던 호족은 점차 향리로 바뀌었다. 향리는 지방관을 보좌하여 행정 업무를 처리하였다. 지방관이 파견되지 않은 속현이나 부곡 등에서는 조세와 공물을 거두어 중앙에 납부하고 간단한 소송을 진행하는 등 해당 지역을 실질적으로 다스렸다.

개념 체크

1. (　　)는 후삼국을 통일하고 북진 정책을 추진하였으며 훈요 10조를 남겼다.
2. 광종 때 (　　)을 시행하여 본래 양인이었으나 불법으로 노비가 된 사람을 파악하여 양인 신분을 회복시켰다.
3. 고려 시대에는 일반 행정 구역인 (　　)에 안찰사를 파견하고, 군사 행정 구역인 양계에 병마사를 파견하였다.

정답
1. 태조 2. 노비안검법 3. 5도

2. 국제 질서의 변화와 대외 관계

(1) 거란의 침입과 격퇴

1차	서희의 외교 담판으로 강동 6주 지역 확보
2차	송과 지속적인 관계 유지에 반발하여 침입
3차	강감찬의 활약으로 거란군 격퇴(귀주 대첩) → 천리장성 축조

(2) 여진과의 관계

① 여진 정벌 : 윤관의 건의로 별무반 창설, 동북 9성 설치 → 여진의 요청과 수비 곤란으로 반환

② 여진과의 관계 변화 : 금을 세운 여진이 고려에 군신 관계 요구 → 수용

(3) 고려의 다원적 세계관(천하관)과 해동 천하

① 다원적 국제 질서 형성 : 송의 국방력 약화, 북방 민족(거란, 여진) 흥기 → 탄력적 대외 관계 형성

② 해동 천하 인식 : 중국 및 북방 민족과 조공·책봉 관계를 맺으면서도 고려가 중심이 되는 세계가 별도로 존재한다는 독자적 세계관 → 이에 따라 고려 국왕은 황제를 칭하고 독자적인 연호 사용, 천자·폐하 등의 용어 사용

3. 문벌 사회의 동요와 무신 정권의 성립

(1) 이자겸의 난과 묘청의 서경 천도 운동

① 이자겸의 난

배경	외척 이자겸 일파의 권력 독점 → 인종과 측근 세력의 이자겸 축출 시도
전개	이자겸, 척준경 등이 난을 일으켜 권력 장악 → 인종이 척준경을 이용하여 진압

② 묘청의 서경 천도 운동

배경	묘청, 정지상 등 서경 세력과 김부식 등 개경 세력의 대립
전개	묘청 등이 풍수지리설을 토대로 서경 천도, 칭제건원(황제를 칭하고 연호를 사용함)과 금 정벌 주장 → 개경 세력의 반대로 서경 천도 좌절 → 묘청 등이 서경에서 난을 일으킴 → 김부식 등이 이끄는 관군에 의해 진압됨

③ 영향 : 문벌 사회의 동요

자료 플러스 묘청의 서경 천도 운동

> 저희들이 보건대 서경 임원역의 땅은 음양가들이 말하는 대화세(명당)의 땅입니다. 만약 그곳에 궁궐을 세워 거처를 옮기신다면 천하를 아우를 수 있을 것입니다. 또한 금이 예물을 가지고 와서 스스로 항복할 것이요, 주변의 36국이 모두 머리를 조아릴 것입니다. –『고려사』–

묘청 등은 서경이 풍수지리설에서 말하는 명당임을 내세워 천도할 것을 주장하였다. 특히 서경을 근거지로 하여 금을 정벌할 것을 주장하였다.

(2) 무신 정권의 성립

① 배경 : 문벌의 권력 독점, 무신에 대한 차별 대우

② 무신 정변 : 정중부, 이의방 등이 주도하여 정변을 일으키고 권력 장악

③ 최씨 무신 정권 : 최충헌이 권력을 장악한 후 그와 그의 후손이 60여 년 동안 권력 유지, 교정도감(최고 권력 기구화)·정방(인사 행정 담당 기구) 설치

✪ 강동 6주

서희의 외교 담판으로 압록강 동쪽의 강동 6주 지역을 확보하면서 고려의 영토는 압록강까지 확대되었다.

✪ 별무반

여진을 상대하기 위해 편성된 기병 중심의 부대이다. 신기군(기병), 신보군(보병), 항마군(승병) 등으로 구성되었다.

✪ 교정도감

고려 시대 최충헌이 반대 세력을 제거하기 위해 설치한 것으로 최씨 무신 정권 시기 국정을 총괄하였다.

✪ 정방

최우가 자기 집에 설치한 기구로 관리의 인사 행정을 주로 담당하며 권력 독점을 뒷받침하였다. 최씨 무신 정권이 몰락한 후에도 유지되다가 고려 말에 폐지되었다.

개념 체크

1. 서희는 거란의 1차 침입 때 외교 담판을 벌여 (　　　) 지역을 확보하였다.
2. 고려는 윤관의 건의로 여진을 상대하기 위해 기병 중심의 부대인 (　　　)을 편성하였다.
3. 서경에서 일어난 (　　　)의 난은 김부식 등이 이끄는 관군에 의해 진압되었다.

정답

1. 강동 6주 2. 별무반 3. 묘청

4. 원의 간섭과 고려 사회의 변화

(1) 몽골의 침입과 대몽 항쟁

① 침입 : 몽골의 지나친 공물 요구 → 몽골 사신이 피살된 사건을 구실로 침입

② 항쟁 : 강화도로 천도, 처인성 전투 등

③ 결과 : 몽골과 강화 협정 체결 → 개경으로 환도(1270)

④ 삼별초의 항쟁 : 개경 환도에 반대 → 강화도에서 진도, 제주도로 근거지를 옮기며 항쟁

자료 플러스 삼별초의 대몽 항쟁

> 원종 11년(1270), 도읍을 다시 개경으로 옮기면서 방을 붙여 기한을 정해 모두 돌아오라고 재촉하였지만, 삼별초는 딴생각이 있어 따르지 않았다. …… 배중손 등이 난을 일으키고 사람을 시켜 도성을 돌아다니면서 외치게 하기를, "몽골군이 대거 와서 백성을 살육할 것이니, 무릇 나라를 도우려는 사람들은 모두 구정으로 모여라!"라고 하였다. …… 강화도를 지키던 병사들 중 대부분이 도망쳐 육지로 나갔다. 이에 삼별초는 강화도를 지킬 수 없다고 판단하여 선박과 군함을 모아 남쪽으로 내려갔다. –『고려사』–

고려 정부는 몽골과 강화를 맺고 개경으로 환도하였다. 개경 환도를 반대한 삼별초는 강화도에서 시작하여 진도, 제주도로 근거지를 옮기며 항전하였지만 고려와 몽골의 연합군에 진압되었다(1273).

(2) 원의 내정 간섭

① 고려의 지위 격하 : 왕실의 용어와 관제 격하

② 영토 상실 : 쌍성총관부 등 설치

③ 일본 원정 동원 : 정동행성 설치

④ 영향 : 권문세족의 성장, 자주성의 손상

(3) 공민왕의 개혁 정책

① 배경 : 원의 쇠퇴

② 개혁 정책의 추진

반원	친원 세력 축출, 정동행성 이문소 폐지, 쌍성총관부를 공격하여 영토 회복
왕권 강화	전민변정도감 설치(신돈 주도, 권문세족의 경제 기반 약화 및 국가 재정 확대 추진)

③ 결과 : 공민왕이 암살당하면서 개혁 중단

자료 플러스 공민왕의 전민변정도감 설치

> 신돈이 …… "전민변정도감(田民辨整都監)을 설치하여 바로잡고자 개경은 15일을 기한으로 하여, 여러 도(道)는 40일을 기한으로 하여 스스로 잘못을 알고 고치는 자는 죄를 묻지 않을 것이나, 기한을 넘겨 발각되는 자는 죄를 조사하여 다스릴 것이며 ……."라고 하였다. –『고려사』–

공민왕은 전민변정도감을 설치하여 권세가들이 불법으로 차지한 땅을 본래의 주인에게 돌려주고, 억울하게 노비가 된 양인을 본래의 신분으로 되돌려주었다.

(4) 신진 사대부의 성장

① 배경 : 공민왕의 개혁 정치 시기에 성장

② 특징 : 주로 과거를 통해 중앙 진출, 성리학 수용, 불교의 폐단과 권문세족의 비리 비판, 이성계 등 신흥 무인 세력과 연합

✪ 쌍성총관부
화주(영흥)에 설치된 몽골(원)의 통치 기관으로 철령 이북 지역을 관할하였다. 공민왕은 반원 개혁 정책을 추진하면서 쌍성총관부를 공격하여 원에 빼앗겼던 영토를 되찾았다.

✪ 정동행성 이문소
정동행성의 부속 관서로 원과 관계된 범죄를 다스렸으며, 친원 세력을 옹호하는 역할을 하였다.

✪ 신진 사대부
고려 후기에 주로 과거를 통해 중앙에 진출한 세력으로 공민왕의 개혁 정치에 동참하였다.

개념 체크

1. 몽골이 침입하자 최우는 (　　)로 수도를 옮겨 장기간에 걸친 몽골과의 항쟁을 준비하였다.
2. 공민왕은 (　　)을 설치하여 권문세족의 경제적 기반을 약화시키고 국가 재정을 확대하고자 하였다.
3. (　　)는 고려 후기에 주로 과거를 통해 중앙에 진출하였으며, 성리학을 수용하여 불교의 폐단과 권문세족의 비리를 비판하였다.

정답
1. 강화도 2. 전민변정도감 3. 신진 사대부

5. 고려의 사회 구조와 사회 변화

(1) 고려의 신분 제도

① 양천제 : 양인과 천인으로 구분

양인	문무 관리
	서리, 향리, 하급 장교 등
	백정(농민, 일반 군현에 거주), 수공업자, 상인, 향·부곡·소의 주민
천인	공·사노비 등

② 정호와 백정 : 양인은 직역의 유무에 따라 크게 정호와 백정으로 구분, 정호는 직역 수행의 대가로 국가로부터 토지를 받음, 백정은 직역이 없는 농민으로 조세·공납·역 부담

✪ 향·부곡·소의 주민
고려 시대에 특수 행정 구역인 향·부곡·소의 주민은 교육이나 과거 응시, 거주 이전에 제한이 있었고, 일반 군현민보다 더 많은 세금을 부담하였다.

(2) 신분 변동의 유동성

① 일부 향리가 과거를 통해 중앙 관직에 진출, 권문세족의 횡포로 농민이 노비로 전락 등

② 향·부곡·소가 일반 군현으로 승격

✪ 직역
국가로부터 군역이나 향리직과 같은 특정한 임무를 받아 수행하는 일을 의미한다. 직역을 받은 경우에는 국가로부터 토지를 받아 수조권(조세를 거두는 권한)을 행사할 수 있었다.

(3) 농민·천민의 봉기

① 배경 : 무신 정변 후 신분 질서 동요, 지배층의 가혹한 수탈

② 주요 봉기 : 공주 명학소민의 봉기(망이·망소이의 봉기), 전주 관노의 봉기, 김사미와 효심의 봉기, 만석의 봉기 모의

자료 플러스 무신 정권 시기 농민·천민 봉기

• 공주 명학소 사람 망이·망소이 등이 무리를 불러 모아 산행병마사라 스스로 일컫고 공주를 공격하여 함락시켰다. 조정에서는 채원부와 박강수 등을 보내 타일렀으나 적이 따르지 않았다.

• 남쪽에서 적들이 봉기하였다. 그중 가장 심한 것은 운문에 웅거한 김사미와 초전을 거점으로 한 효심이었다. 이들은 유랑민을 불러 모아 주현을 습격하여 노략질하였다.

• 만적 등 6인이 북산에서 나무하다가 공·사노비들을 불러 모의하였다. "…… 장수와 재상이 어찌 씨가 따로 있으랴. 때가 오면 누구나 할 수 있다. 우리가 왜 근육과 뼈를 괴롭게 하며 채찍 밑에서 곤욕을 치러야 하는가?" 여러 노비가 모두 그렇게 여겼다.

–『고려사절요』–

무신 정변으로 권력을 장악한 무신은 자신들의 권력 기반을 강화하기 위해 토지와 노비를 불법으로 늘려 갔다. 게다가 무신들 사이의 권력 다툼으로 지방 사회에 대한 중앙 정부의 통제력도 현저히 약화되었다. 이러한 상황에서 지방관들이 백성에 대한 수탈을 일삼자 농민·천민들은 대규모 봉기를 일으켜 저항하였다. 공주 명학소에서는 망이와 망소이, 경상도의 운문(청도)과 초전(울산)에서는 김사미와 효심의 주도로 봉기가 일어났다. 개경에서는 노비 만적이 신분 해방을 위한 봉기를 모의하다가 발각되었다.

개념 체크

1. 고려 시대 양인은 직역의 여부에 따라 크게 정호와 (　　)으로 구분할 수 있다.
2. 고려 시대에 특수 행정 구역인 (　　)의 주민은 일반 군현민에 비해 차별을 받았다.
3. 고려 시대 사노비였던 (　　)은 신분 해방을 목표로 개경에서 봉기를 모의하였으나 사전에 발각되어 실패하였다.

정답
1. 백정　2. 향·부곡·소
3. 만적

✪ 삼국사기의 유교적 합리주의 사관

『삼국사기』는 초자연적이고 신비한 것은 서술하지 않고 유교에 근거한 합리적이고 객관적인 내용을 기록하고자 하였다.

✪ 기전체

역사를 본기(제왕), 세가(제후), 열전(인물), 지(주제), 표(연표) 등으로 나누어 서술하는 방식이다.

6. 고려의 종교와 사상

(1) 불교의 발달

① 숭불 정책을 시행하되 다양한 종교를 인정

② 승과 시행, 연등회 등 개최

③ 주요 승려들의 활동

의천	해동 천태종 창시
지눌	수선사를 중심으로 결사 운동 전개
요세	백련사 결사 조직

자료 플러스 의천과 지눌의 사상

• 교리를 배우는 이는 내적인 것(마음)을 버리고 외적인 것을 구하는 일이 많고, 참선하는 사람은 밖의 인연을 잊고 내적으로 밝히기를 좋아한다. 이는 다 편벽된 집착이고 양극단에 치우친 것이다.
–『대각 국사 문집』–

• 정(定)은 본체이고 혜(慧)는 작용이다. 작용은 본체를 바탕으로 해서 있게 되므로 혜가 정을 떠나지 않고, 본체는 작용을 가져오게 하므로 정은 혜를 떠나지 않는다. –『보조 국사 법어』–

고려 전기에는 왕실과 지배층의 지원을 받아 교종 계열의 종파들이 크게 융성하였다. 그러나 교종 내에서도 종파 간의 분열이 있었고, 교종과 선종의 대립도 나타났다. 이에 의천은 교종과 선종의 대립을 극복하기 위한 방법으로 교관겸수를 제시하였다. 교관겸수는 이론을 공부하는 교학과 실천적인 수행을 함께 해야 한다는 주장이다. 한편, 12세기 말 무신 집권기에 활동한 지눌은 당시 세속화되어 가던 불교를 비판하며 불교 개혁을 위해 수선사 결사 운동을 벌이면서 수행 방법으로 정혜쌍수를 제시하였다. 정혜쌍수란 선과 교학을 분리하지 않고 함께 수행해야 한다는 주장이다.

(2) 도교와 풍수지리설

① 도교 : 왕실과 국가의 안녕을 기원, 도교 사원 건립

② 풍수지리설 : 묘청의 서경 천도 운동에 영향

(3) 유학의 발달과 역사서 편찬

① 유학의 발달 배경 : 과거제 시행으로 유학 교육 확산, 유교적 통치 체제 정비(성종)

② 교육 기관의 건립

• 관학 : 국자감 건립

• 사학 : 9재 학당(문헌공도) 등 사립 교육 기관의 융성

③ 성리학의 수용 : 원 간섭기인 충렬왕 때 안향이 본격적으로 소개 → 신진 사대부가 중심이 되어 적극 수용, 공민왕 때 성균관 정비(성리학 연구 및 교육)

④ 역사서의 편찬

전기	『삼국사기』(김부식 등) : 유교적 합리주의 사관, 기전체	
후기	무신 정권기	『동명왕편』(이규보) : 고구려 계승 의식 강조
	원 간섭기	• 『삼국유사』(일연), 『제왕운기』(이승휴) : 단군의 건국 이야기 수록 • 『사략』(이제현) : 성리학의 영향으로 정통과 대의명분 강조

개념 체크

1. 고려 시대 승려 (　　)은 수선사 결사 운동을 주도하였다.
2. 풍수지리설은 묘청의 (　　)에 영향을 주었다.
3. 원 간섭기에 일연이 편찬한 『삼국유사』와 이승휴가 편찬한 『(　　)』에는 단군의 건국 이야기가 수록되어 있다.

정답

1. 지눌 2. 서경 천도 운동
3. 제왕운기

자료 탐구 광종의 왕권 강화 정책

1단계 자료 분석

- 광종 7년(956)에 노비를 조사해서 옳고 그름을 밝히도록 명하자, 노비로 주인을 배반한 자가 매우 많아지고 윗사람을 능멸하는 풍조가 크게 행해졌다. 사람들이 모두 탄식하고 원망하였다. 왕비가 간절히 간언하였지만 왕이 받아들이지 않았다.
- 후주 사람 쌍기가 사신 설문우를 따라 고려에 왔다가 병 때문에 머물게 되었다. 쌍기의 병이 낫자 (광종은) 그를 만나고 매우 흡족하게 여겼고 …… 마침내 발탁하여 (고려의 관리로) 등용하였다. …… 쌍기는 처음으로 과거 제도를 시행할 것을 건의하였으며, 마침내 지공거*가 되어 시(詩)·부(賦)·송(頌)·책(策)을 시험하여 (인재를 선발하고) …… 그 뒤로부터 여러 번 지공거가 되어 후학들의 학문을 권장하였다. 이로써 고려에서 학문을 숭상하는 기운이 처음으로 일어났다. -『고려사』-

*지공거 : 과거 시험을 관장하는 관직

왕위를 둘러싼 외척 간의 갈등이 심화되는 상황에서 왕위에 오른 광종은 왕권 강화를 위해 노력하였다. 노비안검법을 실시하여 중앙 공신과 호족 세력들의 경제적·군사적 기반을 약화하고 늘어난 양인을 기반으로 국가 수입을 늘렸다. 또한 과거제를 도입함으로써 유교적 소양을 갖춘 관리를 등용하여 왕권을 뒷받침하게 하였으며, 공복을 제정하여 관리의 위계를 세웠다.

2단계 문항 연습

정답과 해설 7쪽

[24013-0019]

1 (가) 국왕에 대한 설명으로 옳은 것은?

- 삼국 이전에는 과거 제도가 없었다. 고려 태조가 처음으로 학교를 세웠으나 과거로 인재를 뽑는 데까지는 이르지 못하였다. (가) 이/가 쌍기의 의견을 받아들여 과거로 인재를 뽑게 하였다. 이때부터 학문을 숭상하는 풍습이 일어나기 시작하였다.
- 고려 태조가 나라를 세울 때는 모든 것이 새로 시작하는 것이 많아서 관복 제도도 우선 신라에서 물려받은 그대로 두었다. (가) 때 와서 비로소 백관의 공복을 제정하였다. 이때부터 귀천과 상하의 구별이 명확해졌다.

① 규장각을 운영하였다.
② 홍범 14조를 반포하였다.
③ 독서삼품과를 실시하였다.
④ 노비안검법을 시행하였다.
⑤ 위화도 회군을 단행하였다.

자료 탐구 거란의 침입과 격퇴

1단계 자료 분석

> 성종 12년(993), 거란이 고려에 쳐들어왔다. …… 소손녕이 서희에게 말하였다. "너희 나라는 신라 땅에서 일어났다. 고구려의 땅은 우리의 소유인데 너희 나라가 이를 침범하여 차지하고 있다. 또 우리와 국경을 맞대고 있음에도 바다를 건너 송을 섬기고 있다. …… 땅을 떼어 바치고 서로 사신을 보낸다면 아무 일이 없을 것이다." 서희는 말하였다. "그렇지 않다. 우리나라가 바로 고구려의 옛 땅이기 때문에 국호를 고려라 하고 평양에 도읍하였다. …… 압록강 안팎은 우리나라 땅이지만 여진이 점거하였다. …… 사신을 보내지 못함은 여진 탓이다."
>
> –『고려사』–

고려가 송과 친선 관계를 유지하자 거란은 고려를 침략하였다(993). 거란의 1차 침입은 고려군의 강력한 저항과 서희의 외교 담판으로 극복할 수 있었다. 서희는 소손녕과 회담하여 송과의 관계를 단절하고 거란과 교류하기로 약속하였다. 그 대가로 고려는 압록강 일대의 강동 6주 지역을 확보하였다.

2단계 문항 연습

정답과 해설 7쪽

[24013-0020]

2 밑줄 친 '담판'의 영향으로 옳은 것은?

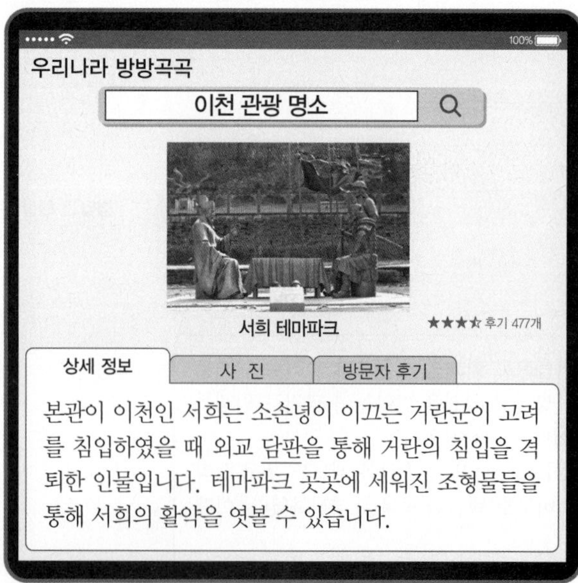

100%
우리나라 방방곡곡
이천 관광 명소
서희 테마파크
★★★☆ 후기 477개
상세 정보
사 진
방문자 후기
본관이 이천인 서희는 소손녕이 이끄는 거란군이 고려를 침입하였을 때 외교 담판을 통해 거란의 침입을 격퇴한 인물입니다. 테마파크 곳곳에 세워진 조형물들을 통해 서희의 활약을 엿볼 수 있습니다.

① 병인양요가 일어났다.
② 연행사가 파견되었다.
③ 대한국 국제가 반포되었다.
④ 강동 6주 지역이 확보되었다.
⑤ 고종이 강제 퇴위를 당하였다.

대표 기출 확인하기

1 (가) 왕에 대한 설명으로 옳은 것은? 2024학년도 수능 6월 모의평가

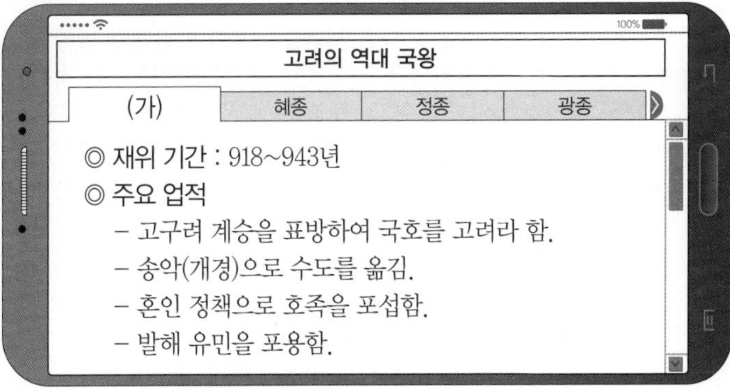

고려의 역대 국왕
(가)
혜종
정종
광종
◎ 재위 기간 : 918~943년
◎ 주요 업적
– 고구려 계승을 표방하여 국호를 고려라 함.
– 송악(개경)으로 수도를 옮김.
– 혼인 정책으로 호족을 포섭함.
– 발해 유민을 포용함.

① 교육입국 조서를 반포하였다.
② 전국에 척화비를 건립하였다.
③ 치안 유지법을 제정하였다.
④ 경국대전을 편찬하였다.
⑤ 후삼국을 통일하였다.

간략 풀이

정답 | ⑤

풀이 | 고려 태조는 고려를 건국하고 송악(개경)으로 수도를 옮겼다. 또한 신라를 흡수하고 후백제를 멸망시켜 후삼국을 통일하였으며, 혼인 정책으로 호족을 포섭하고 발해 유민을 포용하였다. ① 교육입국 조서는 제2차 갑오개혁 때 고종이 반포하였다. ② 신미양요 이후 흥선 대원군이 전국에 척화비를 건립하였다. ③ 일제 강점기인 1925년에 치안 유지법이 제정·공포되었다. ④ 『경국대전』은 조선 세조 때부터 편찬되기 시작하여 성종 때에 완성되었다.

2 (가)에 들어갈 내용으로 가장 적절한 것은? 2024학년도 수능 9월 모의평가

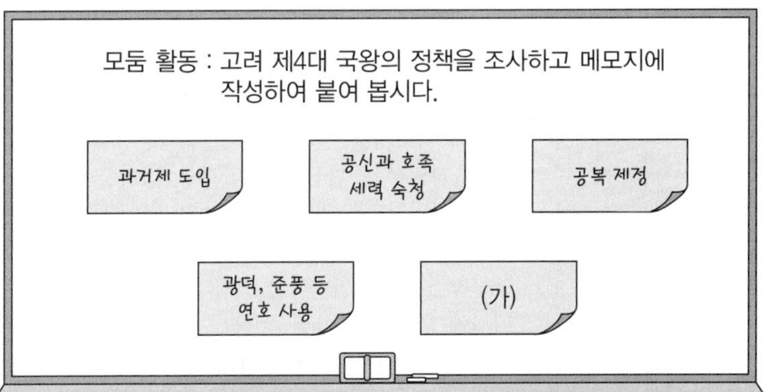

모둠 활동 : 고려 제4대 국왕의 정책을 조사하고 메모지에 작성하여 붙여 봅시다.
과거제 도입
공신과 호족 세력 숙청
공복 제정
광덕, 준풍 등 연호 사용
(가)

① 회사령 제정
② 4군 6진 개척
③ 노비안검법 시행
④ 5경 15부 62주 설치
⑤ 한성 사범 학교 설립

간략 풀이

정답 | ③

풀이 | 고려 제4대 국왕 광종은 과거제를 도입하고, 공신과 호족 세력을 숙청하였으며, 광덕·준풍이라는 연호를 사용하였다. 또한 본래 양인이었으나 불법으로 노비가 된 사람들을 양인 신분으로 회복시켜 주는 노비안검법을 시행하였다. ① 일제는 1910년 회사령을 제정하였다. ② 조선 세종은 여진을 몰아내고 4군 6진 지역을 개척하였다. ④ 발해는 지방 행정 구역으로 5경 15부 62주를 설치하였다. ⑤ 조선 고종은 1895년에 한성 사범 학교를 설립하였다.

[24013-0021]

01 (가) 국왕에 대한 설명으로 옳은 것은?

모둠별 토의 질문 평가지

대상 학급 : 3학년 ○반

담당 교사 : ○○○

• 과제 : (가) 의 정책에 대한 모둠별 토의 질문 만들기

• 질문 평가

모둠	제출한 질문	평가
1모둠	후대 왕에게 훈요 10조를 남긴 배경은?	적합
2모둠	유력한 호족 가문과 혼인을 한 이유는?	적합
3모둠	사심관 제도와 기인 제도를 실시한 목적은?	적합

① 규장각을 육성하였다.
② 평양으로 천도하였다.
③ 북진 정책을 추진하였다.
④ 아관 파천을 단행하였다.
⑤ 지방에 12목을 설치하였다.

[24013-0022]

02 (가) 국왕의 재위 기간에 있었던 사실로 옳은 것은?

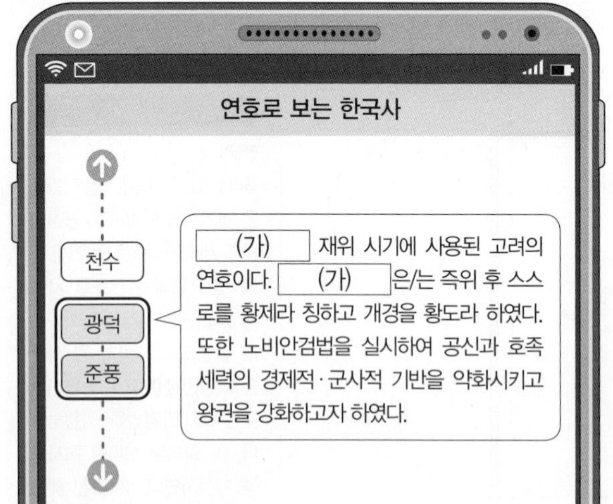

연호로 보는 한국사
천수
광덕
준풍
(가) 재위 시기에 사용된 고려의 연호이다. (가) 은/는 즉위 후 스스로를 황제라 칭하고 개경을 황도라 하였다. 또한 노비안검법을 실시하여 공신과 호족 세력의 경제적·군사적 기반을 약화시키고 왕권을 강화하고자 하였다.

① 과거제가 실시되었다.
② 초계문신제가 시행되었다.
③ 고부 농민 봉기가 일어났다.
④ 신식 군대인 별기군이 편성되었다.
⑤ 화랑도가 국가적인 조직으로 개편되었다.

[24013-0023]

03 다음 자료를 활용한 탐구 주제로 가장 적절한 것은?

> 신(臣) 최승로 시무 28조를 기록하여 장계와 함께 별도로 봉하여 올립니다. …… 스무 번째, 불교를 믿는 것은 수신(修身)의 근본이고, 유교를 행하는 것은 나라를 다스리는 근원입니다. 수신은 실로 내생(來生)을 위한 바탕이며, 나라를 다스리는 일은 오늘의 급선무입니다. 오늘은 지극히 가깝고 내생은 지극히 먼데, 가까운 것을 버리고 먼 것을 구하는 일은 또한 잘못이 아니겠습니까?

① 신라 말 6두품 세력의 골품제 비판
② 고려 전기 유교 중심의 통치 체제 정비
③ 고려 후기 성리학의 수용과 확산
④ 조선 전기 사림의 성장과 사화의 발생
⑤ 조선 후기 세도 정치의 전개와 삼정의 문란

[24013-0024]

04 밑줄 친 '나라'에 대한 설명으로 옳은 것은?

- 교서에 이르기를 "식목도감은 나라의 중대사를 관장하는데, 첨의정승, 판삼사사, 밀직사, 첨의찬성사, 삼사좌우사, 첨의평리를 판사로 삼고, 지밀직 이하를 사(使)로 삼도록 하라."라고 하였다.
- 충렬왕 5년에 도병마사를 도평의사사로 고쳤는데, 무릇 나라에 큰 일이 있으면 사(使) 이상의 관료가 모여 의논하였으므로 합좌라는 이름이 있었다.

① 2성 6부제를 운영하였다.
② 6조 직계제를 실시하였다.
③ 독서삼품과를 시행하였다.
④ 모든 군과 현에 지방관을 파견하였다.
⑤ 전국을 9주와 5소경 체제로 정비하였다.

[24013-0025]

05 (가) 국가에 대한 설명으로 옳은 것은?

한국사 수업 일기

일시	○월 ○일 ○교시
학습 주제	(가) 의 지방 행정 조직
공부한 내용	1. 5도 양계의 설치 2. 안찰사와 병마사의 역할 3. 주현과 속현의 분포
배운 점 및 궁금한 점	(가) 이/가 일반 행정 구역 외에 군사 행정 구역을 편성하였다는 점이 인상 깊었다. 이것은 아마도 거란, 여진 등 북방 민족의 침입을 대비하기 위한 것이 아니었을까?

① 22담로에 왕족이 파견되었다.
② 백정들이 형평 운동을 전개하였다.
③ 여러 가(加)들이 사출도를 다스렸다.
④ 향·부곡·소가 널리 분포되어 있었다.
⑤ 화백 회의에서 국가 중대사를 결정하였다.

[24013-0026]

06 (가) 인물에 대한 탐구 활동으로 가장 적절한 것은?

궁금해요 한국사!

고려는 왜 동북 9성을 여진에 돌려주었나요?

동북 9성은 (가) 이/가 이끄는 고려군이 개척한 지역에 축조된 9개의 성을 말합니다. 고려와 여진이 동북 9성 일대에서 계속해서 전투를 벌이던 중, 여진 쪽에서 화친을 조건으로 동북 9성의 반환을 요구하였습니다. 이에 고려 정부는 전쟁이 길어지는 것이 부담이 되고, 이 지역을 차지하려는 여진의 끊임없는 침입으로 방비가 어려워지자 동북 9성을 여진에 돌려준 것입니다.

① 별무반의 활동 내용을 정리한다.
② 삼별초의 대몽 항쟁을 조사한다.
③ 척화비의 건립 계기를 파악한다.
④ 통신사의 파견 목적을 살펴본다.
⑤ 한산도 대첩의 전개 과정을 알아본다.

[24013-0027]

07 (가)에 들어갈 내용으로 가장 적절한 것은?

탐구 보고서

1. 주제 : (가)
2. 조사 자료

▲ 하남 교산동 마애 약사여래 좌상

경종 때 보수하였다는 내용과 함께 '황제의 만세를 기원한다.'는 글귀가 새겨져 있음.

▲ 복녕 궁주 묘지명

숙종의 넷째 딸 복녕 궁주 왕씨의 묘지명에, 복녕 궁주를 '천자의 딸[天子之女]'이라고 표기함.

① 고대 사회의 천신 신앙
② 신라 말 선종의 확산
③ 고려의 해동 천하 인식
④ 원 간섭기의 사회 변화
⑤ 조선 후기 상품 화폐 경제의 발달

[24013-0028]

08 (가), (나) 시기 사이에 있었던 사실로 옳은 것은?

(가) 이자겸이 척준경과 의논하기를, 난이 일어난 날에 숙직한 자는 모두 죽이자고 하였으나 이수가 불가하다고 고집하자 곧 중지하였다. …… 이날 궁궐이 불타 버리고 오직 세 정자 및 내제석원의 회랑 수십 칸만이 겨우 보존되었다.
(나) 왕이 보현원 문으로 들어서고 여러 신하들은 물러나려는데 이고 등이 임종식, 이복기, 한뢰를 죽였다. 왕을 모시던 문신과 환관들도 제거하였다. 또 개경에 있던 문신 50여 명도 살해하였다. 정중부 등이 왕을 모시고 궁으로 돌아왔다.

① 만적이 봉기를 모의하였다.
② 김원봉이 의열단을 조직하였다.
③ 홍경래가 평안도에서 난을 일으켰다.
④ 묘청이 서경 천도 운동을 전개하였다.
⑤ 을지문덕이 살수에서 수의 군대에 승리하였다.

[24013-0029]

09 교사의 질문에 대한 학생의 답변으로 가장 적절한 것은?

이 시는 『동국이상국집』에 실린 작품의 일부입니다. 밑줄 친 '천도'가 이루어진 배경은 무엇일까요?

천도란 예부터 하늘 오르기만큼
어려운 것인데
공 굴리듯 하루아침에 옮겨 왔네.
청하*의 계획 그토록 서둘지 않았더라면
삼한은 벌써 오랑캐 땅 되었으리.
*청하 : 최우

① 몽골이 고려를 침략하였어요.
② 이사부가 우산국을 정벌하였어요.
③ 장수왕이 남진 정책을 추진하였어요.
④ 이성계가 위화도 회군을 단행하였어요.
⑤ 청이 조선에 군신 관계를 요구하였어요.

[24013-0030]

10 밑줄 친 '이 시기'의 상황으로 옳은 것은?

[사료로 학습하는 한국사]

고려에서는 여러 왕씨들이 동성 간에 결혼하는데 이것은 무슨 도리인가? 이미 우리 원과 더불어 한 집안이 되었으니 우리와 서로 통혼해야 한다. 만일 그렇게 하지 않으면 어찌 일가로 된 의리라고 하겠는가? …… 국왕의 명령을 그 전에는 성지(聖旨)라고 했던 것을 이제 와서는 선지(宣旨)라고 하는 것처럼, 관직 칭호 중에 우리 조정과 같은 것도 역시 그와 마찬가지로 고쳐야 한다.

[해설] 제시된 자료는 원 황제가 고려 왕에게 내린 조서의 일부이다. 고려 왕이 원의 부마가 되었던 이 시기 고려 왕실의 호칭은 부마국의 지위에 맞춰 낮아졌고, 관청의 명칭도 격하되는 등 자주성에 심한 손상을 입었다.

① 당백전이 발행되었다.
② 을미의병이 일어났다.
③ 영정법이 시행되었다.
④ 치안 유지법이 실시되었다.
⑤ 권문세족이 농장을 확대하였다.

[24013-0031]

11 (가) 국왕에 대한 설명으로 옳은 것은?

한국사 용어

정동행성 이문소

원이 일본 원정을 목적으로 고려에 설치했던 관청인 정동행성에서 원과 관계된 범죄를 다스리던 부속 기구이다. 이문소에서는 원의 조정에 영향력을 미칠 수 있는 자나 원과 결탁한 세력의 입김에 따라 사무가 처리되는 경우가 적지 않아 많은 폐해를 일으켰다. 그러나 (가) 이/가 정동행성 이문소를 폐지하여 원의 내정 간섭을 차단하였다.

① 녹읍을 폐지하였다.
② 탕평책을 실시하였다.
③ 사비 천도를 단행하였다.
④ 수원 화성을 축조하였다.
⑤ 전민변정도감을 설치하였다.

[24013-0032]

12 (가)에 들어갈 내용으로 가장 적절한 것은?

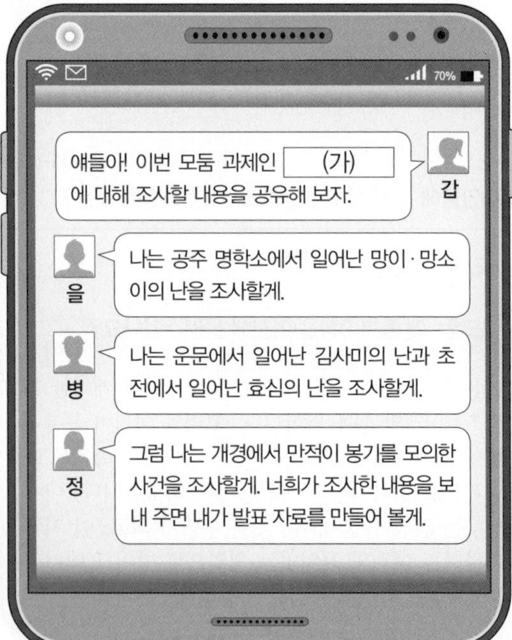

70%
갑
얘들아! 이번 모둠 과제인 (가) 에 대해 조사할 내용을 공유해 보자.
을
나는 공주 명학소에서 일어난 망이·망소이의 난을 조사할게.
병
나는 운문에서 일어난 김사미의 난과 초전에서 일어난 효심의 난을 조사할게.
정
그럼 나는 개경에서 만적이 봉기를 모의한 사건을 조사할게. 너희가 조사한 내용을 보내 주면 내가 발표 자료를 만들어 볼게.

① 신라 말 호족의 성장
② 고려 무신 정권 시기 하층민의 봉기
③ 고려 후기 성리학의 수용
④ 조선 후기 서민 문화의 발전
⑤ 개항 이후 농민층의 동요

[24013-0033]

13 다음 자료를 활용한 탐구 활동으로 가장 적절한 것은?

- 영주의 이지은소(銀所)는 …… 옛날에는 현이었는데 중간에 읍민이 국명을 어겨서 폐하고 백성을 적몰*하여 은을 세금으로 물게 하였으며, 은소라고 칭하게 된 지가 오래되었다.
- 대사헌 등이 이르기를 "이전 왕조에서 주·부·군·현을 설치하고 또 향·소·부곡을 두었는데, 1주(州)에 속현이 많으면 10여 현에 이르고, 큰 현은 본관의 호수보다도 많으나 한두 호장이 관리하였습니다."라고 하였다.

*적몰 : 국가가 중죄인의 재산을 몰수하는 것

① 삼국 시대 불교 수용의 배경을 정리한다.
② 고려 시대 특수 행정 구역의 실태를 조사한다.
③ 조선 전기 사화의 발생 이유를 알아본다.
④ 조선 후기 예송의 발생 원인을 살펴본다.
⑤ 대한 제국 칙령 제41호(1900)의 내용을 분석한다.

[24013-0034]

14 (가) 인물에 대한 설명으로 옳은 것은?

문화유산 카드

- 명칭 : 순천 송광사 보조 국사 감로탑
- 소재지 : 전남 순천시 송광면
- 소개
보조 국사 (가) 의 승탑이다. (가) 은/는 선종을 중심으로 교종을 포섭하는 선·교 일치를 추구하였고, 이를 위해 돈오점수와 정혜쌍수를 주장하였다. 그가 열반한 후, 희종이 '불일보조'라는 시호와 '감로탑'이라는 탑호를 내렸다.

① 대종교를 창시하였다.
② 현량과를 도입하였다.
③ 9재 학당을 설립하였다.
④ 수선사 결사를 제창하였다.
⑤ 당에 유학하고 돌아와 화엄종을 개창하였다.

[24013-0035]

15 (가) 국가의 문화에 대한 설명으로 옳은 것은?

여기는 (가) 의 대표적인 청자 생산지인 강진에서 발견된 청자 가마터 중 한 곳입니다. 강진에서 생산된 청자는 (가) 의 수도 개경으로 운송되어 당시 지배층에게 큰 인기를 끌었습니다. 강진 청자 가마터는 청자 절정기의 비색과 상감 청자를 비롯한 (가) 청자의 여러 특징이 변화해 가는 과정을 보여 주는 곳으로 평가받고 있습니다.

① 판소리가 유행하였다.
② 경복궁이 중건되었다.
③ 훈민정음이 창제되었다.
④ 삼국사기가 편찬되었다.
⑤ 황룡사 9층 목탑이 건립되었다.

[24013-0036]

16 (가) 서적에 대한 설명으로 옳은 것은?

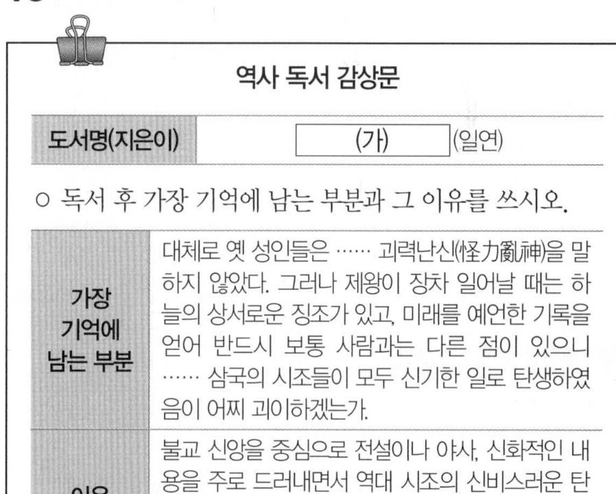

역사 독서 감상문

도서명(지은이)	(가) (일연)

○ 독서 후 가장 기억에 남는 부분과 그 이유를 쓰시오.

가장 기억에 남는 부분	대체로 옛 성인들은 …… 괴력난신(怪力亂神)을 말하지 않았다. 그러나 제왕이 장차 일어날 때는 하늘의 상서로운 징조가 있고, 미래를 예언한 기록을 얻어 반드시 보통 사람과는 다른 점이 있으니 …… 삼국의 시조들이 모두 신기한 일로 탄생하였음이 어찌 괴이하겠는가.
이유	불교 신앙을 중심으로 전설이나 야사, 신화적인 내용을 주로 드러내면서 역대 시조의 신비스러운 탄생과 업적을 강조함으로써 다른 역사서와 달리 우리 민족의 특수성을 담고 있는 점이 인상적이었다.

① 청의 문물 수용을 주장하였다.
② 단군을 나라의 시조로 인식하였다.
③ 식민 사관의 정체성론을 비판하였다.
④ 대의명분을 강조하는 성리학적 사관에 토대를 두었다.
⑤ 유교적 합리주의 사관에 기초하여 기전체로 서술되었다.

03 조선 시대 정치 운영과 세계관의 변화

✪ 6조 직계제
6조가 의정부를 거치지 않고 국왕에게 업무를 보고하고 재가를 받아 시행하는 체제이다.

✪ 의정부 서사제
6조의 업무 보고를 의정부 재상들이 먼저 심의한 후 국왕의 재가를 얻어 시행하는 체제이다.

✪ 경연
국왕과 신하들이 한자리에 모여 유교 경전과 역사를 공부하며 학문과 정책을 토론하던 제도이다.

✪ 경국대전
조선 왕조의 기본 법전으로, 이전·호전·예전·병전·형전·공전의 6전 체제로 구성되었다. 『경국대전』의 편찬으로 조선은 성문법에 근거한 통치 질서를 확립하였다.

개념 체크

1. 태종은 국왕 중심의 정치를 위해 (　　) 직계제를 실시하여 의정부의 힘을 약화시켰다.
2. 성종은 조선 왕조의 기본 법전인 (　　)을 완성하여 반포하였다.
3. 조선 시대에 사헌부, 사간원, 홍문관은 (　　)로 불렸으며, 언론 기능을 담당하였다.

정답
1. 6조　2. 경국대전　3. 3사

1. 조선의 건국과 체제 정비

(1) 조선의 건국

① 고려 말의 정세
- 위화도 회군(1388)으로 이성계 등 신흥 무인 세력과 신진 사대부가 정치적 실권 장악 → 토지 제도 개혁(과전법 실시)
- 신진 사대부가 급진 개혁파(정도전 등)와 온건 개혁파(정몽주 등)로 분열

② 건국 : 정도전 등 급진 개혁파가 이성계와 손잡고 조선 건국(1392)

(2) 체제 정비

태조	한양 천도
태종	6조 직계제 실시 → 국왕 중심 정치 강화
세종	의정부 서사제 실시, 집현전 설치
세조	집현전 폐지, 경연 폐지
성종	홍문관 설치, 『경국대전』 완성

2. 통치 체제의 정비

(1) 중앙 정치 조직

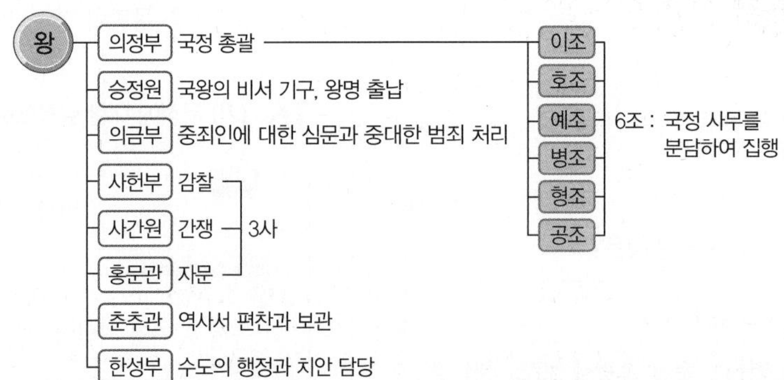

자료 플러스 | 3사의 역할

- 사헌부 : 정치나 행정에 관한 일을 논하여 바르게 이끌고, 모든 관원을 규찰한다. 풍속을 바로잡고, 원통하고 억울한 일을 풀어 주며, 외람되고 거짓된 행위를 금하는 등의 일을 맡는다.
- 사간원 : 임금에게 옳지 못하거나 잘못된 일을 고치도록 말하고, 정치의 잘못을 따져 지적하는 직무를 관장한다. 모두 문관을 임용한다.
- 홍문관 : 궁궐 내의 서적을 관리하고, 글 쓰는 일을 관리하며 왕이 의견을 물을 때에 대비한다. 모두 문관을 임용한다. …… 모두 경연관을 겸임한다.

－『경국대전』－

3사(사헌부, 사간원, 홍문관)는 각각 또는 합의하여 정치의 잘잘못을 비판하고 관리의 비리를 감찰하는 등 언론 활동을 하였다. 3사의 언론 활동은 국왕이나 고위 관리도 함부로 막을 수 없었기 때문에, 이를 통해 조선은 권력의 독점과 부정을 막고 왕권과 신권의 조화를 도모할 수 있었다.

(2) 지방 행정 조직

① 행정 구역 : 전국을 8도로 나누고 그 아래에 군현 등 설치

② 지방 통치
- 8도에 관찰사를 파견하고 모든 군현에 수령 파견
- 향리 : 수령을 보좌하며 행정 실무 담당
- 유향소 : 지방 사족이 조직한 향촌 자치 기구, 수령을 보좌하고 향리의 비리 감시

(3) 관리 등용 제도와 교육 기관

① 관리 등용 제도 : 과거, 음서, 천거 등으로 선발 → 과거 중시
- 과거의 종류 : 문과(문관 선발), 무과(무관 선발), 잡과(기술관 선발) 시행
- 과거 응시 자격 : 원칙적으로 양인 이상이면 응시 가능

② 교육 기관
- 한성에 성균관(최고 교육 기관), 지방에 향교 설치
- 16세기 이후 사림이 지방에 서원 설립

3. 정치 운영의 변화

(1) 사림의 성장과 붕당 정치

① 훈구와 사림

훈구	세조의 집권을 주도한 공신 세력이 정치적 실권을 장악하면서 형성
사림	성종이 훈구 세력 견제를 위해 3사의 언관직에 사림을 적극적으로 등용하기 시작

② 사화 : 훈구와 사림의 대립 과정에서 여러 차례에 걸쳐 사림이 피해를 입음

③ 붕당의 형성과 공론 정치
- 배경 : 사림이 서원과 향약을 바탕으로 세력 확대 → 중앙 정치 주도
- 형성 : 선조 때 정치 개혁을 둘러싸고 학문적 · 정치적 견해에 따라 동인과 서인의 붕당 형성, 동인은 다시 남인과 북인으로 분화
- 공론 정치 : 각 붕당은 지방 사족의 의견을 모아 공론이라 내세우며 서로 경쟁

(2) 붕당 정치의 전개와 변질

① 붕당 정치의 전개

광해군	북인이 정국 주도 → 서인이 주도한 인조반정으로 몰락
인조	서인이 정국을 주도하고 일부 남인이 참여하여 정국 운영(공존 관계 유지)
현종	두 차례 예송 발생 → 서인과 남인의 대립 심화

② 환국의 발생
- 숙종이 정국을 주도하여 붕당을 교체하는 환국 단행 → 붕당 정치 변질
- 서인이 남인을 배척하는 과정에서 노론과 소론으로 분화

자료 플러스 붕당의 폐해

> 신축년 · 임인년(1721, 1722) 이래로 조정에서 노론, 소론, 남인의 삼색이 날이 갈수록 더욱 사이가 나빠져 서로 역적이라는 이름으로 모함하니, 이 영향이 시골까지 미치게 되어 하나의 싸움터를 만들었다. 그리하여 서로 혼인하지 않을 뿐만 아니라 다른 당색(黨色)끼리는 서로 용납하지 않는 지경까지 이르렀다.
>
> – 이중환, 『택리지』 –

붕당 간 공존과 견제의 원칙이 무너지면서 붕당 정치가 변질되었다. 이러한 가운데 권력을 독점하게 된 붕당이 상대 붕당을 탄압하고 보복하는 정쟁이 계속되었다.

✪ 문과
문관을 선발하는 시험으로, 탐관오리의 아들, 재가녀의 자손, 서얼 등은 응시할 수 없었다.

✪ 잡과
기술관을 선발하는 시험으로, 외국어 시험인 역과, 법률 시험인 율과, 의술 시험인 의과, 천문학 시험인 음양과 등이 있었다.

✪ 공론
누구나 옳고 그름을 따질 수 있는 공정하고 바른 의견이다.

✪ 예송
현종 때 효종과 효종비의 장례와 관련하여 효종의 계모였던 자의 대비의 상복 입는 기간을 둘러싸고 서인과 남인이 대립한 사건이다.

개념 체크

1. 조선은 전국 8도에 지방관으로 (　　)를 파견하고, 모든 군현에 수령을 파견하였다.
2. 성종은 훈구 세력을 견제하기 위해 주로 3사의 언관직에 (　　)을 등용하였다.
3. 선조 때 사림이 학문적 · 정치적 견해에 따라 (　　)과 서인으로 나누어지며 붕당이 처음 형성되었다.

정답
1. 관찰사 2. 사림
3. 동인

(3) 탕평 정치

배경	붕당 간 대립 격화로 붕당 정치 변질 → 붕당 간의 세력 균형을 도모하고 왕권을 강화하기 위해 탕평 정치 추진
영조	• 탕평파 육성 • 탕평비 건립 • 붕당의 근거지인 서원 정리
정조	• 노론 · 소론 · 남인을 고루 기용 • 규장각 육성 • 젊은 관리를 재교육하는 초계문신제 실시 • 국왕의 친위 부대인 장용영 설치 • 수원 화성 건설

(4) 세도 정치

배경	정조 사후 어린 순조가 즉위하면서 일부 외척 세력이 정권 장악
전개	순조~철종에 걸친 3대 60여 년 동안 안동 김씨, 풍양 조씨 등 몇몇 가문이 비변사의 고위 관직을 장악하고 권력 독점
영향	• 정치 기강의 문란으로 매관매직 성행 • 삼정의 문란으로 백성 수탈 심화 → 농민 봉기 발생

✪ 규장각
왕실 도서관의 기능을 담당하였으나, 정조가 비서실 기능을 부여하고 과거 시험과 관리 교육까지 담당하게 하는 등 정치 기구로 육성하였다.

✪ 수원 화성
정조가 자신의 정치적 이상을 담아 건설하였다. 군사적 방어 기능과 상업적 기능을 함께 고려하여 세운 성곽이다.

✪ 비변사
중종 때 국방 문제를 논의하기 위해 설치한 임시 기구였다. 임진왜란을 거치면서 국정을 총괄하는 등 기능이 강화되었다.

4. 조선의 대외 관계와 양 난의 극복

(1) 조선 전기 사대교린 외교

① 명과의 사대 외교
- 건국 초기 명의 압박과 조선의 요동 정벌 추진으로 일시적 갈등 → 태종 이후 친선 관계 유지
- 명과 조공 · 책봉 관계를 맺고 사대 외교 전개 → 경제적 · 문화적 교류(실리 외교)

② 주변국에 대한 교린 외교

여진	• 회유책 : 국경 지역에 무역소를 설치하고 교역 허용 • 강경책 : 군대를 동원하여 토벌, 세종 때 4군 6진 지역 개척
일본	• 강경책 : 왜구의 약탈 지속 → 세종 때 왜구의 근거지로 지목된 대마도(쓰시마섬) 정벌 • 회유책 : 일본의 교역 요청에 따라 3포(부산포, 제포, 염포) 개방, 제한적인 교역 허용
기타	류큐(유구), 자와 등 동남아시아 국가들의 사신 왕래

✪ 3포 개방
왜구가 진정되고 대마도(쓰시마섬) 도주가 평화적 교역을 간청해 오자 조선이 부산포, 제포(창원), 염포(울산)의 3포를 개방해 제한된 범위 내에서 교역을 허용하였다.

자료 플러스 여진에 대한 교린 정책

> 경성 · 경원 지방에 야인(여진족)의 출입을 금하지 아니하면 떼 지어 몰려들 우려가 있고, 일절 끊고 금하면 야인이 소금과 쇠를 얻지 못하여 변경에 문제가 생길 것 같습니다. 원하건대, 두 고을에 무역소를 설치하여 저들로 하여금 와서 물물 교역하게 하소서.
> –『태종실록』–

조선은 여진에 대해 교린 정책을 실시하였다. 여진족의 귀순을 장려해 관직과 토지 등을 주어 우리 주민으로 동화시키는 한편, 경성과 경원에 무역소를 두어 국경 무역과 사절 왕래를 통한 교역을 허용하였다.

개념 체크

1. 정조는 왕실 도서관 기능을 담당하던 (　　)을 강력한 정치 기구로 육성하였다.
2. 순조, 헌종, 철종 시기에는 몇몇 외척 가문을 중심으로 (　　) 정치가 행해졌다.
3. 조선 전기에는 (　　), 제포, 염포의 3포를 개방하여 일본과 제한된 범위 내에서 교역하였다.

정답
1. 규장각 2. 세도 3. 부산포

(2) 임진왜란(1592~1598)

① 배경 : 도요토미 히데요시의 대륙 침략 욕구 등

② 발발 : 일본군의 조선 침략 → 전쟁 초기 조선군의 잇따른 패전, 선조는 의주로 피란

③ 전개
- 이순신이 이끄는 수군의 활약(한산도 대첩 등)
- 곽재우와 조헌 등 의병의 활약
- 명군의 참전 → 조명 연합군이 평양성 탈환
- 권율이 이끄는 관군 등의 행주 대첩
- 휴전 회담 : 명과 일본 사이에 진행 → 결렬
- 정유재란 : 일본군의 재침입(1597) → 명량 대첩 등에서 일본군 격퇴 → 도요토미 히데요시 사망 후 일본군 철수

④ 영향

조선	인구 감소와 농토 황폐화, 비변사가 국정 총괄
중국	• 명 : 전쟁으로 인한 재정난 가중 등으로 국력 약화 • 만주 지역에서 여진 성장 → 후금 건국
일본	• 에도 막부 성립 • 조선에서 약탈한 문화재, 납치한 학자와 기술자 등을 통해 문화 발전

✪ 광해군의 중립적인 외교
광해군은 명이 쇠약해지고 후금이 강성해지는 국제 정세의 변화에 신중하게 대처하였다. 명의 요청에 따라 강홍립이 이끄는 군대를 파견하였으나, 상황에 맞게 행동하도록 지시하였다. 이에 강홍립이 후금에 항복하여 조선은 후금과의 불필요한 마찰을 피할 수 있었다.

(3) 호란의 발생
① 광해군의 대외 정책 : 명과 후금 사이에서 중립적인 외교 전개

② 정묘호란(1627)

배경	인조반정을 일으킨 서인 정권이 친명 배금 표방
전개	후금의 침략 → 화의 성립(형제 관계)

✪ 친명 배금
인조반정을 주도한 서인은 명에 대한 의리를 지키고 후금을 배척하자고 주장하였다.

③ 병자호란(1636~1637)

배경	후금이 국호를 청으로 고치고 군신 관계 요구 → 주화론과 척화론(주전론) 대립 → 군신 관계 거부
전개	청 태종의 침략 → 인조가 남한산성에서 항쟁 → 항복(청과 군신 관계 수립)

자료 플러스 주전론

윤집이 상소하기를, “화의가 나라를 망친 것은 어제 오늘의 일이 아니고 옛날부터 그러하였으나 오늘날처럼 심한 적은 없었습니다. 명은 우리나라에 있어서 부모의 나라이고 노적(청)은 우리나라에 있어서 부모의 원수입니다. 신하된 자로서 부모의 원수와 형제의 의를 맺고 부모의 은혜를 저버릴 수 있겠습니까. 더구나 임진년의 일은 조그마한 것까지도 모두 (명) 황제의 힘이니 우리나라가 살아서 숨 쉬는 한 은혜를 잊기 어렵습니다. …… 어찌 차마 이런 시기에 다시 화의를 제창할 수야 있겠습니까.”라고 하였다. -『인조실록』-

정묘호란 이후 청이 군신 관계를 요구하자, 조선에서는 외교 교섭을 통해 문제를 해결하자는 주화론이 등장하였다. 이에 윤집 등은 주화론을 비판하며 명에 대한 의리를 지키기 위해 전쟁할 것을 주장하였다.

(4) 양 난 이후의 대외 관계
① 일본과의 관계 : 임진왜란 이후 국교를 재개하고 통신사 파견

② 청과의 관계
- 북벌 운동의 추진 : 효종 때 송시열 등을 중심으로 전개, 청에 당한 치욕을 씻고 명에 대한 의리를 지키기 위해 청을 정벌하려 함
- 조선 중화주의 확산 : 조선 지식인층 사이에서 명이 멸망한 이후 중화의 정통성을 조선이 계승하였다는 주장 확산
- 북학론 제기 : 청에 파견된 연행사를 통해 청의 발전상 소개 → 18세기 이후 청의 발달한 문물을 수용하자는 주장 제기

개념 체크

1. 국방 문제를 논의하기 위해 설치된 (   )는 임진왜란을 거치면서 국정을 총괄하는 최고 기구가 되었다.
2. (   )은 명과 후금 사이에서 실리를 취하는 중립적인 외교를 전개하였다.
3. 효종 때에는 명에 대한 의리를 지키고 청에 당한 치욕을 씻자는 (   ) 운동이 추진되었다.

정답
1. 비변사 2. 광해군 3. 북벌

1단계 자료 분석

(가)

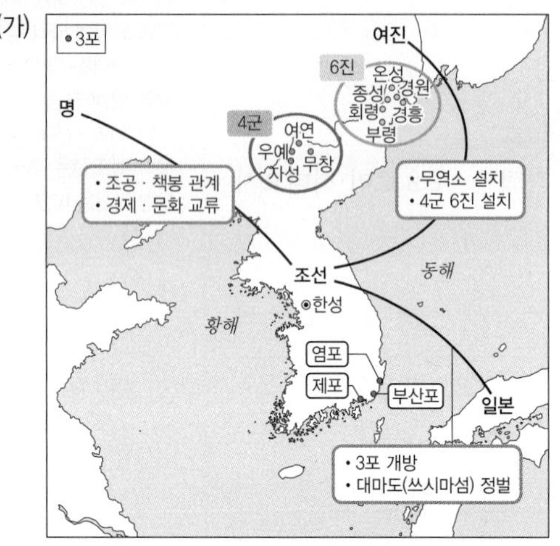

▲ 조선 전기의 대외 관계

(나)

▲ 임진왜란 당시 관군과 의병의 활동

(가)는 조선 전기 명, 여진, 일본 등과의 대외 관계를 나타낸 지도이다. 조선은 태종 즉위 이후 명과 조공 · 책봉 관계를 맺고 사대 외교를 전개하는 한편, 경제적 · 문화적 교류로 실리를 추구하여 친선 관계를 유지하였다. 여진, 일본 등에는 교린 외교를 원칙으로 회유책과 강경책을 함께 펼쳤다. 특히, 조선은 여진이 국경을 침범하거나 약탈을 자행할 때 군대를 동원하여 토벌하였는데, 세종 때에는 4군 6진 지역을 개척하여 압록강과 두만강 유역까지 영토를 넓혔다.

(나)는 임진왜란(1592~1598) 당시 관군과 의병의 활동을 나타낸 지도이다. 전쟁 초기에 일본군을 효과적으로 막아 낼 수 없게 되자, 선조는 의주로 피란하여 명에 원군을 요청하였다. 조선은 의병과 이순신이 이끄는 수군의 활약, 조명 연합군의 승리로 전세를 바꿀 수 있었다.

2단계 문항 연습

정답과 해설 11쪽

[24013-0037]

1 밑줄 친 '이들'에 대한 외교 정책으로 옳은 것은?

이 그림은 김종서가 함경도에 있을 때 연회 중에 날아든 화살에도 의연하게 대처한 일화를 그린 것입니다. 그는 세종 때 이들을 토벌하고 6진 지역을 개척하여, 두만강 유역까지 국경을 넓히는 데 공을 세웠습니다.

① 신식 군대인 별기군을 창설하였다.
② 적장 소손녕과 외교 담판을 벌였다.
③ 비밀리에 조사 시찰단을 파견하였다.
④ 무역소를 설치하여 교역을 허용하였다.
⑤ 부산포, 제포, 염포의 3포를 개방하였다.

대표 기출 확인하기

1 (가), (나) 시기 사이에 있었던 사실로 옳은 것은? 2023학년도 수능

> (가) 심의겸과 김효원의 대립이 더욱 심해져서 심의겸을 지지하는 무리는 서인이 되고 김효원을 지지하는 무리는 동인이 되었다. 이로써 조정 신하 가운데 주관이 뚜렷하여 독자적으로 행동하는 사람이 아니면 모두 동인이나 서인으로 나눠지게 되었다.
> (나) 임금께서 탕평책을 실시하여, "두루 화합하고 편당을 짓지 않는 것은 군자의 공정한 마음이요, 편당만 짓고 두루 화합하지 않는 것은 소인의 사사로운 뜻이다."라는 글을 써서 내리고 이를 새긴 탕평비를 향석교에 세우도록 하였다.

① 환국이 일어났다.
② 무신 정권이 성립되었다.
③ 위화도 회군이 단행되었다.
④ 성왕이 사비로 천도하였다.
⑤ 제너럴 셔먼호 사건이 발생하였다.

간략 풀이

정답 | ①

풀이 | 동인이나 서인으로 나눠지게 되었다는 것 등을 통해 (가) 시기는 조선 선조 때이며, 탕평비를 세웠다는 것 등을 통해 (나) 시기는 조선 영조 때임을 알 수 있다. 조선 숙종 때 집권 붕당이 급격하게 교체되는 환국이 발생하였다. ② 1170년 고려 무신들이 정변을 일으켜 무신 정권이 성립되었다. ③ 고려 말인 1388년에 요동 정벌에 나선 이성계가 위화도 회군을 단행하여 권력을 장악하였다. ④ 백제 성왕은 웅진에서 사비로 천도하였다. ⑤ 1866년 미국인 소유 상선 제너럴 셔먼호가 대동강을 거슬러 평양에 와서 통상을 요구하며 횡포를 부렸다.

2 다음 자료에 나타난 전쟁의 영향으로 가장 적절한 것은? 2024학년도 수능 6월 모의평가

> (인조 14년) 12월 1일
> 청이 조선 침략을 위해 12만여 명의 대군을 선양(심양)에 집결하게 하였다.
>
> (인조 14년) 12월 14일
> 임금이 강화도로 가려고 하였으나, 청군이 길을 차단하였다고 하자 남한산성으로 들어갔다.
>
> (인조 15년) 1월 22일
> 청군이 강화도를 함락하였고 봉림대군 등이 사로잡혔다.
>
> (인조 15년) 1월 30일
> 임금이 삼전도에서 세 번 절하고 아홉 번 머리를 조아리는 예를 행하였다.

① 대가야가 멸망하였다.
② 별무반이 편성되었다.
③ 북벌론이 대두하였다.
④ 삼국 간섭이 발생하였다.
⑤ 쌍성총관부가 설치되었다.

간략 풀이

정답 | ③

풀이 | 인조가 남한산성으로 들어갔다는 것, 청군이 강화도를 침략하고 봉림 대군 등을 사로잡았다는 것 등을 통해 자료에 나타난 전쟁이 병자호란임을 알 수 있다. 병자호란 이후 조선에서는 오랑캐에 당한 치욕을 씻고 명에 대한 의리를 지키자는 북벌론이 대두하였다. ① 6세기 신라 진흥왕이 대가야를 병합하였다. ② 고려 숙종은 여진 정벌을 위한 특수 부대인 별무반을 편성하였다. ④ 일본이 시모노세키 조약으로 랴오둥반도를 차지하자 러시아의 주도로 삼국 간섭이 일어났다(1895). ⑤ 쌍성총관부는 몽골이 고려의 동북부 지역을 차지한 후 직접 지배하기 위해 설치한 기구였다.

[24013-0038]

01 (가) 국가에서 추진한 정책으로 옳은 것은?

『경국대전』 보물 지정 2주년 특별전이 열렸습니다. (가) 은/는 성종 때 『경국대전』을 완성함으로써 성문법에 근거한 통치 질서를 확립하였습니다. 이번 전시회는 관람객이 『경국대전』의 실물 질감을 그대로 구현한 영인본을 직접 만져 볼 수 있다는 점에서 눈길을 끌고 있습니다.

한국사 뉴스
『경국대전』 특별전, ○○ 도서관에서 개막

① 회사령을 공포하였다.
② 홍문관을 설치하였다.
③ 노비안검법을 실시하였다.
④ 독서삼품과를 운영하였다.
⑤ 사심관 제도를 시행하였다.

[24013-0039]

02 (가) 기구에 대한 설명으로 옳은 것은?

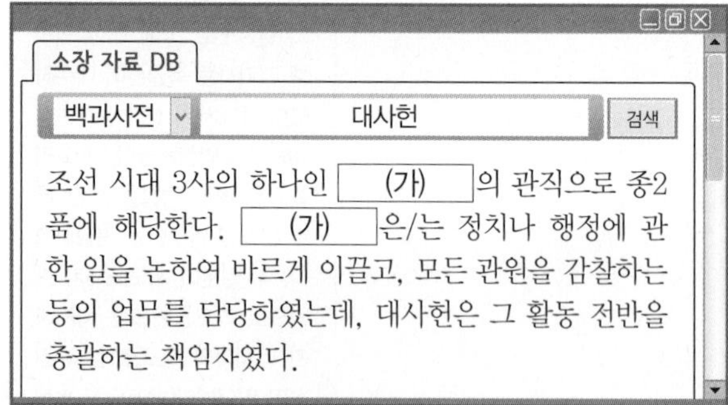

조선 시대 3사의 하나인 (가) 의 관직으로 종2품에 해당한다. (가) 은/는 정치나 행정에 관한 일을 논하여 바르게 이끌고, 모든 관원을 감찰하는 등의 업무를 담당하였는데, 대사헌은 그 활동 전반을 총괄하는 책임자였다.

① 제1차 갑오개혁을 주도하였다.
② 임술 농민 봉기를 계기로 설치되었다.
③ 권력의 독점을 막는 언론 기능을 맡았다.
④ 권문세족을 견제하는 역할을 담당하였다.
⑤ 최씨 무신 정권 시기에 최고 권력을 행사하였다.

[24013-0040]

03 (가) 제도에 대한 설명으로 옳은 것만을 〈보기〉에서 고른 것은?

조선의 관리 등용 제도에는 (가), 음서, 천거 등이 있었는데, 주로 (가) 을/를 통해 관리를 선발하였다. 관리가 되기 위해 (가) 을/를 보러 가는 선비들은 길도 함부로 선택하지 않았다. 영남에서 한양으로 가던 선비들은 유독 문경 새재를 고집하였다. '문경(聞慶)'이란 지명이 '경사스러운 소식을 듣는다.'는 뜻이기 때문이다. 반면 죽령과 추풍령은 넘기 싫어하였다. 죽령을 넘으면 '죽죽 미끄러지고', 추풍령을 넘으면 '추풍낙엽처럼 떨어진다.'고 생각하였기 때문이다.

● 보기 ●

ㄱ. 실시 과정에서 지주들이 반발하였다.
ㄴ. 문과, 무과, 잡과로 구분하여 실시하였다.
ㄷ. 원칙적으로 양인 이상이 응시할 수 있었다.
ㄹ. 의정부의 권한을 약화시키는 결과를 가져왔다.

① ㄱ, ㄴ ② ㄱ, ㄷ ③ ㄴ, ㄷ ④ ㄴ, ㄹ ⑤ ㄷ, ㄹ

[24013-0041]

04 (가)에 대한 설명으로 옳은 것은?

한국사 학습지

학습 주제 : (가) 의 형성과 분화

- 배경 : 사림이 서원과 향약을 바탕으로 세력 확대 → 중앙 정치 주도
- 전개 과정

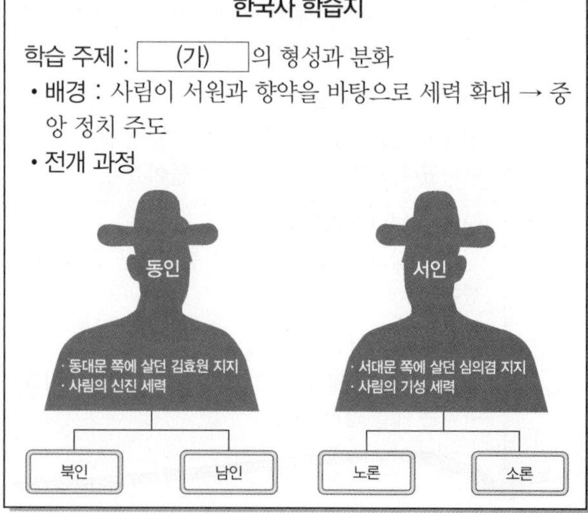

① 공론 정치를 추구하였다.
② 임오군란을 전후로 분화되었다.
③ 원의 세력을 배경으로 성장하였다.
④ 북학파 실학자들의 사상을 계승하였다.
⑤ 골품제를 비판하며 개혁을 요구하였다.

[24013-0042]

05 (가)에 들어갈 내용으로 가장 적절한 것은?

▣ 한국사 용어 학습 : ○○

1. 정의 : 조선 후기에 집권 붕당이 교체되어 정국이 급격하게 바뀌게 된 상황
2. 숙종 때의 주요 사례

발생 시기	경신년 (1680)	기사년 (1689)	갑술년 (1694)
관련 인물	허적	희빈 장씨 (경종의 어머니)	숙빈 최씨 (영조의 어머니)
세력 교체	남인 → 서인	서인 → 남인	남인 → 서인

3. 영향 : (가)

① 아관 파천이 단행됨
② 대한국 국제를 반포하게 됨
③ 신진 사대부가 성장하게 됨
④ 무신들이 권력을 장악하게 됨
⑤ 특정 붕당이 권력을 독점하게 됨

[24013-0043]

06 밑줄 친 '주제'로 가장 적절한 것은?

1모둠이 제작한 만평을 같이 볼까요? 주제에 맞게 잘 표현하려면 남인도 고루 기용되었다는 점, 왕실 도서관인 규장각이 정치 기구로 육성되었다는 점 등이 추가되면 완성도가 높아질 것 같아요.

① 정조의 탕평 정치
② 세조의 6조 직계제
③ 태조의 호족 통합 정책
④ 신문왕의 왕권 강화 정책
⑤ 공민왕의 반원 개혁 정치

[24013-0044]

07 (가) 정치 시기에 있었던 사실로 옳은 것은?

순조 즉위 초반에는 정순 왕후로 대표되는 경주 김씨의 외척 세력이 권력의 중심이었으나, 순조가 노론 시파인 안동 김씨 김조순의 딸을 아내로 맞이하고 정순 왕후가 승하하면서 안동 김씨 가문이 권력을 장악하게 되었다. 이후 어리거나 권력을 행사하지 못한 헌종과 철종이 연이어 재위하면서 안동 김씨, 풍양 조씨 등 외척 가문은 대왕대비나 왕대비를 권력의 기반으로 삼았다. 이와 같이 국왕이 허수아비 같은 존재로 전락하였던 (가) 은/는 우연이 아니라 조선 후기 사회 모순이 격화되면서 나타난 결과로 볼 수 있다.

① 강화도 조약이 체결되었다.
② 삼정의 문란이 극심하였다.
③ 홍건적과 왜구가 침입하였다.
④ 개경에서 만적이 봉기를 모의하였다.
⑤ 진골 귀족들이 왕위 쟁탈전을 벌였다.

[24013-0045]

08 (가)에 들어갈 내용으로 가장 적절한 것은?

조선은 교린 외교를 원칙으로 여진에는 무역소를 설치하고, 일본에는 3포를 개방하여 교역을 허용하는 등 회유책을 실시하였다. 그러나 이들의 침략과 약탈을 막기 위한 강경책도 병행하였는데, 세종 때에는 압록강과 두만강 일대의 여진을 몰아내고 4군과 6진 지역을 개척하였다. 또 왜구의 침략이 계속되자 (가)

① 일본에 수신사를 파견하였다.
② 대마도(쓰시마섬)를 정벌하였다.
③ 매소성 전투에서 적을 격퇴하였다.
④ 윤관의 건의에 따라 별무반을 편성하였다.
⑤ 외교 담판으로 강동 6주 지역을 확보하였다.

[24013-0046]

09 밑줄 친 '전쟁' 중에 볼 수 있는 모습으로 가장 적절한 것은?

[노래로 학습하는 한국사]

> 조선은 본디부터 예의의 나라라 일컬어
> 군사를 천히 여기고 문장을 숭상하였네
> 그때 섬 오랑캐가 멋대로 날뛰더니
> 모래 둑 터지듯 대나무 쪼개듯 평양까지 쳐들어왔네
> 임금은 (의주로) 파천하여 초망(草莽)에 있고
> 두 왕자는 동으로 끌려가 고통받았네

[해설] 이 노래는 명의 장수가 전쟁 중에 군사와 식량을 모으기 위해 지은 「권려가」 중 일부이다. 국왕이 노래 밑에 직접 글을 첨부하여 신뢰도를 높였고, 목판으로 인쇄하여 전국에 보급하였다.

① 이순신의 지휘를 받는 수군
② 팔만대장경을 조판하는 장인
③ 신식 무기로 훈련하는 별기군
④ 서울로 진격하는 13도 창의군
⑤ 봉오동에서 적을 물리치는 장군

[24013-0047]

10 (가) 전쟁에 대한 탐구 활동으로 가장 적절한 것은?

수행 평가 보고서

○학년 ○반 ○○○

- 과제명 : (가) 에 관한 자료 수집 및 정리
- 수집 자료
  - 부산진이 함락되면서 첨사 정발이 전사하였다. 이어 동래부가 함락되면서 부사 송상현도 전사하였다.
  - 권율이 행주에서 왜적을 대파하고, 고산 현감 신경희를 보내어 승전 소식을 아뢰었다. 신경희가 아뢰기를, "그 지역에는 돌이 많아 모든 군사들이 앞다투어 돌을 던져 싸움을 도왔습니다."라고 하였다.

① 강화도로 천도한 시기를 파악한다.
② 국가 총동원법의 내용을 분석한다.
③ 위화도 회군이 가져온 결과를 정리한다.
④ 곽재우가 의병을 일으킨 배경을 찾아본다.
⑤ 외규장각 도서가 약탈당한 원인을 알아본다.

[24013-0048]

11 밑줄 친 '답서'가 작성된 시기를 연표에서 옳게 고른 것은?

전쟁 중 후금에서 조선 국왕에게 보낸 답서는 다음과 같다. "두 나라가 화친하고 좋게 지내자는 것은 다 함께 아름다운 일입니다. 귀국이 참으로 화친을 바란다면, 반드시 종전대로 명을 섬기지 말고 그들과 왕래를 끊고서 우리가 형이 되고 귀국이 아우가 됩시다. 명이 노여워하더라도 우리 이웃 나라가 가까운데 무슨 두려워할 것이 있겠습니까. 과연 이 의논과 같이한다면, 우리 두 나라가 하늘에 고하고 맹세하여 영원히 형제의 나라가 되어 함께 태평을 누릴 것입니다."

조선 건국	(가)	세종 즉위	(나)	인조 반정	(다)	병인양요	(라)	을미사변	(마)	대한 제국 수립

① (가) ② (나) ③ (다) ④ (라) ⑤ (마)

[24013-0049]

12 밑줄 친 '계획'이 추진된 배경으로 가장 적절한 것은?

저 오랑캐는 반드시 망하게 될 것이오. 그러니 정예화된 포병 10만을 육성하여 저들이 예상하지 못할 때 중국의 중심부로 곧장 쳐들어갈 계획이오. 중원의 의사(義士)와 호걸, 그리고 병자년에 잡혀간 수만의 포로 중 어찌 호응하는 자가 없겠소. 반드시 삼전도에서 당한 치욕을 씻을 것이오.
전하의 뜻은 알겠으나, 만일 차질이 있어 나라가 망하게 된다면 어찌하겠습니까?

① 만주 사변이 일어났다.
② 일본이 외교권을 박탈하였다.
③ 부산, 원산, 인천이 개항되었다.
④ 청과의 군신 관계가 수립되었다.
⑤ 강화도에서 개경으로 환도가 이루어졌다.

04 양반 신분제 사회와 상품 화폐 경제

1. 양반 중심의 신분 질서 확립

(1) 조선의 신분 제도

① 양천제 : 모든 사회 구성원을 법제적으로 양인과 천인으로 구분

② 4신분제 : 양인층을 양반, 중인, 상민으로 구분 → 양반 · 중인 · 상민 · 천민의 4신분제 정착

(2) 신분 질서의 확립

양반	• 문반과 무반을 함께 부르던 명칭 → 점차 그 가족이나 가문까지 포함하는 신분 용어로 정착 • 과거 등을 통해 관직에 진출, 국역 면제 등 각종 특권을 누림
중인	• 중앙과 지방의 서리와 향리, 기술관 등 하급 관리 • 양반 첩에게서 태어난 서얼도 중인과 비슷한 대우를 받음
상민	• 농민, 수공업자, 상인 등 • 전세 · 공납 · 역의 의무 부담, 법적으로 과거 응시 가능
천민	• 노비가 대부분을 차지 • 노비 : 재산으로 취급되어 매매, 상속, 증여 가능

(3) 서원과 향약

① 서원 : 사림의 주도로 설립, 선현에 대한 제사와 학문 연구 · 교육 등 담당

② 향약 : 향촌 주민이 지켜야 할 자치 규약, 향촌 사회에 유교 윤리 보급

자료 플러스 서원의 기능

오늘날의 국학(國學)은 참으로 현명한 선비들이 드나드는 곳이지만, 군현의 학교와 같은 경우 그저 공허한 제도만 설비해 두어 교육의 방도가 크게 무너져서 선비들이 도리어 향교에서 유학하는 일을 수치스럽게 여깁니다. 그 피폐함이 지극해져서 구제할 방법이 없으니 한심하다 할 만합니다. 오로지 서원의 교육이 지금 성대하게 일어난다면 무너진 학정(學政)이 보완되어 학자들이 돌아오고, 선비들의 기풍이 그것을 좇아 크게 변하고 습속이 날로 훌륭해져서 왕의 교화가 성취될 수 있을 것이니, 그것은 훌륭한 통치에 큰 보탬이 될 것입니다.

– 이황이 경상도 관찰사 심통원에게 올린 편지 –

서원은 중종 때 주세붕이 세운 백운동 서원을 시작으로 각 지방에 교육 기관으로서 많이 설립되었다. 서원은 성리학을 교육 · 연구하고 선현의 제사를 모시는 기능을 담당하였으며, 사림들이 학문적 · 정치적으로 결속할 수 있는 기반으로서 붕당의 근거지가 되었다.

2. 조선 후기 상품 화폐 경제의 발달

(1) 수취 체제의 정비

① 대동법 : 광해군 때 경기도에서 처음 실시 → 이후 점차 시행 지역 확대

- 내용 : 공납을 토지 결수 기준으로 쌀 · 무명 · 베 · 동전 등으로 징수
- 영향 : 농민 부담 감소, 관청에 물품을 납품하는 공인 성장, 상품 화폐 경제 발달

② 영정법 : 전세를 풍흉과 관계없이 토지 1결당 쌀 4~6두 징수

③ 균역법 : 영조 때 시행, 군포 1필 징수

✪ 양인과 천인

양인은 전세 · 공납 · 역의 의무를 부담하는 대신 과거 응시가 가능하였고, 천인은 천역을 담당하는 최하층 신분이었다.

✪ 공인

대동법의 실시로 성장한 상인으로, 이들은 선혜청에서 대가를 미리 받아 각 관청의 필요 물품을 사서 납부하였다.

개념 체크

1. 천민의 대다수를 차지한 (   )는 재산으로 취급되어 매매 · 상속 · 증여가 가능하였다.
2. 사림은 선현에 대한 제사와 성리학을 연구하고 교육하는 기관으로 (   )을 설립하였다.
3. (   )은 토산물로 내던 공물을 토지 결수를 기준으로 쌀, 무명, 베, 동전 등으로 징수한 제도이다.

정답

1. 노비 2. 서원 3. 대동법

✪ 선대제 수공업
수공업자가 상인이나 물주에게 생산에 필요한 자금과 원료를 미리 받아서 물품을 생산하는 방식이다.

✪ 금난전권
시전 상인들에게 주어졌던 것으로 허가 없이 상품을 매매하는 난전을 단속할 수 있는 권한이었다.

✪ 객주와 여각
장시나 포구에서 상품의 매매를 중개하거나 운송, 보관, 숙박, 금융업 등에 종사하던 상인을 말한다.

✪ 상평통보

조선 후기 전국적으로 사용된 금속 화폐이다.

(2) 농업 경영의 변화와 수공업·광업의 발달

농업	• 모내기법(이앙법)의 확산 : 노동력 절감, 생산력 증대, 벼와 보리의 이모작 확대, 1인당 경작 면적 확대(광작 성행) • 인삼, 담배, 채소 등 상품 작물 재배, 쌀의 상품화 진전
수공업	관영 수공업이 쇠퇴하고 민영 수공업 발달, 선대제 수공업 성행
광업	17세기 이후 민간의 광산 채굴 허용

자료 플러스 농업 경영의 변화

• 지금 남쪽에서는 모두 모내기를 통해 농사를 짓는다. 모내기법은 직파법보다 노동력이 5분의 4나 절약이 된다. 따라서 부리는 사람이 많은 자는 한없이 경작할 수 있으나 땅이 없는 자는 땅을 빌려 농사를 지을 수도 없다. -『성호사설』-

• 모시·삼베·참외·오이 따위와 온갖 채소, 온갖 약초를 심어서 진실로 농사만 잘한다면 한 고랑 밭에서 얻는 이익은 헤아릴 수 없을 것이다. 서울 안팎과 번화한 큰 도시의 파밭, 마늘밭, 배추밭, 오이밭에서는 10무의 땅에서 얻은 수확으로 수만 전을 벌 수 있다. …… 근년에는 인삼을 또 밭에다 심어서 남는 이익이 혹 천만이나 되니, 이것은 토지 등급으로써 말할 수 없다. -『경세유표』-

첫 번째 자료는 모내기법으로 논의 잡초를 제거하는 일손을 덜게 되자 1인당 경작 면적이 늘어났고, 지주들은 소작을 주는 대신 노비, 임노동자 등을 통해 직접 토지를 경영하였다는 당시 상황에 대한 것이다. 두 번째 자료는 상품 화폐 경제가 발달하면서 일부 농민들이 인삼, 채소 등 상품 작물을 재배하여 시장에 내다 팔아 많은 수입을 올렸다는 것을 설명하고 있다. 조선 후기 이러한 농업 경영의 변화는 농민의 계층 분화를 촉진하게 되었다.

(3) 상업 발달과 화폐 유통

① 배경 : 농업 생산력 증대, 대동법 시행에 따른 공인의 활동 등
② 사상의 성장
• 경강상인(한성), 송상(개성), 만상(의주), 내상(동래) 등 → 일부는 독점적 도매상인인 도고로 성장
• 정조가 육의전을 제외한 시전 상인의 금난전권 폐지(통공 정책) → 상업 활동의 자유 확대
③ 장시 : 5일장 정착, 일부는 상설 시장화, 보부상의 활동 활발
④ 포구 상업 : 포구가 상업 중심지로 성장
⑤ 객주·여각 : 상품의 위탁 판매, 매매 중개 등
⑥ 화폐 유통 : 조선 후기에 상평통보가 전국적으로 유통(세금과 지대 납부에 활용), 어음·환 등 신용 화폐 등장
⑦ 대외 무역 : 개시 무역과 후시 무역 전개

▲ 조선 후기의 상업과 무역 활동

3. 조선 후기의 사회 변화와 새로운 사상의 등장

(1) 신분제의 동요

① 양반 : 일부 양반은 향촌에서 겨우 위세를 유지하거나 경제적으로 농민과 비슷한 처지의 잔반으로 몰락
② 서얼 : 집단 상소를 통해 관직 진출에 대한 차별 철폐 요구(서얼 허통)

개념 체크

1. 조선 후기에 (   )법이 전국으로 확산하면서 노동력이 절감되고 1인당 경작 면적이 확대되었다.
2. 상업이 발달하면서 일부 사상은 독점적 도매상인인 (   )로 성장하였다.
3. (   )와 여각은 상품의 위탁 판매와 매매를 중개하거나 숙박, 금융업에 종사하였다.

정답
1. 모내기(이앙) 2. 도고
3. 객주

③ 상민
- 일부 농민이 광작 등을 통해 부농층으로 성장 → 납속책, 공명첩, 족보 매입 · 위조 등을 통해 신분 상승 추구
- 다수 농민은 소작농, 임노동자, 영세 상인 등으로 전락

④ 천민
- 전쟁에서 공을 세우거나 납속, 도망 등의 방법으로 신분 상승 추구
- 정부가 상민 확보를 위해 노비종모법 실시, 순조 때 공노비 해방

(2) 향촌 지배 질서의 변화

① 향전 발생 : 새로 성장한 신향이 수령과 결탁하여 향촌 지배권에 도전 → 향촌 사회 주도권을 두고 신향과 구향의 향전 전개

② 결과 : 지방 사족의 향촌 지배권 약화, 수령의 권한 강화, 향회가 수령의 부세 자문 기구로 변질

(3) 농민 봉기의 발생

① 배경 : 세도 정치의 폐단, 삼정의 문란 등

② 홍경래의 난(1811)

원인	평안도 지역 차별과 세도 정권의 수탈
전개	홍경래가 신흥 상공업 세력과 광산 노동자 등을 규합하여 봉기 → 관군에 의해 진압

③ 임술 농민 봉기(1862)
- 진주 농민 봉기를 계기로 농민 봉기가 전국으로 확산
- 정부의 대응 : 암행어사나 안핵사 파견, 삼정의 문란을 해결하기 위해 삼정이정청 설치 → 미봉책에 불과

자료 플러스 농민 봉기의 발생

경상도 안핵사 박규수가 탐관오리를 조사하고 죄를 다스리는 것 때문에 상소하기를, "이번 진주의 난민들이 소동을 일으킨 것은 오로지 전 우병사 백낙신이 탐욕스러워 백성을 침학했기 때문입니다. 병영의 환곡 결손 및 도결(都結)*에 대해 시기를 틈타 한꺼번에 6만 냥의 돈을 가호에 배정하여 억지로 부과하려고 하니, 총 6만 냥의 돈을 각 호에서 억지로 징수하려 하였고, 이 때문에 백성들의 민심이 들끓고 노여움이 일제히 폭발해서 드디어 이것이 전에 듣지 못하던 변란으로 나타난 것입니다."라고 하였다. -『철종실록』-

*도결 : 각종 명목의 조세를 토지에 부과하여 징수함.

19세기에는 세도 정치의 폐단 등으로 농민 봉기가 발생하였다. 특히 임술년(1862)에는 단성, 진주에서 시작하여 삼정의 문란을 시정할 것을 요구하는 농민 봉기가 전국적으로 확대되었는데, 이를 임술 농민 봉기라고 한다.

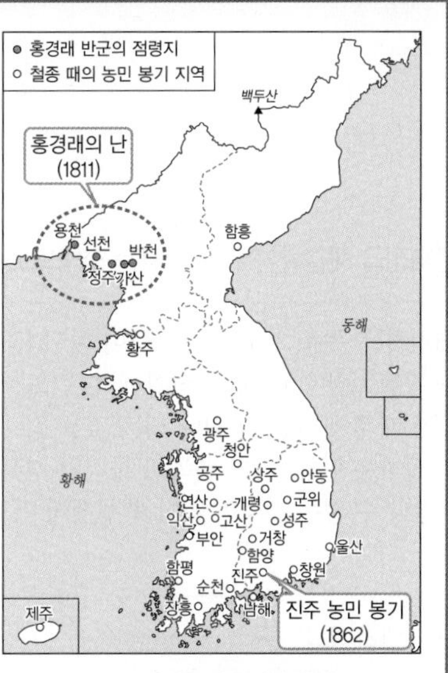

▲ 19세기 농민 봉기의 발생

(4) 실학의 등장

① 토지 제도 개혁 주장 : 정약용 등

② 청의 문물 수용과 상공업 진흥 주장 : 박지원, 박제가 등

✪ 공명첩
이름을 적는 곳이 비어 있는 관직 임명장으로 명목상의 관직을 준 것이다. 조선 정부는 재정 확보를 위해 공명첩을 발급하였다.

✪ 노비종모법
아버지가 노비라도 어머니가 양인이면 그 자식은 양인이 되도록 한 법이다.

✪ 삼정
국가의 주요 재정 수입원인 전정(토지세 징수), 군정(군포 징수), 그리고 춘궁기에 곡식을 농민에게 빌려주고 그 이자 수입으로 재정을 충당하던 환곡(환정)을 말한다.

개념 체크

1. 조선 후기에 ( )은 전쟁에서 공을 세우거나 납속, 도망 등의 방법으로 신분 상승을 추구하였다.
2. ( )의 난은 1811년 평안도 지역민에 대한 차별과 지배층의 수탈에 항거하여 일어났다.
3. 정부는 임술 농민 봉기 당시 삼정의 문란을 해결하기 위해 ( )을 설치하였으나 미봉책에 불과하였다.

정답
1. 천민 2. 홍경래
3. 삼정이정청

자료 탐구 대동법과 균역법 실시

1단계 자료 분석

(가) 공물을 방납하는 폐단이 날로 더욱 외람되어져 본토에서 생산되는 물건이라도 모리배가 먼저 자진 납부하여 본 고을에서 손을 쓸 수 없게 만듭니다. 행여 본색(本色)을 가지고 와서 납부하는 자가 있으면 사주인(방납하는 상인)들이 백방으로 조종하여 그 물건이 좋은 것이라고 하더라도 퇴짜를 놓게 하고 결국은 자기 물건을 납부하도록 도모하였으며, 값을 마구 올려 10배의 이익을 취하니 생민의 고혈(膏血)이 고갈되었습니다. 이익의 길이 한 번 열리자 소민(小民)만 다툴 뿐 아니라 세가(勢家), 귀족도 공공연히 대납하는 것은 물론 간혹 사대부의 집안에서도 장사꾼과 더불어 납부를 도모하고 이익을 나누면서 부끄러운 줄을 모르니 이미 고질적인 폐단이 되었습니다.

–『선조실록』–

(나) 나라의 백여 년에 걸친 가장 고질적인 폐단은 양역이니 …… 백성은 날로 가난해지고 폐해는 날로 심해져서 간혹 한집에 아버지, 아들, 할아버지, 손자가 군적에 편입되어 있거나, 혹은 한집안에서 서너 명의 형제가 직접 군포에 응하기도 합니다. 또한 이웃의 이웃이기 때문에 책임을 당하고 …… 어린아이는 젖먹이도 포함되고, 죽은 사람은 지하에서 징수를 당하며, 한 사람이 도망가면 열 집이 보존하지 못하니 비록 좋은 재상과 현명한 수령이라도 어찌할 바를 모릅니다.

–『영조실록』–

(가)는 공납에서 공물을 대신 내고 그 대가를 과중하게 챙기는 방납의 폐단이 고질적이었음을 설명하고 있다. 게다가 관청의 서리는 물론, 세가나 귀족들까지 방납에서 이익을 챙기고 있음을 지적하고 있다. 이러한 폐단을 시정하기 위해 토산물로 내던 공물을 토지 결수에 따라 쌀, 무명이나 베, 동전 등으로 징수하는 대동법이 실시되었다.

(나)는 농민들에게 큰 부담이 되었던 군역의 문제점을 설명하고 있다. 당시 농민들은 군포를 납부하는 것으로 군역을 대신하고 있었다. 그러나 군포를 징수하는 과정에서 관리들의 부정이 더해졌으며, 양반 신분을 얻어 양역 부담에서 벗어나는 농민이 증가하자 군포 부담이 가난한 농민에게 집중되었다. 이에 영조는 농민들에게 군포를 1필만 부담하게 하는 균역법을 시행하는 한편, 부족한 군포 수입을 보충하기 위해 결작과 선무군관포를 징수하였다.

2단계 문항 연습

정답과 해설 13쪽

[24013-0050]

1 다음 자료에 나타난 문제점을 해결하기 위해 실시된 정책으로 옳은 것은?

> 토산물을 나누어 배정하는 품목 가운데 토산물이 아닌 경우도 있고, 또 토산물이라 할지라도 백성이 관례에 따라 직접 납부할 수 없는 상황에서, 반드시 방납하는 사람들이 연줄을 타고 청탁하여 대신 납부하기 때문에 매번 몇 배나 되는 값을 징수당하곤 하는 실정입니다. 게다가 농민은 오직 곡식만 생산하는 만큼, 다른 품목의 물건일 경우에는 비록 토산물을 내는 경우라 할지라도 농민들이 마련할 수 없는 것들이 많아 백성에게 걱정을 끼치는 요인이라 하겠습니다.
>
> –『포저집』–

① 토지 조사 사업을 시행하였다.
② 풍흉과 관계없이 전세를 부과하였다.
③ 농민에게 군포 1필을 납부하게 하였다.
④ 관료전을 지급하고 녹읍을 폐지하였다.
⑤ 토지 결수를 기준으로 쌀, 베 등을 징수하였다.

자료 탐구 조선 후기 신분제의 동요

1단계 자료 분석

(가) 우리 왕조가 서얼의 벼슬길을 막은 지 300여 년이 되었으니, 폐단이 큰 정책으로 이보다 더한 것이 없습니다. 옛날을 상고해도 그러한 법이 없고, 예법과 형률을 살펴봐도 근거가 없습니다. …… 역대 임금들께서는 공정한 원칙을 세워 통치의 법도가 어느 한쪽으로 치우치지 않았으며, 벼슬자리에는 어진 사람만 임명하고 직무를 나누어 맡기는 데는 능력만을 고려하였습니다. 그리하여 모두를 공정하게 대하였으니, 어찌 또 모계의 귀천을 두고 차별했겠습니까. -『연암집』-

(나) 공노비, 사노비가 적 1명의 목을 베면 면천시키고, 2명의 목을 베면 우림위*를 시키고, 3명이면 허통시키고, 4명이면 수문장(守門將)에 제수하는 것은 이미 규례로 되어 있습니다. 그리고 이미 허통되어 관직이 제수되었으면 응당 사족과 다름이 없게 됩니다. 그러나 적을 참수한 수급이 10~20명에 이르는 일도 있는데, 정한 규칙대로 상을 주면 사노비 같은 천인이라도 반드시 동반(東班)의 정직(문무 양반만이 하는 벼슬)에 이르게 되니 관작의 외람됨이 이보다 심한 경우가 없습니다. 이뿐만이 아니라 재인·백정·장인 등의 천류까지도 신분을 뛰어넘어 높은 관직에 오르고 있습니다. -『선조실록』-

*우림위(羽林衛) : 왕의 신변 보호를 맡아 보던 친위병의 하나

(가)는 조선 후기 실학자 박지원이 서얼의 허통(許通 : 관직 진출 허용)을 주장하는 글이다. 박지원은 서얼의 관직 진출 제한이 중국의 옛 제도나 조선 시대 이전에는 없었던 것이며, 역대 임금들도 모계의 귀천을 차별하여 서얼의 관직 진출을 막은 적이 없으니 지금이라도 서얼에게 벼슬길을 열어 주어야 한다고 주장하였다.

(나)는 당시 노비 등의 천민이 전쟁 중 군공을 세우면 그 공로의 정도에 따라 신분 상승을 가능하게 한 정책의 문제점을 지적하고 있다. 임진왜란이 발발하자 조선 정부는 부족한 병사를 충당하기 위해 군역을 지지 않았던 공노비와 사노비 등의 천민을 동원하였고, 이들의 사기를 높이기 위해 군공의 정도에 따라 신분을 상승시켰다.

2단계 문항 연습

정답과 해설 13쪽

[24013-0051]

2 다음 명령이 내려진 당시에 볼 수 있는 모습으로 가장 적절한 것은?

> 임금이 백성에게 임할 때는 귀천과 내외를 구별하지 않고 하나같이 나의 백성이니, '노(奴)'다, '비(婢)'다 하며 구분하는 것이 어찌 백성을 한결같이 보는 뜻이겠는가? 내노비 36,974명과 시노비 29,093명을 모두 양인으로 삼고, 승정원에 명하여 노비 문서를 모아 돈화문 밖에서 불태우도록 하라.

① 봉기를 일으키는 명학소 주민
② 황룡사 9층 목탑을 건립하는 장인
③ 노비안검법으로 신분을 회복한 양인
④ 공명첩을 구입하여 양반으로 신분이 상승한 농민
⑤ 인민 평등권의 제정을 주장하는 급진 개화파 인사

대표 기출 확인하기

1 다음 자료에 나타난 시기의 상황으로 가장 적절한 것은? 2023학년도 수능

- 한양 안팎과 번화한 큰 도시의 파밭, 마늘밭, 배추밭, 오이밭 등은 10무(畝)의 땅에서 얻은 이익이 수백 냥을 헤아린다. 서도의 담배밭, 북도의 삼밭, 한산의 모시밭, 전주의 생강밭, 강진의 고구마밭, 황주의 지황밭에서 나오는 수확은 가장 좋은 논과 비교해도 그 이익이 열 갑절이나 된다.
- 돈은 천하에 유통되는 재화이므로 허적과 권대운 등의 대신이 돈을 만들자고 하였다. 이에 임금께서 호조 등의 관청으로 하여금 상평통보를 주조하여 돈 4백문을 은 1냥의 가치로 정해 시중에 유통시키도록 하였다.

① 회사령이 폐지되었다.
② 대동법이 운용되었다.
③ 삼백 산업이 발달하였다.
④ 전민변정도감이 설치되었다.
⑤ 산미 증식 계획이 실시되었다.

간략 풀이

정답 | ②

풀이 | 담배, 모시 등 상품 작물 재배로 농민들이 큰 이익을 얻고 있다는 것, 상평통보를 주조하여 유통시켰다는 것 등을 통해 자료에 나타난 시기는 조선 후기임을 알 수 있다. 대동법은 조선 후기 광해군 때 경기도에서 처음 시행되었다. ① 일제는 1920년 회사령을 폐지하였다. ③ 6·25 전쟁 후 미국의 경제 원조를 바탕으로 밀가루(제분), 설탕(제당), 면직물(면방직)을 생산하는 삼백 산업이 발달하였다. ④ 전민변정도감은 고려 후기에 여러 차례 설치되었는데, 공민왕 때 설치된 것이 대표적이다. ⑤ 일제는 1920년부터 산미 증식 계획을 실시하였다.

2 다음 주제를 활용한 탐구 주제로 가장 적절한 것은? 2021학년도 수능

- 진주민 수만 명이 무리를 지어 서리들의 가옥을 불사르고 부수자 경상우병사 백낙신이 이들을 해산시키려 하였다. 이때 백성이 그를 둘러싸고 삼정의 문란에 대해 항의하였다.
- 임술년에 경상도 단성, 함양, 개령, 인동 등 여러 고을에서 백성이 소동을 일으켰다. 이들은 수령을 포위하고 조세를 줄여 줄 것을 요구하거나 향리들을 쫓아내고 환곡 장부를 빼앗았다.

① 신라 말 지방 호족의 성장
② 고려 전기 문벌 귀족 사회의 동요
③ 고려 후기 삼별초의 항쟁
④ 조선 전기 훈구와 사림의 대립
⑤ 조선 후기 농민 봉기의 발생

간략 풀이

정답 | ⑤

풀이 | 진주민이 삼정의 문란에 대해 항의하였다는 것, 임술년에 경상도 백성들이 조세를 줄여 줄 것을 요구하였다는 것 등을 통해 자료는 조선 후기에 해당함을 알 수 있다. 조선 후기 세도 정치 시기에 삼정의 문란 등으로 임술 농민 봉기가 일어났다. ① 신라 말 성주나 장군을 자처하는 지방 호족이 성장하였다. ② 고려 전기 이자겸의 난, 묘청의 서경 천도 운동 등이 일어나 문벌 사회가 동요하였다. ③ 삼별초는 고려 정부의 개경 환도 결정에 반대하여 강화도에서 진도, 제주도로 근거지를 옮기며 저항하였다. ④ 조선 전기 훈구와 사림의 대립으로 사화가 발생하였다.

[24013-0052]

01 (가) 신분에 대한 설명으로 옳은 것은?

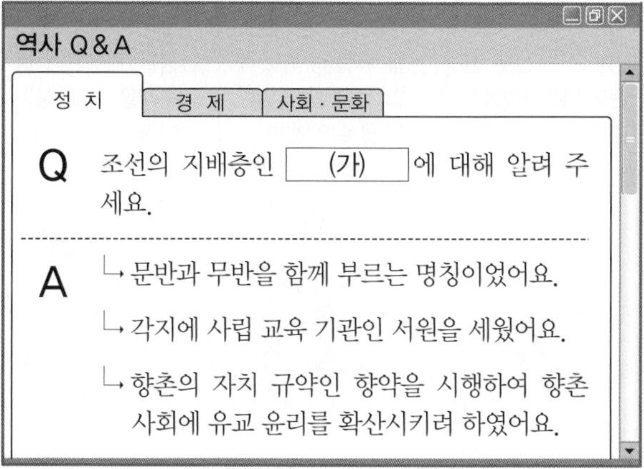

역사 Q&A
정 치
경 제
사회 · 문화
Q 조선의 지배층인 (가) 에 대해 알려 주세요.
A
↳ 문반과 무반을 함께 부르는 명칭이었어요.
↳ 각지에 사립 교육 기관인 서원을 세웠어요.
↳ 향촌의 자치 규약인 향약을 시행하여 향촌 사회에 유교 윤리를 확산시키려 하였어요.

① 주자감에서 유학을 공부하였다.
② 원의 세력을 배경으로 등장하였다.
③ 주로 역관, 의관, 율관 등에 종사하였다.
④ 과거 등을 통해 관직에 진출하려 하였다.
⑤ 골품제의 제약으로 최고 관등에 오르지 못하였다.

[24013-0053]

02 (가) 제도가 끼친 영향으로 가장 적절한 것은?

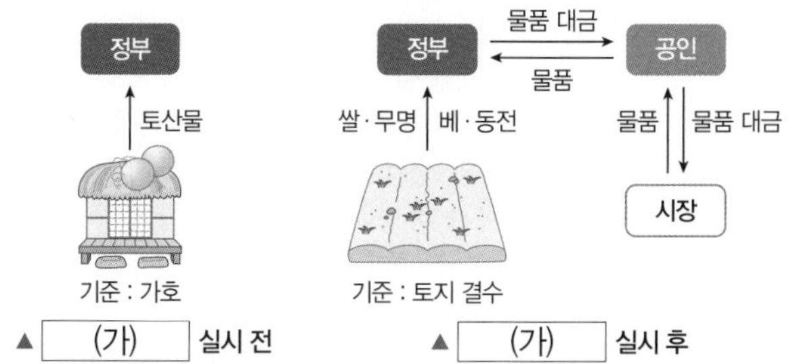

① 남면북양 정책이 추진되었다.
② 상품 화폐 경제가 발달하였다.
③ 관료전이 지급되고 녹읍이 폐지되었다.
④ 소작농이 수리 조합비를 부담하게 되었다.
⑤ 근대적 토지 소유 증명서인 지계가 발급되었다.

[24013-0054]

03 다음 상황이 전개된 원인으로 옳은 것은?

> 군포는 반을 감하였다. 그 감한 것을 계산하니, 총 50여만 필이며, 돈으로 하면 100여만 냥이다. 안으로는 각 아문과 밖으로는 각 영(營), 진(鎭)의 필수 비용을 강구하고 확정하여 감한 것이 50여만 냥이 된다. 그러나 국방비로 필요한 것이 아직도 40여만 냥이 되었다. 어세, 염세, 선세와 선무 군관포와 은결에서 징수한 것을 합한 10여만 냥으로 이를 충당해도 오히려 부족함이 있으니 또 각 영·읍에 분배하여 이를 충당하였다.
> –『만기요람』–

① 균역법이 실시되었다.
② 호포제가 시행되었다.
③ 금난전권이 폐지되었다.
④ 6조 직계제가 채택되었다.
⑤ 최승로의 시무 28조가 수용되었다.

[24013-0055]

04 (가)에 들어갈 내용으로 가장 적절한 것은?

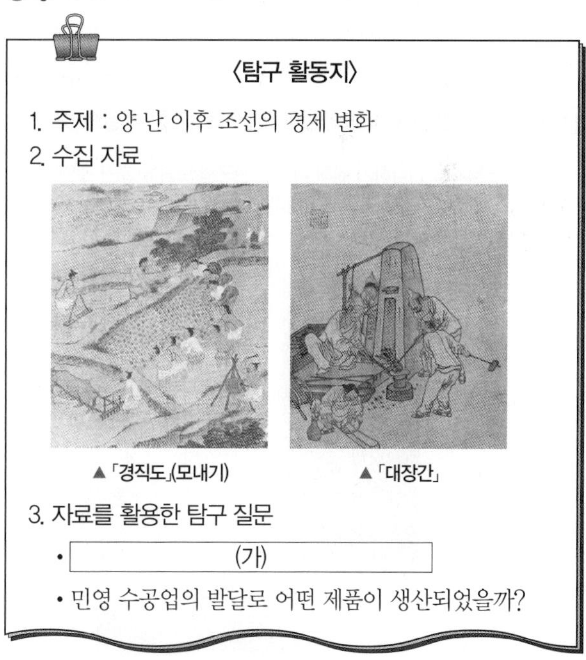

① 미곡 공출제는 언제 시행되었을까?
② 토지 조사 사업은 왜 실시되었을까?
③ 광작이 성행하게 된 배경은 무엇일까?
④ 황국 중앙 총상회는 어떤 활동을 하였을까?
⑤ 관영 수공업의 발달은 어떤 결과를 가져왔을까?

[24013-0056]

05 다음 자료에 나타난 시기의 사실로 옳은 것은?

- 허공은 가뭄이 들까 염려하여 이른 봄에 담배 모판을 덮고 그 아래 담배씨를 파종하여 자주 물을 주었다. 그해 마침 크게 가물어 도처의 담배 모종이 전부 말라 죽었으나 허공의 담배 모판은 유독 무성하였다. …… 담배가 약이 차기도 전에 경강상인이 찾아와서 담배밭이 통째로 200 꿰미에 흥정이 되었다. -『청구야담』-
- 경기의 광주 사평장·송파장, 안성 읍내장, 교하 공릉장, 전라도의 전주 읍내장, 남원 읍내장, 강원도의 평창 대화장, 황해도의 토산 비천장, 황주 읍내장, 봉산 은파장, 경상도의 창원 마산포장, 평안도의 박천 진두장, 함경도의 덕원 원산장 등이 가장 큰 장시이다. -『만기요람』-

① 상평통보가 유통되었다.
② 삼백 산업이 발달하였다.
③ 전시과 제도가 운영되었다.
④ 새마을 운동이 추진되었다.
⑤ 산미 증식 계획이 시행되었다.

[24013-0057]

06 교사의 질문에 대한 학생의 답변으로 가장 적절한 것은?

이 그림은 봉기를 진압하기 위해 파견된 관군의 모습을 그린 것입니다. 당시 홍경래 등이 관군에 맞서 약 5개월간 저항하였다고 합니다. 이들은 왜 봉기를 일으켰을까요?

① 서경 천도 운동이 좌절되어서요.
② 평안도 지역에 대한 차별이 심해서요.
③ 천민이라는 신분에서 벗어나고 싶어서요.
④ 백정에 대한 사회적 차별이 지속되어서요.
⑤ 신식 군대와의 차별 대우를 참을 수 없어서요.

[24013-0058]

07 밑줄 친 '이 시기'에 볼 수 있는 모습으로 가장 적절한 것은?

이 시기에는 어떤 방법으로 신분 상승이 이루어졌어?
부를 축적한 상민은 납속책이나 족보 매입 등을 통해 양반이 될 수 있었어.
노비는 전쟁에서 공을 세우거나 납속책을 통해 상민이 되기도 하였어.

① 공명첩을 구입하는 농민
② 농장을 확대하는 권문세족
③ 대한매일신보를 읽는 청년
④ 조선 태형령을 공포하는 관리
⑤ 화백 회의에 참여하는 진골 귀족

[24013-0059]

08 다음 상황을 해결하기 위한 정부의 정책으로 옳은 것은?

단성 지역의 농민들이 가장 고통받던 징수는 환곡이었다. 관리들은 자신들이 사사로이 써 버린 것까지 환곡으로 메우려 하여 수탈이 극심하였다. 더 이상 참을 수 없었던 농민들은 각종 농기구와 몽둥이 등을 들고 관아 앞으로 모여들었다. 한편, 단성 부근의 진주에서는 부세를 이용한 수령의 심한 수탈로 농민들의 생활이 궁핍하였다. 특히 경상우병사 백낙신과 진주 목사 홍병원이 주도한 탐학과 수탈은 진주민의 쌓인 불만에 불을 붙였다. 분노한 농민들은 봉기를 일으켜 아전과 토호들의 집을 불태웠다.

① 녹읍을 폐지하였다.
② 방곡령을 선포하였다.
③ 농지 개혁법을 제정하였다.
④ 동양 척식 주식회사를 설립하였다.
⑤ 삼정을 개혁하기 위한 기구를 설치하였다.

05 흥선 대원군의 정책과 개항 이후 근대적 개혁의 추진

1. 흥선 대원군의 개혁 정치

(1) 배경 : 세도 정치의 폐단과 삼정의 문란으로 전국적인 농민 봉기 발생

(2) 통치 체제 정비

① 세도 가문의 영향력을 약화시키고 다양한 정치 세력을 등용하려는 정책 추진

② 왕권을 제약하던 비변사의 기능 축소(이후 폐지) → 의정부의 기능 회복, 삼군부 부활

③ 『대전회통』 등의 법전을 편찬하여 통치 체제 재정비

(3) 경복궁 중건

① 목적 : 왕실의 권위 회복

② 과정 : 공사비를 마련하기 위해 기부금인 원납전 강제 징수, 고액 화폐인 당백전 발행, 백성의 노동력을 강제 동원, 통행세 등 세금 징수

③ 결과 : 당백전 남발로 물가 폭등, 양반과 백성 모두의 반발 초래

(4) 삼정의 문란 해결 노력

① 전정 : 양전 사업 실시 → 토지 대장에서 누락된 땅(은결)을 찾아 조세 부과

② 군정 : 호(戶) 단위로 군포를 징수하는 호포제를 실시하여 양반에게도 군포 부과

③ 환곡 : 마을 단위로 사창을 설치하여 자치적으로 운영하는 사창제 실시

(5) 서원 정리

① 배경 : 서원이 면세 · 면역의 혜택을 누리고 제사를 명목으로 지역 농민 수탈

② 과정 : 전국의 서원 중 47개소만 남기고 철폐

③ 결과 : 국가 재정 확충, 유생의 횡포로부터 농민 보호, 양반 유생의 반발 초래

자료 플러스 | 경복궁 중건과 서원 철폐

- 대원위(대원군)께서 "이번 궁궐 영건은 수백 년 동안 이루지 못한 일이고, 오늘날 해야 하는 공역이다. 대소 신민이 모두 힘닿는 대로 공역 돕기를 원하는데, 그중 먼 향촌의 어리석은 부류들이 일의 이치를 깨닫지 못하고 인색하게 굴어, 원납전이 갖추어지지 못하였다. 이에 공문으로 타일렀으나 이들은 마음을 움직이지 않으니, 어찌 교화된 백성이란 말인가. …… 이처럼 몰지각한 백성은 그대로 둘 수 없으니 …… 즉시 압송하여 조사하고 처리하도록 하라."라고 분부하셨다. －『영건일감』－
- 전교하기를, "…… 서원의 사무를 본손(本孫)이 주관하고 각각 붕당을 주도하여 피해가 백성들에게 미치는 경우가 많다고 한다. …… 서원을 훼철하고 신주를 땅에 묻어 버리는 등의 절차를 대원군의 분부대로 거행하도록 해당 관청으로 하여금 팔도와 사도(四都)에 알리게 하라."라고 하였다. －『승정원일기』－

흥선 대원군은 경복궁 중건에 필요한 비용을 충당하기 위해 기부금인 원납전을 강제로 징수하였다. 또한 전국의 서원을 47개소 외에 모두 철폐하여 왕권 강화와 국가 재정 확충, 민생 안정 등을 도모하였다.

✪ 당백전
명목 가치가 상평통보 1문(文)의 100배에 해당한다고 하여 당백전이라고 이름 붙였지만 실질 가치는 5~6배에 불과하였다.

✪ 양전 사업
토지의 규모, 생산력, 경작자 등을 파악하는 일이다. 토지에 대한 정보는 조세를 부과하는 데 활용되었다.

개념 체크

1. 흥선 대원군은 경복궁 중건에 필요한 비용을 마련하기 위해 기부금인 (　　)을 강제 징수하였다.
2. 흥선 대원군은 군정의 폐단을 해결하기 위해 (　　)를 실시하였다.
3. 흥선 대원군은 지방 사족의 근거지로서 농민을 수탈하던 (　　)을 전국에서 47개소만 남기고 나머지는 철폐하였다.

정답
1. 원납전 2. 호포제 3. 서원

✪ 이양선
'모양이 다른 배'라는 의미로 조선 후기 한반도 연해에 출몰하던 서양 선박들을 가리켜 부르던 표현이다.

✪ 제너럴 셔먼호 사건
미국인 소유의 상선인 제너럴 셔먼호가 평양에 와서 통상을 요구하였다. 제너럴 셔먼호는 조선 측의 퇴거 요구에 불응하고 횡포를 부리다가 평양의 관군과 백성들의 반격으로 침몰하였다.

✪ 척화비

흥선 대원군이 통상 수교 거부 정책 의지를 알리기 위해 전국에 세운 비석이다. '서양 오랑캐가 침범하는데 싸우지 않는 것은 화친하는 것이요, 화친을 주장하는 것은 나라를 파는 일이다.'라는 내용이 담겨 있다.

2. 통상 수교 거부 정책과 양요

(1) **배경** : 이양선 출몰, 서양 열강이 통상을 요구, 러시아가 연해주를 획득하고 남하 → 서양에 대한 경계심 고조

(2) **병인양요(1866)**

배경	흥선 대원군이 러시아 견제를 위해 프랑스와 교섭을 시도하였으나 실패, 천주교 포교 금지 여론 고조 → 천주교 신자와 프랑스 선교사 처형(병인박해)
과정	프랑스 함대가 병인박해를 구실로 강화도 공격 → 문수산성에서 한성근 부대, 정족산성(삼랑성)에서 양헌수 부대가 항전
결과	프랑스군이 외규장각 도서 등 각종 문화유산을 약탈하고 철수

(3) **오페르트의 남연군 묘 도굴 미수 사건(1868)**

배경	조선 정부가 독일 상인 오페르트의 통상 요구를 거절
과정	오페르트 일행이 흥선 대원군의 아버지 남연군의 묘를 도굴하려다 실패
결과	서양에 대한 반감 확산, 통상 수교 거부 정책 강화

(4) **신미양요(1871)**

배경	미국이 제너럴 셔먼호 사건(1866)을 빌미로 조선에 배상금 지불과 통상 요구 → 조선 정부가 거부
과정	미국 함대의 강화도 침략 → 미군이 초지진과 덕진진 점령 → 어재연 부대가 광성보에서 항전하였으나 패배
결과	조선이 협상을 거부하며 강경하게 대응하자 미군 철수, 흥선 대원군은 전국에 척화비 건립

자료 플러스 | 두 차례의 양요와 강화도

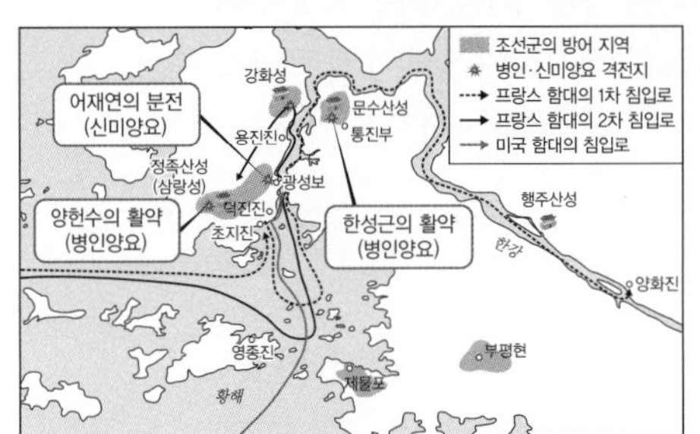

▲ 병인양요와 신미양요의 전개

발신 : 프랑스 극동 함대 사령관
수신 : 해군성 장관
…… 한강 봉쇄는 1년 중 이 계절에 수많은 쌀 운송을 중단시켜 수도를 굶주리게 할 위협이 될 것입니다. 이 봉쇄와 더불어 강화도 점령은 분명 조선 정부에 심각한 타격이 되었을 것입니다. …… 강화의 관리들은 이 중대하고 예상치 못한 사건을 보고하러 서울에 갔을 것입니다.

▲ 프랑스군의 강화도 점령

서양 열강은 조선의 수도인 한성으로 진입하는 길목에 위치한 강화도를 연이어 침입하였다. 프랑스군은 먼저 한강을 거슬러 주변을 탐색한 후 강화도를 침략하였고, 미군은 강화 해협의 초지진, 덕진진, 광성보를 차례로 점령하였다. 프랑스군과 미군의 연이은 침공을 겪은 흥선 대원군은 강화도 일대의 경계를 강화하고 전국에 척화비를 건립하였다.

개념 체크

1. 1866년 병인양요 당시 프랑스군에 맞서 문수산성에서 한성근 부대, (　　) 에서 양헌수 부대가 항전하였다.
2. (　　) 사건을 구실로 1871년에 미국 함대가 강화도를 침략하였다.
3. 흥선 대원군이 물러나고 (　　)이 직접 정치를 하면서 통상 수교 거부 정책이 완화되었다.

정답
1. 정족산성(삼랑성)
2. 제너럴 셔먼호
3. 고종

3. 개항과 서양 열강에 대한 문호 개방

(1) **조선의 문호 개방**

① 배경

- 통상 개화론(개국 통상론) 대두 : 박규수, 오경석, 유홍기 등이 문호 개방을 주장
- 일본이 조선과 새로운 외교 관계를 수립하려다 실패, 정한론(조선 침략론) 대두
- 흥선 대원군이 물러나고 고종이 직접 정치를 하면서 통상 수교 거부 정책 완화

② 강화도 조약(조일 수호 조규, 1876)

배경	일본이 운요호 사건(1875)을 일으키고 조선에 개항을 요구
내용	조선은 자주국이라고 명시, 부산 외 2개 항구(추후 원산, 인천으로 결정) 개항 규정, 일본의 해안 측량권 허용 및 영사 재판권(치외 법권) 인정 등
성격	외국과 맺은 최초의 근대적 조약, 자주권을 침해받은 불평등 조약
부속 조약	조일 수호 조규 부록, 조일 무역 규칙 체결 → 개항장 내 일본인 거류지 설정, 개항장에서 일본 화폐 유통, 양곡의 수출입 허용 등을 규정

(2) 서양 열강과 조약 체결

① 조미 수호 통상 조약(1882)

배경	• 청의 알선 : 러시아와 일본을 견제하기 위해 조선에 미국과 수교할 것을 권유 •『조선책략』 유포 – 제2차 수신사였던 김홍집이 일본에서 가져옴 – 청의 외교관 황준헌의 저서로, 러시아의 남하를 견제하려면 조선이 중국(청) · 일본 · 미국과 우호 관계를 맺어야 한다는 내용임
내용	거중 조정, 관세 부과 등을 규정, 미국의 영사 재판권(치외 법권)과 최혜국 대우를 인정
성격	조선이 서양과 맺은 최초의 조약이자 불평등 조약

② 영국, 독일, 러시아, 프랑스 등과 최혜국 대우 조항이 포함된 불평등 조약 체결

4. 개화 정책의 추진

(1) 개화파의 형성 : 박규수의 영향을 받은 김옥균, 박영효 등이 개화파로 성장, 개화 정책에 참여

(2) 정부의 개화 정책 추진

① 통리기무아문 설치(1880) : 개화 정책 총괄 기구

② 군사 제도 개편

- 별기군 창설(1881) : 신식 군대로서 일본인 교관을 초빙하여 군사 훈련 실시
- 5군영을 2영으로 개편

③ 외교 사절과 시찰단 파견

일본	수신사	• 강화도 조약 체결 후 공식적으로 파견된 외교 사절 • 제1차 수신사 김기수(1876), 제2차 수신사 김홍집(1880) 파견
	조사 시찰단	• 근대 문물 시찰과 개화 정책의 정보 수집 목적 • 국내의 개화 반대 여론 때문에 비밀리에 파견(1881)
청	영선사	김윤식이 유학생과 기술자 인솔, 근대 무기 제작 기술과 군사 훈련법 습득을 위해 파견(1881) → 귀국 후 기기창 설치 주도
미국	보빙사	미국과 수교 후 미국 공사의 부임에 대한 답례로 민영익 등을 파견(1883)

자료 플러스 영선사 파견

통리기무아문에서 "사신의 칭호는 영선사라 하고 …… 기계는 먼저 공도(工徒)를 보내 만드는 것을 배우게 하며, 기예는 교사를 맞이해 와서 연습하도록 하되, 군사를 정하여 보내는 일은 일단 놔두겠다는 뜻을 자세히 갖추어 공문으로 보내는 것이 어떻겠습니까?"라고 아뢰니 임금께서 윤허한다고 전교하였다. –『승정원일기』–

통리기무아문은 청에 유학생과 기술자를 파견하는 일을 주관하고, 이들을 인솔하는 사신의 칭호를 영선사로 정하였다. 영선사 일행 중 유학생과 기술자들은 톈진에 머물며 화약과 탄약 제조법, 기계, 전기, 외국어 등을 학습하였다.

✪ 운요호 사건
일본 군함 운요호가 허가 없이 강화도에 접근하자 강화 수비대가 경고 포격을 가하였다. 운요호는 이를 구실로 강화도의 초지진과 영종도를 공격하였다.

✪ 영사 재판권(치외 법권)
영사가 주재국에 거주하는 자국민을 주재국의 법이 아니라 본국의 법에 따라 재판하는 권한이다. 즉, 외국인이 현재 거주하는 국가의 법률을 적용받지 않는 특권을 말한다.

✪ 거중 조정
조약을 맺은 두 나라 중 한 나라가 제3국과 분쟁이 있을 경우 다른 한 나라가 두 나라 사이를 중재하는 것이다.

✪ 최혜국 대우
조약을 맺은 한 나라가 제3국에 부여한 가장 유리한 조건을 조약 상대국에도 부여하는 것이다.

개념 체크

1. 조선이 1876년에 일본과 체결한 강화도 조약에 따라 ( ), 원산, 인천이 차례로 개항되었다.
2. 제2차 수신사인 김홍집이 가져온 『조선책략』은 조선이 ( )과 수교를 맺어야 한다는 주장을 뒷받침하였다.
3. 조선은 개항 후 1880년에 개화 정책을 총괄하는 기구인 ( )을 설치하였다.

정답
1. 부산 2. 미국
3. 통리기무아문

✪ 위정척사
바른 것[正]을 지키고 사악한 것[邪]을 배척한다는 의미이다. 보수적인 유생들은 성리학과 성리학적 사회 질서를 바른 것이라 여겼고 성리학 이외의 사상은 배척하였다.

✪ 척화주전론
서양과 화친하는 것을 배척하고 그들의 침략에 맞서 싸우자는 주장이다.

✪ 왜양일체론
일본도 서양과 다를 바 없다는 논리로, 최익현 등이 강화도 조약 체결을 반대하며 주장하였다.

개념 체크

1. 최익현 등은 왜양일체론을 주장하며 (　　)과 강화도 조약을 체결하는 것에 반대하였다.
2. 1882년 구식 군인들이 일으킨 임오군란으로 (　　) 이 일시적으로 재집권하였으나 청에 납치되었다.
3. 임오군란 결과 조선과 청 사이에 체결된 (　　)은 조선 내에서 청 상인이 특권을 보장받으며 활동하는 계기가 되었다.

정답
1. 일본 2. 흥선 대원군
3. 조청 상민 수륙 무역 장정

5. 개화 정책에 대한 반발

(1) 위정척사 운동 : 보수적인 유생들을 중심으로 전개 → 항일 의병 운동으로 계승

시기	배경	내용
1860년대	서양 열강의 통상 수교 요구	통상 수교 반대, 척화주전론 주장(이항로 등)
1870년대	일본의 문호 개방 요구	개항 반대, 왜양일체론 주장(최익현 등)
1880년대	정부의 개화 정책 추진, 『조선책략』 유포	개화 정책 및 미국과 수교하는 것에 반대, 영남 만인소(이만손 등)

자료 플러스 위정척사 운동

• 동부승지 이항로가 상소를 올려 …… "오늘날 국론은 두 가지 설이 서로 다투고 있는데, 양적(洋賊)과 싸우자는 것은 나라의 입장에 선 사람의 말이고 양적과 강화하자는 것은 적의 입장에 선 사람의 말입니다. 앞의 말을 따르면 나라 안에 전해 내려온 문물제도를 보전할 수 있지만 뒤의 말을 따르면 인류가 금수와 같은 지경에 빠지게 될 것입니다. ……."라고 하였다. –『고종실록』–

• 설령 저들이 참으로 왜인이고 서양 사람이 아니라고 해도, 분명히 양적(洋賊)의 앞잡이요 지난날의 왜인이 아닙니다. …… 왜와 옛날과 같이 우호 관계를 맺는 날은 바로 서양과 강화를 체결하는 날이 될 것입니다. –『면암집』–

19세기 후반, 서양 세력이 통상을 요구하며 접근하자 보수적인 유생들은 이에 반대하며 위정척사 운동을 전개하였다. 이들은 서양 열강뿐 아니라 서양의 문물을 수용한 일본도 배척하였다.

(2) 임오군란(1882)

① 배경
• 개항 이후 일본으로 곡물 유출 심화 → 쌀값 폭등으로 민중의 생활 악화
• 신식 군대인 별기군에 비해 차별 대우를 받던 구식 군인들의 분노

② 전개 : 구식 군인들이 봉기, 도시 빈민 합세 → 민씨 세력 살해 및 일본 공사관, 궁궐 습격 → 흥선 대원군의 재집권(개화 정책 중단) → 청군의 개입(흥선 대원군을 청으로 납치, 군란 진압) → 민씨 세력의 재집권

③ 결과 및 영향
• 청의 내정 간섭 심화 : 청군이 조선에 주둔, 청이 마건상(마젠창)과 묄렌도르프를 고문으로 파견하여 조선의 내정과 외교 간섭
• 제물포 조약 체결(1882) : 조선이 일본에 배상금 지불, 공사관 경비를 위한 일본군의 주둔 허용
• 조청 상민 수륙 무역 장정 체결(1882) : 조선은 청의 속방(속국)이라는 내용을 명시, 청 상인의 특권 보장(허가받은 청 상인은 조선의 내륙에서 활동 가능)

자료 플러스 임오군란

대내의 경비가 불법으로 지출되고 호조와 선혜청의 창고도 고갈되어 서울의 관리들은 봉급이 지급되지 않았다. …… 군량이 지급되지 않은 지 이미 반년이 지났는데, 호남의 세금 걷은 배 수 척이 도착하자 서울의 창고를 열어 군량을 먼저 지급하라는 명이 내려졌다. 이때 선혜청 당상관의 하인이 선혜청 창고지기가 되어 군량을 지급하였는데, 쌀을 벼 껍질과 바꾸어 이익을 챙기자 백성들은 크게 분노하여 그를 구타하였다. –『매천야록』–

개화 정책이 추진되는 가운데 구식 군인들은 급료가 밀리는 등 별기군에 비하여 차별 대우를 받았다. 더구나 오랜만에 급료로 지급받은 쌀에 벼 껍질 등이 섞여 있자 분노한 구식 군인들이 봉기하였다.

6. 개화파의 분화 : 청에 대한 외교 정책, 개화 추진 방식 등에 따라 분화

	온건 개화파	급진 개화파
중심인물	김홍집, 김윤식, 어윤중 등	김옥균, 박영효, 홍영식 등
특징	• 청의 양무운동 참고 • 동도서기론을 바탕으로 한 점진적 개혁 추구 • 청과 우호적인 관계를 유지하고자 함	• 일본의 메이지 유신 참고 • 서양의 문물·사상·제도까지 수용하는 급진적 개혁 추구 • 청의 내정 간섭과 사대 외교에 반대

7. 갑신정변(1884)

(1) 배경

① 청의 내정 간섭 속에서 정부의 개화 정책 위축, 김옥균이 일본으로부터 차관을 도입하려 하였으나 실패 → 급진 개화파의 입지 약화

② 청이 베트남 문제로 프랑스와 대립하면서 조선에서 청군의 절반을 철수

③ 일본이 급진 개화파에 군사적 지원을 약속

(2) 전개와 결과

전개	• 정변 발발 : 김옥균 등 급진 개화파가 우정총국 개국 축하연을 기회로 민씨 일파를 제거하고 정권 장악 • 개화당 정부 수립 : 개혁 정강 발표(청과 사대 관계 청산, 인민 평등권 확립, 내각 제도 실시 등) • 청군의 개입과 일본군의 후퇴로 3일 만에 실패 → 김옥균, 박영효 등은 일본으로 망명
결과 및 영향	• 한성 조약 체결(조선-일본, 1884) : 조선이 일본에 배상금 지불, 공사관 신축 비용 부담 • 톈진 조약 체결(청-일본, 1885) : 청과 일본 군대 동시 철수, 향후 조선에 파병할 경우 서로 통보할 것을 규정
의의와 한계	• 의의 : 근대 국가 수립을 위한 정치·사회 개혁 운동 • 한계 : 일본의 군사 지원 약속에 의존, 민중의 지지를 받지 못함

8. 갑신정변 이후 국내외 정세

(1) 거문도 사건 : 청의 내정 간섭 심화, 고종은 러시아와 교섭(조러 비밀 협약) 추진 → 영국이 러시아를 견제한다는 구실로 거문도를 불법 점령(1885~1887)

(2) 조선 중립화론 대두

① 부들러 : 한반도를 둘러싼 열강의 충돌을 막기 위해 조선 중립화 방안 제안

② 유길준 : 열강이 조선의 중립을 보장하여 독립을 보존하는 중립화론 구상

자료 플러스 부들러의 조선 중립화 방안

> 조선은 청국의 뒷마당이 되었는데 러시아, 일본과도 국경을 맞대고 있습니다. …… 청·러시아·일본과 영원히 조선을 보호하는 조약을 서로 수립한다면, (이 나라들이) 나중에 다른 나라를 공격하게 되더라도 조선에 길을 빌릴 수 없을 것입니다. …… 이렇게 하면 조선은 영원히 보호받으면서 많은 이익을 얻을 수 있을 것입니다.
> -『통리교섭통상사무아문일기』-

갑신정변 이후 한반도를 둘러싼 열강의 대립이 심화되었다. 이러한 상황에서 조선에 주재하던 독일의 외교관 부들러는 조선을 중립화하는 방안을 조선 정부에 제안하였다.

✪ 동도서기론
조선의 전통적 유교 질서는 유지하면서 서양의 근대 기술을 받아들이자는 주장이다.

✪ 우정총국
우편 업무를 담당하는 관청으로 1884년에 설치되었고 초대 총판은 홍영식이었다. 갑신정변을 계기로 개국한 지 얼마 되지 않아 폐지되었다.

✪ 거문도 사건
거문도는 고흥반도와 제주도 사이에 있는 섬이다. 러시아의 남하를 견제하던 영국은 전략적 요충지인 거문도를 일방적으로 점거하고 포대와 병영 등을 건설하였다. 이후 러시아와 긴장 상태가 완화되자 영국은 거문도에서 군대를 철수하였다.

개념 체크

1. 김옥균 등 급진 개화파는 일본의 (   )을 참고하여 서양의 사상과 제도까지 받아들이는 급진적인 개혁을 주장하였다.
2. 1884년 김옥균 등 급진 개화파는 (   ) 개국 축하연을 이용하여 정변을 일으키고 개화당 정부를 수립하였다.
3. 갑신정변 이후 한반도를 둘러싼 열강의 대립이 심화되자 조선에 주재하던 독일의 외교관 (   )는 조선 중립화 방안을 제안하였다.

정답
1. 메이지 유신 2. 우정총국
3. 부들러

자료 탐구 강화도 조약(조일 수호 조규)

1단계 자료 분석

(가) 제1관 조선국은 자주국이며 일본국과 평등한 권리를 보유한다.
제4관 조선국 정부는 부산 이외에 제5관에 기재한 2곳의 항구를 개방하여 일본국 인민이 오가면서 통상하도록 허가한다.
제7관 조선국 연해의 섬과 암초는 …… 지극히 위험하므로 일본국의 항해자가 수시로 해안을 측량하는 것을 허락한다.
제10관 일본국 인민이 조선국이 지정한 항구에서 죄를 범하여 조선국 인민과 교섭해야 하는 것은 모두 일본 관원에게 귀속시켜 심의하고 처단한다.

(나) 일본국과 맺은 조약에 관하여 의정부에서 8도의 감사와 4도(都)의 유수, 동래부사에게 공문을 발송하여 "…… 그들(일본 사신)과 우리가 의논하여 정한 비준 책자와 조규 책자 및 그들의 수록 책자 각 1건을 내려보내니 비치해 두고 증거 문건으로 삼도록 하라. 이제부터 일본국의 배가 지나가거나 혹은 와서 정박하게 되면 깃발 표식을 자세히 살피고, 만약 흰 바탕에 붉은 것으로 가운데 표시하였으면 분명 그들은 일본 사람인 것이다. …… 비록 화륜선인 경우에도 꼭 깃발의 표식을 기준으로 삼아 절대로 경솔하게 범하지 말라. …… 연해의 각 읍에 관문을 띄워 관할 지역에 통지하며 세 가지 책자를 모두 베껴서 공포하여 모두 잘 알도록 하라."라고 하였다.
–『고종실록』–

(가)는 조선과 일본이 체결한 강화도 조약(조일 수호 조규)이다. 제1관에 조선은 자주국이라고 명시되어 있지만 이는 청의 간섭을 배제하려는 일본의 의도가 반영된 것이다. 강화도 조약에는 일본에 조선의 해안 측량을 허용하는 조항(제7관)과 영사 재판권을 인정하는 조항(제10관) 등 조선의 자주권을 침해하는 내용이 포함되어 있다.
(나)는 의정부에서 강화도 조약 체결 사실에 대하여 전국적으로 공지한 내용이다. 앞으로 일본인이 조선에 왕래하게 될 것이니 일본 배의 깃발 표식을 확인하라는 내용을 담고 있다.

2단계 문항 연습

정답과 해설 16쪽

[24013-0060]

1 (가) 조약에 대한 설명으로 옳은 것은?

> 한국사 Q & A
>
> Ⓠ 궁금합니다.
>
> (가) 이/가 불평등 조약이라는 사실을 보여 주는 내용은 무엇인가요?
>
> Ⓐ 답변합니다.
>
> (가) 은/는 조선의 자주권을 침해하는 내용을 다음과 같이 포함하고 있기 때문에 불평등 조약임을 알 수 있습니다.
> 제7관 조선국 연해의 섬과 암초는 …… 지극히 위험하므로 일본국의 항해자가 수시로 해안을 측량하는 것을 허락한다.
> 제10관 일본국 인민이 조선국이 지정한 항구에서 죄를 범하여 조선국 인민과 교섭해야 하는 것은 모두 일본 관원에게 귀속시켜 심의하고 처단한다.

① 러일 전쟁 중에 체결되었다.
② 최혜국 대우 조항을 포함하였다.
③ 부산, 원산, 인천이 개항되는 계기가 되었다.
④ 송상, 만상 등 사상이 성장하는 배경이 되었다.
⑤ 공사관 경비를 위한 일본군 주둔을 허용하였다.

1단계 자료 분석

(가) • 흥선 대원군을 빨리 귀국시키고 종래 청에 대해 행하던 조공의 허례를 폐지한다.
• 문벌을 폐지하고 인민 평등의 권리를 제정하여 능력에 따라 관리를 임명한다.
• 지조법을 개혁하여 관리의 부정을 막고 백성의 곤란을 구제하며 국가의 재정을 넉넉하게 한다.
• 국내 재정은 모두 호조가 관할하고, 그 외의 모든 재무 관청은 폐지한다.
• 대신과 참찬은 합문 안의 의정소(의정부)에 모여 정령을 의결하고 반포한다.
• 의정부와 6조 이외에 불필요한 관청은 모두 혁파하고, 대신과 참찬이 협의하여 정책을 결정한다. – 김옥균, 『갑신일록』 –

(나) 임금을 위협한 것은 이치를 따른 것이 아니라 거스른 것이니 실패할 첫째 이유이다. 외세를 믿고 의지하였으니 반드시 오래가지 못하고 실패할 둘째 이유이다. 인심이 불복하여 변란이 안으로부터 일어날 것이니 실패할 셋째 이유이다. …… 숫자가 적은 일본군이 어찌 많은 청군을 대적할 수 있겠는가? 실패할 넷째 이유이다. 김옥균·박영효 등 여러 사람이 순조롭게 그 뜻을 이룬다고 하더라도, 이미 여러 민씨와 임금께서 친애하는 신하들을 죽였으니 이는 임금과 왕비의 뜻에 어긋나는 것이다. 임금과 왕비의 뜻을 거스르고서 능히 그 위세를 지킬 수 있겠는가? 실패할 다섯째 이유이다. – 『윤치호 일기』 –

(가)는 갑신정변 당시 발표된 개혁 정강의 일부이고, (나)는 윤치호의 부친이자 무관이었던 윤웅렬이 갑신정변의 실패를 예상하고 한 말이다. 김옥균, 박영효 등 급진 개화파는 베트남을 둘러싸고 프랑스와 대립하던 청이 조선에서 청군의 절반을 철수시키자, 이 기회에 청의 간섭에서 벗어나 개혁을 추진하고자 하였다. 이에 우정총국 개국 축하연을 이용해 정변을 일으켜 정권을 장악하고 개혁 정강을 발표하였다. 그러나 청군이 출동하자 일본군이 약속과 달리 철수하면서 정변은 3일 만에 실패하였다.

2단계 문항 연습

정답과 해설 16쪽

[24013-0061]

2 밑줄 친 '정변'의 영향으로 가장 적절한 것은?

> 김옥균 등은 드디어 거짓 왕명으로 정부를 조직하였으며 …… 일본에 유학했던 사관생도들로 하나의 부대를 조직·편성하였다. 그러나 백관 가운데 들어와 참여하는 자가 없으니 정령이 시행되지 않았다. 또한 청군이 하도감에 있으면서 <u>정변</u>이 일어난 이유를 탐문하니 박영효는 일이 실패할 것을 두려워하였다. …… 김옥균 등이 다시 창덕궁으로 왕을 모시고 돌아와 관물헌에 머물게 하고 경비를 삼엄하게 하여 안팎을 가로막으니 인심이 흉흉하였다.
> – 박은식, 『한국독립운동지혈사』 –

① 녹읍이 폐지되었다.
② 통리기무아문이 설치되었다.
③ 최씨 무신 정권이 성립하였다.
④ 청과 일본이 톈진 조약을 체결하였다.
⑤ 고종이 러시아 공사관으로 피신하였다.

대표 기출 확인하기

1 (가), (나) 사진이 촬영된 시기 사이에 있었던 사실로 옳은 것은? 2023학년도 수능 6월 모의평가

(가)

미국 군함 위의 조선인들 신미양요 당시 미국 군함 콜로라도호에 있는 조선인들의 모습이다.

(나)

미국에 파견된 조선 사절단 민영익을 대표로 미국에 처음 파견된 조선 사절단의 모습이다.

① 김홍집이 조선책략을 들여왔다.
② 일본군이 간도 참변을 일으켰다.
③ 프랑스군이 외규장각 도서를 약탈하였다.
④ 러시아가 절영도 조차 요구를 철회하였다.
⑤ 오페르트가 남연군 묘의 도굴을 시도하였다.

간략 풀이

정답 | ①

풀이 | (가)는 신미양요 당시 미국 군함 위에 있는 조선인들의 모습이라는 점, (나)는 미국에 처음 파견된 조선 사절단의 모습이라는 점을 통해 (가)는 1871년, (나)는 1883년이라는 사실을 알 수 있다. 『조선책략』은 1880년 일본에 제2차 수신사로 파견된 김홍집이 귀국하면서 조선에 들여왔다. ② 간도 참변은 1920년 청산리 대첩을 전후하여 일어났다. ③ 1866년 병인양요 때 프랑스군이 외규장각 도서를 약탈하였다. ④ 독립 협회가 주도한 이권 수호 운동의 영향으로 러시아는 1898년 절영도 조차 요구를 철회하였다. ⑤ 독일 상인 오페르트는 1868년 흥선 대원군의 아버지인 남연군 묘의 도굴을 시도하였다.

2 (가)에 들어갈 내용으로 가장 적절한 것은? 2023학년도 수능

학습 주제 : (가)

이항로 등은 열강의 통상 요구를 거부하고 침략에 맞서 싸우자고 주장했어.
최익현은 왜양일체론을 내세우며 개항에 반대했어.
이만손 등 영남의 유생들은 만인소를 올려 서양 열강과의 수교를 반대했지.

① 새마을 운동의 목적
② 위정척사 운동의 전개
③ 물산 장려 운동의 영향
④ 6·10 만세 운동의 결과
⑤ 애국 계몽 운동의 내용

간략 풀이

정답 | ②

풀이 | 이항로, 최익현, 이만손 등 보수적인 유생들은 서양과 일본을 배척하며 성리학과 성리학적 사회 질서를 수호하고자 하는 위정척사 운동을 전개하였다. ① 박정희 정부는 1970년부터 새마을 운동을 추진하였다. ③ 1920년 평양에서 조만식 등이 물산 장려 운동을 시작하였다. ④ 1926년 대한 제국의 마지막 황제인 순종의 장례일에 6·10 만세 운동이 일어났다. ⑤ 을사늑약을 전후하여 교육과 산업을 진흥하여 국권을 지키려는 애국 계몽 운동이 일어났다.

[24013-0062]

01 (가) 인물이 추진한 정책으로 옳은 것은?

이 자료는 영건도감에서 지방 관청에 보낸 공문입니다. 이 명령을 내린 (가) 은/는 국왕의 친아버지로서 당시 궁궐 중건을 주도하고 있었습니다.

(가) 께서 분부를 내리기를 "국가 공사의 중대함은 이번 영건의 일보다 더한 것이 없다. 모든 백성들이 힘닿는 대로 내어 돕지 않을 수 없다. …… 그런데 박○○, 최○○, 김○○, 김○○는 모두 호남의 큰 부자인데 …… 이번 원납전이 100냥에 불과하니 어찌 이와 같은가? …… 위 4인을 잡아 올리고 타일러 잘못을 고치도록 하라." 라고 말씀하셨다.

① 호포제를 실시하였다.
② 대한국 국제를 반포하였다.
③ 농지 개혁법을 제정하였다.
④ 전민변정도감을 설치하였다.
⑤ 웅진에서 사비로 천도하였다.

[24013-0063]

02 다음 자료를 활용한 탐구 활동으로 가장 적절한 것은?

나는 그때 23세였는데 포수로 소집되어 한성으로 출발하였습니다. …… 밤낮으로 걸어 한성에 도착한 후 2일 만에 별자포수대로 편성되어 다시 문수산성으로 향하였습니다. 그때 문수산성에서는 한성근, 이장렴 등 여러 장군이 성을 굳게 지키고 적과 싸우던 중이었습니다. 우리 포수들이 지원하자 우리 편 군사들의 기세가 크게 올랐습니다. 그러자 적은 각 배의 수군을 내리게 하여 육지에 상륙시킨 후 포를 쏘며 공격하였습니다.

-『별건곤』-

① 나당 연합의 목적을 알아본다.
② 위화도 회군의 결과를 파악한다.
③ 13도 창의군의 활동을 살펴본다.
④ 병인양요의 전개 과정을 조사한다.
⑤ 조미 수호 통상 조약의 내용을 분석한다.

[24013-0064]

03 (가) 사건에 대한 설명으로 옳은 것은?

이 비석은 강화 광성보의 쌍충비각 안에 있는 어재연, 어재순 형제의 순절비로 1873년에 건립되었다. 어재연은 (가) 이/가 발발하자 진무 중군으로 임명되어 급히 강화도에 가서 광성보를 수비하였다. 그러나 미군의 침입에 맞서 싸우다가 동생 어재순 및 병사들과 함께 전사하였다.

① 별무반이 편성되는 계기가 되었다.
② 포츠머스 조약 체결로 종결되었다.
③ 아관 파천이 단행되면서 중단되었다.
④ 천리장성이 축조되는 배경이 되었다.
⑤ 제너럴 셔먼호 사건을 빌미로 일어났다.

[24013-0065]

04 밑줄 친 '조약'에 대한 설명으로 옳은 것은?

조약의 제4조와 제5조에 의하면 부산이 통상을 위해 개방되는 항구가 될 것이며 …… 그 외 연안 지방 두 개의 다른 항구가 일본인들에게 출입이 허가될 예정입니다. …… 제10조에 의하면 일본인이 개항장에서 조선인에 대해 위법 행위나 범죄를 저지르는 경우, 그는 일본 당국에 의해 재판받을 것입니다.

– 프랑스 외무부 문서 –

① 러일 전쟁 중에 체결되었다.
② 통감부가 설치되는 근거가 되었다.
③ 일본 공사관에 경비병을 주둔하게 하였다.
④ 거중 조정과 관세 부과 내용을 포함하였다.
⑤ 조선 해안에 대한 일본인의 측량을 허용하였다.

[24013-0066]

05 다음 자료의 상황이 나타난 시기를 연표에서 옳게 고른 것은?

> 2일에 이동인이 와서 최근에 조선 정부가 통리기무아문을 설치하여 통상·이용(理用)·교린 등의 몇 개 분과를 두었으며, 영의정이 이를 거느리고 당상 몇 명이 그 분과를 관장한다는 것 등을 알렸습니다. 또 이동인은 머지않아 일본에 잠행하는 조사(朝士) 몇 명과 함께 출발할 것이라고 알려 왔습니다. …… 이번에 비밀리에 출발하는 조사 중에는 승지 홍영식과 응교 어윤중 등이 있습니다. 그리고 작년 수신사를 수행한 윤웅렬의 아들로서 금년 17세인 소년도 참가할 것입니다.

임술 농민 봉기 발생		운요호 사건 발생		군국기무처 설치		고종 강제 퇴위		3·1 운동 발생		신간회 조직
	(가)		(나)		(다)		(라)		(마)	

① (가) ② (나) ③ (다) ④ (라) ⑤ (마)

[24013-0067]

06 (가), (나) 사절에 대한 설명으로 옳은 것은?

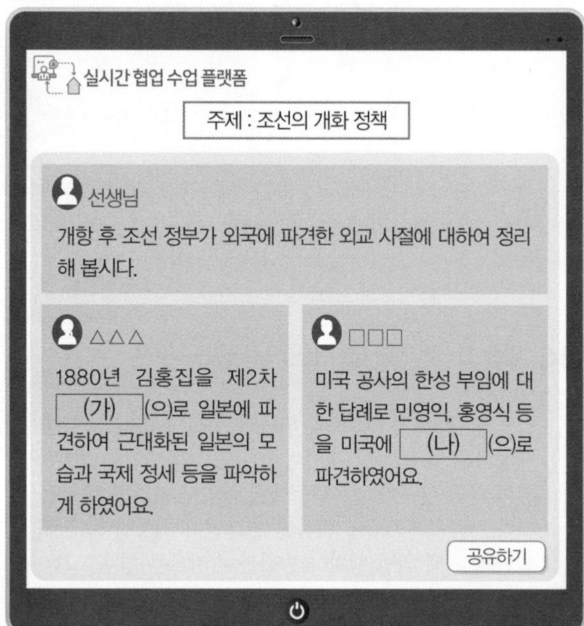

실시간 협업 수업 플랫폼
주제 : 조선의 개화 정책
선생님
개항 후 조선 정부가 외국에 파견한 외교 사절에 대하여 정리해 봅시다.
△△△
1880년 김홍집을 제2차 (가) (으)로 일본에 파견하여 근대화된 일본의 모습과 국제 정세 등을 파악하게 하였어요.
□□□
미국 공사의 한성 부임에 대한 답례로 민영익, 홍영식 등을 미국에 (나) (으)로 파견하였어요.
공유하기

① (가) – 연행사라는 명칭으로 불렸다.
② (가) – 조선책략을 조선에 소개하였다.
③ (나) – 기기창 설치에 기여하였다.
④ (나) – 미국에 구미 위원부를 두었다.
⑤ (가)와 (나) – 을사늑약의 부당함을 국제 사회에 알리고자 하였다.

[24013-0068]

07 다음 주장이 제기된 배경으로 가장 적절한 것은?

> 신미년 이후로 양이가 침범하지 않은 지 이제까지 5년입니다. 이번에 강화도에 온 자들은 양복을 입고 서양 배를 탔는데 왜국 사신이라 하니, 어찌 서양인이면서 왜인이고 왜인이면서 서양인인 자가 아니겠습니까. …… 서양인의 물건에 대해서도 무역하게 한다면, 아비도 업신여기고 임금도 업신여기는 저들의 사교(邪敎)가 물화를 따라 몰래 들어와서 백성들이 짐승의 지경에 빠질 것입니다.

① 청일 전쟁이 발발하였다.
② 6·3 시위가 전개되었다.
③ 항일 의병 운동이 일어났다.
④ 일본이 문호 개방을 요구하였다.
⑤ 미소 공동 위원회가 개최되었다.

[24013-0069]

08 (가) 사건의 결과로 옳은 것은?

[사료로 학습하는 한국사]

> • 중궁 전하(왕비)께서 충주 민영위 집으로 옮기셨다.
> • 안정옥이 중궁 전하께서 주신 봉서를 들고 서울로 올라갔다.
> • 민태호 집 하인이 편지를 가지고 왔다. 또한 부사 김설현이 얼마 전 심의순이 왕비의 자리를 도로 바르게 하는 일로 (청군) 오장경 제독에게 글을 올렸고, 며칠 안에 중국 전하를 영접할 것이라고 한 까닭에 이른 아침 서울에서 왔다.

[해설] 위의 사료는 명성 황후의 피난 행적이 기록된 일기이다. 이 일기는 명성 황후가 구식 군인들이 일으킨 (가) 당시 지방으로 피신한 행적을 담고 있다. 명성 황후는 청군이 출동하여 (가) 을/를 진압한 후 환궁하였다.

① 과전법이 실시되었다.
② 삼정이정청이 설치되었다.
③ 제물포 조약이 체결되었다.
④ 대한 자강회가 해산되었다.
⑤ 백두산정계비가 건립되었다.

[24013-0070]

09 다음 자료를 활용한 탐구 주제로 가장 적절한 것은?

> 묄렌도르프는 "지금 재정이 궁핍하므로 당오전 등을 주조하여 급한 사정을 해결하자."라고 주장하였다. 반면 김옥균은 "화폐 문제는 조금이라도 차질이 있으면 나라에 큰 해독이 되는데, 어찌 급하게 행할 수 있겠는가. 일본에 가서 국채를 빌려와 재정의 어려움을 해결해야 할 것이다."라고 반대하였다. …… 김옥균은 일본에 가서 차관 문제를 의논하였으나, 결국 차관을 얻지 못하였다. …… 이후 묄렌도르프와 민영익 등이 함께 김옥균을 공격하였고, 김옥균의 세력은 더욱 위축되었다.

① 광무개혁의 성과
② 갑신정변의 배경
③ 형평 운동의 목적
④ 국채 보상 운동의 전개
⑤ 개경 세력과 서경 세력의 대립

[24013-0071]

10 (가), (나) 시기 사이에 있었던 사실로 옳은 것은?

> (가) 마건충이 운현궁을 방문한 날 저녁, 흥선 대원군이 답례차 청군 숙소를 찾아갔다. 이때 마건충이 수행원을 구금하고 흥선 대원군을 납치하여 남문을 빠져나왔다. 그리고 밤이 새기 전에 양화진을 거쳐 인천으로 갔고, 그곳에서 흥선 대원군을 기선에 태워 톈진으로 보냈다.
> (나) 이홍장과 이토 히로부미가 톈진에서 여러 날에 걸쳐 논쟁을 벌이다가 서로 양보하고 조약을 체결하였다. 그 내용은 조선에 주둔하고 있는 청과 일본의 군대를 각각 철수하며, 앞으로 조선에 파병할 일이 있으면 서로 사전에 통고한다는 것이었다.

① 비변사가 설치되었다.
② 자유시 참변이 발생하였다.
③ 서인 세력이 인조반정을 일으켰다.
④ 모스크바 3국 외상 회의가 개최되었다.
⑤ 개화당 정부가 개혁 정강을 발표하였다.

[24013-0072]

11 밑줄 친 '거사'에 대한 설명으로 옳은 것은?

> 저는 지금 우정총국의 초대 총판이었던 홍영식의 동상 앞에 서 있습니다. 홍영식은 우편 업무에 관심을 갖고 우정총국 설립을 주도하였습니다. 그러나 우정총국 개국 축하연을 이용하여 동지들과 <u>거사</u>를 일으켰다가 3일 만에 실패하고 목숨을 잃었습니다.

① 장용영이 설치되는 배경이 되었다.
② 한성 조약이 체결되는 결과를 가져왔다.
③ 조선 혁명 선언을 활동 지침으로 삼았다.
④ 김부식이 이끄는 관군에 의해 진압되었다.
⑤ 평안도 지역에 대한 차별에 반발하여 일어났다.

[24013-0073]

12 밑줄 친 '편지'가 작성된 시기의 상황으로 옳은 것은?

> 중국 북양대신 이홍장이 <u>편지</u>를 보내 "…… 요즘 영국과 러시아가 아프가니스탄 경계 문제로 분쟁을 일으키고 있습니다. 러시아가 군함을 블라디보스토크에 집결시키자 영국은 러시아가 남하하여 홍콩을 침략할까 봐 귀국의 거문도에 군사와 군함을 주둔시켰습니다. …… 만약 영국이 이 섬을 오랫동안 빌리고 돌아가지 않으면서 사거나 조차지로 만들려고 한다면 결코 경솔히 허락해서는 안 됩니다."라고 하였다.

① 북벌론이 대두하였다.
② 정우회 선언이 발표되었다.
③ 브나로드 운동이 추진되었다.
④ 이만손 등 영남 유생들이 만인소를 올렸다.
⑤ 한반도를 둘러싼 열강의 대립이 심화되었다.

06 근대 국가 수립을 위한 노력

✪ 교조 신원 운동
동학을 창시한 교조 최제우는 백성을 현혹한다는 죄명으로 처형되었다. 이에 2대 교주 최시형과 동학교도는 정부에 교조 최제우의 억울함을 풀어 줄 것과 포교의 자유를 요구하였다.

✪ 만석보
'보'는 논에 물을 대기 위해 둑을 쌓아 흐르는 물을 가두는 곳이다. 고부 군수 조병갑은 만석보 축조를 구실로 노동력을 징발하고 각종 세금을 징수하였다.

✪ 집강소
전주 화약 체결 후 동학 농민군이 전라도 각지에 설치한 자치적 민정 기구이다. 행정과 치안을 담당하며 폐정 개혁을 실천하였다.

✪ 남접과 북접
동학은 전국을 포와 접의 단위로 구분하여 교세를 관리하였다. 남접은 전라도를 중심으로 하는 동학 조직이고, 북접은 충청도를 중심으로 하는 동학 조직이다.

개념 체크

1. 군수 조병갑의 횡포에 맞서 전봉준 등이 이끄는 농민들이 (　　) 관아를 습격하고 만석보를 파괴하였다.
2. 무장에서 봉기한 동학 농민군은 나라를 돕고 백성을 편안하게 한다는 (　　), 폭정을 제거하여 백성을 구한다는 제폭구민의 구호를 내세웠다.
3. 동학 농민군은 일본군에 맞서 제2차 봉기를 일으켰으나 공주 (　　) 전투에서 패하였다.

정답
1. 고부 2. 보국안민
3. 우금치

1. 동학 농민 운동

(1) 개항 이후 농민의 생활 악화

① 일본의 경제 침탈 : 일본 상인의 곡물 유출로 곡물 가격 폭등, 외국산 면직물 유입으로 농촌의 가내 면직물 수공업 타격

② 정부의 무능과 수탈 : 일본에 대한 배상금 지불 및 개화 정책을 위한 지출이 늘어나면서 재정 부담 증가, 지방관의 수탈로 전국 각지에서 농민 봉기 발생

(2) 교조 신원 운동

① 내용 : 동학교도가 교조 최제우의 신원과 포교의 자유를 요구

② 전개 : 삼례 집회, 보은 집회 등을 거치면서 종교 운동에서 점차 정치·사회 운동으로 확대

(3) 동학 농민 운동(1894)의 전개

① 고부 농민 봉기

배경	고부 군수 조병갑이 만석보를 쌓게 하고 수세(물세)를 강제로 징수하는 등 비리와 수탈 자행
경과	전봉준 등을 중심으로 농민들이 고부 관아를 습격, 만석보 파괴 → 정부가 조병갑을 파면하고 새로운 군수 임명, 농민들은 자진 해산

② 동학 농민군의 제1차 봉기

배경	정부에서 파견한 안핵사 이용태가 농민들을 동학교도로 몰아 탄압
경과	전봉준과 손화중이 무장(전북 고창)에서 농민군을 조직하여 대규모 봉기 → 백산으로 이동, 4대 강령과 격문 발표, '보국안민'·'제폭구민'의 구호 → 황토현 전투, 황룡촌 전투에서 동학 농민군 승리 → 전주성 점령

③ 전주 화약 체결

배경	정부의 요청으로 청이 지원병 파병, 일본은 자국민 보호를 구실로 파병
경과	정부와 동학 농민군은 폐정 개혁을 조건으로 전주 화약 체결, 농민군은 자진 해산 후 전라도 각지에 집강소를 설치하고 폐정 개혁 추진

자료 플러스 전주 화약과 집강소 설치

> 관찰사가 감영으로 전봉준 등을 불렀다. …… 전봉준은 높은 관과 삼베옷을 입고 당당하게 들어오면서 조금도 꺼리는 기색이 없었다. 관찰사가 관민이 서로 화해할 계책을 상의하고 각 군(郡)에 집강을 두는 것을 허락하였다. 이에 따라 동도(동학 농민군)가 각 읍을 할거하고 공청(公廳)에 집강소를 설치하고 서기·성찰·집사·동몽과 같은 직임을 두어 하나의 관청을 이루었다.
> –『갑오약력』–

동학 농민군과 정부는 청·일 양국 군대의 철수가 시급하다고 판단하여 전주 화약을 체결하였다. 이에 따라 동학 농민군은 자진 해산하고 폐정 개혁을 자치적으로 추진하기 위해 집강소를 설치하였다.

④ 동학 농민군의 제2차 봉기

배경	전주 화약 체결 후 정부는 청과 일본에 군대 철수를 요구 → 일본이 군대 철수 요구를 거부하고 경복궁을 기습 점령, 조선에 내정 개혁을 요구, 청일 전쟁을 일으킴
경과	동학 농민군이 일본군에 맞서 재봉기 → 동학의 남접과 북접 부대가 논산에서 합류하여 서울로 향함 → 공주 우금치 전투에서 관군과 일본군에 농민군 패배
결과	전봉준 등 지도부 체포, 농민군 잔여 세력 진압

(4) 동학 농민 운동의 성격과 영향

① 성격 : 양반 중심의 신분 질서 및 정치·사회 개혁 추구, 일본을 비롯한 외세의 침략과 내정 간섭에 저항

② 영향 : 동학 농민군의 요구가 갑오개혁에 일부 반영, 동학 농민군의 잔여 세력이 항일 의병 운동에 참여

2. 갑오·을미개혁

(1) 개혁 추진 배경 : 동학 농민군의 요구, 전주 화약 체결 후 정부는 교정청 설치

(2) 제1차 갑오개혁

경과	일본군이 경복궁을 무력으로 점령하고 조선 정부에 내정 개혁을 강요 → 김홍집을 중심으로 내각 수립, 군국기무처를 설치하고 개혁 추진
내용	• 정치 : 청의 연호를 폐지하고 개국 기년 사용, 궁내부를 신설하여 왕실 사무와 정부 사무 분리, 6조를 8아문으로 개편, 과거제 폐지, 경무청 설치(경찰 제도 실시) • 경제 : 탁지아문으로 재정 일원화, 은 본위 화폐 제도 채택 • 사회 : 공·사노비법을 혁파하고 신분제 폐지, 조혼 금지, 과부의 재가 허용, 연좌제 폐지

(3) 제2차 갑오개혁

경과	청일 전쟁에서 승기를 잡은 일본이 개혁에 본격 간섭 → 김홍집·박영효 연립 내각 수립, 군국기무처 폐지 → 고종은 국정 개혁의 기본 강령인 '홍범 14조' 반포
내용	• 정치 : 내각 제도 실시, 8아문을 7부로 개편, 지방 8도를 23부로 개편, 사법권 독립(재판소 설치) • 교육 : 교육입국 조서 반포, 한성 사범 학교 관제 등 마련

자료 플러스 갑오개혁과 개국 기년

의정부의 문서에, "현재 군국기무처에서 정한 새로운 방식이 있어서, 국내외 공사문첩에는 '개국 기년(開國紀年)'을 쓰도록 임금께 아뢰어 허락을 받았다. …… 관할 구역 내의 각 읍과 진에서는 지금부터 무릇 공문의 연월일과 관련되는 것은 '개국 503년 월일'로 쓰도록 하라."라는 내용이 있었다고 한다. 따라서 그 내용을 살펴 시행하라.
–『수록』–

개국 기년은 조선이 건국된 1392년을 원년으로 하여 연도를 표기하는 방법으로, 갑오개혁이 실시된 1894년은 개국 503년에 해당한다. 갑오개혁으로 청의 연호가 폐지되었고 모든 공문서에 개국 기년이 사용되었다.

(4) 을미개혁(제3차 갑오개혁)

배경	• 일본이 청일 전쟁에서 승리한 후 청과 시모노세키 조약을 체결하고 랴오둥반도 차지 → 러시아가 주도한 삼국 간섭으로 일본이 랴오둥반도를 청에 반환 • 고종과 명성 황후가 러시아를 이용하여 일본을 견제하려 함 → 일본이 명성 황후 시해(을미사변) → 김홍집 내각 구성, 개혁 추진
내용	태양력 사용, '건양' 연호 사용, 단발령 실시, 종두법 확대 시행
결과	아관 파천(1896) 직후 개혁 중단, 개혁 주도 세력은 피살 또는 망명

✪ 교정청
전주 화약 체결 이후 정부가 개혁을 추진하기 위해 설치한 임시 기구이다. 군국기무처가 설치되면서 곧 폐지되었다.

✪ 군국기무처
제1차 갑오개혁을 추진하기 위해 설치한 기구이다. 김홍집과 어윤중, 유길준 등이 참여하였으며, 3개월간 약 200건이 넘는 개혁안을 처리하였다.

✪ 교육입국 조서
교육을 통해 부국강병을 이루어야 한다는 내용의 조칙이다.

✪ 시모노세키 조약(1895)
청과 일본이 시모노세키에서 체결한 조약이다. 이 조약으로 청은 조선에서 물러났고 일본에 막대한 배상금을 지불하였다. 또한 일본에 타이완과 랴오둥반도를 할양하였다.

✪ 아관 파천
을미사변 후 신변의 위협을 느낀 고종이 러시아 공사관으로 피신한 사건이다.

개념 체크

1. (　　)을 중심으로 수립된 내각은 군국기무처를 설치하여 제1차 갑오개혁을 추진하였다.
2. 제2차 갑오개혁 당시 고종은 부국강병을 위해 교육을 강조한 (　　)를 반포하였다.
3. 을미개혁으로 태양력이 채택되었고 (　　)이라는 연호를 사용하게 되었다.

정답
1. 김홍집 2. 교육입국 조서 3. 건양

✪ 독립문

준공 직후의 모습이다. 청 사신을 맞이하던 영은문이 헐린 자리 앞에 건립되었다.

✪ 헌의 6조

1. 외국인에게 의지하지 않고 관민이 협력하여 전제 황권을 공고히 할 것.
2. 정부가 외국인과 체결하는 모든 조약은 정부 대신과 중추원 의장이 합동 날인하여 시행할 것.
3. 국가 재정은 탁지부에서 관장하고 예산과 결산을 인민에게 공포할 것.
4. 중대 범죄는 공개 재판을 시행하되, 피고의 인권을 존중할 것.
5. 칙임관을 임명할 때에는 정부에 자문을 구하여 그 과반수가 동의하면 임명할 것.
6. 정해진 규정을 실천할 것.

–『고종실록』–

헌의 6조는 1898년 관민 공동회에서 결의된 것으로 관민이 협력하여 국정을 운영하자는 내용이다.

(5) 갑오·을미개혁의 의의와 한계

의의	갑신정변, 동학 농민 운동 등에서 제기된 개혁 내용이 일부 반영, 신분제 철폐 등 평등 사회의 기틀 마련
한계	일본의 간섭을 받으며 추진, 민중의 지지 결여, 상공업 진흥 및 국방력 강화 같은 개혁은 소홀

자료 플러스 갑오개혁에 대한 반발

정부 호칭과 관직명을 기묘한 신법으로 만들고, 관리와 이서(吏胥)들을 축출하는 것은 오랑캐의 습속이지 선대의 어진 임금에서 유래한 규례가 아닙니다. 이는 간사한 무리가 왜를 끼고 흉악한 짓을 하여 우리의 어진 임금들의 법도를 폐기하고 저 왜구들의 끝없는 욕심을 충족시키려는 것입니다. –『나암수록』–

갑오개혁은 김홍집 등 조선의 개화파 관료들이 주도하였고 동학 농민군의 요구도 일부 반영되었다. 그렇지만 일본의 강요와 간섭을 받던 상황에서 추진되었으므로 개혁에 대한 반발도 일어났다.

3. 독립 협회의 활동

(1) 아관 파천 직후의 상황 : 한반도를 둘러싼 러시아와 일본의 대립 심화, 러시아의 영향력 확대 및 열강의 이권 침탈 가속화

(2) 독립 협회 창립

① 과정 : 미국에서 귀국한 서재필이 정부의 지원을 받아 독립신문 창간 → 독립 협회 창립 주도 (1896. 7.)

② 특징

- 독립문 건립을 위한 모금에 참여하면 누구나 독립 협회 회원으로 수용
- 강연회와 토론회를 통해 민중 계몽, 민중의 정치의식을 높이려 함

③ 활동

자주 국권 운동	• 고종의 환궁 요구 • 만민 공동회를 열어 러시아의 내정 간섭과 열강의 이권 침탈을 규탄
자유 민권 운동	• 법률과 재판에 의한 신체의 자유권과 재산권 보호 주장 • 언론·출판·집회·결사의 자유 요구
자강 개혁 운동	• 의회 설립 운동 전개 • 관민 공동회를 개최하여 헌의 6조 결의 → 고종의 재가 → 새로운 중추원 관제 반포(중추원을 의회 형태로 개편)

자료 플러스 중추원 관제 반포

칙령 제36호 중추원 관제 개정 건

제3조 …… 중추원 의관의 그 절반은 정부에서 국가에 공로가 있는 사람을 회의에서 상주하여 추천하고, 그 절반은 인민 협회 중에서 27세 이상인 사람 가운데 정치, 법률, 학식에 통달한 자를 투표해서 선거한다.

제16조 본 관제 제3조 가운데 인민 선거는 현재는 독립 협회로 행한다. –『관보』(1898. 11. 4.)–

독립 협회와 박정양 내각이 협상을 벌인 결과 새로운 중추원 관제가 반포되었다. 이에 따르면 중추원은 관선 25명, 민선 25명의 의원으로 구성되었고, 법률의 제정과 개정을 심사하고 결정하는 권한을 가졌다.

개념 체크

1. 서재필과 개혁적인 관료들 및 지식인들은 독립문 건설을 추진한다는 명목으로 (　　)를 창립하였다.
2. 독립 협회는 (　　) 공사관에 머물고 있는 고종의 환궁을 요구하였다.
3. 독립 협회는 의회 설립 운동을 전개하여 (　　) 관제가 반포되는 데 기여하였다.

정답
1. 독립 협회 2. 러시아
3. 중추원

④ 해산 : 독립 협회 활동에 위기의식을 느낀 보수 세력이 독립 협회가 공화정 수립을 추진한다고 모함 → 고종은 황국 협회와의 충돌을 구실로 군대를 동원하여 독립 협회를 강제로 해산(1898)

⑤ 의의와 한계

의의	민중 계몽에 기반을 둔 근대화 운동 전개, 자유 민권 의식 신장에 기여, 열강의 침략으로부터 국권 수호 노력
한계	주로 러시아를 외세 배척 운동의 대상으로 삼고 그 외 열강에 대해서는 우호적인 태도를 보이는 등 열강의 침략성을 제대로 간파하지 못함

4. 대한 제국과 광무개혁

(1) 대한 제국의 수립(1897)

① 배경 : 국가의 자주권을 위협받는 상황에서 고종의 환궁을 요구하는 여론 고조

② 과정 : 고종이 경운궁(덕수궁)으로 돌아와 독자적인 연호로 '광무' 제정 → 환구단에서 황제로 즉위, 대한 제국 수립 선포

③ 대한국 국제 반포(1899) : 독립 협회를 강제로 해산시킨 후 반포, 대한 제국이 자주독립 국가이며 황제가 전제 정치를 실시한다는 사실을 명문화

(2) 광무개혁

① 특징 : 구본신참(舊本新參)의 원칙에 따른 점진적 개혁을 표방

② 내용

정치	궁내부를 확대하여 황제권 강화
군사	원수부를 설치하여 황제가 군대 통수권을 장악
경제	• 양전 사업 실시 : 재정 수입 확대를 위해 토지 측량 및 소유자 조사 → 토지 소유자에게 지계 발급 • 식산흥업 정책 전개 : 근대적인 회사와 공장 설립 지원 • 근대 시설 도입 : 전화 가설, 전차·철도 부설 등 통신·교통 시설 확충
교육	실업 학교 설립, 유학생 파견

자료 플러스 원수부 관제

대황제 폐하는 대원수로서 군기(軍機)를 총람하고 육해군을 통령하며, 황태자 전하는 원수로서 육해군을 일률적으로 통솔한다. 이에 원수부를 설치한다.

제1관

제1조 원수부는 국방과 용병과 군사에 관한 각 항의 명령을 관장하며 특별히 세운 권한을 가지고 군부(軍部)와 서울 밖의 각 부대를 지휘 감독한다.

제2조 모든 명령은 대원수 폐하가 원수 전하를 경유하여 하달한다.

제3조 원수부는 황궁 내에 설치한다. －『고종실록』－

고종은 황제권과 국방력을 강화하기 위해 1899년에 원수부를 설치하였다. 원수부는 궁궐 안에 있었으며 황제 직속의 군 통수 기관이었다.

③ 의의와 한계

의의	자주독립과 근대화 지향
한계	황제권 강화에 중점을 두어 민권을 보장하는 개혁에 소홀, 열강의 간섭과 침략으로 개혁 추진에 어려움을 겪음

✪ 황국 협회
독립 협회에 대항하기 위해 보수 관료 세력이 주도하여 조직한 단체이다. 보부상들이 회원으로 소속되었고 어용 단체로 이용되었다.

✪ 환구단

황제가 하늘에 제사를 지내는 제천단이다. 환구단(오른쪽)은 일제가 허물어 버렸고 현재 황궁우(왼쪽)만 남아 있다.

✪ 구본신참
옛것을 근본으로 삼고 새것을 참고한다는 의미이다.

✪ 지계

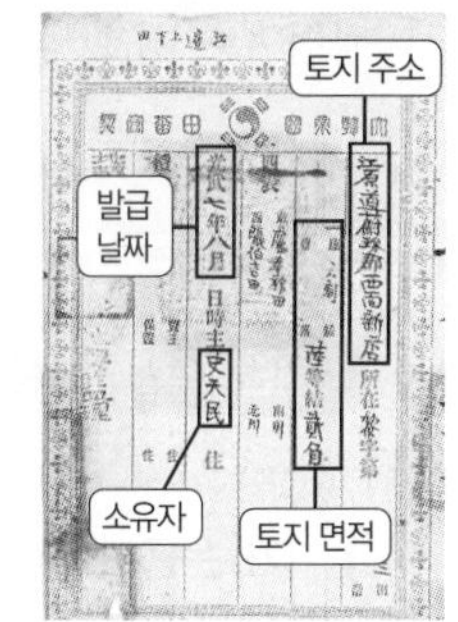

대한 제국에서 발행하였던 토지 소유권을 법적으로 증명하는 문서이다.

개념 체크

1. 위기의식을 느낀 보수 세력은 독립 협회가 정치 체제로 (　　) 수립을 추진한다고 모함하였다.
2. 경운궁으로 환궁한 후 고종은 연호를 (　　)로 정하였으며 대한 제국의 수립을 선포하였다.
3. 고종은 대한 제국이 자주독립국이며 황제가 전제 정치를 실시한다는 내용의 (　　)를 반포하였다.

정답
1. 공화정 2. 광무
3. 대한국 국제

1단계 자료 분석

(가) 우리는 초야에 사는 백성이지만, 임금의 땅에서 먹고 임금이 준 옷을 입고 있으므로 나라의 위태로움을 좌시할 수 없다. …… 오늘 이 의로운 깃발을 들어 나라를 바로잡고 백성을 편안하게 만들 것을 죽음으로써 맹세하였다. 오늘의 상황이 비록 놀랄 만한 일이겠지만 절대로 두려워하거나 동요하지 말고 각기 생업에 편안히 종사하라. 함께 태평한 세월이 오기를 기원하며, 모두 임금의 덕화(德化)를 입을 수 있다면 천만다행일 것이다. - 「무장 동학배 포고문」 -

(나) • 사람을 죽이거나 가축을 잡아먹지 말라.
• 충효를 다하여 세상을 구하고 백성을 편안하게 하라.
• 일본 오랑캐를 몰아내고 나라의 정치를 깨끗이 한다.
• 군대를 몰고 서울로 들어가 권세가와 귀족을 모두 없앤다. - 『대한계년사』 -

(다) 전봉준이 삼가 백배하고 충청 감사께 올립니다. …… 일본 도적놈이 전쟁을 일으키고 군사를 움직여 우리 임금을 핍박하고 우리 백성을 어지럽히고 있는데, 차마 무슨 말을 할 수 있습니까? …… 지금 저의 행위는 실로 몹시 어렵다는 것을 알고 있습니다. 그러나 일편단심 죽음을 무릅쓰고 천하의 신하된 자로 두 마음을 품은 자를 없애서, 선왕조(先王朝) 오백년 동안 길러주신 은혜에 보답하겠습니다. 삼가 바라건대 감사께서도 용맹하게 반성하여 함께 의(義)로써 죽는다면 매우 다행이겠습니다. - 『황해도 동학당 정토약기』 -

(가)와 (나)는 각각 동학 농민군의 제1차 봉기 때 무장에서 발표한 격문과 4대 강령이다. 부패한 지배층의 수탈에 저항하고 외세를 몰아내려는 의지가 담겨 있다. (다)는 동학 농민군의 제2차 봉기 때 전봉준이 논산에서 충청 감사에게 보낸 글이다. 일본군이 무력으로 경복궁을 점령하고 청일 전쟁을 일으킨 점, 동학 농민군이 항일 구국을 목표로 다시 봉기한 점을 보여 주는 사료이다.

2단계 문항 연습

정답과 해설 19쪽

[24013-0074]

1 (가) 운동에 대한 설명으로 옳은 것은?

자료는 전주 화약이 체결되기 직전에 (가) 을/를 주도한 전봉준 등이 정부 측에 제시한 폐정 개혁안입니다. 이를 통해 당시 농민군의 요구 사항을 알 수 있습니다.

• 보부상의 폐단을 금할 것.
• 도내 환곡은 이전 감사가 이미 거두어 갔으니 민간에 다시 징수하지 말 것.
• 임금의 총명을 가리고 매관매직하며 국권을 농간하는 자들을 축출할 것.
• 전세는 전례에 따를 것.

① 보수적인 유생들이 주도하였다.
② 김부식이 이끈 관군에 진압되었다.
③ 민족 자결주의의 영향을 받아 일어났다.
④ 대한매일신보 등 언론 기관의 지원을 받았다.
⑤ 전라도 각지에 집강소를 설치하고 개혁을 추진하였다.

1단계 자료 분석

(가) 지난 일요일 오후 3시 독립관에서 토론회 제5차 회의를 열고 토론하였다. 토론 문제는 바로 '부녀자를 교육하는 것이 의리상, 경제상으로 마땅하다.'였다. …… 모르던 것을 새로 배우는 일이 많았고 조선 인민에게 유익한 것이 많았다. 다음 일요일 토론회 문제는 '교육을 성대하게 하기 위해서는 국문을 한문보다 더 쓰는 것이 제일 필요하다.'이다. – 독립신문(1897. 10. 2.) –

(나) 3월 10일 오후 2시에 종로에서 열린 만민 공동회에서 연설한 것을 다음에 기재하노라. "우리 대한이 자주독립하는 것은 세계 만국이 한가지로 아는 바이요, 훈련 사관과 재정 고문관을 외국 사람에게 맡기는 것이 …… 대한 이천 만 동포 형제가 한가지로 부끄럽고 분한 바이라. …… 러시아 사관과 러시아 고문관을 모두 곧 돌려보내는 줄로 결정하여 러시아 공사에게 답조회하는 것이 당연한 사건으로 아는 것은 우리 대한 이천만 동포 형제가 한가지로 원하는 바이요." – 독립신문(1898. 3. 15.) –

(다) 의정부 참정 박정양이 중추원 의관 절반을 투표로 선정하는 사안에 대해 독립 협회에 편지를 보내 …… "중추원 관제를 이미 반포하였으며, 본 관제 제3조와 제16조에 의거하여 의관의 절반을 마땅히 귀 독립 협회 회원 중에서 뽑아야 하여 이에 고지합니다. 회원 25인을 투표하여 선정해서 며칠 내로 명단을 기록해 보내 상주한 후 임명하기 편하게 해 주시기 바랍니다."라고 하였다. 이에 독립 협회의 회원들은 5일에 독립관에 모여 투표로 선정하기로 의논하여 정하였다. –『대한계년사』–

제시된 자료들은 독립 협회가 전개하였던 활동(자주 국권 운동, 자유 민권 운동, 의회 설립 운동)을 보여 준다. (가)는 독립 협회에서 다양한 주제로 토론회를 개최하여 민중을 계몽하려고 노력한 사실을 담고 있다. (나)는 독립 협회가 개최한 만민 공동회의 참가자가 러시아의 훈련 사관과 재정 고문관을 돌려보내야 한다고 연설한 내용이다. (다)는 새로운 중추원 관제에 따라 중추원이 근대적 의회와 같은 기구로 개편되고 중추원 의관의 절반을 독립 협회에서 투표로 선정하려 했던 상황을 담고 있다. 그러나 독립 협회가 해산되면서 독립 협회의 중추원 의관 선정은 실현되지 않았다.

2단계 문항 연습

정답과 해설 19쪽

[24013-0075]

2 (가) 단체의 활동으로 옳은 것은?

> 이달 21일 일반 대중이 국정에 대하여 토론하고 비판하는 것을 금하는 칙령이 반포되었다. 이에 (가) 은/는 칙령에 어떻게 대처해야 하는지 논의하기 위해 이달 22일 오후 2시 만민 공동회를 개최하였다. 집회가 시작되자마자 한성부 판윤과 경무청은 집회를 개최할 수 없다고 통보하였다. 그러나 질서정연하지만 활발한 연설이 이어졌다. 연설의 핵심은 언론의 자유는 양도할 수 없는 권리이고, 관료들로 하여금 폐하와 국가에 대한 임무를 충실히 이행할 수 있게 만드는 유일한 방법은 여론의 자유로운 표출에 있다는 것이다. 결국 (가) 이/가 국민의 언론 자유를 요청하는 상소를 즉시 올려야 한다는 결의안이 만장일치로 통과되었다.

① 한성순보를 발행하였다.
② 헤이그 특사를 파견하였다.
③ 좌우 합작 7원칙을 발표하였다.
④ 민립 대학 설립을 위해 모금하였다.
⑤ 의회 설립과 민권 신장을 주장하였다.

대표 기출 확인하기

1 (가), (나) 시기 사이에 있었던 사실로 옳은 것은? 2024학년도 수능 6월 모의평가

> (가) 임금께서 말씀하시기를, "군국기무처 회의 총재는 영의정 김홍집이 맡고, …(중략)… 날마다 와서 모여 크고 작은 사무를 협의하여 아뢰고 난 후 거행하도록 하라."라고 하였다.
> (나) 임금이 모든 관원을 이끌고 엄숙한 차림새를 갖추고 환구단에 이르러 친히 하늘과 땅에 제사를 지낸 후 황제에 즉위하였다. …(중략)… 국호를 대한으로 정하고, 올해를 광무 원년으로 하였다.

① 아관 파천이 단행되었다.
② 무신 정변이 발발하였다.
③ 홍경래의 난이 발생하였다.
④ 조선 형평사가 조직되었다.
⑤ 인천 상륙 작전이 전개되었다.

간략 풀이

정답 | ①

풀이 | 군국기무처는 1894년에 설치되어 제1차 갑오개혁을 주도하였고 대한 제국은 1897년에 수립되었다. 이 사이에 을미사변으로 신변의 위협을 느낀 고종은 1896년 아관 파천을 단행하였다. ② 고려 무신들이 1170년에 정변을 일으켜 권력을 장악하였다. ③ 조선 후기 세도 정치 시기인 1811년에 홍경래의 난이 발생하였다. ④ 백정에 대한 사회적 차별 철폐를 주장하며 백정 등이 1923년 진주에서 조선 형평사를 조직하였다. ⑤ 1950년에 일어난 6·25 전쟁 당시 국군과 유엔군이 인천 상륙 작전에 성공하여 전세를 역전시켰다.

2 밑줄 친 '집회'에 대한 설명으로 옳은 것은? 2023학년도 수능 9월 모의평가

> **한국사 신문**
>
> **대신들, 백성의 목소리를 듣다!**
>
> 지난 29일 독립 협회가 주최한 대규모 <u>집회</u>가 열렸다. 독립 협회는 현재의 국가적 위기 상황으로부터 벗어날 방법을 논의하기 위해 <u>집회</u>를 계획하고 각계각층에 150통 이상의 초청장을 발송한 바 있다. 이 자리에 의정부 참정 박정양을 비롯한 여러 전현임 대신들도 황제 폐하의 명령에 따라 참석하여 백성의 목소리를 들었다.

① 헌의 6조를 채택하였다.
② 서경 천도를 주장하였다.
③ 신군부의 퇴진을 요구하였다.
④ 민립 대학 설립을 추진하였다.
⑤ 창조파와 개조파가 대립하였다.

간략 풀이

정답 | ①

풀이 | 독립 협회가 주최하였다는 것, 의정부 참정 박정양 등이 참여하였다는 것 등을 통해 밑줄 친 '집회'는 관민 공동회임을 알 수 있다. 관민이 협력하여 국정을 운영하자는 헌의 6조는 1898년 관민 공동회에서 결의되었다. ② 고려 인종 때 묘청 등이 서경 천도를 주장하였다. ③ 1980년 5·18 민주화 운동 당시 학생과 시민들이 신군부의 퇴진을 요구하였다. ④ 1920년대에 이상재, 이승훈 등이 주도하여 민립 대학 설립 운동을 추진하였다. ⑤ 대한민국 임시 정부의 활동 방향을 두고 1923년 개최된 국민 대표 회의에서 창조파와 개조파가 대립하였다.

[24013-0076]

01 밑줄 친 ‘화해’의 결과로 가장 적절한 것은?

관군이 추격하여 장성 황룡촌의 장터에 이르러 농민군과 여러 차례 뒤섞여 싸웠다. 농민군은 관군을 내버려두고 곧장 전주에 이르러 성을 함락하였다. 관군은 이틀 뒤에야 전주에 이르러 황학산과 완산 위에 진을 친 후에 성을 굽어보며 대포를 쏘아 댔다. 그러나 곧 패하여 뒤로 밀려났고 며칠간 대치하였다. 정부는 전주성을 되찾을 방책이 없어 우려하였다. …… 정부가 관군과 농민군에 사신을 보내 화해하게 하자 농민군이 북문을 열고 성 밖으로 나왔다. 이에 관찰사와 관군은 비로소 성안으로 들어갈 수 있었다.

① 대동법이 실시되었다.
② 신간회가 결성되었다.
③ 정부가 개경으로 환도하였다.
④ 전라도 각지에 집강소가 설치되었다.
⑤ 회사 설립이 허가제에서 신고제로 바뀌었다.

[24013-0077]

02 밑줄 친 ‘난’의 전개 과정에서 있었던 사실로 옳은 것은?

갑오년 봄에 난이 일어났으니, 이는 탐관오리들이 그들을 격분시켜 일어난 것이다. 한 사람이 외치면 만 사람이 호응하였다. 그들이 탐관오리를 제거하여 백성의 피해를 구제한다는 취지로 격문을 호남·호서의 여러 고을에 선포하니 호응하지 않는 곳이 없었다. …… 그들이 ‘북쪽으로 올라가서 군주의 측근에 있는 악당을 쓸어 내자.’고 성토하였다. 매우 놀란 조정은 청에 구원을 요청하였다. 평소 우리의 정권에 관여할 생각을 갖고 있던 위안스카이는 청의 조정에 군대 파견을 요청하였다.
– 『한국독립운동지혈사』 –

① 비변사가 설치되었다.
② 간도 참변이 일어났다.
③ 황토현 전투가 벌어졌다.
④ 흥선 대원군이 청에 납치되었다.
⑤ 국왕이 남한산성으로 피란하였다.

[24013-0078]

03 (가) 운동에 대한 탐구 활동으로 가장 적절한 것은?

〈학생 활동지〉

• 수업 주제 : (가)
• 활동 내용 : 주제와 관련된 인물, 세부 사건, 유적지 등을 소재로 우표 도안을 구성하고 설명하는 글 작성

〈도안〉

〈우표 설명〉

(가) 에 참여한 농민군의 지도자인 전봉준의 모습과 당시 농민군의 구호였던 ‘보국안민’ 등이 적힌 깃발의 모습을 담았습니다.

① 노비안검법의 영향을 파악한다.
② 별무반의 활동 시기를 알아본다.
③ 백두산정계비의 내용을 분석한다.
④ 공주 우금치 전투의 배경을 살펴본다.
⑤ 4군 6진 지역의 개척 과정을 조사한다.

[24013-0079]

04 (가) 기구가 개혁을 추진하던 당시에 볼 수 있는 모습으로 가장 적절한 것은?

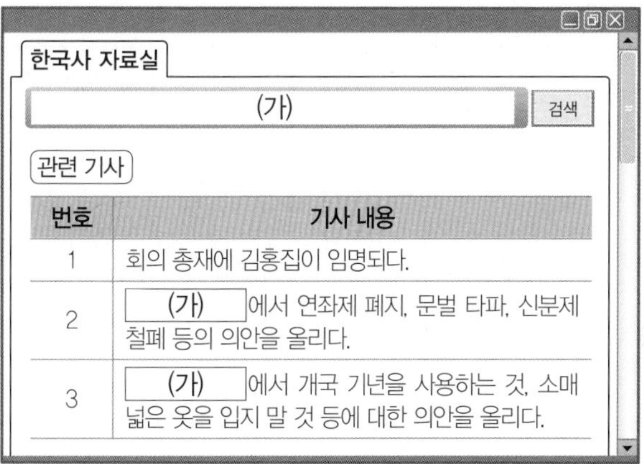

한국사 자료실

(가) 검색

관련 기사

번호	기사 내용
1	회의 총재에 김홍집이 임명되다.
2	(가) 에서 연좌제 폐지, 문벌 타파, 신분제 철폐 등의 의안을 올리다.
3	(가) 에서 개국 기년을 사용하는 것, 소매 넓은 옷을 입지 말 것 등에 대한 의안을 올리다.

① 청해진을 지키는 병사
② 천리장성 공사에 동원된 인부
③ 브나로드 운동에 참여하는 학생
④ 국채 보상 운동에 성금을 내는 부녀자
⑤ 과거제 폐지 소식을 듣고 놀라는 유생

[24013-0080]

05 밑줄 친 '개혁'의 내용으로 옳은 것은?

[사료로 학습하는 한국사]

총리대신 김홍집, 내무대신 박영효, 학무대신 박정양, 외무대신 김윤식 등이 "왕실 존칭에 대한 새로운 형식을 갖추어 아뢰니 재결해 주십시오. 주상 전하를 대군주 폐하로, 왕비 전하를 왕후 폐하로, 왕세자 저하를 왕태자 전하로, 왕세자빈 저하를 왕태자비 전하라고 합니다."라고 아뢰니 임금께서 윤허하였다.

[해설] 김홍집·박영효 내각이 구성되어 개혁을 추진하던 시기에 왕실의 존칭을 높여 자주성을 나타내려 한 사실을 보여 주는 사료이다. 한편 고종은 홍범 14조를 반포하여 자주독립을 대내외에 선언하고 근대적 개혁을 추진하겠다는 의지를 보였다.

① 녹읍이 폐지되었다.
② 재판소가 설치되었다.
③ 경국대전이 편찬되었다.
④ 9재 학당이 설립되었다.
⑤ 조사 시찰단이 파견되었다.

[24013-0081]

06 다음 자료의 상황이 나타난 시기를 연표에서 옳게 고른 것은?

자신의 동료 장교들이 군복을 황급히 벗어던지고 달아날 때 계속 싸웠던 현흥택은 왕비를 구하기 위해 왕비의 거처에 뛰어들었습니다. 하지만 그는 맞아서 쓰러졌고, 몸이 묶인 채 심하게 구타당했습니다. 현흥택은 왕비가 다른 방으로 달아나는 모습을 보았지만 살해당하는 장면은 목격하지 못했습니다. 현흥택은 현재 미 공사관에 피신 중이고, 우리는 그의 진술을 다른 이들의 진술과 비교하고 있습니다. 왕비가 살아 있는 모습을 직접 보기 전까지는, 왕비가 일본인 무법자들에 의해 살해되었고 왕비의 시신은 범죄를 인멸하기 위해 사전 계획에 따라 화장되었다는 사실을 믿을 수밖에 없습니다.

– 알렌 –

임술 농민 봉기 발생	(가)	임오군란 발발	(나)	갑신정변 발생	(다)	삼국 간섭	(라)	을사늑약 체결	(마)	국권 피탈

① (가) ② (나) ③ (다) ④ (라) ⑤ (마)

[24013-0082]

07 다음 자료를 활용한 탐구 주제로 가장 적절한 것은?

장관님

조선의 국왕은 12월 30일 조칙을 통해 대신들의 끈질긴 권유에 못 이겨 머리카락을 잘랐으며 신민들도 자신을 따를 것을 권유한다고 발표하였습니다. 1월 1일 발표한 다른 조칙을 통해 국왕은 백성들에게 이 같은 결정을 내린 연유를 설명하였습니다. 이 명령은 지위고하를 막론하고 모든 관리들과 경찰, 군인들에게 적용되었습니다. …… 이 문제와 관련하여 국왕이 발표한 2개의 조칙 번역을 첨부합니다.

G. 르페브르

① 을미개혁의 추진과 영향
② 붕당의 형성과 공론 정치
③ 유신 체제의 성립과 저항
④ 원 간섭기 다루가치의 역할
⑤ 헌병 경찰 제도의 실시 목적

[24013-0083]

08 밑줄 친 ㉠의 영향으로 가장 적절한 것은?

지난해 8월 20일의 일을 어찌 차마 말로 하겠습니까? 온 나라의 하늘을 이고 땅을 밟고 사는 사람이라면 그 누군들 피를 뿌리고 눈물을 삼키며 우리 국모의 원수를 갚고자 하지 않겠습니까? ㉠임금께서 지금 외국 공사관에 머물고 계신 것은 다만 한때의 임시방편으로 어쩔 수 없는 지경에서 나온 것입니다. 하지만 절대로 일반적이고 온당한 조치가 될 수는 없습니다. 신하와 백성들의 답답하고 절박한 마음과 나라의 형편이 위태로워진 것을 어찌 한두 번으로 다 아뢸 수 있겠습니까?

① 신진 사대부가 실권을 장악하였다.
② 지방에서 호족 세력이 성장하였다.
③ 송시열 등이 북벌론을 주장하였다.
④ 영국이 거문도를 불법 점령하였다.
⑤ 열강의 이권 침탈이 가속화되었다.

[24013-0084]

09 (가) 단체에 대한 설명으로 옳은 것은?

> 영은문은 몇 대에 걸쳐 조선의 국왕이 중국의 칙사를 맞이하는 곳이었으나 이제는 없어졌다. 근처 모화관을 독립관으로 개수하여 사용하고 있는 [(가)]은/는 국가의 독립을 보전하고자 창립되었다. 비록 가입비가 비싸지만 이미 회원이 2,000명에 이르렀다. [(가)]이/가 독립문의 기초를 놓을 때 많은 애국적인 연설이 있었다. 또한 외국 공사관의 주요 인사들과 외국인 거주자들을 초대하여 만찬을 열고 비상한 개혁 방안을 설명하였다.

① 의회 설립을 추진하였다.
② 교조 신원 운동을 전개하였다.
③ 이봉창, 윤봉길 등이 소속되었다.
④ 광주 학생 항일 운동을 지원하였다.
⑤ 우리말(조선말) 큰사전 편찬을 추진하였다.

[24013-0085]

10 (가), (나) 시기 사이에 있었던 사실로 옳은 것은?

> (가) 우리가 독립신문을 오늘 처음으로 출판하는데 조선에 있는 내외국 인민에게 우리 주의를 미리 말하여 알게 하노라. …… 우리가 이 신문을 출판하여 이익을 취하려는 것이 아닌 고로 값을 싸게 하였고, 모두 언문으로 쓴 것은 남녀 상하 귀천이 모두 보게 함이요, 또 구절을 띄어 쓰는 것은 알아보기 쉽도록 함이라.
> (나) 윤치호 선생이 관민 공동회를 주재하는 의장으로 선출되었다. 그는 짧은 연설을 통해 감사의 인사를 표한 뒤 다음 조건 아래에서만 이처럼 중요한 회의의 책임을 질 것이라고 하였다. "…… 황실 가족 누구에게라도 절대 무례한 말을 해서는 안 됩니다. …… 전임 대신들과 그 외 관료들에 대한 모욕적인 언사는 용납되지 않을 것입니다."

① 정우회 선언이 발표되었다.
② 13도 창의군이 결성되었다.
③ 통리기무아문이 설치되었다.
④ 고종이 경운궁으로 환궁하였다.
⑤ 신탁 통치 반대 운동이 일어났다.

[24013-0086]

11 (가) 정부에 대한 설명으로 옳은 것은?

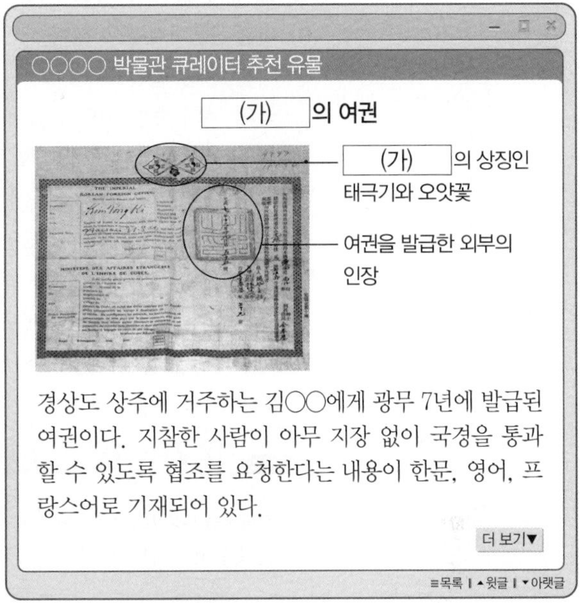

① 원수부를 설치하였다.
② 과전법을 실시하였다.
③ 3·1 운동 이후 수립되었다.
④ 산미 증식 계획을 추진하였다.
⑤ 9주 5소경 체제를 정비하였다.

[24013-0087]

12 밑줄 친 ㉠을 뒷받침하는 사실로 적절한 것은?

> ○○개혁으로 서양의 기술과 기계가 도입되고 전화, 전차 등 근대적 시설을 갖추게 된 것은 긍정적이라고 생각합니다.
>
> 고종이 민권 신장보다 ㉠<u>황제권 강화</u>를 중시했다는 점 등은 ○○개혁의 한계라고 생각합니다.
>
> 토론 주제 : ○○개혁, 어떻게 평가할 것인가?

① 교정도감이 설치되었다.
② 수원 화성이 건설되었다.
③ 대한국 국제가 반포되었다.
④ 사심관 제도가 시행되었다.
⑤ 연통제와 교통국이 운영되었다.

07 일본의 침략 확대와 국권 수호 운동

✪ 국권 피탈 과정

러일 전쟁 발발

⬇

한일 의정서

⬇

제1차 한일 협약

• 가쓰라 · 태프트 밀약(일 · 미)
• 제2차 영일 동맹
• 포츠머스 조약(러 · 일)

⬇

을사늑약

한일 신협약

한국 병합 조약

✪ 통감부

을사늑약 체결에 따라 일본이 1906년 2월에 대한 제국 황실의 안녕과 평화를 유지한다는 명분으로 설치한 기구이다. 조선 총독부가 설치될 때까지 사실상 대한 제국의 국정 전반을 장악했던 식민 통치 준비 기구이다.

개념 체크

1. (　　　)의 결과 일본 정부가 추천한 스티븐스와 메가타가 각각 대한 제국의 외교 고문과 재정 고문에 임명되었다.
2. 러일 전쟁의 종결을 위해 일본과 러시아는 미국의 중재로 (　　　) 조약을 체결하였다.
3. 고종은 을사늑약의 부당함을 알리기 위해 네덜란드 (　　　)에서 열린 만국 평화 회의에 특사를 파견하였다.

정답
1. 제1차 한일 협약　2. 포츠머스
3. 헤이그

1. 일제의 침략과 국권 피탈

(1) 러일 전쟁과 일본의 침략

① 러일 전쟁 발발(1904. 2.) : 한반도와 만주를 둘러싼 러시아와 일본의 대립 격화 → 대한 제국의 국외 중립 선언, 일본이 러시아를 기습 공격하면서 전쟁 시작

② 한일 의정서(1904. 2.) : 일본이 한반도 내에서 군사적 요충지 사용권 확보

③ 제1차 한일 협약(1904. 8.) : 일본이 대한 제국에 외교 고문(스티븐스)과 재정 고문(메가타) 추천 → 대한 제국의 외교와 재정 간섭(고문 정치)

④ 일본의 한국 지배에 대한 열강의 인정
- 가쓰라 · 태프트 밀약(1905. 7.) : 미국의 필리핀 지배, 일본의 한국 지배를 양국이 서로 인정
- 제2차 영일 동맹(1905. 8.) : 영국의 인도 지배, 일본의 한국 지배를 양국이 서로 인정

⑤ 러일 전쟁 종결 : 포츠머스 조약 체결(1905. 9.) → 일본이 한국에 대한 독점적 지배권 확보

자료 플러스 가쓰라 · 태프트 밀약

첫째, 필리핀은 미합중국에 의해 통치되어야 하며, 일본은 필리핀을 침공할 의도가 없음을 밝힌다.
셋째, 한국은 러시아와의 전쟁의 직접적 원인이므로 전쟁의 논리적 결과로서 한반도 문제를 완전히 매듭짓는 것은 일본에는 절대적으로 중요하다. …… 한국이 일본의 동의 없이 대외 조약을 체결할 수 없다고 요구할 수 있을 정도의 권한을 일본이 가지는 것이 현 전쟁의 논리적 결과이다. – 가쓰라 · 태프트 밀약(1905. 7.) –

1905년 미국과 일본의 관리가 작성한 각서에서 일본은 미국의 필리핀 지배를 인정하고, 미국은 일본이 한반도에 대한 특정한 권한을 가지는 것을 인정하였다. 이후 일본은 미국의 중재로 포츠머스 조약을 체결하여 러시아로부터 대한 제국에 대한 배타적 지배를 인정받았다.

(2) 일제의 국권 침탈

① 을사늑약(1905. 11.)

과정	러일 전쟁 종결 후 일본이 대한 제국 황제와 관리를 무력으로 위협, 강제 체결(→ 공식적인 조약 명칭이 없고 고종의 비준 절차를 거치지 않았기 때문에 무효)
결과 및 대응	일본이 대한 제국의 외교권을 박탈하고 통감부 설치, 초대 통감으로 부임한 이토 히로부미가 내정 장악 → 고종은 조약의 무효 선언, 헤이그 특사 파견(1907)

자료 플러스 을사늑약

제2조 일본 정부는 한국과 타국 간에 현존하는 조약의 실행을 완전히 하는 책임을 맡고, 한국 정부는 금후에 일본 정부의 중재를 거치지 아니하고 국제적 성질을 가진 어떠한 조약이나 약속을 맺지 않을 것을 약속한다.
제3조 일본 정부는 그 대표자로 하여금 한국 황제 폐하의 밑에 1명의 통감을 두되, 통감은 오로지 외교에 관한 사항을 관리하기 위해 경성에 주재하고 친히 한국 황제 폐하를 알현할 권리를 가진다.

러일 전쟁을 거치며 열강으로부터 대한 제국에 대한 독점적 지배권을 인정받은 일본은 군대를 동원하여 고종과 관리를 무력으로 위협하고 을사늑약을 체결하였다. 을사늑약으로 일본은 대한 제국의 외교권을 빼앗았고, 통감부를 설치하여 대한 제국의 내정을 장악하였다.

② 한일 신협약(정미 7조약, 1907. 7.)
- 과정 : 고종을 강제로 퇴위시킨 후 일본의 강요로 체결
- 결과 : 행정 각 부에 일본인 차관 임명, 비밀 각서(부수 각서)에 따라 대한 제국의 군대 해산

③ 한국 병합 조약(1910. 8.) : 일제가 대한 제국의 국권 강탈 → 조선 총독부 설치

2. 항일 의병 운동

(1) 을사늑약에 대한 항거

① 자결 : 민영환 등

② 의거 : 나철 등의 을사오적 암살 시도, 장인환과 전명운의 스티븐스 저격, 안중근의 이토 히로부미 처단(1909)

자료 플러스 안중근의 최후 진술

1905년에 5개 조약이 체결되었으니 이것이 바로 보호 조약인데, 그때 한국의 황제를 비롯해서 한국의 국민은 누구나 모두 일본의 보호를 받고자 한 사실이 없음에도 불구하고, 이토 히로부미는 마치 한국 측에서 희망하여 조약을 체결한 것처럼 말했었다. …… 한국과 일본 두 나라의 친선을 저해하고 동양의 평화를 어지럽힌 장본인은 바로 이토 히로부미이므로, 나는 한국의 의병 중장의 자격으로서 그를 제거한 것이다.

러시아와의 회담을 위해 이토 히로부미가 만주에 온다는 소식을 알게 된 안중근은 1909년 10월 26일에 이토 히로부미를 하얼빈역에서 사살하였다. 안중근은 재판 과정에서 일본과 이토 히로부미가 저지른 죄악에 대해서 언급하였고, 일본이 동양의 평화를 해하는 적이라며 비판하였다.

(2) 의병 항쟁의 전개

구분	내용
을미의병	• 배경 : 을미사변, 단발령 실시(1895) • 주도 : 이소응, 유인석 등 유생층 • 활동 : 친일 관리 처단, 지방 관청과 일본군 공격 • 해산 : 아관 파천 후 고종이 단발령을 철회하고 의병 해산 권고 조칙 발표 → 대부분 활동 중단
을사의병	• 배경 : 을사늑약 체결(1905) • 주도 : 민종식, 최익현, 신돌석 등 • 활동 : 민종식이 홍주, 최익현이 태인에서 거병, 평민 출신 신돌석이 태백산 일대에서 활약
정미의병	• 배경 : 고종의 강제 퇴위, 대한 제국의 군대 해산(1907) • 활동 : 이인영 등이 의병 연합 부대인 13도 창의군 결성 → 서울 진공 작전 전개(1908) → 일본군에 패배 • 특징 : 해산 군인의 가담으로 의병의 전투력 강화, 각국 영사관에 의병을 국제법상 교전 단체로 인정해 줄 것을 요구 → 의병 전쟁으로 발전

(3) 호남 의병의 활약 : 서울 진공 작전 후에도 활발한 활동 지속, 일제의 '남한 대토벌' 작전(1909)으로 위축

자료 플러스 최익현의 「포고팔도사민」

오늘날 시국의 대세를 가지고 간략히 이 글을 지어 우리나라 사민(士民)들에게 포고하노라. 오직 바라건대, 우리나라 사민들은 …… 각각 스스로 노력하여 저들로 하여금 인종을 바꾸려는 계획을 이루지 못하게 한다면 매우 다행한 일이다. 시급히 행하여야 할 일을 대강 아래로 나열하여 기록한다. ……

1. 저 오적은 이미 나라를 팔아먹는 것을 재능으로 여겨 오늘 한 가지 일을 허락하고 다음날 또 한 가지 일을 허락하여 작년의 의정서와 금년의 5조약을 인준하는 일에 이르러서는 다시 여지가 없게 되었다. …… 모든 우리의 높고 낮은 관료 및 병졸과 백성들은 모두 충성을 일으켜서 재앙과 환난의 예방을 생각할 것. -『면암집』-

최익현은 을사늑약이 체결되자 상소를 올려 을사오적의 처단을 강력히 주장하였고, 1906년에는 임병찬 등과 함께 전라북도 태인에서 의병을 일으켰다. 또한 「포고팔도사민」을 발표하여 일본의 침략 행위를 규탄하고 전국의 백성들에게 항일 의병을 일으킬 것을 촉구하였다.

✪ 을사오적

을사늑약 체결에 동의한 다섯 명의 내각 대신으로 외부대신 박제순, 내부대신 이지용, 군부대신 이근택, 학부대신 이완용, 농상공부대신 권중현이다.

✪ 1907년 이후 의병 지도자들의 신분 · 직업 구성

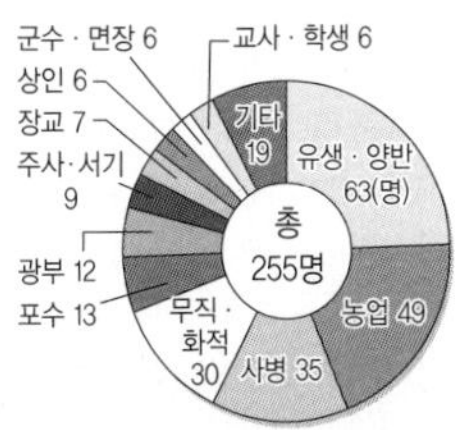

- 박성수, 『독립운동사 연구』(1980) -

초기 의병의 지도자들은 유생이 중심이 되었으나 점차 다양한 신분과 직업을 가진 사람들이 참여하였다.

✪ 13도 창의군

1907년에 조직된 의병 연합 부대로 총 병력은 약 1만 명에 이르렀다. 13도 창의군의 총대장에는 이인영, 군사장에는 허위가 추대되었다.

개념 체크

1. 1909년 만주 하얼빈역에서 (   )은 이토 히로부미를 처단하였다.
2. 민종식과 최익현 등은 (   )이 체결되자 이에 맞서 의병을 일으켰다.
3. 1907년 이인영을 총대장으로 하는 의병 연합 부대인 (   )이 결성되었다.

정답
1. 안중근 2. 을사늑약
3. 13도 창의군

3. 애국 계몽 운동

(1) 특징 : 을사늑약 전후로 관료·지식인 등이 점진적 실력 양성을 통한 국권 수호 추구 → 여러 단체의 결성, 교육 활동, 언론 활동, 산업 진흥 활동 등 전개

(2) 애국 계몽 운동 단체

① 보안회 : 일제의 황무지 개간권 요구에 대한 반대 운동 전개 → 일제의 요구를 철회시킴

② 헌정 연구회 : 입헌 정체 수립 추구 → 일제의 탄압으로 활동 중단

③ 대한 자강회

결성	헌정 연구회를 계승하여 설립
활동	교육 진흥과 산업 육성을 통한 국권 수호 운동 전개
해체	고종 강제 퇴위 반대 운동을 펴다가 일제의 탄압으로 해산

④ 신민회

결성	안창호, 양기탁 등을 중심으로 비밀 결사 형태로 조직
목표	국권 회복과 공화 정체의 근대 국가 건설 지향, 실력 양성 운동을 추진하면서 무장 독립 전쟁 준비
활동	오산 학교와 대성 학교 설립, 태극 서관과 자기 회사 운영, 무장 투쟁 준비를 위한 국외 독립운동 기지 건설(남만주 삼원보에 신흥 강습소 설립)
해체	일제가 날조한 105인 사건으로 와해(1911)

자료 플러스 오산 학교 개교식의 훈시

> 지금 우리나라 형편은 날로 기울어져 가는데 우리가 그저 앉아 있을 수는 없다. …… 총을 드는 사람, 칼을 갈 사람도 있어야 할 것이다. 그러나 그보다도 더 중한 것이 무엇이냐. 우리가 세상일이 어떻게 돌아가는 것인지를 모르고 있으니 그 사람들을 깨우치는 것이 제일 급무이다. …… 내가 오늘 이 학교를 세운 것도 후손을 가르쳐 만분의 일이라도 나라에 도움될까 하여 설립한 것이니, …… 여러분은 일심 협력하여 주기를 바란다.

신민회 회원이었던 이승훈은 1907년 평안북도 정주에 오산 학교를 세웠다. 그의 개교식 훈시에서는 총이나 칼을 드는 의병 운동뿐 아니라 애국 계몽 운동이 필요함을 언급하고 있다. 이외에도 신민회는 평양에 대성 학교를 세워 교육에 힘썼고, 서적 출판을 위해 태극 서관을 운영하였다.

(3) 항일 언론 활동 : 대한매일신보 등이 항일 논조의 기사를 게재하고 국채 보상 운동을 지원하는 등 항일 언론 활동 전개

4. 간도와 독도

(1) 간도

① 귀속 분쟁 : 백두산정계비문의 도문강(토문강) 해석을 두고 조선과 청 사이에 영유권 분쟁 발생

② 대한 제국의 정책 : 이범윤을 간도 관리사로 임명하여 간도 주민들을 직접 관할

③ 간도 협약(1909) : 일제가 남만주 철도 부설권 등을 획득하는 대가로 간도를 청의 영토로 인정

(2) 독도

① 대한 제국 칙령 제41호(1900) : 대한 제국이 울릉도를 울도군으로 승격시키고, 독도를 관할하게 하여 독도가 우리 영토임을 확인

② 일제의 강탈 : 러일 전쟁 중 일본이 시마네현 고시를 통해 독도를 불법적으로 일본 영토에 편입(1905)

✪ 일제의 황무지 개간권 요구

러일 전쟁 중 일제는 대한 제국의 황무지 개간권을 허락해 달라고 요구하며, 대한 제국 황무지에 대한 권리를 요구하는 계약 서안을 발송하였다. 이러한 사실이 알려지자 수많은 상소가 이어졌고, 송수만, 심상진 등이 보안회를 조직하여 맞섰다.

✪ 105인 사건

조선 총독부의 데라우치 총독의 암살을 모의하였다고 일제가 조작한 사건이다. 이를 빌미로 일제는 수백 명을 검거하고 그중 105명에게 1심에서 유죄 판결을 내렸다. 이 과정에서 비밀 조직이었던 신민회의 존재가 드러나 와해되었다.

✪ 대한 제국 칙령 제41호(1900)

> 제2조 군청 위치는 태하동으로 정하고 구역은 울릉 전도와 죽도, 석도(독도)를 관할할 것.

대한 제국은 1900년에 칙령 제41호를 관보에 게재하여 울릉도의 관할 구역으로 독도를 명시하고, 독도가 명백한 우리 땅임을 선포하였다.

개념 체크

1. (　　)는 일제의 황무지 개간권 요구 저지 운동을 벌여 이를 철회시켰다.
2. 실력 양성 운동을 추진하면서 공화 정체의 근대 국가 건설을 지향한 단체인 (　　)는 오산 학교와 대성 학교를 설립하였다.
3. 대한 제국은 1900년에 칙령 제41호를 통해 (　　)가 우리 영토임을 밝혔다.

정답
1. 보안회 2. 신민회 3. 독도

1단계 자료 분석

(가) 오늘 병사를 일으키려는 것은 또한 자위하려는 것이 아니고 국모의 원수를 갚으려는 것이다. 대개 어머니의 원수를 갚기 위해 아버지의 군사를 부리는 것은 떳떳한 이치며 대의이다. 만약에 아들이 어머니의 원수가 있는데 아버지의 명을 기다린 후 복수한다고 하면 이것이 어찌 아들이 어머니의 원수를 갚는 것이겠는가? …… 호연히 결속하여 동지와 더불어 약속하고 마음으로 복수를 맹세할 따름이며 삼가 여기에 게시한다. -『관동창의록』-

(나) 아, 지난 10월 21일의 변고는 전 세계 고금에 일찍이 없었던 일일 것이다. 우리에게 이웃 나라가 있어도 스스로 외교하지 못하고 타인을 시켜 대신 외교하니, 나라가 없는 것이다. 우리에게 토지와 인민이 있어도 스스로 주장하지 못하고 타인을 시켜 대신 감독하게 하니, 임금이 없는 것이다. 나라가 없고 임금이 없으니, 우리 삼천리 인민은 모두 노예며 신첩(臣妾)일 뿐이다. 남의 노예가 되고 남의 신첩이 되었다면 살았어도 죽는 것만 못하다. -『면암집』-

(다) 모인 자가 만여 명이라, 이에 서울로 진군 입경하여 통감부를 격파하고 협약을 취소시켜 국권을 회복하고자 하여 …… 군사장은 군대를 정돈하고 진격을 준비하였다. 이에 이인영은 각도의 의병 부대로 하여금 일제히 진군을 재촉하고, 스스로 3백 명을 이끌고 먼저 동대문 30리 밖에 이르렀다. 각 군이 이르지 않았을 때 일본병이 먼저 쳐들어와 서로 더불어 분전하였으나, 적에게 대적할 수 없어 마침내 퇴군하였다. -『기려수필』-

일제의 국권 침탈에 무력으로 맞서고자 하는 의병 운동이 지속적으로 전개되었다. (가)는 을미사변으로 인해 일어난 을미의병 당시의 격문이다. (나)는 최익현이 쓴 「포고팔도사민」의 일부로 을사늑약 체결에 반대하는 내용이 담겨 있다. (다)는 13도 창의군이 전개한 서울 진공 작전에 대한 것이다. 일제의 탄압에도 불구하고 의병 운동은 지속적으로 전개되었으며, 일제 강점기 무장 독립 투쟁으로 이어졌다.

2단계 문항 연습

정답과 해설 22쪽

[24013-0088]

1 밑줄 친 '의병'에 대한 설명으로 옳은 것은?

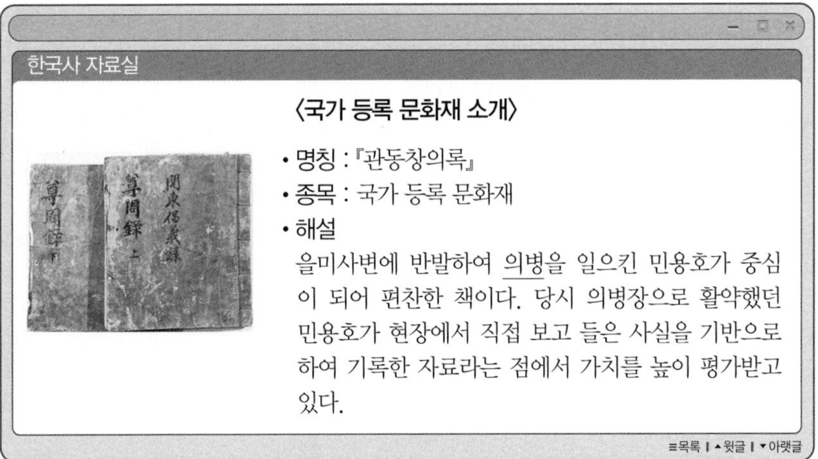

한국사 자료실
〈국가 등록 문화재 소개〉
• 명칭 :『관동창의록』
• 종목 : 국가 등록 문화재
• 해설
을미사변에 반발하여 의병을 일으킨 민용호가 중심이 되어 편찬한 책이다. 당시 의병장으로 활약했던 민용호가 현장에서 직접 보고 들은 사실을 기반으로 하여 기록한 자료라는 점에서 가치를 높이 평가받고 있다.
≡목록 | ▲윗글 | ▼아랫글

① 인천 상륙 작전을 전개하였다.
② 치안 유지법에 의해 탄압을 받았다.
③ 청산리 전투에서 일본군을 물리쳤다.
④ 대한 제국의 해산된 군인이 합류하였다.
⑤ 유인석, 이소응 등 유생층이 주도하였다.

대표 기출 확인하기

1 밑줄 친 '이 조약'의 결과로 옳은 것만을 〈보기〉에서 고른 것은? 2024학년도 수능 6월 모의평가

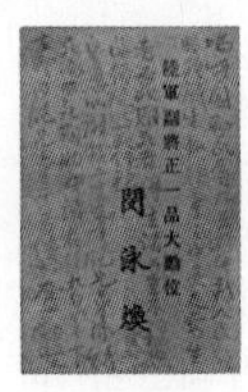

이것은 민영환이 자신의 명함에 남긴 유서의 일부이다. 그는 강제로 체결된 이 조약을 파기할 것과 체결에 앞장선 오적을 처단하라는 상소를 올렸다가 감옥에 갇히기도 하였다. 감옥에서 풀려난 그는 유서에 2천만 동포 형제에게 사죄한다는 말을 남기고 이 조약에 대한 항의의 표시로 자결하였다.

● 보 기 ●

ㄱ. 통감부가 설치되었다.
ㄴ. 부산, 원산, 인천이 개항되었다.
ㄷ. 대한 제국의 외교권이 박탈되었다.
ㄹ. 청과 일본의 군대가 동시에 철수하였다.

① ㄱ, ㄴ ② ㄱ, ㄷ ③ ㄴ, ㄷ ④ ㄴ, ㄹ ⑤ ㄷ, ㄹ

간략 풀이

정답 | ②

풀이 | 자료에서 민영환이 남긴 유서, 강제로 체결된 조약, 오적을 처단하라는 상소 등을 통해 밑줄 친 '이 조약'이 을사늑약임을 알 수 있다. 일제는 을사늑약으로 대한 제국의 외교권을 빼앗고, 통감부를 설치해 내정을 간섭하며 국권을 침탈하였다. ㄴ. 1876년 체결된 강화도 조약에 따라 부산, 원산, 인천이 개항되었다. ㄹ. 갑신정변 이후 체결된 톈진 조약에 따라 청과 일본은 양국 군대를 철수하였다.

2 (가) 단체에 대한 탐구 활동으로 가장 적절한 것은? 2024학년도 수능 9월 모의평가

수업 활동지

– 스피드 퀴즈 완성하기 –

▣ 방법
– 러일 전쟁 이후 국권 수호 운동을 벌인 단체 중 퀴즈로 낼 대상을 정한다.
– 해당 단체에 대한 힌트를 적어 교사의 확인을 받는다.

3학년 ○반 이름 : ○○○

[퀴즈로 낼 단체] : (가)

구분	내용	교사 확인
힌트 1	안창호, 양기탁 등이 창립하였습니다.	적합
힌트 2	공화정 수립을 지향한 비밀 결사였습니다.	적합
힌트 3	태극 서관과 자기 회사를 운영하였습니다.	적합

① 도병마사의 기능을 찾아본다.
② 제가 회의의 구성원을 분석한다.
③ 대성 학교의 설립 목적을 조사한다.
④ 탕평 정치의 추진 배경을 살펴본다.
⑤ 조사 시찰단의 파견 이유를 알아본다.

간략 풀이

정답 | ③

풀이 | 자료에서 러일 전쟁 이후 국권 수호 운동을 벌인 단체라는 점, 안창호, 양기탁 등이 창립하였다는 점, 공화정 수립을 지향한 비밀 결사라는 점, 태극 서관과 자기 회사를 운영하였다는 점 등을 통해 (가) 단체가 신민회임을 알 수 있다. 신민회는 오산 학교와 대성 학교를 통해 민족 교육을 실시하고자 하였다. ① 도병마사는 고려 시대에 중서문하성과 중추원의 고위 관리가 모여 국방 문제 등을 논의하던 기구이다. ② 제가 회의는 고구려에서 왕과 가들이 모여 나라의 중요한 일을 결정한 귀족 회의이다. ④ 탕평 정치는 조선 후기 붕당 정치의 폐단을 해소하기 위해 추진되었다. ⑤ 조사 시찰단은 일본의 근대 문물 시찰과 개화 정책에 대한 정보 수집을 목적으로 1881년에 파견되었다.

[24013-0089]

01 (가)에 들어갈 내용으로 가장 적절한 것은?

주제 : 러일 전쟁과 일본의 국권 침탈

러일 전쟁 중에 있었던 일본의 국권 침탈 사례에 대해 이야기해 볼까요?

한일 의정서를 강요해 한반도 내 군사적 요충지를 사용하였어요.

(가)

① 운요호 사건을 일으켰어요.
② 조선 총독부를 설치하였어요.
③ 토지 조사 사업을 전개하였어요.
④ 갑오개혁의 추진을 강요하였어요.
⑤ 메가타를 파견해 재정 분야를 간섭하였어요.

[24013-0090]

02 밑줄 친 '이 조약'의 결과로 옳은 것은?

저 일본은 각 부(部)에 고문(顧問)을 두면서부터 우리나라의 정사를 빼앗았고, 사령부를 주둔시키면서부터 이미 우리 신하와 백성을 부렸습니다. 지금 또 이 조약을 강제로 맺어 통감부를 설치하고 장차 우리나라를 저들의 영토로 삼으려고 합니다. 대체로 토지, 백성, 정사는 나라의 세 가지 보물인데 우리가 마음대로 하지 못하고 모두 저들에게 넘겨준다면 폐하께서는 장차 무엇을 가지고서 임금 노릇을 하시겠습니까.

① 단발령이 실시되었다.
② 미소 공동 위원회가 개최되었다.
③ 대한 제국의 외교권이 박탈되었다.
④ 스티븐스가 외교 고문으로 파견되었다.
⑤ 조선 해안에 대한 일본인의 측량이 허용되었다.

[24013-0091]

03 밑줄 친 '특사'가 파견된 시기를 연표에서 옳게 고른 것은?

이것은 네덜란드에서 열린 만국 평화 회의에 특사로 파견된 이준, 이상설, 이위종에 대한 보도를 담은 현지 신문입니다. 이들은 회의에 참석하여 일제의 침략을 규탄하고 국제 사회에 이를 알리고자 하였지만, 일본의 방해로 회의에 참석하지 못하였습니다.

Courrier de la Conférence
DE LA PAIX
Rédigé par WILLIAM T. STEAD

강화도 조약 체결	(가)	청일 전쟁 발발	(나)	러일 전쟁 종결	(다)	국권 피탈	(라)	3·1 운동 발생	(마)	8·15 광복

① (가) ② (나) ③ (다) ④ (라) ⑤ (마)

[24013-0092]

04 (가)에 들어갈 내용으로 가장 적절한 것은?

탐구 주제 : (가)

탐구 활동 사례
- 「시일야방성대곡」의 내용을 조사한다.
- 안중근이 이토 히로부미를 처단한 이유를 알아본다.
- 나철 등이 조직한 자신회의 활동을 찾아본다.

① 고려의 대몽 항쟁
② 을사늑약에 대한 항거
③ 아관 파천 직후의 상황
④ 통상 수교 거부 정책의 추진
⑤ 개화 정책 추진에 대한 반발

[24013-0093]

05 밑줄 친 '의병 운동'에 대한 설명으로 옳은 것은?

[사료로 학습하는 한국사]

> 가평, 원주, 제천의 여러 의병 봉기는 모두가 해산한 군인들이 일으킨 것이다. 그들은 서양 총을 가지고 있고 일찍이 조련을 거쳤으며 규율이 있어 일본군과 교전에서는 살상이 심히 많았다. 그 세력이 대단히 장대하여 의병의 수가 4, 5천 명이라고 한다. -『속음청사』-

[해설] 위 사료는 1907년 이후 전개된 의병 운동 당시 활약한 의병 부대의 특징을 보여 주고 있다. 해산한 군인들이 의병에 합류하여 전투력이 강화되었고, 규모가 커졌음을 알 수 있다.

① 강동 6주 지역을 확보하였다.
② 서울 진공 작전을 전개하였다.
③ 치안 유지법에 의해 탄압받았다.
④ 곽재우, 조헌 등의 의병장이 활약하였다.
⑤ 우정총국 개국 축하연을 이용하여 일어났다.

[24013-0094]

06 (가) 단체에 대한 설명으로 옳은 것은?

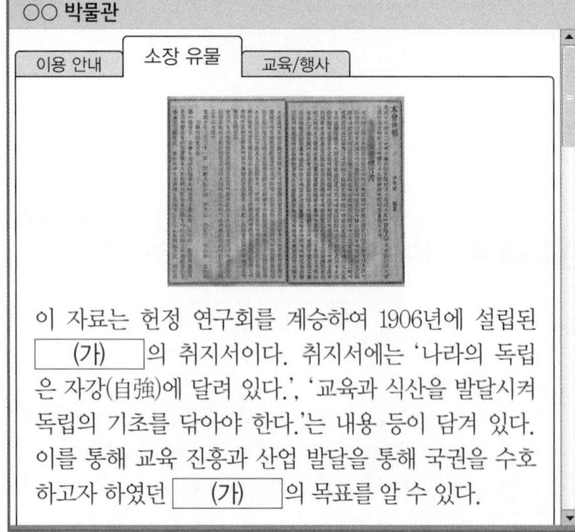

이 자료는 헌정 연구회를 계승하여 1906년에 설립된 (가) 의 취지서이다. 취지서에는 '나라의 독립은 자강(自強)에 달려 있다.', '교육과 식산을 발달시켜 독립의 기초를 닦아야 한다.'는 내용 등이 담겨 있다. 이를 통해 교육 진흥과 산업 발달을 통해 국권을 수호하고자 하였던 (가) 의 목표를 알 수 있다.

① 만민 공동회를 개최하였다.
② 물산 장려 운동을 주도하였다.
③ 고종 강제 퇴위 반대 운동을 전개하였다.
④ 황무지 개간권 요구 저지 운동을 벌였다.
⑤ 광주 학생 항일 운동 당시 조사단을 파견하였다.

[24013-0095]

07 밑줄 친 '이 단체'에 대한 설명으로 옳은 것은?

한국사 퀴즈 대본

14번 문제입니다.
비밀 결사인 이 단체는 안창호, 양기탁 등을 중심으로 창립되었습니다. 교육 계몽을 위해 오산 학교와 대성 학교를 설립하였으며, 산업 진흥을 위해 태극 서관과 자기 회사를 운영하였습니다. 이 단체의 명칭은 무엇일까요?

① 연통제와 교통국을 운영하였다.
② 한글 맞춤법 통일안을 제정하였다.
③ 국외 독립운동 기지를 건설하였다.
④ 모금 활동을 통해 독립문을 건립하였다.
⑤ 조선 혁명 선언을 활동 지침으로 삼았다.

[24013-0096]

08 밑줄 친 '이 섬'에 대한 탐구 활동으로 가장 적절한 것은?

대한 제국은 1900년에 칙령 제41호를 통해 지금 보고 있는 이 섬이 명백한 우리 영토임을 분명히 밝혔습니다.

① 삼별초가 항쟁한 근거지를 조사한다.
② 진흥왕 순수비가 세워진 곳을 알아본다.
③ 장보고가 청해진을 설치한 지역을 파악한다.
④ 영국이 러시아 견제를 구실로 점령한 곳을 살펴본다.
⑤ 러일 전쟁 중 일본이 불법적으로 자국 영토에 편입한 지역을 찾아본다.

08 개항 이후 경제·사회·문화의 변화

1. 열강의 경제 침탈

(1) 개항 초기의 무역 상황

① 일본 상인의 특권 : 강화도 조약과 조일 수호 조규 부록 등을 통해 각종 특권(영사 재판권, 일본 화폐 사용 등)을 일본 상인에게 부여

② 일본 상인의 활동 범위 제한 : 개항장 10리 이내 → 일본 상인은 조선 상인(객주, 여각, 보부상 등)의 중개로 무역

(2) 일본과 청의 무역 경쟁

① 배경 : 임오군란 이후 청의 영향력 강화

② 조청 상민 수륙 무역 장정 체결(1882) : 청 상인의 특권 보장(양화진과 한성에 상점 개설 허용, 영사 재판권 인정, 허가를 받은 청 상인의 내지 통상 허용 등) → 청 상인의 본격 진출

③ 조일 통상 장정 체결(1883) : 일본 상품에 관세 부과, 일본에 대한 최혜국 대우 규정

④ 결과 : 청·일본 상인 간 상권 경쟁 심화, 조선 상인에게 타격

자료 플러스 조일 통상 장정

제9관 입항하거나 출항하는 각 화물이 세관을 통과할 때는 응당 본 조약에 첨부된 세칙(稅則)에 따라 관세를 납부해야 한다.

제37관 조선에서 가뭄, 수해, 병란 등의 일로 국내에 양식이 부족할 것을 우려하여 일시 쌀 수출을 금지하려고 할 때에는 1개월 전에 지방관이 일본 영사관에 통지하여 미리 그 기간을 항구에 있는 일본 상인들에게 전달하고 일률적으로 준수하는 데 편리하게 한다.

제42관 현재나 앞으로 조선 정부에서 어떠한 권리와 특전 및 혜택과 우대를 다른 나라 관리와 백성에게 베풀 때에는 일본국 관리와 백성에게도 일체 그것을 균등하게 적용한다. -『고종실록』(1883. 6.)-

1883년 조선은 일본과 조일 통상 장정을 체결하였다. 이를 통해 조선은 관세권을 설정하여 무관세 무역의 문제를 해결하고자 하였고, 자연재해 등으로 인한 상황에서 곡식의 수출을 금지할 수 있도록 하였다. 하지만 제42관에는 일본의 요구로 최혜국 대우 규정이 포함되었다.

(3) 열강의 이권 침탈

① 아관 파천을 전후하여 자원·산업 부문에서 최혜국 대우 규정을 내세운 열강의 이권 침탈 심각

② 일본의 금융·재정 장악

차관 제공	개혁과 시설 개선 등의 명목으로 차관 제공 → 대한 제국 재정의 일본 예속 심화
화폐 정리 사업	일본인 재정 고문 메가타가 주도, 백동화 등 구화폐를 일본 제일 은행권으로 교환 → 한국인이 설립한 은행과 한국인 상공업자에게 큰 타격

③ 일본의 토지 약탈 : 철도 부지와 군용지 확보를 구실로 대규모 토지 차지

2. 경제적 구국 운동

(1) 방곡령 사건

① 배경 : 일본 상인들에 의한 지나친 곡물 유출, 흉년 → 곡물 가격 폭등

② 경과 : 조일 통상 장정에 따라 함경도와 황해도 등지의 지방관이 방곡령 선포(1889, 1890) → 일본이 '1개월 전 통지' 규정 위반을 내세우며 방곡령 철회 요구 → 방곡령을 철회하고 배상금 지급

✪ 조일 수호 조규 부록

제4관 부산 항구에서 일본 인민들이 다닐 수 있는 거리는 부두로부터 계산하여 동서남북 각 10리로 정한다.

제7관 일본 인민은 본국에서 통용되는 여러 화폐로 조선 인민이 보유하고 있는 물자와 교환할 수 있다.

강화도 조약의 부속 조약으로 체결된 조일 수호 조규 부록에서 일본인들의 활동 범위가 규정되고, 개항장에서의 일본 화폐 유통이 인정되었다.

✪ 방곡령

가뭄, 수해 등의 자연재해나 병란 등으로 식량 결핍이 우려될 때 지방관이 그 지방에서 생산된 곡식이 다른 지방이나 다른 나라로 유출되는 것을 금지한 조치이다.

개념 체크

1. (   )의 체결로 허가를 받은 청 상인에게 양화진과 한성에 상점을 개설할 수 있는 특권이 보장되었다.
2. 1883년 (   )의 체결로 일본에 대한 최혜국 대우가 규정되었다.
3. 일본인 재정 고문인 메가타는 (   )을 주도하여 백동화 등을 일본 제일 은행권으로 교환하게 하였다.

정답
1. 조청 상민 수륙 무역 장정
2. 조일 통상 장정
3. 화폐 정리 사업

(2) 상업·금융 자본의 성장

① 배경 : 외국 자본의 내륙 진출

② 경과

- 시전 상인의 상권 수호 운동 : 외국 상인 철수를 요구하는 시위와 철시 운동 전개, 황국 중앙 총상회 조직(1898)
- 상회사 설립(대동 상회, 장통 상회 등), 은행 설립(조선 은행, 대한 천일 은행 등)

(3) 이권 수호 운동

① 배경 : 아관 파천 전후 열강의 이권 침탈 심화

② 경과

- 독립 협회 활동 : 러시아의 절영도 조차 요구 저지, 한러 은행 폐쇄, 프랑스·독일의 광산 채굴권 요구 저지
- 보안회 활동 : 일제의 황무지 개간권 요구에 대한 반대 운동 전개(1904) → 성공

(4) 국채 보상 운동

① 배경 : 일본의 강요로 막대한 차관 도입 → 대한 제국 재정의 일본 예속

② 전개 : 대구에서 서상돈 등이 금연을 통한 국채 보상 운동 제창 → 서울에서 국채 보상 기성회 조직(1907) → 대한매일신보 등 언론 기관 및 애국 계몽 운동 단체의 호응 → 국채 보상을 위한 모금 운동이 전국으로 확산(금주, 금연, 가락지 모으기 등)

③ 결과 : 통감부의 탄압과 방해로 실패

자료 플러스 국채 보상 운동

> 오늘 우리의 국채가 1,300만 원에 달하였는데, 이 국채를 만일 부패한 정부에만 맡겨 두고 우리 국민이 보상할 방책을 강구하지 않으면, 마침내 빚의 종을 면치 못할지라. 이러므로 내지에서 유지 인사들이 국채를 보상하기를 발기하니 전국 인민이 한층 격앙하여 물이 아래로 흐르는 것 같이 다투어 의연금을 모집하니 어찌 행복이 아니리오. 우리 해외에 있는 동포도 만분의 일이라도 도움이 당연하기에 본원 등이 이에 발기하오니 미주에 있는 동포는 각각 힘을 다하여 보조하기를 바라옵고 또 돈을 거두는 곳은 공립신보사로 정하였사오니 이에 헤아리시기를 바람.
>
> – 공립신보(1907. 4. 26.) –

자료는 1907년 미국 샌프란시스코의 교민 단체인 공립 협회 회원들이 자신들의 기관지인 공립신보에 게재한 「국채 보상 의연 발기문」이다. 일본에 진 빚을 갚아 국권 회복을 도모한 국채 보상 운동에는 국내뿐 아니라 해외 동포들도 적극적으로 참여하였다. 비록 통감부의 탄압과 방해로 실패하였지만 지역을 뛰어넘어 이루어진 민족 운동이라는 점에서 의의가 있다.

3. 근대 의식의 확산과 근대 문물의 수용

(1) 사회 구조와 의식의 변화

① 갑신정변, 동학 농민 운동, 갑오·을미개혁 등을 겪으면서 평등 사회의 제도적 기틀 마련

② 독립 협회의 민권 운동 등을 통해 근대 의식 성장, 확산

③ 여권의 성장 : 여성의 교육·사회 진출 확대, 「여권통문」 발표

(2) 의식주의 변화 : 커피 등 서양 음식, 양복·양장, 서양식 건축물 등 보급

✪ 황국 중앙 총상회
서울의 시전 상인들이 외국 상인의 침투에 대항하기 위해 1898년에 설립한 단체이다.

✪ 조선 은행
한국 최초의 근대적 민간 은행으로 전·현직 관료들이 설립하여 국고금 출납 업무를 담당하였다.

✪ 러시아의 절영도 조차 요구
러시아가 함대의 연료 보급을 위한 석탄 저장 시설 설치를 위해 전략적 요충지에 위치한 절영도(현 부산광역시 영도)를 빌려 달라고 요구하였다. 그러나 독립 협회의 활동과 국제 정세 등으로 인해 결국 러시아는 절영도 조차 요구를 철회하였다.

✪ 여권통문
1898년 서울 북촌의 여성들이 여성 교육과 여성의 사회 진출을 요구하며 발표한 글이다.

개념 체크

1. (   )은 황국 중앙 총상회를 조직하여 상권 수호 운동을 전개하였다.
2. 독립 협회는 (   )의 절영도 조차 요구를 저지하는 등 이권 수호 운동을 전개하였다.
3. 대한 제국이 진 빚을 갚아 국권을 회복하기 위해 서상돈 등은 대구에서 (   )을 제창하였다.

정답
1. 시전 상인 2. 러시아
3. 국채 보상 운동

(3) 근대 시설의 도입

교통, 통신	전신(국내 및 청, 일본과 연결), 우편(우정총국), 전차(서대문~청량리 구간 등), 철도(경인선, 경부선, 경의선) 등 도입
전기	경복궁에 전등 설치, 한성 전기 회사 설립
의료 시설	광혜원(제중원), 대한 의원 등 설립
건축	독립문, 명동 성당, 덕수궁 석조전 건립
의의와 한계	일상생활의 편리, 근대적 시간관념 등 근대 의식의 확산, 외세 침략에 이용되기도 함

(4) 근대 교육의 전개

1880년대	원산 학사(함경도 덕원, 근대 학문과 외국어 교육), 동문학(외국어 강습소), 육영 공원(근대적 관립 학교), 배재 학당·이화 학당 등 개신교 선교사들이 설립한 사립 학교가 근대 학문을 교육
1890년대	교육입국 조서 반포(1895), 한성 사범 학교·소학교·외국어 학교 등 각종 관립 학교 설립
1900년대 이후	• 광무개혁으로 각종 기술 교육 기관 설립 • 애국 계몽 운동으로 오산 학교, 대성 학교 등 수많은 학교와 각종 학회가 설립되어 민족 교육 강조 → 일제가 사립 학교령을 통해 탄압

(5) 신문 발행

종류	한성순보(정부가 발행한 최초의 근대적 신문, 박문국 발행), 독립신문(한글판·영문판, 최초로 발행된 순 한글 신문), 제국신문, 황성신문, 대한매일신보(양기탁, 베델 등이 운영)
역할	민중 계몽과 민족의식 고취 노력
탄압	일제가 신문지법(1907)을 통해 언론 활동 탄압

(6) 국학 연구

국어	국문 연구소 설립(1907), 주시경의 『국어 문법』 등
역사	• 근대 계몽 사학 : 위인전 간행(『을지문덕전』, 『이순신전』 등), 외국 역사 소개 등을 통해 민족의식 고취 • 신채호가 「독사신론」 발표 : 민족주의 사학의 방향 제시

(7) 종교계의 동향

유교	박은식이 「유교 구신론」 발표
불교	한용운이 일본 불교에 저항
천주교	고아원과 양로원 운영 등 사회사업 추진
개신교	의료·교육 활동 전개
천도교	손병희가 동학을 천도교로 개칭, 기관지로 만세보를 간행
대종교	나철 등이 단군 신앙을 바탕으로 창시, 국외 무장 독립 투쟁 전개(만주에서 중광단 조직)

자료 플러스 박은식의 「유교 구신론」

유교계에 3대 문제가 있는지라. 그 문제에 관해 개량하고 구신(求新)하지 않으면 우리 유교는 결코 흥왕할 수 없으리라. …… 소위 3대 문제는 무엇인가. 하나는 유교파의 정신이 오로지 제왕 측에 있고 인민 사회에 보급할 정신이 부족한 것이다. 하나는 열국을 돌아다니면서 천하를 바꾸려는 주의를 가르치지 않고, "내가 학생을 구하는 것이 아니라, 학생이 나를 찾아야 한다."라는 주의를 고수한 것이다. 하나는 우리 한국의 유가는 간소하고 적절한 가르침을 불필요하게 여기고 지리하고 산만한 공부만 해 온 것이다.

– 『서북 학회 월보』 10호(1909. 3. 1.) –

민족주의 역사가인 박은식은 「유교 구신론」을 통해 유교가 가진 문제점을 지적하며, 이러한 폐단을 개혁하고 새로움을 구하는 것[求新]이 필요하다고 주장하였다. 그리고 개혁의 방향으로 민본주의와 적극성, 명료성을 제시하였다.

✪ 한성 전기 회사
미국인 콜브란 등이 1898년 대한 제국의 황실과 공동 출자하여 설립한 우리나라 최초의 전기 회사로 한성의 전차와 전등 사업을 운영하였다.

✪ 신문지법
1907년에 공포된 법률로 신문 창간의 허가제 실시, 발행 전 사전 제출 등 언론 활동의 통제·검열의 내용을 담고 있었다.

✪ 국문 연구소
1907년 학부 안에 설치된 한글 연구 기관으로 국문 연구 의정안을 작성하였다.

개념 체크

1. 함경도 덕원에 설립된 (　　)는 근대 학문과 외국어를 교육한 학교이다.
2. 박문국에서 발행한 (　　)는 정부가 발행한 최초의 근대적 신문이다.
3. (　　)은 「유교 구신론」을 발표하여 유교를 개혁, 발전시켜야 한다고 주장하였다.

정답
1. 원산 학사 2. 한성순보
3. 박은식

1단계 자료 분석

(가) 이범진이 의정부의 말로 아뢰기를, "혜민서와 활인서를 이미 혁파하였습니다. 나라에서 널리 구제하는 뜻이 매우 부족하니, 별도로 원(院) 하나를 설치하여 제중원이라 부르고 외교 업무를 담당하는 기구로 하여금 전담하게 하되, 당랑(堂郞)의 차출 및 모든 사무는 모두 해당 아문에서 문서를 올려 처리하게 하는 것이 어떻겠습니까?"하니, 윤허한다고 전교하였다.

– 『승정원일기』, 고종 22년 3월 26일 –

(나) 내무부에서 육영 공원에 학과를 설치하는 규정의 조항을 참작하여 만들어서 알려 왔다. …… 외국인으로 성품이 선량하고 재간 있으며 총명한 사람 3명을 초빙하여 '교사(敎師)'라고 부를 것이며 가르치는 일을 전적으로 맡도록 한다. 그리고 외국의 말과 글을 이미 배워 잘 아는 사람을 따로 선발하여 교사가 명령하는 대로 적당하게 학도(學徒)를 가르치는 것을 도와주는 자를 '교습(敎習)'이라고 부른다. 또 각종 과정에 대해서는 자신이 직접 연습해서 본 학업을 넓힌다.

– 『고종실록』, 고종 23년 8월 1일 –

(다) 한국 내 신문이 가진 권력이란 비상한 것이다. 나 이토 히로부미의 백 마디 말보다 신문의 기사 한 줄이 한국인을 훨씬 감동시키는데, 이에 더해 지금 한국에서 외국인이 발간하는 대한매일신보는 확증이 있는 일본의 제반 악정(惡政)을 반대하여 한국인을 선동함이 그칠 날이 없으니, 이에 관하여는 통감이 책임을 질 수밖에 없다.

– 대한매일신보 –

자료들은 개항 이후 근대 문물의 수용 사례를 보여 주고 있다. (가)는 제중원 설치를 건의하는 문서이다. 1885년 우리나라 최초의 서양식 병원으로 광혜원이 설치되었으나 곧 제중원으로 명칭을 바꾸고 개원 당시부터 이름을 소급 적용하였다. (나)는 최초의 근대적 관립 학교인 육영 공원의 설치에 대한 자료이다. 육영 공원은 민영익의 건의에 따라 1886년에 설립되었다. (다)는 영국인 베델과 양기탁이 운영한 대한매일신보에 실린 이토 히로부미의 연설글이다. 이 글에서 당시 통감이었던 이토 히로부미가 신문이 가진 권력이 크다는 것을 언급하고 있으며, 특히 대한매일신보가 일본의 정책 등에 반대하고 비판하고 있었음을 알 수 있다.

2단계 문항 연습

정답과 해설 24쪽

[24013-0097]

1 (가) 신문에 대한 설명으로 옳은 것은?

베델과 양기탁 등이 운영한 (가) 은/는 한국의 독립 유지를 중시하였다. 문명 개화를 통한 실력 양성을 주장하면서도 그 과정에서 일본에 동화되는 것을 비판하고 우리 고유의 가치를 지킬 것을 강조하였다. 또한 다른 신문에 비해 의병 활동에 호의적이어서 '의병 총대장 이인영', '의병 소식' 등의 항목을 만들어 상세히 소개하기도 하였다.

① 박문국에서 발행하였다.
② 최초의 순 한글 신문이었다.
③ 브나로드 운동을 후원하였다.
④ 이승만 정부에 의해 폐간되었다.
⑤ 국채 보상 운동의 확산에 기여하였다.

대표 기출 확인하기

1 (가)에 들어갈 내용으로 가장 적절한 것은? 2024학년도 수능 6월 모의평가

> ○○ 도서관 한국사 교양 강좌
>
> ▣ 강연 주제 ▣
>
> 일본의 경제 침략에 맞선 구국 운동
>
> ■ 강연자 : ○○○
>
> ▣ 강연 내용 ▣
>
> 1. 방곡령 사건의 전개
> 2. (가)
> 3. 보안회의 활동
> 4. 국채 보상 운동의 확산
>
> ■ 일시 : 2023년 ○○월 ○○일 14시~16시
>
> ■ 장소 : ○○ 도서관 시청각실

① 녹읍의 폐지
② 균역법의 시행
③ 새마을 운동의 추진
④ 전민변정도감의 설치
⑤ 황국 중앙 총상회의 조직

간략 풀이

정답 | ⑤

풀이 | 자료에서 일본의 경제 침략에 맞선 구국 운동을 주제로 한 점으로 보아 (가)에는 관련 사례가 포함되어야 함을 알 수 있다. 황국 중앙 총상회는 시전 상인들이 외국 상인들의 상권 침탈에 맞서 조직하였다. ① 통일 신라의 신문왕은 녹읍을 폐지하여 귀족 세력의 경제력을 약화시키고자 하였다. ② 균역법은 백성의 군역 부담을 줄이기 위한 제도로 조선 영조 때부터 시행되었다. ③ 새마을 운동은 1970년부터 농촌 환경 개선과 소득 증대를 목표로 추진되었다. ④ 전민변정도감은 고려 후기에 설치된 기구이다.

2 (가) 운동에 대한 설명으로 옳은 것은? 2024학년도 수능 9월 모의평가

저는 가상으로 만든 20,000원 권 화폐 도안에 (가) 의 취지서와 기념비를 소재로 활용하였습니다. (가) 은/는 국민의 성금을 모아 일본에 진 국채를 갚고자 김광제, 서상돈 등의 제의로 대구에서 시작되었습니다.

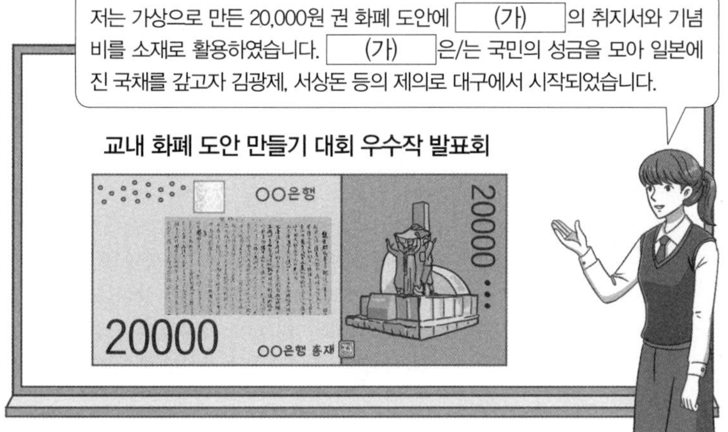

① 집강소를 설치하였다.
② 서경 천도를 주장하였다.
③ YH 무역 사건의 계기가 되었다.
④ 대한매일신보 등 언론의 지원을 받았다.
⑤ 미소 공동 위원회가 개최되는 결과를 가져왔다.

간략 풀이

정답 | ④

풀이 | 자료에서 성금을 모아 일본에 진 국채를 갚고자 대구에서 시작되었다는 사실을 통해 (가) 운동이 국채 보상 운동임을 알 수 있다. 국채 보상 운동은 대한매일신보 등 언론의 지원을 받아 전국적으로 확산되었다. ① 동학 농민군은 전주 화약 체결 이후 전라도 각 지역에 농민 자치 기구로 집강소를 설치하였다. ② 고려 인종 때 묘청과 정지상 등은 풍수지리설을 내세워 서경 천도를 주장하였다. ③ YH 무역 사건은 1979년 YH 무역 회사의 폐업 조치에 항의하여 농성을 벌이던 여성 노동자들을 경찰이 강제로 해산하는 과정에서 여성 노동자가 사망한 사건이다. ⑤ 모스크바 3국 외상 회의의 결과 한반도의 임시 정부 수립 문제를 논의하기 위해 미소 공동 위원회가 개최되었다.

[24013-0098]

01 다음 자료를 활용한 탐구 활동으로 가장 적절한 것은?

> 청국 상인의 내륙 상업 활동은 이번에 순회한 지방에서는 실로 놀랄 만큼 진보하였다. 상업지라고 할 수 있는 곳에서는 반드시 청국 상인이 거주하면서 상업을 운영하고 있었고, 아무리 궁벽한 곳에 있는 촌락일지라도 장날에는 청국 상인이 찾아온다고 한다. …… 게다가 청국 상인은 면직물류와 각종 서양 물품 등으로 곡물을 대규모로 사들이고 있으며, 구만포(九萬浦) 같은 곳에서는 상당한 자금을 투입해 곡물을 매입하고 있다고 한다.

① 새마을 운동의 추진 과정을 찾아본다.
② 전민변정도감의 설치 배경을 알아본다.
③ 경인선 철도가 개통된 결과를 분석한다.
④ 동양 척식 주식회사의 설립 목적을 조사한다.
⑤ 조청 상민 수륙 무역 장정 체결이 끼친 영향을 살펴본다.

[24013-0099]

02 (가) 장정에 대한 설명으로 옳은 것은?

> 자료는 1883년 조선과 일본이 체결한 (가) 의 일부로, 일본에 최혜국 대우를 인정하는 내용이 담겨 있습니다. 이로 인해 일본 상인들은 거류지를 벗어나 상권을 확대할 수 있었고, 그 결과 조선에서 청·일 상인 간의 상권 경쟁이 심화되었습니다.

> 제42관 현재나 앞으로 조선 정부에서 어떠한 권리와 특전 및 혜택과 우대를 다른 나라 관리와 백성에게 베풀 때에는 일본국 관리와 백성에게도 일체 그것을 균등하게 적용한다.

① 집강소 설치의 근거가 되었다.
② 강화도 조약 체결에 영향을 주었다.
③ 지계 발급에 대한 내용을 포함하였다.
④ 객주와 여각이 성장하는 계기가 되었다.
⑤ 일본 상품에 대한 관세 부과를 규정하였다.

[24013-0100]

03 밑줄 친 '이 사업'에 대한 설명으로 옳은 것은?

> 이곳은 옛 일본 제일 은행 인천 지점입니다. 백동화를 일본 제일 은행이 발행한 화폐로 교환하도록 한 이 사업으로 일본 제일 은행권 화폐가 대한 제국의 법정 화폐가 되었습니다. 현재 이곳은 인천 개항 박물관으로 이용되고 있습니다.

① 공인이 성장하는 계기가 되었다.
② 임술 농민 봉기의 원인이 되었다.
③ 구본신참을 기본 방향으로 하였다.
④ 일본인 재정 고문 메가타가 주도하였다.
⑤ 경복궁 중건 비용 마련을 위해 추진되었다.

[24013-0101]

04 (가)에 들어갈 내용으로 가장 적절한 것은?

탐구 활동 보고서

- 단원명 : 개항 이후의 경제 변화
- 탐구 주제 : (가)
- 조사 자료

> 요새 외국 상인은 발전하고 우리나라 상인의 생업은 쇠락하여 심지어 점포 자리를 외국 사람에게 팔아 버리는 지경에 이르렀다. 이렇게 되면 중앙의 점포 터도 보호하기 어렵게 되며, 이것은 다만 상인들의 실업일 뿐만 아니라 국고와 민생이 어려움에 처할 것이다. …… 본회 이름은 황국 중앙 총상회로 하고 중앙 각 점포가 함께 회의하여 점포의 경계를 정하되, 동쪽으로는 철물교, 서쪽으로는 송교, 남쪽으로는 작은 광교, 북쪽으로 안현까지 외국인의 상업 행위를 허락하지 말고, 그 경계 밖의 우리나라 각 점포는 본회에서 관할할 것이다.

① 삼백 산업의 발달 배경
② 당백전의 발행이 끼친 영향
③ 책문 후시의 주요 거래 물품
④ 정조 시기 통공 정책의 주요 내용
⑤ 시전 상인의 상권 수호 운동 전개

[24013-0102]

05 (가) 운동에 대한 설명으로 옳은 것은?

〈 (가) 아카이브 – 인물편 〉

• 성명 : 김광제
• 생몰년 : 1866~1920
• 주요 활동
1907년 대구에서 열린 특별 회의에서 나랏빚 1,300만 원을 갚자는 서상돈의 제안에 동의한 후, 발기 연설을 하고 3개월 치 담뱃값 60전과 의연금 10원을 냈다. 또한 서상돈 등과 함께 (가) 의 취지서를 작성하였으며, 대구에서 군민 대회를 열고 사무소를 설치하였다.

① 서경 천도를 주장하였다.
② 북벌론이 제기되는 배경이 되었다.
③ 한 · 일 학생 간의 충돌로 발생하였다.
④ 삼정이정청이 설치되는 계기가 되었다.
⑤ 대한매일신보 등 언론의 지원을 받았다.

[24013-0103]

06 (가) 신문에 대한 설명으로 옳은 것은?

〈우리나라의 기념일〉

신문의 날(4월 7일)

한국 신문 편집인 협회가 창립된 해에 제정된 신문의 날은 신문의 사명과 책임을 자각하고 자유와 품위 등을 강조하기 위한 날이다. 서재필 등이 발행한 우리나라 최초의 근대적 민간 신문인 (가) 이/가 창간된 날인 4월 7일을 기념해 날짜를 정하였으며, 해당 주간에는 각종 신문 주간 기념 행사를 가진다.

① 박문국에서 발간하였다.
② 브나로드 운동을 전개하였다.
③ 시일야방성대곡을 게재하였다.
④ 양기탁과 베델 등이 운영하였다.
⑤ 한글판과 영문판으로 발행되었다.

[24013-0104]

07 밑줄 친 '사례'로 가장 적절한 것은?

이것은 신채호가 작성한 「독사신론」의 일부입니다. 이 글은 민족주의 사관에 입각해서 쓰여진 것으로 국권 피탈 이전 국학 연구의 대표적 <u>사례</u>로 손꼽히고 있습니다.

국가의 역사는 민족의 흥망성쇠의 상태를 가려서 기록한 것이다. 민족을 버리면 역사가 없을 것이며, 역사를 버리면 민족의 그 국가에 대한 관념이 크지 않을 것이니, 오호라, 역사가의 책임이 그 또한 무거운 것이다.

① 조선사 편수회가 조직되었다.
② 나운규가 아리랑을 제작하였다.
③ 한글 맞춤법 통일안이 제정되었다.
④ 주시경이 국어 문법을 정리하였다.
⑤ 백남운이 조선사회경제사를 저술하였다.

[24013-0105]

08 밑줄 친 '이 종교'에 대한 설명으로 옳은 것은?

단군 신앙을 기반으로 한 <u>이 종교</u>에서 단군이 나라를 세운 것을 경축하는 행사를 1909년 11월 15일에 개최하였다. 이 행사는 황성신문에 「단군성조제일」이라는 논설로 실리게 되었고, 이로 인해 크게 알려지지 않았던 <u>이 종교</u>의 존재가 널리 알려지게 되었다. 훗날 <u>이 종교</u>는 중광단을 조직하여 무장 독립 투쟁에 크게 기여하였다.

① 병인박해로 탄압을 받았다.
② 교조 신원 운동을 전개하였다.
③ 나철, 오기호 등이 창시하였다.
④ 수선사 결사 운동을 전개하였다.
⑤ 배재 학당, 이화 학당 등을 세웠다.

1910~1920년대 일제의 식민지 정책과 3·1 운동, 대한민국 임시 정부

1. 일제의 식민지 통치 제도

(1) 조선 총독부

① 특징 : 1910년에 설치, 일제 강점기 식민 통치 최고 기관

② 조선 총독 : 일본 육해군 대장 중 임명, 입법·사법·행정 및 군사권 장악

(2) 중추원 : 조선 총독의 자문 기구, 친일파 등을 임명

2. 일제의 무단 통치와 경제 수탈

(1) 무단 통치

① 헌병 경찰 제도 : 헌병이 일반 경찰 업무 수행, 헌병 경찰은 정식 재판 없이 즉결 심판권 행사

② 조선 태형령 제정(1912) : 한국인에게만 태형 적용

③ 공포 분위기 조성 : 관리와 교원이 제복을 입고 칼을 착용

④ 기본권 박탈 : 한국인의 언론·집회·출판·결사의 자유 제한, 한국인이 발행하는 신문 등을 폐간

⑤ 식민지 교육 실시 : 보통 교육·실업 교육 위주(고등 교육 제한), 일본어 교육 중시, 민족 교육 탄압

(2) 경제 수탈

① 토지 조사 사업(1910~1918)

목적	지세의 공정한 부과와 근대적 토지 소유권 확립이라는 명분, 실상은 식민 통치에 필요한 재정 확보
전개	임시 토지 조사국 설치(1910), 토지 조사령 공포(1912) → 토지 소유자가 필요한 서류를 준비하여 기일 안에 신고하면 조사 후 소유권 인정
결과	• 조선 총독부 소유로 편입된 토지(소유권이 불분명한 토지와 국·공유지)는 동양 척식 주식회사에 헐값으로 팔림 • 지주의 소유권만 인정하고 농민의 관습적 경작권 부정, 많은 농민이 기한부 계약에 의한 소작농으로 전락하거나 만주·연해주 등지로 이주

자료 플러스 | 토지 조사령

> 제1조 토지의 조사 및 측량은 본령에 의한다.
> 제4조 토지 소유자는 조선 총독이 정하는 기간 내에 주소, 씨명, 명칭 및 소유지의 소재, 지목, 자번호, 사방의 경계표, 등급, 지적, 결수를 임시 토지 조사 국장에게 신고해야 한다. 단, 국유지는 보관 관청이 임시 토지 조사 국장에게 통지해야 한다.
> –『조선 총독부 관보』–

일제는 1912년 토지 조사 사업의 근간이 되는 토지 조사령을 공포하였다. 표면적으로는 공정한 지세 부담과 생산력의 증진 등을 내세웠지만 실질적으로 조선 총독부의 지세 수입을 증대시키기에 적합한 체제를 만드는 데 목적이 있었다. 토지 조사 사업의 진행 과정에서 국유지 편입 등에 대한 중요한 분쟁이 생기는 경우 일제는 경찰을 통해 단속과 탄압을 강화하기도 하였다.

② 국내 산업 침탈

• 회사령 공포(1910) : 조선 총독에게 회사 설립 허가권 및 해산권 부여

• 자원 통제 : 어업령·삼림령·조선 광업령 등 공포

✪ 중추원
1910년 조선 총독부 관제 및 중추원 관제에 따라 설치된 조선 총독의 자문 기구로, 친일 한국인들을 우대하거나 회유하는 데 이용되었다.

✪ 즉결 심판권
헌병 경찰이 한국인에게 구류, 태형, 3개월 이하의 징역 등에 해당하는 범죄에 대해 법 절차나 재판을 거치지 않고 재량으로 즉결 처분할 수 있는 권한이다.

✪ 조선 태형령
1912년 조선 총독부가 제정하여 한국인에게만 적용한 법령이다. 경범죄에 대한 처벌 방식으로 태형(笞刑)을 가할 수 있도록 공인하였다. 이는 일제의 무단 통치 수단으로 활용되었다.

✪ 회사령
1910년 일제가 공포한 법령으로 한국에서 회사를 설립할 때 조선 총독의 허가를 받도록 하였으며, 결격 사유 발생 시 조선 총독이 회사를 해산시킬 수 있게 하였다.

개념 체크

1. 1910년 일제는 식민 통치의 최고 기관으로 (　　)를 설치하였다.
2. 일제는 1912년 (　　)을 제정하여 한국인에게만 신체적 형벌을 가하였다.
3. 일제는 1910년부터 지세의 공정한 부과 등을 명분으로 하여 (　　)을 추진하였다.

정답
1. 조선 총독부 2. 조선 태형령
3. 토지 조사 사업

3. 일제의 민족 분열 통치와 경제 수탈

(1) 민족 분열 통치(이른바 문화 통치)

① 목적 : 3·1 운동(1919) 이후 한국인의 반발 무마, 친일파 양성을 통한 민족 분열 도모

② 내용과 실상

내용		실상
조선 총독에 문관 출신도 임명 가능	➡	실제 임명된 문관 출신 총독 없음
헌병 경찰 제도 폐지, 보통 경찰 제도 실시	➡	경찰 인원·경찰 관서 증가, 치안 유지법 제정(1925) → 감시와 탄압 강화
언론·집회·출판·결사의 자유 제한적 허용, 한국인에게 신문(조선일보, 동아일보 등) 발행 허용	➡	식민 통치를 인정하는 범위 내에서 허용, 신문에 대한 검열 강화로 기사 삭제 또는 정간 조치 등 실시
도 평의회, 부·면 협의회를 통해 한국인을 지방 행정에 참여하게 하겠다고 선전	➡	실제 의결권이 없는 자문 기구에 불과

자료 플러스 치안 유지법

제1조 국체를 변혁하거나 사유 재산 제도를 부인하는 것을 목적으로 결사를 조직하거나 또는 사정을 알고 이에 가입한 자는 10년 이하의 징역 또는 금고에 처한다.
제2조 전조 제1항의 목적으로 그 목적이 되는 사항의 실행에 관하여 협의를 한 자는 7년 이하의 징역 또는 금고에 처한다.
제7조 이 법은 누구를 막론하고 이 법의 시행 구역 외에서 죄를 범한 자에게도 적용한다.

일제는 1925년 국가 체제나 사유 재산 제도를 부정하고 저항하는 활동을 단속하기 위해 치안 유지법을 제정하였다. 일본 본국에서 제정된 이 법령은 칙령을 통해 한반도와 타이완, 사할린에서도 시행되었으며, 일제는 이 법을 통해 사회주의자와 독립운동가 등을 탄압하였다.

(2) 경제 수탈

① 산미 증식 계획(1920~1934)

구분	내용
목적	일본의 공업화 진전에 따른 식량 부족 → 한국에서 쌀을 확보하여 해결
내용	토지 개량 및 개간, 품종 개량, 수리 시설 확충(수리 조합 조직)
결과	• 증산량 이상의 쌀이 일본으로 유출(국내 식량 사정 악화 → 만주에서 잡곡 수입) • 수리 조합비 등 증산 비용 농민 부담(농민 생활 피폐)

② 회사령 폐지(1920) : 허가제를 신고제로 전환, 일본 기업이 본격적으로 한국에 침투

③ 일본 상품에 대한 관세 폐지(1923)

4. 1910년대 국내외 민족 운동

(1) 국내의 민족 운동

① 특징 : 비밀 결사 형태로 전개

② 독립 의군부(1912)
- 임병찬 등이 고종의 밀명을 받아 조직
- 일제에 국권 반환 요구서 제출 추진, 복벽주의 추구

③ 대한 광복회(1915)
- 박상진 등이 군대식 조직으로 결성
- 군자금 모집, 만주에 무관 학교 설립 추진, 국권 회복 후 공화정 형태의 근대 국가 건설 추구

✪ 보통 경찰 제도
헌병 경찰 제도를 폐지하고 시행한 경찰 제도이다. 그러나 실제는 헌병 경찰들이 다시 보통 경찰로 임용되었으며, 그 이전보다 경찰 인원과 경찰 관서가 증가하였다.

✪ 수리 조합
일정한 지역 내의 토지 소유자 등이 모여서 수리 시설을 만들고 이용하는 조직이다. 일제는 산미 증식 계획을 실시하면서 수리 조합을 확대하여 가입한 농민들에게 각종 비용을 부담하게 하였다.

✪ 복벽주의
일제로부터 국권을 되찾은 후에 군주정을 회복하겠다는 목표를 내세운 이념이다.

개념 체크

1. 3·1 운동 이후 일제는 통치 방식을 무단 통치에서 이른바 ( )로 바꾸었다.
2. 일제는 사회주의자들과 독립운동가 등을 탄압하기 위해 1925년에 ( )을 제정하였다.
3. 1912년 임병찬 등이 고종의 밀명을 받아 ( )를 조직하였다.

정답
1. 문화 통치 2. 치안 유지법 3. 독립 의군부

✪ 중광단
중광단은 1911년 대종교 계열 인사들이 조직하였으며 왕칭에 본부를 두었다. 3·1 운동 발생 직후 중광단은 다른 단체와 함께 북로 군정서로 개편되었다.

✪ 권업회
1911년 연해주 블라디보스토크의 신한촌에서 이상설 등이 중심이 되어 조직한 독립운동 단체이다. 교민들의 지위 향상, 민족의식 고취, 항일 투쟁을 위한 경제적 실력 배양에 노력하였다.

✪ 민족 자결주의
자기 민족의 정치적 운명은 민족 스스로 결정할 권리가 있다는 주장이다. 하지만 미국 대통령 윌슨이 제창한 이 주장은 제1차 세계 대전 패전국의 식민지에만 적용되는 원칙이었고, 승전국 일본의 식민 지배를 받고 있던 한국에는 적용되지 않았다.

(2) 국외의 민족 운동

지역		활동
중국	북간도	• 중광단 결성 • 명동 학교 운영
	서간도(남만주)	• 삼원보 중심 • 경학사 조직 • 신흥 강습소 설립(→ 신흥 무관 학교로 개편)
	상하이	신한청년당 결성
연해주		신한촌 건설, 권업회 조직 → 대한 광복군 정부 수립
미주		• 대한인 국민회(1910) : 장인환·전명운 의거를 계기로 결성 • 대조선 국민 군단 : 박용만 등이 하와이에서 결성

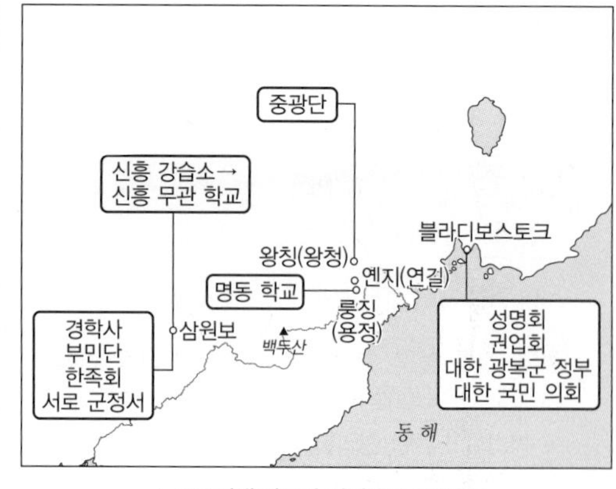

▲ 1910년대 만주와 연해주의 독립운동

자료 플러스 | 국외 민족 운동의 추진

(이들은) 서간도에 단체적 이주를 기도하고 조선 본토에서 상당한 재력을 가진 다수 인민을 같은 지역에 이주시켜 토지를 구매하고 촌락을 만들어 새로운 영토로 삼고, 새로 다수의 교육받은 청년을 모집하여 같은 지역에 보내어 민단을 조직하고 학교 및 교회를 세우고, 나아가 무관 학교를 설립하고 문무의 교육을 실시하여 기회를 타서 독립 전쟁을 일으켜 구한국의 국권을 회복하고자 하였다.

– 양기탁 등 16명의 보안법 위반 판결문 –

자료는 1911년 105인 사건에 따른 양기탁, 임치정, 주진수 등 16명에 대한 보안법 위반 판결문이다. 1910년을 전후한 시기부터 민족 운동가들은 만주와 연해주 지역에 한인의 집단적 이주를 추진하고, 무관 학교를 세워 독립군을 양성하고자 하였다. 일본은 이러한 이주 계획의 추진과 관련되어 있다고 본 민족 운동가들을 체포·투옥하여 탄압하였다.

5. 3·1 운동

(1) 배경

① 국내 : 일제의 무단 통치와 수탈에 대한 반발, 고종의 서거

② 국외 : 민족 자결주의 대두(제1차 세계 대전의 전후 처리 논의 과정에서 미국 대통령 윌슨이 제창), 국외 민족 운동의 전개(신한청년당이 파리 강화 회의에 김규식을 대표로 파견, 일본 도쿄에서 한국인 유학생들이 2·8 독립 선언 발표)

(2) 경과

① 시작 : 종교계(천도교, 기독교, 불교) 및 학생 중심으로 준비 → 민족 대표는 태화관, 학생과 시민들은 탑골 공원에서 독립 선언 → 비폭력 만세 시위 전개

② 전개
- 서울, 평양, 원산 등에서 독립 선언과 만세 시위가 시작되어 전국에 확산
- 농촌 시위는 주로 장날을 이용하여 전개, 식민 통치 기관 습격
- 일제의 가혹한 진압 : 제암리 학살 사건 등
- 국외로 확산 : 간도, 연해주, 일본, 미주 등

개념 체크

1. 1911년 연해주 블라디보스토크의 신한촌에서는 이상설 등이 중심이 되어 (　　)가 조직되었다.
2. 박용만 등이 하와이에서 결성한 (　　)은 독립을 위한 군사 훈련을 전개하였다.
3. 상하이에서 조직된 (　　)은 파리 강화 회의에 김규식을 대표로 파견하였다.

정답
1. 권업회 2. 대조선 국민 군단 3. 신한청년당

(3) 의의 및 영향

① 국내

- 일제 강점기 최대 규모의 항일 운동 : 독립의 의지를 세계에 알림
- 대한민국 임시 정부 수립의 계기 : 독립운동의 구심점이 필요함을 인식
- 항일 운동의 활성화 : 무장 투쟁, 노동·농민 운동 등 다양한 민족 운동의 활성화
- 일제 통치 방식의 변화 : 무단 통치에서 이른바 문화 통치로 전환

② 국외 : 중국 5·4 운동 등에 영향

자료 플러스 3·1 운동 당시의 상황

서울의 한인 수천 명이 토요일 오후 대오를 지어 시내 거리를 행진하였다. 몇백 명이 전 한국 황제의 관이 안치된 궁으로 전진하였다. 시위대는 한국의 독립을 환호하였다. 여학생 약간 명도 시위 운동에 가담하였다. 시위대는 시내 거리를 행진하며 선언서를 배포하였다. 학생들은 사거리에서 행인들을 상대로 연설하였다. 전 한국 황제의 발인은 3일이었다. …… 여러 은행과 상점은 전 황제의 발인 날이라 하루 휴업으로 애도를 표시한다고 한다. 전해 온 소식에 의하면 이번 소란의 주동자는 천도교의 지도자라 한다.

– 시사신보 –

자료는 중국 신문인 시사신보에 실린 3·1 운동 관련 기사이다. 고종의 장례일을 앞두고 일어난 전 민족적인 만세 운동은 국내뿐 아니라 세계 다른 나라에도 한국의 독립 의지를 알리는 계기가 되었으며, 중국 등 다른 나라의 민족 운동에도 영향을 주었다.

6. 대한민국 임시 정부의 수립과 활동

(1) 대한민국 임시 정부의 수립

구분	내용
배경	3·1 운동 이후 독립운동의 역량을 결집할 필요성 대두
과정	• 각지의 임시 정부 수립 : 대한 국민 의회(연해주), 대한민국 임시 정부(상하이), 한성 정부(서울) • 통합 : 한성 정부의 정통성 계승 → 상하이에 통합된 대한민국 임시 정부 수립
조직	• 삼권 분립에 입각한 민주 공화정 : 국무원(행정), 임시 의정원(입법), 법원(사법) • 대통령 이승만, 국무총리 이동휘 등으로 지도부 구성

(2) 대한민국 임시 정부의 활동

① 연통제(비밀 행정 조직)와 교통국(통신 기관) 등 운영

② 독립 공채 발행 등을 통한 자금 모집

③ 국제회의에 대표를 파견하여 독립 호소, 미국에 구미 위원부 설치(이승만 중심)

④ 기관지로 독립신문 발간

(3) 국민 대표 회의(1923)

구분	내용
배경	연통제와 교통국 조직 발각, 민족 운동의 방법을 둘러싼 논쟁(무장 투쟁론, 외교론, 실력 양성론 등)
경과	민족 운동의 새로운 방향 모색 → 논의 과정에서 창조파와 개조파 대립
결과	회의 결렬, 독립운동가 다수 이탈 → 대한민국 임시 정부 활동 침체

(4) 대한민국 임시 정부의 변화 : 이승만 탄핵 → 박은식이 제2대 대통령으로 선출된 후 국무령제로 체제 개편

✪ 임시 정부의 통합

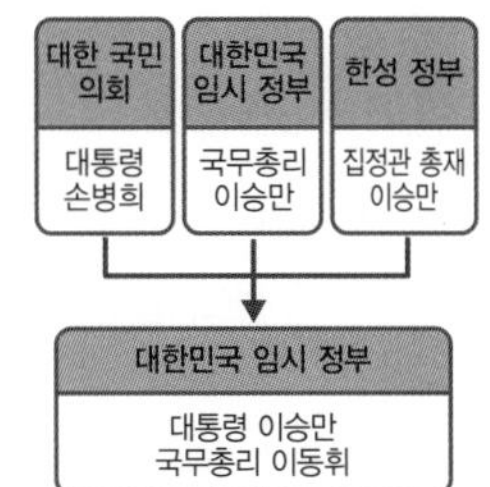

✪ 연통제

대한민국 임시 정부의 비밀 행정 조직으로 서울과 간도에 총판을 두고 국내 각지에 독판, 군감, 면감 등을 설치하여 정보 수집, 군자금 조달 등을 담당하였다.

✪ 창조파와 개조파

창조파는 상하이의 대한민국 임시 정부 대신 새로운 임시 정부를 만주나 연해주에 설립하자고 주장하였고, 개조파는 상하이에 있는 대한민국 임시 정부의 체제나 조직을 개편하여 계속 유지하자고 주장하였다.

개념 체크

1. 3·1 운동 이후 각지의 임시 정부는 한성 정부의 정통성을 계승하여 (　　)에 통합된 대한민국 임시 정부를 수립하였다.
2. 대한민국 임시 정부는 비밀 행정 조직인 (　　)와 통신 기관인 교통국 등을 운영하였다.
3. 1923년 민족 운동의 새로운 방향을 모색하기 위해 (　　)가 개최되었으나 창조파와 개조파의 대립 속에 회의가 결렬되었다.

정답

1. 상하이 2. 연통제
3. 국민 대표 회의

1단계 자료 분석

(가) 강도 일본이 우리의 국호를 없애며 우리의 정권을 빼앗으며, 우리 생존의 필요조건을 다 박탈하였다. 경제의 생명인 산림·하천·철도·광산·어장 …… 및 소공업 원료까지 다 빼앗아 모든 생산 기능을 칼로 베며 도끼로 끊어 냈다. …… 강도 일본이 헌병 정치, 경찰 정치를 힘써 행하여 …… 언론·출판·결사·집회의 모든 자유가 없어 고통과 울분과 원한이 있어도 벙어리의 가슴이나 만질 뿐이요. …… 자녀가 나면 "일본어를 국어라, 일문을 국문이라." 하는 노예 양성소 – 학교로 보내고 …….

– 신채호, 「조선 혁명 선언」 –

(나) 조선 문제 해결의 요점은 친일 인물을 다수 확보하는 데 있다. 그러므로 이번에 정부 정책을 잘 따르는 민간의 유지에게 상당한 편의와 원조를 제공해 수재 교육이란 이름하에 친일 인물을 양성토록 하는 것이 가장 필요한 일이라고 믿는다. 처음에는 소규모로 가정적 기숙사를 만들어 모범 학생을 수용해서 진정으로 그를 감화시켜 올바른 길로 인도한다. 아울러 일반 청년의 감화 방법으로써 그들의 상담자가 되도록 한다면 자연히 그들 사상은 온화하게 될 것이다.

– 조선 총독 사이토 마코토, 「조선 민족 운동에 대한 대책」 –

(가)는 1923년 작성된 신채호의 「조선 혁명 선언」으로 1910년대 일제 식민 통치의 상황이 묘사되어 있다. 일제는 산림·하천·광산 등을 빼앗았고, 헌병 경찰 제도를 실시하여 한국인을 탄압하였으며, 언론·출판·결사·집회의 자유를 제한하였다. (나)는 1921년 사이토 마코토 총독이 발표한 자료로 이른바 문화 통치 시기 일제가 친일파 양성을 통해 민족을 분열시키려 노력하였음을 보여 준다.

2단계 문항 연습 정답과 해설 26쪽

[24013-0106]

1 다음 자료의 상황이 나타난 시기에 볼 수 있는 모습으로 가장 적절한 것은?

[병원 입원 부상자 면담 기록]
나는 3월 말에 우리 마을을 비롯하여 주변 마을 사람들과 함께 만세 행진을 전개하였다. 이에 말을 탄 헌병 경찰들이 와서 우리에게 해산을 명령하였고, 그날은 충돌 없이 해산하였다. 하지만 5일 후 많은 헌병 경찰들이 만세를 부른 사람들을 찾아서 체포하여 경성의 총독부로 압송하였다. 나와 함께 만세 운동에 참여했던 사람들은 60대의 태형을 맞았다.

① 홍경래의 난에 참여한 농민
② 도병마사 회의에 참석한 관리
③ 3·15 부정 선거에 항의하는 시민
④ 만민 공동회에서 연설을 듣는 상인
⑤ 학교에서 제복을 입고 칼을 찬 교사

1단계 자료 분석

(가) 10년의 노예 생활을 벗어나 금일에 다시 독립 대한의 국민이 되었도다. 지금 이승만 박사가 대통령으로 선거되고 국무총리 이동휘 씨 이하 평소 국민이 숭앙하던 지도자로 통일 내각이 성립되었도다. 우리 국민은 다시 이민족의 노예가 아니요, 또한 다시 부패한 전제 정부의 노예도 아니요, 독립한 민주국의 자유민이라.
– 독립신문 –

(나) 한국은 비밀 정부를 조직하여 연통제를 실시하였다. 이들은 흔히 소녀와 부인을 통해 법령을 반포하며 전달하지만, 실시 방법은 완전하게 비밀이다. 영국, 미국, 기타 각 나라와 비밀리에 통신을 교환하며 자금을 모금하여 외국으로 보낸다. 이미 수백만 원이 압록강을 건너 멀리 만주로 갔고 중국으로도 갔다.
– 독립신문 –

(가)는 독립신문에 실린 대한민국 임시 정부 성립 축하문 중 일부이다. 3·1 운동을 계기로 독립운동의 구심점이 될 단체의 필요성이 제기되었고, 그 결과 각지에 임시 정부가 수립되었다. 이후 한성 정부의 정통성을 계승하여 대통령 이승만, 국무총리 이동휘 등으로 지도부를 구성한 대한민국 임시 정부가 중국 상하이에 수립되었다. (나)는 대한민국 임시 정부의 연통제 운영 모습을 보여 주는 자료이다. 대한민국 임시 정부는 국내외와 비밀리에 연락하여 독립운동 자금과 인력을 확보하고자 하였다.

2단계 문항 연습

정답과 해설 26쪽

[24013-0107]

2 (가)에 대한 설명으로 옳은 것은?

이것은 (가) 이/가 발행한 독립신문의 창간호입니다. 이 신문은 중국 관내와 만주 지역뿐 아니라 (가) 의 조직망인 연통제와 교통국을 통해 국내로 전달되었고, 국내외 독립운동을 홍보하고 자립 정신을 고취하는 데 기여하였습니다.

① 광무개혁을 추진하였다.
② 유신 헌법을 공포하였다.
③ 구미 위원부를 설치하였다.
④ 고종의 밀명을 받아 조직되었다.
⑤ 105인 사건을 계기로 와해되었다.

대표 기출 확인하기

1 밑줄 친 '이 운동'의 영향으로 가장 적절한 것은? 2024학년도 수능 6월 모의평가

> **한국사 신문** 1920년 3월 ○○일
>
> **"학생들이 다시 만세를 외치다"**
>
> 1920년 3월 1일 새벽, <u>이 운동</u>의 발발 1주년을 기념하여 배화여학교의 학생 수십여 명은 학교 뒷산에 올라가 "대한 독립 만세"를 외쳤다. 그러나 이들의 시위 소식을 들은 경찰들이 달려와 학생들을 줄줄이 잡아갔다. 한편 다음 날 경찰은 배재고등보통학교에서도 만세를 불렀다는 혐의로 학생들을 연행하였다. 현재 해당 학교의 교사와 학생 15명이 경무총감부에 갇혀 있는 중이다.

① 집강소가 운영되었다.
② 을미의병이 일어났다.
③ 내각 책임제 개헌이 이루어졌다.
④ 남북한이 유엔에 동시 가입하였다.
⑤ 일제가 이른바 문화 통치를 실시하였다.

간략 풀이

정답 | ⑤

풀이 | 자료에서 1920년 3월 1일이 발발 1주년이라고 한 점을 통해 밑줄 친 '이 운동'이 3·1 운동임을 알 수 있다. 일제는 3·1 운동이 일어난 이후 민족 분열 통치(이른바 문화 통치)로 통치 방식을 바꾸었다. ① 동학 농민군은 전주 화약 체결 이후 전라도 각 지역에 농민 자치 기구로 집강소를 설치하였다. ② 을미사변과 단발령 실시를 배경으로 1895년에 을미의병이 일어났다. ③ 1960년에 일어난 4·19 혁명으로 이승만 정부가 무너지고 개헌이 되면서 내각 책임제가 실시되었다. ④ 노태우 정부 시기인 1991년에 남북한이 유엔에 동시 가입하였다.

2 (가)에 들어갈 내용으로 가장 적절한 것은? 2024학년도 수능

학습 주제 : (가)

장인환과 전명운의 의거를 계기로 미주 지역 한인 단체 통합의 목소리가 커지면서 결성되었어.

미주 지역 한인의 권익 보호에 힘썼고, 만주와 연해주에 지회를 설치하여 독립운동을 지원하였어.

파리 강화 회의에서 한국 독립 문제를 검토해 달라고 미국 정부에 요청하기도 하였지.

① 대한인 국민회의 민족 운동
② 대한 자강회의 국권 수호 운동
③ 대한 광복회의 군자금 모금 운동
④ 조선어 학회의 민족 문화 수호 운동
⑤ 조선 민립 대학 기성회의 실력 양성 운동

간략 풀이

정답 | ①

풀이 | 자료에서 장인환과 전명운의 의거를 계기로 결성되었다는 사실을 통해 해당 단체가 1910년 미주에서 결성된 대한인 국민회임을 알 수 있다. ② 대한 자강회는 고종 강제 퇴위 반대 운동을 전개하다가 일본의 탄압으로 해산되었다. ③ 1915년 박상진 등이 대한 광복회를 조직하여 국권 회복을 위해 노력하였다. ④ 조선어 학회는 한글 맞춤법 통일안을 제정하여 한글의 표준화에 노력하였다. ⑤ 1920년대 민립 대학 설립 운동은 조선 민립 대학 기성회를 통해 전개되었다.

수능 유형 익히기

정답과 해설 27쪽

[24013-0108]

01 (가) 기관에 대한 설명으로 옳은 것은?

일제 강점기 식민 통치 최고 기관이었던 (가) 의 건물을 해체하는 장면입니다. 1995년에 광복 50주년을 맞이하여 일제의 잔재를 청산하고 겨레의 얼을 되살린다는 목적으로 철거가 결정되었습니다.

① 독서삼품과를 시행하였다.
② 대한국 국제를 반포하였다.
③ 의정부 서사제를 실시하였다.
④ 농민군과 전주 화약을 체결하였다.
⑤ 최고 책임자는 일본 육해군 대장 중에서 임명되었다.

[24013-0109]

02 밑줄 친 '법령'이 시행된 시기에 있었던 사실로 옳은 것은?

사료로 배우는 한국사

제1조 태형은 수형자를 형판 위에 엎드리게 하고 그 자의 양팔을 좌우로 벌리게 해 형판에 묶고 양다리도 같이 묶은 후 볼기 부분을 노출시켜 태로 친다.
제12조 집행 중에 수형자가 비명을 지를 우려가 있을 때에는 물에 적신 천으로 입을 막는다.

[해설] 위 사료는 일제가 한국인에 한해 태형을 가할 수 있도록 한 법령의 구체적인 집행 방법 등을 규정한 것입니다. 일제는 식민 통치의 편의를 위해 태형과 같은 전근대적 형벌을 시행하였습니다.

① 통리기무아문이 설치되었다.
② 인천 상륙 작전이 전개되었다.
③ 헌병 경찰 제도가 실시되었다.
④ 반민족 행위 처벌법이 제정되었다.
⑤ 황국 신민 서사 암송이 강요되었다.

[24013-0110]

03 밑줄 친 '이 시기'에 일제가 추진한 정책으로 옳은 것은?

3·1 운동 직후 일제는 한국인의 반발을 무마하기 위해 기만적인 통치 방식을 이 시기에 적용했어.

맞아! 한국인에게 신문 발행을 허용한다고 했지만, 검열을 강화해서 기사를 삭제하거나 신문을 정간시키는 조치를 실시했어.

① 군국기무처를 설치하였다.
② 치안 유지법을 제정하였다.
③ 새마을 운동을 전개하였다.
④ 금융 실명제를 실시하였다.
⑤ 신탁 통치 반대 운동을 펼쳤다.

[24013-0111]

04 밑줄 친 '이 사업'에 대한 설명으로 옳은 것은?

자료는 일제가 이 사업의 필요성을 언급한 것입니다. 하지만 글의 내용과 달리 실제로는 지세 수입을 늘려 식민 통치를 위한 경제적 기반을 마련하기 위한 것이었습니다.

이 사업은 지세의 부담을 공평하게 하고, 지적(地籍)을 명확히 하여 그 소유권을 보호하고, 그 매매·양도를 간단하고 빠르며 확실하게 함으로써 토지의 개량 및 이용을 자유롭게 하고 또 그 생산력을 증진시키려는 것으로 조선에 긴요한 것이라는 것은 말할 필요도 없다.

① 지주에게 결작을 부과하였다.
② 신고주의 원칙에 따라 실시되었다.
③ 비변사가 설치되는 배경이 되었다.
④ 경복궁 중건 비용 마련을 위해 추진되었다.
⑤ 가구당 농지 소유 면적의 상한을 3정보로 제한하였다.

[24013-0112]

05 밑줄 친 '이 법령'이 시행된 시기에 볼 수 있는 모습으로 가장 적절한 것은?

> 일제는 이 법령을 제정하여 한국 내에서 회사를 설립하거나 조선 밖에서 설립한 회사의 본점이나 지점을 한국에 설치할 경우 조선 총독의 허가를 받도록 하였다. 이는 한국인들의 자본 축적과 한반도의 공업 발전을 억제함으로써 한반도를 식량·원료의 공급지이자 일본 상품의 판매 시장으로 묶어 두려는 데 있었다.

① 칼을 차고 제복을 입은 교사
② 통감부의 탄압을 받는 언론인
③ 경성 제국 대학에서 공부하는 학생
④ 강화도에 침입한 미군과 싸우는 관군
⑤ 4·13 호헌 조치 철폐를 요구하는 시민

[24013-0113]

06 다음 자료를 활용한 탐구 주제로 가장 적절한 것은?

> 일본에서의 쌀 소비는 연간 약 6,500만 석인데, 일본 내 생산고는 약 5,800만 석을 넘지 못해 해마다 그 부족분을 제국 반도 등 다른 지배 지역 및 외국의 공급에 의지하는 형편이다. 게다가 일본의 인구는 해마다 약 70만 명씩 증가하고 있을 뿐만 아니라 국민 생활의 향상과 함께 1인당 쌀 소비량도 역시 점차 증가하게 될 것은 필연적인 대세이다.
>
> – 조선 총독부 농림국 –

① 대동법 실시의 영향
② 브나로드 운동의 결과
③ 임술 농민 봉기의 원인
④ 산미 증식 계획의 추진 목적
⑤ 양전 사업과 지계의 발급 과정

[24013-0114]

07 (가) 단체에 대한 설명으로 옳은 것은?

> 이곳은 (가) 의 총사령이었던 박상진의 묘입니다. 그가 이끌었던 (가) 은/는 국권 회복을 목표로 국내에서 친일 부호 처단, 군자금 모금 등의 활동을 전개하였습니다.

① 공화정의 수립을 지향하였다.
② 좌우 합작 7원칙을 발표하였다.
③ 광주 학생 항일 운동을 지원하였다.
④ 오산 학교와 대성 학교를 설립하였다.
⑤ 고종 강제 퇴위 반대 운동을 전개하였다.

[24013-0115]

08 (가) 지역에서 있었던 사실로 옳은 것은?

유물 소개

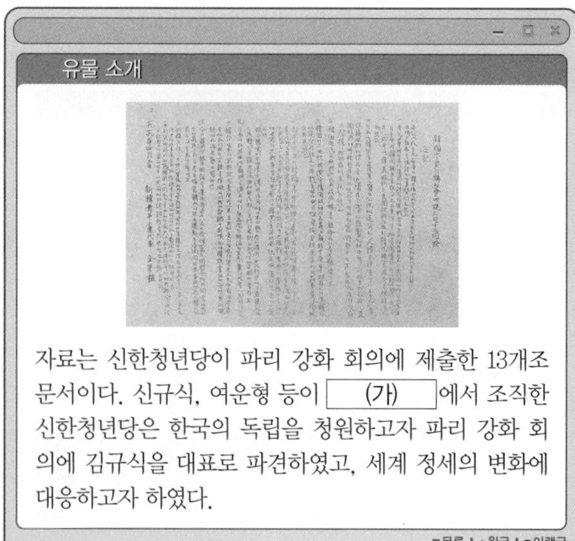

자료는 신한청년당이 파리 강화 회의에 제출한 13개조 문서이다. 신규식, 여운형 등이 (가) 에서 조직한 신한청년당은 한국의 독립을 청원하고자 파리 강화 회의에 김규식을 대표로 파견하였고, 세계 정세의 변화에 대응하고자 하였다.

≡목록 | ▲윗글 | ▼아랫글

① 중광단이 결성되었다.
② 권업회가 조직되었다.
③ 신흥 강습소가 설립되었다.
④ 대조선 국민 군단이 편성되었다.
⑤ 대한민국 임시 정부가 수립되었다.

[24013-0116]

09 (가)에 들어갈 내용으로 가장 적절한 것은?

△△ 고등학교

한국사 영상 공모전 참가 신청서

3학년 ○반 이름 ○○○

제목	일제의 무단 통치에 항거한 ○○ 운동
장르	뮤직비디오
작품 길이	약 3~4분
작품 개요	○○ 운동이 일어나게 된 배경과 전개 과정을 시간순으로 살펴본다.
주요 장면	• 윌슨이 제창한 민족 자결주의에 대한 기사를 읽고 있는 지식인 • 도쿄에서 독립 선언서를 발표하는 한국인 유학생 • (가)

① 탑골 공원에서 만세 시위를 전개하는 학생
② 모스크바 3국 외상 회의 기사를 작성하는 기자
③ 일제의 황무지 개간권 요구에 항의하는 지식인
④ 최제우의 억울함을 풀어 줄 것을 요청하는 동학교도
⑤ 별기군과의 차별 대우에 불만을 표출하는 구식 군인

[24013-0117]

10 밑줄 친 '이 사건'이 끼친 영향으로 가장 적절한 것은?

○○ 신보

며칠 전 오후부터 경성을 비롯하여 서북 각 지방에서 조선 독립의 선언서를 발표하고 시위 운동을 개시하였다. 이 사건에 대하여 당국에 도달한 정보가 대개 다음과 같다. 그 선언서에 이름을 기록한 자는 33명이고, 그중 손병희 이외 28명은 1일 오후부터 체포되어 경무총감부에서 취조 중이다. 그들이 발표한 선언서에 서명한 자의 성명은 아래와 같다.

① 삼정이정청이 설치되었다.
② 집강소를 통한 개혁이 추진되었다.
③ 대통령 직선제 개헌이 이루어졌다.
④ 전국 각지에 척화비가 건립되었다.
⑤ 일제가 이른바 문화 통치를 실시하였다.

[24013-0118]

11 (가)에 대한 설명으로 옳은 것은?

이곳은 (가) 이/가 사용했던 청사 중 한 곳으로, 건물 자체가 잘 보존되어 있어 그 가치를 높이 평가받고 있습니다. 여러 독립운동가들은 한성 정부를 계승하고, 연해주의 대한 국민 의회 등을 통합하여 (가) 을/를 설립하였고, 독립운동의 구심점으로 삼고자 하였습니다.

① 원수부를 설치하였다.
② 을미개혁을 추진하였다.
③ 갑신정변을 주도하였다.
④ 연통제와 교통국을 운영하였다.
⑤ 조선 혁명 선언을 활동 지침으로 삼았다.

[24013-0119]

12 밑줄 친 '회의'가 개최된 시기를 연표에서 옳게 고른 것은?

쇠약해진 임시 정부를 되살리기 위한 노력의 일환으로 여러 단체의 요구 끝에 회의가 개최되었다. 개최일에는 미주 대한인 국민회 대표로 참석한 안창호가 임시 의장에 선임되었다. 개최 이후 회의는 수십여 차례 진행되었지만 창조파와 개조파의 계속된 갈등으로 결국 결렬되었고, 독립운동가의 다수가 임시 정부를 이탈하였다.

강화도 조약 체결	(가)	대한 제국 수립	(나)	국권 피탈	(다)	3·1 운동 발생	(라)	윤봉길 의거	(마)	8·15 광복

① (가) ② (나) ③ (다) ④ (라) ⑤ (마)

10 다양한 민족 운동의 전개

✪ 자유시
러시아 아무르주의 도시이다. 러시아 제국 시절에는 황태자 알렉세이의 이름을 딴 도시명이 사용되었지만 러시아 혁명을 거치면서 러시아어로 자유를 뜻하는 '스보보드니'라는 명칭으로 바뀌었다.

1. 1920년대의 항일 무장 독립 투쟁

(1) 봉오동 전투와 청산리 대첩

① 배경

- 독립군 부대의 조직 : 3·1 운동 전후 만주를 중심으로 서로 군정서, 북로 군정서, 대한 독립군 등 여러 독립군 부대 조직
- 국내 진공 작전 : 독립군 부대들이 압록강과 두만강을 넘어 국내에 들어와 식민 통치 기관을 습격

② 봉오동 전투와 청산리 대첩

봉오동 전투 (1920)	• 배경 : 북간도 지역 독립군이 국내 진공 작전 전개 • 전개 : 일본군이 두만강을 건너 진격 → 홍범도가 이끄는 대한 독립군 등 독립군 연합 부대가 봉오동 일대에서 일본군을 기습하여 격파
청산리 대첩 (1920)	• 배경 : 봉오동 전투에서 패배한 일제가 대규모 병력을 동원하여 독립군 추격 • 전개 : 대한 독립군, 북로 군정서(김좌진) 등 독립군 연합 부대가 청산리 일대에서 일본군을 크게 격파

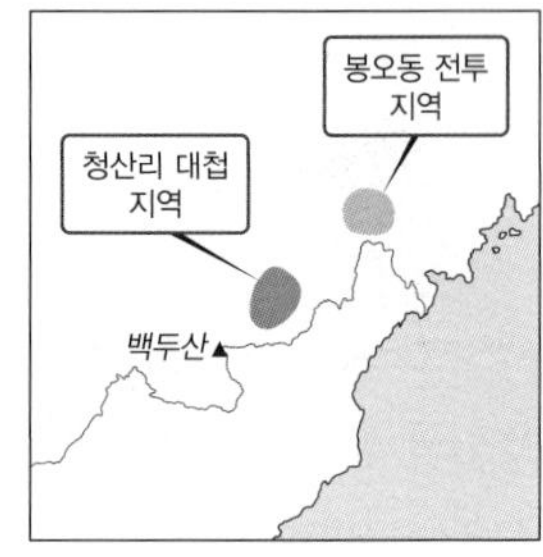

▲ 봉오동 전투와 청산리 대첩

(2) 독립군의 시련

간도 참변	• 내용 : 일제가 청산리 대첩을 전후하여 독립군의 근거지를 없앤다는 구실로 무고한 간도의 한인들에 대한 무차별 학살 자행 • 영향 : 독립군 부대가 일본군을 피해 북만주로 이동
자유시 참변 (1921)	• 배경 : 북만주로 이동한 독립군 부대가 러시아 혁명군의 지원을 기대하고 자유시로 이동 • 내용 : 독립군 부대 내부의 주도권 분쟁과 러시아 혁명군(적군)에 의한 무장 해제 과정에서 많은 독립군이 희생 → 일부 독립군이 만주로 귀환

자료 플러스 간도 참변

> 날이 밝자마자 무장한 일본 보병 부대는 야소촌을 빈틈없이 포위하고 골 안에 높이 쌓인 낟가리에 불을 질렀다. 그리고는 전체 촌민더러 밖으로 나오라고 호령하였다. 촌민들이 밖으로 나오니 아버지고 아들이고 헤아리지 않고 눈에 띄면 사격하였다. 아직 숨이 채 떨어지지 않은 부상자도 관계치 않고 그저 총에 맞아 쓰러진 사람이면 마른 짚을 덮어 놓고 알아보지 못할 정도로 불태웠다.

이 글은 캐나다 선교사 마틴이 간도 참변에 대해 남긴 기록 중 일부이다. 일본군은 청산리 대첩을 전후하여 독립군의 근거지를 없앤다는 구실로 간도의 한인 마을을 초토화하였다. 연이은 패전에 대한 보복으로 양민과 어린이까지 학살하고 집과 학교, 교회 등을 불태우는 반인륜적 만행을 저질렀다.

(3) 독립군 부대의 재정비

① 배경 : 만주로 귀환한 독립군 부대 등이 전열을 재정비하기 위해 노력

② 3부의 결성

- 조직 : 참의부, 정의부, 신민부
- 특징 : 민정 조직과 군정 조직을 갖춘 자치 정부의 성격

③ 일제의 대응 : 독립군 탄압을 위해 만주 군벌과 미쓰야 협정 체결(1925) → 독립군 부대의 활동 위축

개념 체크

1. 홍범도가 이끄는 (　　　)은 다른 독립군 부대와 함께 봉오동에서 일본군을 격퇴하였다.
2. 김좌진이 이끄는 (　　　)를 비롯한 독립군 연합 부대는 청산리 일대에서 일본군과 전투를 벌여 큰 승리를 거두었다.
3. 독립군은 간도 참변과 자유시 참변으로 큰 시련을 겪고 만주로 돌아와 조직을 재정비하였다. 그 결과 참의부, 정의부, (　　　)가 조직되었다.

정답
1. 대한 독립군 2. 북로 군정서 3. 신민부

(4) 3부의 통합 운동

배경	국내외에서 민족주의 세력과 사회주의 세력의 통합을 이루려는 움직임 확산
전개	3부를 중심으로 독립운동 단체의 통합 운동을 전개하였으나 완전한 통합에는 실패
결과	• 북만주 : 혁신 의회 성립 → 해체 후 한국 독립당과 한국 독립군 조직 • 남만주 : 국민부 성립 → 조선 혁명당과 조선 혁명군 조직

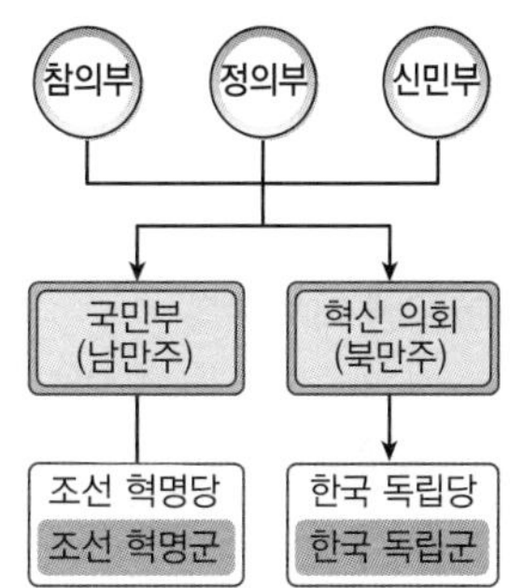

▲ 3부 통합 운동

✪ 의열단의 의열 투쟁

박재혁	부산 경찰서에 폭탄 투척(1920)
김익상	조선 총독부에 폭탄 투척(1921)
김상옥	종로 경찰서에 폭탄 투척(1923)
김지섭	도쿄 궁성에 폭탄 투척(1924)
나석주	조선 식산 은행과 동양 척식 주식회사에 폭탄 투척(1926)

2. 의열 투쟁

(1) 의열단

결성	3·1 운동 이후 만주 지역에서 김원봉을 중심으로 조직(1919)
지침	신채호의 「조선 혁명 선언」을 지침으로 삼아 활동
목표	일제 요인, 친일파 등 침략 원흉 처단, 식민 통치 기관 파괴
주요 활동	김상옥(종로 경찰서에 폭탄 투척), 나석주(동양 척식 주식회사에 폭탄 투척) 등의 의거
변화	의열 투쟁의 한계를 인식하고 조직적인 항일 무장 투쟁을 위해 1920년대 후반 중국의 황푸 군관 학교에 들어가 군사 훈련을 받음

✪ 황푸 군관 학교

중국 국민당이 장교를 양성하기 위해 세운 군사 학교이다.

자료 플러스 나석주의 의거 활동

조선일보사 귀중
본인은 우리 2천만 민족의 생존권을 찾아 자유와 행복을 천추만대에 누리기 위하여 의열남아가 희생적으로 단결한 의열단의 일원으로서 왜적의 기관을 파괴하고자 이번에 귀국하여 경성에 당도한바, 최후의 힘을 다하여 휴대 물품(폭탄)을 동양 척식 주식회사와 조선 식산 은행에 선사하고 힘이 남으면 …… 시가화전(市街火戰)을 한 뒤 자살하기로 맹세하였습니다. …… 본인의 의지를 가급적 신문에 다 소개하여 주시기를 바랍니다.
– 나석주 –

의열단원인 나석주는 1926년 조선 식산 은행과 동양 척식 주식회사에 폭탄을 투척한 후 추격하는 일제 경찰과 시내 한복판에서 총격전을 벌이다가 자결하였다. 의열단은 1919년 만주에서 김원봉 등이 중심이 되어 결성되었으며, 일제 요인 처단과 식민 통치 기관 파괴 등에 주력하였다.

✪ 조만식

3·1 운동이 일어나자 평양에서 만세 운동을 지휘하였다는 이유로 체포되었다. 평양 감옥에서 1년간 복역한 후 조선 물산 장려회를 조직하여 물산 장려 운동을 펼쳤다.

(2) 한인 애국단

결성	대한민국 임시 정부에 활기를 불어넣기 위해 김구가 조직(1931)
주요 활동	이봉창의 일왕 암살 시도(1932), 윤봉길의 상하이 훙커우 공원 의거(1932)
영향	중국 국민당 정부가 대한민국 임시 정부를 지원하는 계기가 됨

3. 실력 양성 운동

(1) 물산 장려 운동

배경	3·1 운동 이후 회사령 폐지, 일본 상품에 대한 관세 철폐 움직임
전개	• 평양에서 조만식 등이 시작 → 전국으로 확산 • '내 살림 내 것으로', '조선 사람 조선 것' 등의 구호를 앞세워 토산품 애용 주장, 절약 생활 강조
한계	수요 증가 등으로 토산품 가격 폭등 → 사회주의 계열에서 자본가 계급의 이기적인 계급 운동이라고 비판 제기

개념 체크

1. 3부 통합 운동 결과 북만주에서는 혁신 의회가, 남만주에서는 (　　)가 결성되었다.
2. 의열단은 신채호가 작성한 (　　)을 지침으로 삼아 활동하였다.
3. 1920년 조만식 등이 평양에서 토산품 사용을 장려하는 (　　)을 시작하였다.

정답
1. 국민부 2. 조선 혁명 선언
3. 물산 장려 운동

✪ 민립 대학 발기 취지서

심오한 지식과 학문은 고등 교육이 아니면 불가하며 …… 오늘날 조선인이 세계 문화 민족의 일원으로 남과 어깨를 견주고 우리의 생존을 유지하며 문화의 창조와 향상을 기도하려면, 대학의 설립이 아니고는 다른 방도가 없도다.

제2차 조선 교육령에 따라 대학 설립이 가능해지자 이상재 등은 대학 설립을 위해 모금 운동을 전개하였다. 그러나 일제의 탄압, 지속된 가뭄과 홍수로 모금이 중단되면서 실패하였다.

✪ 자치론

주권은 일본이 갖되 내정은 한국인들이 담당하게 해 달라거나, 조선 총독부는 그대로 두고 한국에 자치 의회를 구성하게 해 달라는 주장이다.

개념 체크

1. 한국인의 힘으로 고등 교육 기관을 설립하기 위해 1920년대에 (   ) 운동이 전개되었다.
2. (   ) 주도로 한글을 보급하고 농촌을 계몽하는 브나로드 운동이 전개되었다.
3. 1926년 순종이 서거하자 학생들 주도로 (   ) 운동이 전개되었다.

정답
1. 민립 대학 설립 2. 동아일보사 3. 6·10 만세

(2) 민립 대학 설립 운동

① 목적 : 한국인의 힘으로 고등 교육 기관을 설립하여 인재 육성

② 전개 : 이상재 등의 주도로 조선 민립 대학 기성회 조직 → 전국적인 모금 운동

(3) 문맹 퇴치 운동

① 목적 : 농민 등을 대상으로 문자 보급과 민중 계몽을 도모

② 전개

- 문자 보급 운동 : 조선일보사 주도로 전개, 한글 교재를 제작하여 보급
- 브나로드 운동 : 동아일보사 주도로 전개, '배우자, 가르치자, 다 함께 브나로드'라는 구호 제시

4. 민족 협동 전선 운동의 전개

(1) 배경

① 사회주의 사상의 확산

- 과정 : 러시아 혁명 이후 레닌이 약소민족의 해방 운동 지원 약속 → 3·1 운동 이후 사회주의 사상의 국내 확산 → 조선 공산당 결성
- 영향 : 국내 민족 운동이 민족주의 계열과 사회주의 계열로 분화
- 일제의 대응 : 치안 유지법을 제정하여 사회주의 운동 탄압

② 자치 운동의 대두

- 내용 : 민족주의 세력 중 일부가 일제의 식민 지배를 인정하고 자치권을 얻자는 자치론을 주장
- 영향 : 민족주의 세력이 타협적 민족주의와 비타협적 민족주의로 분화

(2) 6·10 만세 운동(1926)

① 전개 : 순종의 서거 이후 민족주의 계열인 천도교와 사회주의 계열, 학생들이 순종의 장례일에 맞춰 만세 시위 계획 → 지도부가 일제에 의해 검거 → 학생들이 예정대로 시위 전개

② 영향

- 민족 협동 전선의 토대 마련
- 동맹 휴학이 전개되는 등 항일 학생 운동 성장

자료 플러스 6·10 만세 운동

6·10 만세 운동 당시의 격문

- 조선은 조선인의 조선이다!
- 학교장은 조선인이어야 한다!
- 8시간 노동제를 실시하라!
- 동양 척식 주식회사를 철폐하라!
- 소작권을 이동하지 못한다!
- 학교 용어는 조선어로!
- 일본인 물품을 배척하자!
- 동일 노동에는 동일 임금을 지급하라!
- 일본인 지주에게 소작료를 바치지 말자!
- 소작제를 4·6제로 하고 공과금은 지주가 납부한다!

– 이석태, 『사회과학대사전』 –

사회주의 계열 단체와 민족주의 계열인 천도교, 학생들은 순종의 장례일인 1926년 6월 10일에 대규모 만세 운동을 벌일 계획을 세웠다. 이 계획은 일제에 발각되어 위기를 맞았으나 학생들은 예정대로 시위를 추진하였다. 6월 10일에 학생들은 미리 준비한 격문을 뿌리며 서울 곳곳에서 만세 운동을 벌였다. 6·10 만세 운동은 학생들이 항일 민족 운동의 주체로서 더욱 적극적인 역할을 하는 계기가 되었다. 또한 6·10 만세 운동의 준비 과정에서 사회주의 계열과 민족주의 계열이 연대한 경험을 바탕으로 민족 협동 전선을 결성할 수 있는 공감대가 형성되었다.

(3) 신간회의 결성(1927)

① 배경

- 국내외에서 민족 유일당 운동 전개
- 비타협적 민족주의 세력이 자치론을 주장하는 타협적 민족주의 세력을 비판하며 사회주의와의 연대 모색
- 정우회 선언(1926) : 사회주의 계열의 정우회가 비타협적 민족주의 세력과의 연대 주장

② 결성

- 창립 : 비타협적 민족주의 세력과 사회주의 세력의 연합으로 신간회 창립(1927) → 이후 4만여 명의 회원을 가진 대규모 단체로 성장
- 강령 : 정치적 · 경제적 각성 촉진, 공고한 단결, 기회주의 일체 부인

자료 플러스 신간회 결성 배경

(가) 조선 사회주의자와 민족주의자들은 최근에 제휴하여 공동 전선을 유지하려 노력하고 있는데, 며칠 전에는 민족적 단일 전선을 목표로 조선 민흥회라는 단체를 발기하였다. 명제세, 김종협 이외에 10여 명이 …… 조선 민족의 유일 전선 기관이 될 조선 민흥회를 발기한 것으로 그 취지와 결의, 그리고 준비 위원은 아래와 같다더라.

– 조선일보(1926) –

(나) 우리 운동은 현재 부진한 상태에 빠져 있고 위태로운 때를 당하였다. 그러므로 확고한 정책을 세우지 않으면 안 된다. 그것은 실로 우리가 당면한 가장 중요한 임무이다. 이 같은 때를 맞아 정우회 집행 위원회는 다음과 같은 운동 방침을 세웠다. 우리는 이것이 다만 정우회의 운동뿐 아니라 널리 모든 조선의 운동에서도 중대한 의의를 가짐을 확신한다. …… 그리하여 과거의 무의미한 분열 정신은 그 마지막 잔재까지 완전히 매장해 버려야 할 것이다. 그러므로 우리는 우선 사상 단체의 통일부터 주장한다.

– 조선일보(1926) –

(가)는 조선 민흥회가 발기될 당시의 신문 기사 내용 중 일부이다. 6 · 10 만세 운동 직후인 1926년 7월 비타협적 민족주의 세력이 사회주의 단체인 서울 청년회 계열의 인사들과 합작하여 조선 민흥회를 발기하였다. (나)는 조선일보에 게재된 정우회 선언의 일부이다. 정우회는 사회주의 단체로, 이 선언을 통해 사회주의 세력과 비타협적 민족주의 세력과의 제휴를 주장하였다. 이를 계기로 1927년 신간회가 창립되었다.

③ 활동

- 순회 강연회 개최, 농민 · 노동 운동과 학생 · 여성 운동 등 여러 사회 운동과 연계
- 광주 학생 항일 운동 당시 진상 조사단을 파견하고 민중 대회 계획

④ 해소

배경	• 민중 대회 준비 중 지도부 체포 → 새로 구성된 지도부가 온건한 활동 방향 모색 • 코민테른의 방침 변화 : 계급 투쟁을 강조하며 민족 통일 전선에 부정적
과정	사회주의 세력이 신간회의 해소 주장 → 전체 대회에서 통과(1931)

(4) 광주 학생 항일 운동(1929)

① 배경 : 6 · 10 만세 운동 이후 학생들이 독서회 등을 결성하고 동맹 휴학 전개 → 식민지 교육 철폐 등 주장

② 발단 : 나주역에서 한국인 학생과 일본인 학생 간의 충돌 발생

③ 전개 : 경찰 등이 한국인 학생 탄압 → 민족 차별에 분노한 광주 지역 학생들이 대규모 시위 전개 → 전국으로 확대

✪ 코민테른

1919년 3월 레닌의 주도하에 모스크바에서 결성된 국제 공산당 조직의 연합체이다. 코민테른의 결정은 각국의 사회주의 운동에 많은 영향을 끼쳤다.

✪ 신간회 해소

사회주의자들은 신간회의 해소를 주장하였는데, '해체'가 한 단체나 조직을 해산하는 것이라면 '해소'는 한 단체의 해산이 아니라 다른 운동 형태로 발전하는 것이라는 의미로 사용하였다.

개념 체크

1. 사회주의 계열의 정우회는 비타협적 (　　) 세력과의 연대를 주장하는 정우회 선언을 발표하였다.
2. 사회주의 계열이 코민테른 지침에 따라 계급 투쟁을 강조하는 방향으로 운동 노선을 정하면서 (　　) 해소를 주장하였다.
3. 신간회는 (　　)을 지원하기 위해 현지에 조사단을 파견하고 대규모 민중 대회를 계획하였다.

정답

1. 민족주의 2. 신간회
3. 광주 학생 항일 운동

자료 탐구 물산 장려 운동의 한계

1단계 자료 분석

• 실상 저들 자본가 중산 계급은 …… 민족적이라는 미사여구로 동족 안에 있는 착취, 피착취의 상반적인 양극단의 계급적 의식을 가려 버리고, 일면으로는 애국적이라는 의미에서 외화(外貨) 배척을 말하는 것이며, 그 이면에는 외래의 경제적 정복 계급을 축출하여 새로운 착취 계급으로서 자신들이 그 자리를 대신하려는 것이다. 이래서 저들은 민족적·애국적인 척하는 감상적 미사여구로 눈물을 흘리며 저들과 이해관계가 전혀 다른 노동 계급의 후원을 갈구하는 것이다. – 동아일보(1923) –

• 물산 장려 운동에 대한 결의 사항

가. 중산 계급의 경제상 현상 유지의 이기적 운동인 것.

나. 계급 의식을 말살시키려는 음모의 운동인 것.

다. 물산 장려의 영향으로 토산물이 등귀하여 무산자는 현실 생활에서 구매력이 더욱 참담케 된 것. – 전조선 청년당 대회 결의안 –

조만식 등 민족주의 계열 인사들은 평양에서 조선 물산 장려회를 발족하고 토산품 애용 운동을 펼쳤다. 이어 서울에서도 조선 물산 장려회가 발족하는 등 물산 장려 운동은 전국으로 확산되었다. 물산 장려 운동은 한때 성과를 거두었지만, 한국인 기업의 생산량이 수요를 따르지 못해 상품 가격이 올랐다. 또한 사회주의자들은 위 자료에서 제시한 바와 같이 물산 장려 운동을 자본가의 이익만을 위한 운동이라 비판하였고, 1923년 3월 말 전조선 청년당 대회에서는 물산 장려 운동 타도를 결의하기까지 하였다.

2단계 문항 연습

정답과 해설 29쪽

[24013-0120]

1 밑줄 친 '이 운동'에 대한 설명으로 옳은 것은?

[신문 기사로 보는 한국사]

> 실상을 말하면 노동자에게는 이제 새삼스럽게 물산 장려를 말할 필요가 없는 것이다. 그들은 벌써 오랜 옛날부터 훌륭한 물산 장려 계급이다. 그들은 자본가 중산 계급이 양복이나 비단옷을 입는 대신 무명과 베옷을 입었고, 저들 자본가가 위스키나 브랜디나 정종을 마시는 대신 소주나 막걸리를 먹지 않았는가?

이 기사는 사회주의자이자 언론인이었던 이성태가 1923년 동아일보에 기고한 글이다. 그는 당시 전개되고 있던 이 운동을 자본가 계급의 이익만을 추구하는 이기적인 운동이라고 비판하였다.

① 사사오입 개헌을 이끌어 냈다.
② 녹읍이 폐지되는 데 영향을 끼쳤다.
③ 조만식 등의 주도로 평양에서 시작되었다.
④ 해산 군인들의 가담으로 규모가 확대되었다.
⑤ 일제의 쌀 부족 문제를 해결하기 위해 전개되었다.

자료 탐구 신간회 해소 논쟁

1단계 자료 분석

(가) 지금 조선의 노농 대중의 투쟁욕은 성장하였다. …… 그런데 계급적 지도 정신을 가지지 않은 신간회는 더욱 고급의 투쟁욕을 말살하고 있다. …… 반제국주의 투쟁에서 계급적 지도 정신, 계급 투쟁의 역사적 사명을 빼고 나면 나머지는 개량주의뿐이다. 그렇기 때문에 계급적 지도 정신에 의하지 않는 협동적 집단, 즉 신간회는 사회주의자와 좌익 민족주의자를 우익 민족주의자화하지 않을 수 없다. – 『삼천리』 제14호(1931) –

(나) 변동한 조선의 정세 그의 국제 정세의 핵심에서 보아서, 또는 운동의 기본 역량을 노동자 농민층에 두어야 한다는 견지에 의해서 신간회 해소론에 관하여 우리는 여러 차례 논평으로 그에 대한 견해를 발표하였다. …… 그러나 현재 조선의 정세상 노동자·농민만으로는 거침없이 빠르게 전투적인 진영을 만들기는 어려운 바이오. 하물며 소위 소부르주아지·소시민 등 노동자·농민에 속하지 않은 과도적이라고 할 만한 중요 부분에게는 홀연히 어디로 가라고 할 것인가? …… 구체적인 실제 정세를 살피지 않고 오직 노동자·농민 계급 진영의 확대 강화만 부르짖는다면 이것이야말로 한낱 공식적인 관념론에 지나지 않는다. – 조선일보(1931) –

(가)는 신간회 해소를 주장하는 글이며, (나)는 신간회 해소를 비판하는 글이다. 광주 학생 항일 운동 이후 신간회 집행부가 와해되자 자치 운동을 벌였던 사람들이 새롭게 신간회에 들어와 일제와의 충돌을 피하고 합법적인 활동만 하자고 주장하였다. 이에 반발하여 사회주의자들이 중심이 되어 신간회의 해소를 주장하고 나섰다. 또한 국제 공산당 조직인 코민테른 역시 민족주의 세력과의 결별을 모색하였다. 국내외 정세 변화로 신간회 해소를 둘러싼 찬반 논쟁이 전개되었고, 1931년 5월 전체 대회에서 신간회 해소안이 가결되었다.

2단계 문항 연습

정답과 해설 29쪽

[24013-0121]

2 밑줄 친 '이 단체'에 대한 설명으로 옳은 것은?

정우회 선언을 계기로 성립되어 광주 학생 항일 운동 당시 진상 조사단을 파견하였던 이 단체에 대한 해소 논쟁이 최근 뜨겁습니다. 선생님들의 의견을 말씀해 주시죠.
소시민의 개량주의적 정치 집단으로 변질한 이 단체는 무산 계급의 투쟁욕 성장에 장애가 되고 있습니다. 노동자 투쟁과 농민 투쟁을 강력하게 펼치기 위해서는 해소가 필요합니다.
조선인의 대중적 운동인 민족 운동과 계급 운동은 서로 협동하며 나아가야 할 것입니다. 해소를 통해 역량을 분산하는 것은 옳지 않습니다.

① 북벌 운동을 추진하였다.
② 한국광복군을 창설하였다.
③ 삼원보에 신흥 강습소를 설립하였다.
④ 조선 혁명 선언을 활동 지침으로 삼았다.
⑤ 기회주의 일체 부인 등을 강령으로 내세웠다.

대표 기출 확인하기

1 (가)에 들어갈 내용으로 가장 적절한 것은? 2024학년도 수능 9월 모의평가

학습 주제 : (가)
순종의 장례일에 맞춰 일어났어.
천도교 계열 민족주의자들과 사회주의자들, 학생 단체가 함께 계획했어.
계획이 발각되어 지도부가 검거되었지만 학생들이 예정대로 시위를 주도했어.

① 원산 총파업의 영향
② 6·10 만세 운동의 전개
③ 국민 대표 회의의 배경
④ 임술 농민 봉기의 원인
⑤ 정전(휴전) 협정 체결의 결과

간략 풀이

정답 | ②

풀이 | 자료에서 순종의 장례일에 일어났고, 천도교 계열 민족주의자들과 사회주의자들, 학생 단체가 함께 계획하였다는 점 등을 통해 (가)에 들어갈 내용이 6·10 만세 운동과 관련된 것임을 알 수 있다. ① 1929년에 일어난 원산 총파업은 수개월 동안 지속되었지만, 일제의 탄압으로 실패로 끝났다. ③ 1923년 대한민국 임시 정부의 새로운 노선과 활로를 모색하기 위해 국민 대표 회의가 열렸다. ④ 조선 철종 때 삼정의 문란이 극심하여 임술 농민 봉기 등이 일어났다. ⑤ 정전(휴전) 협정은 이승만 정부 시기인 1953년에 조인되었다.

2 밑줄 친 '이 단체'에 대한 설명으로 옳은 것은? 2024학년도 수능 6월 모의평가

이 우표는 김상옥 의사 순국 100주년을 기념하여 제작된 것입니다. 우표에는 그의 사진을 바탕으로 그린 초상화가 담겨 있습니다. 그는 이 단체의 단원으로 종로 경찰서에 폭탄을 투척하는 의거를 일으켰습니다.

① 김원봉의 주도로 결성되었다.
② 교조 신원 운동을 전개하였다.
③ 부마 민주 항쟁에 참여하였다.
④ 오산 학교와 대성 학교를 건립하였다.
⑤ 김규식을 파리 강화 회의에 파견하였다.

간략 풀이

정답 | ①

풀이 | 자료에서 김상옥 의사가 단원이었다는 점, 종로 경찰서에 폭탄을 투척하는 의거를 일으켰다는 점 등의 내용을 통해 밑줄 친 '이 단체'가 의열단임을 알 수 있다. 의열단은 1919년 만주에서 김원봉 등의 주도로 결성되었다. ② 1890년대 동학교도들은 교조 신원 운동을 전개하였다. ③ 부산과 마산의 학생과 시민들은 1979년 부마 민주 항쟁을 전개하였다. ④ 신민회는 오산 학교와 대성 학교를 건립하였다. ⑤ 신한청년당은 김규식을 파리 강화 회의에 파견하였다.

수능 유형 익히기

[24013-0122]

01 (가) 인물에 대한 설명으로 옳은 것은?

(가) 은/는 국권 피탈 이전에는 의병 운동을 하였고, 이후 간도에서 대한 독립군의 사령관이 되어 항일 무장 투쟁을 전개하였습니다. 그는 해외에서 생을 마쳤고, 2021년 그의 유해가 우리나라로 봉환되었습니다.

① 별무반을 편성하였다.
② 갑신정변을 주도하였다.
③ 헤이그 특사로 파견되었다.
④ 봉오동 전투를 승리로 이끌었다.
⑤ 대전자령에서 한중 연합 작전을 전개하였다.

[24013-0123]

02 밑줄 친 '학살 사건'에 대한 탐구 활동으로 가장 적절한 것은?

이달의 인물 공적서

- 대상 인물 : 스탠리 마틴(Stanley H. Martin)
- 공적 내용
  1916년 의료 선교사로 파견되어 간도에서 활동을 하였다. …… 또한 일본군의 협박과 방해에도 불구하고 제창병원 간호사와 함께 1920년 일본군의 방화 학살 현장을 방문하여 사진을 촬영하고, 보고서를 만들어 간도에서 일본군에 의해 저질러진 대규모 한국인 <u>학살 사건</u>의 실상을 폭로하기도 하였다.

① 임진왜란의 배경을 파악한다.
② 거문도 사건이 일어난 원인을 알아본다.
③ 청산리 대첩 전후 일제의 만행을 조사한다.
④ 관동 대지진이 한인에게 끼친 영향을 분석한다.
⑤ 13도 창의군이 서울 진공 작전을 추진한 과정을 찾아본다.

[24013-0124]

03 다음 사건이 일어난 시기를 연표에서 옳게 고른 것은?

여러 독립군 부대들은 민족의 독립운동을 지원하겠다는 러시아 적군의 약속을 믿고 자유시로 이동하였다. 그러나 자유시에 집결한 독립군 부대들 사이에서 통합 지휘권을 놓고 내분이 발생하였고, 이후 러시아 적군은 독립군에게 무장 해제를 요구하였다. 대다수 독립군들이 이에 반발하였고, 결국 적군과 이들을 지지하는 독립군이 나머지 독립군을 공격하였다. 이로 인해 수많은 독립군이 희생되었다.

임오 군란	(가)	청일 전쟁 발발	(나)	고종 강제 퇴위	(다)	3·1 운동 발생	(라)	만주 사변 발발	(마)	8·15 광복

① (가) ② (나) ③ (다) ④ (라) ⑤ (마)

[24013-0125]

04 밑줄 친 '협정'에 대한 설명으로 옳은 것은?

미쓰야 경무국장, 만주에 다녀온 결과를 보고하라!

총독 각하! 이번에 만주 군벌과 논의 끝에 협정을 체결하였습니다. 협정에는 만주에서 무기를 휴대한 조선인의 국경 침입을 금지하고, 우리가 지명하는 불법 단체 지도자를 체포하여 넘긴다는 내용 등이 포함되어 있습니다.

① 신미양요가 발발하는 원인이 되었다.
② 독립군의 활동을 위축시키는 계기가 되었다.
③ 장인환의 의거가 일어나는 데 영향을 끼쳤다.
④ 청이 간도 영유권을 확보하는 결과를 가져왔다.
⑤ 윤봉길의 상하이 훙커우 공원 의거 이후 체결되었다.

[24013-0126]

05 (가)에 들어갈 내용으로 가장 적절한 것은?

> 1920년대 만주 지역의 독립군은 전열을 재정비하여 참의부 · 정의부 · 신민부를 조직하여 활동하였다. 그러던 중 안창호 등의 노력으로 중국 관내에서 민족 유일당 운동이 전개되었고, 1927년 1월 안창호의 만주 방문을 전후로 만주에서도 참의부, 정의부, 신민부의 통합이 추진되었다. 그러나 그 통합의 방향과 내용을 두고 갈등이 벌어졌고, 그 결과 [(가)]

① 삼정이정청이 설치되었다.
② 혁신 의회와 국민부가 성립되었다.
③ 대한민국 임시 정부가 수립되었다.
④ 통일 주체 국민 회의가 조직되었다.
⑤ 관민 공동회에서 헌의 6조가 결의되었다.

[24013-0127]

06 (가) 단체에 대한 설명으로 옳은 것은?

> 1926년 12월 28일 오후 2시경, 중국인 복장을 한 청년이 조선 식산 은행과 동양 척식 주식회사에 폭탄 한 개씩을 던졌다. 먼저 조선 식산 은행에 폭탄을 던졌으나 터지지 않자 재빨리 인근 동양 척식 주식회사 건물로 들어가 폭탄을 던졌다. 그러나 이 또한 불발이었다. 두 곳에 폭탄을 던진 이는 나석주로, 그는 김원봉 등의 주도로 결성된 [(가)]에 소속되어 있었다. 여기저기서 일본 경찰들이 뛰쳐나오자 나석주는 권총을 뽑아 들고는 총탄을 퍼부었다. 그런 뒤 모여든 군중에게 "우리 2천만 민중아! 나는 2천만 민중의 자유와 행복을 위하여 희생한다. …….”라는 말을 마친 뒤 마지막 남은 한 방으로 스스로 목숨을 끊었다.

① 진단 학보를 간행하였다.
② 남북 협상을 추진하였다.
③ 제헌 헌법을 제정하였다.
④ 105인 사건으로 와해되었다.
⑤ 김익상, 김상옥 등이 단원으로 활동하였다.

[24013-0128]

07 밑줄 친 '그'에 대한 설명으로 옳은 것은?

> <u>그</u>는 어느 날 신채호를 보고 말했다. “저희는 지금 상하이에서 왜적을 무찌를 폭탄을 만들고 있습니다. 한번 같이 가셔서 구경하시겠습니까? 겸하여 제가 단장으로 있는 우리 조직의 활동 지침이 될 만한 글도 선생님이 작성하여 주시면 좋겠습니다.” 그 말에 신채호는 대답하였다. “좋은 말씀일세. 그럼 같이 가보세.” …… 다들 신채호의 문장을 읽고 감격하였다. 그러나 누구보다 감격하고 가장 흡족해 한 사람은 역시 <u>그</u>였다. 자신의 집필자 선택이 옳았음을 확신하고, 이후 신채호가 작성해 준 「조선 혁명 선언」을 살포하도록 조치하였다.

① 훈요 10조를 남겼다.
② 의열단을 결성하였다.
③ 전국에 척화비를 건립하였다.
④ 조선 건국 동맹 조직을 주도하였다.
⑤ 오산 학교와 대성 학교를 설립하였다.

[24013-0129]

08 밑줄 친 '이 단체'에 대한 설명으로 옳은 것은?

자료 열람 **일제 감시 대상 인물 카드**

하위 자료 검색 | 자료 상세 검색

이름: 이봉창 [검색]

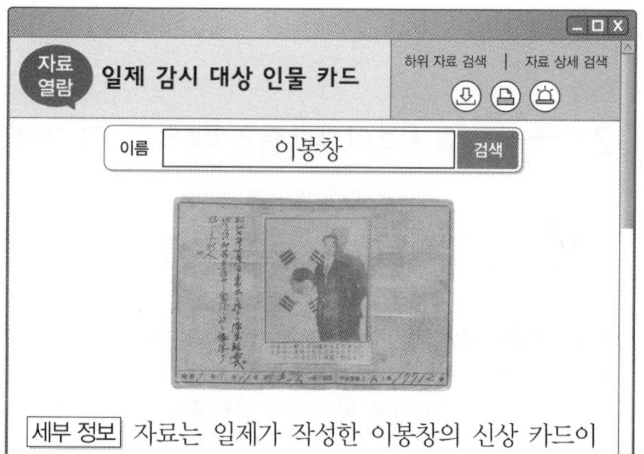

[세부 정보] 자료는 일제가 작성한 이봉창의 신상 카드이다. 카드 속 사진 왼편에는 그가 1932년 도쿄에서 일왕을 향해 폭탄을 던졌다는 글이 기록되어 있다. 의거 전 그는 상하이에서 <u>이 단체</u>에 가입하였다. 이후 일본에 건너가 거사를 일으켰지만 일왕을 처단하지는 못하였다.

① 한성순보를 발행하였다.
② 김구를 중심으로 결성되었다.
③ 국채 보상 운동을 전개하였다.
④ 고종 강제 퇴위 반대 운동을 펼쳤다.
⑤ 쌍성보 전투에서 일본군에 승리하였다.

[24013-0130]

09 밑줄 친 '이 운동'에 대한 설명으로 옳은 것은?

이미 몇 해 전 조만식 선생을 비롯한 인사들이 평양에서 조직을 만들고 이 운동을 시작하였습니다. 이곳 경성(서울)에서 우리 역시 이 운동에 적극 참여하기 위하여 다음 조건을 실행해야 합니다. 첫째, 조선인이 생산한 의복을 착용할 것. 둘째, 설탕 등을 제외하고 조선인이 생산한 식품을 사용할 것. 셋째, 일용품의 경우 우리 제품으로 대용하는 것입니다.

① 갑오개혁에 영향을 끼쳤다.
② 대통령 직선제 개헌을 이끌어 냈다.
③ 사회주의자들로부터 비판을 받았다.
④ 반민 특위가 설치되는 계기가 되었다.
⑤ 대한매일신보 등 언론의 지원을 받았다.

[24013-0131]

10 (가) 운동에 대한 탐구 활동으로 가장 적절한 것은?

> 일제가 반포한 제2차 조선 교육령에 따라 제도적으로 한국인에 대한 고등 교육이 허용되었다. 이에 실력 양성 운동의 일환으로 민족의 고등 교육을 실현하자는 (가) 이/가 추진되었다. 이 운동에 참여한 이들은 고등 교육 실현을 위하여 자금을 1천만 원으로 정하고 활동을 벌였지만, 자연재해, 일제의 탄압 등의 이유로 (가) 은/는 큰 성과를 내지 못하고 중단되었다. 한편, 일제는 경성 제국 대학을 설립하여 한국인들의 고등 교육에 대한 열망을 무마하려 하였다.

① 육영 공원이 설립된 과정을 알아본다.
② 교육입국 조서가 반포된 배경을 파악한다.
③ 국민 대표 회의가 개최된 이유를 분석한다.
④ 이상재 등이 주도한 모금 운동을 조사한다.
⑤ 한글 맞춤법 통일안을 제정한 단체를 찾아본다.

[24013-0132]

11 (가) 운동에 대한 설명으로 옳은 것은?

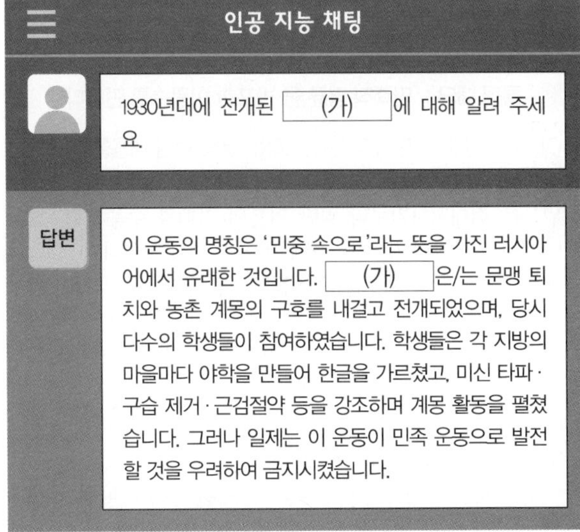

인공 지능 채팅
1930년대에 전개된 (가) 에 대해 알려 주세요.
답변
이 운동의 명칭은 '민중 속으로'라는 뜻을 가진 러시아어에서 유래한 것입니다. (가) 은/는 문맹 퇴치와 농촌 계몽의 구호를 내걸고 전개되었으며, 당시 다수의 학생들이 참여하였습니다. 학생들은 각 지방의 마을마다 야학을 만들어 한글을 가르쳤고, 미신 타파·구습 제거·근검절약 등을 강조하며 계몽 활동을 펼쳤습니다. 그러나 일제는 이 운동이 민족 운동으로 발전할 것을 우려하여 금지시켰습니다.

① 유신 체제를 비판하였다.
② 통감부의 탄압으로 실패하였다.
③ 황국 중앙 총상회를 조직하였다.
④ 6·29 민주화 선언을 이끌어 냈다.
⑤ 동아일보사가 주도하여 전개되었다.

[24013-0133]

12 (가)에 들어갈 내용으로 가장 적절한 것은?

> 〈서술형 문제〉
> ※ 다음 글을 읽고 물음에 답하시오.
>
> 제1조 국체를 변혁하거나 사유 재산 제도를 부인하는 것을 목적으로 결사를 조직하거나 또는 사정을 알고 이에 가입한 자는 10년 이하의 징역 또는 금고에 처한다.
> 제7조 이 법은 누구를 막론하고 이 법의 시행 구역 외에서 죄를 범한 자에게도 적용한다.
>
> 1. 일제가 위 법령을 제정하게 된 배경을 쓰시오. (10점)
> 답: (가)

① 조선책략이 유포되었다.
② 원산 총파업이 일어났다.
③ 사회주의 사상이 확산되었다.
④ 임술 농민 봉기가 발생하였다.
⑤ 조선 인민 공화국 수립이 선포되었다.

[24013-0134]

13 밑줄 친 ㉠이 끼친 영향으로 가장 적절한 것은?

역사 신문

특집 대담 : 「민족적 경륜」을 발표한 이광수를 만나다

Q1. 최근 발표한 「민족적 경륜」이라는 글의 핵심 내용을 말씀해 주시겠습니까?
일본을 적대시하기보다 일단 일본의 지배를 수용하고, 그 안에서 조선인의 자치를 인정받아야 된다는 것입니다.
Q2. 일본은 조선인의 자치를 인정하지 않을 거라는 시각이 많습니다.
그러한 입장도 있겠지만 지난 몇 년간 일본은 '문화 통치'를 내세우면서 달라졌다고 생각합니다.
Q3. 그렇지만 선생의 생각은 3·1 운동에서 표출된 민족적 열망과는 상당히 거리가 있다고 보입니다.
이것은 저만의 생각이 아닙니다. ㉠조선 총독부 아래에 자치 정부나 자치 의회를 만들게 해 달라는 주장에 대해 최린, 김성수와 같은 이들이 모두 공감하고 있습니다.

① 6·3 시위가 전개되었다.
② 독립 의군부가 조직되었다.
③ 일본에 조사 시찰단이 파견되었다.
④ 시일야방성대곡이라는 논설이 게재되었다.
⑤ 비타협적 민족주의 세력과 사회주의 세력이 연대하였다.

[24013-0135]

14 밑줄 친 '이 운동'에 대한 설명으로 옳은 것은?

이 영상은 순종의 국장일 당시 서울 태평로를 가득 메운 시민들의 모습을 담고 있습니다. 조선 공산당, 천도교 일부 세력 등은 순종의 국장일에 대규모 시위를 계획하였습니다. 그러나 이 계획은 사전에 발각되었고, 조선 공산당 간부 등이 체포되기도 하였습니다. 그럼에도 예정대로 이 운동이 전개되었는데, 순종의 장례 행렬이 지나가는 곳곳에서 격문이 뿌려졌으며 많은 시민이 가세하였습니다.

① 칭제건원을 주장하였다.
② 학생들의 주도로 전개되었다.
③ 조선 형평사가 설립되는 배경이 되었다.
④ 을미사변과 단발령에 반발하여 일어났다.
⑤ 전봉준 등 지도자들의 체포로 실패하였다.

[24013-0136]

15 밑줄 친 '이 단체'에 대한 탐구 활동으로 가장 적절한 것은?

2월 15일 서울 종로 중앙 기독교 청년 회관에서 250명 남짓한 회원이 출석한 가운데 이 단체의 창립 대회가 열렸다. 이날 대회는 참여 인원이 방청인까지 더해 1,000명이 넘는 성황을 이루었고, 이 단체는 '우리는 정치적·경제적 각성을 촉진한다.', '우리는 단결을 공고히 한다.', '우리는 기회주의를 일체 부인한다.'는 강령을 내걸었다. 이 단체는 경성에 본부를, 군 단위에 지방 지회를 두었다. 10개월 뒤에는 지회 100개 돌파 기념식을 할 만큼 조직을 넓혔다.

① 장용영의 설치 목적을 조사한다.
② 병인양요가 일어난 원인을 파악한다.
③ 정우회 선언이 끼친 영향을 분석한다.
④ 수선사 결사 운동이 전개된 과정을 알아본다.
⑤ 모스크바 3국 외상 회의의 결정 내용을 찾아본다.

[24013-0137]

16 밑줄 친 '이 운동'에 대한 설명으로 옳은 것은?

역사극 대본

#2. 나주역에서
후쿠다 : (일본인 학생 여러 명과 함께 조선인 여학생을 희롱한다.)
……
박준채 : (개찰구에서) 왜 조선 여학생을 괴롭히느냐?
후쿠다 : (화를 내며) 뭐라고? 감히 조선인 주제에!
한국인·일본인 학생들 : (박준채와 후쿠다의 언쟁 끝에 수십 명의 학생이 서로 간에 난투극을 벌인다.)
……
내레이션 : 박준채와 후쿠다를 비롯한 한·일 학생 간의 충돌은 독서회 조직을 중심으로 한 학생들의 대규모 시위로 이어지게 된다. 일제는 휴교령을 내렸지만, 이 운동은 전국으로 확대되어 수백 개 학교의 학생이 참여하게 된다.

① 서경 천도를 주장하였다.
② 신간회의 지원을 받았다.
③ 영남 만인소를 제출하였다.
④ 대동법이 시행되는 결과를 가져왔다.
⑤ 우리말(조선말) 큰사전 편찬을 추진하였다.

11 사회·문화의 변화와 사회 운동

1. 사회 모습의 변화

(1) 도시화

① 배경
- 개항 이후 근대 문물의 도입과 인구 증가 → 도시화 진행
- 철도, 전차 등 교통수단의 발달과 식민지 공업화의 추진

② 내용
- 경성 등 근대 도시 증가, 도시 인구 팽창, 근대적 시간관념 등 확산
- 식민지 도시의 차별적인 모습 : 일본인과 한국인 거주지의 분리, 일본인 거주지 중심으로 도시 발전, 도시 변두리에서는 도시 빈민층인 토막민 증가 → 일본인과 일부 부유한 한국인만 근대 문물의 혜택 독점

자료 플러스 식민지 시대 경성

▲ 남촌(충무로 일대)의 일본인 상가

▲ 북촌(종로 일대)의 한국인 상가

식민지 시대 경성은 일본인이 사는 남촌과 한국인이 사는 북촌으로 나뉘어 도시화가 이루어졌다. 남촌을 중심으로 도로, 은행, 전화 등 근대 시설이 들어서고 도시의 경제권이 집중되었다. 한국인이 사는 북촌은 도로 정비도 제대로 이루어지지 않았고 수도, 전기 등 시설이 미흡하였다. 농민들은 일제의 식민지 지배 정책으로 살기 어려워지자 농촌을 떠나 도시로 몰려들었다. 이들 중 일부는 도시 외곽에 토막집을 짓고 빈민촌을 형성하였다.

(2) 일상생활의 변화

① 의식주 : 서양식 복장과 서양식 음식 등 유행

② 대중문화
- 백화점으로 대표되는 자본주의적 소비문화 확산, 신문 · 잡지 등을 통해 대중문화 확산
- 모던 보이와 모던 걸 : 양복 · 양장을 즐기는 자본주의적 소비 계층
- 축음기, 레코드, 극장 등을 통해 대중가요와 나운규가 만든 「아리랑」 등 영화 유행

2. 농민 운동과 노동 운동

(1) 농민 운동

배경	토지 조사 사업과 산미 증식 계획으로 소작농 증가, 높은 소작료와 수리 조합비 부담으로 어려움 가중 → 화전민, 도시 빈민(토막민), 해외 이주민 증가
전개	• 소작인 조합 등을 결성하여 소작료 인하와 소작권 이동 반대 등 요구 → 1930년대 이후 혁명적 농민 조합을 결성하여 항일 투쟁 전개 • 암태도 소작 쟁의(1923~1924) : 지주의 수탈에 맞서 소작료 인하 요구 관철

✪ 일제 강점기 간선 철도

일제는 국권 피탈 이전에 완공한 경부선, 경의선에 이어 1910년대에 호남선과 경원선 철도를 건설하였다. X자 모양의 철도가 건설되면서 도시화도 급속히 진행되었다. 호남선으로는 주로 쌀과 면화를, 경원선으로는 광산물을 운반하여 일본으로 가져갔다.

✪ 암태도 소작 쟁의

1923~1924년에 암태소작인회를 중심으로 전개되었다. 고액의 소작료를 징수한 대지주 문재철의 횡포에 맞서 1년여에 걸친 투쟁 끝에 소작료를 낮출 수 있었다.

개념 체크

1. 식민지 시대 경성은 청계천을 경계로 일본인 중심의 (　　)과 한국인 중심의 북촌으로 나뉘었다.
2. 일제 강점기에 도시화가 진행되었으나 도시 변두리에서는 (　　)이라고 불리는 도시 빈민층이 형성되었다.
3. 1923~1924년 암태도의 농민들은 (　　)를 통해 소작료 인하를 요구하며 지주의 수탈에 맞섰다.

정답
1. 남촌 2. 토막민
3. 소작 쟁의

✪ 1930년대 노동 운동

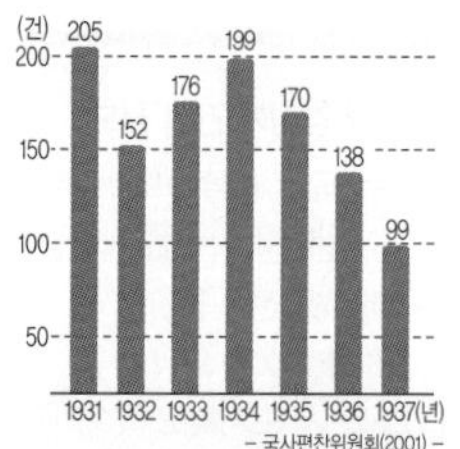

▲ 1930년대 노동 쟁의 발생 건수

1920년대 회사령 폐지 이후 식민지 공업화 정책으로 노동자의 수가 증가하면서 노동 운동이 본격화되었다. 1930년대 노동 운동은 사회주의자와 연결된 비합법적 조직인 혁명적 노동조합의 형태로 전개되었으며, 중일 전쟁 이후 일제가 탄압을 본격화하면서 노동 쟁의 건수가 점차 줄어들었다.

✪ 근우 창간호 표지

1927년 신간회 결성에 자극을 받아 조선 여자의 공고한 단결과 지위 향상을 목적으로 근우회가 창립되었다. 근우회는 기관지 『근우』를 발간하였고 순회강연, 부인 야학 등을 통해 여성 의식 향상을 위해 노력하였다.

개념 체크

1. 1929년 (　　) 총파업은 석유 회사에서 벌어진 한국인 노동자 구타 사건을 계기로 발생하였다.
2. 1923년 진주에서 백정에 대한 사회적 차별 철폐를 목적으로 (　　)가 결성되었다.
3. (　　)는 『조선사연구초』, 『조선상고사』 등을 저술하였다.

정답

1. 원산 2. 조선 형평사
3. 신채호

(2) 노동 운동

배경	식민지 공업화에 따른 도시 노동자 수 증가 → 저임금, 장시간 노동, 민족 차별 등 열악한 노동 환경
전개	• 노동조합을 결성하여 임금 인상, 노동 조건 개선 등 요구 → 1930년대 이후 혁명적 노동조합을 결성하여 항일 투쟁 전개 • 원산 총파업(1929) : 원산의 석유 회사에서 벌어진 한국인 노동자 구타 사건을 계기로 발생 → 수개월 동안 투쟁 지속 → 일제의 탄압으로 실패

3. 다양한 분야의 사회 운동

(1) 청년 운동 : 조선 청년 총동맹(1924) 등 각종 청년 단체 결성

(2) 소년 운동 : 방정환이 주도한 천도교 소년회 중심, 어린이날 제정

(3) 여성 운동 : 여성 단체의 민족 협동 전선으로 근우회 결성(1927) → 순회 강연회 등 여성 계몽 활동 전개

(4) 형평 운동

① 배경 : 신분제가 폐지되었지만 백정에 대한 사회적 차별 잔존

② 조선 형평사 결성(1923) : 진주에서 결성, 평등 사회의 실현 추구

자료 플러스 형평 운동

> 공평은 사회의 근본이고 …… 그러한 까닭으로 우리는 계급을 타파하고 모욕적 칭호를 폐지하며 교육을 장려하여, 우리도 참다운 인간이 되는 것을 기하자는 것이 우리의 주장이다. 지금까지 조선의 백정은 어떠한 지위와 압박을 받아 왔는가? 과거를 회상하면 종일 통곡하고도 피눈물을 금할 수 없다.
>
> – 조선 형평사 창립 취지문 –

1923년에 진주 백정 이학찬 등이 중심이 되어 백정에 대한 사회적 차별 철폐를 목적으로 조선 형평사를 창립하고 형평 운동을 전개하였다. 조선 형평사는 점차 전국적인 조직으로 성장하여 파업이나 소작 쟁의에 참여하는 등 다양한 사회 운동에도 참여하였다. 이러한 노력으로 1930년대에는 호적에서 백정 표시가 사라졌고, 백정의 자녀도 학교 입학이 허용되는 등의 성과를 거두었다. 그러나 이후 형평 운동은 일제의 통제 및 탄압과 내부 갈등 등으로 쇠퇴하였다.

4. 민족 문화 수호 운동

(1) 조선어 학회(1931) : 한글 맞춤법 통일안 제정, 우리말(조선말) 큰사전 편찬 사업 추진 → 조선어 학회 사건(1942)으로 타격

(2) 한국사 연구

① 일제의 역사 왜곡 : 조선사 편수회를 통해 식민 사관(정체성론, 타율성론, 당파성론 등)을 유포하여 식민 통치 정당화 시도

② 민족주의 사학 : 한국사의 독자성과 주체성 및 민족정신 강조

- 박은식 : 국혼 중시, 『한국통사』와 『한국독립운동지혈사』 저술
- 신채호 : 『조선사연구초』와 『조선상고사』 저술
- 정인보 등에게 계승 → 조선학 운동 전개

③ 사회 경제 사학 : 백남운이 『조선사회경제사』를 통해 한국사가 세계사의 보편적인 발전 법칙에 따라 발전하였다고 주장

1단계 자료 분석

- 옛사람이 이르기를, 나라는 없어질 수 있으나 역사는 없어질 수 없다고 하였으니, 그것은 나라는 형체이고 역사는 정신이기 때문이다. 이제 나라의 형체는 허물어졌으나, 정신만이라도 오로지 남아 있을 수 없단 말인가. 이것이 내가 역사를 쓰는 까닭이다. 정신이 살아서 없어지지 않으면 형체도 부활할 때가 있을 것이다. – 박은식, 『한국통사』 –
- 역사란 무엇인가? 인류 사회의 아(我)와 비아(非我)의 투쟁이 시간부터 발전하며 공간부터 확대되는 정신적 활동 상태의 기록이니 …… 조선사라 하면 조선 민족이 그리되어 온 상태의 기록이다. – 신채호, 『조선상고사』 –
- 우리 조선의 역사적 발전의 전 과정은 가령 지리적 조건, 인종학적 골상, 문화 형태의 외형적 특징 등 다소의 차이는 인정되더라도, 외관적인 소위 특수성은 다른 문화 민족의 역사적 발전 법칙과 구별되어야 하는 독자적인 것이 아니며, 세계사적 · 일원론적인 역사 법칙에 의하여 다른 제 민족과 거의 동일한 발전 과정을 거쳐 온 것이다. – 백남운, 『조선사회경제사』 –

일제는 한국 침략과 식민 통치를 정당화하기 위해 한국사를 왜곡하였다. 조선 총독부는 조선사 편수회를 설치하고, 한국의 역사를 왜곡하여 정리한 『조선사』를 만들어 한국사의 독자성과 발전성을 부정하는 식민 사관을 퍼뜨리려 하였다. 이에 맞서 박은식과 신채호는 자주적이고 주체적인 역사 발전을 강조하는 민족주의 사학을 발전시켰다. 또한 사회 경제 사학의 대표자인 백남운은 『조선사회경제사』에서 한국사도 세계사의 보편적인 발전 과정을 따라 자본주의 사회로 발전하여 왔다고 주장하였다. 그는 마르크스 유물 사관에 입각하여 식민 사관의 정체성론을 비판하였다.

2단계 문항 연습

정답과 해설 33쪽

[24013-0138]

1 밑줄 친 '저자들'의 공통점으로 옳은 것은?

두 분 저자들께서 어떤 생각을 중심으로 책을 집필하셨는지 말씀해 주시기 바랍니다.

나라는 멸망할 수 있으나 그 역사는 결코 없어질 수 없다고 하였습니다. 나라가 형체라면 역사는 정신이기 때문입니다. 이제 우리나라의 형체는 없어져 버렸지만, 정신은 살아남아야 합니다. 저는 이러한 생각을 바탕으로 『한국통사』를 저술하였습니다.

역사란 무엇일까요? 저는 역사란 아(我)와 비아(非我)의 투쟁이 시간부터 발전하며 공간부터 확대되는 정신적 활동 상태의 기록이라고 생각합니다. 저는 이러한 생각을 가지고 『조선상고사』를 집필하였습니다.

① 북학론을 제기하였다.
② 식민 사관을 비판하였다.
③ 브나로드 운동을 전개하였다.
④ 조선 독립 동맹에 참여하였다.
⑤ 임진왜란 때 의병으로 활약하였다.

대표 기출 확인하기

1 (가) 단체에 대한 설명으로 옳은 것은? 2023학년도 수능

> **한국사 신문** 19△△년 △△월 △△일
>
> **(가), 어린이날 제정!**
>
> 부모 중에는 배우고자 하는 자식을 막는 사람들도 있다. 이러한 사람들을 볼 때 누가 한숨을 쉬지 않고 눈물을 흘리지 않겠는가. 이에 천도교회의 소년들이 중심이 된 (가) 에서는 어린이를 위하는 부모의 마음이 더 두터워지기를 바라는 마음에서 5월 1일을 '어린이날'이라 하고, "항상 10년 후의 조선을 생각하십시오."라고 쓴 인쇄물을 시내에 배포할 계획이다.

① 청산리 전투에서 일본군을 격파하였다.
② 오산 학교와 대성 학교를 설립하였다.
③ 방정환 등이 주축으로 활동하였다.
④ 한글 맞춤법 통일안을 제정하였다.
⑤ 정우회 선언을 계기로 결성되었다.

간략 풀이

정답 | ③

풀이 | 자료에서 어린이날 제정, 천도교회의 소년들이 중심되었다는 내용 등을 통해 (가) 단체가 천도교 소년회임을 알 수 있다. 방정환 등은 천도교 소년회를 중심으로 어린이날을 제정하고 잡지 『어린이』를 간행하였다. ① 북로 군정서 등 독립군 연합 부대는 청산리 전투에서 일본군을 격파하였다. ② 신민회는 오산 학교와 대성 학교를 설립하였다. ④ 조선어 학회가 한글 맞춤법 통일안을 제정하였다. ⑤ 정우회 선언을 계기로 1927년 신간회가 결성되었다.

2 (가)에 들어갈 내용으로 가장 적절한 것은? 2024학년도 수능 6월 모의평가

> **창사 특집** 역사 인물 다큐멘터리
>
> **역사는 아(我)와 비아(非我)의 투쟁**
>
> 독립운동가이자 역사학자 ○○○의 삶을 다룬 다큐멘터리
>
> ▶ 재생
>
> 회차 정보
> 제1화 『을지문덕』 등 민족 영웅전을 발간하다.
> 제2화 「독사신론」을 대한매일신보에 연재하다.
> 제3화 (가)
> 제4화 「조선사연구초」를 동아일보에 연재하다.
> 제5화 「조선사」가 광복 후 『조선상고사』로 간행되다.

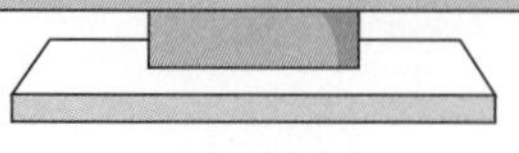

① 한국통사를 저술하다.
② 시무 28조를 건의하다.
③ 조선 혁명 선언을 작성하다.
④ 조선 사회 경제사를 출간하다.
⑤ 우리말(조선말) 큰사전 편찬을 주도하다.

간략 풀이

정답 | ③

풀이 | 자료에서 「독사신론」과 「조선사연구초」 등을 연재하였다는 내용 등을 통해 (가)에는 신채호의 삶과 관련된 내용이 들어가야 함을 알 수 있다. 신채호는 1923년 「조선 혁명 선언」을 작성하였다. ① 박은식이 『한국통사』를 저술하였다. ② 고려 성종 때 최승로가 시무 28조를 건의하였다. ④ 사회 경제 사학자인 백남운이 『조선사회경제사』를 출간하였다. ⑤ 조선어 학회가 우리말(조선말) 큰사전 편찬을 주도하였다.

[24013-0139]

01 (가)에 들어갈 내용으로 가장 적절한 것은?

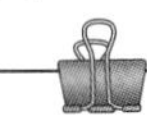

수업 활동지

선생님 확인

3학년 △반 ○○○

◎ 개요 : 일제 강점기를 배경으로 한 역사 드라마 제작 계획을 제출한다.

◎ 활동(역사 드라마 제작 계획 쓰기)

- 시간적·공간적 배경 : 1930년대 전후 경성의 남촌과 북촌
- 등장인물
  - 양복, 구두를 착용한 '모던 보이'로 불리는 신사
  - 자동차 보급으로 일감이 줄어든 인력거꾼
  - (가)

① 관민 공동회에 참여하는 관리
② 5·10 총선거에 참여하는 시민
③ 금난전권을 행사하는 시전 상인
④ 전태일 분신 사건을 취재하는 기자
⑤ 도시 변두리에 토막집을 짓고 사는 빈민

[24013-0140]

02 밑줄 친 '쟁의'가 발생한 시기의 경제 상황으로 가장 적절한 것은?

[신문 기사로 보는 한국사]

오랫동안 맹렬히 싸워 오던 암태도 소작 문제는 일단락을 마쳤다는데, …… 지주 문재철은 소작인회의 요구인 4할(40%)을 승낙하는 동시에 금 이천 원을 그 소작인회에 기부하기로 되었더라.
– 동아일보 –

위 신문 기사는 암태도 농민들이 전개한 쟁의에 대해 다루고 있다. 지주 문재철이 고액의 소작료를 징수하자 농민들은 그 횡포에 맞서 1년여에 걸쳐 투쟁하였고 결국 소작료를 낮출 수 있었다.

① 당백전이 발행되었다.
② 화폐 정리 사업이 실시되었다.
③ 산미 증식 계획이 시행되었다.
④ 관료전이 지급되고 녹읍이 폐지되었다.
⑤ 대동법 시행으로 등장한 공인이 성장하였다.

[24013-0141]

03 밑줄 친 '이 도시'를 지도에서 옳게 고른 것은?

이 도시에서 일어난 총파업은 라이징 선 석유 회사에서 일본인 감독이 한국인 노동자를 구타한 사건에서 비롯되었다. 감독 파면과 근무 조건 개선을 요구하며 시작한 파업에 회사가 약속을 어기고 탄압을 가하였고, 이를 계기로 이 도시의 많은 노동자들이 총파업에 돌입하게 되었다. 이 소식이 퍼지자 전국 각지에서 성금을 보내왔고, 일본의 부두 노동자가 동조 파업을 전개하였으며 중국, 소련, 프랑스의 노동자가 격려 전문을 보내왔다.

① (가) ② (나) ③ (다) ④ (라) ⑤ (마)

[24013-0142]

04 (가) 단체에 대한 설명으로 옳은 것은?

〈탐구 학습 보고서〉

주제 : (가) 의 활동

3학년 △반 ○○○

• 개요 : 신간회의 자매단체인 (가) 은/는 '조선 여자의 공고한 단결과 지위 향상'을 목적으로 창립되었다. 이 단체는 여성 강연회, 토론회, 교양 강좌 등을 개최하여 여성 문맹 퇴치와 여성 계몽 활동에 앞장서는 등 사회 운동에 적극적으로 참여하였다.

• 조사 내용

행동 강령

1. 여성에 대한 사회적·법률적 일체 차별 철폐
2. 일체 봉건적 인습과 미신 타파
3. 조혼 폐지 및 결혼의 자유
7. 부인과 소년공의 위험 노동 및 야업(夜業) 폐지

– 동아일보(1929. 7. 25.) –

① 별무반을 편성하였다.
② 한성순보를 발간하였다.
③ 서원 철폐를 추진하였다.
④ 민족 협동 전선으로 결성되었다.
⑤ 대한민국 건국 강령을 발표하였다.

[24013-0143]

05 (가) 인물에 대한 설명으로 옳은 것은?

한국 (가) 재단

재단 소개 | 활동 분야 | 사료관

[인사말]

나라 장래 말하려면 '소파정신' 이어 나가야

한국 사람 치고 소파 (가) 을/를 모르는 이는 없을 것이다. …… 하지만 세월이 많이 흐른 탓일까, 소파에 대한 지식은 태부족이다. 그가 어린이날 제정을 주도한 선각자라는 막연한 인상만 남아 있을 뿐이다. …… 잡지『어린이』창간부터 어린이 음악회, 어린이날 행사 등에 이르기까지 그의 실천 정신이 깃들지 않은 곳은 없다.

① 수선사 결사 운동을 전개하였다.
② 천도교 소년회 활동을 주도하였다.
③ 국가 재건 최고 회의에 참여하였다.
④ 조선 건국 준비 위원회를 결성하였다.
⑤ 주자감이라는 교육 기관을 설립하였다.

[24013-0144]

06 밑줄 친 '이 단체'에 대한 설명으로 옳은 것은?

예심 종결 결정문

일자 : 1944. 9. 30.

민족 운동의 한 가지 형태로서의 소위 어문 운동은 민족 고유의 어문의 정리 통일 보급을 도모하는 하나의 민족 운동인 동시에 가장 심모원려*를 포함한 민족 독립운동의 점진적 형태이다. …… 이 단체는 1919년 3·1 운동과 그 후의 문화 운동에 의한 민족 정신의 함양 및 실력 양성을 우선한 실력 양성 운동에 대한 반성에서 출발하여 1931년 이래 문화 운동 중 기초적인 어문 운동을 통해서 표면적으로는 문화 운동의 가면 아래에 조선 독립을 위한 실력 양성 단체로서 조선 어문 운동을 전개하여 왔다. …… 민족 문화의 향상, 민족 의식의 앙양 등 그 기도하는 바인 조선 독립을 위한 실력 신장에 기여한 바 뚜렷하다. …… 그중에서도 조선어 사전 편찬 사업과 같은 것은 전례가 없는 민족적 대사업으로 촉망되고 있는 것이다.

*심모원려 : 깊은 사고와 멀리까지 내다보는 생각

① 훈민정음을 반포하였다.
② 독립신문을 발행하였다.
③ 독서삼품과를 시행하였다.
④ 조선 형평사를 설립하였다.
⑤ 한글 맞춤법 통일안을 제정하였다.

[24013-0145]

07 (가) 인물에 대한 설명으로 옳은 것은?

독서 기록장

3학년 △반 ○○○

- 제목 :『조선상고사』
- 저자 : (가)
- 개요
  고조선의 성립부터 백제의 멸망과 부흥 운동까지 다루고 있다. 조선일보에 연재한 것을 단행본으로 구성하여 발간하였다.
- 인상 깊었던 구절
  역사란 무엇인가? 인류 사회의 아(我)와 비아(非我)의 투쟁이 시간부터 발전하며 공간부터 확대되는 정신적 활동 상태의 기록이다.

① 태학을 설립하였다.
② 민족주의 사학을 발전시켰다.
③ 3·1 민주 구국 선언을 발표하였다.
④ 한국독립운동지혈사를 저술하였다.
⑤ 유교적 합리주의 사관으로 역사서를 편찬하였다.

[24013-0146]

08 밑줄 친 '그'에 대한 설명으로 옳은 것은?

자네, 그가 쓴『조선사회경제사』를 읽어 보니 어떠했는가? 나는 유물 사관에 영향을 받은 저자의 역사관을 볼 수 있었다네.

나도 비슷한 생각을 했네. 특히 식민 사관의 정체성론에 대한 그의 비판 의식이 인상 깊었다네.

① 진단 학보를 발간하였다.
② 비변사 회의에 참여하였다.
③ 헤이그 특사로 파견되었다.
④ 역사 발전의 보편성을 강조하였다.
⑤ 조선사 편수회에서 연구 활동을 하였다.

12 전시 동원 체제와 광복을 위한 노력

1. 일제의 민족 말살 통치

(1) 황국 신민화 정책

① 배경 : 대공황 이후 일제가 만주 사변(1931), 중일 전쟁(1937), 태평양 전쟁(1941)을 일으킴

② 목적 : 일제가 침략 전쟁을 확대하며 한국인의 민족의식을 말살하여 전쟁에 동원

③ 내용

- 내선 일체와 일선동조론 강조
- 황국 신민 서사 암송, 신사 참배, 궁성 요배, 일본식 성명 사용 등을 강요
- 한국어 교육을 사실상 금지, 일본어 사용 강요
- 소학교의 명칭을 국민학교로 개칭(1941)

자료 플러스 내선일체(內鮮一體)

내선일체는 조선 반도 통치 최고의 지도 목표이다. …… 내가 항상 주장하는 것은 내선일체는 서로 손을 잡는다든가, 형태가 융합한다든가 하는 그런 미지근한 것이 아니다. 잡은 손은 놓으면 떨어져 버리고 만다. 물과 기름도 무리하게 뒤섞으면 융합된 형태가 되지만 그 정도로는 안 된다. 형태도, 마음도, 피도, 육체도 모두가 일체가 되지 않으면 안 된다. …… 내선일체의 구현이야말로 대동아 신건설의 핵심을 이루는 것이고, 그것이 아니고서는 만주국을 형제국으로 하고 중국과 제휴하는 어떠한 것도 생각할 수 없다.

– 국민 정신 총동원 조선 연맹에서 미나미 총독의 훈시 –

▲ 내선일체 홍보 포스터

일제는 침략 전쟁을 확대하면서 '일본과 조선은 하나'라는 의미인 내선일체를 내세웠다. 내선일체를 위해 일제는 한국인에게 신사 참배를 강요하는 등 일왕의 백성이라는 의식을 주입하고자 하였다. 이는 한국인을 일본인에 동화시켜 전쟁에 쉽게 동원하려는 목적이었다.

(2) 언론과 학문 활동 탄압

① 조선일보와 동아일보 폐간(1940)

② 조선어 학회 사건(1942) : 우리말(조선말) 큰사전 편찬을 준비하고 있던 조선어 학회 회원들을 치안 유지법 위반으로 구속하여 탄압

2. 전시 동원 체제와 수탈

(1) 남면 북양 정책

목적	대공황 이후 일본 방직 산업의 원료 확보
내용	한반도 남부에 면화 재배, 북부에 양 사육 강요

(2) 병참 기지화 정책

목적	식민지 공업화 정책 추진, 전쟁에 필요한 물자의 원활한 공급
내용	북부 지방에 중화학 공업 집중 육성, 군수 산업 중심으로 개편
결과	• 소비재 생산 위축에 따른 산업 간 불균형 • 공업 시설의 북부 지방 편중에 따른 지역 간 불균형

✪ 일선동조론(日鮮同祖論)

일선동조론은 일본과 조선은 동일한 조상을 갖고 있다는 이론이다. 일제는 이 이론에 의거하여 조선과 일본이 원래부터 하나의 민족이었으니, 일제가 한국을 지배하는 것은 정당하다고 주장하였다.

✪ 궁성 요배

일제는 매일 아침 일본 궁성을 향하여 허리 숙여 절을 하게 하였다.

✪ 남면 북양 정책

1930년대 조선 총독부가 한국의 농민에게 강요한 공업 원료 증산 정책으로, 남부 지방에서는 면화를 재배하게 하고 북부 지방에서는 양을 기르도록 하였다. 일제는 이 정책을 통해 원료를 싸게 공급하여 서구 열강의 보호 무역으로부터 일본의 방직 공업을 보호하려고 하였다.

개념 체크

1. 일제는 황국 신민화 정책의 일환으로 신사 참배, (　　) 요배 등을 한국인에게 강요하였다.
2. 일제는 1941년에 소학교의 명칭을 '황국 신민의 학교'를 의미하는 (　　)로 바꾸었다.
3. (　　) 큰사전의 편찬을 준비하고 있던 조선어 학회 회원들은 치안 유지법 위반 혐의로 구속되었다.

정답
1. 궁성 2. 국민학교
3. 우리말(조선말)

✪ 학도 지원병제
1943년 일제가 시행한 정책으로 대학 및 전문학교를 졸업하였거나, 재학하고 있는 학생을 대상으로 하였다.

✪ 식량 배급표

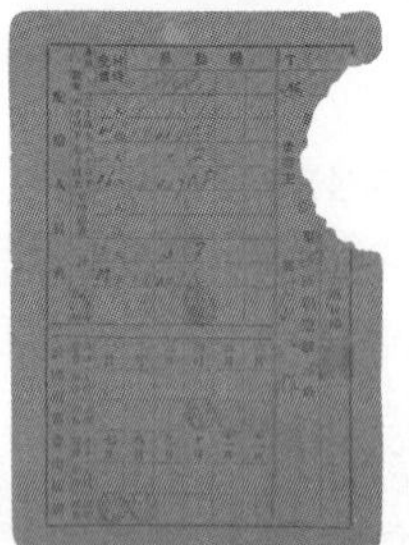

식량 배급표에는 배급 인원과 나이별 배급량이 기록되어 있다. 일제는 침략 전쟁을 확대하였고 이로 인해 물자가 부족해지자 식량 배급제를 시행하였다.

✪ 민족 혁명당
민족 혁명당은 한국 독립당과 의열단, 만주에서 이동해 온 독립운동 세력 등 민족주의 계열과 사회주의 계열의 정당·단체들이 뭉쳐 결성한 통일 전선 정당이었다.

개념 체크

1. 일제는 1938년 (　　)을 제정하여 전쟁에 필요한 물자와 인력을 수탈하였다.
2. 지청천이 이끄는 (　　)은 쌍성보·대전자령 전투 등에서 승리하였다.
3. (　　)는 조선 민족 전선 연맹 산하의 무장 조직으로 중국 국민당 정부의 지원을 받아 창설되었다.

정답
1. 국가 총동원법 2. 한국 독립군 3. 조선 의용대

(3) 인적·물적 자원의 수탈

① 국가 총동원법(1938) : 중일 전쟁 이후 인력과 물자를 동원하기 위해 공포

② 인적 자원의 수탈
- 지원병제, 학도 지원병제, 징병제 실시 : 청년들을 침략 전쟁에 동원
- 국민 징용령·여자 정신 근로령 공포 : 전쟁에 필요한 노동력 수탈
- 일본군 '위안부' 동원 : 여성을 강제 동원하여 성노예 생활 강요

③ 물적 자원의 수탈
- 식량 배급제 실시
- 공출제 실시 : 미곡 공출, 금속류 공출

자료 플러스 공출제 실시

신고산이 우루루 화물차 가는 소리에
지원병 보낸 어머니 가슴만 쥐어뜯고요
어랑어랑 어허야
양곡 배급 적어서 콩깻묵만 먹고 사누나
……
신고산이 우루루 화물차 가는 소리에
금붙이 쇠붙이 밥그릇마저 모조리 긁어 갔고요
-「화물차 가는 소리」-

▲ 강제 공출한 금속물

일제는 전쟁에 필요한 물자를 강제로 수탈하였다. 농기구, 놋그릇, 수저 등 생활용품도 공출이란 이름으로 수탈하여 군수 물자를 생산하였으며, 부족한 연료를 보충하기 위해 소나무에서 송진까지 채취하도록 하였다. 일제의 수탈로 한국인의 생활은 더욱 어려워졌으며 궁핍이 일상화되었다.

3. 1930년대 국외 민족 운동

(1) 만주에서의 항일 투쟁

① 한중 연합 작전

배경	만주 사변 발발 → 중국 내 항일 감정 고조 → 항일 연합 전선 형성
중국군과 연합	• 지청천이 이끄는 한국 독립군(북만주) : 쌍성보·대전자령 전투 등에서 승리 • 양세봉이 이끄는 조선 혁명군(남만주) : 영릉가·흥경성 전투 등에서 승리

② 항일 유격 투쟁
- 동북 항일 연군 : 한인 사회주의자들이 참여하여 항일 유격 투쟁 전개
- 조국 광복회 : 동북 항일 연군 내의 한인들이 결성

(2) 중국 관내의 항일 투쟁

① 민족 혁명당 : 난징에서 김원봉 등의 주도로 중국 관내 통일 전선 정당으로 조직(1935) → 이후 민족주의 세력 이탈 → 조선 민족 전선 연맹 결성

② 조선 의용대

창설 (1938)	• 중일 전쟁 발발 이후 김원봉 등이 중국 국민당 정부의 지원으로 창설 • 조선 민족 전선 연맹 산하의 무장 조직
활동	정보 수집과 포로 심문 등 후방 공작 활동
분화	• 화북 이동 세력 : 조선 의용대 화북 지대 → 조선 의용군으로 개편 • 잔류 세력 : 김원봉의 지휘로 한국광복군에 합류(1942)

자료 플러스 조선 의용대 일부 세력의 한국광복군 편입

한국 독립운동을 촉진하고 한국 혁명 역량을 집중하기 위하여 우리 군위원회에서 특별히 명령하여 조선 의용대를 개편하고 그 전체 부대원은 일률적으로 한국광복군에 편입되었다. 제1지대는 총사령에게 직속되어 지청천 장군이 통할하고, 전 조선 의용대 대장 김원봉은 광복군 부사령으로 임명되고, 개편된 날부터 조선 의용대는 바로 취소된다. 김원봉은 오는 21일에 지청천을 만나 개편의 사무를 물어보고 반드시 최단기간 내에 그 실현을 구하고 한국 무장 역량을 한층 더 집중적으로 운용할 수 있게 하였다.

위 자료는 충칭에서 발행된 중국 신문에서 조선 의용대의 한국광복군 편입에 대해 보도한 내용의 일부이다. 중국 공산당의 대일 항전이 강화되자 조선 의용대 내부에서는 중국 공산당의 근거지인 화북 지방으로 이동하여 무장 투쟁을 강화하자는 주장이 제기되었다. 1941년 김원봉을 비롯한 일부 지도부와 대원을 제외하고 조선 의용대 대부분은 화북 지방으로 이동하여 조선 의용대 화북 지대를 결성하였다. 화북으로 이동하지 않은 김원봉을 포함한 조선 의용대의 일부 세력은 충칭에 있는 한국광복군에 합류하였다.

4. 건국을 위한 노력

(1) 대한민국 임시 정부의 재정비

① 체제 정비 : 김구, 지청천, 조소앙 등이 한국 독립당 결성(1940)

② 조직 개편 : 충칭에 정착(1940), 주석제 마련(김구를 주석으로 선출)

③ 대한민국 건국 강령 발표(1941) : 삼균주의 반영, 민주 공화국 지향, 보통 선거 · 토지 국유화 · 무상 교육 등 주장

④ 대일 선전 포고 : 태평양 전쟁 발발 직후 대일 선전 성명서 발표

⑤ 한국광복군

창설(1940)	충칭에서 중국 국민당 정부의 지원을 받아 창설, 총사령관 지청천
전력 강화	김원봉이 이끄는 조선 의용대 일부 세력 합류
활동	• 연합 작전 : 미얀마 · 인도 전선에 투입 → 영국군과 연합하여 선전 활동 및 포로 심문 등 전개 • 국내 진공 작전 추진 : 미국 전략 정보국[OSS]과 협력하여 국내 정진군 훈련 → 일제의 패망으로 실행하지 못함

자료 플러스 대한민국 임시 정부의 대한민국 건국 강령

제1장 총칙

6. 보통 선거제를 실시하여 정권을 고르게 하고, 국유 제도를 채용하여 이권을 고르게 하고, 공비(公費) 교육으로 학권을 고르게 하며, 국내외에 대하여 민족 자결의 권리를 보장하여 민족과 민족 및 국가와 국가의 불평등을 없앨 것이며 …… 동족과 이민족에 대하여 또한 이렇게 한다.

……

제3장 건국

2. 삼균 제도를 골자로 한 헌법을 실시하여 정치 · 경제 · 교육의 민주적 시설로 실제상 균형을 도모하며, 전국의 토지와 대생산 기관의 국유가 완성되고 전국의 학령 아동 전체가 고급 교육의 무상 교육이 완성되고 보통 선거 제도가 구속 없이 완전히 실시되어 …… 전국 각층 극빈 계급의 물질과 정신상 생활 정도와 문화 수준이 제고 보장되는 과정을 건국의 제2기라 함.

대한민국 임시 정부는 태평양 전쟁 직전인 1941년 일제 패망에 대비하여 대한민국 건국 강령을 발표하였다. 건국 강령에는 조소앙의 삼균주의에 기초하여 민주 공화국 수립, 토지와 주요 생산 시설의 국유화, 자영농 위주의 토지 개혁 시행, 무상 교육 제도 실시 등의 내용이 담겨 있다.

✪ 삼균주의

삼균주의는 정치, 경제, 교육의 균등을 확립하고, 개인과 개인, 민족과 민족, 국가와 국가 간의 호혜 평등을 실현하여 민주 국가를 건설하려는 이념이다. 대한민국 임시 정부의 국무 위원인 조소앙이 독립 국가 수립을 위한 기본 정책으로 내세웠다.

✪ 미국 전략 정보국[OSS]

미국 전략 정보국(Office of Strategic Services)은 제2차 세계 대전 당시 유럽, 북아프리카, 태평양 전선에서 활약했던 미국 육군과 미국 해군 등의 인원이 합동으로 구성된 첩보 기관이자 특수 작전 부대이다. 오늘날 미국 중앙 정보국[CIA]의 전신으로 여겨진다.

개념 체크

1. 대한민국 임시 정부는 조소앙이 제시한 (　　)를 반영하여 대한민국 건국 강령을 발표하였다.
2. (　　)이 이끄는 조선 의용대 일부 세력은 1942년 한국광복군에 합류하였다.
3. 한국광복군은 미국 전략 정보국[OSS]과 협력하여 (　　) 작전을 준비하였다.

정답

1. 삼균주의 2. 김원봉
3. 국내 진공

✪ 얄타 회담
1945년 소련 흑해 연안의 얄타에서 미국·영국·소련의 수뇌들이 가진 회담이다. 이들은 미·영·프·소가 독일을 분할 점령하고, 독일이 항복한 후 3개월 이내에 소련이 아시아·태평양 전쟁에 참전하기로 합의하였다.

✪ 연해주 한인의 강제 이주
1937년 소련은 일본과 전쟁 가능성이 커지자 한인들이 일본에 협력할 수 있다는 이유로 이들을 중앙아시아로 강제 이주시키기 시작하였다. 소련이 한인들을 강제 이주시킨 배경에는 일본과의 전쟁에 대한 우려뿐만 아니라 한국인의 노동력으로 중앙아시아의 농업 생산량을 증대하려는 경제적 목적도 있었다.

✪ 관동 대지진
1923년 일본에서 일어난 지진이다. 인명과 재산 피해로 인한 민심 동요와 사회 불안의 원인을 한국인 탓으로 돌리면서 일본 군대, 경찰 및 민간인 등이 수천 명의 한국인을 학살하였다.

개념 체크

1. (　　)은 1944년 여운형의 주도로 국내 좌우 세력을 망라하여 비밀리에 결성되었다.
2. 1945년 열린 (　　)에서 미국, 영국, 소련 대표는 소련이 일본과의 전쟁에 참여할 것을 결의하였다.
3. (　　)에 거주하는 한인들은 중일 전쟁 발발 이후 소련에 의해 중앙아시아로 강제 이주당하였다.

정답
1. 조선 건국 동맹　2. 얄타 회담
3. 연해주

(2) 조선 독립 동맹

결성	화북 지역의 사회주의자들을 중심으로 결성(1942), 김두봉 주도
활동	• 조선 의용군 : 조선 의용대 화북 지대가 개편, 중국 공산당의 팔로군과 연합하여 항일 무장 투쟁 전개 • 강령 발표 : 민주 공화국 건설, 토지 분배 및 의무 교육 등의 내용

(3) 조선 건국 동맹

결성	여운형의 주도로 국내에서 사회주의자와 민족주의자가 연합하여 비밀리에 결성(1944)
활동	대한민국 임시 정부, 조선 독립 동맹 등 해외 독립운동 세력과 연계 모색

5. 국제 사회의 한국 독립 약속

(1) 카이로 회담(1943)

참여	미국, 영국, 중국 대표
주요 내용	적당한 시기에 한국을 독립시킬 것을 최초로 결의

자료 플러스 카이로 선언

세 연합국은 일본의 침략을 제지하고 이를 벌하기 위하여 이 전쟁을 수행하고 있다. 연합국은 자국을 위하여 어떠한 이익도 요구하지 않으며, 영토를 확장할 의도 역시 갖고 있지 않다. 연합국의 목적은 일본이 1914년에 제1차 세계 대전이 발발한 이래 탈취 또는 점령한 태평양의 도서 일체를 박탈할 것과 만주·타이완 및 펑후 제도와 같이 일본이 중국으로부터 빼앗은 일체의 지역을 중화민국에 반환함에 있다. 또한 일본은 폭력과 탐욕으로 약탈한 다른 일체의 지역으로부터 축출될 것이다. …… 세 연합국은 한국 인민의 노예 상태에 유의하여, 한국이 적당한 시기에 자유롭고 독립한 상태가 될 것을 결의한다.

제2차 세계 대전에서 연합국의 전세가 유리해지자, 연합국의 대표인 영국의 처칠, 미국의 루스벨트, 중국의 장제스는 카이로 회담에 참여하여 상호 협력과 전후 처리 문제를 논의하였다. 이 회담에서 처음으로 일제가 패망한 이후 '적당한 시기'에 한국을 독립시킨다고 약속하였다.

(2) 얄타 회담(1945)

참여	미국, 영국, 소련 대표
주요 내용	소련이 일본과의 전쟁에 참여할 것을 결의

(3) 포츠담 선언(1945)

참여	미국, 영국, 중국 대표(소련은 8월에 동의)
주요 내용	일본에 무조건 항복 요구, 한국의 독립 재확인

6. 해외 이주 동포의 삶

만주	• 19세기 후반부터 한인들이 본격적으로 이주 • 간도 참변으로 다수의 한인들이 피해
연해주	• 러시아가 한인 이주 권장 → 신한촌 건설 • 중일 전쟁 발발 이후 소련에 의해 한인들이 중앙아시아로 강제 이주(1937)
일본	• 초기 유학생 중심 → 노동 이민 증가 • 관동 대지진으로 다수의 한인들이 학살당함(1923)
미주	• 1900년대 초 하와이로 노동 이민 시작 • 독립 공채 구입, 의연금 모집 등 독립운동 활동 자금 지원

자료 탐구 민족 말살 통치

1단계 자료 분석

- 오전 6시의 사이렌이 울린다. 이 사이렌은 전 일본 국민이 다 기상하라는 사이렌이다. 종래에는 이러한 일이 없었다. 몇 시에 자거나 몇 시에 깨거나 자유였다. 그러나 이제부터 조국은 전 국민이 오전 6시면 일제히 일어나기를 명령한다. 이렇게 아니하고는 중대 시국을 돌파하고 국가가 현재 목적하는 대업을 완수하기 어렵다는 것이다. …… 그때 또 사이렌이 울렸다. '무엇일까?' 아직 이러한 국민 생활에 익숙지 못한 자는 이 사이렌이 오전 7시 궁성 요배 사이렌인 것을 얼른 생각하지 못했던 것이다. 이 사이렌을 들으면 …… 모두 정결한 곳에 정렬해 정성스러운 마음으로 궁성을 요배해야 할 것이다.

  – 이광수, 「심적 신체제와 조선 문화의 진로」(매일신보, 1940. 9. 4.) –

- 국민학교 규정(1941)

  제2조 국민학교에서는 항상 다음 각호의 사항에 유의하여 아동을 교육하여야 한다.

  1. 교육에 관한 칙어의 취지에 의하여 교육의 전반에 걸쳐 황국의 도를 수련하게 하고 특히 국체에 대한 신념을 공고히 하여 황국 신민이라는 자각에 철저하게 하도록 힘써야 한다.
  2. 일시동인의 성지를 받들어 모시고 충량한 황국 신민의 자질을 얻게 하고, 내선일체 · 신애협력(信愛協力)의 미풍을 기르는 것에 힘써야 한다.

  –「조선 총독부령」 제90호(1941) –

일제는 전시 체제로 들어서면서 한국인을 '황국 신민'으로 만들려는 정책을 적극 펼쳤다. 일제는 1937년 황국 신민 서사를 만들어 한국인에게 암송하도록 하였다. 또 전국에 신사를 만들어 한국인을 강제로 참배시키는가 하면 매일 일본 궁성을 향해 절을 하도록 하였다. 그리고 1941년 일제는 소학교의 명칭을 '황국 신민의 학교'라는 의미의 국민학교로 개칭하였다.

2단계 문항 연습

정답과 해설 35쪽

[24013-0147]

1 (가)에 들어갈 내용으로 가장 적절한 것은?

역사 드라마 계획서 쓰기

3학년 △반 ○○○

○ 드라마의 배경 및 줄거리 : 태평양 전쟁 발발 직후부터 광복까지의 경성을 배경으로 한다. 주인공은 경성에 사는 노동자로 부인과 두 아이와 함께 생활하고 있다. 그는 일제의 수탈로 힘든 삶을 살 수밖에 없었고, 이에 독립운동에 투신하기로 결정한다.

○ 역사 드라마 극본에 반영할 극 중 인물의 행동 및 상황

- 주인공의 조카는 국민학교에 재학 중이다.
- 주인공의 동생은 과거 동아일보 기자였지만 실직한 채 지내고 있다.
- (가)

① 주인공은 갑신정변에 참여하기로 결심한다.
② 주인공의 자녀는 학교에서 한국어를 사용할 수 없다.
③ 주인공의 동료가 원산 총파업 상황을 공장에서 전해 준다.
④ 주인공의 아버지는 국가 보위 비상 대책 위원회 설치 소식을 듣는다.
⑤ 주인공의 부인은 화폐 정리 사업에 의해 백동화를 교환소에서 교환한다.

1단계 자료 분석

(가) 1935년 7월 5일, 우리는 중국의 수도 난징에서 5개 당을 통합하여 전 민족의 단일 진영을 결성하고, 조선 민족 혁명당을 창립하였다. 이는 수십 년 동안의 조선 혁명 통일 운동의 최대의 성취이며, 동시에 국내의 신간회와 국외 독립당 촉성회의 혁명 전통의 찬란한 계승이었다. 조선 민족 혁명당이 당의 창립을 촉진할 당시에는 일본 제국주의를 전복시키고 나서 민주 공화국을 건립하는 것을 그 최고 목표로 하였으며, 이 목표를 실현하기 위해 전 민족의 역량을 단결시키고, 아울러 중국과 한국의 연합 항일 진영을 건립해야 했다.

(나) 어떠한 방식에 의해 민족적 통일 기구를 구성하여도 그 기구는 현 단계의 전 민족적 이익과 공동적 요구에 의한 정강 아래 어떤 주의, 어떤 당파도 그 산하에 포용하여 조직하지 않으면 안 된다. …… 이와 같은 사명을 이행하기 위하여 무엇보다도 먼저 관내에 현존하는 각 혁명 단체를 일률적으로 해소하고 현 단계의 공동 정강 아래 단일 조직으로 재편성하지 않으면 안 된다고 믿는다. 그리하여 현존 각 단체의 지방적 분열과 파생적 마찰을 정지하고 단결 제일의 목표 아래 일체 역량 및 행동을 통일하여 우리의 항쟁을 적극적으로 전개할 수 있다. 각 단체의 표방하는 주의가 같지 않으나 현 단계의 조선 혁명에 대한 정치적 강령과 항일전의 상태는 완전히 일치하는 것이다.

(가)는 민족 혁명당 창립 제8주년 기념 선언문의 일부이다. 1935년에 김원봉의 의열단, 조소앙의 한국 독립당, 지청천의 조선 혁명당 등은 난징에서 민족 혁명당을 창당하였다. 그러나 민족 혁명당 내에서 의열단계가 주도권을 잡자, 이에 불만을 품은 한국 독립당과 조선 혁명당은 민족 혁명당에서 이탈하였다. 민족 혁명당은 조선 민족 혁명당으로 당명을 바꾸었다. (나)는 1939년 김구와 김원봉이 선언한 「동지 동포 제군에게 보내는 공개 통신」의 일부이다. 김구와 김원봉은 이 선언을 통해 민족 연합 전선 형성에 대하여 구체화하게 되었는데, 이를 계기로 1939년 9월 전국 연합 진선 협회를 발족하였다. 또한 1942년에는 조선 의용대 일부를 이끈 김원봉이 대한민국 임시 정부에 합류하게 되었다.

2단계 문항 연습

정답과 해설 35쪽

[24013-0148]

2 (가)에 들어갈 내용으로 가장 적절한 것은?

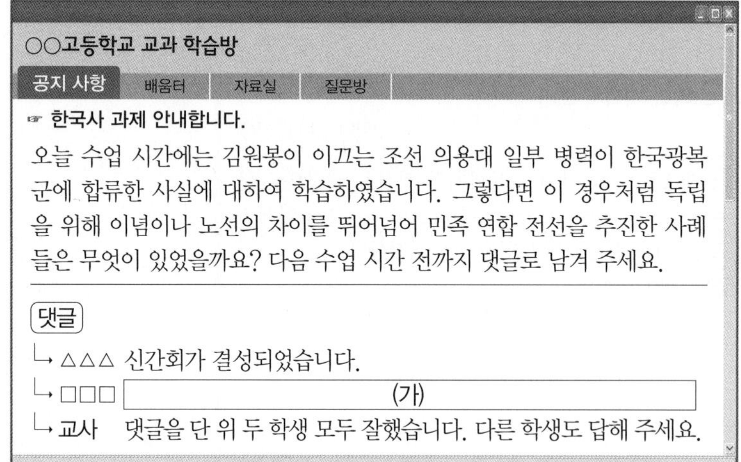

○○고등학교 교과 학습방
공지 사항
배움터
자료실
질문방
☞ 한국사 과제 안내합니다.
오늘 수업 시간에는 김원봉이 이끄는 조선 의용대 일부 병력이 한국광복군에 합류한 사실에 대하여 학습하였습니다. 그렇다면 이 경우처럼 독립을 위해 이념이나 노선의 차이를 뛰어넘어 민족 연합 전선을 추진한 사례들은 무엇이 있었을까요? 다음 수업 시간 전까지 댓글로 남겨 주세요.
댓글
↳ △△△ 신간회가 결성되었습니다.
↳ □□□ (가)
↳ 교사 댓글을 단 위 두 학생 모두 잘했습니다. 다른 학생도 답해 주세요.

① 별무반이 조직되었습니다.
② 중광단이 결성되었습니다.
③ 민족 혁명당이 창당되었습니다.
④ 전국에 척화비가 건립되었습니다.
⑤ 사사오입 개헌이 단행되었습니다.

대표 기출 확인하기

1 밑줄 친 '이 시기'에 있었던 사실로 옳은 것은? 2024학년도 수능 9월 모의평가

> 이 사진은 금속류 공출식을 하고 있는 모습입니다. 일제는 중일 전쟁을 일으키고 침략 전쟁을 확대하던 이 시기에 전쟁 물자를 확보하기 위해 공출 제도를 실시하였습니다. 쌀에 대한 공출과 함께 무기 제조를 목적으로 온갖 놋그릇, 쇠붙이를 수탈하였습니다.

① 균역법이 실시되었다.
② 독서삼품과가 시행되었다.
③ 제물포 조약이 체결되었다.
④ 제너럴셔먼호 사건이 발생하였다.
⑤ 황국 신민 서사 암송이 강요되었다.

간략 풀이

정답 | ⑤

풀이 | 자료에서 금속류 공출식이 제시된 점, 일제가 중일 전쟁을 일으키고 침략 전쟁을 확대하였다는 점 등을 통해 밑줄 친 '이 시기'는 일제가 1938년 국가 총동원법을 제정하여 본격적으로 인력과 물자의 수탈에 나선 이후임을 알 수 있다. 일제는 중일 전쟁 발발 이후 황국 신민 서사를 암송하도록 강요하였다. ① 조선 영조 때 균역법이 실시되었다. ② 통일 신라의 원성왕은 독서삼품과를 시행하였다. ③ 1882년 임오군란 이후 조선은 일본과 제물포 조약을 체결하였다. ④ 1866년 제너럴 셔먼호 사건이 발생하였다.

2 (가) 군대에 대한 설명으로 옳은 것은? 2024학년도 수능

> (가) 을/를 창설할 때에 "우리의 분산된 역량을 독립군에 집중하여 전면적인 조국 광복 전쟁을 전개한다."는 등의 활동 목표를 세우고, 아울러 그 목표를 달성하기 위하여 노력하였지만, 뜻대로 일이 진행되지 않았다. …(중략)… 그러다가 (가) 은/는 미국 전략 정보국[OSS]과 합작하여 국내 진공 계획을 수립하게 된 것이기 때문에, 이는 우리 독립운동사에 있어서 획기적인 전환이라 할 수 있을 것이다. 이 역사적인 계획 실천의 첫 역군이 되고자 우리는 이곳에 온 것이다.

① 쌍성보 전투에서 승리하였다.
② 인천 상륙 작전을 전개하였다.
③ 고종의 밀명을 받아 조직되었다.
④ 청산리에서 일본군을 격파하였다.
⑤ 인도 · 미얀마 전선에 투입되었다.

간략 풀이

정답 | ⑤

풀이 | 자료에서 미국 전략 정보국[OSS]과 합작하여 국내 진공 계획을 수립하였다는 내용 등을 통해 (가) 군대가 한국광복군임을 알 수 있다. 한국광복군은 병력의 일부를 인도 · 미얀마 전선에 파견하여 영국군과 합동 작전을 전개하였다. ① 한국 독립군은 쌍성보 전투에서 승리하였다. ② 6·25 전쟁 중인 1950년 9월에 국군과 유엔군이 인천 상륙 작전을 전개하였다. ③ 독립 의군부는 임병찬 등이 고종의 밀명을 받아 조직하였다. ④ 1920년 김좌진이 이끄는 북로 군정서 등 독립군 연합 부대가 청산리 전투에서 일본군에 대승을 거두었다.

수능 유형 익히기

[24013-0149]

01 (가)에 들어갈 내용으로 가장 적절한 것은?

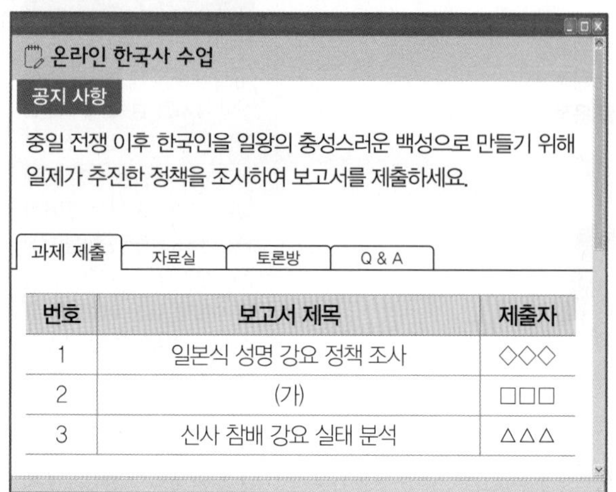

번호	보고서 제목	제출자
1	일본식 성명 강요 정책 조사	◇◇◇
2	(가)	□□□
3	신사 참배 강요 실태 분석	△△△

① 광무개혁의 내용 탐구
② 조선어 학회 사건 연구
③ 전민변정도감 설치 목적 분석
④ 운요호 사건의 전개 과정 정리
⑤ 발췌 개헌에서 드러난 문제점 고찰

[24013-0150]

02 밑줄 친 '이 법'이 실시된 시기에 있었던 사실로 옳은 것은?

> 칙령 제315호 이 법은 금년 5월 5일부터 시행한다.
> ……
> 제4조 정부는 전시에 국가 총동원상 필요한 경우에는 칙령이 정하는 바에 따라 제국 신민을 징용하여 총동원 업무에 종사시킬 수 있다.
> 제5조 정부는 전시에 국가 총동원상 필요한 경우에는 칙령이 정하는 바에 따라 제국 신민 및 제국 법인, 기타 단체로 하여금 국가, 지방 공공 단체 또는 정부가 지정하는 자가 행하는 총동원 업무에 협력하게 할 수 있다.

① 회사령이 제정되었다.
② 화백 회의가 개최되었다.
③ 청일 전쟁이 전개되었다.
④ 미곡 공출제가 시행되었다.
⑤ 정동행성 이문소가 폐지되었다.

[24013-0151]

03 다음 사설이 작성된 시기에 볼 수 있는 모습으로 가장 적절한 것은?

> **사설**
>
> 살인을 일삼는 도조 내각이 이달 8일 새로운 살인술을 내놓았다. 적들은 이미 말할 수 없이 비참한 처지에 있는 3천만 조선 인민의 피를 말리기 위해 새로운 술책을 들고 나왔으니, 내후년부터 일본의 징병 제도를 조선에서도 강제 실시하기로 한 것이 그것이다. …… 징병제 실시라는 엄중한 문제에 직면한 조선의 각 혁명 단체는 마땅히 더욱더 단결을 이루어야 한다. …… 동시에 강요에 의해 중국 전장에 끌려온 조선 청년들의 귀순 공작을 적극 진행하여 일본 제국주의의 역량을 완전히 소멸시키도록 노력해야 한다.

① 통감부 건물을 짓는 인부
② 황국 신민 서사를 암송하는 학생
③ 베트남 전쟁에 파병되는 한국 군인
④ 교정도감에서 회의를 하고 있는 관리
⑤ 반민족 행위 처벌법을 제정하는 국회 의원

[24013-0152]

04 (가) 인물에 대한 설명으로 옳은 것은?

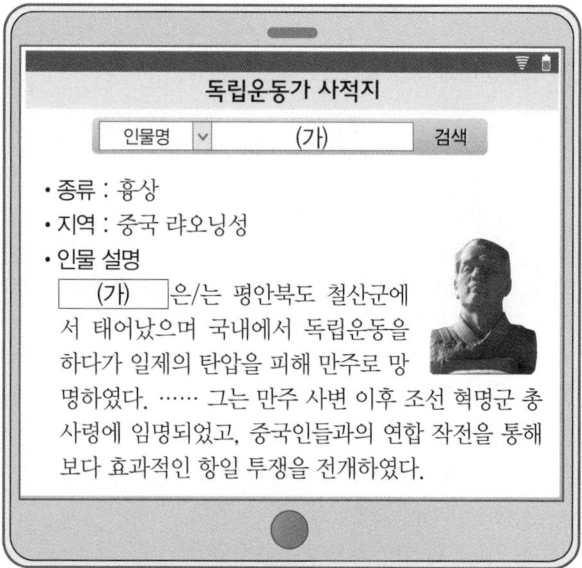

독립운동가 사적지
인물명
(가)
검색
• 종류 : 흉상
• 지역 : 중국 랴오닝성
• 인물 설명
(가) 은/는 평안북도 철산군에서 태어났으며 국내에서 독립운동을 하다가 일제의 탄압을 피해 만주로 망명하였다. …… 그는 만주 사변 이후 조선 혁명군 총사령에 임명되었고, 중국인들과의 연합 작전을 통해 보다 효과적인 항일 투쟁을 전개하였다.

① 홍경래의 난에 가담하였다.
② 위화도 회군을 단행하였다.
③ 삼별초를 이끌고 저항하였다.
④ 영릉가 전투를 승리로 이끌었다.
⑤ 황토현 전투에서 관군을 격파하였다.

[24013-0153]

05 밑줄 친 '이 부대'에 대한 설명으로 옳은 것은?

> 이 부대와 중국군으로 편성된 한중 연합군은 쌍성보 공격 계획을 수립하였다. 쌍성보는 합장선(哈長線) 철도의 요지이며 만주 중요 물산의 집산지이므로 전략적 가치가 매우 큰 곳이었다. …… 중국군은 동문과 남문을 공격하고 이 부대는 서문을 공격하기로 결정한 후 공격을 개시하였다. …… 이 격전은 한중 연합군의 승리로 돌아갔으며, 많은 물자를 노획하였다.

① 지청천이 지휘하였다.
② 105인 사건으로 와해되었다.
③ 서울 진공 작전을 전개하였다.
④ 일본군이 장악한 평양성을 탈환하였다.
⑤ 한일 신협약의 비밀 각서에 따라 해산되었다.

[24013-0154]

06 밑줄 친 ㉠의 시기를 연표에서 옳게 고른 것은?

> **한국사 신문**
>
> 제△△호 ○○○○년 ○○월 ○○일
>
> **민족 연합 전선 흔들리나**
>
> 많은 독립운동가들이 중국 관내로 이동한 이후 독립운동 세력을 통합하여 일제에 대항할 필요성이 높아졌다. 그 결과 의열단을 비롯하여 여러 민족주의 단체와 사회주의 단체가 ㉠난징에서 새로운 정당을 창당하였다. 그러나 최근 정보에 의하면 의열단 계열이 당의 주도권을 장악하자 지청천, 조소앙 등은 이탈하여 한국 국민당과 연합할 것이라는 전망이 우세하다.

동학 농민 운동 발발		을사늑약 체결		국권 피탈		3·1 운동 발생		만주 사변 발발		8·15 광복
	(가)		(나)		(다)		(라)		(마)	

① (가) ② (나) ③ (다) ④ (라) ⑤ (마)

[24013-0155]

07 (가) 부대에 대한 설명으로 옳은 것은?

> [사료로 학습하는 한국사]
>
> 이 정의로운 전쟁에 직접 참가하고, 나아가 중일 전쟁 과정에서 조국의 독립을 쟁취해야 할 것이다. 조선 민족 전선 연맹의 기치 아래 일치단결하고 …… 항일을 이끄는 지도자인 장제스 위원장과 뜻을 같이하고 집결하여 (가) 을/를 조직한 것이다. …… 일본 제국주의를 타도하라!
>
> [해설] 이 사료는 조선 민족 전선 연맹의 군사 조직인 (가) 의 창립 선언문이다. 김원봉을 중심으로 창설된 이 부대는 중국 관내 최초의 한인 무장 부대로 일본군에 대한 심리전이나 후방 공작 활동에서 큰 성과를 올렸다.

① 장용영을 설치하였다.
② 매소성 전투에서 승리하였다.
③ 자유시 참변으로 다수가 희생되었다.
④ 일부 병력이 한국광복군에 합류하였다.
⑤ 대전자령 전투에서 일본군을 물리쳤다.

[24013-0156]

08 (가), (나) 시기 사이에 있었던 사실로 옳은 것은?

나 윤봉길은 적성(참된 정성)으로 조국의 독립과 자유를 회복하기 위하여 한인 애국단의 일원이 되어 중국을 침략하는 적의 장교를 도륙하기로 맹세한다.

(가)

드디어 3개월간 실시된 제1기생 50명의 미국 전략 정보국[OSS] 특수 공작 훈련이 끝났다. 약 4년 전부터 태평양 전쟁에 직면하고 있는 미국도 대만족하였고, 우리를 즉각 국내로 침투시키려 한다.

(나)

① 사화가 발생하였다.
② 미국에 보빙사가 파견되었다.
③ 러시아와 일본이 포츠머스 조약을 체결하였다.
④ 대한민국 임시 정부가 대일 선전 포고를 하였다.
⑤ 청산리 전투에서 독립군 연합 부대가 승리하였다.

[24013-0157]

09 밑줄 친 '활동'에 포함될 수 있는 사례로 옳은 것은?

오늘은 중국 충칭 여행 상품을 소개하려고 합니다. 지금 여러분이 보고 있는 이 건물은 충칭에 있는 대한민국 임시 정부 청사로 이번 여행 상품 코스에 포함되어 있습니다. 대한민국 임시 정부는 충칭에 정착하여 광복 때까지 독립을 위해 많은 활동을 전개하였습니다. 이 여행은 대한민국 임시 정부의 독립운동 발자취를 느낄 수 있는 좋은 기회를 제공할 것입니다.

① 근우회를 창립하였다.
② 한국광복군을 창설하였다.
③ 브나로드 운동을 전개하였다.
④ 인천 상륙 작전을 실행하였다.
⑤ 국가 재건 최고 회의를 설치하였다.

[24013-0158]

10 (가) 단체에 대한 설명으로 옳은 것은?

이 사진은 (가) 의 회의 모습을 담은 것으로 알려져 있으며, 사진 가운데에 위치한 사람이 여운형입니다. 1944년 여운형은 사회주의자와 민족주의자를 아우르는 단체로 (가) 을/를 조직하였고, 이후 각지에 지부를 두면서 농민, 부인, 청년, 노동자 등을 규합하며 세력을 확장하였습니다.

① 지계를 발급하였다.
② 독립문을 건립하였다.
③ 백두산정계비를 세웠다.
④ 국내에서 비밀리에 결성되었다.
⑤ 민립 대학 설립 운동을 주도하였다.

[24013-0159]

11 (가) 단체에 대한 설명으로 옳은 것은?

답사 기행문

2024년 ○월 ○일

오늘은 중국 옌안에 있는 야오둥으로 불리는 토굴을 방문하였다. 내가 간 곳은 조선 의용군이 사무실과 주거 용도로 사용하였던 토굴이다. 조선 의용군은 (가) 의 군사 조직으로 중국 공산당의 팔로군과 연합하여 대일 항전을 전개하였다. 오늘 방문으로 광복을 위해 노력한 독립군들의 활동에 대하여 다시 한번 생각할 수 있는 기회를 가질 수 있었다.

① 아관 파천을 단행하였다.
② 독립 공채를 발행하였다.
③ 원산 총파업을 지원하였다.
④ 2·8 독립 선언을 주도하였다.
⑤ 민주 공화국 수립을 목표로 하였다.

[24013-0160]

12 밑줄 친 ㉠의 내용으로 옳은 것은?

이 사진은 제2차 세계 대전 도중 개최된 회담에 참여한 장제스, 루스벨트, 처칠의 모습을 담고 있다. 이들은 이탈리아가 항복한 이후 이집트의 카이로에 모여 세계 문제를 논의하였다. 회담 결과 그들은 선언을 발표하여 일본의 침략을 저지, 응징하고 일본 세력을 점령 지역에서 몰아낼 것을 결의하였다. 또한 이 선언에는 ㉠<u>한국 문제에 관련한 결의 사항</u>도 포함되었다.

① 파리 강화 회의를 개최한다.
② 부산 외에 2개 항구를 개항한다.
③ 한미 상호 방위 조약을 체결한다.
④ 적당한 시기에 한국을 독립시킨다.
⑤ 대한국 국제를 제정하여 반포한다.

13 대한민국 정부 수립과 6·25 전쟁

1. 8·15 광복과 분단

(1) 8·15 광복 : 우리 민족의 끊임없는 독립운동 전개, 한국의 독립을 약속한 연합국의 전쟁 승리 등을 배경으로 식민 지배에서 벗어남

(2) 38도선의 설정과 남북 분단

경과	미국의 제안으로 미·소 양군이 북위 38도선을 경계로 한반도 분할 점령
내용	• 미군 : 38도선 이남 지역에서 군정 실시, 대한민국 임시 정부·조선 인민 공화국 등 부인, 일제의 식민 통치 기구(조선 총독부의 관료와 경찰 조직) 활용 • 소련군 : 38도선 이북 지역 간접 통치, 인민 위원회에 행정권 이양 등 → 사회주의 세력의 정권 장악 지원

(3) 광복 직후의 정치 상황

① 조선 건국 준비 위원회 : 조선 건국 동맹 세력 기반, 여운형과 안재홍 중심으로 결성 → 전국에 지부 설치, 치안대 조직 → 좌익 세력의 주도권 장악에 우익 세력 이탈 → 조선 인민 공화국 수립 선포(1945. 9.)

② 정치 세력의 움직임 : 송진우·김성수 등의 우익 세력이 한국 민주당 조직, 이승만이 미국에서 귀국 후 정치 활동 전개, 김구 등 대한민국 임시 정부 요인들은 개인 자격으로 귀국, 박헌영 등 좌익 세력도 활동(조선 공산당 기반)

(4) 모스크바 3국 외상 회의(1945. 12.) : 미국·영국·소련 외무 장관들이 한반도 문제 등 논의

결정 사항	• 한반도에 민주주의 임시 정부 수립과 이를 위한 미소 공동 위원회 설치 • 최고 5년 기한의 4개국(미, 소, 영, 중) 한반도 신탁 통치에 관한 협약 작성
영향	• 김구·이승만 등의 우익은 신탁 통치 반대 운동 전개 • 좌익은 신탁 통치 반대에서 모스크바 3국 외상 회의 결정 지지로 입장 변화

자료 플러스 | 모스크바 3국 외상 회의 결정 사항

1. 조선을 독립국으로 재건하고, 민주주의 원칙 위에서 발전하기 위한 조건들을 창출하며, 장기간에 걸친 일본 통치의 악독한 결과를 최대한 신속히 청산하기 위해 조선 민주주의 임시 정부를 수립한다.
2. 조선 임시 정부의 형성을 돕기 위하여, 그리고 적절한 방책들을 사전에 정교화하기 위하여 남조선 미군 사령부 대표들과 북조선 소련군 사령부 대표들로 공동 위원회를 조직한다.
3. …… 공동 위원회의 제안은 조선 임시 정부와 협의 후 5년 이내를 기한으로 하는 조선에 대한 4개국 신탁 통치의 협정을 작성하기 위하여 미·소·영·중 각국 정부의 공동 심의용으로 제출될 것이다.

모스크바 3국 외상 회의에서는 한반도에 민주주의 임시 정부를 수립하고, 이를 지원할 미소 공동 위원회의 설치를 결정하였다. 그러나 회의의 결정 사항은 국내 언론에 의해 신탁 통치 문제만 부각된 채, 소련이 먼저 제안했다고 잘못 보도되었다. 이에 국내에서는 신탁 통치 반대 운동이 거세게 일어났다.

2. 통일 정부 수립을 위한 노력

(1) 제1차 미소 공동 위원회(1946. 3.~5.)

내용	민주주의 임시 정부 수립 협의에 참여할 한국인 정치·사회단체의 대상 범위 논의
경과	소련은 모스크바 3국 외상 회의 결정 지지 세력으로 한정할 것을 주장, 미국은 참여를 원하는 모든 단체 수용 주장 → 협의 결렬 → 무기 휴회

✪ 38도선의 설정

8·15 광복 직전 한반도에 들어오기 시작한 소련군이 빠르게 북부 지역을 점령해 갔다. 미국은 한반도 전체가 소련군에 점령되는 것을 막기 위해 북위 38도선을 경계로 한반도를 분할 점령할 것을 소련에 제안하였다. 소련이 이를 수용하여 38도선의 남쪽에는 미군이, 북쪽에는 소련군이 주둔하게 되었다.

✪ 조선 건국 준비 위원회 강령

- 우리는 완전한 독립 국가의 건설을 기함.
- 우리는 전 민족의 정치적·경제적·사회적 기본 요구를 실현할 수 있는 민주주의적 정권의 수립을 기함.
- 우리는 일시적 과도기에 있어서 국내 질서를 자주적으로 유지하며 대중 생활의 확보를 기함.

조선 건국 준비 위원회는 민주주의에 기반한 독립 국가 건설을 목표로 내세웠으며, 일제의 지배가 끝나면서 발생하는 치안의 공백 등에 대응하고자 하였다.

개념 체크

1. 미국의 제안으로 미·소 양군이 북위 (　　)을 경계로 한반도를 분할 점령하였다.
2. 여운형과 안재홍 등은 조선 건국 동맹 세력을 기반으로 (　　)를 결성하였다.
3. (　　)에서 최고 5년 기한 4개국의 한반도 신탁 통치에 관한 협약 작성 등이 결정되었다.

정답
1. 38도선
2. 조선 건국 준비 위원회
3. 모스크바 3국 외상 회의

✪ 이승만의 정읍 발언
제1차 미소 공동 위원회가 무기한 휴회로 이어지자, 이승만은 1946년 6월에 정읍에서 남한만의 임시 정부 혹은 위원회 등을 조직해야 한다며 남한 단독 정부 수립을 주장하였다.

(2) 좌우 합작 운동(1946~1947)

배경	제1차 미소 공동 위원회의 무기 휴회, 이승만의 정읍 발언 등
경과	여운형과 김규식 등의 중도 세력이 주도하여 좌우 합작 위원회 결성 → 좌우 합작 7원칙 발표(1946. 10.) → 미군정의 지원 철회, 좌우익 세력의 외면, 여운형 암살 등으로 활동 중단

(3) 한반도 문제의 유엔 상정

배경	제2차 미소 공동 위원회가 개최되었으나(1947. 5.~10.) 별다른 성과를 거두지 못하자 미국이 한반도 문제를 유엔에 상정
경과	유엔 총회에서 남북 인구 비례에 따른 총선거 실시 결의 → 유엔 한국 임시 위원단 파견 → 소련이 유엔 한국 임시 위원단의 입북 거부 → 유엔 소총회에서 유엔 한국 임시 위원단이 접근 가능한 지역(남한에 해당)의 총선거 실시 결의

(4) 남북 협상(1948)

배경	남북 인구 비례에 따른 총선거 실시 무산으로 분단 위기 고조
경과	김구와 김규식이 평양을 방문하여 북한 지도자들과 회담 개최 → 단독 정부 수립 반대, 미·소 양군의 철수 요구 등을 담은 공동 성명서 채택 → 남한 단독 총선거 진행, 북한의 독자적인 정권 수립 추진 등으로 실패

✪ 제헌 국회 의원
5·10 총선거로 선출된 제헌 국회 의원은 선거가 무효 처리된 제주도의 2개 선거구의 의석을 제외한 198명이었다. 이들은 제헌 헌법에 의거하여 임기가 2년이었다. 제주도에서는 1년 뒤에 재선거를 통해 2명이 선출되었다.

(5) 단독 정부 수립 반대 운동

① 제주 4·3 사건(1948) : 1947년 3·1절 기념식 후 군중과 경찰의 충돌로 사상자 발생, 제주도민의 규탄 시위를 경찰이 탄압 → 좌익 세력 등이 5·10 총선거를 앞두고 무장봉기(1948. 4. 3.) → 제주 3개 선거구 중 2곳에서 선거 무효, 진압 과정에서 수많은 제주도민 희생

② 여수·순천 10·19 사건(1948) : 대한민국 정부 수립 후 이승만 정부가 제주 4·3 사건 진압을 위해 여수 주둔 군대에 출동 명령 → 군대 내 좌익 세력 등이 반발하며 봉기

자료 플러스 제주 4·3 사건과 5·10 총선거

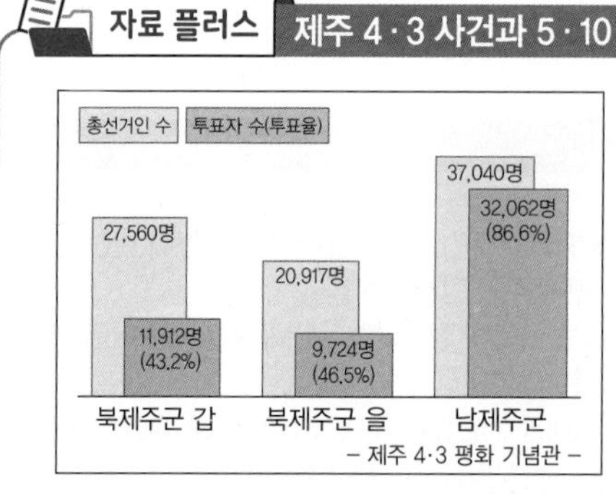

– 제주 4·3 평화 기념관 –

1948년 5월 10일 전국 200개 선거구에서 일제히 선거가 실시되었지만, 제주 4·3 사건으로 북제주군 갑구와 을구에서 투표율이 과반수에 미치지 못하였다. 이에 미군정은 북제주군 갑구와 을구에 선거 무효를 선언하며 재선거를 명령했지만, 사태가 진정되지 않자 재선거마저 무기한 연기하였다. 결국 제주도 2개 선거구(북제주군 갑구와 을구)는 1년 뒤에 선거를 치르고 국회 의원을 선출하였다.

개념 체크

1. 여운형과 김규식 등의 중도 세력은 미군정의 지원으로 (　　)를 결성하였다.
2. (　　)은 1947년 3·1절 기념 대회 발포 사건을 기점으로 이듬해에 발생한 무력 충돌과 진압 과정에서 수많은 주민들이 희생된 사건이다.
3. 유엔 소총회의 결의에 따라 제헌 국회 의원을 선출하는 (　　)가 실시되었다.

정답
1. 좌우 합작 위원회
2. 제주 4·3 사건
3. 5·10 총선거

3. 대한민국 정부 수립

(1) 5·10 총선거와 대한민국 정부 수립

① 5·10 총선거(1948) : 우리 역사상 최초의 민주적 선거, 제헌 국회 의원 선출, 김구·김규식 등 남북 협상 참가 세력과 좌익 세력은 선거 불참

② 제헌 헌법 공포(1948. 7. 17.) : 대한민국 임시 정부의 법통을 계승한 민주 공화국 표방, 삼권 분립과 대통령 중심제 채택, 국회에서 정·부통령 선출 규정(임기 4년, 1회 중임 가능)

③ 대한민국 정부 수립(1948. 8. 15.) : 제헌 국회에서 대통령 이승만, 부통령 이시영 선출 → 대내외에 정부 수립 선포 → 유엔 총회에서 대한민국 정부가 유엔 감시하의 선거로 수립된 유일한 합법 정부임을 승인받음

(2) 북한의 정치 상황과 북한 정권 수립

① 정치 상황 : 북조선 임시 인민 위원회가 토지 개혁과 주요 산업·자원 국유화 실시

② 북한 정권 수립 : 최고 인민 회의 구성·개최 → 헌법 제정, 김일성을 수상으로 선출 → 북한 정권 수립 선포(1948. 9.)

4. 친일파 청산 노력과 농지 개혁 추진

(1) 친일파 청산 노력

① 경과 : 제헌 국회가 반민족 행위 처벌법 제정(1948. 9.), 반민족 행위 특별 조사 위원회(반민 특위) 조직 → 친일 협의자 체포·조사

② 결과 : 이승만 정부의 비협조·방해, 경찰의 반민 특위 습격, 국회 프락치 사건 발생, 법 개정으로 인한 반민 특위 활동 기간 축소와 반민족 행위자 범위 축소 등 반민 특위 활동 제약 → 반민 특위 해체, 친일파 청산 좌절

(2) 농지 개혁 : 광복 이후 국민 대다수가 토지 개혁 요구 → 이승만 정부 수립 후 농지 개혁법 제정(1949, 유상 매수·유상 분배 원칙, 가구당 농지 소유 면적의 상한을 3정보로 제한, 지가 증권 발급) → 농민 중심 농지 소유 확립에 기여

5. 6·25 전쟁

(1) 배경 : 미·소 양군의 한반도 철수, 38도선 일대에서 소규모 군사 충돌 발생, 북한의 전쟁 준비(소련, 중국의 지원), 미국의 애치슨 선언 발표(1950. 1.)

(2) 전개 과정

❶ 북한군의 남침	❷ 국군·유엔군의 반격	❸ 중국군의 개입	❹ 전선의 교착과 정전
북한군 최대 남침선 / 중국, 평양, 동해, 38°, 서울, 황해, 대전, 부산	국군·유엔군 최대 북진선 / 중국, 정진, 평양, 동해, 인천, 서울, 38°, 황해, 부산	중국군 최대 남침선 / 중국, 흥남, 평양, 원산, 동해, 서울, 38°, 황해, 부산	휴전선 / 중국, 평양, 동해, 판문점, 38°, 서울, 황해, 부산
북한군의 무력 남침(1950. 6. 25.) → 서울 함락(1950. 6. 28.) → 유엔군 파병 → 국군과 유엔군의 낙동강 방어선 구축	인천 상륙 작전(1950. 9. 15.) → 서울 수복(1950. 9. 28.) → 국군과 유엔군의 38도선 돌파 → 압록강 유역까지 진출	중국군 개입(1950. 10.) → 흥남 철수(1950. 12.) → 서울 재함락(1·4 후퇴, 1951. 1. 4.)	국군과 유엔군의 총공세 → 서울 재수복(1951. 3.) → 38도선 부근에서 전선 교착 → 정전 협정 조인(1953. 7. 27.)

(3) 정전 협정(1953. 7. 27.)

① 경과 : 소련의 제안으로 정전 회담 시작(1951. 7.) → 군사 분계선 설정, 포로 교환 방식 등으로 갈등 → 이승만 정부의 정전 반대, 반공 포로 석방 → 정전 협정 조인

② 내용 : 군사 분계선(휴전선) 확정, 비무장 지대 설치 등 규정

(4) 전쟁의 영향

① 피해 : 많은 인명 사상(다수의 민간인 희생 사건), 이산가족 발생, 산업 시설 및 경제 기반 파괴

② 정세 변화 : 한미 상호 방위 조약 체결(1953. 10.)로 한미 동맹 강화, 남북 분단 체제 고착화, 남북한 정권의 독재 체제 강화

✪ 반민 특위의 활동과 한계

반민 특위 위원장의 국회 보고(1949. 9. 19.)에 따르면 총 688건을 조사하여 41건의 재판을 마쳤다. 그러나 대부분 무혐의 또는 집행 유예로 풀려났다.

✪ 애치슨 선언

1950년 1월 미국 국무 장관 애치슨이 '알류샨 열도–일본과 오키나와–필리핀 군도'로 이어지는 태평양 방위선을 발표한 것이다. 한국과 타이완은 미국의 극동 방위선에서 제외되었다.

✪ 한미 상호 방위 조약(요약)

2조 무력 공격에 위협을 받는다고 인정할 때는 서로 협력한다.

4조 상호 합의에 의해 미국은 육해공군을 한국의 영토 내와 그 부근에 배치할 수 있는 권리를 가지며 한국은 이를 허용한다.

6·25 전쟁의 정전 협정이 조인된 직후에 체결된 조약으로 한반도에 미군이 주둔하는 근거가 되었다.

개념 체크

1. 제헌 국회가 제정한 ( )에 따라 반민족 행위 특별 조사 위원회가 설치되었다.
2. 농지 개혁법은 한 가구당 농지 소유 면적의 상한을 ( )로 제한하였다.
3. 1950년 9월 국군과 유엔군은 ( ) 작전으로 전세를 역전시키고 서울을 수복하였다.

정답

1. 반민족 행위 처벌법
2. 3정보 3. 인천 상륙

✪ 발췌 개헌
정부가 제출한 대통령 직선제 개헌안과 국회가 제출한 내각 책임제 개헌안 중 일부를 발췌, 절충하였다 하여 붙여진 이름이다.

✪ 진보당 사건
1958년 이승만 정부가 평화 통일론을 주장하던 조봉암과 진보당 간부들을 간첩 혐의로 탄압한 사건이다. 재판 결과 조봉암이 사형당하고 진보당은 와해되었으나, 2011년 대법원에서 조봉암에게 무죄가 선고되었다.

✪ 삼백 산업
미국의 원조 물자를 원료로 성장한 제분·제당·면방직 공업을 가리킨다. 생산된 제품인 밀가루·설탕·면직물의 색깔이 흰색이어서 삼백(三白) 산업이라 칭하였다.

개념 체크

1. 1952년 발췌 개헌을 통해 대통령 선출 방식이 간선제에서 (　　)로 바뀌었다.
2. 이승만 정부는 (　　) 사건을 일으켜 간첩 혐의로 조봉암을 체포하고 처형하였다.
3. 미국의 잉여 농산물 원조를 기반으로 (　　) 산업이 발달하였다.

정답
1. 직선제　2. 진보당
3. 삼백

6. 전후 남북한의 상황

(1) 이승만 정부의 장기 집권 시도

① 발췌 개헌(1952)

배경	제2대 국회 의원 선거(1950. 5.) 결과 이승만 정부에 비판적인 세력 증가 → 간선제로 이승만의 재선 가능성 희박
경과	이승만이 전쟁 중 임시 수도 부산에서 자유당 창당 → 비상계엄 선포와 야당 국회 의원 연행 → 대통령 직선제를 주요 내용으로 하는 개헌안 통과
결과	대통령 직선제 실시 → 이승만이 제2대 대통령으로 당선

② 사사오입 개헌(1954)

배경	이승만의 장기 집권을 위해 개헌 당시의 대통령에 한해 중임 제한 철폐 추진
경과	자유당의 개헌안 제출 → 정족수 미달로 개헌안 부결 → 자유당의 사사오입(반올림) 논리로 개헌안 통과
결과	개헌 당시의 대통령(이승만)에 한해 중임 제한 조항 미적용 → 이승만이 제3대 대통령에 당선

③ 독재 체제 강화 : 1956년 정·부통령 선거에서 조봉암의 선전과 민주당 장면의 부통령 당선 → 진보당 사건 발생, 정부에 비판적인 경향신문 강제 폐간

자료 플러스 발췌 개헌과 사사오입 개헌

(가) 제53조 대통령과 부통령은 국민의 보통, 평등, 직접, 비밀 투표에 의하여 각각 선거한다.
제55조 대통령과 부통령의 임기는 4년으로 한다. 단, 재선에 의하여 1차 중임할 수 있다.
(나) 제55조 대통령과 부통령의 임기는 4년으로 한다. 단, 재선에 의하여 1차 중임할 수 있다.
부칙 이 헌법은 공포한 날부터 시행한다. …… 이 헌법 공포 당시의 대통령에 대하여는 제55조 제1항 단서의 제한을 적용하지 아니한다.

(가)는 1952년 제2대 대통령 선거를 앞둔 이승만 정부가 공포 분위기 속에서 토론 없이 공개 투표로 통과시킨 발췌 개헌안으로 대통령 직선제를 주요 내용으로 하고 있다. (나)는 부결된 개헌안을 정족수 반올림으로 통과시킨 사사오입 개헌안으로 개헌 당시 대통령(이승만)이 중임 제한 조항을 적용받지 않는다는 내용을 담고 있다. 이승만 정부는 이같은 반민주적인 방식의 개헌을 통해 장기 집권의 토대를 마련하였다.

(2) 이승만 정부의 전후 경제 복구

배경	대부분의 생산 시설 파괴, 생활필수품 부족, 실업자 증가, 물가 폭등
전개	• 귀속 재산 처리 : 한국 내에 있던 일본인 소유 재산을 민간 기업 등에 매각하여 복구 자금 마련 • 미국의 원조 : 잉여 농산물 등 소비재 물자 원조 → 식량 문제 다소 해결, 국내 농산물 가격 폭락, 정부가 민간 기업에 헐값에 처분한 물자를 원료로 한 삼백 산업 발달 → 무상 원조에서 1950년대 후반부터 유상 차관으로 전환

(3) 전후 사회의 변화

① 도시화의 진행 : 전쟁 중 피란민 발생, 전후 도시 중심의 복구 추진 → 도시의 인구 집중 심화 → 주거·생활 환경·취업·교육 등 다양한 도시 문제 발생

② 가족의 변화와 여성의 지위 향상 : 전쟁으로 남성 사상자 발생에 따라 가정·사회에서 여성의 역할 증대(가족 생계를 위한 경제 활동 등)

(4) 북한의 정치와 경제

① 정치 : 전후 김일성 1인 독재 체제 확립(반대파 숙청, 개인숭배 강화 등)

② 경제 : 전후 복구 과정에서 중공업 발전, 소련·중국의 원조 → 1950~1960년대 생산력 증대를 위해 천리마 운동 추진, 농지는 협동농장 소유로 전환 → 사회주의 경제 체제 확립

자료 탐구 통일 정부 수립을 둘러싼 갈등

1단계 자료 분석

(가) 이제 우리는 무기 휴회된 공위가 재개될 기색도 보이지 않으며 통일 정부를 고대하나 여의치 않으니 남방만이라도 임시 정부 혹은 위원회 같은 것을 조직하여 38도선 이북에서 소련이 철퇴하도록 세계 공론에 호소하여야 될 것이니 여러분도 결심하여야 될 것이다.

– 이승만의 정읍 발언(1946) –

(나) 1. 조선의 민주 독립을 보장한 삼상 회의 결정에 의하여 남북을 통한 좌우 합작으로 민주주의 임시 정부를 수립할 것.
2. 미소 공동 위원회 속개를 요청하는 공동 성명을 발표할 것.
3. 토지 개혁에 있어서 몰수, 유조건 몰수, 체감 매상 등으로 토지를 농민에게 무상으로 나누어 주며, …… 중요 산업을 국유화할 것.
4. 친일파 민족 반역자를 처리할 조례를 본 합작 위원회에서 입법 기구에 제안하여 입법 기구로 하여금 심리 결정하여 설치하게 할 것.

– 좌우 합작 7원칙(1946) –

(다) 지금 이곳에는 38선 이남 이북을 별개국으로 생각하는 사람이 많습니다. …… 남이 일시적으로 분할해 놓은 조국을 우리가 우리의 관념이나 행동으로 영원히 분할해 놓을 필요야 있겠습니까. …… 그러므로 김규식과 저는 우리 문제는 우리 자신만이 해결할 수 있다는 것을 확신하고 남북 지도자 회담을 주창하였습니다. 주창만이 아니라 이것을 실천하기로 결심하였습니다. 그리하여 이 편지를 드리는 것입니다. 우리의 힘이 부족하나 남북에 있는 진정한 애국자의 힘이 큰 것이니, …… 반드시 성공되리라고 확신합니다.

– 김구, 김규식이 김두봉에게 보낸 서한(1948) –

제1차 미소 공동 위원회가 무기 휴회된 후 유력 정치인들은 어려운 시국을 해결하려는 방안을 제기하였다. 이승만은 남한만의 단독 정부 수립을 주장하는 자료 (가)의 정읍 발언을 발표하였다. 여운형, 김규식 등 중도파는 통일 정부 수립을 위해 좌우 합작 위원회를 조직하고 자료 (나)의 좌우 합작 7원칙을 발표하였다. 한편, 1947년 제2차 미소 공동 위원회가 결렬된 후 한반도 문제는 유엔으로 이관되었다. 유엔 총회는 남북 인구 비례에 따른 총선거 실시를 결정하였으나, 소련의 거부로 실현이 어렵게 되었다. 이에 김구와 김규식은 북한의 김두봉에게 자료 (다)의 편지를 보내고 통일 정부 수립을 위한 남북 협상을 추진하였다.

2단계 문항 연습

정답과 해설 38쪽

[24013-0161]

1 밑줄 친 '협상'이 이루어진 배경으로 가장 적절한 것은?

미·소 양국의 힘으로 조선 문제가 해결되지 못하였기 때문에 조상이 같고 언어가 같은 우리 민족끼리 서로 이야기나 해 보자는 것이 이번 협상의 진의입니다. 또 앞으로 얼마 남지 않은 생을 조국 통일에 바치려는 것이 이번에 제가 김규식과 함께 이북행을 결정한 목적입니다.

① 을사늑약이 체결되었다.
② 정전 협정이 조인되었다.
③ 노비안검법이 시행되었다.
④ 조선책략이 국내에 유포되었다.
⑤ 남북 인구 비례에 따른 총선거 실시가 무산되었다.

자료 탐구 친일파 청산 노력과 좌절

1단계 자료 분석

(가) 제1조 일본 정부와 통모하여 한일 합병에 적극 협력한 자, 한국의 주권을 침해하는 조약 또는 문서에 조인한 자와 모의한 자는 사형 또는 무기 징역에 처하고 그 재산과 유산의 전부 혹은 2분지 1 이상을 몰수한다.
제3조 일본 치하 독립운동자나 그 가족을 악의로 살상 박해한 자 또는 이를 지휘한 자는 사형, 무기 또는 5년 이상의 징역에 처하고 그 재산의 전부 혹은 일부를 몰수한다.
제9조 반민족 행위를 예비 조사하기 위하여 특별 조사 위원회를 설치한다. – 반민족 행위 처벌법(1948) –

(나) 지난 6일 40여 명의 경관이 반민 특위를 포위 수색하여 특별 경찰대(특경) 대원을 일시 체포한 바 있었는데 이에 관하여 이 대통령은 AP 기자에게 다음과 같이 말하였다. "내가 특경을 해산시키라고 경찰에 명령한 것이다. 반민 특위 습격이 있은 후 국회 의원 대표단이 나를 찾아와서 특경 해산을 연기하라고 요구하였으나, 나는 그들에게 헌법은 다만 행정 부문만이 경찰권을 가지는 것을 용허하고 있기 때문에 특경 해산을 명령한 것이라고 말하였다. 특경은 앞서 국립 경찰의 노련한 형사인 최운하 씨와 조응선 씨를 체포하였는데 이 두 사람은 6일 석방되었다. 현재 특위에 의한 체포 위협은 국립 경찰에 중대한 영향을 미치고 있다."
– 경향신문(1949. 6. 8.) –

광복 이후 식민지 잔재를 청산하고 친일 반민족 행위자를 처단하여 사회 정의를 바로 세우는 일은 국민 대다수가 요구하는 시대적 과제였다. 하지만 미군정은 질서 유지를 명분으로 일제에 협력한 관료, 경찰 등을 그대로 기용하는 등 반민족 행위자에 대한 처벌을 가로막았다. 이에 제헌 국회는 자료 (가)의 반민족 행위 처벌법을 제정하고 반민족 행위 특별 조사 위원회를 구성하여 조사 활동을 벌였다. 그러나 반민 특위는 자료 (나)와 같이 이승만 정부의 비협조와 방해로 활동에 어려움을 겪었다. 결국 반민 특위는 그 역할을 다하지 못한 채 해체되었고, 친일파를 청산하려던 노력은 좌절되었다.

2단계 문항 연습

정답과 해설 38쪽

[24013-0162]

2 다음 자료를 활용한 탐구 활동으로 가장 적절한 것은?

오늘 반민족 행위 처벌법에서 규정한 범죄의 공소 시효가 만료되면서, 반민족 행위자들은 이제 대체로 안심할 수도 있게 되었다. 돌아보건대 금년 1월 8일 박흥식을 검거 취조하기 시작한 이후 반민족 행위 특별 조사 위원회는 그 첫걸음부터 결코 순조롭지 못하였다. …… 반민족 행위 처벌법을 제정하고 정작 일을 시작해 보니 걸리는 자 중에는 지금까지 사회에서 또는 심지어는 관청에서 상당한 지위를 차지하고 있던 사람이 없지 않았다. 그렇기 때문에 파문 또한 컸던 것이다. 그리하여 결국은 반민족 행위에 대한 공소 시효를 금년 8월 31일로 단축하는 법률이 나오게 된 것이다.

① 4 · 19 혁명의 전개 과정을 알아본다.
② 친일파 청산이 좌절된 이유를 조사한다.
③ 유신 체제에 대한 저항 사례를 정리한다.
④ 학생과 시민들이 시민군을 조직한 배경을 파악한다.
⑤ 신간회의 지원을 받아 확산된 민족 운동을 찾아본다.

대표 기출 확인하기

1 (가) 인물에 대한 설명으로 옳은 것은?

2023학년도 수능 9월 모의평가

독립운동 자료 데이터베이스
일제 감시 대상 인물 카드
이름
(가)
검색
앞면
뒷면
카드 정보
인물 정보
(가) 은/는 3·1 운동에 관여한 신한청년당을 조직하였으며, 대한민국 임시 정부의 외무부 차장을 역임하였습니다. 광복을 전후하여 조선 건국 동맹 및 조선 건국 준비 위원회를 결성하고 위원장으로 활동하였습니다.

① 삼국유사를 저술하였다.
② 위화도 회군을 단행하였다.
③ 수선사 결사를 제창하였다.
④ 좌우 합작 위원회를 주도하였다.
⑤ 남한만의 단독 정부 수립을 주장하였다.

간략 풀이

정답 | ④

풀이 | 자료에서 조선 건국 동맹 및 조선 건국 준비 위원회를 결성하였다는 점 등을 통해 (가) 인물이 여운형임을 알 수 있다. 여운형은 김규식 등과 함께 좌우 합작 위원회를 조직하고 좌우 합작 운동을 전개하였다. ① 고려 후기 승려 일연이 『삼국유사』를 저술하였다. ② 이성계가 위화도 회군을 단행하였다. ③ 고려 후기에 승려 지눌이 수선사 결사를 제창하였다. ⑤ 이승만이 정읍 발언을 통해 남한만의 단독 정부 수립을 주장하였다.

2 (가) 전쟁 중에 있었던 사실로 옳은 것은?

2022학년도 수능 9월 모의평가

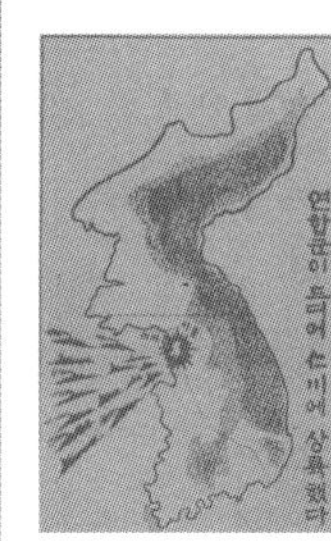

자료는 (가) 에서 국군과 유엔군의 인천 상륙 작전이 성공했음을 알리고 인민군에게 투항을 권유하는 전단이다. 전단의 뒷면에는 인민군의 보급선이 단절되었고 후퇴할 길도 막혔으니 죽음과 항복 가운데 하나를 선택하라는 내용이 담겨 있다.

① 모스크바 3국 외상 회의가 개최되었다.
② 국회에서 발췌 개헌안이 통과되었다.
③ 5·10 총선거가 실시되었다.
④ 헤이그 특사가 파견되었다.
⑤ 비변사가 설치되었다.

간략 풀이

정답 | ②

풀이 | 자료에서 국군과 유엔군의 인천 상륙 작전이 성공하였다는 내용 등을 통해 (가) 전쟁이 1950년에 발발한 6·25 전쟁임을 알 수 있다. 6·25 전쟁 중인 1952년 이승만 정부는 대통령 직선제 등을 주요 내용으로 하는 발췌 개헌안을 국회에서 통과시켰다. 6·25 전쟁은 1953년에 정전 협정이 체결되어 휴전 상태에 놓였다. ① 모스크바 3국 외상 회의는 1945년 12월에 개최되었다. ③ 5·10 총선거는 1948년에 실시되었다. ④ 헤이그 특사는 1907년에 파견되었다. ⑤ 비변사는 조선 중종 때 설치되었다.

수능 유형 익히기

[24013-0163]

01 (가) 단체에 대한 설명으로 옳은 것은?

여운형과 저 안재홍 등 우리들 각계를 대표하는 동지들은 어제 광복을 맞아 (가) 을/를 결성하고 신생 조선의 재건설 문제에 대하여 가장 구체적이고 실제적인 준비 작업을 시작하게 되었습니다. …… 당면한 긴급 문제는 올바르게 대중을 파악하고 국면을 수습하여 민족 대중 자체의 생명과 재산의 안전을 도모하는 것입니다.

① 105인 사건을 계기로 와해되었다.
② 기관지로 독립신문을 발행하였다.
③ 조선 혁명 선언을 활동 지침으로 삼았다.
④ 조선 건국 동맹 세력을 기반으로 결성되었다.
⑤ 광주 학생 항일 운동 당시 진상 조사단을 파견하였다.

[24013-0164]

02 밑줄 친 '회의'에 대한 설명으로 옳은 것은?

친애하는 웨드마이어 중장 각하
제국주의의 굴레로부터 해방된 기쁨이 오늘날에는 공포와 불안으로 변하고 말았습니다. 우리는 회의의 결정을 지지한다고 하여 '빨갱이'라고 몰리고 있습니다. 하루 속히 미군정 내에 있는 친일 민족 반역자를 내쫓고 전 인민이 다 잘살 수 있는 정부를 세워 주시기를 진정합니다.

웨드마이어 장군에게 고함
우리는 내정 간섭을 받는 정부를 원치 않습니다. 그러므로 회의에서 언급된 최대 5년 기한의 4개국에 의한 신탁 통치를 절대로 반대하며, 완전 자주독립을 위하여 결사 투쟁하고 있습니다. 우리의 진의를 똑바로 살펴 도와주시기를 바랍니다.

① 카이로에서 개최되었다.
② 소련의 대일전 참전을 결정하였다.
③ 이상설, 이준, 이위종이 특사로 파견되었다.
④ 창조파와 개조파의 대립 등으로 결렬되었다.
⑤ 미국, 영국, 소련의 외무 장관이 참여하였다.

[24013-0165]

03 (가), (나) 시기 사이에 있었던 사실로 옳은 것은?

(가)	(나)

덕수궁 석조전에서 열린 제1차 미소 공동 위원회 개회식에서 미국 측 대표가 발언을 하고 있다.	제2차 미소 공동 위원회 회담에 참석한 미국과 소련의 주요 인사들이 기념사진을 촬영하고 있다.

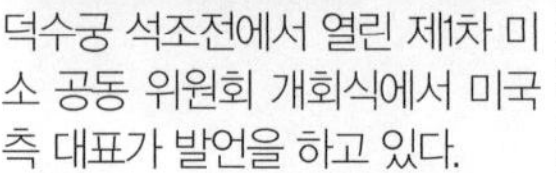

① 12 · 12 사태가 일어났다.
② 정전 협정이 조인되었다.
③ 운요호 사건이 발생하였다.
④ 좌우 합작 7원칙이 발표되었다.
⑤ 대한민국 건국 강령이 발표되었다.

[24013-0166]

04 다음 자료를 활용한 탐구 활동으로 가장 적절한 것은?

유엔 총회가 당면하고 있는 한국 문제는 …… 해당 지역 주민의 대표가 참가하지 않고는 공명정대하게 해결될 수 없음을 인정하는 까닭에, 총회는 1. 본 문제를 심의하는 데 있어 선거로 뽑힌 한국 국민의 대표가 참여하도록 초청할 것을 결의한다. 2. 이러한 참여를 용이하게 하고 촉진시키기 위하여, 또한 한국 대표가 단지 한국의 군정 당국에 의하여 지명된 자가 아니라 한국 국민에 의하여 사실상 정당하게 선출된 자라는 것을 감시하기 위하여 조속히 유엔 한국 임시 위원단을 설치하고 한국에 부임하게 한다.

① 홍범 14조의 주요 내용을 분석한다.
② 다루가치가 파견된 이유를 조사한다.
③ 6 · 3 시위가 일어난 원인을 찾아본다.
④ 대한민국 정부가 수립되는 과정을 파악한다.
⑤ 전국 각지에 척화비가 건립된 계기를 알아본다.

[24013-0167]

05 (가) 사건에 대한 설명으로 옳은 것은?

[사진으로 배우는 한국사]

이 사진은 (가) 당시 한라산 중산간 지대로 피신한 사람들의 모습이다. (가) 은/는 1947년 3월 1일 경찰의 발포 사건을 기점으로 이듬해에 발생한 소요 사태 및 1954년까지 제주도에서 발생한 무력 충돌과 그 진압 과정에서 주민들이 희생당한 사건이다.

① 청군의 개입으로 실패하였다.
② 굴욕적인 대일 외교를 비판하였다.
③ 구식 군인에 대한 차별 대우가 원인이었다.
④ 이른바 문화 통치가 실시되는 계기가 되었다.
⑤ 남한만의 단독 선거 실시 등에 반대하며 봉기하였다.

[24013-0168]

06 (가) 선거에 대한 설명으로 옳은 것은?

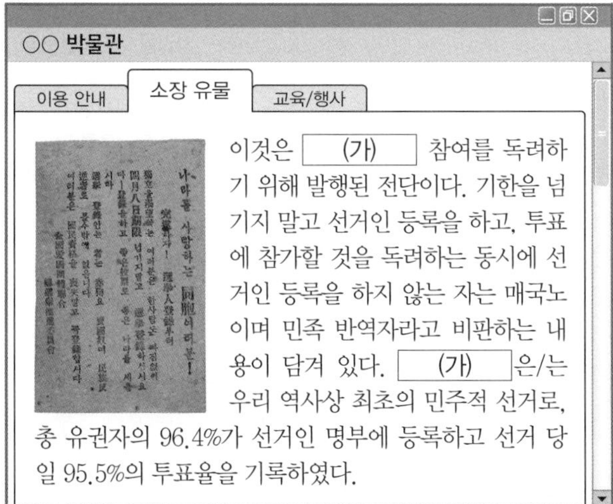

ㅇㅇ 박물관

이용 안내 | 소장 유물 | 교육/행사

이것은 (가) 참여를 독려하기 위해 발행된 전단이다. 기한을 넘기지 말고 선거인 등록을 하고, 투표에 참가할 것을 독려하는 동시에 선거인 등록을 하지 않는 자는 매국노이며 민족 반역자라고 비판하는 내용이 담겨 있다. (가) 은/는 우리 역사상 최초의 민주적 선거로, 총 유권자의 96.4%가 선거인 명부에 등록하고 선거 당일 95.5%의 투표율을 기록하였다.

① 유신 헌법에 따라 실시되었다.
② 통리기무아문의 주도로 추진되었다.
③ 4·19 혁명이 일어나는 계기가 되었다.
④ 대한 제국이 수립되는 데 영향을 끼쳤다.
⑤ 김구 등 남북 협상 세력은 참여하지 않았다.

[24013-0169]

07 밑줄 친 '이 법률'에 대한 설명으로 옳은 것은?

ㅇㅇ 신문

반민 특위 정문에 투서함 설치

이 법률에 따라 구성된 반민 특위는 반민족 행위자 조사에 박차를 가하고자 29일부터 위원회 사무실 정문 앞에 투서함을 설치하였다. 반민 특위는 "민족정기를 드높이는 의미에서 반민족 혐의자가 있으면 서슴지 말고 투서함에 투서하여 주기를 바란다."라고 밝혔다. 투서문 끝에는 반드시 주소와 성명을 밝혀야만 효력이 발생한다고 한다.

① 제헌 국회가 제정하였다.
② 사사오입의 논리로 통과되었다.
③ 공인이 성장하는 계기가 되었다.
④ 사회주의 운동을 탄압하기 위해 만들어졌다.
⑤ 3·1 민주 구국 선언이 발표되는 배경이 되었다.

[24013-0170]

08 (가)에 들어갈 내용으로 가장 적절한 것은?

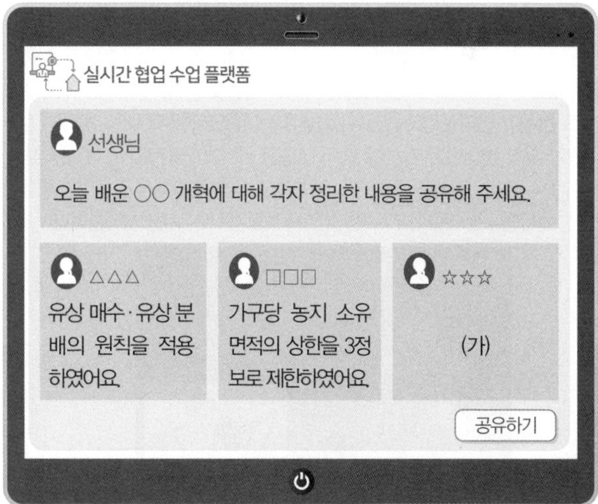

실시간 협업 수업 플랫폼
선생님
오늘 배운 ㅇㅇ 개혁에 대해 각자 정리한 내용을 공유해 주세요.
△△△
유상 매수·유상 분배의 원칙을 적용하였어요.
□□□
가구당 농지 소유 면적의 상한을 3정보로 제한하였어요.
☆☆☆
(가)
공유하기

① 전민변정도감의 주도로 추진되었어요.
② 보안회의 반대 운동으로 실패하였어요.
③ 삼정이정청이 설치되는 계기가 되었어요.
④ 방곡령 사건이 발생하는 배경이 되었어요.
⑤ 농민 중심의 농지 소유 확립에 기여하였어요.

[24013-0171]

09 (가) 전쟁 중에 있었던 사실로 옳은 것은?

목놓아 그리움을 달래던 노래, 「단장의 미아리 고개」

[가사]
미아리 눈물 고개 임이 넘던 이별 고개
화약 연기 앞을 가려 눈 못 뜨고 헤매일 때
당신은 철삿줄로 두 손 꽁꽁 묶인 채로
뒤돌아보고 또 돌아보고
맨발로 절며 절며 끌려가신 이 고개여
한 많은 미아리 고개

[곡 정보] 이 곡은 (가) 당시 서울을 점령하였던 북한군이 다시 북으로 후퇴할 때 수많은 사람들을 미아리 고개 넘어 북으로 끌고 가던 상황을 표현한 노래이다. 단장(斷腸)이란 창자를 끊어 내는 고통을 뜻하는 말로, 노래에는 당시 영문도 모르고 이별해야 했던 사람들의 아픔이 잘 담겨 있다.

① 수도가 강화도로 옮겨졌다.
② 국가 총동원법이 제정되었다.
③ 국군이 베트남에 파병되었다.
④ 인천 상륙 작전이 전개되었다.
⑤ 일본이 독도를 자국 영토로 불법 편입시켰다.

[24013-0172]

10 밑줄 친 '이 정부' 시기에 있었던 사실로 옳은 것은?

진보당 위원장이었던 조봉암은 간첩죄 및 국가 보안법 위반 혐의로 사형되었습니다. 그리고 사형 집행 52년 후, 대법원은 그에게 무죄를 선고하죠. 반세기 만에 뒤집힌 판결이었습니다. 대한민국 초대 내각 농림부 장관과 국회 부의장을 거쳐 두 번의 대통령 선거에 출마했던 조봉암. 해방 이후 주목받는 정치인 중 한 명이었던 그는 왜 이 정부에서 간첩의 누명을 쓴 채 사형당한 것일까요? 오늘의 역사 인물 이야기, 지금 시작합니다.

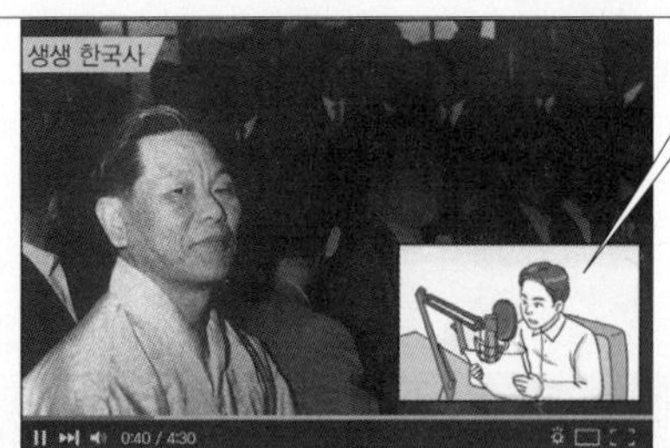

① 아관 파천이 단행되었다.
② 무신 정변이 발생하였다.
③ 강화도 조약이 체결되었다.
④ 헌병 경찰제가 시행되었다.
⑤ 발췌 개헌안이 통과되었다.

[24013-0173]

11 다음 안내문의 내용을 골자로 개정된 헌법에 대한 설명으로 옳은 것은?

조국과 민족이 갈망하는 개헌 요지는 이렇다!

1. 대통령, 부통령의 임기는 4년으로 하되, 재선에 의하여 1차 중임할 수 있다. 단, 초대 대통령은 이 제한을 적용받지 않는다.
2. 헌법 개정 및 국가 구성 요소의 변혁은 유권 국민 2/3 이상의 결의 없이는 할 수 없다.

개헌 추진 위원회

① 6·25 전쟁 중에 개정되었다.
② 6월 민주 항쟁의 결과 마련되었다.
③ 이승만 정부의 장기 집권을 뒷받침하였다.
④ 김구가 주석에 선출되는 결과를 가져왔다.
⑤ 통일 주체 국민 회의의 설치를 규정하였다.

[24013-0174]

12 밑줄 친 '이 정부' 시기의 경제 상황으로 옳은 것은?

① 삼백 산업이 발달하였다.
② 금융 실명제가 전면 실시되었다.
③ 암태도 소작 쟁의가 발생하였다.
④ 지계아문에서 지계가 발급되었다.
⑤ 수출액 100억 달러가 달성되었다.

14 민주화를 위한 노력과 경제 성장

1. 4·19 혁명과 장면 정부

(1) 4·19 혁명(1960)

배경	이승만 정부의 독재와 부정부패, 경기 침체로 국민 불만 증폭
발단	1960년 정·부통령 선거 전에 야당 대통령 후보 사망 → 이승만의 대통령 당선이 확실시되면서 부통령 선거에 관심 집중 → 부통령에 이기붕을 당선시키기 위해 3·15 부정 선거 자행
과정	전국에서 3·15 부정 선거 규탄 시위 발생, 정부는 강경 대응 → 마산에서 시위 중 실종된 김주열 학생의 시신 발견(4. 11.) → 전국으로 시위 확산 → 고려대학교 학생들이 시위 후 귀교 중 피습(4. 18.) → 경찰이 시위대에 발포하여 다수의 사상자 발생, 정부는 비상계엄 선포(4. 19.) → 대학교수단이 시국 선언문 발표 및 시위 → 이승만 대통령이 대통령직 사임 성명 발표(4. 26.)
결과	허정 과도 정부 수립 → 내각 책임제와 양원제 국회 구성을 골자로 한 개헌 단행
의의	학생과 시민의 힘으로 독재 정권을 무너뜨린 민주주의 혁명

자료 플러스 **민주당의 3·15 부정 선거 무효 선언(1960. 3. 15.)**

> 민심의 완전 이반으로 인하여 민주 자유 선거로는 도저히 정권을 유지할 수 없게 된 자유당은 최후 발악으로 모든 경찰 국가 수법을 총동원하여 …… 무수한 유령 유권자의 조작, 투표 개시 전에 4할 무더기 표 기입, 3인조 강제 편성 투표, 대리 투표 등으로 민주주의의 초석인 자유 선거와 비밀 투표제를 완전 파괴하고 말았다. 그러므로 이는 선거가 아니라 선거라는 이름 아래 이루어진 국민 주권에 대한 포악한 강도 행위이며 …… 우리 당은 3·15 선거는 전적으로 무효임을 만천하에 엄숙히 선언하는 바이다. – 동아일보 –

이승만 정부와 자유당은 1960년 3월 15일에 치러진 정·부통령 선거에서 부정한 방법을 총동원하여 조직적으로 부정 선거를 저질렀다. 이에 민주당은 3·15 선거가 불법·무효임을 즉각 선언하고 부정 선거에 항의하였다.

(2) 장면 정부

성립	새 헌법에 따라 치른 총선에서 민주당 승리 → 국회에서 대통령으로 윤보선 선출 → 윤보선이 지명한 장면이 국회의 인준을 받아 국무총리에 취임(1960. 8.)
정책	• 민주주의 진전 : 지방 자치제 실시, 국민의 기본권 보장 → 학생·노동 운동 등 활발 • 경제 개발 노력 : 경제 개발 계획 마련 등
한계	각계각층의 다양한 요구를 수용하지 못함, 부정 선거 책임자·부정 축재자 처벌에 소극적, 민주당 내 구파와 신파의 분열

2. 5·16 군사 정변과 박정희 정부

(1) 5·16 군사 정변(1961)

① 발생 : 박정희를 중심으로 일부 군인들이 정변을 일으켜 정권 장악

② 군정 실시 : 국가 재건 최고 회의 설치

- 정치 : 정치인의 활동 금지, 부패한 공직자 처벌, 중앙정보부 설치
- 경제 : 제1차 경제 개발 5개년 계획 추진
- 개헌 : 대통령 중심제와 단원제 국회 구성을 골자로 하는 개헌 단행

✪ 양원제 국회
입법부를 상원과 하원 등 독립적인 활동을 하는 두 개의 부서로 구성한 제도이다. 우리나라에서는 4·19 혁명 이후 민의원과 참의원이 선출되어 양원제 국회가 구성되었다.

✪ 국가 재건 최고 회의
5·16 군사 정변 직후부터 박정희 정부가 출범한 1963년 말까지 입법·사법·행정의 3권을 행사한 군사 정부 시기 최고 통치 의결 기구이다.

✪ 중앙정보부
1961년에 국가 안전 보장을 목적으로 설치되어 박정희 정권의 창출과 유지에 활용되기도 하였다. 이후 국가 안전 기획부를 거쳐 현재 국가 정보원으로 개편되었다.

개념 체크

1. (　　) 부정 선거를 규탄하며 4·19 혁명이 일어났다.
2. 장면이 윤보선 대통령의 지명을 받아 (　　)로 취임하면서 장면 정부가 출범하였다.
3. 박정희를 중심으로 한 일부 군인들이 1961년 (　　)을 일으켜 정권을 장악하였다.

정답
1. 3·15　2. 국무총리
3. 5·16 군사 정변

✪ 라이따이한
베트남 전쟁에 파병된 한국인과 베트남 여성 사이에서 태어난 자녀를 말한다. 종전 뒤 베트남에 남은 라이따이한들은 많은 차별을 받은 것으로 알려져 있다.

✪ 닉슨 독트린
1969년 7월에 미국의 닉슨 대통령이 발표한 아시아에 대한 정책이다. 미국이 아시아 국가에 대한 군사적 개입을 축소하겠다는 내용을 담고 있다.

✪ 긴급 조치권
유신 헌법에 규정된 긴급 조치권은 대통령의 행정 명령만으로 국민의 자유와 권리에 대해 무제한의 제약을 가할 수 있는 초헌법적 권한이다.

✪ 3·1 민주 구국 선언
1976년 3월 1일 서울 명동 성당에서 개최된 3·1절 기념 미사에서 각계각층의 인사들이 발표한 선언이다. 유신 체제를 비판하고 민주주의와 민족 통일을 요구하는 내용을 담고 있다.

개념 체크

1. 박정희 정부가 한일 국교 정상화를 추진하자 1964년 학생과 시민들은 이를 굴욕적 대일 외교로 규정하며 (　　)를 벌였다.
2. (　　) 정부는 미국의 요청을 받아들여 베트남 전쟁에 국군을 파병하였다.
3. 1972년에 제정된 유신 헌법에 따라 (　　)에서 대통령을 선출하게 되었다.

정답
1. 6·3 시위 2. 박정희
3. 통일 주체 국민 회의

(2) 박정희 정부

① 성립 : 1963년 대통령 선거에서 민주 공화당 후보 박정희의 당선

② 한일 국교 정상화

배경	• 한·미·일 안보 체제 강화를 위해 미국이 한일 국교 수립 요구 • 박정희 정부는 경제 개발 정책 추진에 사용할 자금 확보 필요
경과	김종필·오히라의 비밀 회담 → 한일 회담 반대 시위 전개(6·3 시위, 1964) → 박정희 정부의 비상계엄 선포와 시위 진압 → 한일 협정 체결(1965)

자료 플러스　한일 협정

> 대한민국과 일본국은 양국 국민 관계의 역사적 배경과, 선린 관계와 주권 상호 존중의 원칙에 입각한 양국 관계의 정상화에 대한 상호 희망을 고려하며, 양국의 상호 복지와 공통 이익을 증진하고 ……
> 제1조 양 체약 당사국 간에 외교 및 영사 관계를 수립한다. 양 체약 당사국 간은 대사급 외교 사절을 지체 없이 교환한다. 양 체약 당사국은 또한 양국 정부에 의하여 합의되는 장소에 영사관을 설치한다.
> 제2조 1910년 8월 22일 및 그 이전에 대한 제국과 대일본 제국 간에 체결된 모든 조약 및 협정이 이미 무효임을 확인한다.
> – 대한민국과 일본국 간의 기본 관계에 관한 조약 –

박정희 정부는 한·미·일 안보 체제를 강화하고 경제 발전 자금을 마련하기 위해 일본과 국교 정상화를 위한 한일 회담을 추진하였다. 그러나 일본의 식민 지배에 대한 사죄와 배상 등이 무시된 채 회담이 진행되자 이를 굴욕 외교로 여긴 학생과 시민들은 반대 시위를 전개하였다(6·3 시위). 박정희 정부는 비상계엄을 선포하여 이를 탄압한 뒤, 한일 협정을 체결하고 국교를 정상화하였다.

③ 베트남 파병(1964~1973)

명분	미국의 요청 → 자유 민주주의 수호를 내세워 베트남 파병 단행
영향	• 브라운 각서(1966)를 통해 미국의 군사적·경제적 지원을 약속받음 • 베트남 전쟁 특수로 경제 성장 • 고엽제 피해, 라이따이한 문제 등 전쟁 후유증 발생

④ 3선 개헌(1969)

구실	북한의 도발에 대한 대응과 지속적인 경제 성장 추진
과정	대통령의 계속 재임을 3기까지 할 수 있도록 한 개헌안을 편법으로 통과시킴
결과	개정된 헌법에 따라 치러진 대통령 선거에서 박정희 당선(1971)

3. 유신 체제의 성립과 붕괴

(1) 유신 체제의 성립(1972)

배경	닉슨 독트린 발표 이후 냉전 체제 완화, 경제 침체에 따른 국민 불만 고조
과정	비상계엄 선포와 국회 해산 → 비상 국무 회의에서 헌법 개정안(유신 헌법) 의결·공고 → 국민 투표로 확정 → 통일 주체 국민 회의에서 박정희를 대통령으로 선출
유신 헌법	• 대통령은 통일 주체 국민 회의에서 간접 선거로 선출 • 대통령 임기는 6년, 중임 제한 조항 삭제 → 영구 집권 가능 • 대통령에게 긴급 조치권·국회 해산권·국회 의원 3분의 1 추천권 등 부여

(2) 유신 헌법에 대한 저항과 탄압

저항	광범위한 계층 참여, 대학생들의 유신 철폐 시위, 3·1 민주 구국 선언(1976) 등
탄압	정부는 긴급 조치권을 발동하여 유신 체제 반대 활동 금지, 민청학련 사건·제2차 인혁당 사건(1974) 등

(3) 유신 체제의 붕괴

배경	국회 의원 선거에서 야당이 선전, 제2차 석유 파동으로 경제 위기 고조, YH 무역 사건을 계기로 박정희 정부를 강하게 비판하던 김영삼을 국회 의원직에서 제명 → 부마 민주 항쟁 발생
붕괴	박정희 대통령 피살(10·26 사태, 1979)로 사실상 붕괴

자료 플러스 부마 민주 항쟁 당시 부산대학교 학생의 선언문

모든 정당한 비판과 오류의 시정을 요구하는 순수한 의지를 반민족적 행위 운운하면서 무참히 탄압하는 현 정권의 유례없는 독재, 이러고도 우리 젊은 학도들은 작금에 벌어지고 있는 여러 사회 문제에 방관만 하고 있을 것인가! ……
〈폐정 개혁안〉
1. 유신 헌법 철폐, …… 5. 언론·집회·결사의 완전한 자유와 보장, 6. YH 무역 사건에서와 같은 반윤리적 기업주 엄단, 7. 전 국민에 대한 정치적 보복 중지

YH 무역 사건을 계기로 신민당 총재 김영삼이 유신 체제를 강하게 비판하자 여당은 김영삼을 국회 의원직에서 제명하였다. 이에 1979년 10월 16일 부산대학교에서 학생들의 반정부 시위가 시작되었으며, 부산과 마산 일대로 확대되었다(부마 민주 항쟁). 박정희 정부가 비상계엄을 선포하는 등 강경하게 대응한 결과 부마 민주 항쟁은 5일 만에 진압되었지만, 곧이어 10·26 사태가 일어나면서 유신 체제는 사실상 붕괴하였다.

4. 5·18 민주화 운동과 신군부의 집권

(1) 신군부 세력의 등장

① 12·12 사태(12·12 군사 반란, 1979) : 전두환 등의 신군부 세력이 군사권 장악

② 서울의 봄(1980) : 시민과 학생들이 신군부 세력의 퇴진과 유신 헌법 폐지 요구 → 신군부 세력이 비상계엄을 전국으로 확대

(2) 5·18 민주화 운동(1980)

전개	광주의 학생과 시민들이 신군부 세력 퇴진과 비상계엄 철회 등을 요구하며 시위 → 계엄군의 발포와 폭력적 진압 → 학생과 시민들이 시민군 조직 → 계엄군이 시민군을 무력으로 진압
영향	이후 민주화 운동의 기반이 됨, 5·18 민주화 운동 기록물이 유네스코 세계 기록 유산으로 등재됨(2011)

(3) 전두환 정부

성립	국가 보위 비상 대책 위원회 설치 → 통일 주체 국민 회의에서 전두환을 대통령으로 선출(1980. 8.) → 7년 단임의 대통령을 대통령 선거인단에서 선출하는 내용의 개헌 단행 → 대통령 선거인단에서 전두환을 대통령으로 선출(1981. 2.)
정책	• 강압 정치 : 삼청 교육대 운영, 언론 통제, 민주화 운동 탄압 • 유화 정책 : 야간 통행금지 해제, 중고생의 두발과 교복 자율화, 해외여행 자유화, 프로 스포츠 육성

5. 경제 성장과 사회·문화의 변화

(1) 산업화와 경제 성장

① 경제 개발 5개년 계획 추진

제1, 2차 경제 개발 5개년 계획 (1962~1971)	• 경공업 육성, 노동 집약적 산업 중심, 수출 주도형 성장, 베트남 특수에 힘입어 고도성장 • 경부 고속 국도(도로) 개통(1970) 등 사회 간접 자본 확대 • 1960년대 말 외채 상환 시기가 도래하면서 위기를 맞음

✪ YH 무역 사건
1979년 YH 무역 회사의 여성 노동자들이 회사의 폐업 조치에 항의하여 당시 야당이었던 신민당 당사에서 농성을 벌였고, 이를 경찰이 진압하는 과정에서 여성 노동자 1명이 사망하였다.

✪ 삼청 교육대
1980년 8월에 국가 보위 비상 대책 위원회에 설치한 군대식 기관이다. 사회악을 없앤다는 명분으로 무고한 시민까지 끌고 가 강제로 집단 수용하여 군대식 훈련을 실시하였다. 전두환 정권의 대표적인 인권 유린 사례이다.

개념 체크

1. 1979년 박정희 대통령이 피살된 (　　)가 발생하면서 유신 체제는 사실상 붕괴하였다.
2. 신군부 세력 퇴진과 비상계엄 철회 등을 요구하며 1980년 광주에서 (　　)이 일어났다.
3. 1981년 대통령 선거인단에서 (　　)을 7년 단임의 대통령으로 선출하였다.

정답
1. 10·26 사태
2. 5·18 민주화 운동
3. 전두환

✪ 석유 파동
국제 유가의 폭등 상황을 말한다. 1970년대 두 차례에 걸쳐 발생하였는데, 석유를 비롯해 원자재에 대한 해외 의존도가 높은 한국 경제는 당시 큰 위기를 맞았다.

제3, 4차 경제 개발 5개년 계획 (1972~1981)	• 중화학 공업 육성, 자본 집약적 산업 중심 → 수출액 100억 달러 달성(1977) 등의 성과를 올림 • 제1차 석유 파동 → 서아시아(중동) 건설 사업에 진출, 오일 달러를 벌어들여 위기 극복 • 제2차 석유 파동, 중화학 공업 중복 투자 등으로 경제 악화
의의와 한계	• 의의 : '한강의 기적'이라 불리는 경제 성장 달성, 1인당 국민 소득 증대 • 한계 : 저임금 · 저곡가 정책으로 노동자와 농민의 희생 강요, 도시와 농촌 간 소득 격차 발생, 경제의 대외 의존도 심화

② 1980년대 경제 변화와 시장 개방
- 부실 기업 정리, 중화학 공업에 대한 중복 투자 조정 등 추진
- 저유가, 저금리, 저달러의 '3저 호황' 속에서 자동차, 철강 산업 등 발전
- 세계적으로 후발 자본주의 국가에 대한 시장 개방 압력 증가 → 자유 무역 촉진을 위한 우루과이 라운드 발표(1986) → 다국적 기업 · 금융 자본의 국내 진출

③ 경제 성장 과정의 문제점 : 정경 유착 심화, 재벌 형성

(2) 경제 성장에 따른 사회 변화

① 도시와 농촌의 변화
- 도시 : 경제 성장 속에 급속한 도시화 진행 → 주택, 교통, 도시 빈민 등 도시 문제 심화
- 농촌 : 도시와 농촌의 소득 격차 심화, 농촌 인구 감소와 고령화 문제 발생

② 새마을 운동 : 박정희 정부가 1970년부터 시작, 농촌 환경 개선과 소득 증대 목표 → 유신 체제 유지에 이용되었다는 비판 제기

③ 노동 문제 : 산업화에 따른 노동자 증가, 정부의 저임금 정책 → 저임금 · 장시간 노동 등 열악한 노동 환경 문제 발생 → 전태일 분신 사건(1970) 이후 노동 운동 본격화

✪ 3저 호황
1980년대 중반 이후 국제 경기가 저유가, 저금리, 저달러 상태로 돌아서면서 물가가 안정되고 경제가 호황을 누렸다.

자료 플러스 전태일이 근로 감독관에게 보낸 편지

> 성장해 가는 여러분의 어린 자녀들은 하루 15시간의 고된 작업으로 경제 발전을 위한 생산 계통에서 밑거름이 되어 왔습니다. …… 기업주들은 아무리 많은 폭리를 취하고도 조그마한 양심의 가책도 느끼지 않습니다. 합법적이 아닌 방식으로 생산공들의 피와 땀을 갈취합니다. 그런데 왜 현 사회는 그것을 알면서도 묵인하는지 저의 좁은 소견은 알지를 못합니다. 존경하는 근로 감독관님, 이 모든 문제를 한시 바삐 선처해 주시기를 바랍니다.

동대문 평화 시장의 재단사였던 전태일은 열악한 조건에서 근무하던 노동자의 권리를 찾기 위해 노력하였다. 그러나 자신의 요구가 받아들여지지 않자 1970년 근로 기준법 준수 등을 요구하며 분신하였다. 이후 많은 사람들이 노동 문제에 관심을 갖게 되면서 노동 운동이 본격화되었다.

(3) 교육 · 언론의 변화와 대중문화의 성장

교육	국민학교 의무 교육(1950년대), 중학교 무시험 진학 제도(1969년), 고교 평준화 제도(1970년대) 실시
언론	• 이승만 정부 : 정부에 비판적인 경향신문 폐간 • 박정희 정부 : 언론 규제 강화 → 동아일보 기자들이 자유 언론 실천 선언 발표(1974) • 전두환 정부 : 언론사 통폐합, 보도 지침을 통해 언론 통제
대중 문화	• 1960년대 : 라디오 보급 확대, 노래 · 영화 등 대중문화 확산 • 1970년대 : 텔레비전 보급 확대, 박정희 정부의 문화 · 예술에 대한 통제 강화(금서와 금지곡 지정 등), 영화 관람 전에 홍보용 「대한 뉴스」 상영, 청년 문화 확산(장발, 청바지, 통기타 등) • 1980년대 : 프로 야구 등 상업 스포츠 시대 열림, 민중 문화 활동 활발

개념 체크

1. 1980년대는 (   ), 저금리, 저달러의 3저 호황으로 경제 성장을 이루었다.
2. 1970년 (   )은 근로 기준법 준수 등을 요구하며 분신하였다.
3. 전두환 정부는 언론사를 통폐합하고 (   )을 내려 언론을 통제하였다.

정답
1. 저유가 2. 전태일
3. 보도 지침

자료 탐구 유신 체제 반대 운동

1단계 자료 분석

> 오늘로 3·1절 쉰일곱 돌을 맞으면서 우리는 1919년 3월 1일 전 세계에 울려 퍼지던 이 민족의 함성, 자주독립을 부르짖던 그 아우성이 쟁쟁히 울려와서 이대로 앉아 있는 것은 구국 선열들의 피를 땅에 묻어 버리는 죄가 되는 것 같아 우리의 뜻을 모아 '민주 구국 선언'을 국내외에 선포하고자 한다. …… 우리는 국민의 자유를 억압하는 긴급 조치를 곧 철폐하고 민주주의를 요구하다가 투옥된 민주 인사들과 학생들을 석방하라고 요구한다. 국민의 의사가 자유로이 표명될 수 있도록 언론, 집회, 출판의 자유를 국민에게 돌리라고 요구한다. 다음으로 우리는 유신 헌법으로 허울만 남은 의회 정치가 회복되어야 한다고 주장한다. 자유로이 표현되는 민의를 국회는 법 제정에 반영시켜야 하고, 정부는 이를 행정에 반영시켜야 한다. 이것을 꺼리고 막는 정권은 국민을 위한다면서 실은 국민을 위하려는 뜻이 없는 정권이다.
>
> – 3·1 민주 구국 선언(1976. 3. 1.) –

제시된 자료는 1976년 재야인사들이 발표한 3·1 민주 구국 선언의 일부이다. 박정희 정부는 안보 위기와 평화 통일에 대비한다는 구실로 1972년 10월 17일 전국에 비상계엄을 선포하여 국회를 해산하고 모든 정치 활동을 금지하였다. 그리고 대통령에게 국회 해산권, 국회 의원 3분의 1 추천권, 긴급 조치권 등 초헌법적 권한을 부여한 유신 헌법을 제정하였다. 유신 체제 아래에서 국민들은 언론·출판·결사 등 민주 사회의 기본적인 권리마저 제대로 누릴 수 없었다. 이에 재야인사, 학생, 종교인 등을 중심으로 한 민주 세력은 유신 체제에 맞선 민주화 운동을 전개하였다.

2단계 문항 연습

정답과 해설 42쪽

[24013-0175]

1 (가) 헌법이 적용된 시기에 있었던 사실로 옳은 것은?

> 우리는 국민의 자유를 억압하는 긴급 조치를 곧 철폐하고 민주주의를 요구하다가 투옥된 민주 인사들과 학생들을 석방하라고 요구한다. 국민의 의사가 자유로이 표명될 수 있도록 언론, 집회, 출판의 자유를 국민에게 돌리라고 요구한다. 다음으로 우리는 (가) (으)로 허울만 남은 의회 정치가 회복되어야 한다고 주장한다. 자유로이 표현되는 민의를 국회는 법 제정에 반영시켜야 하고, 정부는 이를 행정에 반영시켜야 한다.

① 아관 파천이 단행되었다.
② 인천 상륙 작전이 전개되었다.
③ 금융 실명제가 전면 실시되었다.
④ 반민족 행위 처벌법이 제정되었다.
⑤ 통일 주체 국민 회의에서 대통령이 선출되었다.

1단계 자료 분석

> 전 세계의 이목은 광주에 집중하고 있다. 모든 국민이 다 알다시피 광주의 민주화 투쟁은 연 일주일째 계속되고 있다. 또한 그간에 있어서 모든 시민과 학생들은 처음부터 끝까지 평화적이고 질서정연한 투쟁을 전개하려고 노력해 왔다. 그러나 계엄 당국은 진지하고도 순수한 데모 대열에 무차별한 사격을 가하여 남녀노소를 불구하고 천여 명에 이르는 사망자가 발생하였고, 부상자 및 연행자는 추계가 불가능한 실정이다. 그리고 모든 시민들은 자구의 수단으로 때로는 무장하고 때로는 헌신적으로 보급품 공급에 나서고 있다. 그럼에도 불구하고 계엄 당국과 정부는 광주 시민과 전 국민의 민주 염원을 묵살함은 물론, 민주 투사들을 소수 난동자, 폭도로 몰아 무력으로 진압하려고 하고 있다. 또한 갖가지 흑색선전으로 국민을 이간시키고 있으며 광주 의거의 진상조차 보도를 금지시키고 있다. 이에 우리 전 광주 시민은 민주화에 대한 열망을 포기할 수 없으며, 정부와 계엄 당국에 다음과 같이 엄중 경고하는 바이다.
>
> –「껍데기 정부와 계엄 당국을 규탄한다」(1980. 5. 24.) –

제시된 자료는 5 · 18 민주화 운동 당시 궐기 대회에서 낭독된 성명서의 일부이다. 5 · 18 민주화 운동은 1980년 5월 18일, 전남대학교 앞에서 학생들이 비상계엄 해제, 전두환 퇴진 등을 요구하는 시위를 벌이며 시작되었다. 신군부는 공수 부대 등을 투입하여 시위대를 향해 무차별 폭행과 집단 발포를 하였고, 이에 분노한 시민들은 시민군을 조직하여 저항하였다. 당시 신군부는 광주를 외부와 차단시키고 유언비어를 유포하며 광주 시민들을 폭도로 몰아붙였지만, 광주 시민들은 고립된 상태에서도 스스로 질서를 유지하고 치안을 확보하면서 성숙된 시민 의식과 공동체 정신을 보여 주었다. 5 · 18 민주화 운동은 결국 계엄군의 무력 진압으로 끝났지만 이후 전개된 여러 나라의 민주화 운동의 선례가 되었고, 관련 기록물은 유네스코 세계 기록 유산으로 등재되었다.

2단계 문항 연습 정답과 해설 42쪽

[24013-0176]

2 (가) 민주화 운동에 대한 설명으로 옳은 것은?

학생들이 전남대학교 정문 앞에서 비상계엄의 전국 확대 실시 등을 규탄하며 계엄군과 대치하고 있습니다.
(가) VR 체험존

① 한일 국교 정상화를 반대하였다.
② 김옥균 등 급진 개화파가 주도하였다.
③ 장면 정부가 출범하는 계기가 되었다.
④ 신군부 세력의 권력 장악에 저항하였다.
⑤ 제주 4 · 3 사건의 진압을 거부하며 일어났다.

대표 기출 확인하기

1 밑줄 친 '긴급 조치'가 발표된 시기를 연표에서 옳게 고른 것은? 2024학년도 수능 6월 모의평가

오늘 대법원은 유신 헌법을 근거로 발령된 긴급 조치 1호가 위헌이라고 판결하였습니다. 대법원은 긴급 조치 1호가 민주주의의 본질인 표현과 신체의 자유를 심각하게 훼손하였으며, 국가의 중대한 위기가 아닌 상황에서 발령되었기 때문에 위헌이라고 밝혔습니다.
대 법 원
"긴급 조치 1호 위헌"

	(가)	(나)	(다)	(라)	(마)	
8·15 광복		발췌 개헌안 통과	5·16 군사 정변	3선 개헌안 통과	4·13 호헌 조치 발표	6·15 남북 공동 선언

① (가)　② (나)　③ (다)　④ (라)　⑤ (마)

간략 풀이

정답 | ④

풀이 | 자료에서 유신 헌법을 근거로 발령되었다는 내용 등을 통해 밑줄 친 '긴급 조치'는 유신 체제 시기에 박정희 정부가 발표한 것임을 알 수 있다. 1972년 제정된 유신 헌법은 대통령에게 긴급 조치권을 부여하였는데, 박정희 정부는 이를 이용하여 유신 체제 반대 운동을 탄압하였다. 3선 개헌안 통과는 1969년, 4·13 호헌 조치는 1987년의 사실이다.

2 (가) 정부 시기에 있었던 사실로 옳은 것은? 2024학년도 수능 9월 모의평가

(가) 정부 시기에는 경제 개발 5개년 계획 실시, 베트남 파병 특수 등에 힘입어 경제가 성장하였습니다. 또한 수출 100억 달러를 달성하기도 하였습니다.
하지만 전태일 분신 사건에서 알 수 있듯이 노동자는 낮은 임금과 열악한 노동 환경으로 고통받았습니다. 또한 도시와 농촌 간 소득 격차 문제가 나타났습니다.
〈기획 대담〉
(가) 정부,
경제 성장의 빛과 그림자

① 지계가 발급되었다.
② 제헌 헌법이 제정되었다.
③ 새마을 운동이 시작되었다.
④ 금융 실명제가 전면 실시되었다.
⑤ 동양 척식 주식회사가 설립되었다.

간략 풀이

정답 | ③

풀이 | 자료에서 경제 개발 5개년 계획 실시, 베트남 파병 특수, 수출 100억 달러 달성, 전태일 분신 사건 등의 내용을 통해 (가) 정부가 박정희 정부임을 알 수 있다. 박정희 정부는 농촌 환경 개선과 소득 증대를 목표로 1970년부터 새마을 운동을 전개하였다. ① 대한 제국은 광무개혁을 추진하면서 지계를 발급하였다. ② 5·10 총선거로 구성된 제헌 국회에서 제헌 헌법을 제정하였다. ④ 김영삼 정부는 투명한 금융 거래를 정착시키고 부당한 정치 자금 거래 등을 막기 위해 금융 실명제를 전면 실시하였다. ⑤ 일제는 1908년 동양 척식 주식회사를 설립하였다.

[24013-0177]

01 다음 자료를 활용한 탐구 활동으로 가장 적절한 것은?

민심의 완전 이반으로 인하여 민주 자유 선거로는 도저히 정권을 유지할 수 없게 된 자유당은 최후의 발악으로 모든 경찰 국가 수법을 총동원하여 …… 무수한 유령 유권자의 조작, 투표 개시 전에 4할 무더기 표 기입, 3인조 강제 편성 투표, 대리 투표 등으로 민주주의의 초석인 자유 선거와 비밀 투표제를 완전 파괴하고 말았다. 그러므로 이는 선거가 아니라 선거라는 이름 아래 이루어진 국민 주권에 대한 포악한 강도 행위이며 …… 우리 당은 3·15 선거는 전적으로 무효임을 만천하에 엄숙히 선언하는 바이다.

① 4·13 호헌 조치의 내용을 분석한다.
② 조선 형평사의 결성 목적을 알아본다.
③ 임술 농민 봉기가 일어난 원인을 조사한다.
④ 이승만 대통령이 사임하게 된 배경을 파악한다.
⑤ 신간회가 진상 조사단을 파견한 민족 운동을 살펴본다.

[24013-0178]

02 밑줄 친 '정부' 시기의 사실로 옳은 것은?

e영상 역사관

▶ ▶| ◀)) 0:00:01 / 1:25:20

「대한 뉴스」 제278호 주요 내용
- 윤보선 대통령의 지명을 받은 민주당의 ○○이/가 국무총리에 인준되고, 국무총리가 각 장관들을 임명하는 등 정부의 초대 내각이 구성됨.
- ○○ 국무총리는 기자 회견에서 경제 자립의 길을 찾기 위해 미국 외의 국가와도 경제 관계가 필요하다고 밝힘.

① 광무개혁이 추진되었다.
② 발췌 개헌이 이루어졌다.
③ 국회가 양원제로 운영되었다.
④ 미국에 구미 위원부가 설치되었다.
⑤ 경부 고속 국도(도로)가 개통되었다.

[24013-0179]

03 밑줄 친 '군정'이 실시된 시기에 있었던 사실로 옳은 것은?

[역사 속 오늘]

군사 정변이 일어나다

19△△년 오늘, 박정희를 비롯한 일부 군인들이 군사 정변을 일으켰습니다. 이들은 정변 당일 정부 주요 기관과 방송국을 장악하였으며, '혁명 공약'을 발표하여 반공을 강조하고 경제 개발과 사회 안정을 정변의 명분으로 제시하였습니다. 이후 국가 재건 최고 회의를 통해 군정을 실시하였습니다.

① 비변사가 폐지되었다.
② 중앙정보부가 운영되었다.
③ 제주 4·3 사건이 발생하였다.
④ 한미 상호 방위 조약이 체결되었다.
⑤ 이상설 등이 헤이그 특사로 파견되었다.

[24013-0180]

04 밑줄 친 '정부'의 정책으로 옳은 것은?

6·3 시위가 일어난 지 올해로 60주년이 되었죠. 오늘은 당시 시위에 참여했던 시민 한 분을 모시고 그때의 이야기를 들어 보도록 하겠습니다. 어떤 계기로 시위에 참여하셨습니까?

당시 정부가 일본의 식민 지배에 대한 반성과 그에 따른 사과와 배상이 이루어지지 않은 상태에서 회담을 추진한다는 사실을 알게 되었습니다. 그래서 대학생과 시민들을 중심으로 굴욕적 대일 외교에 반대하는 시위를 벌이게 된 것이죠.

① 독립 공채를 발행하였다.
② 강화도 조약을 체결하였다.
③ 대한국 국제를 반포하였다.
④ 금융 실명제를 전면 시행하였다.
⑤ 베트남 전쟁에 국군을 파병하였다.

[24013-0181]

05 다음 헌법 개정안이 통과된 시기를 연표에서 옳게 고른 것은?

> **헌법 개정안 게시**
>
> 국민 투표법 제23조의 규정에 의하여 국회의 의결을 거친 헌법 개정안을 다음과 같이 게시한다.
>
> 개정안
>
> ……
>
> 제61조 제2항 단서를 다음과 같이 신설한다.
> 다만, 대통령에 대한 탄핵 소추는 국회 의원 50인 이상의 발의와 재적 의원 3분의 2 이상의 찬성이 있어야 한다.
> 제69조 제3항 "대통령은 1차에 한하여 중임할 수 있다."를 "대통령의 계속 재임은 3기에 한한다."로 한다.
> 부칙 이 헌법은 공포한 날로부터 시행한다.
>
> 중앙 선거 관리 위원회

대한민국 정부 수립	(가)	정전 협정 조인	(나)	사사오입 개헌	(다)	4·19 혁명	(라)	YH 무역 사건	(마)	6월 민주 항쟁

① (가) ② (나) ③ (다) ④ (라) ⑤ (마)

[24013-0182]

06 (가)에 들어갈 내용으로 가장 적절한 것은?

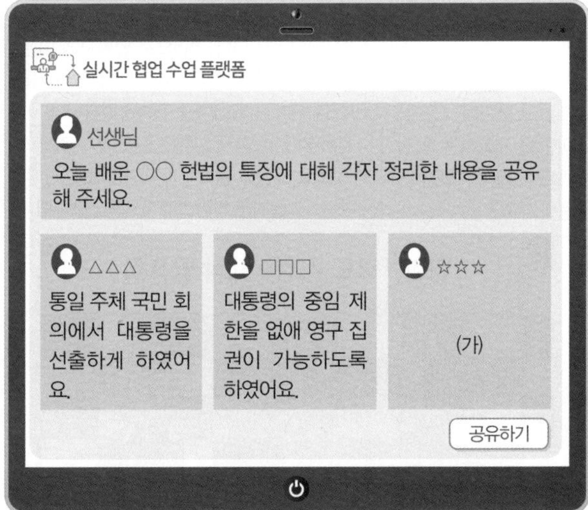

① 제헌 국회에서 제정하였어요.
② 6·25 전쟁 중에 공포되었어요.
③ 관민 공동회에서 결의되었어요.
④ 대통령의 임기를 7년으로 하였어요.
⑤ 대통령에게 긴급 조치권을 부여하였어요.

[24013-0183]

07 밑줄 친 '저항 운동'의 사례로 옳은 것은?

이 사진은 3·1 민주 구국 선언으로 구속된 민주 인사들의 석방을 요구하는 시위 모습입니다. 3·1 민주 구국 선언은 각계각층의 인사들이 유신 헌법 폐지와 정권 퇴진을 요구하며 발표한 선언으로, 이후 유신 체제에 대한 <u>저항 운동</u>에 영향을 끼쳤습니다.

① 을사의병이 일어났다.
② 북벌 운동이 추진되었다.
③ 부마 민주 항쟁이 발생하였다.
④ 2·8 독립 선언이 발표되었다.
⑤ 암태도 소작 쟁의가 발발하였다.

[24013-0184]

08 다음 민주화 운동에 대한 설명으로 옳은 것은?

광주 시민 여러분! 다 같이 단결하여 내 고장 내가 지킵시다. 우리 시민군은 계엄군에 맞서 시민의 안정을 위해 불철주야 고생하고 있습니다. 시민군을 믿고 적극 협조합시다. 오후 3시 도청 앞 광장에서 민주 수호 범시민 궐기 대회가 열립니다. 모두 참여합시다.

① 3·15 부정 선거를 규탄하였다.
② 급진 개화파의 주도로 일어났다.
③ 한반도에 대한 신탁 통치를 반대하였다.
④ 신군부 세력의 권력 장악에 저항하였다.
⑤ 남한만의 단독 선거 실시를 반대하며 봉기하였다.

[24013-0185]

09 다음 신문 기사가 작성된 정부 시기에 볼 수 있는 모습으로 가장 적절한 것은?

> **○○신문**
>
> **올해의 10대 뉴스**
>
> ❹ 수출액 100억 달러 돌파
> 제1차 경제 개발 5개년 계획이 시작된 지 15년 만에 100억 달러 수출을 달성하였다. 이 산업사의 대드라마는 15년 전 세계 무역액 기준 약 0.04%에 불과했던 우리나라의 수출액을 약 1% 수준으로 높였고, 산유국을 제외한 세계 수출국 랭킹에서 한국을 17위로 부상시켰다. 15년 전 일본의 약 100분의 1에 불과했던 수출액은 약 8분의 1로 늘어났으며, 1억 달러 이상을 수출한 무역 상사만도 17개가 등장하였다.

① 원산 총파업에 가담하는 노동자
② 회사령 제정 소식을 접하는 상인
③ 서울 올림픽에 참여하는 운동 선수
④ '역사 바로 세우기'를 홍보하는 공무원
⑤ 중화학 공업 집중 육성을 강조하는 대통령

[24013-0186]

10 (가) 운동에 대한 설명으로 옳은 것은?

> (가) 에 관한 자료 중 1970년부터 1979년까지의 기록물이 유네스코 세계 기록 유산에 등재되었습니다. (가) 은/는 농촌 환경 개선과 농가 소득 증대를 목표로 시행된 운동으로, 유네스코는 이 운동이 빈곤 퇴치와 국가 발전의 국제적 롤 모델이 된다는 점에서 관련 기록물을 세계 기록 유산에 등재하였습니다.

(가) 기록물, 유네스코 세계 기록 유산 등재

① 보안회의 주도로 추진되었다.
② 구본신참을 기본 방향으로 삼았다.
③ 대한매일신보 등 언론의 지원을 받았다.
④ '조선 사람 조선 것' 등의 구호를 내세웠다.
⑤ 유신 체제 유지에 이용되었다는 비판을 받았다.

[24013-0187]

11 교사의 질문에 대한 학생의 답변으로 가장 적절한 것은?

> 이것은 평화 시장의 재단사였던 전태일이 작성한 일기의 일부로, 장시간 노동의 괴로움이 담겨 있습니다. 그는 노동청에 진정서를 보내는 등 근로 조건 개선을 위해 노력하였으나, 자신의 요구가 받아들여지지 않자 '근로 기준법을 준수하라!'고 외치며 분신하였습니다. 이 사건이 일어날 당시의 경제 상황에 대해 말해 볼까요?

> 정말 하루하루가 못 견디게 괴로움의 연속이다. 아침 8시부터 저녁 11시까지 하루 15시간을 칼질과 아이롱질을 하며 지내야 하는 괴로움. 허리가 결리고 손바닥이 부르터 피가 나고 손목과 다리가 조금도 쉬지 않고 아프니 …… 사나이 큰 포부를 가지고 인내와 노력이 있어야 한다지만 정히 못 견디겠다.

① 미국의 무상 원조로 삼백 산업이 발달하였어요.
② 저유가, 저금리, 저달러의 3저 호황을 누렸어요.
③ 메가타의 주도로 화폐 정리 사업이 시행되었어요.
④ 경공업 중심의 수출 주도형 경제 정책이 실시되었어요.
⑤ 국제 통화 기금[IMF]의 관리 체제를 조기 극복하였어요.

[24013-0188]

12 밑줄 친 '이 정부'에 대한 설명으로 옳은 것은?

> 이번에 개봉하는 영화 「보도 지침」은 어떤 내용인가요?

> 이 정부는 프로 야구 출범 등의 유화 정책을 펼치면서 다른 한편으로 언론사에 이른바 보도 지침을 내려 보도 내용과 형식을 간섭하는 강압 정치를 지속하였습니다. 이 정부의 언론 통제 실체는 한 언론사 기자의 폭로로 세상에 알려지게 되었는데요, 이 영화는 그 실화를 바탕으로 제작되었습니다.

① 연통제와 교통국을 운영하였다.
② 야간 통행금지 조치를 해제하였다.
③ 제1차 남북 정상 회담을 개최하였다.
④ 경복궁 중건을 위해 당백전을 발행하였다.
⑤ 브라운 각서를 통해 미국의 군사적 지원을 약속받았다.

15 6월 민주 항쟁 이후 사회와 동아시아 평화를 위한 노력

1. 6월 민주 항쟁과 민주주의의 발전

(1) 6월 민주 항쟁(1987)

① 배경 : 전두환 정부의 강압적 통치, 시민들의 대통령 직선제 개헌 요구

② 전개 : 박종철 고문치사 사건 → 전두환 정부의 4·13 호헌 조치 발표 → 호헌 반대 시위 전개, 이한열 학생이 경찰이 쏜 최루탄에 맞아 의식 불명에 빠짐 → 호헌 철폐를 요구하며 6·10 국민 대회 개최, 시위 확산 → 노태우가 대통령 직선제 개헌 요구를 수용한 6·29 민주화 선언 발표

③ 결과 : 5년 단임의 대통령 직선제를 주요 내용으로 하는 개헌 단행

자료 플러스 4·13 호헌 조치

> 본인은 얼마 남지 않은 촉박한 임기와 현재의 국가적 상황을 종합적으로 판단하여 …… 임기 중 개헌이 불가능하다고 판단하고 현행 헌법에 따라 내년 2월 25일 본인의 임기 만료와 더불어 후임자에게 정부를 이양할 것을 천명하는 바입니다. 이와 함께 본인은 평화적인 정부 이양과 서울 올림픽이라는 양대 국가 대사를 성공적으로 치르기 위해서 국론을 분열시키고 국력을 낭비하는 소모적인 개헌 논의를 지양할 것을 선언합니다.

전두환 정부는 박종철 고문치사 사건의 진상을 은폐하고 대통령 직선제 개헌을 주장하는 국민들의 민주화 요구를 거부한 채 1987년 4월 13일 개헌 논의를 중단시키는 4·13 호헌 조치를 발표하였다. 시민들은 이에 반발하여 호헌 철폐, 독재 타도를 외치며 6월 민주 항쟁을 전개하였다.

(2) 민주주의의 진전

① 노태우 정부
- 성립 : 야권 분열로 여당 후보 노태우가 대통령에 당선
- 1988년 총선 결과 여소야대 국회 형성 → 전두환 정부의 비리와 5·18 민주화 운동의 진상 규명을 위한 청문회 개최 → 여소야대 정국 극복을 위한 3당 합당(민주 자유당 창당, 1990)
- 소련, 중국 등 공산권 국가와 수교하는 북방 외교 추진

② 김영삼 정부
- 고위 공직자 재산 공개 의무화, 금융 실명제 전면 실시, 지방 자치제 전면 시행
- '역사 바로 세우기' 추진 : 전두환·노태우 두 전직 대통령을 내란 및 반란 혐의로 구속, 조선 총독부 건물 철거 등 일제 잔재 청산

(3) 민주적인 정권 교체

① 김대중 정부
- 선거를 통한 최초의 여야 간 평화적 정권 교체, 외환 위기 극복
- 최초의 남북 정상 회담 개최

② 노무현 정부 : 과거사 정리 사업 추진(진실·화해를 위한 과거사 정리 위원회 출범)

③ 이명박 정부 : G20 정상 회담 개최

④ 박근혜 정부 : 대한민국 최초의 여성 대통령 당선, 헌정 사상 최초로 파면(탄핵 인용)

⑤ 문재인 정부 : 제19대 대통령 선거로 출범

✪ 박종철 고문치사 사건

1987년 1월 박종철 학생이 경찰 조사를 받던 중 고문으로 인해 사망하였다. 전두환 정부는 이를 은폐하려고 하였으나, 천주교 정의 구현 사제단 등에 의해 그 사실이 알려지면서 많은 시민들의 분노가 폭발하였다.

✪ 3당 합당

1988년에 시행된 제13대 국회의원 선거에서 여당인 민주 정의당보다 야당인 평화 민주당, 통일 민주당, 신민주 공화당의 의석수가 더 많은 여소야대 상황이 만들어졌다. 이에 노태우 정부는 여소야대 정국을 극복하기 위해 1990년 민주 정의당, 통일 민주당, 신민주 공화당을 합당하여 거대 여당인 민주 자유당을 창당하였다.

✪ 금융 실명제

모든 금융 거래를 실제 거래자의 이름으로 해야 하는 제도이다. 금융 거래의 투명성을 확보하고 세금을 정확히 부과하는 동시에 불법 자금의 유통을 단속할 목적으로 대통령 긴급 명령에 따라 시행되었다.

개념 체크

1. 6월 민주 항쟁의 결과 대통령 (　　) 개헌 요구를 수용한 6·29 민주화 선언이 발표되었다.
2. 노태우 정부는 여소야대 정국을 극복하기 위해 1990년 (　　)을 단행하였다.
3. 김영삼 정부는 금융 거래의 투명성을 확보하기 위해 (　　)를 전면 시행하였다.

정답

1. 직선제 2. 3당 합당
3. 금융 실명제

✪ 경제 협력 개발 기구[OECD]
경제 성장, 개발 도상국 원조, 통상 확대 등을 주요 목적으로 하여 1961년에 창설된 국제기구이다. 우리나라는 1996년에 29번째 회원국으로 가입하였다.

✪ 7·4 남북 공동 성명
닉슨 독트린 발표 이후 냉전 체제가 완화되는 국제 정세 변화 속에서 남북한 당국자 간의 비밀 회담을 통해 합의한 남북통일의 3대 원칙이 발표되었다.

✪ 동북공정
2002년부터 중국의 사회 과학원 산하 조직에서 추진한 동북 3성 지역의 역사 등에 관한 연구 프로젝트이다.

2. 외환 위기와 사회·경제적 변화

(1) 신자유주의 경제 정책의 확산

① 배경 : 선진 자본주의 국가들이 전면적 시장 개방에 합의, 신자유주의 정책과 자유 무역 강조 → 세계 무역 기구[WTO] 출범(1995)

② 신자유주의 정책 추진 : 공기업 민영화, 금융 규제 완화, 경제 협력 개발 기구[OECD] 가입(1996) 등

(2) 외환 위기 발생과 극복

① 발생 : 외환 및 금융 불안으로 외국 투자자들이 자금 회수 → 외환 보유고 고갈, 기업들의 부도 → 김영삼 정부가 국제 통화 기금[IMF]에 구제 금융 요청(1997)

② 극복 : 김대중 정부의 강도 높은 구조 조정 실시 및 외국 자본 유치 노력, 국민의 금 모으기 운동 등 → 지원금 조기 상환을 통해 국제 통화 기금[IMF]의 관리 체제 극복(2001)

(3) 외환 위기 이후의 한국 경제

① 2000년대 이후 경제 성장 : 여러 나라와 자유 무역 협정[FTA] 체결, 첨단 산업 발달 등

② 경제 성장에 따른 문제점 : 대외 무역 의존도 심화, 사회 계층 간 격차 심화 등

(4) 사회 변화와 시민 사회의 성장

① 사회 변화 : 고령화 사회·다문화 사회 진입, 사회 양극화 심화(비정규직 문제 등)

② 시민 사회의 성장 : 경제 정의 실천 시민 연합·참여 연대 등 시민 단체 성장, 시민의 촛불 집회, 인터넷과 누리 소통망 서비스[SNS]의 대중화로 시민의 정치 참여 촉진

③ 인권 증진 : 호주제 폐지, 국가 인권 위원회 설치

④ 사회 보장 제도 확충 : 국민연금 제도 마련, 국민 기초 생활 보장법 제정

3. 남북 화해와 동아시아 평화를 위한 노력

(1) 북한의 변화

① 3대 권력 세습 : 김일성(주체사상 강조, 사회주의 헌법 제정) → 김정일(선군 정치) → 김정은으로 권력 세습

② 경제 모습 : 1980~1990년대 경제난 극복을 위해 부분적인 개방 정책 추진(합작 회사 경영법 제정) → 2000년대 이후 시장 경제 요소의 제한적 도입

③ 사회 모습 : 집단주의에 기초한 사회주의적 생활 양식 유지

(2) 남북 화해·협력을 위한 노력

정부	내용
박정희 정부	7·4 남북 공동 성명 발표(1972, 자주적·평화적·민족적 대단결의 통일 원칙 합의)
전두환 정부	남북 이산가족 상봉, 예술 공연단 교환 방문
노태우 정부	남북한 유엔 동시 가입(1991), 남북 기본 합의서 채택(1991)
김대중 정부	대북 화해 협력 정책(햇볕 정책) 추진, 금강산 관광 사업 시작(1998), 제1차 남북 정상 회담(2000, 6·15 남북 공동 선언 발표) → 개성 공단 건설 사업 추진 등
노무현 정부	제2차 남북 정상 회담(2007, 10·4 남북 공동 선언 채택)
문재인 정부	남북 정상 회담 → 한반도의 평화와 번영, 통일을 위한 판문점 선언(2018)

(3) 동아시아 역사 갈등

① 일본의 역사 왜곡 : 왜곡된 역사 교과서 발간, 일본군 '위안부'에 대한 정부의 공식 사과와 배상 거부, 독도 영유권 주장

② 중국의 역사 왜곡 : 동북공정을 통해 고조선, 고구려, 발해를 자국의 역사로 편입 시도

개념 체크

1. (　　) 정부 때 신자유주의 정책을 추진하며, 경제 협력 개발 기구[OECD]에 가입하였다.
2. 남북한은 7·4 남북 공동 성명을 통해 자주적·평화적·(　　)의 통일 원칙에 합의하였다.
3. 김대중 정부는 최초로 남북 정상 회담을 개최하고 (　　)을 발표하였다.

정답
1. 김영삼 2. 민족적 대단결
3. 6·15 남북 공동 선언

1단계 자료 분석

(가) 우리는 오늘 6·10 고 박종철 군 고문치사 은폐 조작 규탄 및 호헌 철폐 국민 대회를 맞아 아래와 같이 우리의 결의를 거듭 밝힌다.
1. 이 땅에서 권력에 의한 고문, 테러, 불법 연행, 불법 연금 등 여하한 인권 유린도 영원히 추방되어야 한다는 것은 그 누구도 거스를 수 없는 국민적 요구이다.
3. 정치 군부 세력의 몇몇 핵심자들끼리 독재 권력을 무슨 사유물인 것처럼 주고받으려는 음모에서 비롯된 이른바 4·13 호헌 성명이 무효임을 선언하며 …… 범국민적 운동을 더 한층 가열화할 것임을 결의한다.
6. 우리는 …… 이 땅에 민주 헌법이 서고 민주 정부가 확고히 수립될 때까지 지칠 줄 모르게 이 운동을 전개해 나갈 뿐만 아니라 그렇게 되었을 때 동장에서부터 대통령까지 국민들의 손으로 뽑게 될 수 있을 때에도 그 소중한 국민 주권을 신성하게 행사할 것임을 온 국민의 이름으로 결의한다.

– 6·10 국민 대회 결의문 –

(나) 첫째, 대통령 직선제 개헌을 하고 1988년 2월 평화적 정부 이양을 실현한다.
둘째, 대통령 선거법을 개정하여 자유로운 출마와 공정한 경쟁을 보장한다.
셋째, 국민적 화해와 대단결을 도모하기 위해 김대중 씨 등을 사면·복권하고, 극소수를 제외한 시국 사범을 석방한다.

– 6·29 민주화 선언(요약) –

전두환 정부가 보도 지침을 내려 박종철 고문치사 사건의 진상을 은폐하고, 개헌에 대한 정치권 합의가 이루어지지 않았다는 구실로 4·13 호헌 조치를 발표하자 시민들은 민주 헌법 쟁취 국민운동 본부를 결성하고 자료 (가)의 결의문을 발표하며 6·10 국민 대회를 개최하였다. 6월 민주 항쟁이 지속되자 전두환 정부는 국민의 민주화 요구에 굴복하여 1987년 6월 29일 여당 대통령 후보인 노태우를 통해 직선제 개헌, 기본권 보장 등을 주요 내용으로 하는 자료 (나)의 6·29 민주화 선언을 발표하였다. 이에 따라 5년 단임의 대통령 직선제를 핵심으로 하는 헌법 개정이 이루어졌다.

2단계 문항 연습

정답과 해설 45쪽

[24013-0189]

1 다음 자료에 나타난 민주화 운동에 대한 설명으로 옳은 것은?

〈명동 성당 농성 투쟁 상황 일지〉

시간	내용
17:00	시가지에서 시위 중이던 학생 100여 명이 명동 성당 구내로 진입하여 경찰과 대치 시작
18:00	6·10 국민 대회 관계 미사 후 신자 200여 명이 시위에 참가
20:00	시위대가 600여 명으로 증가하여 경찰과 대치 중
21:00	퇴계로 방면에서 시위하던 학생과 시민들이 명동 성당 구내로 진입하여 시위에 가세
21:30	바리케이드를 설치하고, 1천여 명으로 늘어난 시위대가 '호헌 철폐', '독재 타도' 구호를 외치며 경찰과 투석전 전개

① 유신 헌법의 철폐를 주장하였다.
② 굴욕적인 대일 외교를 비판하였다.
③ 대통령 직선제 개헌을 요구하였다.
④ 이승만 대통령의 사임을 이끌어 냈다.
⑤ 신간회가 진상 조사단을 파견하여 지원하였다.

자료 탐구 남북한의 평화 통일을 위한 노력

1단계 자료 분석

(가) 쌍방은 다음과 같은 조국 통일 원칙들에 합의를 보았다.
첫째, 통일은 외세에 의존하거나 외세의 간섭을 받음이 없이 자주적으로 해결하여야 한다.
둘째, 통일은 서로 상대방을 반대하는 무력 행사에 의거하지 않고 평화적 방법으로 실현하여야 한다.
셋째, 사상과 이념, 제도의 차이를 초월하여 우선 하나의 민족으로서 민족적 대단결을 도모하여야 한다.
– 7·4 남북 공동 성명(1972) –

(나) 남과 북은 분단된 조국의 평화적 통일을 염원하는 온 겨레의 뜻에 따라 7·4 남북 공동 성명에서 천명된 조국 통일 3대 원칙을 재확인하고, …… 평화 통일을 성취하기 위한 공동의 노력을 경주할 것을 다짐하면서 다음과 같이 합의하였다.
제1조 남과 북은 서로 상대방의 체제를 인정하고 존중한다.
제9조 남과 북은 상대방에 대하여 무력을 사용하지 않으며 상대방을 무력으로 침략하지 아니한다.
제17조 남과 북은 민족 구성원들의 자유로운 왕래와 접촉을 실현한다.
– 남북 기본 합의서(1991) –

(다) 1. 남과 북은 나라의 통일 문제를 그 주인인 우리 민족끼리 서로 힘을 합쳐 자주적으로 해결해 나가기로 하였다.
2. 남과 북은 나라의 통일을 위한 남측의 연합제 안과 북측의 낮은 단계의 연방제 안이 서로 공통성이 있다고 인정하고, 앞으로 이 방향에서 통일을 지향시켜 나가기로 하였다.
4. 남과 북은 경제 협력을 통하여 민족 경제를 균형적으로 발전시키고, 사회·문화·체육·보건·환경 등 제반 분야의 협력과 교류를 활성화하여 서로의 신뢰를 다져 나가기로 하였다.
– 6·15 남북 공동 선언(2000) –

남북한은 한반도의 평화 정착과 통일을 위해 꾸준히 노력해 왔다. 닉슨 독트린 발표 이후 냉전 체제가 완화되는 국제 정세의 변화 속에서 1972년에는 당국자 간 비밀 회담을 통해 자주적·평화적·민족적 대단결의 평화 통일 3대 원칙에 합의한 자료 (가)의 7·4 남북 공동 성명을 발표하였다. 1991년에는 탈냉전 시대의 흐름을 타고 공존을 위해 적극적인 대화를 시도한 끝에 제5차 남북 고위급 회담에서 남북 화해, 상호 불가침, 교류 협력 방안을 규정한 자료 (나)의 남북 기본 합의서를 채택하였다. 또한 2000년에는 분단 이후 최초로 남북 정상 회담을 개최하여 통일 방안과 이산가족 문제 해결 방안, 남북 간 교류 활성화 방안 등을 합의한 자료 (다)의 6·15 남북 공동 선언을 발표하였다.

2단계 문항 연습

정답과 해설 45쪽

[24013-0190]

2 (가) 정부의 통일 노력으로 옳은 것은?

베를린 장벽 위에 올라간 독일 국민들

남북은 탈냉전 시대의 흐름을 타고 공존을 위해 적극적인 대화를 시도하였어요.

➡

합의서 내용에 합의한 양국 대표

그 결과 (가) 은/는 제5차 남북 고위급 회담에서 남북 기본 합의서를 채택하게 되었죠.

➡

남북 기본 합의서
제1장 남북 화해
제2장 남북 불가침
제3장 남북 교류·협력

남북 기본 합의서는 평화와 공존으로 가는 방법에 합의한 역사적인 문건이에요.

① 7·4 남북 공동 성명을 발표하였다.
② 제1차 남북 정상 회담을 개최하였다.
③ 10·4 남북 공동 선언에 합의하였다.
④ 남북한 유엔 동시 가입을 성사시켰다.
⑤ 삼균주의에 기초한 건국 강령을 공포하였다.

대표 기출 확인하기

1 다음 뉴스가 보도된 시기를 연표에서 옳게 고른 것은? 2023학년도 수능 9월 모의평가

지난달 9일 6·10 국민 대회를 하루 앞두고 벌어진 시위에서 부상을 입고 치료를 받던 ○○대 학생 이한열 군이 오늘 새벽 사망하였습니다. 검은색 대형 추모 만장이 걸린 모교 학생회관 빈소에는 숙연한 분위기 속에서 조문객들이 줄을 잇고 있습니다. 장지는 모교 내부와 광주 망월동 묘지 등이 거론되고 있습니다.
이한열 군 오늘 새벽 사망

	(가)	(나)	(다)	(라)	(마)	
발췌 개헌안 통과	4·19 혁명	3선 개헌안 통과	5·18 민주화 운동	4·13 호헌 조치 발표	민주 자유당 창당	

① (가) ② (나) ③ (다) ④ (라) ⑤ (마)

간략 풀이

정답 | ⑤

풀이 | 자료에서 지난달 9일 6·10 국민 대회를 하루 앞두고 벌어진 시위에서 부상을 입은 이한열 군이 오늘 사망하였다는 내용을 통해 뉴스가 보도된 시기는 1987년 7월임을 알 수 있다. 간선제로 차기 대통령을 선출하겠다는 전두환 정부의 4·13 호헌 조치 등에 반발하여 대통령 직선제를 요구하는 시위가 전국으로 퍼지는 가운데 6월 9일 대학생 이한열이 경찰의 최루탄에 맞아 의식 불명 상태에 빠지는 사건이 발생하였다. 이튿날 전국 18개 도시에서는 6·10 국민 대회가 개최되었다. 4·13 호헌 조치는 1987년 4월 13일, 민주 자유당 창당은 1990년의 사실이다.

2 밑줄 친 '정부'에 대한 설명으로 옳은 것은? 2024학년도 수능 6월 모의평가

> **○○○○○이/가 출발합니다. 경제 정의가 실현됩니다.**
>
> **– 국민 여러분의 문의 사항을 답변해 드리기 위해 안내 센터를 설치했습니다. –**
>
> ○○○○○은/는 문자 그대로 은행이나 증권 회사 등 금융 기관과의 거래 시에 가명이 아닌 실명으로만 거래할 수 있는 제도입니다. <u>정부</u>는 전격적인 ○○○○○ 실시에 따른 국민들의 불편을 최소화하고, 일상 경제 활동에 지장을 주지 않도록 주민등록증 제시만으로 명의를 확인받을 수 있도록 하였습니다.
>
> 재무부·공보처

① 지계를 발급하였다.
② G20 정상 회의를 개최하였다.
③ 제1차 경제 개발 5개년 계획을 추진하였다.
④ 경제 협력 개발 기구[OECD]에 가입하였다.
⑤ 유상 매입, 유상 분배의 농지 개혁을 시행하였다.

간략 풀이

정답 | ④

풀이 | 자료에서 금융 기관과 거래 시 실명으로만 거래할 수 있다는 내용을 통해 밑줄 친 '정부'는 김영삼 정부임을 알 수 있다. 김영삼 정부는 1993년 투명한 금융 거래를 정착시키고 부당한 정치 자금 거래를 막기 위해 금융 실명제를 전면 실시하였다. 또한 1996년 경제 협력 개발 기구[OECD]에 가입하였다. ① 대한 제국이 지계를 발급하였다. ② 이명박 정부는 2010년 서울에서 G20 정상 회의를 개최하였다. ③ 제1차 경제 개발 5개년 계획은 1962년부터 1966년까지 추진되었다. ⑤ 이승만 정부가 농지 개혁을 시행하였다.

[24013-0191]

01 (가) 민주화 운동에 대한 설명으로 옳은 것은?

〈학생 활동지〉

모둠명 : ○○○

오늘 배운 (가) 의 전개 과정을 그림으로 표현해 봅시다.

 ❶ 박종철 군이 고문으로 숨지다. 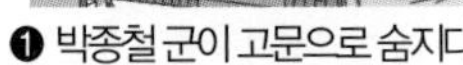	 ❷ 전두환 대통령이 4·13 호헌 조치를 발표하다.
 ❸ 6·10 국민 대회가 개최되다. 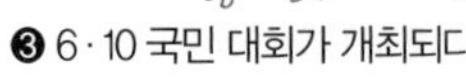	 ❹ 6·29 민주화 선언이 발표되다.

① 조선 형평사가 주도하였다.
② 굴욕적인 대일 외교를 비판하였다.
③ 대통령 직선제 개헌을 이끌어 냈다.
④ 3·15 부정 선거에 항의하여 일어났다.
⑤ 한반도에 대한 신탁 통치를 반대하였다.

[24013-0192]

02 밑줄 친 '합당'이 이루어진 배경으로 가장 적절한 것은?

이 만평은 민주 정의당, 통일 민주당, 신민주 공화당이 합당하자 평화 민주당이 혼자된 상황을 표현하였네요. 당시 합당으로 보수 연합이 이루어지면서 민주 자유당이 창당된 역사적 사실을 잘 반영한 우수작입니다.

① 탕평 정치가 추진되었다.
② 정우회 선언이 발표되었다.
③ 미쓰야 협정이 체결되었다.
④ 여소야대 국회가 운영되었다.
⑤ 이승만이 정읍 발언을 하였다.

[24013-0193]

03 밑줄 친 '대통령'이 집권하던 시기에 있었던 사실로 옳은 것은?

알리는 말씀

대통령이 발표한 긴급 명령에 따라 금융 실명제가 전면 실시되어 모든 금융 거래 시 실명 확인 중입니다. 각종 예·적금 신규 가입 또는 해약 시 반드시 주민등록증을 제시하여 주시기 바랍니다. – ○○은행 –

① 의열단이 조직되었다.
② 홍범 14조가 반포되었다.
③ '역사 바로 세우기'가 추진되었다.
④ 한미 상호 방위 조약이 체결되었다.
⑤ G20 정상 회의가 서울에서 개최되었다.

[24013-0194]

04 다음 자료를 활용한 탐구 활동으로 가장 적절한 것은?

숫자와 그림으로 알아보는 금 모으기 운동

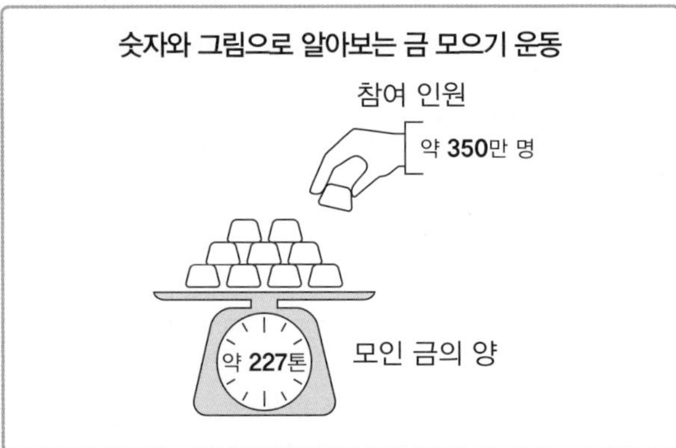

① 당백전의 발행 계기를 조사한다.
② 브라운 각서의 내용을 파악한다.
③ 회사령이 제정된 배경을 살펴본다.
④ 외환 위기의 극복 과정을 알아본다.
⑤ 삼정이정청의 설치 목적을 찾아본다.

[24013-0195]

05 (가) 성명이 발표된 시기를 연표에서 옳게 고른 것은?

> **(가) 에 대한 해외 언론 반응(외무부 보고)**
>
> • **미국** : 닉슨 대통령의 대중국 협상에 대한 부산물로, 한국에 대한 미국의 부담을 더는 의미에서 좋은 일임.
>
> • **일본** : 남북한 지도자의 자주적인 노력과 신속한 행동력을 높이 평가함. 외부 세력을 배제하고 남북 간 협상을 진행한 것은 다행한 일임.
>
> • **프랑스** : 한·일 간의 분규를 해결한 박정희 대통령이 아시아의 공산 진영과 자유 진영 간 전쟁 위험을 방지하려는 의도로 착수한 결단으로 보임.

대한민국 정부 수립	(가)	6·25 전쟁 발발	(나)	5·16 군사 정변	(다)	한일 협정 체결	(라)	10·26 사태	(마)	서울 올림픽 개최

① (가) ② (나) ③ (다) ④ (라) ⑤ (마)

[24013-0196]

06 밑줄 친 '이 정부' 시기에 있었던 사실로 옳은 것은?

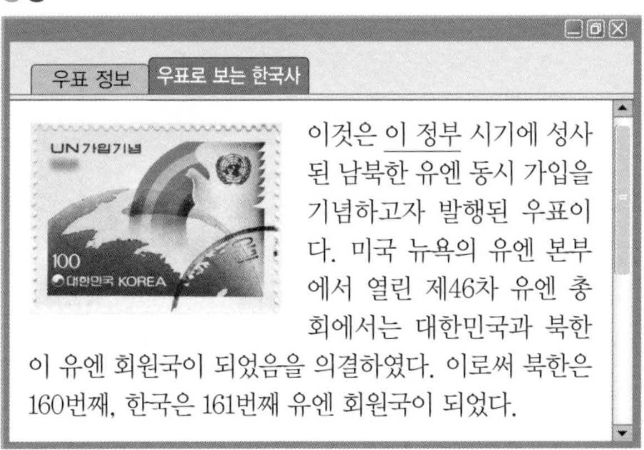

이것은 이 정부 시기에 성사된 남북한 유엔 동시 가입을 기념하고자 발행된 우표이다. 미국 뉴욕의 유엔 본부에서 열린 제46차 유엔 총회에서는 대한민국과 북한이 유엔 회원국이 되었음을 의결하였다. 이로써 북한은 160번째, 한국은 161번째 유엔 회원국이 되었다.

① 대통령이 탄핵되었다.
② 3선 개헌이 단행되었다.
③ 남북 기본 합의서가 채택되었다.
④ 반민족 행위 처벌법이 제정되었다.
⑤ 6·15 남북 공동 선언이 발표되었다.

[24013-0197]

07 다음 연설이 행해진 정부의 통일 노력으로 옳은 것은?

> 저는 취임과 동시에 대북 정책과 관련한 세 가지 원칙을 천명한 바 있습니다. 그것은 첫째, 북한의 어떠한 군사적 위협이나 무력 도발도 용납하지 않겠다는 것이며, 둘째로 우리 역시 북한을 해치거나 흡수 통일을 하려 하지 않을 것이고, 셋째로 남북 간 화해와 교류 협력을 활성화하여 남북 관계를 획기적으로 개선시키겠다는 것입니다. …… 이번에 판문점을 통해 소 떼를 북한에 보내고, 금강산의 관광 개발에 합의한 것도 이러한 우리의 의지를 가시화한 첫걸음이었습니다.

① 정전 협정에 조인하였다.
② 헤이그 특사를 파견하였다.
③ 좌우 합작 7원칙을 발표하였다.
④ 제1차 남북 정상 회담을 개최하였다.
⑤ 10·4 남북 공동 선언에 합의하였다.

[24013-0198]

08 (가)에 들어갈 내용으로 가장 적절한 것은?

이번 한국사 발표 수업 주제인 (가) 에 대해 나는 최초로 피해 사실을 공개 증언한 김학순 할머니를 소개하려고 해. 너희는?
난 고노 담화의 내용을 조사해서 발표할 거야.
나는 매주 수요일 일본 대사관 앞에서 열리는 수요 시위에 대해 이야기할 거야.

① 동북공정의 문제점
② 주체사상의 허구성
③ 간도를 둘러싼 영유권 분쟁
④ 조선사 편수회의 식민 사관 유포
⑤ 일본군 '위안부' 문제의 해결 노력

www.ebsi.co.kr

수능 유형 마스터 연표로 이해하는 한국사

수능 유형 마스터 1회

[24013-0199]

01 (가) 시대의 생활 모습으로 가장 적절한 것은?

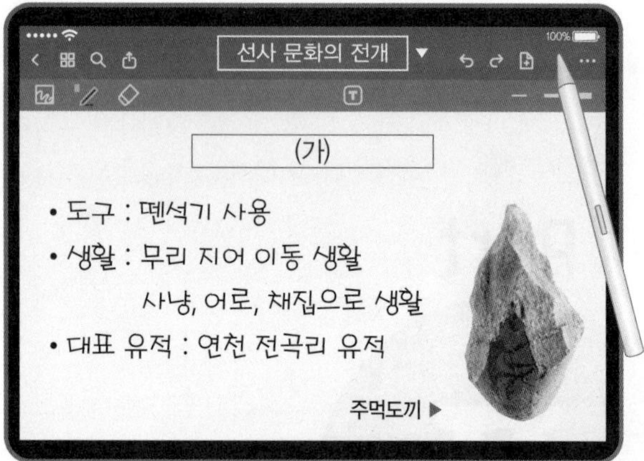

① 상평통보를 주조하였다.
② 비파형 동검을 제작하였다.
③ 영고라는 제천 행사를 열었다.
④ 철제 농기구를 만들어 사용하였다.
⑤ 주로 동굴이나 바위 그늘에서 생활하였다.

[24013-0200]

02 (가) 국가에 대한 설명으로 옳은 것은?

VR로 만나는 역사 체험

① 노비안검법을 시행하였다.
② 교육 기관으로 국자감을 두었다.
③ 마한의 여러 소국을 복속시켰다.
④ 중국으로부터 해동성국으로 불렸다.
⑤ 8조법에 따라 사회 질서를 유지하였다.

[24013-0201]

03 (가), (나) 시기 사이에 있었던 사실로 옳은 것은? [3점]

(가)	(나)

신라의 김춘추가 당을 설득하여 동맹을 맺었다.	신라가 기벌포에서 승리를 거두고 삼국 통일을 완수하였다.

① 동북 9성이 축조되었다.
② 위화도 회군이 단행되었다.
③ 신라가 우산국을 복속시켰다.
④ 고구려의 평양성이 함락되었다.
⑤ 서희가 적장과 외교 담판을 벌였다.

[24013-0202]

04 (가) 국가에서 있었던 사실로 옳은 것은? [3점]

한국사 신문

강화 묘지사지에서 대형 온돌 건물지 확인

강화 묘지사지에서 대형 온돌 건물지가 발견되었다. 묘지사는 (가) 이/가 몽골의 침략에 맞서 강화도로 천도한 시기에 왕이 마니산 참성단에서 초제를 지내기 전에 거처했던 사찰이다. 이번에 발굴된 온돌 건물지는 동서 너비 16.5m, 남북 길이 6.3m의 규모로, 당시 (가) 의 온돌 모습을 잘 보여 준다는 점에서 온돌 구조의 변천 과정을 이해하는 데 중요한 학술적 근거가 될 것으로 보인다.

① 신문왕이 국학을 설립하였다.
② 고종이 헤이그 특사를 파견하였다.
③ 을지문덕이 살수에서 적군을 격파하였다.
④ 이종무가 대마도(쓰시마섬)를 토벌하였다.
⑤ 정중부 등이 정변을 일으켜 권력을 장악하였다.

[24013-0203]

05 (가) 전쟁의 영향으로 가장 적절한 것은? [3점]

〈수행 평가 보고서〉

3학년 △반 이름 ○○○

• 수행 과제 : 조선 후기에 발생한 역사적 사건 하나를 선정하여 그 흐름을 정리한 인포그래픽을 만든다.
• 선정한 사건 : (가)

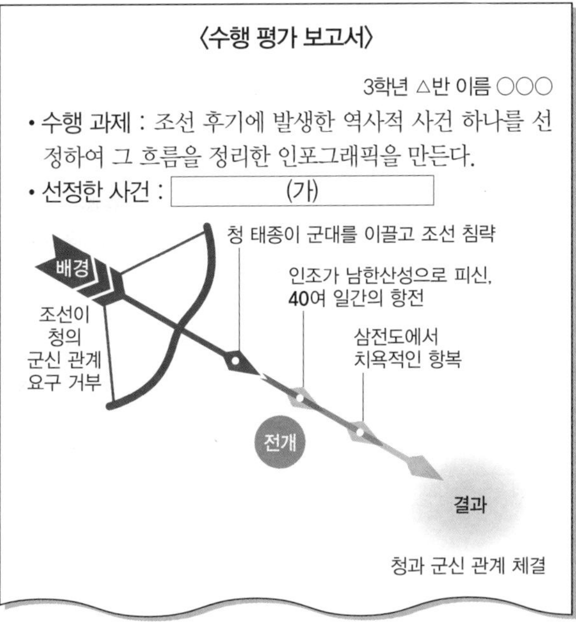
배경
조선이 청의 군신 관계 요구 거부
청 태종이 군대를 이끌고 조선 침략
인조가 남한산성으로 피신, 40여 일간의 항전
삼전도에서 치욕적인 항복
전개
결과
청과 군신 관계 체결

① 임오군란이 일어났다.
② 천리장성이 축조되었다.
③ 북벌 운동이 추진되었다.
④ 간도 참변이 발생하였다.
⑤ 팔만대장경이 조판되었다.

[24013-0204]

06 밑줄 친 '왕'에 대한 설명으로 옳은 것은?

왕이 이르기를, "초계문신 중에 순통(純通)*을 받은 사람을 모두 뽑아내서 다시 계속 연구하게 한다면 더욱 효과가 있을 것이다."라고 하였다. …… 직제학 심염조가 아뢰기를, "시행한 초기에는 힘들 것이라 여기는 사람도 있었지만 지금은 점점 공부에 발전이 있습니다. 그러므로 모두 영광스러운 선발이라는 것을 압니다."라고 하였다. 왕이 이르기를, "…… 지금 규장각을 하나의 훌륭한 제도로 만들어 인재를 키우는 효과를 도모하니 이는 동궁에 있을 때부터 이미 계획을 세운 것이다."라고 하였다.

*순통 : 경서를 외우고 풀이하는 시험에서 가장 우수한 성적

① 사비로 천도하였다.
② 훈민정음을 반포하였다.
③ 탕평 정치를 실시하였다.
④ 교육입국 조서를 발표하였다.
⑤ 정동행성 이문소를 폐지하였다.

[24013-0205]

07 다음 자료를 활용한 탐구 활동으로 가장 적절한 것은?

초지진에 상륙한 적군은 대포를 이끌고 소총을 난발하며 덕진진을 지나 광성진으로 향하였다. 이때 진무 중군 어재연이 어영군과 본영 별무사를 보내 중간에서 방어하였으나 패배하였다. 광성진에 들어온 적군은 성첩과 돈대를 에워쌌다. 이에 광성진에서 조총을 쏘며 혼전을 벌이다가 광성진이 함락되니, 적군은 광성진 상하 돈대를 점거하여 화약고 등을 불지르고 무기를 수거하였다.

① 훈요 10조의 내용을 분석한다.
② 을사의병이 일어난 배경을 살펴본다.
③ 4군 6진 지역의 개척 과정을 정리한다.
④ 제너럴 셔먼호 사건이 끼친 영향을 파악한다.
⑤ 영국이 거문도를 불법으로 점령한 시기를 조사한다.

[24013-0206]

08 (가) 사건에 대한 설명으로 옳은 것은? [3점]

(가) 140주년 기념 뮤지컬
「삼일천하」

140년 전, 김옥균, 홍영식 등 젊은 급진 개화파들은 조선의 위기를 타개하고 근대 국가를 수립하기 위해 (가) 을/를 일으켰습니다. 비록 삼일천하로 끝났지만 새로운 세상을 꿈꿨던 그들의 이야기를 이번 뮤지컬에서 만나 보세요.

○ 일시 : 2024년 ○○월 ○○일~○○월 ○○일
○ 장소 : □□ 아트홀

① 우정총국 개국 축하연에서 발생하였다.
② 삼정이정청이 설치되는 결과를 가져왔다.
③ 김부식 등이 이끄는 관군에 의해 진압되었다.
④ 이른바 문화 통치가 실시되는 계기가 되었다.
⑤ 평안도 지방에 대한 차별에 반발하여 일어났다.

[24013-0207]

09 (가) 정부에 대한 설명으로 옳은 것은? [3점]

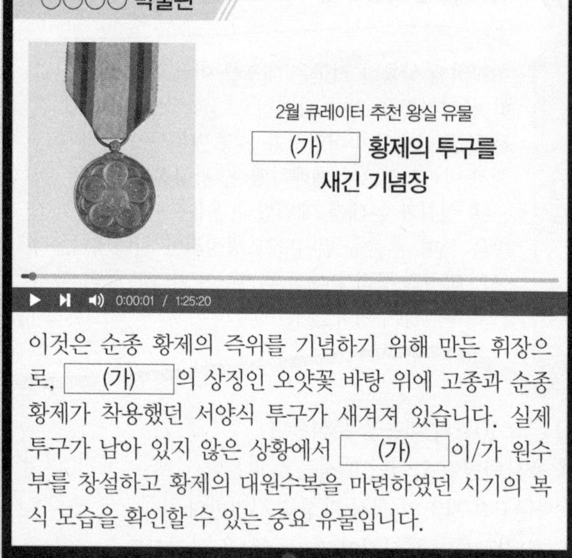

○○○○ 박물관
2월 큐레이터 추천 왕실 유물
(가) 황제의 투구를 새긴 기념장
0:00:01 / 1:25:20
이것은 순종 황제의 즉위를 기념하기 위해 만든 휘장으로, (가) 의 상징인 오얏꽃 바탕 위에 고종과 순종 황제가 착용했던 서양식 투구가 새겨져 있습니다. 실제 투구가 남아 있지 않은 상황에서 (가) 이/가 원수부를 창설하고 황제의 대원수복을 마련하였던 시기의 복식 모습을 확인할 수 있는 중요 유물입니다.

① 대한국 국제를 반포하였다.
② 전민변정도감을 설치하였다.
③ 국민 대표 회의를 개최하였다.
④ 베트남 전쟁에 군대를 보냈다.
⑤ 3성 6부의 통치 체제를 갖추었다.

[24013-0208]

10 다음 자료를 활용한 탐구 주제로 가장 적절한 것은?

> **광고**
>
> 평양의 태극 서관이 대확장하여 제2 태극 서관을 경성 북부 대안동에 세우고 각종 서적을 특별 대할인 발매합니다. 학교 등 교육에 종사하시는 분들께서는 계속 주문해 주시기 바랍니다.
> 단, 지방은 태극 서관에서 배달비를 부담합니다.
>
> 경성 북부 대안동 제2 태극 서관
> 관주 이승훈, 주임 안태국

① 실학의 발달
② 조선책략의 유포
③ 독서삼품과의 시행
④ 신민회의 민족 산업 육성
⑤ 조선 물산 장려회의 활동

[24013-0209]

11 다음 초대장이 작성된 시기를 연표에서 옳게 고른 것은? [3점]

> **초대장**
>
> 한성 전기 회사 사장의 요청에 따라 전차 개통식에 귀하를 초청하오니 부디 참석하여 주시기 바랍니다. 다음 달 5월 □일에 모든 기계 장치를 시동하여 전차가 동대문에 위치한 발전소를 출발할 것입니다. 모든 준비는 보스트윅 씨의 주관으로 진행되고 있으며, 전차는 승객들이 익숙하게 될 때까지는 최고 속력 시속 5마일로 운행하도록 세심하게 배려하였고, 속력을 늘리더라도 시속 15마일을 초과하지 않도록 할 것입니다.
>
> 당신을 존경하는 H. 콜브란

홍경래의 난		강화도 조약 체결		국권 피탈		광주 학생 항일 운동		8·15 광복		6·25 전쟁 발발
	(가)		(나)		(다)		(라)		(마)	

① (가)　② (나)　③ (다)　④ (라)　⑤ (마)

[24013-0210]

12 교사의 질문에 대한 학생의 답변으로 가장 적절한 것은?

이것은 홋카이도 소라치군에서 발행한 징병 검사 통달서입니다. 이 문서를 받은 사람은 국가 총동원법이 실시된 이후 일본으로 강제 동원된 한국인으로, 일제는 징용 노동자 중에서도 징병 검사 대상자를 선정하여 이와 같은 문서를 보냈습니다. 이 문서가 발행된 당시의 사실에 대해 발표해 볼까요?

① 정미의병이 일어났어요.
② 을미개혁이 추진되었어요.
③ 임진왜란이 발발하였어요.
④ 조선 태형령이 제정되었어요.
⑤ 황국 신민 서사 암송이 강요되었어요.

[24013-0211]

13 다음 자료에 나타난 민족 운동의 영향으로 가장 적절한 것은?

> 내가 조선 독립 만세를 부른 것은 개인적인 사상 때문이 아니다. 민족 자결이라는 문제가 신문에 게재되고 조선 민족 대표 33명이 서명한 선언서가 평양 종로의 집집마다 배포됨에 따라 조선 민족으로서 희열을 느낀 나머지 가만히 있을 수 없어 황제의 인산일을 앞두고 장별리 파출소에서 평양 경찰서에 이르는 사이에서 독립 만세를 부른 것이다. 그런데 평양 복심 법원에서 징역 6개월을 선고받았으므로 이에 불복하여 상고한다.

① 회사령이 제정되었다.
② 광무개혁이 추진되었다.
③ 운요호 사건이 일어났다.
④ YH 무역 사건이 발생하였다.
⑤ 대한민국 임시 정부가 수립되었다.

[24013-0212]

14 다음 주장에 따라 전개된 민족 운동에 대한 설명으로 옳은 것은? [3점]

> 우리 2천만 민족도 남들과 같이 높이 서서 이 세계의 온갖 상태를 보아야 하겠으며 또한 세계의 자태를 알아야 하겠습니다. 그러므로 우리는 무엇보다도 먼저 교육의 필요를 깨달은 이상, 관공립 학교를 바라고 기다릴 것이 아니라 우리 손으로 우리들의 열정을 다 합쳐 민립 대학을 세워야 합니다.

① 독립 협회의 주도로 전개되었다.
② 육영 공원이 설립되는 계기가 되었다.
③ 대한매일신보 등 언론의 지원을 받았다.
④ 2·8 독립 선언에 자극을 받아 일어났다.
⑤ 이상재 등을 중심으로 모금 활동을 추진하였다.

[24013-0213]

15 (가) 단체에 대한 설명으로 옳은 것은?

> 기자는 어느 날 조선 어문의 발전을 위해 노력하고 있는 (가) 의 사무실을 찾아갔다. …… 기자가 "우리말(조선말) 큰사전의 편집 진행 상황을 좀 보여 주시렵니까?"라고 물으니, 이극로는 "좋습니다. 보여드리죠." 하고 저쪽 방으로 가서 수십 층이나 되는 카드함을 열어젖힌다. 이미 정리한 어휘만 하여도 수십만 어라고 한다. …… "사전 편찬에 제일 어려운 것은 무엇입니까?"라고 질문하니, "몇 해를 두고 어휘를 조사하였으나 매일 몇십 마디씩 아직도 새것이 발견됩니다. 어휘 조사가 얼마나 어려운 것인지를 알겠어요."라고 말하며 입을 다신다. 사실 지극히 어려운 일임에 틀림이 없다.

① 정우회 선언을 계기로 결성되었다.
② 한글 맞춤법 통일안을 제정하였다.
③ 오산 학교와 대성 학교를 설립하였다.
④ 상하이 훙커우 공원 의거를 감행하였다.
⑤ 고종 강제 퇴위 반대 운동을 전개하였다.

[24013-0214]

16 (가) 군사 조직에 대한 설명으로 옳은 것은? [3점]

> 저는 지금 쌍성보성의 서쪽 문인 승은문 앞에 나와 있습니다. 이곳은 지청천이 이끈 (가) 이/가 길림 자위군과 함께 일본군에 맞서 전투를 벌인 장소로, (가) 은/는 이 전투에서 일본군에 승리하고 식량과 무기 등 많은 군수 물자를 획득하였습니다.

① 안시성 싸움에서 승리하였다.
② 미얀마·인도 전선에 파견되었다.
③ 중국군과 연합 작전을 전개하였다.
④ 자유시 참변으로 세력이 약화되었다.
⑤ 우금치에서 일본군과 전투를 벌였다.

[24013-0215]

17 (가) 단체에 대한 설명으로 옳은 것은?

이 책은 광복 후 조국으로 돌아온 이시영, 조소앙 등이 독립운동가 김상옥을 기리기 위해 발간한 『김상옥 열사의 항일투쟁실기』이다. 김상옥은 김원봉 등을 중심으로 결성된 (가) 의 단원으로, 1923년 독립운동가에 대한 고문으로 악명이 높았던 종로 경찰서에 폭탄을 던지는 등 의열 투쟁을 전개하였다.

① 독립문을 건립하였다.
② 교조 신원 운동을 전개하였다.
③ 조선 인민 공화국 수립을 선포하였다.
④ 조선 혁명 선언을 활동 지침으로 삼았다.
⑤ 청산리 전투에서 일본군에 대승을 거두었다.

[24013-0216]

18 밑줄 친 '국민 투표'로 확정된 헌법에 대한 설명으로 옳은 것은? [3점]

이것은 헌법 개정안의 찬반을 묻기 위해 실시된 국민 투표의 안내문으로, 투표일과 투표 방법 등이 적혀 있습니다. 당시 박정희 대통령은 비상계엄을 선포하고 국회를 해산한 뒤 비상 국무 회의를 통해 마련한 헌법 개정안을 국민 투표로 확정하였습니다.

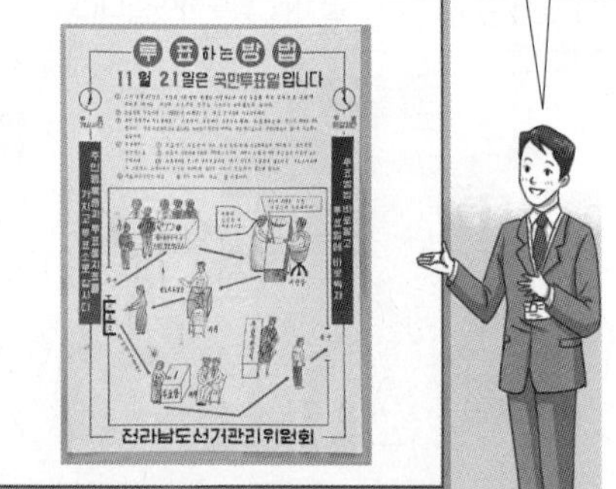

① 내각 책임제를 규정하였다.
② 통감부가 설치되는 계기가 되었다.
③ 제2차 갑오개혁 과정에서 반포되었다.
④ 조선어 학회 회원들을 탄압하는 근거가 되었다.
⑤ 긴급 조치권을 두어 국민의 기본권을 제한하였다.

[24013-0217]

19 (가) 민주화 운동에 대한 설명으로 옳은 것은? [3점]

체험 학습 보고서

3학년 △반 이름 ○○○

• 주제 : (가) 의 사적지를 찾아서
• 방문 장소와 인증 스탬프

전남대학교 정문	(가) 의 최초 발원지, 비상계엄 확대 등에 항의하는 학생들을 계엄군이 폭력으로 강제 해산한 곳
전일빌딩 245	계엄군이 헬기에서 발포한 총탄의 흔적이 남아 있는 곳
옛 전남 도청	계엄군의 무력 진압에 맞서 시민군이 마지막까지 결사 항쟁하였던 곳

① 신군부 세력의 퇴진을 요구하였다.
② 한반도에 대한 신탁 통치를 반대하였다.
③ 일제의 황무지 개간권 요구를 철회시켰다.
④ 신간회가 진상 조사단을 파견하여 지원하였다.
⑤ 6·29 민주화 선언이 발표되는 결과를 가져왔다.

[24013-0218]

20 다음 연설이 행해진 정부 시기에 볼 수 있는 모습으로 가장 적절한 것은?

분단 46년이 지난 오늘, 남북 고위급 회담을 시작한 지 1년 3개월 만에 남과 북이 우여곡절을 거친 끝에 이런 훌륭한 결실을 가져오게 된 것은 참으로 의미가 크다고 하지 않을 수 없습니다. …… 오늘 남북 기본 합의서의 서명으로 남과 북 사이에 가고 싶어도 갈 수 없었고 만나고 싶어도 만날 수 없었던 시대를 마감하고 서로 왕래하고 협력해 나아감으로써 우리는 원래부터 하나였으며 공동체였다는 믿음을 회복하게 되었습니다.

① 집강소를 설치하는 농민군
② 6·10 국민 대회에 참가하는 학생
③ 만민 공동회에서 연설하는 시전 상인
④ 남북한 유엔 동시 가입 소식을 전하는 기자
⑤ 경부 고속 국도(도로) 개통식에 참석하는 대통령

[24013-0219]

01 (가) 국가에 대한 설명으로 옳은 것은?

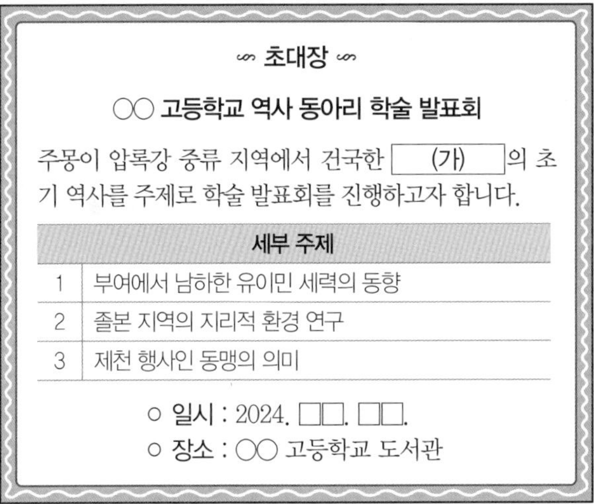
초대장

○○ 고등학교 역사 동아리 학술 발표회

주몽이 압록강 중류 지역에서 건국한 (가) 의 초기 역사를 주제로 학술 발표회를 진행하고자 합니다.

	세부 주제
1	부여에서 남하한 유이민 세력의 동향
2	졸본 지역의 지리적 환경 연구
3	제천 행사인 동맹의 의미

○ 일시 : 2024. □□. □□.
○ 장소 : ○○ 고등학교 도서관

① 영정법을 실시하였다.
② 향·부곡·소를 두었다.
③ 수도를 웅진으로 옮겼다.
④ 제가 회의를 개최하였다.
⑤ 전민변정도감을 설치하였다.

[24013-0220]

02 (가) 국가에 대한 설명으로 옳은 것은? [3점]

유물 답사 보고서

3학년 △반 이름 ○○○

1. 일시 : 2024. □□. □□.
2. 장소 : 충북 단양군 단성면
3. 유물명 : 단양 (가) 적성비
4. 내용

이 비석은 6세기 중반 (가) 의 국왕이 고구려 영토였던 적성을 점령한 후 세웠다. 비석에는 영토 확장에 공을 세운 적성인들을 포상하는 내용이 있어 민심을 안정시키기 위해 세워진 것임을 짐작할 수 있다. 또한 비석의 내용에서 당시 관등과 율령 체제 등을 확인할 수 있어 중요한 연구 자료로 평가받고 있다.

① 평양으로 천도하였다.
② 5도와 양계를 설치하였다.
③ 청과 군신 관계를 체결하였다.
④ 당과 연합하여 백제를 공격하였다.
⑤ 영고라는 제천 행사를 개최하였다.

[24013-0221]

03 밑줄 친 '이 나라'에 대한 설명으로 옳은 것은?

<u>이 나라</u>의 관제(官制)에는 선조성이 있는데, 좌상, …… 간의를 두었다. 중대성에는 우상, …… 조고사인을 두었다. 정당성에는 대내상 1명이 좌상·우상의 위에 있다. …… 좌육사에는 충부·인부·의부에 각 1명의 경이 사정의 아래에 있다. …… 우육사에는 지부·예부·신부가 있다. …… 주자감에는 감과 장이 있다. -『신당서』-

① 대조영이 건국하였다.
② 한성순보를 발행하였다.
③ 독서삼품과를 마련하였다.
④ 의정부 서사제를 시행하였다.
⑤ 일본에 조사 시찰단을 파견하였다.

[24013-0222]

04 (가) 국가에서 있었던 사실로 옳은 것은? [3점]

여행 정보 사이트 천은사 검색

상세 정보 | 여행 톡 | 추천 여행

강원도 삼척에 소재한 천은사는 8세기경 창건되었다고 알려졌으며, (가) 의 이승휴가 『제왕운기』를 저술한 곳으로 유명하다. 왕을 비판하다 파직당한 이승휴는 삼척에 내려와 오랫동안 은거하며 이곳 천은사 경내에서 수많은 불교 서적을 읽으며 지냈으며, 중국과 우리 역사를 운율시 형식으로 쓴 『제왕운기』를 집필하였다.

더 보기▼

① 국자감이 설치되었다.
② 경국대전이 완성되었다.
③ 임신서기석이 제작되었다.
④ 새마을 운동이 추진되었다.
⑤ 민립 대학 설립 운동이 전개되었다.

[24013-0223]

05 밑줄 친 '이 전쟁' 중에 있었던 사실로 옳은 것은? [3점]

[사료로 학습하는 한국사]

> 근래에 국운이 불길하여 왜적이 불시에 침입하였다. …… 충심이 어찌 임금을 잊을 것이며 의리상 마땅히 나라를 위해 죽는 것이니, 혹은 무기를 빌려주고 혹은 군량을 도우며, 혹은 말을 달려 전장에서 앞장서고, 혹은 분연히 쟁기를 던지고 밭두둑에서 일어나리라. …… 우리 왕의 임시 거처가 멀리 평안도에 있지만 조정의 계획이 장차 정해질 것이다. 왕업이 어찌 한구석에 주저앉겠는가.

[해설] 이 글은 이 전쟁 당시 의병장인 고경명이 임진강에서 관군이 일본군에 패했다는 소식을 듣고 각 도의 수령과 백성, 군인들에게 보낸 격문의 일부이다. 말 위에서 작성하였다 하여 「마상격문(馬上檄文)」이라 불린다.

① 위만이 왕위를 차지하였다.
② 윤관이 별무반을 이끌었다.
③ 인조가 남한산성에서 항전하였다.
④ 공민왕이 쌍성총관부를 공격하였다.
⑤ 이순신이 한산도 해전에서 승리하였다.

[24013-0224]

06 (가)에 대한 탐구 활동으로 가장 적절한 것은?

한국사 Q & A

Ⓠ 궁금합니다.

(가) 에 대해 알려 주세요.

Ⓐ 답변합니다.

(가) 은/는 화이론적 명분론에서 벗어나 청의 앞선 문물제도 및 생활 양식을 받아들이자는 주장입니다. 조선은 청의 수도 연경(베이징)에 연행사를 파견하고 물자도 교역하였습니다. 이 과정에서 청의 발달한 문물을 수용하자는 (가) 이/가 대두하였습니다.

① 박제가가 저술한 북학의를 조사한다.
② 김부식이 편찬한 삼국사기를 살펴본다.
③ 치안 유지법이 제정된 배경을 알아본다.
④ 황룡사 9층 목탑이 건립된 과정을 파악한다.
⑤ 지눌이 수선사 결사를 제창한 이유를 찾아본다.

[24013-0225]

07 (가), (나) 시기 사이에 있었던 사실로 옳은 것은? [3점]

> (가) 갑자기 누런 깃발을 단 이양선(운요호)이 돌연히 강화도로 난입해 들어왔으니 수비하던 군사들이 포를 쏘아 다만 방비가 있음을 보였다. …… 그러나 저들은 성을 내며 포를 울리면서 영종진성(永宗鎭城)을 불태웠다.
> (나) 정부는 새로 통리기무아문이라는 것을 설립하였는데 청국의 총리아문을 본떠 오로지 외국 사무를 총괄하는 곳으로 삼고 관원도 각각 배치하였다.

① 교정청이 설치되었다.
② 보빙사가 파견되었다.
③ 갑신정변이 발발하였다.
④ 강화도 조약이 체결되었다.
⑤ 백두산정계비가 건립되었다.

[24013-0226]

08 다음 자료에 나타난 사건에 대한 설명으로 옳은 것은?

> 1882년 6월 9일 오후 5시에 난민(亂民) 수백 명이 일본 공사관을 둘러싸고 방화하며 공격하였고, 관원이 사력을 다하여 방어한 지 7~8시간이 지나도 끝내 귀 정부의 군대가 구원해 주지 않았으므로 스스로 포위망을 뚫고 벗어나서 먼저 관찰사가 있는 감영에 가서 보호를 의뢰하고자 하였으나 응접하는 사람이 없었습니다. 다시 남대문을 통하여 대궐로 들어가려 했으나 문이 봉쇄되어 열리지 않아, 부득이하게 인천으로 가기 위해 양화진에서 길을 떠날 것입니다.

① 홍경래가 주도하였다.
② 청군이 개입하여 진압되었다.
③ 대한매일신보의 지원을 받았다.
④ 순종의 장례일에 맞추어 일어났다.
⑤ 삼청 교육대가 운영되는 배경이 되었다.

[24013-0227]

09 (가) 단체에 대한 설명으로 옳은 것은?

지금 보시는 것은 영은문 주춧돌과 독립문입니다. 서재필과 개혁적 관료들이 창립한 (가) 은/는 중국 사신을 영접하던 영은문을 헐고 그 자리 부근에 성금을 모아 자주독립의 상징으로 독립문을 건립하였습니다.

① 신흥 강습소를 설립하였다.
② 만민 공동회를 개최하였다.
③ 좌우 합작 7원칙을 발표하였다.
④ 고종 강제 퇴위 반대 운동을 전개하였다.
⑤ 일제의 황무지 개간권 요구를 철회시켰다.

[24013-0228]

10 밑줄 친 '이 사업'에 대한 설명으로 옳은 것은?

자네는 가지고 있는 백동화를 바꾸었는가? 이 사업으로 백동화를 일본 제일 은행권으로 교환해야 한다니 다들 걱정이 많더구만.

말도 말게. 내가 가진 백동화는 병종으로 분류되어 교환해 주지도 않더군. 이제 생계를 어떻게 꾸려갈지 걱정이네.

① 재정 고문 메가타가 주도하였다.
② 임술 농민 봉기의 원인이 되었다.
③ 녹읍이 폐지되는 데 영향을 끼쳤다.
④ 삼백 산업이 발달하는 결과를 가져왔다.
⑤ 유상 매수·유상 분배의 원칙이 적용되었다.

[24013-0229]

11 (가) 부대에 대한 설명으로 옳은 것은? [3점]

1907년 8월 한일 신협약(정미 7조약)이 체결되고 대한 제국의 군대가 강제 해산되자 전국에 의병 전쟁이 재발하였다. 점차 의병 활동이 확산되는 가운데 의병 지도자들은 (가) 을/를 결성하였고 서울 진공 작전을 추진하였다. 이 작전 계획에 의하면 일본군의 방위망을 뚫기 위해 각 의병대가 분산하여 서울로 향하되, 같은 날 동대문 밖에 집결하기로 하였다. 이리하여 (가) 의 군사장 허위는 몸소 결사대 3백 명을 인솔하고 서울 성문 밖 30리 지점에 이르렀다.

① 조국 광복회를 조직하였다.
② 기벌포에서 당과 교전하였다.
③ 대전자령 전투에서 일본군을 물리쳤다.
④ 전라도 각 지역에 집강소를 설치하였다.
⑤ 이인영이 총대장에 추대되어 활동하였다.

[24013-0230]

12 밑줄 친 '이 계획'이 시행된 시기에 볼 수 있는 모습으로 가장 적절한 것은? [3점]

사진으로 보는 한국사

위 사진은 대일 반출미가 수북하게 쌓인 군산항의 모습을 담고 있다. 일제는 제1차 세계 대전 이후 자국의 쌀 부족이 심화되는 상황 속에서 이 계획을 시행하여 식량 문제를 해결하고자 하였다. 이에 농지 확충, 수리 시설 개선 등을 통해 증산이 이루어졌지만, 일제는 증산된 쌀보다 더 많은 양을 반출하였다. 특히 군산항은 당시 많은 양의 쌀이 유출되는 주요 거점이었다.

① 지계를 발급받는 농민
② 육영 공원에서 공부하는 학생
③ 조선일보의 기사를 읽는 독자
④ 관청에 물건을 납품하는 공인
⑤ 중서문하성에서 회의를 하는 관리

[24013-0231]

13 밑줄 친 '만세 운동'이 끼친 영향으로 옳은 것은?

이곳은 서대문 형무소 내 여옥사 8호실로 유관순 열사가 수감되었던 방입니다. 이화 학당 학생이었던 그녀는 만세 운동에 참여하였고, 고향에 내려와 시위를 주도하다 체포되었습니다. 이후 서대문 형무소에 수감되었고 오랜 고문과 영양실조를 겪다 18세의 나이로 순국하였습니다.

① 헌의 6조가 결의되었다.
② 갑오개혁이 시행되었다.
③ 삼정이정청이 설치되었다.
④ 영남 유생들이 만인소를 올렸다.
⑤ 대한민국 임시 정부가 수립되었다.

[24013-0232]

14 밑줄 친 '이 운동'에 대한 설명으로 옳은 것은?

라디오 퀴즈 방송! 오늘 첫 번째 문제입니다. 다음 설명하는 이 운동이 무엇인지 라디오 게시판에 남겨 주세요. 1929년 10월 일본인 남학생이 한국인 여학생을 희롱한 일을 계기로 나주역에서 한·일 학생들 사이에 싸움이 일어났습니다. 이에 대해 경찰이 일본인 학생만 두둔하자, 민족 차별에 분노한 광주 지역 학생들이 대규모 시위를 전개하였습니다. 이후 시위는 전국적으로 확대되었고 동맹 휴학 투쟁도 전개되었습니다. 11월 3일 '학생 독립운동 기념일'은 바로 이 운동을 기념하는 날입니다.

① 단발령에 반발하여 일어났다.
② 군국기무처를 통해 개혁을 추진하였다.
③ 황국 중앙 총상회의 주도로 확산되었다.
④ 신간회가 진상 조사단을 파견하여 지원하였다.
⑤ 유신 체제 유지에 이용되었다는 비판을 받았다.

[24013-0233]

15 (가) 단체에 대한 설명으로 옳은 것은? [3점]

이 사진은 「청포도」, 「광야」 등의 시를 쓴 이활이 서대문 형무소에 수감된 시절의 모습을 담고 있다. 그는 형제들과 김원봉이 단장으로 있는 (가) 에 가입하였는데, 이 단체는 이미 박재혁, 김상옥 등이 일제 식민 통치 기관을 파괴하는 활동을 전개한 이력을 가지고 있었다. 이활은 조선 은행 대구 지점 폭파 사건에 연루되어 투옥되었고, 수인(囚人) 번호 264번을 받은 것은 호를 '육사'로 정하는 데 영향을 주었다. 이후에도 옥고를 여러 번 거듭하였고 1944년 베이징에 있는 감옥에서 생을 마감하였다.

① 인조반정으로 몰락하였다.
② 105인 사건으로 와해되었다.
③ 물산 장려 운동을 주도하였다.
④ 청산리 일대에서 일본군을 격파하였다.
⑤ 조선 혁명 선언을 활동 지침으로 삼았다.

[24013-0234]

16 (가) 군사 조직에 대한 설명으로 옳은 것은? [3점]

독수리 작전(Eagle Project)은 (가) 와/과 중국에서 활동하고 있던 미국 전략 정보국[OSS]이 추진한 공동 작전이었다. 핵심 내용은 (가) 의 대원들에게 특수 훈련을 실시하고, 이후 한반도에 투입하여 적 후방 공작을 전개한다는 것, 그리고 훈련과 국내 진공 작전에 필요한 모든 과정과 경비는 미국 전략 정보국 측에서 책임진다는 것이었다. 이 작전은 대한민국 임시 정부 주석인 김구의 최종적인 재가를 거쳐 추진되었다.

① 거문도를 점령하였다.
② 양세봉의 지휘하에 활동하였다.
③ 공주 우금치에서 일본군과 교전하였다.
④ 정족산성에서 프랑스군과 격전을 벌였다.
⑤ 영국군의 요청으로 미얀마·인도 전선에 투입되었다.

[24013-0235]

17 **밑줄 친 '단체'에 대한 탐구 활동으로 가장 적절한 것은? [3점]**

안녕하세요? 여운형 선생의 일생을 주제로 영상을 보여 드리고 있는데, 이곳은 과거 그가 살던 집터입니다. 집터의 기념 표석에는 대한민국 임시 정부에서의 직책 등 그의 주요 활동 내용이 나와 있습니다. 다음은 1944년 비밀리에 그를 중심으로 국내의 사회주의자와 민족주의자가 연합하여 만든 <u>단체</u>가 결성되었던 장소로 이동하겠습니다.

① 식목도감의 구성원을 살펴본다.
② 대동법을 시행한 이유를 알아본다.
③ 브나로드 운동의 전개 과정을 분석한다.
④ 국채 보상 운동이 일어난 배경을 조사한다.
⑤ 조선 건국 준비 위원회 설립을 주도한 세력을 찾아본다.

[24013-0236]

18 **밑줄 친 '이 국회'에 대한 설명으로 옳은 것은?**

선생님, 이 사진은 우리나라 최초의 보통 선거 장면을 담은 거래요.

그렇단다. 유엔 소총회의 결정에 따라 38도선 이남 지역에서만 투표가 이루어졌고, 그 결과 <u>이 국회</u>가 수립되었단다.

① 비변사를 설치하였다.
② 회사령을 폐지하였다.
③ 당백전을 발행하였다.
④ 농지 개혁법을 제정하였다.
⑤ 대한국 국제를 반포하였다.

[24013-0237]

19 **(가) 민주화 운동에 대한 설명으로 옳은 것은? [3점]**

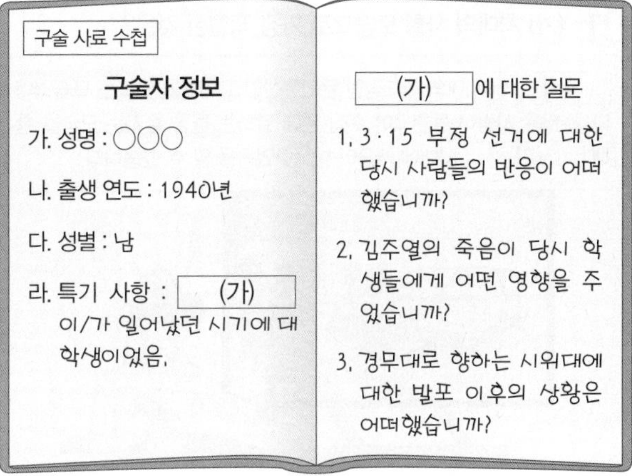

구술 사료 수첩
구술자 정보
가. 성명 : ○○○
나. 출생 연도 : 1940년
다. 성별 : 남
라. 특기 사항 : (가) 이/가 일어났던 시기에 대학생이었음.
(가) 에 대한 질문
1. 3·15 부정 선거에 대한 당시 사람들의 반응이 어떠했습니까?
2. 김주열의 죽음이 당시 학생들에게 어떤 영향을 주었습니까?
3. 경무대로 향하는 시위대에 대한 발포 이후의 상황은 어떠했습니까?

① 단독 정부 수립 반대를 내세웠다.
② 이승만 대통령의 사임을 이끌어 냈다.
③ 신군부 세력의 권력 장악에 반대하였다.
④ 제주 4·3 사건의 진압을 거부하며 일어났다.
⑤ 6·29 민주화 선언이 발표되는 계기가 되었다.

[24013-0238]

20 **다음 성명을 발표한 정부 시기에 있었던 사실로 옳은 것은?**

> 최근 평양과 서울에서 남북 관계를 개선하며 갈라진 조국을 통일하는 문제를 협의하기 위한 회담이 있었다. 서울의 이후락 중앙정보부장이 ○○○○년 5월 2일부터 5월 5일까지 평양을 방문하여 평양의 김영주 조직지도부장과 회담을 진행하였으며 …… 조국 통일을 촉진시키기 위하여 다음과 같은 문제들에 완전한 견해의 일치를 보았다. …… 첫째, 통일은 외세에 의존하거나 외세의 간섭을 받음이 없이 자주적으로 해결하여야 한다. 둘째, 통일은 서로 상대방을 반대하는 무력 행사에 의거하지 않고 평화적 방법으로 실현하여야 한다. 셋째, 사상과 이념, 제도의 차이를 초월하여 우선 하나의 민족으로서 민족적 대단결을 도모하여야 한다.
>
> ……
>
> 서로 상부의 뜻을 받들어
> 이후락, 김영주

① 6·3 시위가 전개되었다.
② 교육입국 조서가 반포되었다.
③ 남북 기본 합의서가 채택되었다.
④ 금강산 관광 사업이 시작되었다.
⑤ 파리 강화 회의에 김규식이 파견되었다.

수능 유형 마스터 3회

[24013-0239]

01 (가) 시대의 사회 모습으로 가장 적절한 것은?

(가) 시대의 대표적인 문화유산인 고인돌을 만드는 모습입니다. 수많은 사람이 동원되어 수십 톤에 달하는 돌을 옮기는 모습을 통해 (가) 시대에 계급이 발생하였음을 알 수 있습니다.

① 골품제가 운영되었다.
② 비파형 동검이 제작되었다.
③ 철제 농기구를 사용하였다.
④ 상평통보가 널리 유통되었다.
⑤ 주로 동굴이나 막집에 살았다.

[24013-0240]

02 밑줄 친 '이 나라'에 대한 설명으로 옳은 것은? [3점]

> 수의 군대가 요동성을 여러 달 공격하였으나 꿈쩍도 하지 않았다. 수의 수군도 대동강 하구에서 격파당하였다. 이에 수 양제는 별동대 30만을 편성하여 이 나라의 수도인 평양성을 공격하도록 하였다. 하지만 이 나라는 유인 작전을 구사하여 수의 별동대를 평양성 인근까지 끌어들인 뒤, 거짓으로 항복하여 돌아가게 하였다. 그리고 퇴각하는 수의 군대를 살수에서 대파하였다.

① 아관 파천을 단행하였다.
② 웅진에서 사비로 천도하였다.
③ 대마도(쓰시마섬)를 정벌하였다.
④ 유학 교육 기관인 태학을 설치하였다.
⑤ 여진을 정벌하고 동북 지역에 9성을 축조하였다.

[24013-0241]

03 (가) 국가의 문화유산으로 옳은 것은?

> 한국사 사전
>
> **천문령 전투**
>
> • 시기 : 7세기 말
> • 내용 : 당으로부터 이탈한 대조영 집단이 당이 파견한 군대와 치른 전투이다. 이 전투에서 승리한 대조영은 동쪽으로 이동하여 동모산 인근에 성을 쌓고 (가) 을/를 건국하였다.

① 
② 
③ 
④ 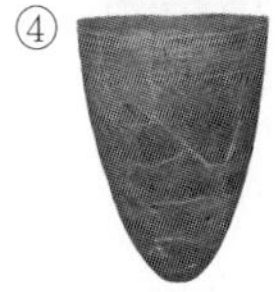
⑤ 

[24013-0242]

04 다음 주장이 등장한 시기를 연표에서 옳게 고른 것은? [3점]

> 폐하께서 묘청을 총애하시니 모든 대신이 그를 성인이라 하여 비판할 수 없게 되었습니다. 대화궁의 공사가 시작된 이후로 백성을 괴롭혀 원망이 커졌습니다. …… 원컨대, 폐하께서는 하늘의 강건한 위세를 떨치시어 묘청의 머리를 베어 위로는 하늘의 경계에 보답하시고, 아래로는 민심을 위로해 주옵소서.

	(가)		(나)		(다)		(라)		(마)	
신라의 삼국 통일		고려 건국		이자겸의 난		무신 정변		강화도 천도		조선 건국

① (가) ② (나) ③ (다) ④ (라) ⑤ (마)

[24013-0243]

05 (가) 국왕에 대한 설명으로 옳은 것은?

지난 주말 광화문 광장에 있는 (가) 의 동상을 보고 왔어. 동상 뒤편으로 전시관이 있더라.

나도 가 봤어. 전시관에서 집현전을 설치한 (가) 이/가 훈민정음을 창제한 과정 등을 자세히 볼 수 있어서 좋았어.

① 균역법을 제정하였다.
② 쌍성총관부를 공격하였다.
③ 노비안검법을 시행하였다.
④ 4군 6진 지역을 개척하였다.
⑤ 22담로에 왕족을 파견하였다.

[24013-0244]

06 밑줄 친 '이 법'이 끼친 영향으로 가장 적절한 것은? [3점]

호조가 아뢰기를, "이 법을 경기 지방에 실시한 지 지금 20년이 되어 가는데, 백성들이 매우 편하게 여기고 있습니다. 팔도 전체에 통용시키면 팔도 백성들이 그 혜택을 받을 수 있을 텐데, 광해군 때에는 방납의 이익을 독점하는 권세가들이 온갖 방법을 동원하여 저지시켰으므로, 그 편리한 점을 알면서도 확대 시행하지 못한 지 오래입니다. …… 비록 일시에 모든 도에 실시할 수는 없다 하더라도 우선 2~3개 도에 먼저 이 법을 실시하여 공물 대신 봄·가을로 토지 1결(結)당 10두씩의 미곡을 거두면 60만 석을 장만할 수 있습니다."라고 하였다.

① 지계가 발급되었다.
② 공인이 성장하였다.
③ 양반에게 군포가 부과되었다.
④ 진골 귀족의 경제 기반이 약화되었다.
⑤ 가구당 농지 소유 면적의 상한이 3정보로 제한되었다.

[24013-0245]

07 (가) 인물에 대한 설명으로 옳은 것은? [3점]

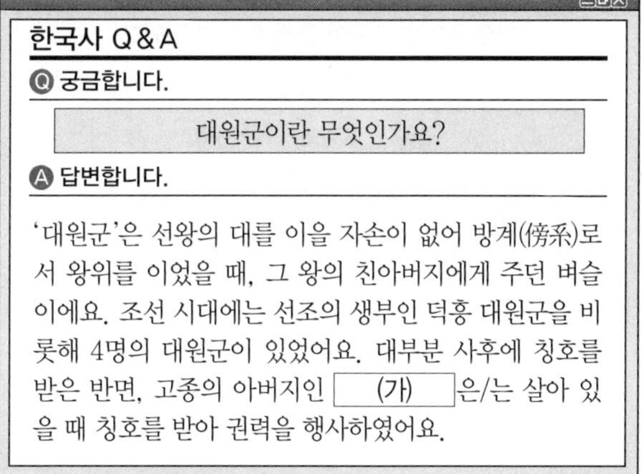

한국사 Q & A

Q 궁금합니다.

대원군이란 무엇인가요?

A 답변합니다.

'대원군'은 선왕의 대를 이을 자손이 없어 방계(傍系)로서 왕위를 이었을 때, 그 왕의 친아버지에게 주던 벼슬이에요. 조선 시대에는 선조의 생부인 덕흥 대원군을 비롯해 4명의 대원군이 있었어요. 대부분 사후에 칭호를 받은 반면, 고종의 아버지인 (가) 은/는 살아 있을 때 칭호를 받아 권력을 행사하였어요.

① 훈요 10조를 남겼다.
② 우산국을 정복하였다.
③ 정동행성 이문소를 폐지하였다.
④ 마한의 여러 소국을 복속시켰다.
⑤ 경복궁 중건 사업을 추진하였다.

[24013-0246]

08 (가)에 들어갈 내용으로 가장 적절한 것은?

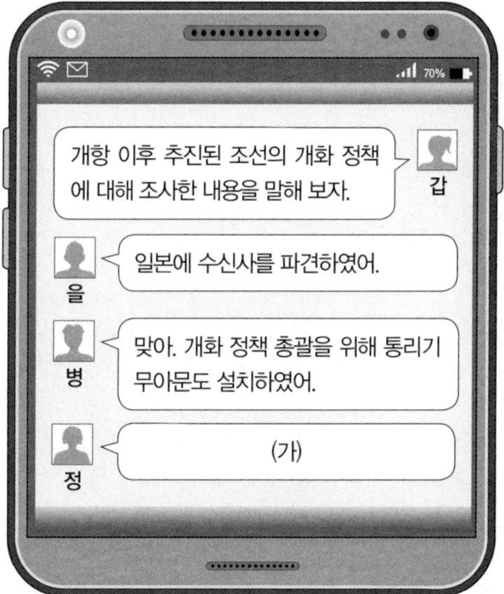

70%
개항 이후 추진된 조선의 개화 정책에 대해 조사한 내용을 말해 보자.
갑
일본에 수신사를 파견하였어.
을
맞아. 개화 정책 총괄을 위해 통리기무아문도 설치하였어.
병
(가)
정

① 별기군을 창설하였어.
② 척화비를 건립하였어.
③ 수원 화성을 건설하였어.
④ 경제 개발 5개년 계획을 추진하였어.
⑤ 12목을 설치하고 지방관을 파견하였어.

[24013-0247]

09 (가) 운동의 전개 과정 중에 있었던 사실로 옳은 것은? [3점]

한국사 신문

『갑오군정실기』 국가 등록 문화재가 되다!

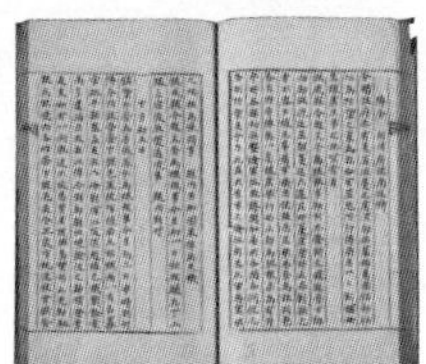

문화재청은 1894년 농민군이 '보국안민'과 '제폭구민' 등을 내세우며 전개한 (가) 을/를 조선 정부가 진압하는 과정에서 작성한 공문서의 필사본인 『갑오군정실기』를 국가 등록 문화재로 등록하였다. 이 책은 당시 (가) 에 참여한 농민군 220여 명의 실명과 활동 내용을 새롭게 확인할 수 있다는 점에서 가치를 인정받았다.

① 장용영이 설치되었다.
② 전주 화약이 체결되었다.
③ 만민 공동회가 개최되었다.
④ 제너럴 셔먼호 사건이 일어났다.
⑤ 국왕이 남한산성으로 피란하였다.

[24013-0248]

10 밑줄 친 '이 섬'에 대한 탐구 활동으로 가장 적절한 것은?

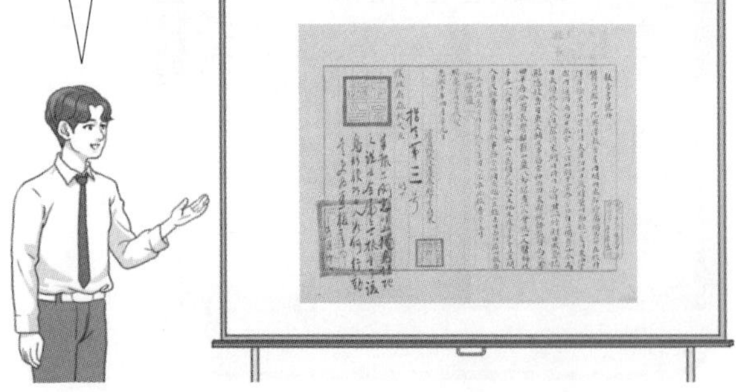

자료는 강원도의 관리가 일본이 이 섬을 자국의 영토로 편입했다는 사실을 보고한 문서에, 참정대신이 일본의 주장을 부인하는 지령을 내린 것입니다. 이 문서에서는 이 섬이 일본이 아닌 울도군의 관할임을 분명히 밝혔습니다.

① 탐라총관부가 설치된 지역을 알아본다.
② 이성계가 회군을 단행한 곳을 찾아본다.
③ 서희의 활약으로 확보한 지역을 파악한다.
④ 신미양요 때 미군이 침략한 지역을 조사한다.
⑤ 대한 제국 칙령 제41호(1900)의 내용을 살펴본다.

[24013-0249]

11 밑줄 친 '조약'의 결과로 옳은 것은? [3점]

우리나라가 귀국과 더불어 청국과 서로 사귀어 그 관계가 날로 밀접하여졌고, 시모노세키 조약으로부터 귀국의 외무 대신이 여러 나라에 밝힌 변명서에 이르기까지 우리나라의 독립을 보전한다는 말을 하지 않음이 없었다. 그런데 이제 귀국의 대사와 공사가 군대를 인솔하여 대궐을 포위한 뒤에 우리의 참정대신들을 가두어 놓고 …… 억지로 조약을 조인케 해서 우리 외교권을 강탈하였으니, 자기네 스스로가 공법을 위반하면서 약속한 말들을 어기는 것은 너무한 일이 아닌가.

① 영선사가 파견되었다.
② 통감부가 설치되었다.
③ 탕평비가 건립되었다.
④ 강동 6주 지역이 확보되었다.
⑤ 부산 외 2개 항구가 개항되었다.

[24013-0250]

12 밑줄 친 '이 단체'에 대한 설명으로 옳은 것은?

안창호, 양기탁 등이 주도하여 결성한 비밀 결사인 이 단체는 애국심을 고취하기 위한 활동의 일환으로 학교 설립에 노력하였다. 대표적으로 회원이었던 이승훈이 오산 학교를, 안창호가 대성 학교를 설립하였다. 이 단체는 학교 교육을 통해 국가 의식과 역사 의식을 확립하고, 이를 바탕으로 일제의 국권 침탈에 맞서고자 하였다.

① 국외 독립운동 기지를 건설하였다.
② 민립 대학 설립 운동을 전개하였다.
③ 조선 혁명 선언을 활동 지침으로 삼았다.
④ 고종 강제 퇴위 반대 운동을 주도하였다.
⑤ 우리말(조선말) 큰사전 편찬을 시도하였다.

[24013-0251]

13 밑줄 친 '이 시기'에 볼 수 있는 모습으로 가장 적절한 것은?

> 일제는 이 시기에 조선 태형령을 제정하여 식민 통치의 한 수단으로 이용하였다. 이는 태형이 징역형보다 비용 면에서 절약되며 더욱 효과적이라는 판단도 작용하였다. 징역 3개월의 경우 태 90대로 바꾸면 2일간만 구금하기 때문에 88일간의 법 집행 비용이 절약된다는 주장이었다. 이에 일제는 조선 태형령을 시행한 이 시기에 그 효과를 옹호하며, 사법관들에게 태형을 선고할 것을 권장하기도 하였다.

① 제복을 입고 칼을 찬 교사
② 브나로드 운동에 참여한 지식인
③ 황국 신민 서사를 암송하는 학생
④ 국채 보상 운동을 홍보하는 언론인
⑤ 치안 유지법에 따라 처벌받는 독립운동가

[24013-0252]

14 (가)에 대한 설명으로 옳은 것은? [3점]

> **교통부 특파원 검거에 관한 건**
>
> 열렬한 배일사상을 가진 ○○○은/는 지난해 소요가 발생하자 상하이에 (가) 이/가 수립되었다는 소식을 듣고, 국권 회복의 숙원을 실천하고자 자기가 소유하고 있는 산림을 팔아 여비를 마련하여 상하이에 도착하였다. 이후 교통부 차장과 여러 차례 회의를 한 결과, 마침내 충청 남북도 및 전라 남북도에 (가) 의 통신 기관인 교통국을 설치하기로 계획하고 임시 특파원으로 임명받았다.

① 구미 위원부를 설치하였다.
② 제1차 갑오개혁을 추진하였다.
③ 105인 사건으로 탄압을 받았다.
④ 독립문과 독립관을 건립하였다.
⑤ 일본의 황무지 개간권 요구를 철회시켰다.

[24013-0253]

15 (가) 단체에 대한 설명으로 옳은 것은? [3점]

> 2월 15일 **[오늘의 역사]**
>
> **(가) 의 창립**
>
> 1927년 오늘, 비타협적 민족주의 세력과 사회주의 세력의 연합으로 (가) 이/가 창립되었습니다. 이 단체는 순회 강연회를 개최하고, 농민·노동 운동 등 여러 사회 운동과 연계하며 4만여 명의 회원을 가진 대규모 단체로 성장하였습니다. 또한 광주 학생 항일 운동 당시 진상 조사단을 파견하고 민중 대회를 계획하기도 하였습니다.

① 김구의 주도로 결성되었다.
② 헌의 6조의 결의를 주도하였다.
③ 임술 농민 봉기를 계기로 설치되었다.
④ 태극 서관과 자기 회사를 운영하였다.
⑤ 기회주의 일체 부인 등을 강령으로 삼았다.

[24013-0254]

16 밑줄 친 '이 전투'가 있었던 지역을 지도에서 옳게 고른 것은?

> 1920년 10월 약 6일간 전개된 이 전투의 과정에서는 일본군과 10여 차례의 크고 작은 충돌이 이어졌다. 그중에서 가장 큰 승리는 김좌진이 이끄는 북로 군정서군과 홍범도가 이끄는 부대가 일본군의 주력 부대와 어랑촌에서 벌인 격전이었다. 10월 22일 하루 종일 계속된 격전의 과정에서 일본군은 우세한 화력에도 불구하고 큰 피해를 입었고, 독립군은 유리한 지형을 활용해 승리할 수 있었다.

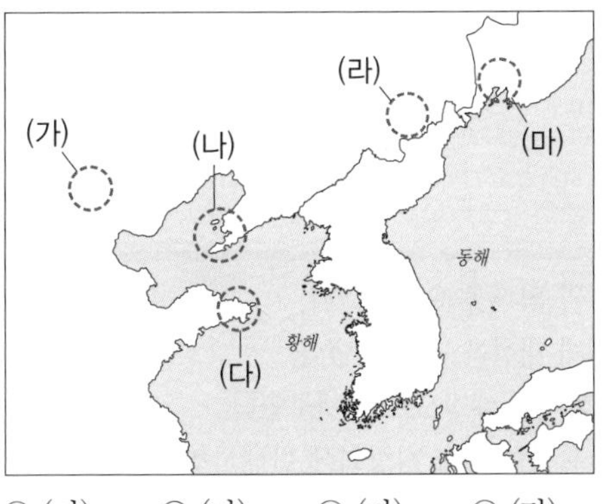

① (가) ② (나) ③ (다) ④ (라) ⑤ (마)

[24013-0255]

17 밑줄 친 '정부' 시기에 있었던 사실로 옳은 것은? [3점]

11월 29일 국회 본회의를 시작하자마자 사회자인 최순주 부의장은 "지난 회의에서 헌법 개정안 통과를 부결이라고 발표한 것은 계산상 착오이므로 취소하고 가결 통과됨을 선포합니다."라고 하였다. …… 이기붕 의장이 장내를 수습하고 회의록 시정 여부를 논의할 것이라고 말했지만, 야당 의원들이 총퇴장한 가운데 남은 의원들이 표결하여 "개헌안은 재적 의원 2/3인 135명의 찬성으로 가결된 것이고 지난 본회의의 부결 선포는 착오에 기인한 것으로 수정한다."라고 결의하였다. 이날 오후 3시 정부는 경무대에서 임시 국무 회의를 열고 대통령 서명을 거쳐 헌법 개정을 공포하였다.

① 삼백 산업이 발달하였다.
② 원산 총파업이 일어났다.
③ 금 모으기 운동이 전개되었다.
④ 경제 개발 5개년 계획이 시행되었다.
⑤ 모스크바 3국 외상 회의가 개최되었다.

[24013-0256]

18 (가) 민주화 운동에 대한 설명으로 옳은 것은?

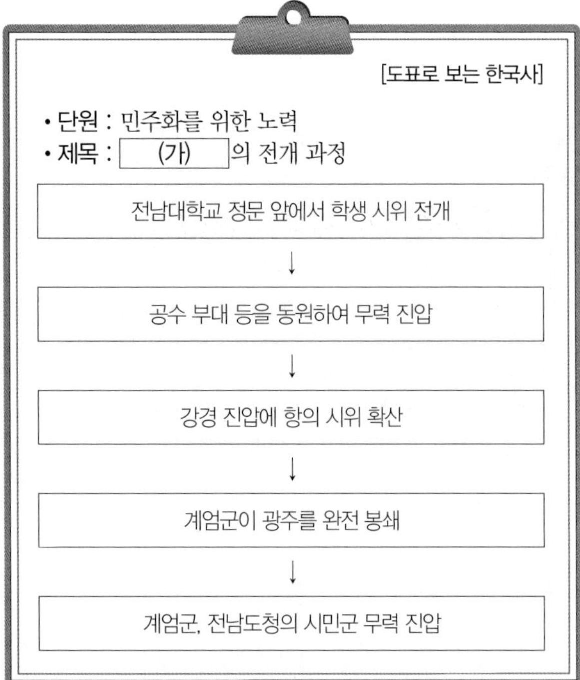
[도표로 보는 한국사]

• 단원 : 민주화를 위한 노력
• 제목 : (가) 의 전개 과정

전남대학교 정문 앞에서 학생 시위 전개
↓
공수 부대 등을 동원하여 무력 진압
↓
강경 진압에 항의 시위 확산
↓
계엄군이 광주를 완전 봉쇄
↓
계엄군, 전남도청의 시민군 무력 진압

① 신군부 세력의 퇴진을 요구하였다.
② 대통령 직선제 개헌을 이끌어 냈다.
③ 3·15 부정 선거를 배경으로 발생하였다.
④ 일본과의 굴욕적인 국교 정상화에 반대하였다.
⑤ 3·1 민주 구국 선언이 발표되는 배경이 되었다.

[24013-0257]

19 밑줄 친 '대통령'이 추진한 정책으로 옳은 것은?

어제저녁에 대통령이 발표한 담화 봤어? 이제부터 모든 금융 거래를 실명으로 한다고 하던데?

봤지. 나도 다음 주에 은행에 가서 통장을 실명으로 바꿔야겠어.

① 북방 외교를 추진하였다.
② 베트남 전쟁에 파병하였다.
③ 지방 자치제를 전면 실시하였다.
④ 4·13 호헌 조치를 발표하였다.
⑤ 반민족 행위 처벌법을 제정하였다.

[24013-0258]

20 밑줄 친 '정책' 추진의 사례로 옳은 것은? [3점]

분단 이후 최초로 열린 남북 정상 회담에서 남북 정상이 만나는 모습이야.

이 회담의 결과 발표된 선언으로 여러 정책이 추진되었어.

① 개성 공단의 건설
② 좌우 합작 운동의 전개
③ 남북한 유엔 동시 가입
④ 파리 강화 회의 대표 파견
⑤ 한반도 비핵화 공동 선언 발표

[24013-0259]

01 (가) 시대의 사회 모습으로 적절한 것은?

오늘 여기 암사동 (가) 시대 생활 체험 축제에서 어떤 활동을 하셨나요?
저는 농경과 목축이 시작된 (가) 시대의 유물인 빗살무늬 토기 만들기에 참여하였어요.

① 골품제가 운영되었다.
② 간석기가 사용되었다.
③ 상평통보가 주조되었다.
④ 철제 무기가 사용되었다.
⑤ 소도라는 신성 구역이 있었다.

[24013-0260]

02 (가) 국가에 대한 설명으로 옳은 것은?

이것은 여러분이 미리 학습하고 만든 모둠별 토의 질문입니다. 주제에 맞게 잘 만들었어요.

〈질문 있는 수업〉

- 주제 : 4세기 (가) 의 통치 체제 정비
- 모둠별 토의 질문

1모둠 : 전진으로부터 불교를 수용한 이유는 무엇인가?
2모둠 : 소수림왕이 태학을 설립한 목적은 무엇인가?
3모둠 : 율령 반포는 왕권 강화에 어떤 영향을 주었을까?

① 우산국을 복속시켰다.
② 별무반을 조직하였다.
③ 당의 산둥 지방을 공격하였다.
④ 광개토 대왕릉비를 건립하였다.
⑤ 대마도(쓰시마섬)를 정벌하였다.

[24013-0261]

03 다음 자료를 활용한 탐구 활동으로 가장 적절한 것은? [3점]

- 북원의 반란 세력 우두머리 양길이 부하 궁예를 보내 기병 1백여 명을 거느리고 북원 동쪽 부락과 명주 관내의 주천 등 10여 군현을 습격하였다.
- 완산주의 반란 세력 견훤이 완산주에 웅거하여 스스로 나라를 세우니 무주 동남쪽 군현들이 그에 투항하여 복속하였다.

① 삼별초의 항쟁 원인을 분석한다.
② 후삼국의 성립 과정을 파악한다.
③ 병인양요의 전개 과정을 알아본다.
④ 위정척사 운동에서 제시된 주장을 살펴본다.
⑤ 홍건적과 왜구를 격퇴하며 성장한 세력을 조사한다.

[24013-0262]

04 밑줄 친 '그'의 정책으로 옳은 것은? [3점]

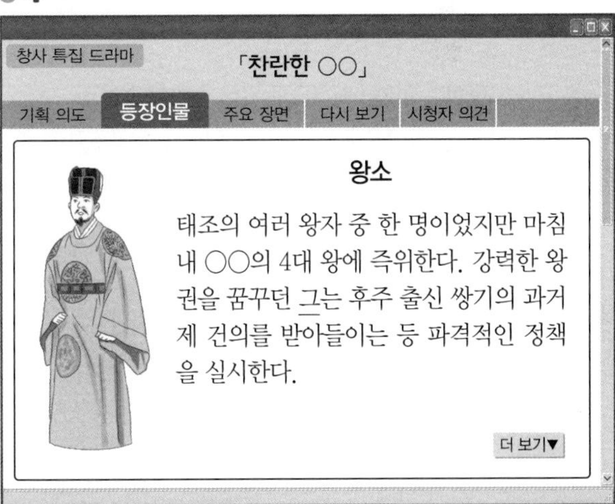

창사 특집 드라마

시청자 의견

태조의 여러 왕자 중 한 명이었지만 마침내 ○○의 4대 왕에 즉위한다. 강력한 왕권을 꿈꾸던 그는 후주 출신 쌍기의 과거제 건의를 받아들이는 등 파격적인 정책을 실시한다.

① 비변사를 설치하였다.
② 육영 공원을 설립하였다.
③ 수원 화성을 건설하였다.
④ 쌍성총관부를 공격하였다.
⑤ 노비안검법을 시행하였다.

[24013-0263]

05 밑줄 친 '이 법전'을 편찬한 국가의 통치 체제에 대한 설명으로 옳은 것은? [3점]

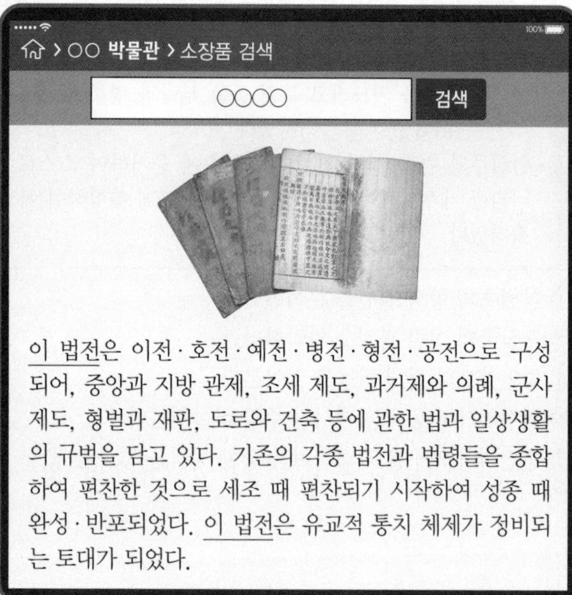

이 법전은 이전·호전·예전·병전·형전·공전으로 구성되어, 중앙과 지방 관제, 조세 제도, 과거제와 의례, 군사 제도, 형벌과 재판, 도로와 건축 등에 관한 법과 일상생활의 규범을 담고 있다. 기존의 각종 법전과 법령들을 종합하여 편찬한 것으로 세조 때 편찬되기 시작하여 성종 때 완성·반포되었다. 이 법전은 유교적 통치 체제가 정비되는 토대가 되었다.

① 제가들이 사출도를 다스렸다.
② 22담로에 왕족을 파견하였다.
③ 지방 요충지에 5소경을 편성하였다.
④ 중앙 행정 기구로 의정부와 6조를 두었다.
⑤ 중앙 교육 기관으로 주자감을 설립하였다.

[24013-0264]

06 다음 명령이 내려진 배경으로 가장 적절한 것은?

삼정의 폐단을 바로잡기 위해 이정청을 설치한 것은 조정에서 추진하는 개혁과 관계있다. 그러니 널리 묻고 의견을 수집하여 사리에 꼭 맞도록 힘쓰지 않을 수 없다. 모레 마땅히 인정전에 직접 나가서 관리들과 생원과 진사 등에게 책문을 시험할 것이니, 삼정 이정청의 총재관을 모두 독권관*으로 삼도록 하라.

*독권관 : 조선 시대 과거 가운데 최종 시험인 문과 전시의 시험관

① 갑오개혁이 실시되었다.
② 새마을 운동이 추진되었다.
③ 임술 농민 봉기가 일어났다.
④ 산미 증식 계획이 실시되었다.
⑤ 이만손 등이 영남 만인소를 올렸다.

[24013-0265]

07 밑줄 친 '중건'이 추진되는 과정에서 있었던 사실로 옳은 것은?

이번에 옛 대궐을 중건하는 일은 백성을 위하여 복을 구하고 국가를 위하여 아름다움을 거듭하려는 계책에서 나온 것이다. 그러나 공사 비용이 엄청나서 백성들에게 힘을 내도록 하자니 염려되었다. 그런데 어제와 오늘 양일간에 도성의 원납전이 10만 냥에 달하였다. …… 도성 백성들의 원납이 오히려 이러한데, 지방 인심이라고 어찌 다르겠는가. 묘당에서 전국에 알려 방방곡곡의 부유한 백성들을 잘 타이르도록 하라. 만약 의연금을 내어 크게 돕는 경우 마땅히 특별한 성의를 보일 것이다.

① 녹읍이 폐지되었다.
② 당백전이 발행되었다.
③ 홍범 14조가 반포되었다.
④ 강화도 천도가 단행되었다.
⑤ 전민변정도감이 설치되었다.

[24013-0266]

08 (가) 사건의 영향으로 가장 적절한 것은? [3점]

한국사 카드 뉴스
3학년 △반 ○○○
주제 : (가) 의 전개
❶ 우편 업무를 담당하는 우정총국의 개국 축하연이 열리던 날
❷ 방화를 시작으로 급진 개화파가 거사를 일으켰습니다.
❸ 권력을 장악한 급진 개화파는 개혁 정강을 발표합니다.
• 인민 평등권 제정
• 지조법 개혁
……
❹ 그러나 이들은 3일 만에 권력을 잃었고, 김옥균 등 주요 인물은 일본으로 망명하였습니다.

① 과전법이 시행되었다.
② 신간회가 창립되었다.
③ 북벌 운동이 추진되었다.
④ 강화도 조약이 체결되었다.
⑤ 청과 일본이 톈진 조약을 체결하였다.

[24013-0267]

09 다음 글이 작성된 시기를 연표에서 옳게 고른 것은? [3점]

무주 집강소
외적이 대궐을 침범하였으며, 임금께서 욕을 당하셨다. 우리들은 마땅히 죽을 각오로 일제히 나아가리라. 저들 외적들이 청국의 군사와 대적하여 싸우는데, 매우 날래고 민첩하다. 지금 만약 갑자기 싸우게 되면 그 화가 종사에 미칠 수 있을 듯하니, 물러나 잠적하는 것만 못하다. 시세를 본 후에 기운을 북돋아 주어서 계획을 실천한다면 만전을 기하는 대책이 될 것이다. 무주 내의 각 접주에게 통문을 내어서 면마다 상의하여 각각 그 업에 편안하게 종사하게 하고, …… 경계 내에 있는 무리들이 마음대로 마을을 돌아다니면서 소동을 일으키지 못하게 하도록 절실히 바란다.
– 좌우도 도집강 –

고종 즉위	(가)	신미양요	(나)	임오군란	(다)	아관 파천	(라)	러일 전쟁 발발	(마)	봉오동 전투

① (가) ② (나) ③ (다) ④ (라) ⑤ (마)

[24013-0268]

10 (가) 정부의 정책으로 옳은 것은?

이곳은 고종과 명성 황후의 무덤인 홍릉입니다. 기존의 조선 왕릉과 건물의 구조가 다르고 기린 석, 코끼리 석 등이 배치되어 있습니다. 그 이유는 고종이 (가) 의 수립을 선포하고 황제에 즉위하여, 홍릉을 황제릉의 격식으로 조성하였기 때문입니다.

① 지계를 발급하였다.
② 정방을 설치하였다.
③ 3성 6부를 운영하였다.
④ 독립 공채를 발행하였다.
⑤ 전국을 5도 양계로 편성하였다.

[24013-0269]

11 (가)에 들어갈 내용으로 적절한 것은? [3점]

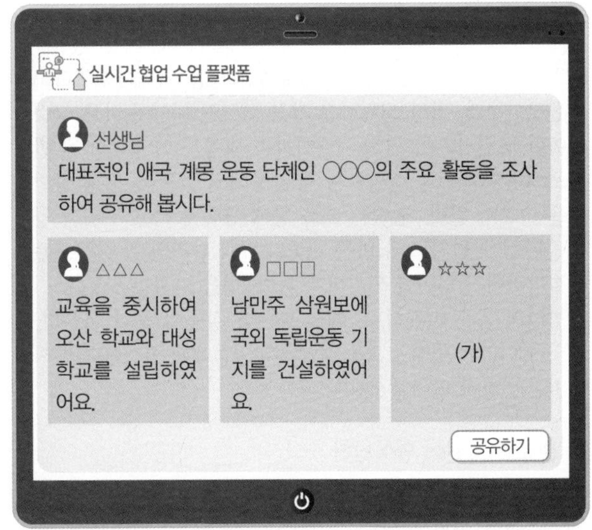

실시간 협업 수업 플랫폼
선생님
대표적인 애국 계몽 운동 단체인 ○○○의 주요 활동을 조사하여 공유해 봅시다.
△△△
교육을 중시하여 오산 학교와 대성 학교를 설립하였어요.
□□□
남만주 삼원보에 국외 독립운동 기지를 건설하였어요.
☆☆☆
(가)
공유하기

① 진단 학보를 발행하였어요.
② 조선책략을 국내에 소개하였어요.
③ 태극 서관과 자기 회사를 운영하였어요.
④ 김규식을 파리 강화 회의에 파견하였어요.
⑤ 윤봉길의 상하이 훙커우 공원 의거를 지휘하였어요.

[24013-0270]

12 (가) 신문에 대한 설명으로 옳은 것은?

1904년 영국 어느 일간지의 임시 특파원으로 한국에 도착한 베델은 일부는 영어로, 일부는 한국어로 된 (가) 을/를 발행하기 시작하였다. …… 한국인들은 (가) 이/가 일본의 만행에 대하여 항의할 수 있는 유일한 신문이라고 여겼다. …… 일본 정부는 이 신문에 발표된 여러 논설을 번역하여 영국 정부에 발송하고, 베델을 억눌러 줄 것을 요청하였다.

① 박문국에서 발행하였다.
② 국채 보상 운동을 후원하였다.
③ 근우회의 기관지로 간행되었다.
④ 서재필이 주도하여 창간하였다.
⑤ 민립 대학 설립 운동을 보도하였다.

[24013-0271]

13 밑줄 친 '이 법'이 적용된 시기에 있었던 사실로 옳은 것은? [3점]

> 일본 정부는 근래 조선에 대하여 문명을 가져다주었다고 선전하는데, 가장 교묘하고 가장 신식인 태형이 바로 그것이란 말인가? 이 법을 시행하라는 명령은 이미 관보에 반포되어 조선인을 징벌하는 데 적용되고 있으니, 집행 방법은 다음과 같다. 범인은 배를 땅에 향하게 하고 누워서 양팔은 곧게 펼치고, 이마를 내놓고 팔과 다리의 관절을 모두 결박하여 엉덩이를 드러내게 하며, 형을 가하는 자는 …… 범인의 몸을 매질하니, 때릴 때마다 살점이 묻어 나온다. …… 이러한 형벌을 오늘날의 일본인들에게 실시한다면 격렬한 반항이 일어날 것이다.

① 운요호 사건이 일어났다.
② 한일 협정이 체결되었다.
③ 군국기무처가 설치되었다.
④ 황국 신민 서사 암송이 강요되었다.
⑤ 관리와 교원이 제복을 입고 칼을 착용하였다.

[24013-0272]

14 (가)에 대한 설명으로 옳은 것은?

> • 4월 14일 미국 필라델피아에 거주하는 한국인들이 미국 정부의 허가를 받아 워싱턴 독립 기념관에 모여 3일간에 걸쳐 독립을 선언하였다. …… 또한 파리 강화 회의에 전보를 쳐서 (가) 의 승인을 요구하였다.
> • 5월 25일 미국에서 내무총장 안창호가 와서 직무를 담당하였다. (가) 의 임시 헌법과 연통제를 제정하여 내외에 반포하였다. 임시 사료 편찬회를 두어 한일 교섭의 유래와 이번 독립운동의 상황 및 일본인의 학살 만행을 기록하여 국제 연맹에 제출할 준비를 갖추었다.

① 도병마사를 설치하였다.
② 백두산정계비를 세웠다.
③ 대한국 국제를 반포하였다.
④ 일본에 수신사를 파견하였다.
⑤ 3·1 운동의 영향으로 수립되었다.

[24013-0273]

15 (가) 단체의 활동으로 옳은 것은? [3점]

[사료로 학습하는 한국사]

> 19△△년 12월 28일의 대구 지회 정기 대회 토의 사항 중에는 아래와 같은 것이 있어서 사전에 철회를 명하였다.
> • 조선인 착취 기관의 철폐와 이민 정책 반대 운동 촉진의 건
> • 타협적 정치 운동 배격의 건
> ……
> • 제국주의 식민지 교육 정책 반대의 건
>
> -『고등 경찰 요사』-

위 사료는 일제가 (가) 의 지회 활동을 감시하고 탄압하였음을 보여 준다. 비타협적 민족주의 계열과 사회주의 계열이 연합하여 1927년에 결성한 (가) 은/는 창립 후 수많은 지회와 회원을 거느린 전국적인 단체로 성장하였다. 또한 농민·노동 운동 및 다양한 사회 운동을 지원하였다.

① 9재 학당을 설립하였다.
② 만민 공동회를 개최하였다.
③ 수선사를 중심으로 결사 운동을 벌였다.
④ 우리말(조선말) 큰사전 편찬을 추진하였다.
⑤ 광주 학생 항일 운동 당시 진상 조사단을 파견하였다.

[24013-0274]

16 다음 자료를 활용한 탐구 주제로 가장 적절한 것은?

> 배우자! 가르치자! 다 함께 우리 조선의 문맹을 퇴치하자. 그리하여 문화의 조선을 건설하자!
>
> 이 같은 깃발 아래 전 조선의 40여 교 2천여 명의 남녀 학생들이 동아일보사에서 주최하는 운동에 참여하였다. 학생들이 금일 16일 오후 8시부터 부내 장곡천정 공회당에서 거행되는 동원식에 참석함으로써 이 운동의 행진이 마침내 시작되었다.

① 초계문신제의 기능
② 민족주의 사학의 특징
③ 브나로드 운동의 전개
④ 좌우 합작 운동의 목적
⑤ 교조 신원 운동의 성과

[24013-0275]

17 (가), (나) 군사 조직의 공통점으로 옳은 것은? [3점]

- 총사령 지청천과 부사령 김창환은 (가) 을/를 이끌고 행군하여 쌍성보 남쪽의 소성자에 도착하였다. 이곳에서 가오펑린 부대와 합류한 후 쌍성보에서 일본군과 격전을 벌인 끝에 승리를 거두고 많은 전리품을 획득하였다.
- (나) 은/는 총사령관 양세봉의 지휘 아래 행군하던 중 신빈 남쪽의 두령지에서 일본군의 공격을 받았다. 그러나 오히려 (나) 은/는 일본군을 격퇴하였고, 계속 추격하여 영릉가성과 상협하까지 점령하였다. 5일간의 전투 결과 일본군은 말과 무기를 버리고 퇴각하였다.

① 4군 6진 지역을 개척하였다.
② 중국군과 항일 연합 작전을 펼쳤다.
③ 조선 혁명 선언을 활동 지침으로 삼았다.
④ 고종의 해산 권고 조칙으로 대부분 해산하였다.
⑤ 연합군의 일원으로 미얀마 · 인도 전선에 파견되었다.

[24013-0276]

18 (가) 위원회에 대한 설명으로 옳은 것은? [3점]

의견서

……

- 피의자 박○○은 군수 회사 조선 비행기 공업 주식회사를 책임 경영한 사실이 분명함.
- 종업원에게 일본 정신과 군대적 훈련을 강행하였음.
- 피의자는 국민 총력 조선 연맹을 비롯하여 대화 동맹 임전 보국단 수뇌 간부로 활약하였음.
- 징병제를 찬양하고 학도병을 종용하였음.

……

피의자의 죄는 마땅히 법에 의하여 형벌이 헤아려질 것이며 국민의 반응과 민족정기를 선양하려는 반민족 행위 처벌법의 의의와 성격으로부터 이를 판단해야 할 것임을 강조하며 (가) 의 명의로 의견서를 첨부함.

① 구미 위원부를 설치하였다.
② 제헌 국회에 의하여 구성되었다.
③ 미국과 소련의 의견 차이로 결렬되었다.
④ 광복 후 여운형과 안재홍을 중심으로 결성되었다.
⑤ 헤이그에서 개최된 만국 평화 회의에 특사를 파견하였다.

[24013-0277]

19 다음 자료에 나타난 민주화 운동에 대한 설명으로 옳은 것은?

고문 살인 은폐 규탄 및 호헌 철폐 국민 대회

일시 : 19△△년 ○월 ○일 오후 6시
장소 : 성공회 대성당(덕수궁 옆)
주최 : 박종철 군 고문 살인 은폐 조작 규탄 범국민 대회 준비 위원회
주관 : 민주 헌법 쟁취 국민운동 본부

……

국민 합의 배신하는 호헌 주장 철회하라!
민주 헌법 쟁취하여 민주 정부 수립하자!

① 대통령 직선제 개헌을 요구하였다.
② 민족 대표 33인과 학생들이 준비하였다.
③ 5 · 10 총선거가 실시되는 결과를 가져왔다.
④ 국민 대표 회의가 개최되는 배경이 되었다.
⑤ 김주열 학생의 사망을 계기로 시위가 전국으로 확산되었다.

[24013-0278]

20 밑줄 친 '이 성명'에 대한 설명으로 옳은 것은?

마지막 문제입니다. 1972년 서울과 평양에서 동시에 <u>이 성명</u>이 발표되었습니다. 분단 이후 남북한이 통일과 관련하여 처음으로 발표한 <u>이 성명</u>은 무엇일까요?

① 정전 협정이 조인되는 결과를 가져왔다.
② 최초의 남북 정상 회담에서 발표되었다.
③ 남북한이 유엔에 동시 가입한 이후 채택되었다.
④ 삼균주의를 바탕으로 한 건국 강령을 포함하였다.
⑤ 자주적 · 평화적 · 민족적 대단결의 원칙을 표방하였다.

수능 유형 마스터 5회

[24013-0279]

01 (가) 국가에 대한 설명으로 옳은 것은?

> **역사Q&A**
>
> **Q 질문**
>
> (가) 에 대한 역사 기록을 찾고 있어요.
>
> **A 답변** 질문자 채택
>
> 중국 기록에 있어요. 『삼국지』 위서 동이전이요.
> - 나라에는 군왕이 있고, 모두 여섯 가지 가축의 이름으로 관직명을 정하여 마가, 우가, 저가, 구가 등이라고 하였다.
> - 12월에 지내는 제천 행사는 국중 대회로 연일 마시고 먹으며 노래하고 춤추는데, 그 이름을 '영고'라고 하였다.

① 해동성국으로 불렸다.
② 독서삼품과를 시행하였다.
③ 제가들이 사출도를 다스렸다.
④ 교육 기관으로 태학을 설립하였다.
⑤ 3사를 두어 권력 독점을 견제하였다.

[24013-0280]

02 밑줄 친 '이 나라'에 대한 설명으로 옳은 것은?

근초고왕 때 고구려를 침략하여 고국원왕을 전사시키고, 동진 및 왜와 교류하며 국력이 강성했던 이 나라가 삼국 중에서 가장 빨리 멸망한 이유가 무엇일까요?
여러 가지가 있겠죠. 고구려의 공격으로 한강 유역을 빼앗겼고, 사비로 천도한 성왕의 중흥 노력이 실패한 점, 그리고 당의 침략에 적절히 대비하지 못한 점 등을 들 수 있습니다.

① 의정부 서사제를 실시하였다.
② 한성 사범 학교를 설립하였다.
③ 도병마사와 식목도감을 두었다.
④ 마한의 여러 소국을 복속시켰다.
⑤ 마립간이라는 왕호를 사용하였다.

[24013-0281]

03 (가)에 대한 설명으로 옳은 것은? [3점]

> (가) 에 대한 교과서 서술
>
> - A 교과서 : 풍부한 철을 생산하여 낙랑, 왜 등과 활발히 교류하였다. 경남 김해에서 출토된 덩이쇠는 화폐로도 사용되었다.
> - B 교과서 : 신라를 지원하기 위해 내려온 고구려군의 침입으로 중심지가 김해에서 고령으로 이동하였다.
> - C 교과서 : 각 소국이 독자적인 권력을 유지하여 지배력을 한데 모으지 못하였다.
> - D 교과서 : 백제와 신라의 압박에 시달리다 6세기 중반 신라에 완전히 흡수되었다.

① 변한 지역에서 성장하였다.
② 8조법을 만들어 시행하였다.
③ 전민변정도감을 운영하였다.
④ 한성에서 웅진으로 천도하였다.
⑤ 5경 15부 62주의 행정 구역을 갖추었다.

[24013-0282]

04 (가) 왕의 재위 기간에 볼 수 있는 모습으로 가장 적절한 것은? [3점]

> **서울 지하철 6호선**
> **광흥창역에서 만나는 (가)**
>
> 
>
> 광흥창역 1번 출구에서 나와 길을 걷다 보면 (가) 의 사당에 도착한다. 충숙왕의 둘째 아들인 그는 원의 노국 공주와 혼인한 후 왕위에 올랐다. 그는 친원 세력을 축출하고 정동행성 이문소를 폐지하는 등 자주성을 회복하기 위해 다양한 개혁 정책을 실시하였다.

① 제복을 입고 칼을 찬 교원
② 서원 철폐를 반대하는 유생
③ 쌍성총관부를 공격하는 군인
④ 교정청에서 회의하고 있는 관리
⑤ 경주 석굴암 석굴을 조성하는 장인

[24013-0283]

05 (가) 정치 시기에 있었던 사실로 옳은 것은?

제2회 역사 만평 그리기 대회 수상작입니다. 두 작품 모두 (가) 의 폐단을 잘 표현해 주었습니다.

특선
비변사의 요직에는 저희 가문 인재들을 임명해 주시지요.
내가 왕인데 안동 김씨 세력의 눈치를 보다니….

입선
2천 냥이나 주고 산 자리인데 열 배 장사는 해야지.
탐관오리
전정
군정
환곡

① 5소경이 설치되었다.
② 아관 파천이 단행되었다.
③ 수선사 결사가 제창되었다.
④ 임술 농민 봉기가 일어났다.
⑤ 진골 귀족들 간의 왕위 다툼이 벌어졌다.

[24013-0284]

06 (가) 종교에 대한 설명으로 옳은 것은?

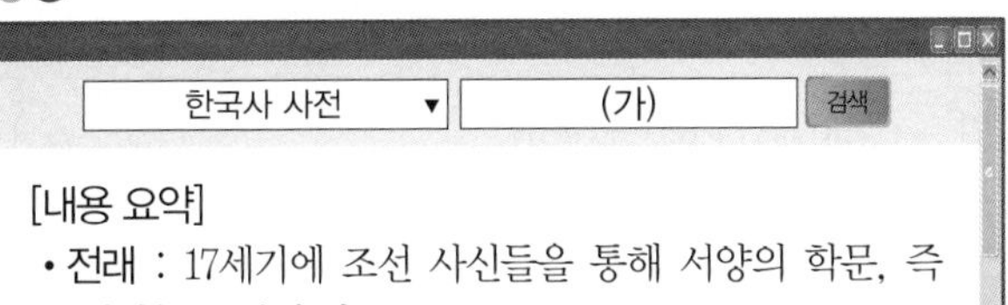

[내용 요약]
- 전래 : 17세기에 조선 사신들을 통해 서양의 학문, 즉 '서학'으로 수용됨.
- 교리 : 인간 평등, 내세 영생 등
- 특징 : 제사를 거부하고 신주를 없애는 등 유교적 질서를 인정하지 않음. 개항기와 일제 강점기에는 보육원과 양로원 운영 등 사회사업을 추진함.

[참고 문헌]
『○○백과』, 『한국△△문화 대백과』 등

① 만세보를 발행하였다.
② 사교로 규정되어 박해받았다.
③ 교조 신원 운동을 전개하였다.
④ 만주에서 중광단을 조직하였다.
⑤ 묘청의 서경 천도 운동에 영향을 끼쳤다.

[24013-0285]

07 밑줄 친 '사절'이 파견된 배경으로 가장 적절한 것은? [3점]

오늘 본 수많은 사람 중 걸인은 하나도 없었네. 일본이 서양 기술을 받아들여 부자가 된 게 맞는 것 같군.

옛 우호를 닦고 신의를 두터이 하기 위한 '수신'에 역점을 두고 사절로서 임무를 다해야겠구나.

김기수 대감도 놀란 표정인 것 같네.

① 병자호란이 일어났다.
② 홍범 14조가 반포되었다.
③ 강화도 조약이 체결되었다.
④ 동학 농민 운동이 전개되었다.
⑤ 일본식 성명 사용이 강요되었다.

[24013-0286]

08 밑줄 친 '사건' 중에 있었던 사실로 옳은 것은? [3점]

일본 공사가 달아났다가 약 한 달 뒤 병력을 이끌고 서울에 진주하였다. 그들은 사건에 대한 책임을 조선 정부로 돌려 매우 혹독하게 추궁한 뒤, 몇 가지 요구 사항을 제시하며 회의하자고 하였다. 조정에서는 황급히 이유원을 전권대신으로 삼고 제물포에서 협상하도록 하였는데, 일본의 요구를 대부분 받아들여 피해자의 유족 및 부상자에게 오만 원을, 일본이 입은 손해와 일본 공사 호위비로 오십만 원을 배상하기로 하였다. 또한 이로부터 공사관 경비를 위해 일본군이 서울에 주둔하게 되었다.

① 국왕이 녹읍을 폐지하였다.
② 곽재우가 의병장으로 활약하였다.
③ 메가타가 재정 고문으로 파견되었다.
④ 일본이 토지 조사 사업을 추진하였다.
⑤ 구식 군인이 일본 공사관을 습격하였다.

[24013-0287]

09 다음 자료에 나타난 개혁에 대한 설명으로 옳은 것은? [3점]

- 다음과 같이 「신법 개정령」을 발표하였다.
  6. 죄인은 자기 이외의 연좌제를 폐지할 것.
  8. 남자는 20세, 여자는 16세가 되면 결혼을 허용할 것.
  9. 부녀자의 재가는 귀천을 막론하고 그들의 자유에 맡길 것.
  10. 공사 간의 노비를 폐지하여 인구 판매를 금지할 것.
- 오토리 게이스케는 강경하게 고종을 황제로 칭하고 연호를 사용할 것과 머리를 깎고 양복을 입을 것을 요구하였다. 그러나 모두 그의 말을 따르지 않고 고종을 대군주로 칭하여 황제의 칭호를 대신하고 개국 기년을 사용하여 연호의 칭호를 대신하였다.

① 군국기무처에서 추진하였다.
② 통감부의 탄압으로 중단되었다.
③ 한성 조약이 체결되는 데 영향을 끼쳤다.
④ 영남 만인소 사건이 일어나는 배경이 되었다.
⑤ 일본에서 도입한 차관을 갚기 위해 전개되었다.

[24013-0288]

10 (가) 단체에 대한 설명으로 옳은 것은?

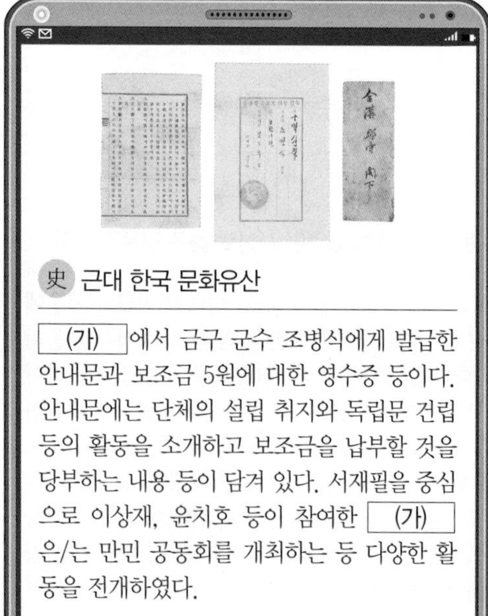

史 근대 한국 문화유산

(가) 에서 금구 군수 조병식에게 발급한 안내문과 보조금 5원에 대한 영수증 등이다. 안내문에는 단체의 설립 취지와 독립문 건립 등의 활동을 소개하고 보조금을 납부할 것을 당부하는 내용 등이 담겨 있다. 서재필을 중심으로 이상재, 윤치호 등이 참여한 (가) 은/는 만민 공동회를 개최하는 등 다양한 활동을 전개하였다.

① 독립 공채를 발행하였다.
② 신군부의 퇴진을 요구하였다.
③ 의회 설립 운동을 전개하였다.
④ 광주 학생 항일 운동을 지원하였다.
⑤ 오산 학교, 대성 학교를 설립하였다.

[24013-0289]

11 밑줄 친 '의병'의 활동으로 옳은 것은? [3점]

하세가와 요시미치와 이완용, 이병무 등이 황제를 다그쳐 칙명을 내려서 무기와 탄환을 모조리 반납하게 하였다. 그리고는 '은금(恩金)'을 나누어 준다는 명분으로 하사에게 80원, 병역 1년 이상인 자에게는 50원, 1년 미만인 자에게는 25원을 주고 그대로 자유 해산하게 하였다. 군사들은 눈물을 흘리며 울부짖고 어떤 사람은 크게 통곡하였다. 혹은 주는 지폐를 찢어 땅에 던지고 그대로 지방으로 달려가 <u>의병</u>이 된 사람들도 많았다.

① 중국군과 연합하였다.
② 4군 6진 지역을 개척하였다.
③ 서울 진공 작전을 전개하였다.
④ 정부와 전주 화약을 체결하였다.
⑤ 자유시 참변으로 세력이 약화되었다.

[24013-0290]

12 (가)에 들어갈 내용으로 가장 적절한 것은?

❙ 제1관 전시 내용 구성(안)

구역	코너	전시 내용	전시 자료
일제의 식민 통치	1-1	조선 총독부의 설치 및 역할	총독부 건물 모형
	1-2	헌병 경찰 통치와 군대 주둔 등을 통해 드러난 야만성	목검, 헌병 경찰 모자, 대검 등
	1-3	3·1 운동 이후 실시된 이른바 '문화 통치'의 실체	(가)

① 조선 통신사 행렬도
② 어재연 장군의 수자기
③ 동아일보 정간 명령서
④ 육영 공원의 영어 교과서
⑤ 아동용 황국 신민 서사 문서

[24013-0291]

13 밑줄 친 '한국인'에 대한 설명으로 옳은 것은?

> 금년 4월 29일 상하이 훙커우 공원에서 발생한 폭탄 투척 사건으로 시라카와 대장, 가와바타 일본 거류민 단장이 사망하였다. 이외에도 시게미쓰 공사와 우에다 중장, 노무라 중장 등이 부상을 입었다. 사건의 주범인 한국인은 체포된 후 일본 상하이 헌병대에 구속되어 있었는데, 지난달 말 이미 예심을 끝냈다. 이달(11월) 18일 오후 6시에 10여 명의 헌병대가 그를 비밀리에 호송하여 상하이를 떠나 오사카로 압송했으며, 20일 밤에 오사카에 도착하였다.

① 한국통사를 저술하였다.
② 한인 애국단 소속이었다.
③ 영릉가 전투를 승리로 이끌었다.
④ 신탁 통치 반대 운동을 전개하였다.
⑤ 대한민국 임시 정부 주석으로 활동하였다.

[24013-0292]

14 밑줄 친 '이 운동'에 대한 설명으로 옳은 것은?

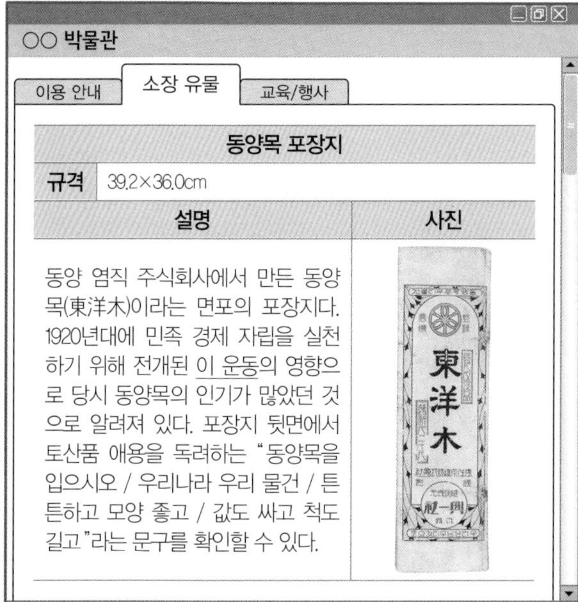

① 신민회를 중심으로 전개되었다.
② 사회주의 계열의 비판을 받았다.
③ 삼백 산업이 발달하는 배경이 되었다.
④ 삼정이정청이 설치되는 데 영향을 끼쳤다.
⑤ 대한매일신보 등 언론 기관의 지원을 받았다.

[24013-0293]

15 밑줄 친 '이 전투'에 대한 탐구 활동으로 가장 적절한 것은?

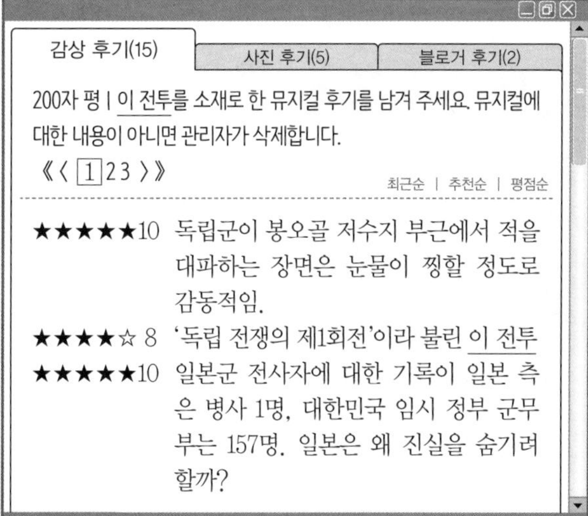

① 대한 독립군의 활동을 찾아본다.
② 별무반이 창설된 시기를 파악한다.
③ 척화비가 세워진 지역을 알아본다.
④ 북벌 운동이 추진된 배경을 분석한다.
⑤ 인천 상륙 작전의 전개 과정을 정리한다.

[24013-0294]

16 다음 전단이 배포된 시기를 연표에서 옳게 고른 것은? [3점]

> 친애하는 전 조선 노동자 여러분!
>
> 지난달 말부터 추위가 극심한데, 함경남도 원산의 노동자들은 라이징 선 석유 공장에서 쟁의가 시작되자 총파업을 결의하였다. 현재 흉악무도한 일본 관헌, 군대, 폭력단 등의 야만적인 탄압하에서도 오직 맹렬한 투쟁을 계속하고 있어, 그 여파가 지금 전 조선으로 확산하려 하고 있다.

① (가)　② (나)　③ (다)　④ (라)　⑤ (마)

[24013-0295]

17 다음 자료에 나타난 조약에 대한 설명으로 옳은 것만을 〈보기〉에서 고른 것은? [3점]

태극기, 성조기 그림

대한민국과 미합중국 간의 상호 방위 조약이라는 제목

경무대에서 조약문에 서명하는 변영태 외무 장관과 덜레스 미 국무 장관의 사진

● 보기 ●

ㄱ. 최혜국 대우 조항을 규정하였다.
ㄴ. 미군이 주둔하는 근거가 되었다.
ㄷ. 6·25 전쟁을 배경으로 체결되었다.
ㄹ. 6·3 시위가 일어나는 결과를 가져왔다.

① ㄱ, ㄴ ② ㄱ, ㄷ ③ ㄴ, ㄷ ④ ㄴ, ㄹ ⑤ ㄷ, ㄹ

[24013-0296]

18 밑줄 친 '이 사건'의 영향으로 가장 적절한 것은? [3점]

제△△호 **○○ 신문** ○○○○년 ○○월 ○○일

|논설| **자유당의 기이한 수학적 원리**

이미 사망(부결)하여 사망 신고(부결 선포)까지 완료된 죽은 아이(개헌안)가 2일 후에 이르러 환생하였다 하니, 자유당의 기적에는 경탄을 금치 못하는 바이나 사람이 환생할 리 없으니 아마도 귀신일 것이다. …… 어떤 사람은 136표가 되든지 134표가 되었더라면 이 사건이 일어나지 않았을 텐데 하필 135표가 되었단 말이냐며 '운명의 1표'라고 한탄한다. 하지만 그것은 자유당식 또는 정부식 수학이 얼마나 심원한 것인가를 모르는 데서 하는 말이고 그 수학에 의하면 131표라도 또는 127표라도 통과되는 것이다.

① 3당 합당이 이루어졌다.
② 애치슨 선언이 발표되었다.
③ 6월 민주 항쟁이 발발하였다.
④ 통일 주체 국민 회의가 설치되었다.
⑤ 이승만 대통령의 장기 집권이 가능해졌다.

[24013-0297]

19 다음 담화를 발표한 대통령의 재임 기간에 있었던 사실로 옳은 것은? [3점]

부산직할시 일원 비상계엄 선포에 즈음한 특별 담화

친애하는 국민 여러분!
나는 우리나라 헌정을 수호하고 사회 안녕질서를 확립하기 위하여 헌법 절차에 따라 오늘 0시를 기하여 부산직할시 일원에 비상계엄을 선포하였습니다. …… 우리의 유신 헌정은 거듭된 국민적 합의에 의하여 선택 정립된 것이며 지난 7년 동안의 국민적 실천과 체험을 통하여 국난을 극복하며 민족중흥을 유지해 나감에 있어서 그 효율성과 정당성이 여실히 입증된 바 있습니다.

① 회사령이 공포되었다.
② 새마을 운동이 추진되었다.
③ 교육입국 조서가 반포되었다.
④ 서울 올림픽 대회가 개최되었다.
⑤ 금융 실명제가 전면 실시되었다.

[24013-0298]

20 다음 일정으로 진행된 행사의 결과로 옳은 것은?

일차	주요 일정
1일 차	• 김대중 대통령 일행 평양 순안 공항 도착 • 남북 정상 회담(제1회, 백화원 초대소) • 공연 관람(만수대 예술 극장) • 상임 위원장 주최 환영 만찬(인민 문화 궁전)
2일 차	• 남북 정상 회담(제2회, 백화원 초대소) • 정당·사회단체, 경제계, 여성계 인사 간 만남(인민 문화 궁전) • 대통령 주최 만찬(목란관) • 남북 정상 회담(제3회, 백화원 초대소)
3일 차	• 김정일 국방 위원장 주최 오찬(백화원 초대소) • 김대중 대통령 일행 서울 공항 도착

① 정전 회담이 시작되었다.
② 통리기무아문이 설치되었다.
③ 남북 기본 합의서가 채택되었다.
④ 자유 무역 협정[FTA]이 체결되었다.
⑤ 6·15 남북 공동 선언이 발표되었다.

[24013-0299]

01 (가) 국가에 대한 설명으로 옳은 것은?

> 우리나라의 땅은 바닷가에 위치하여 중국에서 볼 때 연(燕)과 제(齊)의 밖에 있다. 처음에 군장이 없었는데, 환웅이 처음으로 백성들을 다스리니 백성들이 그에게 귀부하였다. 환웅이 단군을 낳으니, 박달나무 아래에 살았기 때문에 단군이라고 이름하였고, 처음으로 나라를 세우고 국호를 (가) (이)라고 하였다. …… 위만은 연에서 망명한 사람인데 상투를 틀고 만이(蠻夷)의 복장을 하였다. 무리 천여 명을 모아 준왕을 내쫓고 (가) 의 왕위를 차지하여 군대의 위력과 재물로 옛 진(秦)의 운장 땅을 병합하고 수천 리의 땅을 개척하였다.

① 금관가야를 병합하였다.
② 노비안검법을 시행하였다.
③ 영고라는 제천 행사를 열었다.
④ 광개토 대왕릉비를 건립하였다.
⑤ 청동기 문화를 바탕으로 건국되었다.

[24013-0300]

02 (가) 국가에 대한 설명으로 옳은 것은? [3점]

> **문화유산 카드**
>
> ○ 명칭 : 산수무늬 벽돌
> ○ 출토지 : 부여군 규암면 외리
> ○ 소개
>
> 
>
> (가) 의 수도였던 사비에서 발견되었다. 표면에 품(品) 자 모양의 세 봉우리를 겹겹이 그려 삼신산을 표현하고 봉황을 새겨 넣었는데, 이는 도교나 신선 사상의 영향을 받은 것으로 추정된다.

① 웅진으로 천도하였다.
② 과거제를 시행하였다.
③ 상평통보를 발행하였다.
④ 화백 회의를 개최하였다.
⑤ 5경 15부 62주를 설치하였다.

[24013-0301]

03 (가) 국가에서 볼 수 있는 모습으로 가장 적절한 것은?

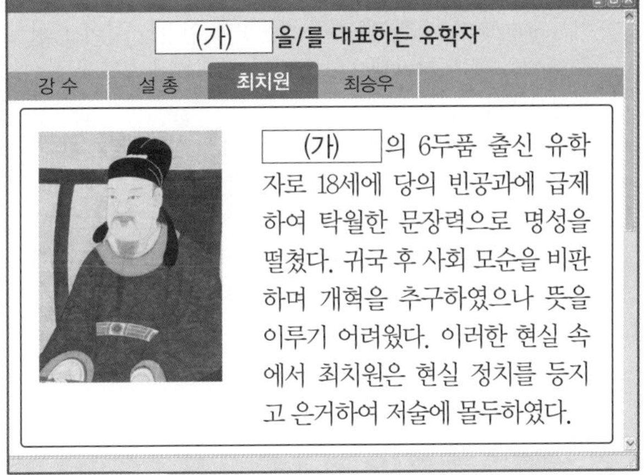

(가) 을/를 대표하는 유학자

강수 | 설총 | 최치원 | 최승우

(가) 의 6두품 출신 유학자로 18세에 당의 빈공과에 급제하여 탁월한 문장력으로 명성을 떨쳤다. 귀국 후 사회 모순을 비판하며 개혁을 추구하였으나 뜻을 이루기 어려웠다. 이러한 현실 속에서 최치원은 현실 정치를 등지고 은거하여 저술에 몰두하였다.

① 국학에서 공부하는 학생
② 수선사 결사를 제창하는 승려
③ 전주성을 점령하는 동학 농민군
④ 교육입국 조서를 반포하는 국왕
⑤ 도병마사 회의에 참여한 중추원 관리

[24013-0302]

04 밑줄 친 '반란'이 일어난 시기를 연표에서 옳게 고른 것은? [3점]

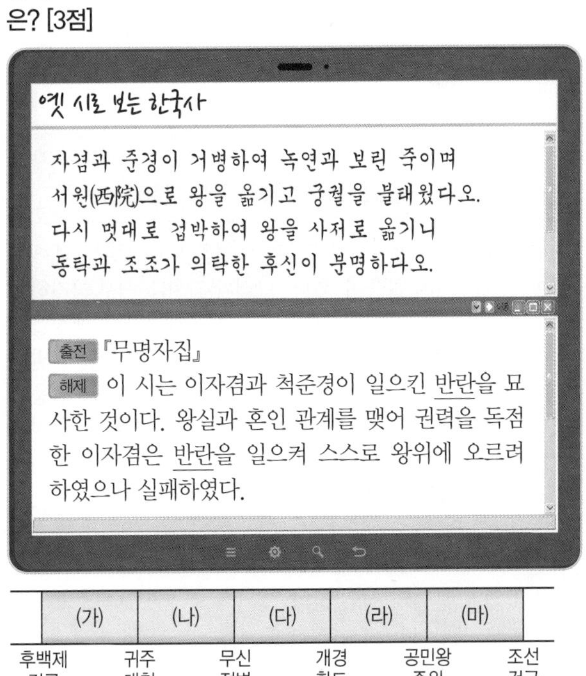

옛 시로 보는 한국사

자겸과 준경이 거병하여 녹연과 보린 죽이며
서원(西院)으로 왕을 옮기고 궁궐을 불태웠다오.
다시 멋대로 겁박하여 왕을 사저로 옮기니
동탁과 조조가 의탁한 후신이 분명하다오.

출전 『무명자집』
해제 이 시는 이자겸과 척준경이 일으킨 반란을 묘사한 것이다. 왕실과 혼인 관계를 맺어 권력을 독점한 이자겸은 반란을 일으켜 스스로 왕위에 오르려 하였으나 실패하였다.

후백제 건국		귀주 대첩		무신 정변		개경 환도		공민왕 즉위		조선 건국
	(가)		(나)		(다)		(라)		(마)	

① (가) ② (나) ③ (다) ④ (라) ⑤ (마)

[24013-0303]

05 밑줄 친 '국왕'에 대한 설명으로 옳은 것은? [3점]

- 국왕이 사도 세자의 묘를 수원부 화산으로 옮기고 원호를 현륭으로 바꾼 다음 화성을 크게 쌓아 모든 시설을 호위하게 하였다. 또한 제사 지내는 곳에 어진을 걸어 효성을 다하는 뜻을 나타냈으며 해마다 참배하면서 그리움을 표현하였다.
- 국왕 즉위 초에 규장각을 정비하고 나서 신하에게 지(志)를 찬술하도록 하였는데 5, 6년이 되어도 완성하지 못하였다. 이는 편찬의 속도가 더뎠을 뿐 아니라 규장각의 제도와 의식이 완비되지 못했기 때문이었다. 그런데 이제 대강이 갖추어졌으므로 재촉하여 완성하게 하니 2권에 8항목이었다.

① 훈요 10조를 남겼다.
② 탕평책을 실시하였다.
③ 경국대전을 완성하였다.
④ 독서삼품과를 시행하였다.
⑤ 전민변정도감을 설치하였다.

[24013-0304]

06 다음 자료를 활용한 탐구 주제로 가장 적절한 것은?

왕이 분부를 내렸다. "공명첩은 백성들을 구휼하는 데에 급하니 허락하지 않을 수 없다. 그러나 각 아문에서 처리하는 일을 내가 아직 보지 못하였으니, 서울과 지방의 백성을 진휼하는 부득이한 일 이외에는 임명장을 절대로 팔지 말라."라고 하였다. 살피건대, 공명첩이란 가선대부나 절충장군의 직첩에 그 성명 쓸 자리를 비워 둔 것이다. 이 공명첩 1장에 돈 5냥을 받기도 하고 7냥을 받기도 하는데, 백성들이 원하지 않으면 마침내 모두 억지로 배당한다.

① 신라 말기 진골 귀족의 왕위 쟁탈전
② 고려 전기 문벌의 정권 장악
③ 고려 무신 정권 시기 하층민의 저항
④ 고려 후기 신진 사대부의 성장
⑤ 조선 후기 신분제의 동요

[24013-0305]

07 밑줄 친 '이 사건'의 배경으로 가장 적절한 것은?

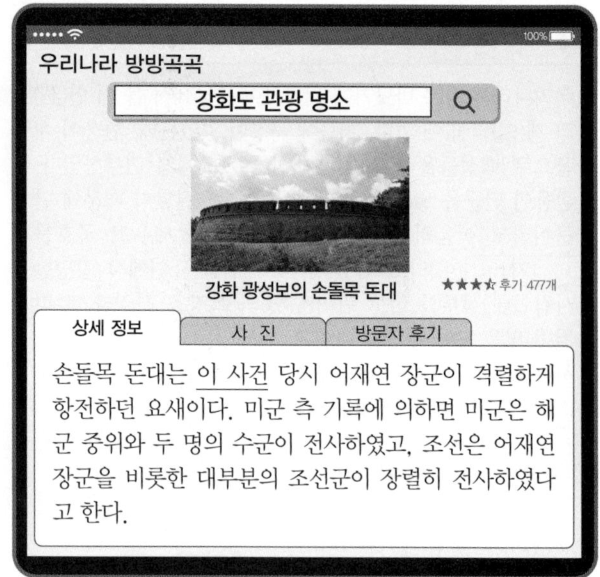

손돌목 돈대는 이 사건 당시 어재연 장군이 격렬하게 항전하던 요새이다. 미군 측 기록에 의하면 미군은 해군 중위와 두 명의 수군이 전사하였고, 조선은 어재연 장군을 비롯한 대부분의 조선군이 장렬히 전사하였다고 한다.

① 별무반이 조직되었다.
② 비변사가 설치되었다.
③ 자유시 참변이 일어났다.
④ 헤이그 특사가 파견되었다.
⑤ 제너럴 셔먼호 사건이 발생하였다.

[24013-0306]

08 다음 상황이 나타난 배경으로 가장 적절한 것은? [3점]

영남 유생 이만손 등이 척사 위정의 의리로 상소를 안고 와서 대궐에 호소하였는데, 명망이 매우 성대하였다. …… 잇달아 영남의 상소가 다시 올라오고, 경기·관동 및 호서·호남의 유생이 아울러 일어나 소장을 올렸는데, 그 가운데 관동의 상소가 더욱 엄하고 매서웠다.

① 최익현이 항일 의병을 일으켰다.
② 대한 제국의 군대가 해산되었다.
③ 최승로가 시무 28조를 건의하였다.
④ 을지문덕이 살수에서 외적을 물리쳤다.
⑤ 김홍집이 가져온 조선책략이 유포되었다.

[24013-0307]

09 밑줄 친 '개혁 안건'의 내용으로 옳은 것은?

> **조선 정부 내정 개혁의 전반적 진행 상황**
>
> 발신자 : 오토리 게이스케 공사
> 수신자 : 무쓰 무네미쓰
> 군국기무처는 지난달에 창립한 이래 매일 회의를 열어 개혁 안건에 대한 평의에 몰두하여 국왕의 재가를 받아 시행하여 왔습니다. …… 그러나 근래에 와서는 긴급을 요하는 의사 안건이 적으며 각 위원들이 담당하고 있는 본래 업무가 바빠 남는 시간이 없으므로 지난 28일부터 5일간 휴회하기로 결정하였습니다.

① 과전법 실시
② 별기군 창설
③ 단발령 시행
④ 과거제 폐지
⑤ 농지 개혁법 제정

[24013-0308]

10 밑줄 친 '이 섬'에 대한 탐구 활동으로 가장 적절한 것은?

> 이 지도는 1785년에 일본에서 제작된 「삼국접양지도」로 울릉도와 이 섬을 조선 영토와 동일한 색깔로 표시하고 '조선의 것'이라고 기록하였습니다. 그러나 일본은 러일 전쟁 중에 이 섬을 주인이 없는 섬이라고 주장하며 시마네현에 불법으로 편입하였습니다.

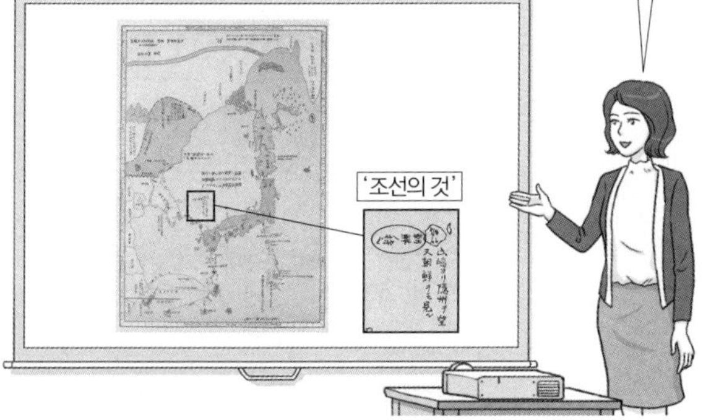

① 청해진이 설치된 곳을 찾아본다.
② 이범윤을 관리사로 파견한 지역을 파악한다.
③ 서희의 담판으로 확보된 영역을 지도에 표시한다.
④ 대한 제국 칙령 제41호(1900)의 내용을 분석한다.
⑤ 일본이 만주의 철도 부설권을 획득한 배경을 알아본다.

[24013-0309]

11 (가) 신문에 대한 설명으로 옳은 것은? [3점]

> 아! 여기 ((가))의 사장 베델 공(公)의 묘가 있도다. 그는 열혈을 뿜고 주먹을 휘둘러 이천만 민중의 의기를 고무하며 목숨과 운명을 걸어 놓고 싸우기를 여섯 해. 마침내 한을 품고 돌아갔으니, 이것이 곧 공의 공다운 점이요, 또 한 뜻있는 사람들이 공을 위하여 비를 세운 까닭이로다. …… 용왕매진하여 감히 꺼리거나 두려워 피하지 않고 부딪치는 말을 직필하매 이럼으로써 분분한 명성이 세상에 떨치게 되었더라. …… 이제 명하여 가로되 드높도다. 그 기개여, 귀하도다. 그 마음씨여. 아! 이 조각돌은 후세를 비추어 꺼지지 않을지로다.
> – 베델의 묘비문 –

① 브나로드 운동을 전개하였다.
② 국채 보상 운동을 지원하였다.
③ 최초로 순 한글로 발간되었다.
④ 치안 유지법에 의해 탄압을 받았다.
⑤ 박문국에서 발간하여 개화 정책을 소개하였다.

[24013-0310]

12 밑줄 친 '당시'에 볼 수 있는 모습으로 가장 적절한 것은?

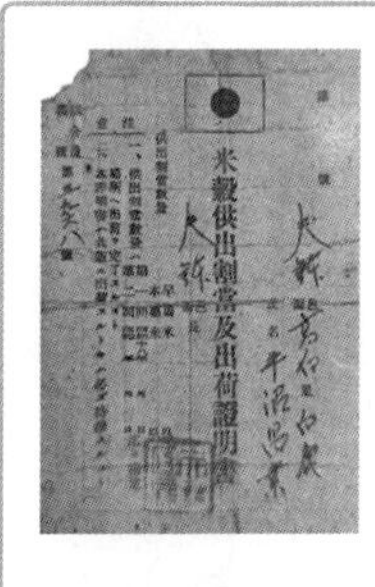

> 자료는 미곡 공출 할당 및 출하 증명서이다. 일제는 국가 총동원법을 실시하여 침략 전쟁에 필요한 인력과 물자를 수탈하던 당시에 농가마다 미곡 공출량을 할당하여 곡식의 유통을 통제하였다. 이뿐만 아니라 전쟁 물자를 조달하기 위해 가정의 놋그릇, 학교 종과 같은 금속을 강제로 공출하였다.

① 회사령을 공포하는 관리
② 황국 신민 서사를 암송하는 학생
③ 일본 공사관을 습격하는 구식 군인
④ 청산리 전투에서 격전을 벌이는 독립군
⑤ 관민 공동회에 참석하는 독립 협회 회원

[24013-0311]

13 (가) 단체에 대한 설명으로 옳은 것은?

> **독립 유공자 공적 정보**
>
> • 성명 : 임수명
> • 훈격(서훈연도) : 건국 포장(1992)
> • 공적 개요
> 조부 임병찬이 (가) 을/를 결성하고 일본 내각 총리 대신을 비롯한 조선 총독 등에게 국권 반환 요구서 제출을 추진하다가 체포되어 거문도로 유배되었을 때, 조부가 순국할 때까지 2년간에 걸쳐 뒷바라지를 하였다. 또한 조선 독립 대동단 전라도 익산군 이사로 발령받아 동지 규합과 군자금 모집 등의 활동을 하다가 체포되어 징역 1년, 집행 유예 3년을 받았다.

① 105인 사건으로 탄압받았다.
② 공화정의 수립을 지향하였다.
③ 서울 진공 작전을 전개하였다.
④ 고종의 밀명을 받아 조직되었다.
⑤ 일본의 황무지 개간권 요구를 철회시켰다.

[24013-0312]

14 밑줄 친 '이 운동'에 대한 탐구 주제로 가장 적절한 것은? [3점]

이것은 신한민보에 실린 이 운동의 선전문 중 일부입니다. 평양에서 조만식 등이 주도하면서 시작된 이 운동은 '내 살림 내 것으로' 등의 표어를 내걸었습니다.

> 우리는 사치한 의복을 입지 맙시다.
> 우리는 과분한 식품을 먹지 맙시다.
> ……
> 우리는 우리 것을 입어야 하겠습니다.
> 우리는 우리 것을 먹어야 하겠습니다.
> 우리는 우리 것을 써야 하겠습니다.
> 우리는 우리 것을 만들어야 하겠습니다.

① 강화도 조약과 문호 개방
② 산미 증식 계획의 추진 배경
③ 당백전 발행의 이유와 문제점
④ 조선 물산 장려회의 활동과 평가
⑤ 대동법 실시의 사회·경제적 효과

[24013-0313]

15 밑줄 친 '이 운동'에 대한 설명으로 옳은 것은? [3점]

> 주문
> 피고인 이선호, 이병립 등 10명에 대하여 징역 1년에 처함. 단, 위 형의 집행을 5년간 유예함.
>
> 이유
> 피고인 등은 순종의 국장 의식이 거행될 때에 지방으로부터 많은 조선인이 경성부에 집결한 것을 기회로 이 운동을 선동하는 불온 문서를 비밀리에 인쇄하여 국장 당일에 군중에게 살포하고 조선 독립 만세를 고창함으로써 조선 독립의 희망을 달성하기를 기하였다. 이에 피고인들은 정치 변혁을 꾀하고, 공동의 안녕질서를 방해하거나 방해하려 했던 자들이다. 이로 인해 주문과 같이 판결함.

① 을미사변에 반발하여 일어났다.
② 민족 협동 전선의 토대가 되었다.
③ 서경 천도와 칭제건원을 주장하였다.
④ 러시아의 절영도 조차 요구를 저지하였다.
⑤ 대한민국 임시 정부 수립에 영향을 주었다.

[24013-0314]

16 (가) 인물에 대한 설명으로 옳은 것은? [3점]

> **역사 독서 감상문**
>
> ○ 도서명 : 『한국통사』
> ○ 지은이 : (가)
> ○ 독서 후 가장 기억에 남는 내용과 그 이유를 쓰시오.

가장 기억에 남는 내용	옛사람이 이르기를 나라는 멸망할 수 있으나 그 역사는 결코 없어질 수 없다고 하였으니, 나라가 형체라면 역사는 정신이기 때문이다. 이제 우리나라의 형체는 없어져 버렸지만, 정신은 살아남아야 한다.
이유	나라를 빼앗겨도 자주적으로 민족사를 연구하여 민족정신을 바로 세우면 언젠가 독립을 이룰 수 있다는 주장이 인상적이었다.

① 어린이날을 제정하였다.
② 헤이그 특사로 파견되었다.
③ 조선 혁명 선언을 작성하였다.
④ 좌우 합작 7원칙을 발표하였다.
⑤ 한국독립운동지혈사를 저술하였다.

[24013-0315]

17 (가) 군대에 대한 설명으로 옳은 것은?

조선 민족 혁명당은 여러 정당과 합작하여 조선 민족 전선 연맹을 성립하고 간행물을 창간하여 선전 공작을 전개하였다. 또한 중국 군사 위원회 정치부와 합작하여 1938년 조선 민족 전선 연맹의 무장 단체인 (가) 을/를 창립하였다. 이는 중국 관내에서 최초로 조직된 한인 무장 단체로 창립 선언 중에서 그 임무와 목적을 설명했는데, '수천만 조선 동포는 식민지적 노예로 된 것을 배격한다는 것을 환기시키고 (가) 의 깃발 밑으로 집결해 와서 파쇼적 군벌 압박하의 모든 민중과 연합하여 우리들의 진정한 적인 일본 군벌을 타도하고 동아시아의 영구적인 평화를 완성하자는 것'이었다.

① 동북 9성을 축조하였다.
② 황룡촌 전투에서 승리를 거두었다.
③ 일부 병력이 한국광복군에 합류하였다.
④ 쌍성보 전투에서 한중 연합 작전을 전개하였다.
⑤ 미얀마 · 인도 전선에서 영국군과 연합 작전을 펼쳤다.

[24013-0316]

18 밑줄 친 '이 전쟁' 중에 있었던 사실로 옳은 것은? [3점]

자료는 이 전쟁 당시 유엔군이 제작하여 살포한 전단지이다. 사망 1,060,526명, 항복 160,000명이라는 구체적인 북한군의 병력 손실 통계 자료를 보여 주면서 "주검과 삶, 어느 편을 택하겠는가? 운명은 그대 손에 있다!"라는 문구로 북한군의 투항을 권유하고 있다.

① 아관 파천이 단행되었다.
② 미쓰야 협정이 체결되었다.
③ 13도 창의군이 결성되었다.
④ 5 · 10 총선거가 실시되었다.
⑤ 인천 상륙 작전이 전개되었다.

[24013-0317]

19 다음 성명서가 발표된 민주화 운동에 대한 설명으로 옳은 것은?

극한 상황으로 치닫고 있는 현 시국에 대한 우리의 입장

6 · 10 국민 대회는 박종철 군을 고문 살해하고 그것을 공모하여 몇 번이고 거듭 그 고문 살해 진상을 조작 · 축소 · 은폐하여 적당하게 국민의 눈을 속이고 우롱하는 작태에 대한 분노의 폭발이며, 4 · 13 조치와 그에 따라 진행되는 일방적인 정치 일정과 국민의 뜻과는 전혀 달리 치러지는 집권당의 전당 대회를 전면 거부하는 온 국민의 준엄한 심판이었습니다. …… 우리들 전(前) 국회 의원은 6 · 10 국민 대회와 연일 계속되는 호헌 철폐, 군부 독재의 퇴진을 요구하는 애국 학생과 민주 시민의 시위에 적극 동참하면서 미력이나마 민주화에 기여하고자 여기 뜻을 밝힙니다.

① 대통령 직선제 개헌을 이끌어 냈다.
② 한 · 일 학생 간의 충돌로 시작되었다.
③ 반민 특위가 설치되는 배경이 되었다.
④ 장면 정부가 출범하는 계기가 되었다.
⑤ 계엄군의 진압에 맞서 시민군이 조직되었다.

[24013-0318]

20 다음 담화를 발표한 정부의 통일 정책으로 옳은 것은? [3점]

남과 북은 신뢰를 바탕으로 화해와 불가침, 교류와 협력을 실천해 나가야 할 것이며, 나는 이것이 평화를 정착시키고 나아가 통일에 이르는 지름길이라는 점을 다시 한번 강조합니다. 대한민국 정부는 오늘 발효된 남북 기본 합의서와 한반도 비핵화 선언의 내용을 모든 성의와 노력을 다하여 성실하게 실천할 것을 국내외에 엄숙히 선언합니다. 나는 북한의 최고 책임자도 남북 기본 합의서와 비핵화 선언의 내용을 성실하게 실천하겠다는 뜻을 국내외에 선언하기를 기대합니다.

① 정전 협정을 체결하였다.
② 금강산 관광 사업을 시작하였다.
③ 남북한이 유엔에 동시 가입하였다.
④ 7 · 4 남북 공동 성명을 채택하였다.
⑤ 10 · 4 남북 공동 선언에 합의하였다.

연표로 이해하는 한국사

연대	시대	주요 사건
기원전	선사 시대 및 고조선	약 70만 년 전　구석기 문화
		8000년경　신석기 문화
		2333 고조선 건국(『동국통감』 등)
		2000년경 청동기 문화 보급★
		400년경　철기 문화 보급
		194　위만, 고조선의 왕이 됨★
		108　고조선 멸망
	삼국 시대	57　신라 건국
		37　고구려 건국
		18　백제 건국
기원후 300		372　고구려, 불교 수용
		384　백제, 불교 수용
400		475　고구려, 한성(백제) 점령 백제, 웅진 천도
500		527　신라, 불교 공인★
		562　신라, 대가야 정복
600		612　고구려, 살수 대첩
		660　백제 멸망
		668　고구려 멸망
	통일 신라와 발해	676　신라, 삼국 통일(나당 전쟁 승리)
		698　대조영, 발해 건국★
800		828　신라 장보고, 청해진 설치
900		900　견훤, 후백제 건국
		901　궁예, 후고구려 건국
	고려	918　왕건, 고려 건국
		936　고려, 후삼국 통일
		956　광종, 노비안검법 실시
1000		1019 강감찬, 귀주 대첩
1100		1107 윤관, 여진 정벌★
		1126 이자겸의 난
		1135 묘청의 난★
		1170 무신 정변

▲ 고인돌(인천 강화) | 청동기 시대의 대표적인 무덤이다.

★위만이 망명하여 무리 천여 명을 모아 상투를 틀고 오랑캐(만이)의 옷을 입고 는 동으로 빠져나가, 패수를 건너 진의 옛 요새에 거주하였다. 위만은 점차 진번 · 조선의 사람들과 연 · 제 지역에서 온 망명자들을 복속시켜 왕이 되고 도읍을 왕검성에 두었다. -『사기』-

★왕 또한 불교를 일으키려고 하였으나 여러 신하가 믿지 않고 이런저런 불평을 많이 하였으므로 근심하였다. (왕의) 가까운 신하인 이차돈이 아뢰기를 "바라건대 하찮은 신의 목을 베어 여러 사람들의 논의를 진정시키십시오."라고 하였다. …… (이차돈의) 목을 베자 잘린 곳에서 피가 솟구쳤는데, 그 색이 우윳빛처럼 희었다. 여러 사람이 괴이하게 여겨 다시는 불사를 비방하거나 헐뜯지 않았다. -『삼국사기』-

★부여씨(백제)가 망하고 고씨(고구려)가 망한 다음 김씨(신라)가 남방을 차지하고 대씨(발해)가 북방을 차지하고 발해라고 하였으니, 이것을 남북국이라 한다. …… 저 대씨는 어떤 사람인가? 바로 고구려 사람이다. 그들이 차지하고 있는 땅은 어떤 땅인가? 바로 고구려 땅이다. -『발해고』-

▲ 「척경입비도」 | 윤관이 별무반을 이끌고 여진을 격퇴한 후 동북 지방에 9성을 축조하고 비석을 세우는 장면을 조선 후기에 그린 그림이다.

▲ 대화궁 터에서 발굴한 용머리상(평남 대동 출토) | 묘청 등의 서경 천도 건의로 인종이 서경에 대화궁을 건설하였다.

연대	시대	주요 사건
1200		1231 몽골의 제1차 침입
		1232 강화 천도
		1270 개경으로 환도 삼별초의 대몽 항쟁(~1273)
1300		1356 공민왕, 쌍성총관부 공격
		1388 위화도 회군
	조선	1392 고려 멸망, 조선 건국
1400		1446 훈민정음 반포★
1500		1519 기묘사화
		1592 임진왜란 발발
		1597 정유재란 발발
1600		1608 광해군, 경기도에 대동법 실시★
		1623 인조반정
		1636 병자호란 발발
1700		1712 백두산정계비 건립
		1742 영조, 탕평비 건립★
		1750 영조, 균역법 실시
		1796 정조, 수원 화성 완공★
1800		1811 홍경래의 난
		1860 최제우, 동학 창시
		1862 임술 농민 봉기
		1863 고종 즉위, 흥선 대원군 집권(~1873)
		1866 병인박해, 제너럴 셔먼호 사건 병인양요
		1871 신미양요, 척화비 건립
		1876 강화도 조약 체결★
		1880 제2차 수신사로 김홍집 파견 통리기무아문 설치
		1882 조미 수호 통상 조약 체결, 임오군란 조청 상민 수륙 무역 장정 체결
		1884 갑신정변
		1889 함경도에서 방곡령 사건 발생

★이달에 임금이 친히 언문 28자를 지었는데 그 글자가 옛글자를 모방하였고, 초성·중성·종성으로 조합해야 한 음절이 이루어졌다. 무릇 한자로 기록한 것과 말로만 전해지는 것을 모두 쓸 수 있으며, 글자는 비록 쉽고 간단하지만 무궁무진한 표현이 가능하니, 이를 '백성을 가르치는 바른 소리(훈민정음 : 訓民正音)'라고 일렀다. -『세종실록』-

★대동법이 처음 경기도에 실시되자 토호와 방납인들은 그 이익을 모두 잃게 되었다. 이에 온갖 수단을 동원하여 저지하려 하고 왕에게 폐지하도록 건의하였으나, 백성들이 대동법의 편리함을 말하므로 계속 실시하였다. -『열조통기』-

◀ 탕평비(성균관대학교) | 영조가 탕평 의지를 알리기 위해 성균관 앞에 세운 비이다.

◀ 거중기 | 실학자 정약용이 중국의 『기기도설』을 참고하여 고안한 기계로 수원 화성을 쌓는 데 활용되었다. 이 그림은 『화성성역의궤』에 실린 그림이다.

▲ 강화도 조약 체결을 위해 연무당에서 회담하는 조선과 일본 대표

연대	시대	주요 사건
		1894 동학 농민 운동
		청일 전쟁(~1895)
		갑오개혁 시작
		1895 삼국 간섭
		을미사변, 을미개혁
		1896 아관 파천 단행★, 독립 협회 창립
	대한 제국	1897 대한 제국 수립
		1898 만민 공동회 개최
		관민 공동회 개최(헌의 6조 결의)
		1899 대한국 국제 반포
1900		1904 러일 전쟁(~1905)
		한일 의정서 체결
		제1차 한일 협약 체결
		1905 을사늑약 체결
		1906 통감부 설치
		1907 국채 보상 운동 시작
		헤이그 특사 파견★, 고종 황제 강제 퇴위
		한일 신협약(정미 7조약) 체결, 군대 강제 해산
		1909 안중근, 이토 히로부미 처단
	일제 강점기	1910 국권 피탈, 회사령 제정
		1912 조선 태형령 제정
		토지 조사령 공포
		1919 3·1 운동
		대한민국 임시 정부 수립
		의열단 조직
		1920 봉오동 전투, 청산리 대첩
		1925 치안 유지법 제정
		1926 6·10 만세 운동
		1927 신간회 조직
		1929 원산 총파업
		광주 학생 항일 운동★
		1931 한인 애국단 조직

▲ 러시아 공사관 | 고종이 러시아 공사관으로 거처를 옮겼던 아관 파천 당시 서울 정동에 있던 모습이다.

▲ 헤이그 특사 | 고종은 네덜란드 헤이그에서 열리는 만국 평화 회의에 을사늑약의 부당함을 알리기 위해 특사(왼쪽부터 이준, 이상설, 이위종)를 파견하였다.

★〈광주 학생 항일 운동 당시의 격문〉
- 검거자를 즉시 우리 힘으로 탈환하자.
- 교우회 자치권을 획득하자.
- 언론, 집회, 결사, 출판의 자유를 획득하자.
- 조선인 본위의 교육 제도를 확립하자.
- 식민지 노예 교육 제도를 철폐하자.
- 사회과학 연구의 자유를 획득하자.
- 전국 학생 대표자 회의를 개최하자.

– 독립운동사 편찬위원회, 『독립운동사9 : 학생 독립운동사』 –

연대	시대	주요 사건

1932 이봉창 의거, 윤봉길 의거

1935 민족 혁명당 결성

1938 국가 총동원법 제정★

조선 의용대 창설

> ★〈국가 총동원법〉
> 제1조 국가 총동원이란 전시에 국방 목적을 달성하기 위해 국가의 전력을 가장 유효하게 발휘하도록 인적 · 물적 자원을 통제, 운용하는 것을 말한다.
> 제4조 정부는 전시에 국가 총동원상 필요할 때에는 칙령이 정하는 바에 따라 제국 신민을 징용하여 총동원 업무에 종사시킬 수 있다. –『조선 총독부 관보』–

1940 대한민국 임시 정부, 충칭 정착

한국광복군 창설★

1941 대한민국 임시 정부, 대일 선전 성명서 발표

> ★〈한국광복군 선언문(1940)〉
> 대한민국 임시 정부는 대한민국 원년(1919)에 정부가 공포한 군사 조직법에 의거하여 …… 광복군을 조직하고 …… 한국광복군은 중화민국 국민과 합작하여 우리 두 나라의 독립을 회복하고자 공동의 적인 일본 제국주의자들을 타도하기 위하여 연합군의 일원으로 항전을 계속한다.
> – 국사편찬위원회, 『대한민국 임시 정부 자료집 10』 –

대한민국

1945 8·15 광복

조선 건국 준비 위원회 결성

모스크바 3국 외상 회의

1946 제1차 미소 공동 위원회 개최

좌우 합작 위원회 결성

좌우 합작 7원칙 발표

1948 제주 4·3 사건, 남북 협상

5·10 총선거★, 제헌 국회 구성

대한민국 정부 수립

반민족 행위 처벌법 제정

▲ 5·10 총선거 포스터 | 1948년 5월 10일에 우리 역사상 최초의 보통 선거가 실시되었다. 이 선거로 제헌 국회 의원이 선출되었다.

1949 농지 개혁법 제정

1950 6·25 전쟁 발발

1952 발췌 개헌

1953 정전 협정 조인★

한미 상호 방위 조약 체결

1954 사사오입 개헌

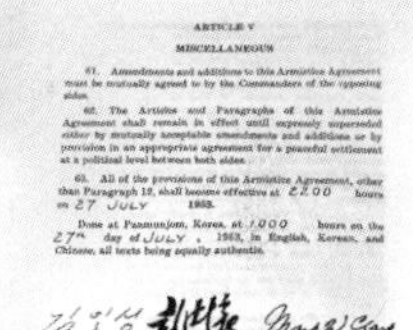
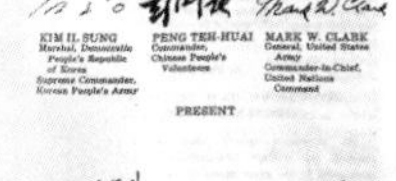
ARTICLE V

MISCELLANEOUS

61. Amendments and additions to this Armistice Agreement must be mutually agreed to by the Commanders of the opposing sides.

62. The Articles and Paragraphs of this Armistice Agreement shall remain in effect until expressly superseded either by mutually acceptable amendments and additions or by provision in an appropriate agreement for a peaceful settlement at a political level between both sides.

63. All of the provisions of this Armistice Agreement, other than Paragraph 12, shall become effective at hours on 1953.

Done at Panmunjom, Korea, at hours on the day of , 1953, in English, Korean, and Chinese, all texts being equally authentic.

KIM IL SUNG
Marshal, Democratic People's Republic of Korea
Supreme Commander, Korean People's Army

PENG TEH-HUAI
Commander, Chinese People's Volunteers

MARK W. CLARK
General, United States Army
Commander-in-Chief, United Nations Command

PRESENT

NAM IL
General, Korean People's Army
Senior Delegate,
Delegation of the Korean People's Army and the Chinese People's Volunteers

WILLIAM K. HARRISON, JR.
Lieutenant General, United States Army
Senior Delegate,
United Nations Command Delegation

▲ 정전 협정 문서 | 이 문서에서 북한군, 중국군, 유엔군 대표의 서명을 확인할 수 있다.

1960 4·19 혁명★

장면 정부 성립

1961 5·16 군사 정변

1962 제1차 경제 개발 5개년 계획(~1966)

1963 박정희 정부 성립

1964 6·3 시위

베트남 파병(~1973)

▲ 4·19 혁명 당시 시국 선언을 발표하고 가두시위에 나선 대학교수단

연대	시대	주요 사건
		1965 한일 협정 체결
		1969 3선 개헌
		1970 새마을 운동 시작, 경부 고속 국도 개통 전태일 분신 사건
		1972 7·4 남북 공동 성명 유신 헌법 제정
		1976 3·1 민주 구국 선언 발표
		1977 최초로 수출액 100억 달러 달성★
		1979 YH 무역 사건, 부마 민주 항쟁 10·26 사태, 12·12 사태(군사 반란)
		1980 5·18 민주화 운동★, 전두환 정부 성립
		1987 박종철 고문치사 사건★, 4·13 호헌 조치 6월 민주 항쟁, 6·29 민주화 선언 발표
		1988 노태우 정부 성립, 서울 올림픽 대회 개최
		1991 남북한 유엔(UN) 동시 가입★ 남북 기본 합의서 채택
		1993 김영삼 정부 성립, 금융 실명제 전면 시행
		1996 경제 협력 개발 기구[OECD] 가입
		1997 국제 통화 기금[IMF]에 구제 금융 요청
		1998 김대중 정부 성립, 금강산 관광 시작
2000		2000 제1차 남북 정상 회담 6·15 남북 공동 선언 발표★
		2003 노무현 정부 성립
		2007 제2차 남북 정상 회담 10·4 남북 공동 선언 발표
		2008 이명박 정부 성립
		2013 박근혜 정부 성립
		2017 문재인 정부 성립

▲ 수출액 100억 달러 달성을 축하하기 위해 광화문 사거리에 설치된 아치

★〈광주 시민군의 궐기문(1980. 5. 25.)〉
우리는 왜 총을 들 수밖에 없었는가? 그 대답은 너무나 간단합니다. …… 정부 당국에서는 17일 야간에 계엄령을 확대 선포하고 일부 학생과 민주 인사, 정치인을 도무지 믿을 수 없는 구실로 불법 연행하였습니다. …… 20일 밤부터 계엄 당국은 발포 명령을 내려 무차별 발포를 시작하였다는 것입니다. 이 고장을 지키고자 이 자리에 모이신 민주 시민 여러분! 그런 상황에서 우리가 할 수 있는 일이 무엇이겠습니까? 우리가 어떻게 해야 되겠습니까?
-「신동아」 1월호 부록(1990) -

▲ 명동 성당에서 열린 '박종철 군 추도 및 고문 근절을 위한 인권 회복 미사' 후 침묵시위

▲ 유엔 본부 앞에 나란히 게양된 태극기와 인공기 | 노태우 정부 시기에 남북한 관계 개선을 위해 노력한 결과 남북한이 유엔에 동시 가입하였다.

▲ 6·15 남북 공동 선언 후 손을 맞잡은 남북 정상

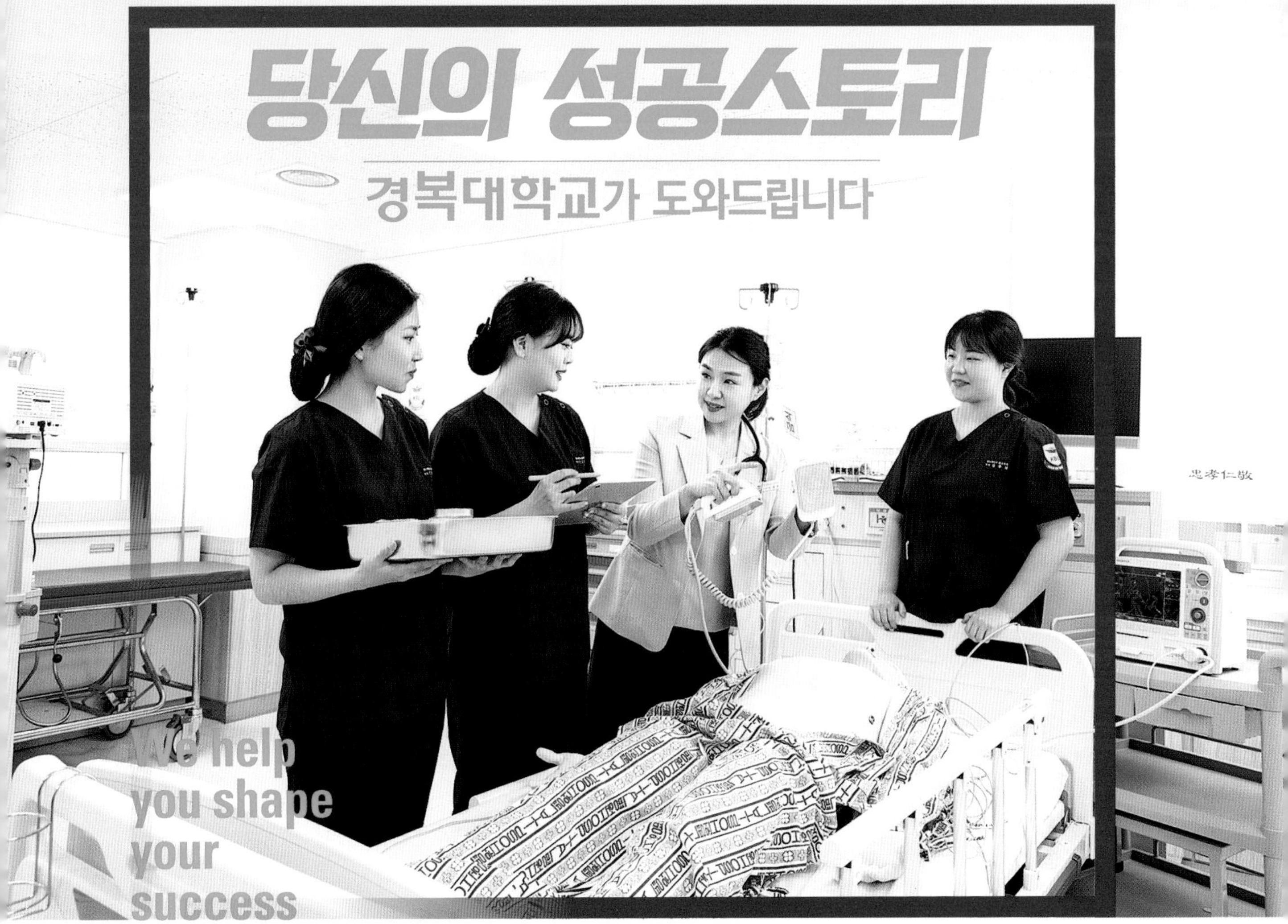

EBS

EBSi
고교강의

문제를 사진 찍고
해설 강의 보기
Google Play | App Store

EBS*i* 사이트
무료 강의 제공

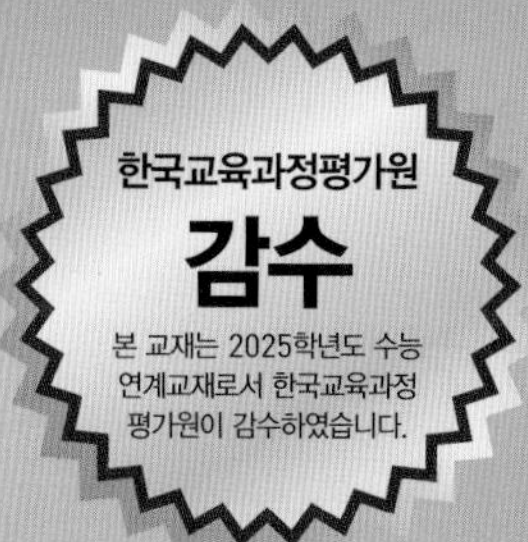
한국교육과정평가원
감수
본 교재는 2025학년도 수능
연계교재로서 한국교육과정
평가원이 감수하였습니다.

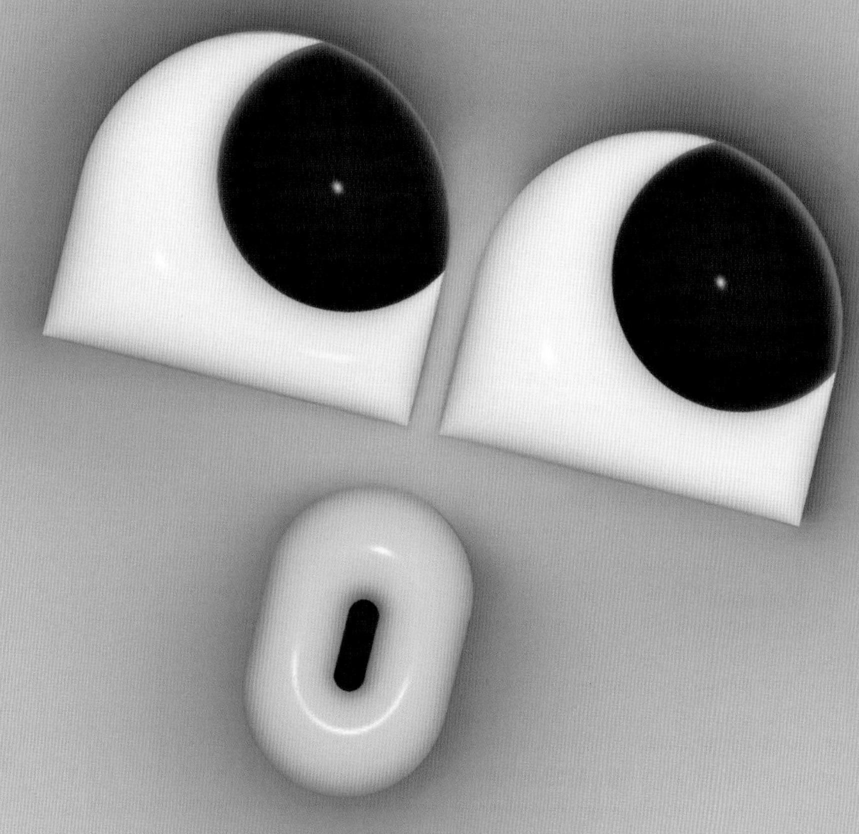

정답과 해설

수능특강 | 한국사영역 한국사

2025학년도 수능 연계교재

본 교재는 대학수학능력시험을 준비하는 데 도움을 드리고자 사회과 교육과정을 토대로 제작된 교재입니다.
학교에서 선생님과 함께 교과서의 기본 개념을 충분히 익힌 후 활용하시면 더 큰 학습 효과를 얻을 수 있습니다.

59기 사관생도
심동주

59기 사관생도
이태은

대학생이 지원가능한
"편입학 사관학교"

육군3사관학교

모집인원 **550명** (여 65명 포함) **교육기간** **2년** (3 · 4학년 과정)

정시생도	학력	4년제 대학 2학년 이상 수료(예정) 및 2 · 3년제 대학 졸업(예정)자
	연령	대한민국 국적을 가진 19세 이상 25세 미만 미혼남 · 여
예비생도	학력	2 · 4년제 대학 1학년 재학생 / 3년제 대학 2학년 재학생
	연령	대한민국 국적을 가진 18세 이상 24세 미만 미혼남 · 여

★ 제대 군인은 복무기간에 따라 지원 연령을 최대 3세까지 연장 가능

학과소개

	인문학			사회학			이학			공학		
일반 전공	영어학	심리학	군사 사학	경제 경영학	정치 외교학	법정학	컴퓨터 과학	국방 시스템 과학	화학 환경 과학	기계 공학	전자 공학	건설 공학
융합전공	안보통상학, 로봇공학, 인공지능학											

입시문의 (054) 330-3720 ~ 3723

본 교재 광고의 수익금은 콘텐츠 품질개선과 공익사업에 사용됩니다. 모두의 요강(mdipsi.com)을 통해 육군3사관학교의 입시정보를 확인할 수 있습니다.

01 고대 국가의 정치·사회와 문화

본문 13~19쪽

자료 탐구 1 ② 2 ①

수능 유형 익히기
01 ⑤ 02 ⑤ 03 ② 04 ③
05 ② 06 ① 07 ② 08 ⑤
09 ④ 10 ② 11 ④ 12 ④
13 ⑤ 14 ① 15 ③ 16 ④

02 고려의 정치·사회와 문화

본문 25~31쪽

자료 탐구 1 ④ 2 ④

수능 유형 익히기
01 ③ 02 ① 03 ② 04 ①
05 ④ 06 ① 07 ③ 08 ④
09 ① 10 ⑤ 11 ⑤ 12 ②
13 ② 14 ④ 15 ④ 16 ②

03 조선 시대 정치 운영과 세계관의 변화

본문 36~40쪽

자료 탐구 1 ④

수능 유형 익히기
01 ② 02 ③ 03 ③ 04 ①
05 ⑤ 06 ① 07 ② 08 ②
09 ① 10 ④ 11 ③ 12 ④

04 양반 신분제 사회와 상품 화폐 경제

본문 44~48쪽

자료 탐구 1 ⑤ 2 ④

수능 유형 익히기
01 ④ 02 ② 03 ① 04 ③
05 ① 06 ② 07 ① 08 ⑤

05 흥선 대원군의 정책과 개항 이후 근대적 개혁의 추진

본문 54~59쪽

자료 탐구 1 ③ 2 ④

수능 유형 익히기
01 ① 02 ④ 03 ⑤ 04 ⑤
05 ② 06 ② 07 ④ 08 ③
09 ② 10 ⑤ 11 ② 12 ⑤

06 근대 국가 수립을 위한 노력

본문 64~69쪽

자료 탐구 1 ⑤ 2 ⑤

수능 유형 익히기
01 ④ 02 ③ 03 ④ 04 ⑤
05 ② 06 ④ 07 ① 08 ⑤
09 ① 10 ④ 11 ① 12 ③

07 일본의 침략 확대와 국권 수호 운동

본문 73~76쪽

자료 탐구 1 ⑤

수능 유형 익히기
01 ⑤ 02 ③ 03 ③ 04 ②
05 ② 06 ③ 07 ③ 08 ⑤

08 개항 이후 경제·사회·문화의 변화

본문 80~83쪽

자료 탐구 1 ⑤

수능 유형 익히기
01 ⑤ 02 ⑤ 03 ④ 04 ⑤
05 ⑤ 06 ⑤ 07 ④ 08 ③

09 1910~1920년대 일제의 식민지 정책과 3·1 운동, 대한민국 임시 정부

본문 88~93쪽

자료 탐구 1 ⑤ 2 ③

수능 유형 익히기
01 ⑤ 02 ③ 03 ② 04 ②
05 ① 06 ④ 07 ① 08 ⑤
09 ① 10 ⑤ 11 ④ 12 ④

10 다양한 민족 운동의 전개

본문 98~104쪽

자료 탐구 1 ③ 2 ⑤

수능 유형 익히기
01 ④ 02 ③ 03 ④ 04 ②
05 ② 06 ⑤ 07 ② 08 ②
09 ③ 10 ④ 11 ⑤ 12 ③
13 ⑤ 14 ② 15 ③ 16 ②

11 사회·문화의 변화와 사회 운동

본문 107~110쪽

자료 탐구 1 ②

수능 유형 익히기
01 ⑤ 02 ③ 03 ⑤ 04 ④
05 ② 06 ⑤ 07 ② 08 ④

12 전시 동원 체제와 광복을 위한 노력

본문 115~120쪽

자료 탐구 1 ② 2 ③

수능 유형 익히기
01 ② 02 ④ 03 ② 04 ④
05 ① 06 ⑤ 07 ④ 08 ④
09 ② 10 ④ 11 ⑤ 12 ④

13 대한민국 정부 수립과 6·25 전쟁

본문 125~130쪽

자료 탐구 1 ⑤ 2 ②

수능 유형 익히기
01 ④ 02 ⑤ 03 ④ 04 ④
05 ⑤ 06 ⑤ 07 ① 08 ⑤
09 ④ 10 ⑤ 11 ③ 12 ①

14 민주화를 위한 노력과 경제 성장

본문 135~140쪽

자료 탐구 1 ⑤ 2 ④

수능 유형 익히기
01 ④ 02 ③ 03 ② 04 ⑤
05 ④ 06 ⑤ 07 ③ 08 ④
09 ⑤ 10 ⑤ 11 ④ 12 ②

15 6월 민주 항쟁 이후 사회와 동아시아 평화를 위한 노력

본문 143~147쪽

자료 탐구 1 ③ 2 ④

수능 유형 익히기
01 ③ 02 ④ 03 ③ 04 ④
05 ④ 06 ③ 07 ④ 08 ⑤

수능 유형 마스터

본문 150~179쪽

1회	01	02	03	04	05	06	07	08	09	10
	⑤	③	④	⑤	③	③	④	①	①	④
	11	12	13	14	15	16	17	18	19	20
	②	⑤	⑤	⑤	②	③	④	⑤	①	④
2회	01	02	03	04	05	06	07	08	09	10
	④	④	①	①	⑤	①	④	②	②	①
	11	12	13	14	15	16	17	18	19	20
	⑤	③	⑤	④	⑤	⑤	⑤	④	②	①
3회	01	02	03	04	05	06	07	08	09	10
	②	④	①	③	④	②	⑤	①	②	⑤
	11	12	13	14	15	16	17	18	19	20
	②	①	①	①	⑤	④	①	①	③	①
4회	01	02	03	04	05	06	07	08	09	10
	②	④	②	⑤	④	③	②	⑤	③	①
	11	12	13	14	15	16	17	18	19	20
	③	②	⑤	⑤	⑤	③	②	②	①	⑤
5회	01	02	03	04	05	06	07	08	09	10
	③	④	①	③	④	②	③	⑤	①	③
	11	12	13	14	15	16	17	18	19	20
	③	③	②	②	①	③	③	⑤	②	⑤
6회	01	02	03	04	05	06	07	08	09	10
	⑤	①	①	②	②	⑤	⑤	⑤	④	④
	11	12	13	14	15	16	17	18	19	20
	②	②	④	④	②	⑤	③	⑤	①	③

정답과 해설

01 고대 국가의 정치·사회와 문화

자료 탐구 본문 13~14쪽

1 ② 2 ①

1 고구려 장수왕 이해

문제 분석 자료에서 군사를 이끌고 와서 한성을 포위하고, 고구려 사람이 추격하여 개로왕을 해쳤다는 내용을 통해 (가) 국왕이 고구려 장수왕임을 알 수 있다. ② 5세기 전반 고구려 장수왕은 국내성에서 평양으로 천도하면서 본격적으로 남진 정책을 추진하였다. 이후 백제를 공격하여 한성을 함락하고 한강 유역을 차지하였다.

오답 피하기 ① 고려 성종은 최승로의 건의를 수용하여 주요 지역에 12목을 설치하고 지방관을 파견하였다.
③ 조선 정조는 자신의 정치적 이상을 실현하는 상징적 도시로 수원 화성을 건설하였다.
④ 조선 세종은 압록강과 두만강 유역의 여진을 몰아내고 4군 6진 지역을 개척하였다.
⑤ 신라 진흥왕은 화랑도를 국가적인 조직으로 개편하였다.

2 통일 신라의 통치 체제 정비 이해

문제 분석 지도에 수도 금성과 북원경, 중원경, 서원경, 남원경, 금관경의 5소경이 표시되어 있으며, 전국을 9주로 나누고 삼국을 통일했다는 것을 통해 (가) 국가는 통일 신라임을 알 수 있다. 통일 신라의 신문왕 때 9주 5소경을 완비하였다. ① 통일 신라는 신문왕 때 유학 교육 기관으로 국학을 설치하여 운영하였다.

오답 피하기 ② 조선 고종 때 흥선 대원군은 왕실의 권위를 회복하기 위해 경복궁을 중건하였다.
③ 고려 인종 때 김부식의 주도로 『삼국사기』가 편찬되었다.
④ 조선 세종 때 훈민정음이 창제되었다.
⑤ 고려 광종 때 본래 양인이었으나 불법으로 노비가 된 사람들을 조사하여 양인 신분을 회복시켜 주는 노비안검법이 시행되었다.

수능 유형 익히기 본문 16~19쪽

01 ⑤	02 ⑤	03 ②	04 ③
05 ②	06 ①	07 ②	08 ⑤
09 ④	10 ②	11 ④	12 ④
13 ⑤	14 ①	15 ③	16 ④

01 신석기 시대 사회 모습 파악

문제 분석 자료에서 농경과 목축이 시작되었으며, 빗살무늬 토기가 대표적인 유물이라는 내용을 통해 밑줄 친 '이 시대'가 신석기 시대임을 알 수 있다. ⑤ 갈돌과 갈판은 신석기 시대에 사용된 간석기로 나무 열매나 곡물을 가루로 만들거나 그 껍질을 벗기는 도구이다.

오답 피하기 ① 고인돌은 청동기 시대의 대표적인 무덤이다.
② 비파형 동검은 청동기 시대의 대표적인 유물이다.
③ 철제 농기구가 사용된 시기는 철기 시대 이후이다.
④ 동예는 10월에 무천이라는 제천 행사를 열었다.

02 고조선의 건국 이해

문제 분석 자료에서 단군왕검이 건국하였으며 우리 역사상 최초의 국가라는 내용을 통해 (가) 국가가 고조선임을 알 수 있다. ⑤ 제정일치의 지배자인 단군왕검이 청동기 문화를 바탕으로 고조선을 건국하였다.

오답 피하기 ① 고려 광종 때 쌍기의 건의로 과거제를 도입한 이후 조선 시대까지 과거제를 실시하여 인재를 선발하였다. 과거제는 갑오개혁 때 폐지되었다.
② 조선 전기에 태종과 세조는 국왕의 국정 주도권을 강화하기 위해 6조 직계제를 실시하였다.
③ 전민변정도감은 권세가들이 부당하게 빼앗은 토지를 본래 소유주에게 돌려주고 불법적으로 노비가 된 자를 양인으로 해방시키기 위해 고려 후기 여러 차례 설치되었다. 공민왕 때 설치된 것이 대표적이다.
④ 한성 사범 학교는 제2차 갑오개혁 시기인 1895년에 근대적 교육 제도 실시에 따라 설립되었다.

03 고조선의 발전 과정 파악

문제 분석 (가)는 고조선이 중국의 연과 대립할 만큼 성장하고 준왕이 즉위한 시기이며, (나)는 고조선이 한의 침략을 받아 멸망하였던 기원전 108년의 상황이다. ② 기원전 194년 고조선에서는 위만이 준왕을 몰아내고 왕위를 차지하는 정치 변동이 발생하였다. 이후 고조선은 철기 문화를 본격적으로 수용하고 중계 무역을 통해 성장하였다.

오답 피하기 ① 1126년 고려 인종 때 국왕과 일부 관리들이 외척으로 권력을 독점하였던 이자겸을 몰아내려 하자, 이자겸은 척준경과 함께 난을 일으켰다.

③ 의열단은 김원봉 등을 중심으로 1919년에 결성된 비밀 결사로, 신채호가 작성한「조선 혁명 선언」을 활동 지침으로 삼았다.

④ 고려 말 요동 정벌에 나섰던 이성계는 위화도에서 회군하여 최영 등을 제거하고 권력을 장악하였다.

⑤ 삼별초는 고려 정부가 개경으로의 환도를 결정하자 이에 반발하여 강화도에서 봉기하였다. 이후 진도, 제주도로 근거지를 옮겨 가며 저항하였으나 고려와 몽골 연합군에 의해 진압되었다.

04 부여의 발전 과정 파악

문제 분석 자료에서 12월에 '영고'라는 제천 행사를 지내고, 마가, 우가, 저가, 구가 등 가축의 이름으로 관직명을 정하였다는 내용을 통해 밑줄 친 '이 나라'가 부여임을 알 수 있다. ③ 부여에서는 마가, 우가, 저가, 구가 등의 제가가 사출도를 관장하였다.

오답 피하기 ① 군국기무처는 1894년에 일본이 경복궁을 점령하고 개혁을 강요하면서 설치된 기구로 제1차 갑오개혁을 주도하였다.

② 백제는 지방 통제를 강화하기 위해 22담로에 왕족을 파견하였다.

④ 발해는 9세기 선왕 이후 중국으로부터 해동성국으로 불렸다.

⑤ 고조선은 8조법으로 사회 질서를 유지하였는데, 현재는 그중 3개 조항만 전한다.

05 고구려의 발전 과정 파악

문제 분석 자료에서 추모왕(주몽)이 건국하였고, 졸본 지역에서 건국하여 국내성으로 수도를 옮겼으며, 태조왕 때 옥저를 복속시켰다는 내용을 통해 밑줄 친 '이 나라'가 고구려임을 알 수 있다. 자료의 금석문은 2012년에 발견된 지안 고구려비의 일부 내용이다. ② 고구려에서는 여러 가들이 모인 제가 회의에서 나라의 중요한 일을 결정하였다.

오답 피하기 ① 발해는 중앙 교육 기관인 주자감을 설립하여 인재를 양성하였다.

③ 임신서기석은 신라의 두 청년이 유교 경전을 공부할 것을 맹세한 내용이 새겨진 비석이다.

④ 별무반은 윤관의 건의에 따라 고려가 여진을 상대하기 위해 편성한 부대이다.

⑤ 대한 제국은 독립 협회 해산 이후인 1899년 광무개혁의 일환으로 대한국 국제를 반포하였다.

06 고구려 소수림왕의 업적 파악

문제 분석 자료에서 고구려의 교육 기관인 태학을 설립하였다는 내용을 통해 (가) 국왕이 고구려 소수림왕임을 알 수 있다. ① 고구려는 4세기 후반 소수림왕 때 율령을 반포하고 불교를 수용하는 등 통치 체제를 정비하였다.

오답 피하기 ② 조선 세조 때부터 편찬되기 시작한『경국대전』은 성종 때 완성되었다.

③ 조선 정조는 관리를 재교육하는 제도인 초계문신제를 실시하였다.

④ 통일 신라 원성왕은 유교 경전의 이해 수준을 시험하여 관리 등용에 활용하고자 독서삼품과를 실시하였다.

⑤ 신라 진흥왕은 화랑도를 국가적인 조직으로 개편하였다.

07 가야 연맹의 발전 과정 파악

문제 분석 자료에서 김해 지역에 자리 잡고, 4세기 말 고구려 군대의 공격으로 큰 타격을 입었으며, 6세기 신라에 통합되었다는 내용을 통해 (가) 나라가 금관가야임을 알 수 있다. ② 전기 가야 연맹을 이끌었던 금관가야는 백제 및 왜와 연대하였다가 고구려의 공격으로 큰 타격을 입었다. 이후 연맹의 주도권은 전쟁의 피해를 입지 않은 고령 지방의 대가야로 넘어갔다. 가야는 여러 소국이 독자적 세력을 유지하여 중앙 집권적 고대 국가로 발전하지 못하였고, 결국 신라에 흡수되었다.

오답 피하기 ① 조선은 전국을 8도로 나누고 관찰사를 지방관으로 파견하였다.

③ 신라는 신분 제도인 골품제를 운영하여 골품에 따라 개인의 사회 활동과 정치 활동의 범위를 제한하였다.

④ 옥저와 동예는 왕이 없고, 읍군과 삼로라는 군장이 통치하였다.

⑤ 도병마사는 고려 시대 중서문하성과 중추원의 고위 관리가 모여 국방 문제 등을 논의하던 회의 기구이다.

08 백제 근초고왕의 활동 파악

문제 분석 자료에서 고구려의 평양성을 공격하여 고국원왕이 전사하였다는 사실을 통해 (가) 국왕이 백제 근초고왕임을 알 수 있다. ⑤ 4세기 근초고왕 때 백제는 마한의 여러 소국을 복속시키면서 세력을 확장해 나갔다.

오답 피하기 ① 신라 지증왕 때 이사부가 우산국을 정복하였다.

② 조선 영조는 백성의 군역 부담을 줄이려는 목적으로 균역법을 시행하였다.

③ 고려 후기에 공민왕은 쌍성총관부를 공격하여 원에 빼앗겼던 영토를 되찾았다.

④ 고려 태조 왕건은 호족 세력을 견제하고 지방 통치를 보완하기 위해 사심관 제도, 기인 제도를 실시하였다.

09 고구려 장수왕의 남진 정책이 끼친 영향 파악

문제 분석 자료에서 한성이 파괴되고 수도를 한성에서 웅진으로 옮겼다는 사실을 통해 5세기 백제가 웅진으로 천도한 상황임을 알 수 있다. ④ 5세기 전반 고구려 장수왕은 국내성에서 평양으로 천도하면서 본격적으로 남진 정책을 추진하였다. 이후 백제를 공격하여 한성을 함락하였고 한강 유역을 차지하였다.

오답 피하기 ① 고려 시대 무신에 대한 차별 대우, 의종의 실정 등을 배경으로 정중부, 이의방 등의 무신들이 정변을 일으켜 정권을 장악하였다.

② 고구려의 을지문덕은 수의 침략에 맞서 살수에서 큰 승리를 거두었다.

③ 제너럴 셔먼호 사건을 빌미로 1871년 미국이 강화도를 침략하자 어재연이 이끄는 조선군이 광성보에서 항전하였다(신미양요).

⑤ 백제는 6세기 성왕 때 사비(부여)로 천도하고, 신라와 연합하여 한강 하류 지역을 회복하였다. 그러나 한강 하류 지역은 곧 신라에 빼앗겼고, 성왕도 관산성 전투에서 전사하였다.

10 신라 진흥왕 재위 기간의 사실 파악

문제 분석 자료에서 북한산에 행차하여 개척한 영토의 경계를 정하여 순수비를 세웠으며, 황초령에도 순수비를 세웠다는 내용을 통해 (가) 국왕이 신라 진흥왕임을 알 수 있다. ② 6세기 신라 진흥왕이 대가야를 병합하였다.

오답 피하기 ① 비변사는 조선 중종 때 왜구와 여진의 침입에 대비하여 설치된 임시 기구였으나 임진왜란을 거치며 최고 기구가 되었다.

③ 조선 고종은 제2차 갑오개혁 당시 국정 개혁의 기본 강령이라 할 수 있는 홍범 14조를 반포하였다.

④ 고려 광종 때 본래 양인이었으나 불법으로 노비가 된 사람들을 조사하여 양인으로 신분을 회복시켜 주는 노비안검법이 시행되었다.

⑤ 고려는 몽골과의 전쟁 중에 부처의 힘으로 외적을 물리치려는 염원을 담아 팔만대장경을 조판하였다.

11 백제의 발전 과정 파악

문제 분석 자료에서 사비가 마지막 수도였으며, 부소산성, 정림사지, 능산리 고분군, 나성 등이 조성된 유적이라는 내용을 통해 (가) 국가가 백제임을 알 수 있다. ④ 백제는 나당 연합군의 공격을 받아 멸망하였다(660).

오답 피하기 ① 고려는 전국을 5도 양계로 편성하였다. 일반 행정 구역인 5도에는 안찰사를 파견하였고, 양계에는 군정과 민정을 총괄하는 병마사를 파견하였다.

② 조선 세종 등은 의정부 재상들이 6조의 업무를 먼저 심의한 후 국왕에게 보고하고, 국왕의 지시를 6조에 전달하여 시행하는 의정부 서사제를 실시하였다.

③ 고구려는 장수왕 때 광개토 대왕의 업적을 기념하기 위해 광개토 대왕릉비를 세웠다.

⑤ 발해 문왕은 당과 친선 관계를 맺고 당의 문물을 받아들여 3성 6부로 중앙 관제를 정비하였다.

12 삼국 통일 이후 신라의 경제 상황 파악

문제 분석 자료에서 5소경 중 서원경 부근 4개 촌락의 경제 상황을 기록하였다는 내용을 통해 (가) 국가가 삼국 통일 이후 신라임을 알 수 있다. ④ 통일 신라 신문왕은 귀족의 경제 기반을 약화시키기 위해 관료전을 지급하고 녹읍을 폐지하였다.

오답 피하기 ① 대한 제국은 광무개혁을 추진하면서 양전 사업을 실시하고 근대적 토지 소유 증명 문서인 지계를 발급하였다.

② 회사 설립 시 조선 총독의 허가를 받을 것을 규정한 회사령은 일제 강점기인 1910년에 제정·공포되었다.

③ 고려는 전국을 5도 양계로 편성하였다. 도 아래에 설치한 군현에는 지방관이 파견된 주현과 파견되지 않은 속현이 있었으며, 특수 행정 구역으로 향·부곡·소 등이 있었다. 속현과 특수 행정 구역은 주현에 파견된 지방관이 향리의 도움을 받아 다스렸다.

⑤ 조선 후기에는 상평통보가 널리 유통되고 담배 등의 상품 작물이 재배되는 등 상품 화폐 경제가 발달하였다.

13 발해의 건국과 발전 과정 파악

문제 분석 자료에서 옛 고구려의 장수 대조영이 건국하였으며, 우리(고려) 태조에게 귀부하였다는 내용을 통해 (가) 국가가 발해임을 알 수 있다. ⑤ 발해는 지방 행정 제도를 5경 15부 62주로 정비하였다. 전략적 요충지에는 5경을 설치하고, 15부와 62주 및 그 아래의 현에 지방관을 파견하였으며, 지방 행정의 말단인 촌락은 말갈 수령의 도움을 받아 다스렸다.

오답 피하기 ① 과전법은 고려 말 이성계와 신진 사대부에 의해 실시되었으며, 전·현직 관리에게 토지 수조권을 지급하는 제도였다.

② 조선은 병자호란 이후 청과 군신 관계를 체결하고 사절단으로 연행사를 파견하였다.

③ 중서문하성은 고려 시대에 국정을 총괄하는 최고 기구였다.

④ 조선은 고려의 교육 제도를 이어받아 한성에 국립 교육 기관인 성균관을 두었는데, 이는 최고 교육 기관의 역할을 하였다.

14 신라 말기의 상황 파악

문제 분석 자료에서 장보고가 청해진을 설치하여 활약하였으며, 진골 귀족 간의 왕위 쟁탈전이 일어났다는 내용을 통해 밑줄 친 '이 시기'가 신라 말기의 상황임을 알 수 있다. ① 선종은 신라 말 정치 불안과 사회 혼란 속에서 유행하였으며, 지방에서 독자적인 세력을 형성하던 호족들의 호응을 받았다.

오답 피하기 ② 조선 정부는 방납의 폐단을 해결하기 위해 공물을 현물이 아니라 토지 결수에 따라 쌀, 동전 등으로 납부하게 하는 대동법을 시행하였다.

③ 고려 시대 무신 정변 이후 무신들이 권력을 확대하는 과정에서 농민에 대한 수탈이 이루어지고 지방 통제가 해이해지자, 공주 명학소에서 망이·망소이가 봉기하는 등 농민과 천민의 봉기가 일어났다.

④ 별기군은 1881년에 창설된 신식 군대로, 일본인 교관으로부터 훈련을 받았다.

⑤ 고려 후기 권문세족은 대개 원과의 관계를 배경으로 성장하여 권력을 장악하였다. 권문세족은 도평의사사를 장악하고, 농장과 노비의 소유를 확대하여 부를 축적하였다.

15 원효의 활동 파악

문제 분석 자료에서 신라의 승려로 일심 사상을 바탕으로 화쟁 사상을 주장하였으며, 아미타 신앙을 적극적으로 전파하였다는 내용을 통해 (가) 인물이 원효임을 알 수 있다. ③ 신라의 원효는 '나무아미타불'을 외우면 극락에 갈 수 있다는 아미타 신앙을 전파하여 불교 대중화에 기여하였다.

오답 피하기 ① 신라의 승려 의상은 당에서 유학하고 돌아와 신라에서 화엄종을 개창하였다.

② 고려의 의천은 교관겸수를 내세워 교종을 중심으로 선종을 통합하려 하였다.

④ 고려 무신 정권 시기 지눌은 세속화된 불교를 개혁하기 위해 수선사(송광사)를 중심으로 결사 운동을 전개하였다.

⑤ 고려 시대 묘청 등은 서경 천도를 추진하였으며, 황제라 칭하고 연호를 세울 것(칭제건원)과 금 정벌을 주장하였다.

16 도교의 특징 파악

문제 분석 자료에서 불로장생을 상징적으로 나타내는 봉황과 삼신산이 있으며, 불로장생과 현세 구복을 추구한다는 내용을 통해 (가) 종교가 도교임을 알 수 있다. ④ 고구려의 고분인 강서 대묘 등에는 도교가 반영된 사신도가 그려져 있다.

오답 피하기 ① 병인박해는 1866년 흥선 대원군이 천주교를 탄압하여 프랑스 선교사와 천주교도를 처형한 사건이다.

② 조선 후기에는 서민 문화의 발달로 판소리가 유행하였다.

③ 고려 후기에 신진 사대부는 고려 사회를 개혁하기 위해 성리학을 적극 수용하여 사상적 기반으로 삼았다.

⑤ 신라의 선덕 여왕은 주변 나라의 침략으로부터 나라를 지키겠다는 염원을 담아 황룡사 9층 목탑을 건립하였다.

02 고려의 정치·사회와 문화

자료 탐구 본문 25~26쪽

1 ④ 2 ④

1 고려 광종 이해

문제 분석 자료에서 쌍기의 의견을 받아들여 과거로 인재를 뽑게 하였고, 백관의 공복을 제정하였다는 내용을 통해 (가) 국왕이 고려 광종임을 알 수 있다. ④ 고려 광종 때 본래 양인이었으나 불법으로 노비가 된 자 등을 조사하여 양인으로 신분을 회복시켜 주는 노비안검법을 시행하였다.

오답 피하기 ① 조선 후기에 정조는 규장각을 정치 기구로 육성하여 자신의 정책을 뒷받침할 수 있도록 하였다.

② 조선 고종은 제2차 갑오개혁 당시 국정 개혁의 기본 강령이라 할 수 있는 홍범 14조를 반포하였다.

③ 독서삼품과는 통일 신라 원성왕 때 관리 선발에 활용하고자 국학 학생들의 유교 이해 수준을 시험하여 상·중·하로 등급을 나눈 제도이다.

⑤ 고려 말 이성계 등은 1388년에 위화도 회군을 단행하여 정치적 실권을 장악하였다.

2 서희의 외교 담판 이해

문제 분석 자료에서 서희가 소손녕이 이끄는 거란군의 침입을 격퇴하였다는 내용을 통해 밑줄 친 '담판'이 거란의 1차 침입 때 고려의 서희와 거란의 소손녕 간에 이루어진 외교 담판임을 알 수 있다. ④ 10세기 말 거란의 1차 침입 때 서희는 소손녕과 담판을 벌여 송과 관계를 끊고 거란과 외교 관계를 맺을 것을 약속하고 강동 6주 지역을 확보하였다.

오답 피하기 ① 병인양요는 흥선 대원군이 프랑스 신부를 비롯해 천주교도를 처형한 병인박해를 구실로 1866년 프랑스가 강화도를 침략한 사건이다.

② 조선은 병자호란 이후 청과 군신 관계를 체결하고 사절단으로 연행사를 파견하였다.

③ 대한 제국은 1899년 황제권을 강화하기 위해 광무개혁의 일환으로 대한국 국제를 반포하였다.

⑤ 일제는 1907년 헤이그 특사 사건을 구실로 고종을 강제 퇴위시켰다.

수능 유형 익히기 본문 28~31쪽

01 ③	02 ①	03 ②	04 ①
05 ④	06 ①	07 ③	08 ④
09 ①	10 ⑤	11 ⑤	12 ②
13 ②	14 ④	15 ④	16 ②

01 고려 태조의 업적 파악

문제 분석 자료에서 훈요 10조를 남기고, 유력한 호족 가문과 혼인하였으며, 사심관 제도와 기인 제도를 실시하였다는 내용을 통해 (가) 국왕이 고려 태조임을 알 수 있다. ③ 고려 태조 왕건은 고구려 계승 의식을 바탕으로 서경(평양)을 중시하고 영토를 확장하는 등 북진 정책을 적극적으로 추진하였다.

오답 피하기 ① 조선 정조는 규장각을 학문과 정책 연구 등을 담당하는 정치 기구로 육성하였다.

② 고구려는 5세기 전반 장수왕 때 국내성에서 평양으로 천도하였다.

④ 1895년 삼국 간섭 이후 친러 세력이 대두하는 상황에서 일본은 명성 황후를 시해하는 을미사변을 일으켰다. 이에 신변의 위협을 느낀 고종은 1896년 아관 파천을 단행하였다.

⑤ 고려 성종은 최승로의 건의를 수용하여 지방의 주요 지역에 12목을 설치하고 지방관을 파견하였다.

02 고려 광종 재위 시기의 사실 파악

문제 분석 자료에서 즉위 후 스스로를 황제라 칭하고 광덕, 준풍이라는 연호를 사용하였으며, 노비안검법을 실시하였다는 내용을 통해 (가) 국왕이 고려 광종임을 알 수 있다. ① 고려 광종은 쌍기를 등용하여 과거제를 실시하였다. 광종은 과거제를 통해 유교적 소양을 갖춘 신진 세력을 등용하였다.

오답 피하기 ② 조선 정조는 관리를 재교육하는 제도인 초계문신제를 시행하였다.

③ 조선 고종이 재위하던 1894년 고부 군수 조병갑이 만석보 등을 쌓아 수세를 거두는 등 착취를 일삼자 고부 농민 봉기가 일어났다.

④ 조선 고종은 개화 정책의 일환으로 신식 군대인 별기군을 편성하였다.

⑤ 신라 진흥왕은 화랑도를 국가적인 조직으로 개편하였다.

03 고려 성종의 통치 체제 정비 파악

문제 분석 자료는 고려 성종 때 최승로가 건의한 시무 28조의 내용이다. ② 고려 성종은 최승로의 시무 28조를 수용하여 유교 정치 이념을 확립하고 통치 체제를 정비하였다.

오답 피하기 ① 신라 말 일부 6두품은 골품제를 비판하면서 반신라적 성향을 보였다.

③ 고려 후기 신진 사대부는 고려 사회를 개혁하기 위해 성리학을 적극 수용하여 사상적 기반으로 삼았다.

④ 조선 성종 때부터 사림이 본격적으로 중앙 정계에 진출하여 훈구 세력의 부정과 비리를 비판하였다. 이에 사림과 훈구의 대립이 심화되었고 여러 차례 사화가 발생하였다.

⑤ 조선 후기 세도 정치 시기에는 매관매직 등으로 정치 기강이 문란해졌고, 백성에 대한 수탈이 심화되어 삼정의 문란 등 폐단이 발생하였다.

04 고려의 통치 체제 이해

문제 분석 자료에서 식목도감과 도병마사가 국가의 중대사를 관장한다는 내용을 통해 밑줄 친 '나라'는 고려임을 알 수 있다. 고려에서는 재신과 추밀이 도병마사나 식목도감에 모여 국가 중대사를 의논하고, 왕과 함께 결정하였다. ① 고려는 당의 3성 6부제를 나라의 실정에 맞게 고쳐 2성 6부의 중앙 정치 제도를 갖추었다. 중서문하성이 국정을 총괄하였고, 상서성이 6부를 관리하며 정책을 집행하였다.

오답 피하기 ② 조선 태종, 세조 등이 실시한 6조 직계제로 왕권이 강화되고 의정부의 권한이 약화되었다.

③ 통일 신라의 원성왕은 관리를 선발하는 데 활용하기 위해 독서삼품과를 시행하였다.

④ 조선 시대에는 모든 군현에 지방관(수령)이 파견되어 중앙 집권 체제가 강화되었다.

⑤ 신라는 통일 이후 신문왕 때 전국을 9주 5소경 체제로 정비하였다.

05 고려의 지방 행정 제도 이해

문제 분석 자료에서 5도 양계를 설치하고 주현과 속현이 존재하였으며, 거란·여진 등 북방 민족의 침입을 대비하였다는 내용을 통해 (가) 국가가 고려임을 알 수 있다. ④ 고려 시대에는 특수 행정 구역으로 향·부곡·소가 널리 분포하였다.

오답 피하기 ① 백제는 지방 통제를 강화하기 위해 22담로에 왕족을 파견하였다.

② 일제 강점기인 1920년대에 백정들이 자신들에 대한 사회적 차별 철폐를 요구하는 형평 운동을 전개하였다.

③ 부여에서는 마가, 우가, 저가, 구가 등 제가들이 별도로 사출도를 다스렸다.

⑤ 화백 회의는 신라의 귀족들이 모여 만장일치로 국가 중대사를 의결하였던 기구이다.

06 윤관의 활동 파악

문제 분석 자료에서 동북 9성을 축조하였다는 내용을 통해 (가) 인물이 윤관임을 알 수 있다. ① 고려 숙종은 윤관의 건의를 받아들여 여진 정벌을 위한 특수 부대인 별무반을 편성하였다. 윤관은 별무반을 이끌고 여진을 몰아낸 후 동북 9성을 쌓았다.

오답 피하기 ② 삼별초는 13세기에 고려 정부의 개경 환도 결정에 반발해 강화도에서 봉기하여 진도와 제주도로 근거지를 옮겨 가며 대몽 항쟁을 전개하였다.

③ 조선 고종 때 흥선 대원군은 통상 수교를 거부한다는 의지를 널리 알리기 위해 전국 각지에 척화비를 세웠다.

④ 통신사는 조선 국왕이 일본에 보낸 공식 외교 사절단으로 쇼군의 즉위를 축하하는 등 정치적인 목적으로 파견되었다. 통신사는 조선의 문화를 일본에 전하여 일본 문화 발전에 큰 영향을 주었다.

⑤ 임진왜란 당시 이순신이 이끄는 수군은 한산도 해전 등에서 크게 승리하여 조선이 전세를 역전시킬 수 있는 발판을 마련하였다.

07 고려의 해동 천하 세계관 이해

문제 분석 자료에서 고려의 왕을 '황제'로 표기하였고, 숙종의 딸인 복녕 궁주를 '천자의 딸'이라고 표현한 것을 통해 (가)에는 고려의 해동 천하 인식이 들어가야 함을 알 수 있다. ③ 고려 국왕은 대외적으로 송, 거란, 금 등으로부터 책봉을 받기는 하였으나 안으로는 황제를 칭하였다. 또한 고려는 중국의 왕조와는 별도로 고려가 세상의 중심이라는 독자적 세계관을 형성하고 있었는데, 이를 해동 천하 인식이라고 한다.

오답 피하기 ① 삼국은 건국 시조를 하늘과 연결하는 천신 신앙을 통해 건국의 정당성을 밝히고 왕실의 권위를 높였다.

② 신라 말에는 참선 수행을 통해 깨달음을 얻으려는 선종이 확산되었다.

④ 고려 원 간섭기에는 친원적 성향의 권문세족이 새로운 지배 계층으로 등장하였다. 또한 고려와 원 사이에 인적 교류와 함께 경제·문화 교류도 활발하였다. 그리하여 몽골의 풍속(몽골풍)이 고려에 유행하였으며, 원의 지배층 사이에 고려의 풍습(고려양)이 전해지기도 하였다.

⑤ 조선 후기에는 상평통보가 널리 유통되고 담배 등의 상품 작물이 재배되는 등 상품 화폐 경제가 발달하였다.

08 묘청의 서경 천도 운동 전개 시기 파악

문제 분석 이자겸이 척준경과 의논한 날 궁궐이 불탔다는 내용을 통해 (가)는 이자겸의 난(1126)이 일어난 상황임을 알 수 있고, 보현원에서 이고 등이 문신을 제거하였고 정중부 등이 왕을 모시고 궁으로 돌아왔다는 내용을 통해 (나)는 무신 정변(1170)이 일어난 상황임을 알 수 있다. ④ 고려 인종 때 묘청 등의 서경 세력은 서경으로의 천도와 칭제건원을 주장하며 서경 천도 운동을 전개하였다. 이에 대해 김부식 등의 개경 세력이 반대하여 서경 천도가 좌절되자 묘청 등이 서경에서 난을 일으켰으나 진압되었다.

오답 피하기 ① 고려 무신 정권기에 노비 만적이 신분 해방을 위해 봉기를 모의하였다.

② 1919년 김원봉 등의 주도로 조직된 의열단은 주로 1920년대에 일제의 식민 통치 기관을 파괴하는 활동을 전개하였다.

③ 홍경래의 난은 1811년 평안도 지방에 대한 차별과 세도 정치의 폐단에 반발하여 일어났다.

⑤ 을지문덕은 7세기 수 양제가 고구려를 침략했을 때 살수에서 수의 군대와 싸워 큰 승리를 거두었다(살수 대첩).

09 강화도 천도의 배경 파악

문제 분석 자료에서 최우의 계획으로 시행되었다는 내용을 통해 밑줄 친 '천도'가 몽골의 고려 침략 때 최우의 주도로 강화도로 수도를 옮긴 상황임을 알 수 있다. ① 13세기에 몽골이 고려를 침략하자 당시의 실권자였던 최우의 주장에 따라 고려 정부가 강화도로 천도하였다.

오답 피하기 ② 신라는 지증왕 때 이사부로 하여금 우산국을 정벌하게 하여 신라에 복속시켰다.

③ 5세기에 고구려 장수왕은 평양으로 수도를 옮기고 남진 정책을 본격적으로 추진하였다.

④ 고려 말 요동 정벌에 나선 이성계는 위화도에서 회군하여 최영 등을 제거하고 권력을 장악하였다.

⑤ 정묘호란 이후 국력이 더욱 커진 후금은 국호를 청으로 바꾸고 조선에 군신 관계를 요구하였다.

10 원 간섭기의 상황 파악

문제 분석 자료에서 고려 왕이 원의 부마가 되었고, 고려 왕실의 호칭이 부마국의 지위에 맞춰 낮아졌으며, 관청의 명칭도 격하되었다는 내용을 통해 밑줄 친 '이 시기'가 원 간섭기임을 알 수 있다. ⑤ 원 간섭기에는 친원적 성향의 권문세족이 새로운 지배 계층으로 등장하였다. 이들은 불법적인 방법으로 토지와 노비를 확대하여 산과 천(川)으로 경계가 표시되는 대농장을 경영하였다.

오답 피하기 ① 조선 후기 흥선 대원군은 경복궁 중건 등에 필요한 재정을 확보하고자 고액 화폐인 당백전을 발행하였다.

② 1895년 을미사변과 단발령을 배경으로 을미의병이 일어났다.

③ 영정법은 조선 인조 때인 17세기 전반부터 실시된 수취 제도이다.

④ 일제는 1925년 천황제와 사유 재산 제도를 부정하는 사상을 탄압하기 위해 치안 유지법을 제정하였다.

11 고려 공민왕의 정책 파악

문제 분석 자료에서 정동행성 이문소를 폐지하여 원의 내정 간섭을 차단하였다는 내용을 통해 (가) 국왕이 고려 공민왕임을 알 수 있다. ⑤ 고려 공민왕은 권문세족의 경제 기반을 약화시키고 국가 재정을 확충하기 위해 전민변정도감을 설치하여 권세가들이 부당하게 빼앗은 토지를 본래의 소유주에게 돌려주고, 불법적으로 노비가 된 자를 양인으로 해방시켰다.

오답 피하기 ① 삼국 통일 이후 신라 신문왕은 녹읍을 폐지하여 체제를 정비하고 귀족 세력을 약화시키려 하였다.

② 조선 후기 영조와 정조는 붕당 정치의 폐단을 해소하고 국왕 중심의 국정 운영을 강화하기 위해 탕평책을 실시하였다.

③ 백제 성왕은 중흥의 기틀을 마련하기 위해 웅진에서 사비로 천도하였다.

④ 조선 정조는 자신의 정치적 이상을 실현하는 상징적인 도시를 건설하기 위해 정치적 기능과 군사·상업적 기능을 함께 고려한 수원 화성을 축조하였다.

12 고려 무신 정권 시기 하층민의 봉기 이해

문제 분석 자료에서 망이·망소이의 난, 김사미의 난과 효심의 난, 만적의 봉기 모의를 조사한다는 내용을 통해 (가)에 들어갈 내용으로 무신 정권기 하층민의 봉기가 가장 적절함을 알 수 있다. ② 고려 무신 정권기에는 무신의 가혹한 수탈에 반발하여 농민과 천민의 봉기가 잇따라 일어났다. 무신 정권 시기 하층민의 봉기 중 대표적인 사건은 공주 명학소에서 있었던 망이·망소이의 난과 운문에서 일어난 김사미의 봉기, 초전에서 일어난 효심의 봉기, 개경에서 있었던 만적의 봉기 모의 등이 있다.

오답 피하기 ① 신라 말 중앙 정부의 통치력이 약화되자 지방에서 호족 세력이 성장하였다.

③ 고려 후기에 신진 사대부는 고려 사회를 개혁하기 위해 성리학을 적극 수용하여 사상적 기반으로 삼았다.

④ 조선 후기 서민의 경제력이 향상되고 서당 교육이 확대되어 서민층이 새로운 문화 주체로 성장하면서 한글 소설 등 서민 문화가 발전하였다.

⑤ 개항 이후 개화 비용 마련, 외국에 대한 배상금 지급 등으로 국가 재정이 어려워지면서 농민의 조세 부담이 늘어났다. 또한 일본 상인이 들여온 영국산 면제품이 유통되면서 농촌 가내 수공업도 큰 타격을 입었다. 이런 상황에서 농민들 사이에서는 집권층을 향한 불만과 일본에 대한 반감이 커져 갔다.

13 고려의 특수 행정 구역 이해

문제 분석 자료에서 옛날에는 현이었는데 읍민이 국명을 어겨 은으로 세금을 물게 하여 은소라고 칭하였다는 내용과 향·소·부곡을 두었다는 내용을 통해 고려 시대의 특수 행정 구역에 대한 것임을 알 수 있다. ② 향·부곡·소는 고려 시대의 특수 행정 구역으로 이곳에 거주하는 사람들은 일반 군현민에 비해 조세의 부담이 컸다.

오답 피하기 ① 삼국은 중앙 집권 체제가 정비되는 과정에서 불교를 수용하여 집단 통합과 왕권 강화에 활용하였다.

③ 조선 성종 때부터 사림이 본격적으로 중앙 정계에 진출하여 훈구 세력의 부정과 비리를 비판하였다. 이에 사림과 훈구의 대립이 심화되었고 여러 차례의 사화가 발생하였다.

④ 조선 후기 현종 때 서인과 남인은 효종과 효종비의 국장을 치르는 과정에서 자의 대비의 상복 문제로 예송을 전개하였다.

⑤ 대한 제국 정부는 1900년 10월 칙령 제41호를 발표하여 울도(울릉도) 군수의 관할 범위를 '울릉 전도와 죽도(울릉도 바로 옆의 바위섬), 석도(독도)를 관할할 것'으로 규정하였다.

14 지눌의 활동 파악

문제 분석 자료에서 보조 국사였으며 선종을 중심으로 교종을 포섭하기 위해 돈오점수와 정혜쌍수를 주장하였다는 내용을 통해 (가) 인물이 고려의 승려 지눌임을 알 수 있다. ④ 고려 무신 정권 시기 지눌은 세속화된 불교를 개혁하기 위해 수선사(송광사)를 중심으로 결사 운동을 펼쳤다.

오답 피하기 ① 나철은 오기호와 함께 전통적인 단군 신앙을 부활시켜 대종교를 창시하였다.

② 조선 중종 때 조광조의 건의로 일종의 천거제인 현량과가 도입되었다.

③ 고려 시대의 대표적 유학자인 최충은 관직에서 물러난 후 9재 학당(문헌공도)에서 제자를 양성하였는데, 이를 계기로 사학 12도가 융성하였다.

⑤ 의상은 당에 유학하고 돌아와 신라에서 화엄종을 개창하였다.

15 고려의 문화 파악

문제 분석 자료에서 강진 지역에서 생산된 청자가 수도 개경의 지배층에게 큰 인기를 끌었다는 내용을 통해 (가) 국가가 고려임을 알 수 있다. ④ 고려 인종 때 김부식의 주도로 『삼국사기』가 편찬되었다.

오답 피하기 ① 조선 후기에는 서민 문화의 발달로 판소리가 유행하였다.

② 조선 후기 흥선 대원군은 왕실의 권위를 회복하기 위해 경복궁을 중건하였다.

③ 조선 세종은 집현전을 설치하여 학자들로 하여금 학문과 정책을 연구하도록 하고, 훈민정음을 창제하여 민본 정치를 실현하고자 하였다.

⑤ 신라 선덕 여왕은 주변 나라의 침략으로부터 나라를 지키겠다는 염원을 담아 황룡사 9층 목탑을 건립하였다.

16 삼국유사의 특징 파악

문제 분석 자료에서 일연이 저술하였고 불교 신앙을 중심으로 전설이나 야사, 신화적인 내용을 주로 다루었다는 것을 통해 (가) 서적이 『삼국유사』임을 알 수 있다. ② 몽골 침략의 위기를 겪은 뒤 편찬된 『삼국유사』는 단군의 건국 이야기를 기록하여 통합된 민족의식을 드러냈다.

오답 피하기 ① 조선 후기 실학자 박제가는 『북학의』에서, 박지원은 『연암집』에서 발달한 청의 문물을 적극적으로 수용할 것을 주장하였다.

③ 백남운은 『조선사회경제사』에서 한국의 역사가 세계사의 보편적 발전 법칙에 따라 발전해 왔다고 주장하여 식민 사관의 정체성론을 비판하였다. 백남운은 유물 사관에 입각하여 세계사의 보편적 발전 법칙에 따라 한국사를 체계화하고자 노력하였다.

④ 고려 후기에는 성리학의 영향으로 정통과 대의명분을 강조하는 역사서가 편찬되었는데, 이제현이 편찬한 『사략』이 대표적이다.

⑤ 『삼국사기』는 유교적 합리주의 사관을 기반으로 기전체로 서술되었다.

03 조선 시대 정치 운영과 세계관의 변화

자료 탐구 본문 36쪽

1 ④

1 조선 전기의 외교 정책 이해

문제 분석 세종 때 토벌하고 6진 지역을 개척하여 두만강 유역까지 국경을 넓혔다는 것을 통해 밑줄 친 '이들'은 여진임을 알 수 있다. ④ 조선은 군대를 동원하여 여진을 토벌하고 4군 6진 지역을 개척하는 등의 강경책과 국경 지역에 무역소를 설치하고 귀화를 장려하는 등의 회유책을 함께 사용하는 교린 정책을 폈다.

오답 피하기 ① 조선 고종은 개화 정책의 하나로 신식 군대인 별기군을 편성하였다.
② 고려의 서희는 10세기 말 거란의 1차 침입 때 적장 소손녕과 외교 담판을 벌여 강동 6주 지역을 확보하였다.
③ 조선 고종은 개항 이후 일본의 근대 문물 시찰과 개화 정책에 대한 정보 수집을 위해 1881년 일본에 조사 시찰단을 파견하였다.
⑤ 조선 세종 때 일본의 교역 요청에 따라 부산포, 제포, 염포의 3포를 개방하고 제한적인 교역을 허용하였다.

수능 유형 익히기 본문 38~40쪽

01 ②	02 ③	03 ③	04 ①
05 ⑤	06 ①	07 ②	08 ②
09 ①	10 ④	11 ③	12 ④

01 조선의 정책 파악

문제 분석 성종 때 『경국대전』을 완성함으로써 성문법에 근거한 통치 질서를 확립하였다는 것을 통해 (가) 국가는 조선임을 알 수 있다. ② 조선은 성종 때 집현전을 계승하여 홍문관을 설치하였다. 홍문관은 왕실 서적이나 문서를 관리하고 정책을 연구하여 국왕의 국정 운영에 자문하는 기구였다.

오답 피하기 ① 조선 총독부는 1910년에 회사 설립 시 조선 총독의 허가를 받을 것을 규정한 회사령을 공포하였다.
③ 고려 광종은 본래 양인이었으나 불법으로 노비가 된 사람들을 조사하여 양인으로 신분을 회복시켜 주는 노비안검법을 실시하였다.
④ 통일 신라 원성왕은 유교 경전의 이해 정도를 평가하여 관리 선발에 활용하고자 독서삼품과를 운영하였다.
⑤ 고려 태조 왕건은 호족 세력을 견제하고 지방 통치를 보완하기 위해 사심관 제도, 기인 제도 등을 시행하였다.

02 사헌부의 기능 이해

문제 분석 3사의 하나이며 책임자가 대사헌이라는 것, 모든 관원을 감찰하는 등의 업무를 담당하였다는 것 등을 통해 (가) 기구는 사헌부임을 알 수 있다. ③ 사헌부, 사간원, 홍문관을 일컫는 3사는 조선 시대 언론 기구로 권력의 독점을 견제하는 기능을 맡았다.

오답 피하기 ① 군국기무처는 1894년 설치되어 제1차 갑오개혁을 주도하였다.
② 1862년 임술 농민 봉기의 배경이 된 삼정의 문란을 해결하기 위해 삼정이정청이 설치되었으나 큰 성과를 거두지 못하였다.
④ 고려 공민왕은 권문세족을 견제하기 위해 전민변정도감을 설치하여 권세가들이 부당하게 빼앗은 토지를 본래 소유주에게 돌려주고 불법적으로 노비가 된 자를 양인으로 해방시키려 하였다.
⑤ 고려 최씨 무신 정권 시기 최충헌이 교정도감을 설치하였다. 교정도감은 최고 권력 기구로 최씨 무신 정권의 유지에 기여하였다.

03 조선의 과거 제도 파악

문제 분석 조선에서 주로 활용된 관리 등용 제도라는 것 등을 통해 (가) 제도는 과거임을 알 수 있다. ㄴ. 조선 시대 과거는 문관을 선발하는 문과, 무관을 선발하는 무과, 기술관을 선발하는 잡과로 구분하여 실시하였다. ㄷ. 원칙적으로 양인 이상이면 과거에 응시할 수 있었다.

오답 피하기 ㄱ. 대동법은 조선 광해군 때 경기도에서 처음 시행된 이후 양반 지주들의 반발로 확대 시행에 어려움을 겪었다.
ㄹ. 조선 태종과 세조 때 6조 직계제를 채택하여 왕권이 강화되고 의정부의 권한이 약화되었다.

04 붕당의 특징 이해

문제 분석 사림의 신진 세력은 동인, 사림의 기성 세력은 서인으로 구분되었다는 것, 동인은 다시 북인과 남인으로, 서인은 노론과 소론으로 구분되었다는 것 등을 통해 (가)는 붕당임을 알 수 있다. ① 각 붕당은 사족의 의견을 모아 공론이라 내세우며 서로 경쟁하는 붕당 정치를 전개하였다.

오답 피하기 ② 개화파는 임오군란을 전후하여 개화의 방법과 속도 등을 둘러싸고 온건 개화파와 급진 개화파로 분화되었다.
③ 권문세족은 고려 원 간섭기에 원의 세력을 배경으로 성장하였다.
④ 박규수, 오경석, 유홍기 등의 통상 개화론자들은 북학파 실학자들의 사상을 계승하였다.

⑤ 신라 말에 일부 6두품 세력은 골품제를 비판하며 지방의 호족과 연계하여 새로운 사회 건설을 모색하였다.

05 붕당 정치의 변질 이해

문제 분석 조선 후기에 집권 붕당이 교체되어 정국이 급격하게 바뀌게 된 상황을 의미한다는 것 등을 통해 제시된 용어는 환국이며, (가)에는 환국의 영향이 들어가야 함을 알 수 있다. ⑤ 숙종 때에는 경신년, 기사년, 갑술년에 환국이 발생하면서 특정 붕당이 권력을 독점하는 일당 전제화 추세가 가속화되었다.

오답 피하기 ① 1895년 삼국 간섭 이후 친러 세력이 대두하는 상황에서 일본은 명성 황후를 시해하는 을미사변을 일으켰다. 이에 신변의 위협을 느낀 고종은 1896년 아관 파천을 단행하였다.
② 대한 제국은 1899년 황제권을 강화하기 위해 광무개혁의 일환으로 대한국 국제를 반포하였다.
③ 고려 후기 신진 사대부가 공민왕의 개혁 정치를 배경으로 중앙 정치 무대에서 성장하였다.
④ 1170년 고려 무신들이 자신들에 대한 차별과 문벌의 권력 독점에 맞서 무신 정변을 일으켜 권력을 장악하였다.

06 조선 정조의 탕평 정치 파악

문제 분석 노론과 소론, 남인을 고루 기용하였다는 것, 왕실 도서관인 규장각이 정치 기구로 육성되었다는 것 등을 통해 밑줄 친 '주제'는 정조와 관련된 것임을 알 수 있다. ① 정조는 붕당 정치의 폐단을 해소하고 국왕 중심의 국정 운영을 강화하기 위해 탕평 정치를 실시하였다.

오답 피하기 ② 조선 태종과 세조는 국왕의 국정 주도권을 강화하기 위해 6조 직계제를 채택하였다.
③ 고려 태조 왕건은 유력한 호족 가문과 혼인을 하거나 성씨를 하사하는 등 호족을 우대하는 한편, 사심관 제도와 기인 제도를 실시하여 호족을 통제하고 지방 통치를 보완하였다.
④ 통일 신라 신문왕은 귀족의 경제력을 약화시키기 위해 관료전을 지급하고 녹읍을 폐지하였다.
⑤ 고려 공민왕은 친원 세력을 제거하고 고려의 내정을 간섭하던 정동행성 이문소를 철폐하는 등 반원 개혁 정치를 실시하였다.

07 세도 정치의 폐해 이해

문제 분석 순조 때 경주 김씨가 권력의 중심이었으나, 김조순의 딸을 아내로 맞이하며 안동 김씨 가문이 권력을 장악하게 되었다는 것, 이후 헌종과 철종의 재위 기간에 안동 김씨, 풍양 조씨 등 외척 가문이 권력을 장악하였다는 것 등을 통해 (가) 정치는 순조~철종 때까지 계속된 세도 정치임을 알 수 있다. ② 세도 정치 시기에는 정치 기강의 문란으로 매관매직이 성행하였고, 삼정의 문란으로 백성에 대한 수탈이 심화되었다.

오답 피하기 ① 1875년 일본이 일으킨 운요호 사건을 계기로 이듬해인 1876년 조선은 일본과 강화도 조약을 체결하였다.
③ 고려 말 홍건적과 왜구가 침입하여 신흥 무인 세력이 이를 격퇴하며 성장하였다.
④ 고려 무신 집권기에는 만적 등이 봉기를 모의하는 등 천민들의 신분 해방 운동이 전개되었다.
⑤ 신라에서는 8세기 말 진골 귀족들이 왕위 쟁탈전을 벌였다.

08 조선 전기의 대외 관계 파악

문제 분석 조선은 여진, 일본 등에 교린 외교를 원칙으로 무역소 설치나 3포 개방 등의 회유책을 실시하였다는 것, 여진을 몰아내고 4군 6진 지역을 개척하는 등의 강경책을 병행하였다는 것 등을 통해 (가)에는 일본에 대한 강경책이 들어가야 함을 알 수 있다. ② 조선 세종은 왜구의 침략이 계속되자 이종무 등을 보내 왜구의 소굴인 대마도(쓰시마섬)를 정벌하였다.

오답 피하기 ① 조선은 1876년 강화도 조약을 체결한 이후 일본에 수신사라는 사절단을 파견하였다.
③ 신라는 7세기 후반 매소성 전투와 기벌포 해전에서 당군을 격퇴하고 삼국 통일을 완성하였다.
④ 고려 숙종 때 윤관의 건의로 여진의 침입에 대응하기 위해 별무반이라는 특수 부대를 편성하였다.
⑤ 고려 성종 때 서희는 거란의 침략을 외교 담판으로 막아 내고 강동 6주 지역을 확보하였다.

09 임진왜란의 전개 과정 파악

문제 분석 섬 오랑캐가 멋대로 날뛰더니 평양까지 쳐들어왔다는 것, 임금이 (의주로) 파천하였다는 것, 명의 장수가 전쟁 중에 지은 노래라는 것 등을 통해 밑줄 친 '전쟁'은 임진왜란임을 알 수 있다. ① 당시 이순신이 이끄는 수군은 한산도 해전 등에서 승리하여 전세를 역전시킬 수 있는 발판을 마련하였다.

오답 피하기 ② 팔만대장경은 고려 시대에 부처의 힘으로 몽골의 침입을 막고자 하는 염원을 담아 조판되었다.
③ 신식 군대인 별기군은 조선 정부의 개화 정책에 따라 1881년에 설치되었다.
④ 정미의병 시기에 의병 연합 부대인 13도 창의군이 조직되어 1908년 서울 진공 작전을 전개하였다.
⑤ 홍범도가 지휘한 대한 독립군 등 독립군 연합 부대가 1920년 봉오동 전투를 승리로 이끌었다.

10 임진왜란의 이해

문제 분석 부산진이 함락되고 동래부가 함락되면서 부사 송상현이 전사하였다는 것, 권율이 행주에서 왜적을 대파하였다는 것 등을 통해 (가) 전쟁은 임진왜란임을 알 수 있다. ④ 임진왜란 당시 곽재우는 경상남도 의령 지역에서 의병을 일으켜 활약하였다.

오답 피하기 ① 고려는 몽골의 침입을 받자 수도를 강화도로 옮겨 저항하였다.

② 중일 전쟁을 일으킨 일제는 1938년 국가 총동원법을 제정하여 한국의 인적·물적 자원을 수탈하였다.

③ 위화도 회군 이후 정치적 실권을 장악한 이성계는 정도전 등 급진 개혁파 신진 사대부와 함께 조선을 건국하였다.

⑤ 1866년 병인양요를 일으킨 프랑스군은 강화도에서 철수하면서 외규장각 도서를 약탈해 갔다.

11 정묘호란의 발발 시기 파악

문제 분석 전쟁 중 후금에서 보낸 답서라는 것, 두 나라가 화친하고 좋게 지내자는 것, 명을 섬기지 말고 왕래를 끊고서 후금이 형이 되고 조선이 아우가 되자는 것 등을 통해 밑줄 친 '답서'가 작성된 시기는 정묘호란(1627) 때임을 알 수 있다. 인조 때 일어난 정묘호란 당시 후금은 조선과 화의를 하고 형제 관계를 맺은 뒤 군대를 철수시켰다. ③ 서인은 광해군의 중립적인 외교 정책 등을 이유로 1623년 인조반정을 일으켜 광해군을 몰아내고 인조를 즉위시켰다. 흥선 대원군 집권 시기인 1866년 프랑스 군대가 강화도를 침략한 병인양요가 일어났다.

12 북벌 운동의 배경 이해

문제 분석 오랑캐가 망하게 될 것, 중국의 중심부로 쳐들어갈 것, 병자년에 잡혀간 수만의 포로 중 호응하는 자가 있을 것, 삼전도에서의 치욕을 씻겠다는 것 등을 통해 밑줄 친 '계획'은 효종이 청을 공격하여 명에 은혜를 갚으려는 북벌에 대한 것임을 알 수 있다. ④ 조선은 병자호란에 패하여 청과 군신 관계를 맺었다. 이후 조선은 명에 대한 의리를 지키고 청에 대한 치욕을 씻기 위해 청을 정벌하자는 북벌 운동을 추진하였다.

오답 피하기 ① 1931년 만주 사변이 일어난 이후 중국 내에서 항일 감정이 고조되면서 만주에서는 독립군이 중국군과 한중 연합 작전을 전개하였다.

② 대한 제국은 1905년 체결된 을사늑약에 따라 일본에 외교권을 빼앗겼다.

③ 1876년 체결된 강화도 조약으로 부산, 원산, 인천이 개항되었다.

⑤ 13세기에 고려 정부는 몽골과 강화하고 강화도에서 개경으로 환도하였다.

 04 양반 신분제 사회와 상품 화폐 경제

자료 탐구 본문 44~45쪽

1 ⑤ 2 ④

1 대동법의 내용 파악

문제 분석 자료는 공납의 문제점을 보여 준다. 토산물의 품목 가운데 토산물이 아닌 경우도 있고 방납으로 인해 백성의 부담이 크다는 것, 토산물을 내는 경우에도 농민들이 마련할 수 없는 것들이 많다는 것 등을 통해 이를 알 수 있다. ⑤ 조선 정부는 방납의 폐단을 해결하기 위해 공물을 토산물이 아니라 토지 결수에 따라 쌀, 무명이나 베, 동전 등으로 납부하게 하는 대동법을 시행하였다.

오답 피하기 ① 일제는 식민 지배에 필요한 재정 확보를 위해 1910년대에 토지 조사 사업을 시행하였다.

② 영정법은 조선 인조 때 처음 마련되었으며, 풍흉과 관계없이 전세를 1결당 쌀 4~6두로 고정하여 징수하는 제도였다.

③ 조선 영조가 균역법을 실시하여 농민들이 1인당 군포 1필을 납부하게 되었다.

④ 통일 신라 신문왕은 귀족의 경제 기반을 약화시키기 위해 관료전을 지급하고 녹읍을 폐지하였다.

2 조선 후기 신분제 동요의 이해

문제 분석 내노비와 시노비를 모두 양인으로 삼는다는 것, 노비 문서를 모아 돈화문 밖에서 불태우라는 것 등을 통해 자료의 명령은 조선 순조 때 내려진 공노비 해방에 대한 것임을 알 수 있다. ④ 조선 정부는 부족한 재정을 보충하기 위해 명목상의 관리 임명장인 공명첩을 발행하였다. 이를 통해 조선 후기에는 경제력을 갖춘 농민 등이 공명첩을 구입하여 양반 신분을 취득할 수 있었다.

오답 피하기 ① 고려 무신 정권기에 망이·망소이가 공주 명학소에서 봉기를 일으켰다.

② 신라 선덕 여왕 때 주변 나라의 침략으로부터 나라를 지키겠다는 염원을 담아 황룡사 9층 목탑을 건립하였다.

③ 고려 광종 때 본래 양인이었으나 불법으로 노비가 된 자들을 조사하여 양인으로 신분을 회복시켜 주는 노비안검법을 시행하였다.

⑤ 김옥균, 박영효 등의 급진 개화파는 1884년 갑신정변을 일으켜 개화당 정부를 수립하고 인민 평등권의 제정을 주장하였다.

수능 유형 익히기 본문 47~48쪽

01 ④	02 ②	03 ①	04 ③
05 ①	06 ②	07 ①	08 ⑤

01 양반 신분의 특징 파악

문제 분석 문반과 무반을 함께 부르던 명칭이었다는 것, 서원을 세웠다는 것, 향약을 시행하여 유교 윤리를 확산시키려 하였다는 것 등을 통해 (가) 신분은 양반임을 알 수 있다. ④ 양반은 과거 등을 통해 관직에 진출하려 하였고, 국역 면제 등 각종 특권을 누렸다.

오답 피하기 ① 주자감은 발해의 중앙 교육 기관이다.

② 권문세족은 고려 후기 원 간섭기에 원의 세력을 배경으로 등장하였다.

③ 조선 시대 중인은 양반과 상민의 중간 신분으로 주로 역관, 의관, 율관 등의 전문 기술직이나 행정 실무를 담당하였다.

⑤ 골품제는 신라의 신분 제도로, 6두품 등은 진골에 비해 관등 승진의 제한이 있어 고위 관직에 오르지 못하였다.

02 대동법의 영향 파악

문제 분석 실시 전에는 가호를 기준으로 토산물을 납부하였다는 것, 실시 후에는 토지 결수를 기준으로 쌀·무명·베·동전을 납부하였다는 것, 공인이 물품 대금을 내고 필요 물품을 구입하였다는 것 등을 통해 (가) 제도는 대동법임을 알 수 있다. ② 대동법 시행 이후 공인이 왕실이나 관청에서 필요로 하는 관수품을 대량으로 구매하고 납품하여 상품 화폐 경제 발달에 기여하였다.

오답 피하기 ① 1930년대 일제는 남면북양 정책을 추진하여 남부 지방에서는 면화를 재배하고, 북부 지방에서는 양을 기르도록 강요하였다.

③ 통일 신라 신문왕은 귀족의 경제 기반을 약화시키기 위해 관료전을 지급하고 녹읍을 폐지하였다.

④ 1920년부터 일제가 추진한 산미 증식 계획의 진행 과정에서 소작농은 지주가 떠넘긴 수리 조합비 등을 부담하게 되었다.

⑤ 광무개혁 때 양전 사업이 추진되면서 일부 지역에 근대적 토지 소유 증명 문서인 지계가 발급되었다.

03 균역법 시행의 영향 파악

문제 분석 군포는 반을 감하였다는 것, 부족한 국방비를 어세, 염세, 선세와 선무군관포, 은결로 징수하였다는 것 등을 통해 제시된 상황은 균역법 실시로 인해 전개된 것임을 알 수 있다. ① 조선 영조가 균역법을 실시하여 농민들이 1인당 군포 1필을 납부하게 되었다. 이로 인해 국가 재정 수입이 부족해졌다.

오답 피하기 ② 흥선 대원군 집권 시기에 민생 안정을 위해 군정의 문란을 시정하고자 가호를 기준으로 군포를 부과하는 호포제가 시행되었다.

③ 조선 정조는 육의전을 제외한 시전 상인의 금난전권을 폐지하여 사상들의 상업 활동을 보장하는 통공 정책을 시행하였다.

④ 조선 전기 태종과 세조는 국왕의 국정 주도권을 강화하기 위해 6조 직계제를 채택하였다.

⑤ 고려 성종은 최승로의 시무 28조를 수용하여 유교 정치 이념을 확립하고 통치 체제를 정비하였다.

04 조선 후기 경제 변동의 이해

문제 분석 주제가 양 난 이후 조선의 경제 변화라는 것, 자료를 활용한 탐구 질문으로 민영 수공업의 발달로 생산된 제품을 묻고 있는 것 등을 통해 (가)에는 모내기와 관련된 질문이 들어가야 함을 알 수 있다. ③ 조선 후기에는 모내기법이 확산되면서 김매기에 필요한 노동력이 줄어들고 농업 생산력이 높아졌다. 이로써 한 사람이 경작할 수 있는 면적이 늘어나면서 광작이 성행하게 되었다.

오답 피하기 ① 일제는 중일 전쟁을 일으킨 후 군량미 확보를 위해 미곡 공출제를 시행하였다.

② 일제는 1910년대에 토지 조사 사업을 실시하여 식민 지배에 필요한 재정을 확보하려고 하였다.

④ 대한 제국 시기에 서울의 시전 상인들은 황국 중앙 총상회를 조직하여 상권 수호 운동을 전개하였다.

⑤ 조선 전기에는 국가가 장인을 관청에 소속시켜 각종 물품을 제조하게 한 관영 수공업이 발달하였다.

05 조선 후기 상업의 발달 이해

문제 분석 허공이 가뭄이 들었을 때 담배 농사를 잘 지어 경강 상인에게 담배밭을 통째로 200 꿰미에 흥정하였다는 것, 경기도, 전라도, 강원도, 황해도, 경상도, 평안도, 함경도에 큰 장시가 있다는 것 등을 통해 자료에 나타난 시기는 조선 후기임을 알 수 있다. ① 조선 후기 상공업이 발달하면서 금속 화폐인 상평통보가 전국적으로 유통되었다.

오답 피하기 ② 이승만 정부 시기에는 미국의 경제 원조로 받은 잉여 농산물을 국내에서 가공하는 제분, 제당, 면방직 공업 등 삼백 산업이 발달하였다.

③ 고려 시대에는 관리 등에게 전지와 시지를 지급하는 전시과 제도가 운영되었다.

④ 새마을 운동은 1970년부터 박정희 정부가 농촌 환경 개선과 소득 증대를 목표로 추진하였다.
⑤ 일제는 자국의 부족한 쌀을 한국에서 확보하기 위해 1920년부터 산미 증식 계획을 실시하였다.

06 홍경래의 난 파악

문제 분석 봉기를 진압하기 위해 관군이 파견되었다는 것, 당시 홍경래 등이 관군에 맞서 약 5개월간 저항하였다는 것 등을 통해 묻고 있는 봉기는 홍경래의 난임을 알 수 있다. ② 홍경래의 난은 평안도 지역에 대한 차별과 지배층의 수탈에 반발하여 세도 정치 시기인 1811년에 평안도 가산에서 일어났다.
오답 피하기 ① 고려 시대 묘청 등이 서경 천도를 주장하다가 뜻대로 되지 않자 서경을 근거지로 반란을 일으켰다.
③ 고려 무신 정권기에는 천민의 신분 해방을 목적으로 만적 등이 봉기를 모의하기도 하였다.
④ 1923년 백정 등이 진주에서 조선 형평사를 조직하여 백정에 대한 사회적 차별 철폐를 주장하였다.
⑤ 구식 군인은 신식 군대인 별기군과의 차별 대우 등에 반발하여 1882년 임오군란을 일으켰다.

07 조선 후기 신분 변동의 이해

문제 분석 부를 축적한 상민이 납속책이나 족보 매입 등을 통해 양반이 될 수 있었다는 것, 노비는 전쟁에서 공을 세우거나 납속책을 통해 상민이 되기도 하였다는 것을 통해 밑줄 친 '이 시기'는 조선 후기임을 알 수 있다. ① 조선 정부는 부족한 재정 보충을 위해 명목상의 관리 임명장인 공명첩을 발행하였다. 조선 후기에는 경제력을 갖춘 상민이 공명첩을 구입하여 양반 신분을 취득할 수 있었다.
오답 피하기 ② 고려 후기 권문세족은 원과의 관계를 배경으로 성장하여 권력을 장악하였고, 불법적으로 농장을 확대하였다.
③ 대한매일신보는 영국인을 발행인으로 내세워 1904년에 창간되었다.
④ 조선 태형령은 1912년에 제정되어 3·1 운동 이후인 1920년에 폐지되었다.
⑤ 화백 회의는 신라의 귀족들이 모여 만장일치로 국가 중대사를 의결하였던 기구이다.

08 임술 농민 봉기의 이해

문제 분석 단성 지역 농민들이 가장 고통받던 징수가 환곡이었다는 것, 경상우병사 백낙신과 진주 목사 홍병원이 주도한 탐학과 수탈이 진주민의 불만에 불을 붙였다는 것 등을 통해 제시된 상황은 임술 농민 봉기에 대한 것임을 알 수 있다. ⑤ 조선 정부는 1862년 임술 농민 봉기의 배경으로 지목된 삼정의 문란을 해결하기 위해 삼정이정청을 설치하였으나 큰 성과를 거두지 못하였다.
오답 피하기 ① 통일 신라 신문왕은 귀족의 경제력을 약화시키기 위해 관료전을 지급하고 녹읍을 폐지하였다.
② 개항 이후 일본으로의 쌀 수출이 증가하면서 조선의 일부 지방관들은 방곡령을 선포하였다. 특히 1889년 함경도, 1890년 황해도 관찰사가 선포한 방곡령이 대표적이다.
③ 이승만 정부 시기에 제헌 국회는 유상 매수·유상 분배 원칙에 기초한 농지 개혁법을 제정하였다.
④ 일제는 1908년 동양 척식 주식회사를 설립하여 조선에 대한 경제적 침략을 강화하였다.

05 흥선 대원군의 정책과 개항 이후 근대적 개혁의 추진

자료 탐구 본문 54~55쪽

1 ③ 2 ④

1 강화도 조약(조일 수호 조규)의 내용 이해

문제 분석 자료에서 일본국 항해자가 조선의 해안을 측량할 수 있다는 점, 일본국 인민이 조선국이 지정한 항구에서 죄를 범할 경우 일본 관원이 심의하여 처단한다는 점을 통해 (가) 조약은 강화도 조약임을 알 수 있다. ③ 강화도 조약에 따라 부산, 원산, 인천이 차례로 개항되었다.

오답 피하기 ① 일제는 러일 전쟁 중에 대한 제국과 한일 의정서 등을 강제로 체결하였다.

② 조미 수호 통상 조약(1882), 조일 통상 장정(1883) 등은 최혜국 대우 조항을 포함하였다.

④ 송상, 만상 등의 사상은 조선 후기 상품 화폐 경제의 발달에 따라 성장하였다.

⑤ 임오군란 이후 조선과 일본 사이에 체결된 제물포 조약은 일본 공사관 경비를 위한 일본군 주둔을 허용한다는 내용을 포함하였다.

2 갑신정변의 영향 파악

문제 분석 자료에서 김옥균 등이 정부를 조직한 점, 청의 군대가 정변이 일어난 이유를 탐문한 점, 김옥균이 왕의 거처를 다시 옮기고 경비를 삼엄하게 한 점 등을 통해 밑줄 친 '정변'이 갑신정변임을 알 수 있다. ④ 갑신정변의 영향으로 청과 일본은 톈진 조약을 체결하였다. 톈진 조약은 청과 일본이 조선에서 군대를 각각 철수하고, 장차 조선에 파병할 경우에는 사전에 서로 통고한다는 내용을 규정하였다.

오답 피하기 ① 통일 신라 시기에 신문왕은 녹읍을 폐지하여 귀족들의 경제력을 약화시키려 하였다.

② 강화도 조약 체결 이후 조선 정부는 개화 정책을 총괄하는 기구로 통리기무아문을 설치하였다.

③ 고려 시대인 1170년에 무신 정변이 일어난 후, 무신들 사이의 내분으로 최고 권력자가 여러 차례 교체되다가 최충헌이 권력을 잡으면서 최씨 무신 정권이 성립하였다.

⑤ 1895년 삼국 간섭 이후 친러 세력이 대두하는 상황에서 일본은 명성 황후를 시해하는 을미사변을 일으켰다. 이에 신변의 위협을 느낀 고종은 1896년 러시아 공사관으로 피신하였다(아관 파천).

수능 유형 익히기 본문 57~59쪽

01 ①	02 ④	03 ⑤	04 ⑤
05 ②	06 ②	07 ④	08 ③
09 ②	10 ⑤	11 ②	12 ⑤

01 흥선 대원군의 정책 파악

문제 분석 자료에서 국왕의 친아버지로서 당시 궁궐 중건을 주도한 점, 공사에 필요한 비용을 마련하기 위해 원납전을 징수한 점 등을 통해 (가) 인물이 흥선 대원군임을 알 수 있다. ① 흥선 대원군은 민생 안정을 위해 군정의 문란을 시정하고자 양반에게도 군포를 부과하는 호포제를 실시하였다.

오답 피하기 ② 대한 제국 수립 후 고종은 1899년 황제의 권한을 강화하는 대한국 국제를 반포하였다.

③ 제헌 국회에서 농지 개혁법을 제정하였고, 이승만 정부가 농지 개혁에 착수하였다.

④ 전민변정도감은 권세가들이 부당하게 빼앗은 토지를 본래 소유주에게 돌려주고 불법적으로 노비가 된 자를 양인으로 해방시키기 위해 고려 후기 여러 차례 설치되었다. 공민왕 때 설치된 것이 대표적이다.

⑤ 6세기 백제 성왕은 중흥의 기틀을 마련하기 위해 웅진에서 사비로 천도하였다.

02 병인양요의 전개 과정 이해

문제 분석 자료에서 포수로 소집되어 한성근 등이 지키는 문수산성에 지원하러 간 점을 통해 병인양요와 관련된 내용임을 알 수 있다. ④ 병인양요 당시 한성근 부대가 문수산성에서, 양헌수 부대가 정족산성(삼랑성)에서 프랑스군에 맞서 싸웠다.

오답 피하기 ① 7세기에 신라는 백제의 공세로 위기에 처하였고, 당은 고구려 공격에 실패한 상태였다. 두 나라는 서로의 이해관계에 따라 연합하고 백제와 고구려를 연이어 공격하여 멸망시켰다.

② 고려 말 이성계는 요동 정벌에 나섰으나 위화도 회군을 단행하였다. 이를 계기로 권력을 장악한 이성계는 정도전 등 급진 개혁파 신진 사대부와 함께 조선을 건국하였다.

③ 정미의병 당시 의병 연합 부대인 13도 창의군이 결성되었고, 1908년에 서울 진공 작전을 추진하였다.

⑤ 조선이 청의 알선으로 1882년에 미국과 체결한 조미 수호 통상 조약에는 거중 조정, 관세 부과 등의 내용이 규정되어 있다. 그러나 영사 재판권(치외 법권)과 최혜국 대우 조항이 포함된 불평등 조약이었다.

03 신미양요의 배경 이해

문제 분석 자료에서 어재연, 어재순 형제가 강화도에서 광성보를 수비하던 중 미군의 침입에 맞서 싸우다가 전사하였다는 점을 통해 (가) 사건은 1871년에 일어난 신미양요임을 알 수 있다. ⑤ 미국이 제너럴 셔먼호 사건을 빌미로 강화도를 침공하면서 신미양요가 일어났다.

오답 피하기 ① 별무반은 고려 숙종 시기 여진의 침입에 대응하기 위하여 윤관의 건의에 따라 편성된 부대이다.

② 러시아와 일본은 만주와 한반도를 둘러싸고 전쟁을 벌였는데(러일 전쟁, 1904~1905), 미국의 중재로 포츠머스 조약을 체결하고 전쟁을 종결하였다. 이 조약은 러시아가 한국에 대한 일본의 독점적 지배를 인정한다는 내용을 담고 있다.

③ 을미개혁(제3차 갑오개혁)은 고종이 아관 파천을 단행하면서 중단되었다.

④ 천리장성은 고구려와 고려 시대에 각각 축조되었다. 고구려는 당의 침략에 대비하여, 고려는 거란과 여진의 침략에 대비하여 천리장성을 축조하였다.

04 강화도 조약의 내용 이해

문제 분석 자료에서 부산과 두 개의 다른 항구가 일본인들에게 출입이 허가될 예정이라는 점, 일본인이 개항장에서 위법 행위나 범죄를 저지를 경우 일본 당국에 의해 재판받을 것이라는 점을 통해 밑줄 친 '조약'은 강화도 조약임을 알 수 있다. ⑤ 강화도 조약은 일본인의 조선 해안 측량권을 인정한다는 조항을 포함하고 있는데 이는 조선의 자주권을 침해하는 내용이었다.

오답 피하기 ① 만주와 한반도를 둘러싸고 러시아와 일본의 대립이 격화되면서 러일 전쟁이 발발하였다. 러일 전쟁 중 대한 제국과 일본 사이에 한일 의정서와 제1차 한일 협약이 체결되었다.

② 일제가 강요한 을사늑약에 따라 통감부가 설치되었다.

③ 임오군란 후 조선과 일본 사이에 체결된 제물포 조약에는 일본 공사관에 경비병 주둔을 허용한다는 내용이 포함되어 있다.

④ 조선이 청의 알선으로 1882년 미국과 체결한 조미 수호 통상 조약에 양국의 거중 조정 조항과 관세 부과 조항이 포함되어 있다.

05 1880년대 조선의 개화 정책 파악

문제 분석 통리기무아문을 설치하였다는 점, 머지않아 조사(朝士) 몇 명이 일본에 비밀리에 갈 것이라는 점 등을 통해 자료의 상황이 나타난 시기는 1880년대 초반임을 알 수 있다. 강화도 조약 체결 후 개혁의 필요성을 느낀 고종은 1880년에 통리기무아문을 설치하였다. 또한 일본의 정세를 파악하고 개화 정책에 대한 정보를 얻기 위해 이듬해 조사 시찰단을 비밀리에 일본에 파견하였다.

② 운요호 사건은 1875년에 발생하였으며, 이듬해 강화도 조약이 체결되는 배경이 되었다. 군국기무처는 1894년에 설치되어 제1차 갑오개혁을 주도하였다.

06 수신사와 보빙사의 특징 파악

문제 분석 자료에서 1880년 김홍집을 일본에 파견하여 근대화된 일본의 모습과 국제 정세 등을 파악하게 하였다는 점을 통해 (가)는 수신사, 미국 공사의 한성 부임에 대한 답례로 민영익, 홍영식 등을 미국에 파견하였다는 점을 통해 (나)는 보빙사임을 알 수 있다. ② 제2차 수신사로 파견된 김홍집은 청의 외교관 황준헌이 저술한 『조선책략』을 가지고 돌아와 조선에 소개하였다.

오답 피하기 ① 조선은 병자호란 이후 청과 군신 관계를 맺고 연행사를 파견하였다.

③ 영선사 김윤식이 인솔한 유학생과 기술자는 청에서 근대 무기 제조법과 군사 훈련법을 익혔고 귀국 후 기기창 설치에 기여하였다.

④ 대한민국 임시 정부는 외교 활동을 위해 미국에 구미 위원부를 설치하였다.

⑤ 고종은 을사늑약의 부당함을 국제 사회에 알리기 위해 1907년 네덜란드의 헤이그에서 열린 만국 평화 회의에 이상설, 이준, 이위종을 특사로 파견하였다.

07 위정척사 운동의 주장 이해

문제 분석 자료에서 신미년 이후 양이가 침범하지 않은 지 5년이라는 점, 강화도에 온 왜인(일본인)을 서양인과 동일시하는 점, 서양의 물건과 종교가 들어오는 것을 경계하는 점 등을 통해 1876년 강화도 조약 체결에 반대하며 왜양일체론의 주장을 담아 작성된 상소임을 알 수 있다. ④ 일본이 운요호 사건을 도발하고 조선의 문호 개방을 요구하자 보수적인 유생들은 왜양일체론을 주장하며 개항 반대 운동을 전개하였다.

오답 피하기 ① 1894년 동학 농민 운동 당시 조선 정부의 요청으로 청이 군대를 파병하자 일본도 자국민 보호를 구실로 파병하였다. 이후 일본군은 조선 정부의 철병 요구를 거부하고 경복궁을 기습 점령한 후 청일 전쟁을 일으켰다.

② 박정희 정부의 한일 협정 체결 움직임에 반발하여 1964년 6·3 시위가 전개되었다.

③ 1890년대 이후 일본의 침략에 맞서 을미의병, 을사의병, 정미의병 등 항일 의병 운동이 전개되었다.

⑤ 모스크바 3국 외상 회의의 결정에 따라 한반도에 민주주의 임시 정부 수립을 논의하기 위한 미소 공동 위원회가 1946년과 1947년에 개최되었다.

08 임오군란의 결과 이해

문제 분석 자료에서 구식 군인들이 일으켰다는 점, 왕비가 지방으로 피신하였다가 청군이 출동하여 진압한 이후 환궁하였다는 점을 통해 (가) 사건이 임오군란임을 알 수 있다. ③ 임오군란이 진압된 이후 조선과 일본은 제물포 조약을 체결하였다(1882). 제물포 조약에는 일본에 대한 배상금 지불과 공사관 경비를 위한 일본군의 주둔을 허용한다는 내용이 포함되어 있다.

오답 피하기 ① 고려 말 위화도 회군 이후 실권을 잡은 이성계와 신진 사대부는 권문세족이 불법적으로 차지한 농장을 몰수하고, 전·현직 관리에게 토지의 수조권을 지급하는 과전법을 실시하였다.

② 1862년 임술 농민 봉기가 일어나자 정부는 삼정의 문란을 개선하기 위해 삼정이정청을 설치하였다.

④ 대한 자강회는 고종의 강제 퇴위 반대 운동을 전개하다가 일제의 탄압으로 해산당하였다.

⑤ 조선 숙종 때 조선과 청의 대표가 백두산 일대를 답사하고 경계를 확정하여 백두산정계비를 세웠다.

09 갑신정변 직전의 상황 파악

문제 분석 자료에서 김옥균이 재정 문제 해결을 위해 일본에서 차관을 도입하려 했으나 실패했다는 점, 이후 묄렌도르프와 민영익 등의 공격으로 김옥균의 세력이 위축되었다는 점을 통해 갑신정변 직전의 상황임을 알 수 있다. ② 김옥균 등 급진 개화파는 일본으로부터 차관 도입에 실패하여 정치적 입지가 좁아진 상황에서 1884년 갑신정변을 일으켰다.

오답 피하기 ① 대한 제국은 광무개혁을 추진하면서 양전 사업을 실시하고 전차, 철도 등 근대 문물을 도입하였으며 근대적 토지 소유 증명 문서인 지계를 발급하였다.

③ 1923년에 조직된 조선 형평사는 백정에 대한 사회적 차별 철폐를 목적으로 형평 운동을 전개하였다.

④ 국채 보상 운동은 국민의 성금을 모아 나라의 빚을 갚고 국권을 지키자는 운동으로, 1907년부터 전개되었다.

⑤ 고려 시대에 서경 천도를 둘러싸고 묘청, 정지상 등 서경 세력과 김부식 등 개경 세력이 대립하였다.

10 갑신정변의 영향 이해

문제 분석 (가)는 흥선 대원군이 청으로 납치되는 상황으로 임오군란이 일어난 이후이며, (나)는 청과 일본 대표가 조선에서 군대를 철수한다는 등의 내용을 포함한 조약을 체결한 상황으로 갑신정변 이후 톈진 조약이 체결된 것임을 알 수 있다. ⑤ 임오군란 이후 조선에 대한 청의 내정 간섭이 심해지는 가운데 김옥균 등 급진 개화파는 청에 대한 사대 종속 관계를 청산하고 근대 국가를 수립하기 위해 갑신정변을 일으켰다. 이로써 개화당 정부를 수립하고 개혁 정강을 발표하였다. 그러나 정변은 청군의 개입과 일본군의 후퇴로 3일 만에 실패하였으며 이후 청과 일본 사이에 톈진 조약이 체결되었다(1885).

오답 피하기 ① 비변사는 조선 중종 때 왜구와 여진의 침입에 대비하여 설치된 임시 기구였으나 임진왜란을 거치며 기능이 강화되어 조선 후기에 국정 전반을 관장하게 되었다.

② 자유시 참변은 자유시로 이동한 독립군이 내부의 주도권 분쟁과 러시아 혁명군에 의한 무장 해제 과정에서 희생된 사건이다(1921).

③ 광해군의 중립적인 외교와 인목 대비 폐위 등에 반발한 서인은 인조반정을 일으켜 광해군을 축출하였다.

④ 1945년 12월 한반도 문제 등을 논의하기 위해 모스크바에서 3국 외상 회의가 개최되었다.

11 갑신정변의 전개 과정 이해

문제 분석 자료에서 홍영식이 우정총국 개국 축하연을 이용하여 동지들과 거사를 일으켰다가 3일 만에 실패하였다는 점을 통해 밑줄 친 '거사'는 갑신정변임을 알 수 있다. 홍영식은 김옥균, 박영효 등과 함께 급진 개화파에 속하는 인물이다. ② 갑신정변의 결과 조선은 일본과 한성 조약을 체결하였다. 이 조약은 조선이 일본에 배상금을 지불하고 일본 공사관의 신축 비용을 부담한다는 내용 등을 담고 있다.

오답 피하기 ① 조선 정조는 왕권 강화를 위해 친위 부대인 장용영을 설치하였다.

③ 의열단은 1923년 신채호가 작성한 「조선 혁명 선언」을 활동 지침으로 삼았다.

④ 고려 시대 묘청 등이 서경 천도를 주장하다가 뜻대로 되지 않자 서경을 근거지로 반란을 일으켰다. 그러나 김부식 등이 이끄는 관군에 의해 진압되었다.

⑤ 홍경래의 난은 평안도 지역에 대한 차별과 지배층의 수탈 등에 반발하여 세도 정치 시기인 1811년 평안도에서 일어났다.

12 조선 중립화론 대두 배경 파악

문제 분석 자료에서 영국이 러시아가 남하하여 홍콩을 침략할까 봐 거문도에 군사와 군함을 주둔시키고 있다는 점을 통해 밑줄 친 '편지'는 거문도 사건이 발생한 시기(1885~1887)에 작성되었음을 알 수 있다. ⑤ 거문도 사건은 갑신정변 후 한반도를 둘러싼 열강의 대립이 심화된 상황에서 일어났다.

오답 피하기 ① 병자호란 이후 조선에서 청을 정벌하여 명에 대한 의리를 지키자는 북벌론이 전개되었다.
② 1926년 6·10 만세 운동 이후 사회주의 계열인 정우회는 비타협적 민족주의 진영과의 연대를 주장하는 정우회 선언을 발표하였다.
③ 1930년대 전반 동아일보사는 브나로드 운동이라는 이름으로 농촌 계몽 운동을 전개하였다.
④ 이만손 등을 중심으로 한 영남 유생들은 1880년 국내에 유포된 『조선책략』의 내용에 반발하여 이듬해 만인소를 올렸다.

06 근대 국가 수립을 위한 노력

자료 탐구 본문 64~65쪽

1 ⑤ **2** ⑤

1 동학 농민 운동의 배경 이해

문제 분석 자료에서 전주 화약이 체결되기 직전 전봉준 등이 정부 측에 제시한 폐정 개혁안이라는 점, 농민군이 보부상과 환곡의 폐단 개선, 매관매직하는 자들을 축출할 것 등을 요구한 점을 통해 (가) 운동은 동학 농민 운동임을 알 수 있다. ⑤ 제1차 봉기 때 전주성을 점령한 동학 농민군은 정부와 전주 화약을 맺은 후 철수하고 전라도 각지에 집강소를 설치하여 폐정 개혁을 실천하였다.

오답 피하기 ① 보수적인 유생들은 서양 세력과의 통상 반대, 일본에 대한 개항 반대, 미국과의 수교 반대 등을 주장하며 성리학적 질서를 지키려는 위정척사 운동을 전개하였다.
② 고려 시대에 묘청 등은 서경 천도를 주장하였으나 자신들의 주장이 받아들여지지 않자 서경에서 난을 일으켰다. 난은 김부식이 이끄는 관군에 의하여 진압되었다.
③ 3·1 운동은 1919년 미국 대통령 윌슨의 민족 자결주의 등에 영향을 받아 일어났다.
④ 1907년에 시작된 국채 보상 운동은 성금을 모아 나랏빚을 갚고 국권을 수호하자는 운동으로 대한매일신보 등 언론의 지원을 받았다.

2 독립 협회의 활동 파악

문제 분석 자료에서 만민 공동회를 개최하였다는 점, 국민의 언론 자유를 요청하는 상소를 올렸다는 점을 통해 (가) 단체가 독립 협회임을 알 수 있다. ⑤ 독립 협회는 의회 설립과 민권 신장을 주장하였고, 중추원을 의회식으로 개편하는 중추원 관제 반포에 기여하였다.

오답 피하기 ① 조선 정부는 개화 정책을 추진하면서 박문국을 세우고 1883년 한성순보를 발행하였다.
② 고종은 을사늑약의 무효를 선언하고 열강의 지원을 얻기 위해 1907년 네덜란드의 헤이그에서 열린 만국 평화 회의에 이상설, 이준, 이위종을 특사로 파견하였다.
③ 여운형과 김규식의 주도로 결성된 좌우 합작 위원회는 1946년 민주주의 임시 정부 수립, 미소 공동 위원회의 속개 등의 내용을 담은 좌우 합작 7원칙을 발표하였다.

④ 1920년대 초반 이상재, 이승훈 등을 중심으로 설립된 조선 민립 대학 기성회는 민립 대학 설립을 위해 전국적인 모금 활동을 펼쳤다.

수능 유형 익히기 본문 67~69쪽

01 ④	02 ③	03 ④	04 ⑤
05 ②	06 ④	07 ①	08 ⑤
09 ①	10 ④	11 ①	12 ③

01 동학 농민군의 활동 이해

문제 분석 자료에서 농민군이 전주성을 함락하였고, 정부가 보낸 사신에 의해 관군과 화해하였다는 내용을 통해 밑줄 친 '화해'는 전주 화약임을 알 수 있다. ④ 동학 농민군은 제1차 봉기 때 정부와 전주 화약을 맺고 폐정 개혁을 추진하기 위한 자치 기구로 전라도 각지에 집강소를 설치하였다.

오답 피하기 ① 대동법은 방납의 폐단을 해결하려는 목적으로 17세기 초 광해군 때 경기도에서 실시되었고, 이후 시행 지역이 확대되었다.

② 6·10 만세 운동은 민족주의 세력과 사회주의 세력이 연대하는 계기가 되어 민족 협동 전선 운동으로 이어졌다. 그 결과 1927년에 신간회가 결성되었다.

③ 13세기에 고려 정부는 몽골과 강화를 맺고 강화도에서 개경으로 환도하였다.

⑤ 일제는 1910년 조선 총독의 허가를 받아야만 회사를 설립할 수 있도록 규정한 회사령을 제정하였다. 이후 1920년에 회사 설립을 허가제에서 신고제로 바꾸었다.

02 동학 농민 운동의 전개 과정 파악

문제 분석 자료에서 탐관오리를 제거하여 백성의 피해를 구제한다는 격문을 호남·호서에 선포하였다는 점, 정부가 청에 구원을 요청하였다는 점 등을 통해 밑줄 친 '난'은 동학 농민 운동임을 알 수 있다. ③ 1894년 동학 농민군은 제1차 봉기 당시 황토현 전투에서 승리하였다.

오답 피하기 ① 비변사는 조선 중종 때 왜구와 여진의 침입에 대비하여 설치된 임시 기구였다. 이후 임진왜란을 거치며 기능이 강화되어 조선 후기에 국정 전반을 관장하게 되었다.

② 간도 참변은 1920년 청산리 대첩을 전후하여 일어났다.

④ 흥선 대원군은 1882년 임오군란으로 재집권하였으나 조선에 출동한 청군에 의해 청으로 납치되었다.

⑤ 병자호란 당시 인조는 남한산성으로 피란하여 청에 항전하였다.

03 동학 농민 운동의 특징 파악

문제 분석 자료에서 전봉준이 지도자였다는 점, 농민군의 구호가 '보국안민'이었다는 점을 통해 (가) 운동이 동학 농민 운동임을 알 수 있다. ④ 동학 농민군은 일본군의 경복궁 기습 점령 등을 규탄하며 재봉기하였다. 서울로 북상하던 동학 농민군은 공주 우금치 전투에서 일본군 및 관군에 맞서 싸웠으나 패하였다.

오답 피하기 ① 고려 광종 때 본래 양인이었으나 불법으로 노비가 된 사람들을 조사하여 신분을 회복시켜 주는 노비안검법이 시행되었다.

② 고려 숙종은 윤관의 건의에 따라 여진 정벌을 위한 군사 조직인 별무반을 편성하였다. 별무반은 여진을 정벌하고 동북 9성을 설치하는 데 기여하였다.

③ 조선 숙종 때 조선과 청은 '서쪽은 압록강, 동쪽은 토문강을 경계로 한다.'는 내용의 백두산정계비를 세웠다.

⑤ 조선은 세종 때 여진을 몰아내고 압록강과 두만강 유역에 4군 6진 지역을 개척하였다.

04 제1차 갑오개혁의 내용 이해

문제 분석 자료에서 회의 총재에 김홍집이 임명된 점, 연좌제 폐지, 문벌 타파, 신분제 철폐, 개국 기년 사용 등의 의안을 올렸다는 점을 통해 (가) 기구는 군국기무처임을 알 수 있다. ⑤ 군국기무처 주도로 실시된 제1차 갑오개혁 당시 과거제가 폐지되었다.

오답 피하기 ① 9세기 전반 통일 신라의 장보고는 지금의 완도에 군사·무역 기지인 청해진을 설치하였다.

② 고구려는 당의 침입, 고려는 거란과 여진의 침입에 대비하기 위하여 각각 국경에 천리장성을 쌓았다.

③ 1930년대 전반 동아일보사는 브나로드 운동이라는 이름으로 농촌 계몽 운동을 전개하였다.

④ 국채 보상 운동은 국민의 성금을 모아 나랏빚을 갚아 국권을 수호하려는 취지로 전개되었다. 1907년 대구에서 서상돈 등이 시작하였으며, 대한매일신보 등 언론의 후원 속에서 농민, 상인뿐 아니라 부녀자 등에 이르기까지 각계각층이 성금을 냈다.

05 제2차 갑오개혁의 내용 이해

문제 분석 자료에서 김홍집·박영효 내각이 구성되어 개혁을 추진하였다는 점, 고종이 홍범 14조를 반포하였다는 점을 통해 밑줄 친 '개혁'은 군국기무처가 폐지된 이후 추진된 제2차 갑오개혁임을 알 수 있다. ② 제2차 갑오개혁 당시 사법 제도의 개혁으로 재판소가 설치되었다.

오답 피하기 ① 통일 신라 신문왕은 귀족의 경제 기반을 약화시키기 위해 관료전을 지급하고 녹읍을 폐지하였다.

③ 조선의 법전인 『경국대전』은 세조 때 편찬되기 시작하여 성종 때 완성되었다.

④ 고려 시대 최충은 관직에서 물러난 후 9재 학당(문헌공도)을 설립하고, 유학 교육을 실시하여 사학의 성장에 영향을 끼쳤다.

⑤ 강화도 조약 체결 이후 조선 고종은 일본의 정세를 파악하고 개화 정책에 대한 정보를 얻기 위해 1881년 조사 시찰단을 비밀리에 일본에 파견하였다.

06 을미사변이 일어난 시기 파악

문제 분석 자료에서 왕비가 일본인 무법자들에게 살해되었다는 점을 통해 을미사변에 관한 내용임을 알 수 있다. 을미사변은 1895년 일본이 일본군 수비대와 일본 낭인 등을 보내 명성 황후를 시해한 사건이다. ④ 1894년에 발발한 청일 전쟁에서 승리한 일본이 시모노세키 조약으로 랴오둥반도를 차지하자 러시아의 주도로 삼국 간섭이 일어났다(1895). 삼국 간섭 이후 조선에서 친러 세력이 대두하였고, 이에 일본은 명성 황후를 시해하는 을미사변을 일으켰다. 한편 을사늑약은 1905년에 체결되었다. 자료의 시기는 삼국 간섭 이후와 을사늑약 이전인 (라) 시기임을 알 수 있다.

07 을미개혁의 내용 이해

문제 분석 자료에서 국왕이 대신들의 권유에 못 이겨 머리카락을 잘랐으며 조칙을 통해 신민들에게도 이를 따르도록 권유한 점, 1월 1일에 이와 관련된 조칙을 추가로 발표한 점 등을 통해 을미개혁이 추진되는 상황임을 알 수 있다. ① 을미개혁이 추진되면서 단발령이 시행되었다. 단발령은 을미의병이 일어나는 데 영향을 주었다.

오답 피하기 ② 선조 때 정치 개혁을 둘러싸고 학문적 · 정치적 견해에 따라 붕당이 형성되었다. 각 붕당은 사족의 여론을 모아 공론이라 내세우며 서로 경쟁하였다.

③ 박정희 정부는 1972년 평화 통일에 대비한다는 구실로 10월 유신을 단행하였고, 이로써 유신 체제가 성립하였다. 유신 헌법에 따라 대통령은 긴급 조치권을 행사하였고, 통일 주체 국민 회의에서 선출되었다.

④ 원 간섭기에 다루가치는 고려에 파견되어 내정을 간섭하는 역할을 하였다.

⑤ 일제는 1910년대에 한국인의 저항을 억누르기 위해 무단 통치의 일환으로 헌병 경찰 제도를 실시하였다.

08 아관 파천의 영향 이해

문제 분석 자료에서 국모의 원수를 갚고자 한다는 점, 임금께서 지금 외국 공사관에 머물고 계시다는 점 등을 통해 밑줄 친 ㉠은 아관 파천 당시의 상황임을 알 수 있다. 고종은 명성 황후가 시해된 후 신변에 불안을 느끼고 러시아 공사관으로 피신하였다(아관 파천). ⑤ 고종의 아관 파천 이후 조선에서 열강의 이권 침탈이 가속화되었다.

오답 피하기 ① 고려 말 이성계의 위화도 회군 이후 신진 사대부가 실권을 장악하였다.

② 신라 말 진골 귀족들의 왕위 쟁탈전이 전개되고 중앙 정부의 지방 통제력이 약화되면서 지방에서 호족 세력이 성장하였다.

③ 병자호란 이후 조선에서는 송시열 등이 오랑캐에 당한 치욕을 씻고 명에 대한 의리를 지키자는 북벌론을 주장하였다.

④ 영국은 러시아 견제를 구실로 1885년부터 1887년까지 조선의 거문도를 불법 점령하였다.

09 독립 협회의 특징 이해

문제 분석 자료에서 영은문이 없어지고 모화관을 독립관으로 개수하여 사용하는 점, 국가의 독립을 보전하기 위해 창립되었으며 독립문의 기초를 놓았다는 점을 통해 (가) 단체는 독립 협회임을 알 수 있다. ① 독립 협회는 민권 신장과 의회 설립을 추진하였고, 그 결과 중추원을 의회식으로 개편한 중추원 관제가 마련되는 데 기여하였다.

오답 피하기 ② 동학교도는 처형당한 교조 최제우의 억울함을 풀고 동학 포교의 자유를 허용해 줄 것을 정부에 요구하며 교조 신원 운동을 전개하였다.

③ 이봉창, 윤봉길은 1931년 김구가 조직한 한인 애국단 소속이다.

④ 신간회는 1929년 광주 학생 항일 운동 당시 현지에 진상 조사단을 파견하는 등 지원 활동을 벌였다.

⑤ 조선어 학회는 우리말(조선말) 큰사전 편찬을 추진하다가 치안 유지법으로 탄압당하였다.

10 독립 협회 활동 시기의 사실 파악

문제 분석 자료에서 독립신문이 처음 출판되었다는 점, 윤치호의 주재 아래 관민 공동회가 열렸다는 점 등을 통해 (가)는 1896년, (나)는 1898년임을 알 수 있다. ④ 고종은 1897년 러시아 공사관에서 경운궁으로 환궁하였다.

오답 피하기 ① 1926년 사회주의 계열에서 정우회 선언을 발표하여 비타협적 민족주의 세력과의 제휴를 주장하였고, 이는 1927년 신간회가 창립되는 배경이 되었다.

② 대한 제국의 군대 해산 이후 의병 연합 부대인 13도 창의군이 결성되었으며, 이들은 1908년에 서울 진공 작전을 전개하였다.
③ 조선 정부는 1880년 개화 정책을 총괄하기 위한 기구로 통리기무아문을 설치하였다.
⑤ 1945년 12월 개최된 모스크바 3국 외상 회의에서 한반도에 민주주의 임시 정부 수립, 미소 공동 위원회 설치, 최고 5년 기한 4개국에 의한 한반도 신탁 통치에 관한 협약 작성 등이 결정되었다. 이 내용이 국내에 알려지면서 신탁 통치 반대 운동이 일어났다.

11 대한 제국의 정책 이해

문제 분석 자료에서 여권에 외부의 인장이 찍힌 점, 여권이 광무 7년에 발급되었다는 점 등을 통해 (가) 정부는 대한 제국임을 알 수 있다. ① 1897년에 수립된 대한 제국은 광무개혁을 추진하면서 황제권 강화를 위해 원수부를 설치하였다.

오답 피하기 ② 고려 말 위화도 회군 이후 실권을 잡은 이성계와 신진 사대부는 권문세족이 불법적으로 차지한 농장을 몰수하고, 전·현직 관리에게 토지의 수조권을 지급하는 과전법을 실시하였다.
③ 3·1 운동을 계기로 독립운동의 구심점이 될 단체의 필요성이 제기되었고 대한민국 임시 정부가 수립되었다.
④ 일제는 자국의 부족한 쌀을 한국에서 확보하기 위해 1920년부터 산미 증식 계획을 추진하였다.
⑤ 신라는 통일 이후 신문왕 때 전국을 9주 5소경 체제로 정비하였다.

12 광무개혁의 특징 이해

문제 분석 자료에서 근대적 시설을 갖추게 되었다는 점, 황제권 강화를 중시했다는 점을 통해 토론의 주제가 된 개혁이 광무개혁임을 알 수 있다. ③ 고종은 1899년 황제의 전제권을 규정한 대한국 국제를 반포하였다.

오답 피하기 ① 고려 최씨 무신 정권 시기에 최충헌이 교정도감을 설치하였다. 교정도감은 최고 권력 기구로 최씨 무신 정권의 유지에 기여하였다.
② 조선 정조는 수원 화성을 건설하였다.
④ 고려 태조는 중앙의 관리를 출신 지역의 사심관으로 임명하여 지방 세력을 통제하는 사심관 제도를 시행하였다.
⑤ 대한민국 임시 정부는 국내와 연락하여 효과적으로 독립운동을 전개하고자 연통제와 교통국을 운영하였다.

07 일본의 침략 확대와 국권 수호 운동

자료 탐구 본문 73쪽

1 ⑤

1 을미의병의 특징 이해

문제 분석 자료에서 을미사변에 반발하여 일으켰다는 점을 통해 밑줄 친 '의병'이 을미의병임을 알 수 있다. ⑤ 을미의병은 1895년에 있었던 을미사변과 단발령을 배경으로 일어났다. 당시에는 이소응, 유인석 등 유생층 주도로 의병 운동이 전개되었으나, 아관 파천 후 고종이 단발령을 철회하고 의병 해산 권고 조칙을 발표하며 대부분 해산하였다.

오답 피하기 ① 6·25 전쟁 중인 1950년 9월에 국군과 유엔군이 인천 상륙 작전을 전개하였다.
② 치안 유지법은 1925년 일제가 국가 체제나 사유 재산 제도를 부정하는 자를 단속하기 위해 공포한 법률이다.
③ 1920년 김좌진이 이끄는 북로 군정서군 등이 청산리 전투에서 일본군을 물리쳤다.
④ 1907년 대한 제국의 군대가 강제로 해산된 이후 해산된 군인들이 정미의병에 가담하였다.

수능 유형 익히기 본문 75~76쪽

01 ⑤	02 ③	03 ③	04 ②
05 ②	06 ③	07 ③	08 ⑤

01 일본의 국권 침탈 과정 이해

문제 분석 자료에서 러일 전쟁 중 일본이 국권을 침탈한 사례라는 내용을 통해 (가)에는 이와 관련된 사례가 들어가야 한다. ⑤ 러일 전쟁 중 일본은 제1차 한일 협약을 통해 일본이 추천하는 사람을 대한 제국의 재정 및 외교 고문에 초빙하도록 하였다. 이에 메가타는 재정 고문으로 파견되어 재정 분야를 간섭하였으며, 백동화 등을 일본 제일 은행권으로 교환하도록 한 화폐 정리 사업을 주도하였다.

오답 피하기 ① 1875년에 일본 군함 운요호가 강화도에 접근하자 조선이 경고 포격을 가하였고, 이를 구실로 운요호가 초지진과 영종도를 공격한 운요호 사건이 일어났다.

② 일제는 대한 제국을 강제로 병합한 후 식민 통치를 위해 1910년에 조선 총독부를 설치하였다.
③ 일제는 식민 통치에 필요한 경비를 조달하기 위해 1910년대에 토지 조사 사업을 전개하였다.
④ 1894년 일본군은 경복궁을 무력으로 점령하고 조선 정부에 내정 개혁을 강요하였다. 이후 군국기무처가 설치되고 제1차 갑오개혁이 추진되었다.

02 을사늑약의 결과 이해

문제 분석 자료에서 이 조약을 강제로 맺어 통감부를 설치하고 장차 우리나라를 저들의 영토로 삼으려고 한다는 점 등을 통해 밑줄 친 '이 조약'이 1905년에 체결된 을사늑약임을 알 수 있다. ③ 을사늑약의 결과 일제는 대한 제국의 외교권을 박탈하였고, 외교권을 관할한다는 명목으로 통감부를 설치하였다.

오답 피하기 ① 단발령은 1895년 추진된 을미개혁의 일환으로 실시되었다.
② 1945년에 개최된 모스크바 3국 외상 회의의 결과 한반도에 민주주의 임시 정부 수립을 논의하기 위해 미소 공동 위원회가 1946년, 1947년에 개최되었다.
④ 제1차 한일 협약으로 스티븐스가 외교 고문으로 파견되었다.
⑤ 1876년에 체결된 강화도 조약을 통해 조선 해안에 대한 일본인의 해안 측량이 허용되었다.

03 헤이그 특사의 파견 시기 파악

문제 분석 자료에서 네덜란드에서 열린 만국 평화 회의에 특사로 파견된 이준, 이상설, 이위종에 대한 보도를 담았다는 점, 일제의 침략을 규탄하고 국제 사회에 이를 알리고자 하였다는 점 등을 통해 밑줄 친 '특사'가 1907년에 파견된 헤이그 특사임을 알 수 있다. ③ 러일 전쟁의 강화 조약인 포츠머스 조약(1905)을 통해 러시아로부터 한국에 대한 독점적 지배권을 인정받은 일본은 대한 제국과 을사늑약을 체결하였다. 이에 고종은 을사늑약의 부당함을 국제 사회에 알리기 위해 네덜란드 헤이그에서 열린 만국 평화 회의에 특사를 파견하였다. 따라서 밑줄 친 '특사'가 파견된 시기는 러일 전쟁 종결(1905)과 국권 피탈(1910) 사이 시기인 (다) 시기에 해당한다.

04 을사늑약에 대한 항거 사례 이해

문제 분석 자료에서 「시일야방성대곡」, 안중근의 이토 히로부미 처단, 나철 등이 조직한 자신회의 활동에 대해서 찾아본다는 점을 통해 (가)에는 을사늑약에 대한 내용이 들어가야 함을 알 수 있다. ② 「시일야방성대곡」은 을사늑약 체결에 항의하여 장지연이 작성한 글이고, 나철 등이 조직한 자신회는 을사늑약 체결에 앞장선 이완용 등의 을사오적을 암살하기 위해 조직된 단체이다.

오답 피하기 ① 고려는 몽골의 침입에 맞서 강화도로 천도하였고, 처인성 전투 등에서 승리를 거두었다.
③ 을미사변 이후 신변의 위협을 느낀 고종은 1896년에 러시아 공사관으로 처소를 옮기는 아관 파천을 단행하였다.
④ 흥선 대원군은 서양 세력의 통상 수교 요구에 맞서 통상 수교 거부 정책을 추진하였다.
⑤ 개화 정책 추진에 대한 반발 사례로는 1882년에 일어난 임오군란 등이 해당한다.

05 정미의병의 특징 이해

문제 분석 자료에서 여러 의병 봉기에 모두 해산한 군인들이 서양 총을 가지고 참여하였다는 점을 통해 밑줄 친 '의병 운동'이 대한 제국의 군대 해산 이후에 일어난 정미의병임을 알 수 있다. ② 정미의병 시기에 의병 연합 부대인 13도 창의군이 조직되어 1908년에 서울 진공 작전을 전개하였다.

오답 피하기 ① 고려는 거란의 1차 침입 당시 서희의 외교 담판을 통해 강동 6주 지역을 확보하였다.
③ 치안 유지법은 1925년 일제가 천황제나 사유 재산 제도 등 국가 체제를 부정하고 저항하는 활동을 막기 위해 제정하였다.
④ 곽재우, 조헌 등은 임진왜란 당시 의병장으로 활약하였다.
⑤ 1884년에 일어난 갑신정변은 우정총국 개국 축하연을 이용하여 일어났다.

06 대한 자강회의 특징 이해

문제 분석 자료에서 헌정 연구회를 계승하여 1906년에 설립되었다는 점, 나라의 독립이 자강(自強)에 달려 있고, 교육과 식산을 발달시켜 독립의 기초를 닦는 것이 취지라고 한 점, 교육 진흥과 산업 발달을 통해 국권을 수호하고자 하였다는 점 등을 통해 (가) 단체가 대한 자강회임을 알 수 있다. ③ 대한 자강회는 고종 강제 퇴위 반대 운동을 전개하다가 일제의 탄압으로 해산되었다.

오답 피하기 ① 독립 협회는 만민 공동회를 개최하여 열강의 이권 침탈 등을 규탄하였다.
② 물산 장려 운동은 1920년에 평양에서 조만식 등을 중심으로 시작되었다.
④ 1904년에 결성된 보안회는 일제의 황무지 개간권 요구를 저지하는 운동을 벌였다.
⑤ 신간회는 광주 학생 항일 운동 당시 현지에 진상 조사단을 파견하고 민중 대회를 계획하였다.

07 신민회의 활동 이해

문제 분석 자료에서 안창호, 양기탁 등을 중심으로 비밀 결사 형태로 조직되었고, 오산 학교와 대성 학교를 설립하였다는 점, 태극 서관과 자기 회사 운영 등 산업 진흥을 위한 노력도 기울였다는 점 등을 통해 밑줄 친 '이 단체'가 신민회임을 알 수 있다. ③ 신민회는 일제의 국권 침탈이 본격화하는 상황 속에서 장기적인 독립 전쟁의 기반을 마련하기 위해 국외 독립운동 기지 건설에 힘써 남만주(서간도) 지역의 삼원보에 신흥 강습소를 세웠다.

오답 피하기 ① 대한민국 임시 정부는 연통제와 교통국을 운영하여 나라 안팎의 연락망을 구축하고자 하였다.

② 조선어 학회는 한글 맞춤법 통일안을 제정하여 한글의 표준화에 노력하였다.

④ 독립 협회는 모금 활동을 통해 비용을 마련하여 독립문을 건립하였다.

⑤ 「조선 혁명 선언」은 1923년 신채호가 작성하였으며, 의열단의 활동 지침이 되었다.

08 독도의 역사 파악

문제 분석 자료에서 대한 제국이 1900년 칙령 제41호를 통해 우리 영토임을 분명히 밝혔다는 점을 통해 밑줄 친 '이 섬'이 독도임을 알 수 있다. ⑤ 일제는 러일 전쟁 과정에서 시마네현 고시를 통해 불법적으로 독도를 자국의 영토로 편입하였다.

오답 피하기 ① 삼별초는 고려 정부의 개경 환도 결정에 반대하여 강화도에서 봉기한 후 진도, 제주도로 근거지를 옮겨 가며 저항하였다.

② 신라 진흥왕은 6세기에 영토 확장을 이룬 후 북한산 등지에 순수비를 건립하였다.

③ 통일 신라의 장보고는 지금의 완도에 청해진을 설치하여 황해와 남해의 해상 무역권을 장악하였다.

④ 영국은 러시아의 남하를 견제한다는 구실로 거문도를 불법 점령하였다.

08 개항 이후 경제·사회·문화의 변화

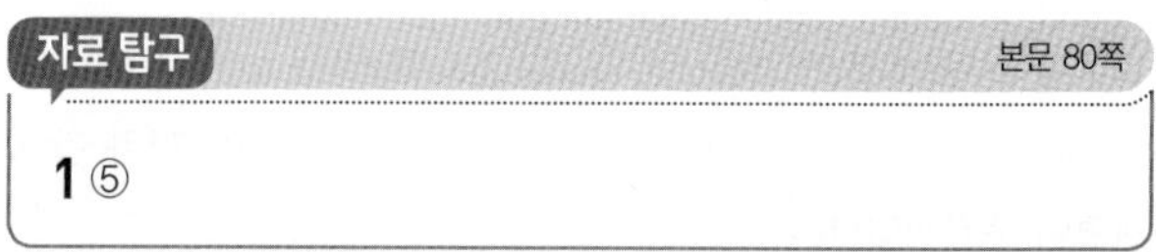

1 대한매일신보의 활동 이해

문제 분석 자료에서 베델과 양기탁 등이 운영하였다는 점, 의병 활동에 호의적이었다는 점 등을 통해 (가) 신문이 대한매일신보임을 알 수 있다. 대한매일신보는 영국인 베델을 발행인으로 내세워 일제의 탄압에도 불구하고 민족의식을 고취하는 기사를 많이 실을 수 있었다. ⑤ 대한매일신보는 국채 보상 운동을 지원하여 이를 전국적으로 확산시키는 데 기여하였다.

오답 피하기 ① 최초의 근대적 신문인 한성순보는 박문국에서 발행하였다.

② 최초의 순 한글 신문은 1896년 서재필 등이 정부의 지원을 받아 발행한 독립신문이다.

③ 동아일보사는 1930년대에 브나로드 운동을 전개하였다.

④ 이승만 정부 시기에 정부에 비판적이었던 경향신문이 강제로 폐간되었다.

수능 유형 익히기 본문 82~83쪽

01 ⑤	02 ⑤	03 ④	04 ⑤
05 ⑤	06 ⑤	07 ④	08 ③

01 조청 상민 수륙 무역 장정의 영향 이해

문제 분석 자료에서 청국 상인의 내륙 상업 활동이 지방에서도 놀랄 만큼 진보하였다는 점, 청국 상인이 아무리 궁벽한 곳에 있는 촌락일지라도 장날에 찾아온다는 점 등을 통해 해당 시기가 청 상인의 내륙 진출이 허용된 이후라는 사실을 알 수 있다. ⑤ 임오군란의 결과 체결된 조청 상민 수륙 무역 장정을 통해 청 상인은 허가를 받으면 개항장을 벗어나 내지 통상을 할 수 있게 되었다.

오답 피하기 ① 박정희 정부는 농촌 환경 개선과 소득 증대를 목표로 하여 1970년부터 새마을 운동을 추진하였다.

② 고려 후기에 설치된 전민변정도감은 권세가들이 부당하게 빼앗은 토지와 노비를 원래 주인에게 돌려주고, 불법적으로 노비가 된 자를 양인 신분으로 회복시켜 주었다.

③ 우리나라 최초의 철도인 경인선은 1899년에 개통되었다.
④ 일제는 대한 제국에 대한 경제적 침략을 강화하기 위해 1908년 동양 척식 주식회사를 설립하였다.

02 조일 통상 장정의 내용 이해

문제 분석 자료에서 1883년 조선과 일본이 체결하였다는 점, 일본이 최혜국 대우를 인정받아 다른 외국 상인과 동등한 권리를 얻을 수 있었다는 점 등을 통해 (가) 장정이 조일 통상 장정임을 알 수 있다. ⑤ 조일 통상 장정을 통해 일본 상품에 대한 관세 부과와 함께 방곡령 선포의 근거가 마련되었다.

오답 피하기 ① 동학 농민 운동 과정에서 체결된 전주 화약은 동학 농민군이 집강소를 설치하는 근거가 되었다.
② 강화도 조약은 1875년에 일어난 운요호 사건 등을 계기로 하여 1876년에 체결되었다.
③ 대한 제국은 광무개혁의 일환으로 지계아문을 설치하고 토지 소유자에게 지계를 발급하였다.
④ 포구나 큰 장시에서 상품 매매의 중개 등을 담당한 객주와 여각 등은 조일 통상 장정을 통해 일본 상인이 거류지를 벗어나 상권을 확대하면서 이전보다 활동이 위축되었다.

03 화폐 정리 사업의 이해

문제 분석 자료에서 옛 일본 제일 은행 인천 지점이 제시되었고, 일본 제일 은행에서 발행한 화폐가 대한 제국의 법정 화폐가 되었다는 점 등을 통해 밑줄 친 '이 사업'이 화폐 정리 사업임을 알 수 있다. ④ 제1차 한일 협약 이후 재정 고문으로 파견된 메가타의 주도로 백동화를 일본 제일 은행권으로 교환하도록 한 화폐 정리 사업이 시행되었다.

오답 피하기 ① 대동법 실시로 관청에 필요한 물품을 공급하는 과정에서 공인이 성장하였다.
② 세도 정치 시기 삼정의 문란 등으로 인해 임술 농민 봉기가 일어났다.
③ 대한 제국 시기에 추진된 광무개혁은 구본신참을 기본 방향으로 하였다.
⑤ 경복궁 중건 비용 마련을 위해 원납전의 징수와 당백전 발행 등의 조치가 취해졌다.

04 황국 중앙 총상회의 설립 배경 이해

문제 분석 자료에서 외국 상인이 발전하고 우리나라 상인의 생업이 쇠락한다는 점, 본회의 이름을 황국 중앙 총상회로 한다는 점, 외국인의 상업 행위를 허락하지 말 것이라는 점 등을 통해 제시된 자료가 황국 중앙 총상회의 설립과 관련된 것임을 알 수 있다. ⑤ 개항 이후 외국 상인들의 상권 침탈이 심화되는 가운데 시전 상인들은 상권 수호 운동의 일환으로 황국 중앙 총상회를 결성하였다.

오답 피하기 ① 이승만 정부 시기에 미국의 경제 원조를 바탕으로 밀가루(제분), 설탕(제당), 면직물(면방직)을 생산하는 삼백 산업이 발달하였다.
② 경복궁 중건 비용 마련을 위해 당백전이 발행되면서 물가가 급격히 상승하는 문제가 발생하였다.
③ 조선 후기 청과의 무역 과정에서 책문 후시 등이 발달하였다. 책문 후시에서 만상은 금이나 인삼 등을 수출하고, 비단과 약재 등을 수입하였다.
④ 조선 정조는 육의전을 제외한 시전 상인의 금난전권을 폐지하는 통공 정책을 시행하였다.

05 국채 보상 운동의 특징 이해

문제 분석 자료에서 1907년 대구에서 열린 회의에서 나랏빚 1,300만 원을 갚자는 제안에 동의하였다는 점, 서상돈 등과 함께 하였다는 점 등을 통해 (가) 운동이 국채 보상 운동임을 알 수 있다. ⑤ 국채 보상 운동은 대한매일신보 등 언론의 지원을 받아 전국으로 확대되었다.

오답 피하기 ① 고려 인종 때 묘청과 정지상 등은 풍수지리설을 내세워 서경 천도를 주장하였다.
② 북벌론은 조선이 병자호란에서 청에 굴욕적인 항복을 한 이후에 본격적으로 대두되었다.
③ 1929년 나주역에서 있었던 한·일 학생 간의 충돌로 인해 광주 학생 항일 운동이 일어났다.
④ 1862년에 일어난 임술 농민 봉기에 대한 대책으로 삼정이정청이 설치되었으나 큰 성과를 거두지는 못하였다.

06 독립신문의 특징 이해

문제 분석 자료에서 우리나라 최초의 근대적 민간 신문이라고 한 점을 통해 (가) 신문이 서재필 등이 발행한 독립신문임을 알 수 있다. ⑤ 독립신문은 우리나라 최초의 근대적 민간 신문이자 최초의 순 한글 신문이었으며 영문판도 발행되었다.

오답 피하기 ① 한성순보는 박문국에서 발간하였다.
② 1930년대 전반 동아일보사는 브나로드 운동을 전개하였다.
③ 황성신문 등은 을사늑약의 부당함을 규탄한 「시일야방성대곡」을 게재하였다.
④ 대한매일신보는 양기탁과 영국인 베델 등이 운영하였다.

07 국학 연구의 이해

문제 분석 자료에서 신채호의 「독사신론」이 제시된 점, 국권 피탈 이전 국학 연구의 대표적 사례라고 한 점 등을 통해 밑줄 친 '사례'에는 국권 피탈 이전의 국학 연구 사례가 제시되어야 함을 알 수 있다. ④ 주시경은 『국어 문법』 등을 저술하여 국어 연구에 기여하였다.

오답 피하기 ① 조선사 편수회는 일제가 한국 침략과 식민 통치를 정당화하기 위해 설립한 기관이다.

② 나운규가 제작한 영화 「아리랑」은 일제 강점기인 1926년에 개봉하였다.

③ 조선어 학회는 1933년에 한글 맞춤법 통일안을 제정하였다.

⑤ 백남운은 일제 강점기의 대표적인 사회 경제 사학자로 『조선사회경제사』를 저술하였다.

08 대종교의 특징 파악

문제 분석 자료에서 단군 신앙을 기반으로 한다는 점, 훗날 중광단을 조직하여 무장 독립 투쟁에 크게 기여하였다는 점 등을 통해 밑줄 친 '이 종교'가 대종교임을 알 수 있다. ③ 대종교는 나철, 오기호 등이 전통적인 단군 신앙을 기반으로 창시하였다.

오답 피하기 ① 병인박해는 1866년에 프랑스 선교사와 천주교도가 처형당한 사건이다.

② 동학교도들은 자신들의 교조인 최제우의 억울함을 풀어달라며 교조 신원 운동을 전개하였다.

④ 고려 시대의 승려인 지눌은 불교 개혁 운동의 일환으로 수선사 결사 운동을 전개하였다.

⑤ 개항 이후 개신교 선교사들은 배재 학당과 이화 학당을 세우는 등 근대적 교육 보급에 노력하였다.

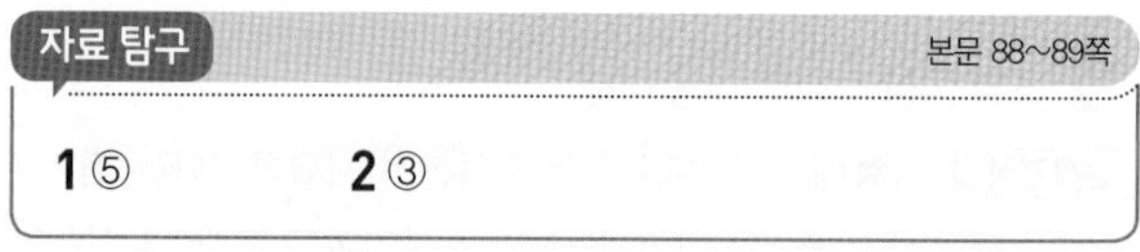

09 1910~1920년대 일제의 식민지 정책과 3·1 운동, 대한민국 임시 정부

자료 탐구 본문 88~89쪽

1 ⑤ 2 ③

1 1910년대 일제 식민 통치의 특징 이해

문제 분석 자료에서 말을 탄 헌병 경찰들이 해산을 명령하였고, 헌병 경찰들이 사람들을 경성의 총독부로 압송하였다는 점, 만세 운동에 참여한 사람들이 60대의 태형을 맞았다는 점 등을 통해 자료가 1910년대의 상황을 설명하고 있음을 알 수 있다. ⑤ 일제는 1910년대 무단 통치를 실시하면서 관리와 교사에게 제복을 입고 칼을 차도록 강요하였다.

오답 피하기 ① 홍경래의 난은 1811년 평안도 지역민에 대한 차별과 세도 정치에 대한 반발로 일어났다.

② 도병마사는 고려 시대 중서문하성과 중추원의 고위 관리가 모여 국방 문제를 논의하던 회의 기구이다.

③ 1960년에 실시된 3·15 부정 선거에 대항하여 4·19 혁명이 일어났다.

④ 독립 협회는 1898년 만민 공동회를 개최하여 러시아의 이권 침탈을 저지하는 이권 수호 운동을 전개하였다.

2 대한민국 임시 정부의 활동 이해

문제 분석 자료에서 독립신문을 발행하였고, 독립신문이 연통제와 교통국을 통해 국내로 전달되었다는 점, 국내외 독립운동을 홍보하고 자립 정신을 고취하는 데 기여하였다는 점 등을 통해 (가)가 대한민국 임시 정부임을 알 수 있다. ③ 대한민국 임시 정부는 외교 활동을 위해 미국에 구미 위원부를 설치하였다.

오답 피하기 ① 광무개혁은 대한 제국이 근대적 개혁의 일환으로 추진하였다.

② 유신 헌법은 박정희 정부 시기인 1972년에 공포되었다.

④ 독립 의군부는 임병찬 등이 고종의 밀명을 받아 조직하였다.

⑤ 신민회는 일제가 조작한 105인 사건을 계기로 사실상 와해되었다.

수능 유형 익히기 본문 91~93쪽

01 ⑤	02 ③	03 ②	04 ②
05 ①	06 ④	07 ①	08 ⑤
09 ①	10 ⑤	11 ④	12 ④

01 조선 총독부의 특징 이해

문제 분석 자료에서 일제 강점기 식민 통치 최고 기관이었다는 점 등을 통해 (가) 기관이 조선 총독부임을 알 수 있다. ⑤ 조선 총독부의 최고 책임자인 조선 총독은 일본 육해군 대장 중에서 임명되었다.

오답 피하기 ① 통일 신라는 원성왕 때 유교 경전에 대한 이해 정도를 참고하여 관리 선발에 활용하는 독서삼품과를 시행하였다.
② 대한국 국제는 대한 제국 시기인 1899년에 반포되었다.
③ 의정부 서사제는 조선 시대에 시행되었다.
④ 조선 정부는 동학 농민 운동 당시 농민군과 전주 화약을 체결하였다.

02 1910년대 일제 식민 통치의 특징 이해

문제 분석 자료에서 태형에 대한 구체적인 내용이 언급되어 있는 점, 일제가 한국인에 한해 태형을 가할 수 있도록 한 법령이라는 점 등을 통해 밑줄 친 '법령'이 조선 태형령임을 알 수 있다. 조선 태형령은 1912년에 제정되어 3·1 운동 이후인 1920년에 폐지되었다. ③ 1910년대 일제는 무단 통치를 실시하면서 관리와 교사에게 제복과 칼을 착용하도록 하였고 헌병 경찰 제도를 실시하였다.

오답 피하기 ① 통리기무아문은 조선이 개화 정책을 추진하기 위해 1880년에 설치한 기구이다.
② 인천 상륙 작전은 6·25 전쟁 중인 1950년에 전개되었다.
④ 반민족 행위 처벌법은 1948년 제헌 국회가 친일파를 처벌하기 위해 제정하였다.
⑤ 중일 전쟁 발발 이후 일제는 한국인의 민족의식을 말살시키기 위해 황국 신민 서사 암송을 강요하였다.

03 이른바 문화 통치 시기의 정책 이해

문제 분석 자료에서 3·1 운동 직후 한국인의 반발을 무마하기 위해 기만적인 통치 방식을 적용한 시기라고 한 점, 한국인에게 신문 발행을 허용한다고 했지만 검열을 강화해 기사를 삭제하거나 신문을 정간시키는 조치를 실시했다는 점 등을 통해 밑줄 친 '이 시기'가 1920년대 일제가 이른바 문화 통치를 실시한 시기임을 알 수 있다. ② 1925년 일제는 천황제와 사유 재산 제도 등을 부정하는 활동을 단속하기 위해 치안 유지법을 제정하였다.

오답 피하기 ① 군국기무처는 제1차 갑오개혁을 주도한 기구로 1894년에 설치되었다.
③ 박정희 정부는 농촌 환경 개선과 소득 증대를 목표로 하여 1970년부터 새마을 운동을 추진하였다.
④ 김영삼 정부는 1993년 투명한 금융 거래 정착과 부당한 정치 자금 근절을 위해 금융 실명제를 실시하였다.
⑤ 광복 이후 개최된 모스크바 3국 외상 회의의 결정 내용이 알려지자 신탁 통치 반대 운동이 전개되었다.

04 토지 조사 사업의 특징 이해

문제 분석 자료에서 일제가 지세의 공평한 부과 등을 위해 실시한다는 점, 실제로는 식민 통치를 위한 경제적 기반을 마련하기 위한 것이었다는 점 등을 통해 밑줄 친 '이 사업'이 1910년대에 추진된 토지 조사 사업임을 알 수 있다. ② 토지 조사 사업은 토지 조사령에 따라 신고주의 원칙으로 추진되었다.

오답 피하기 ① 조선 후기 균역법을 실시하면서 줄어든 군포 수입을 보완하기 위해 토지 1결당 쌀 2두씩을 부과하여 결작을 징수하였다.
③ 비변사는 조선 중종 때 외적의 침입에 대비하여 설치된 임시 기구였으나 임진왜란을 거치며 최고 기구가 되었다.
④ 흥선 대원군은 경복궁 중건 비용 마련을 위해 원납전을 징수하고 당백전을 발행하는 등의 조치를 취하였다.
⑤ 이승만 정부 시기에 제정된 농지 개혁법에 따라 가구당 농지 소유 면적의 상한이 3정보로 제한되었다.

05 1910년대 일제의 식민 통치 방식 이해

문제 분석 자료에서 한국 내에서 회사를 설립할 때 조선 총독의 허가를 받도록 하였다는 점을 통해 밑줄 친 '이 법령'이 1910년에 제정된 회사령임을 알 수 있다. 회사령은 1920년에 폐지되었다. ① 1910년대 일제는 관리와 교사에게 칼을 차고 제복을 입도록 하였다.

오답 피하기 ② 통감부는 을사늑약에 따라 1906년에 설치된 기관이다. 1910년 국권 피탈 이후에는 조선 총독부가 식민 통치를 담당하였다.
③ 경성 제국 대학은 일제가 1924년에 설립한 관립 대학이다.
④ 1871년 미군이 강화도를 침입하여 신미양요가 일어났다.
⑤ 전두환 정부는 1987년 4·13 호헌 조치를 발표하였고, 이는 6월 민주 항쟁이 일어나는 데 영향을 주었다.

06 산미 증식 계획의 배경 이해

문제 분석 자료에서 일본에서의 쌀 소비에 비해 생산고가 부족하다는 점, 일본의 인구가 증가하고 있고 쌀 소비량이 증가하게 될 것이라는 점 등을 통해 당시 일본이 부족한 쌀을 보충할 필요가 있었음을 알 수 있다. ④ 일제는 자국 내 부족한 쌀을 확보하기 위해 1920년부터 산미 증식 계획을 추진하였다.

오답 피하기 ① 대동법은 방납의 폐단을 시정하기 위해 17세기 초 광해군 때 경기도에서 처음 실시되었다. 대동법의 시행으로 국가에 필요한 물품을 납품하는 공인이 성장하였다.
② 1930년대 전반 동아일보사는 농촌 계몽 운동의 일환으로 브나로드 운동을 전개하였다.
③ 세도 정치 시기 삼정의 문란 등으로 인해 임술 농민 봉기가 일어났다.
⑤ 대한 제국은 양전 사업을 실시하고 근대적 토지 소유권 확립을 위해 지계를 발급하였다.

07 대한 광복회의 활동 이해

문제 분석 자료에서 박상진이 총사령이었다는 점, 국권 회복을 목표로 국내에서 친일 부호 처단과 군자금 모금 등의 활동을 전개하였다는 점 등을 통해 (가) 단체가 대한 광복회임을 알 수 있다. ① 1915년에 박상진 등이 조직한 대한 광복회는 국권 회복과 공화 정체의 근대 국가 수립을 추구하였다.

오답 피하기 ② 제1차 미소 공동 위원회가 무기 휴회되고, 이승만의 정읍 발언 등으로 단독 정부 수립론이 대두되는 상황 속에서 여운형과 김규식 등은 좌우 합작 위원회를 조직하여 좌우 합작 7원칙을 발표하였다.
③ 신간회는 광주 학생 항일 운동에 진상 조사단을 파견하고 대규모 민중 대회를 계획하였다.
④ 신민회는 민족 교육 실시를 위해 오산 학교와 대성 학교를 설립하였다.
⑤ 대한 자강회 등은 고종 강제 퇴위 반대 운동을 전개하였다.

08 상하이에서의 독립운동 이해

문제 분석 자료에서 신규식, 여운형 등이 신한청년당을 조직한 곳이라는 점 등을 통해 (가) 지역이 상하이임을 알 수 있다. ⑤ 3·1 운동 이후 독립운동의 구심점이 필요해지자 각지에 수립된 임시 정부를 통합하여 상하이에 대한민국 임시 정부가 수립되었다.

오답 피하기 ① 중광단은 북간도의 왕칭(왕청)에서 대종교 계열의 인사들이 결성하였다.
② 권업회는 연해주 지역에서 결성되었다.
③ 신흥 강습소는 신민회가 서간도(남만주) 지역에 설립하였다.
④ 대조선 국민 군단은 박용만이 중심이 되어 하와이에서 편성되었다.

09 3·1 운동의 전개 과정 이해

문제 분석 자료에서 제목이 일제의 무단 통치에 항거한 운동이라는 점, 윌슨이 제창한 민족 자결주의가 언급되었고, 도쿄에서 독립 선언서를 발표하는 한국인 유학생이 주요 장면으로 언급된 점 등을 통해 (가)에는 3·1 운동에 대한 내용이 제시되어야 함을 알 수 있다. ① 1919년에 일어난 3·1 운동 당시 탑골 공원에 모인 학생과 시민들은 만세 시위를 전개하였다.

오답 피하기 ② 모스크바 3국 외상 회의는 1945년에 개최되었다.
③ 1904년 조직된 보안회는 일제의 황무지 개간권 요구에 맞서 반대 운동을 전개하였다.
④ 1890년대 초반 동학교도는 교조 최제우의 억울함을 풀어 줄 것과 포교의 자유를 허용할 것을 요구하는 교조 신원 운동을 전개하였다.
⑤ 1882년 구식 군인들은 신식 군대인 별기군과의 차별 대우 및 개화 정책 추진에 반발하여 임오군란을 일으켰다.

10 3·1 운동의 영향 이해

문제 분석 자료에서 경성을 비롯하여 서북 각 지방에서 조선 독립의 선언서를 발표하고 시위 운동을 개시하였다는 점, 선언서에 이름을 기록한 자가 33명으로 그중 손병희 등이 체포되었다는 점 등을 통해 밑줄 친 '이 사건'이 1919년에 일어난 3·1 운동임을 알 수 있다. ⑤ 3·1 운동의 영향으로 일제는 무단 통치를 대신하여 이른바 문화 통치를 실시하였다.

오답 피하기 ① 세도 정치기에 일어난 임술 농민 봉기에 대한 대책으로 삼정이정청이 설치되었으나 큰 성과를 거두지는 못하였다.
② 동학 농민 운동의 전개 과정에서 체결된 전주 화약에 따라 농민군이 집강소를 설치하여 개혁을 추진하였다.
③ 1952년 대통령 직선제 등을 주요 내용으로 하는 발췌 개헌이 단행되었다. 또한 1987년에 일어난 6월 민주 항쟁의 결과 대통령 직선제 개헌이 이루어졌다.
④ 신미양요 이후 흥선 대원군은 통상 수교 거부 의지를 담아 전국에 척화비를 건립하도록 하였다.

11 대한민국 임시 정부의 활동 이해

문제 분석 자료에서 여러 독립운동가들이 독립운동의 구심점이 될 단체가 필요해지자 한성 정부를 계승하고 연해주의 대한 국민 의회 등을 통합하였다고 한 점을 통해 (가)는 대한민국 임시 정부임을 알 수 있다. ④ 대한민국 임시 정부는 국내외와 원활한 연락망을 구축하기 위하여 연통제와 교통국을 운영하였다.

오답 피하기 ① 대한 제국은 황제의 군사권 강화를 위해 원수부를 설치하였다.

② 을미사변 이후 성립된 김홍집 내각에서 태양력 도입과 단발령 시행 등의 을미개혁을 추진하였다.
③ 김옥균 등의 급진 개화파가 갑신정변을 주도하였다.
⑤ 김원봉이 주도한 의열단은 「조선 혁명 선언」을 활동 지침으로 삼았다.

12 국민 대표 회의 개최 시기 이해

문제 분석 자료에서 쇠약해진 임시 정부를 되살리기 위한 노력의 일환으로 개최되었다는 점, 창조파와 개조파의 계속된 갈등으로 결국 결렬되었다는 점을 통해 밑줄 친 '회의'가 1923년에 개최된 국민 대표 회의임을 알 수 있다. ④ 1919년 일어난 3·1 운동을 계기로 독립운동의 구심점이 될 단체의 필요성이 커졌고, 이로 인해 상하이에 대한민국 임시 정부가 수립되었다. 하지만 연통제와 교통국 조직이 발각되고, 민족 운동의 방법을 둘러싼 논쟁이 커지며 민족 운동의 새로운 방향을 모색하기 위해 1923년에 국민 대표 회의가 개최되었다. 그러나 논의 과정에서 창조파와 개조파의 대립이 심화되면서 성과 없이 결렬되었다. 한편, 한인 애국단 단원인 윤봉길은 1932년에 상하이 훙커우 공원에서 의거를 단행하였다.

10 다양한 민족 운동의 전개

자료 탐구 본문 98~99쪽

1 ③　　2 ⑤

1 물산 장려 운동 이해

문제 분석 자료에서 노동자를 물산 장려 계급이라고 언급한 점, 사회주의자인 이성태가 자본가들의 이기적인 운동이라고 비판한 점 등을 통해 밑줄 친 '이 운동'이 물산 장려 운동임을 알 수 있다. ③ 1920년 국내 민족 기업과 자본을 보호·육성하기 위해 조만식 등의 주도로 평양에서 시작된 물산 장려 운동은 전국으로 확산되었다. 그러나 민족 자본은 늘어난 수요를 감당할 만큼 생산 능력을 갖추지 못하였고, 일부 상인은 물건값을 올려 이익을 얻었다.

오답 피하기 ① 1954년 이승만 정부는 개헌 당시 대통령에 한해 중임 제한을 적용하지 않는다는 내용을 담은 개헌안을 사사오입의 논리를 내세워 통과시켰다.
② 통일 신라 신문왕은 문무 관료에게 관료전을 지급하고 녹읍을 폐지하여 귀족들의 경제력을 약화시키고자 하였다.
④ 1907년 대한 제국 군대가 강제 해산되자 일부 해산 군인들이 정미의병에 가담하여 의병 투쟁의 규모가 확대되었다.
⑤ 일제는 자국의 부족한 쌀을 한국에서 확보하기 위해 1920년부터 산미 증식 계획을 추진하였다.

2 신간회 활동 파악

문제 분석 자료에서 정우회 선언을 계기로 성립되었고 광주 학생 항일 운동 당시 진상 조사단을 파견하였다는 점, 노동자·농민의 투쟁을 강화하기 위해 해소가 필요하다는 점, 민족 운동과 계급 운동은 서로 협동해야 한다고 언급한 점 등을 통해 밑줄 친 '이 단체'가 신간회임을 알 수 있다. ⑤ 1927년 민족 협동 전선으로 창립된 신간회는 정치적·경제적 각성 촉진, 공고한 단결, 기회주의 일체 부인을 강령으로 내세웠다.

오답 피하기 ① 조선 효종은 송시열 등을 중용해 병자호란 때 청에 당한 치욕을 씻겠다는 북벌 운동을 추진하였다.
② 대한민국 임시 정부는 1940년 한국광복군을 창설하였다.
③ 신민회는 남만주 지역의 삼원보에 신흥 강습소를 세워 민족 교육과 군사 훈련을 실시하여 독립군을 양성하였다.
④ 「조선 혁명 선언」은 1923년 신채호가 작성한 것으로 의열단의 활동 지침이 되었다.

수능 유형 익히기 본문 101~104쪽

01 ④	02 ③	03 ④	04 ②
05 ②	06 ⑤	07 ②	08 ②
09 ③	10 ④	11 ⑤	12 ③
13 ⑤	14 ②	15 ③	16 ②

01 홍범도의 활동 파악

문제 분석 자료에서 국권 피탈 이전에는 의병 활동을 하였다는 점, 대한 독립군의 사령관이 되어 항일 무장 투쟁을 전개하였다는 점 등을 통해 (가) 인물이 홍범도임을 알 수 있다. ④ 홍범도가 지휘한 대한 독립군을 비롯한 여러 독립군 부대가 봉오동 전투를 승리로 이끌었다.

오답 피하기 ① 별무반은 고려 시대에 여진의 침입에 대응하여 윤관의 건의로 편성된 특수 부대였다.

② 갑신정변은 1884년 김옥균, 박영효 등의 급진 개화파가 주도하여 일어났다.

③ 이상설, 이준, 이위종이 헤이그 특사로 파견되었다.

⑤ 지청천이 이끄는 한국 독립군은 한중 연합 작전을 전개하여 대전자령 전투에서 일본군을 상대로 승리를 거두었다.

02 간도 참변 이해

문제 분석 자료에서 선교사 스탠리 마틴이 간도에서 의료 선교 활동을 하였다는 점, 1920년 일본군의 방화 학살 현장을 방문하여 사진 촬영을 하였다는 점, 일본군이 간도에서 저지른 학살의 실상을 폭로하였다는 점 등을 통해 밑줄 친 '학살 사건'이 간도 참변임을 알 수 있다. ③ 김좌진이 이끄는 북로 군정서 등 독립군 연합 부대가 청산리 전투에서 일본군을 물리쳤다. 봉오동 전투와 청산리 전투에서 패한 일본군은 독립군의 근거지를 없앤다는 명분으로 간도의 한인 마을을 습격하였다. 일본군은 수많은 한인을 학살하고 집과 학교, 교회 등을 불태우는 등의 만행을 저질렀다.

오답 피하기 ① 전국 시대의 혼란을 수습한 도요토미 히데요시는 자신에게 불만을 가진 세력의 관심을 밖으로 돌리고 대륙 침략의 야욕을 채우기 위한 목적 등으로 임진왜란을 일으켰다.

② 갑신정변 이후 청의 내정 간섭을 견제하기 위해 조선 정부는 러시아와 비밀 협약을 체결하고자 하였다. 이러한 상황에서 영국은 러시아를 견제한다는 구실로 1885년 조선의 거문도를 불법 점령하였다(거문도 사건).

④ 1923년 관동 대지진이 발생하자 일본 당국은 '한국인들이 우물에 독을 풀고 일본 여인을 유린한다.'는 유언비어를 퍼뜨렸고, 이로 인해 수많은 한국인이 일본인에게 무참히 학살당하였다.

⑤ 정미의병 때 의병 연합 부대인 13도 창의군이 결성되어 1908년에 서울 진공 작전을 추진하였다.

03 자유시 참변의 시기 파악

문제 분석 자료에서 여러 독립군 부대들이 자유시로 이동하였다는 점, 자유시에 집결한 독립군 부대들 사이에서 내분이 발생하였다는 점, 러시아 적군이 독립군에게 무장 해제를 요구하였다는 점 등을 통해 제시된 사건이 자유시 참변(1921)임을 알 수 있다. ④ 3·1 운동은 1919년에 일어났으며, 1931년 일본은 만주 사변을 일으켰다.

04 미쓰야 협정의 이해

문제 분석 자료에서 미쓰야 경무국장이 보고한다는 점, 만주 군벌과 협정을 체결하였다는 점, 만주에서 무기를 휴대한 조선인의 국경 침입을 금지한다는 점 등을 통해 밑줄 친 '협정'이 1925년 체결된 미쓰야 협정임을 알 수 있다. ② 미쓰야 협정 체결로 만주 군벌에 의한 한국인 탄압이 심해져 만주에서 독립군의 활동은 크게 위축되었다.

오답 피하기 ① 1866년 미국인 소유 상선 제너럴 셔먼호가 대동강을 거슬러 평양에 와서 통상을 요구하며 횡포를 부렸다. 이에 분노한 평양 관민은 제너럴 셔먼호를 불태웠다. 이 사건을 구실로 미국이 1871년 신미양요를 일으켰다.

③ 1908년에 장인환과 전명운은 미국의 샌프란시스코에서 일본의 대한 제국 침략이 정당하다고 주장한 스티븐스를 처단하였다.

④ 일제는 1909년 청과 간도 협약을 맺어 남만주 철도 부설권과 탄광 채굴권 등의 이권을 얻는 대신 간도를 청의 영토로 인정하였다.

⑤ 한인 애국단의 윤봉길이 1932년 상하이 훙커우 공원에서 의거를 감행하였다.

05 3부의 통합 노력 이해

문제 분석 자료에서 민족 유일당 운동이 전개되었다는 점, 참의부·정의부·신민부의 통합이 추진되었다는 점, 통합의 방향과 내용을 두고 갈등이 벌어졌다는 점 등을 통해 (가)에는 3부 통합 운동의 결과가 들어가야 함을 알 수 있다. ② 만주에서도 3부를 중심으로 독립운동 단체의 통합 운동이 전개되었다. 그러나 통합을 둘러싼 갈등으로 완전한 통합을 이루지는 못하고, 3부는 혁신 의회와 국민부로 각각 재편되었다.

오답 피하기 ① 1862년 임술 농민 봉기 당시 봉기의 원인으로 지목된 삼정의 문란을 해결하기 위해 삼정이정청이 설치되었다.

③ 1919년 3·1 운동을 계기로 독립운동의 구심점에 대한 필요성이 높아지면서 중국 상하이에 대한민국 임시 정부가 수립되었다.

④ 통일 주체 국민 회의는 박정희 정부 때 제정된 유신 헌법에 따라 설치되었다.
⑤ 독립 협회는 1898년 관민 공동회를 열고 헌의 6조의 결의를 주도하였다.

06 의열단의 활동 파악

문제 분석 자료에서 조선 식산 은행과 동양 척식 주식회사에 폭탄을 던졌다는 점, 두 곳에 폭탄을 던진 사람이 나석주라는 점, 김원봉 등의 주도로 결성되었다는 점 등을 통해 (가) 단체가 의열단임을 알 수 있다. ⑤ 1919년 만주에서 김원봉 등이 주도하여 조직한 의열단은 일제의 식민 통치 기관을 파괴하고 침략 원흉을 응징하는 의열 투쟁을 전개하였다. 김익상, 김상옥 등은 국내에 침투하여 각각 조선 총독부, 종로 경찰서에 폭탄을 투척함으로써 의열단의 이름을 떨쳤다.

오답 피하기 ① 진단 학회는 실증 사학의 입장에서 한국사를 연구하고『진단 학보』를 간행하였다.
② 1948년 유엔 소총회의 결과 남한만의 단독 선거 움직임이 구체화되자 김구와 김규식 등은 남북 협상을 통해 통일 정부를 수립해야 한다고 주장하면서 평양을 방문하여 북측 인사들을 만났으나 큰 성과를 거두지 못하였다.
③ 1948년 5 · 10 총선거로 선출된 국회 의원들이 제헌 국회를 구성하고 제헌 헌법을 제정하였다.
④ 신민회는 1911년 일제가 조작한 105인 사건으로 와해되었다.

07 김원봉의 활동 파악

문제 분석 자료에서 신채호에게 자신이 단장으로 있는 조직의 활동 지침이 될 만한 글을 부탁하였다는 점,「조선 혁명 선언」이 살포되도록 한 점 등을 통해 밑줄 친 '그'는 김원봉임을 알 수 있다. ② 1919년 만주 지린에서 김원봉 등이 중심이 되어 의열단이 결성되었다.

오답 피하기 ① 고려 태조는 후손들에게 훈요 10조를 남겨 고려 왕조의 나아갈 방향을 제시하였다.
③ 흥선 대원군은 1871년 신미양요 이후 통상 수교 거부 의지를 널리 알리기 위해 전국에 척화비를 건립하였다.
④ 여운형을 중심으로 민족주의, 사회주의 계열의 독립운동가들이 1944년 조선 건국 동맹을 조직하였다.
⑤ 신민회는 민족 교육을 실시하기 위해 오산 학교와 대성 학교를 설립하였다.

08 한인 애국단의 이해

문제 분석 자료에서 일제가 작성한 이봉창의 신상 카드가 제시된 점, 이봉창이 1932년 도쿄에서 일왕을 향해 폭탄을 던졌다는 점 등을 통해 밑줄 친 '이 단체'가 한인 애국단임을 알 수 있다. ② 김구 등은 대한민국 임시 정부의 침체를 극복하기 위해 1931년 한인 애국단을 결성하였다.

오답 피하기 ① 한성순보는 근대식 인쇄 업무를 담당하던 박문국에서 발행되었다.
③ 국채 보상 운동은 일본의 강요로 도입한 차관을 갚아 일본의 경제적 예속에서 벗어나기 위해 일어난 운동으로 1907년 대구에서 시작되어 전국으로 확산되었다.
④ 대한 자강회는 고종의 강제 퇴위를 반대하는 운동을 주도하다가 강제로 해산당하였다.
⑤ 1930년대 북만주에서 지청천이 이끄는 한국 독립군이 한중 연합 작전을 전개하여 쌍성보 전투, 사도하자 전투, 대전자령 전투 등에서 승리하였다.

09 물산 장려 운동 파악

문제 분석 자료에서 조만식 선생을 비롯한 인사들이 평양에서 조직을 만들고 운동을 시작하였다는 점, 조선인이 생산한 의복과 식품 등을 사용하는 조건을 실행해야 한다고 언급한 점 등을 통해 밑줄 친 '이 운동'이 물산 장려 운동임을 알 수 있다. ③ 물산 장려 운동은 사회주의자들로부터 자본가와 상인의 이익만을 추구하는 이기적인 운동이라고 비판을 받았다.

오답 피하기 ① 동학 농민 운동에서 제기된 농민들의 요구 일부가 갑오개혁에 반영되었다.
② 1987년 6월 민주 항쟁이 전개되었다. 그 결과 5년 단임의 대통령 직선제를 골자로 하는 개헌이 이루어졌다.
④ 1948년 제헌 국회에서 반민족 행위 처벌법을 제정하고, 반민족 행위 특별 조사 위원회(반민 특위)를 설치하였다.
⑤ 1907년 대구에서 시작된 국채 보상 운동은 대한매일신보 등 언론의 지원을 받아 전국으로 확산되었다.

10 민립 대학 설립 운동의 이해

문제 분석 자료에서 제2차 조선 교육령에 따라 제도적으로 고등 교육이 허용되었다는 점, 고등 교육 실현을 위하여 자금을 1천만 원으로 정하고 활동을 벌였다는 점, 일제가 한국인들의 고등 교육에 대한 열망을 무마하기 위해 경성 제국 대학을 설립하였다는 점 등을 통해 (가) 운동이 민립 대학 설립 운동임을 알 수 있다. ④ 이상재 등이 조직한 조선 민립 대학 기성회는 모금 활동을 통해 민립 대학 설립 운동을 주도하였다.

오답 피하기 ① 조선 고종은 1886년 양반 자제와 관리를 대상으로 근대 학문을 교육하고자 육영 공원을 설립하였다.

② 조선 고종은 제2차 갑오개혁을 추진하는 과정에서 교육입국 조서를 반포하였다.
③ 국민 대표 회의는 대한민국 임시 정부의 새로운 노선과 활로를 모색하기 위해 1923년 상하이에서 개최되었다.
⑤ 조선어 학회는 한글 맞춤법 통일안을 제정하여 한글 표준화를 위해 노력하였다.

11 브나로드 운동 파악

문제 분석 자료에서 1930년대에 전개되었다는 점, 운동의 명칭이 '민중 속으로'라는 뜻을 가진 러시아어에서 유래하였다는 점, 문맹 퇴치와 농촌 계몽의 구호를 내걸고 전개되었다는 점, 다수의 학생들이 참여하였다는 점 등을 통해 (가) 운동이 브나로드 운동임을 알 수 있다. ⑤ 동아일보사는 1930년대 전반에 '배우자, 가르치자, 다 함께 브나로드'라는 구호 아래 농촌 계몽 운동인 브나로드 운동을 전개하였다.

오답 피하기 ① 1972년 박정희 정부가 마련한 유신 헌법은 대통령에게 긴급 조치권을 부여하였다. 이에 당시 학생과 시민들은 유신 체제를 비판하며 유신 반대 운동을 전개하였다.
② 1907년 대구에서 시작된 국채 보상 운동은 서울에서 국채 보상 기성회 등이 조직되고 언론 기관이 호응하여 확산되었으나, 통감부의 방해와 탄압으로 실패하였다.
③ 대한 제국 시기에 서울의 시전 상인들은 황국 중앙 총상회를 조직하여 상권 수호 운동을 전개하였다.
④ 6월 민주 항쟁으로 6·29 민주화 선언이 발표되고 대통령 직선제 개헌이 단행되었다.

12 치안 유지법 이해

문제 분석 자료에서 국체 변혁 또는 사유 재산 제도를 부인하는 것을 목적으로 결사를 조직하는 사람은 징역에 처한다는 내용을 통해 제시된 법령은 치안 유지법이며, (가)에는 사회주의 사상이 확산되었다는 내용이 들어가야 함을 알 수 있다. ③ 1920년대에 일본과 한국에서는 사회주의 사상이 확산되었다. 이러한 상황 속에서 일제는 1925년 치안 유지법을 제정하였고, 사회주의 운동과 독립운동을 탄압하였다.

오답 피하기 ① 청의 외교관 황준헌이 쓴 『조선책략』은 1880년 수신사 김홍집을 통해 국내에 유포되었다.
② 원산 총파업(1929)은 라이징 선 석유 회사에서 일본인 현장 감독이 한국인 노동자를 구타한 사건을 계기로 일본인 감독 파면, 열악한 노동 조건 개선 등을 요구하면서 전개되었다.
④ 임술 농민 봉기(1862)는 세도 정치의 폐단으로 정치 기강이 문란해지고 지배층의 수탈이 심화되는 상황에서 일어났다.

⑤ 1945년 광복 직후 조직된 조선 건국 준비 위원회는 미군이 한반도에 진주한다는 소식이 알려지자 조선 인민 공화국 수립을 선포하였다.

13 자치론의 이해

문제 분석 자료에서 「민족적 경륜」을 발표한 이광수가 제시된 점, 일본의 지배를 수용하고 그 안에서 조선인의 자치를 인정받아야 한다는 점, 조선 총독부 아래에 자치 정부나 자치 의회를 만들게 해 달라는 주장에 대해 최린, 김성수와 같은 이들이 공감한다는 점 등을 통해 ㉠은 자치론임을 알 수 있다. ⑤ 일제가 이른바 문화 통치를 실시하며 친일파 양성 정책을 펼치자 민족주의 세력 안에서는 일제의 식민 통치를 인정하면서 한국인의 자치권을 확보하자는 자치론이 등장하였다. 이에 맞서 절대 독립을 주장하는 비타협적 민족주의자들은 사회주의 세력과 연대하여 민족 운동을 강화하고자 하였다.

오답 피하기 ① 박정희 정부가 한일 회담을 추진한 것에 반발하여 1964년 학생과 시민들이 6·3 시위를 전개하였다.
② 독립 의군부는 1912년 임병찬 등이 고종의 밀명을 받아 조직하였다.
③ 조선 고종은 개항 이후 일본의 근대 문물 시찰과 개화 정책에 대한 정보 수집을 목적으로 1881년 일본에 조사 시찰단을 비밀리에 파견하였다.
④ 을사늑약이 체결되자 황성신문에 「시일야방성대곡」이 게재되는 등 을사늑약의 부당성을 규탄하는 움직임이 잇달아 일어났다.

14 6·10 만세 운동의 이해

문제 분석 자료에서 순종의 국장일에 일어났다는 점, 시위 계획이 사전에 발각되어 조선 공산당 간부 등이 체포되기도 하였다는 점 등을 통해 밑줄 친 '이 운동'이 6·10 만세 운동임을 알 수 있다. ② 순종이 사망하자 조선 공산당을 중심으로 한 사회주의 계열과 민족주의 계열인 천교도는 학생 단체와 힘을 합쳐 만세 시위를 준비하였다. 그러나 일제에 의해 조선 공산당 간부들이 체포되었고 천도교에서 준비하던 격문도 압수당하였다. 하지만 학생 조직은 발각되지 않아 학생들은 예정대로 시위를 전개하였다.

오답 피하기 ① 고려 인종 때 묘청 등 서경 세력은 풍수지리설을 내세워 서경 천도를 추진하였고, 칭제건원(황제 칭호와 연호 사용)을 주장하였다.
③ 1923년 백정에 대한 사회적 차별 철폐를 주장하며 백정 등이 주도하여 진주에서 조선 형평사를 조직하였다.

④ 1895년 명성 황후 시해 사건(을미사변) 이후 성립된 김홍집 내각은 단발령 등의 개혁을 단행하였다(을미개혁). 이에 을미사변과 단발령에 반발하여 유인석, 이소응 등 유생들이 의병을 일으켰다.
⑤ 전봉준, 김개남, 손화중 등 동학 농민군 지도자들이 체포되면서 동학 농민 운동은 실패로 돌아갔다.

15 신간회 파악

문제 분석 자료에서 정치적·경제적 각성을 촉진하고, 단결을 공고히 하며 기회주의를 일체 부인한다는 강령을 내건 점, 경성에 본부를 두고 지방 지회를 두었다는 점 등을 통해 밑줄 친 '이 단체'가 신간회임을 알 수 있다. ③ 사회주의 계열에서 발표한 정우회 선언을 계기로 1927년에 사회주의 세력과 비타협적 민족주의 세력이 연대하여 신간회를 결성하였다.

오답 피하기 ① 조선 정조는 왕권 강화를 위해 친위 부대인 장용영을 설치하였다.
② 병인양요(1866)는 흥선 대원군이 천주교 신부와 신자들을 처형한 병인박해를 구실로 프랑스가 강화도를 침략한 사건이다.
④ 고려의 승려 지눌은 수선사 결사를 중심으로 노동과 수행을 강조하는 개혁 운동을 전개하여 개혁적인 승려와 지방민으로부터 많은 호응을 얻었다.
⑤ 1945년 12월 개최된 모스크바 3국 외상 회의에서 한반도에 민주주의 임시 정부 수립, 미소 공동 위원회 설치, 최고 5년 기한의 4개국에 의한 한반도 신탁 통치 협약 작성 등이 결의되었다.

16 광주 학생 항일 운동 파악

문제 분석 자료에서 나주역에서 일본인 학생이 조선인 여학생을 희롱하였다는 점, 박준채가 일본인 학생에게 항의를 한 점, 독서회 조직을 중심으로 대규모 시위가 이어졌다는 점 등을 통해 밑줄 친 '이 운동'이 광주 학생 항일 운동임을 알 수 있다. ② 신간회는 광주 학생 항일 운동 당시 진상 조사단을 파견하여 지원하였다.

오답 피하기 ① 12세기 전반 묘청과 정지상 등이 서경 천도와 금정벌 등을 주장하였다.
③ 1880년대 이만손 등 유생들은 영남 만인소를 올려 수신사 김홍집이 들여온 『조선책략』을 비판하며 개화 정책에 반대하였다.
④ 방납의 폐단을 해결하기 위하여 조선 광해군 때 대동법이 시행되었다.
⑤ 조선어 학회는 우리말(조선말) 큰사전 편찬 작업을 추진하였다.

11 사회·문화의 변화와 사회 운동

자료 탐구 본문 107쪽

1 ②

1 민족주의 사학 이해

문제 분석 자료에서 나라가 형체라면 역사는 정신이라고 언급하였고 『한국통사』를 저술하였다는 점 등을 통해 가운데 위치한 저자는 박은식임을 알 수 있다. 역사란 아와 비아의 투쟁이 시간부터 발전하며 공간부터 확대되는 정신적 활동 상태의 기록이라고 언급하였고, 『조선상고사』를 집필하였다는 점 등을 통해 오른쪽에 위치한 저자는 신채호임을 알 수 있다. 따라서 밑줄 친 '저자들'은 박은식과 신채호이다. ② 일제의 식민 사관에 맞서 박은식, 신채호 등은 민족주의 사학을 정립하였다.

오답 피하기 ① 북학론은 청의 문물을 배우자는 주장으로 조선 후기 실학자인 박제가 등이 제기하였다.
③ 동아일보사는 1930년대 전반에 '배우자, 가르치자, 다 함께 브나로드'라는 구호 아래 농촌 계몽 운동인 브나로드 운동을 전개하였다.
④ 중국 화북 지방에서는 한국인 사회주의자들을 중심으로 1942년 조선 독립 동맹이 결성되었다.
⑤ 임진왜란이 일어나자 고경명, 곽재우 등이 의병을 일으켜 활약하였다.

수능 유형 익히기 본문 109~110쪽

01 ⑤	02 ③	03 ⑤	04 ④
05 ②	06 ⑤	07 ②	08 ④

01 일제 강점기 사회 모습 파악

문제 분석 자료에서 1930년대 전후 경성의 남촌과 북촌이 언급된 점, '모던 보이'로 불리는 신사가 제시된 점 등을 통해 (가)에 들어갈 등장인물로는 도시 변두리에 토막집을 짓고 사는 빈민이 가장 적절함을 알 수 있다. ⑤ 일제 강점기에 농민들은 일제의 식민지 지배 정책으로 살기 어려워지자 농촌을 떠나 도시로 몰려들었다. 이들은 도시 외곽에 토막집을 짓고 빈민촌을 형성하였다.

오답 피하기 ① 관민 공동회는 1898년 독립 협회의 활동 과정에서 개최되었다.

② 1948년 2월 유엔 소총회의 결의에 따라 5월에 남한만의 단독 선거인 5·10 총선거가 치러졌고, 그 결과 제헌 국회가 구성되었다.

③ 조선의 시전 상인은 금난전권을 행사하여 사상을 억압하였다. 그러나 정조는 육의전을 제외한 시전 상인의 금난전권을 폐지하였다.

④ 1960년대 급속한 산업화 과정에서 노동자의 수가 크게 증가하였으나, 노동자들은 저임금과 장시간 노동 환경 속에서 근무하였다. 이러한 상황에서 1970년 전태일은 근로 기준법에 명시된 노동자의 권리를 요구하며 분신하였다.

02 암태도 소작 쟁의 발생 시기 이해

문제 분석 자료에서 지주 문재철의 횡포에 맞서 암태도 농민들이 투쟁하였다는 내용을 통해 밑줄 친 '쟁의'는 1923~1924년에 일어난 암태도 소작 쟁의임을 알 수 있다. ③ 일제는 자국의 부족한 쌀을 한국에서 확보하기 위해 1920년부터 산미 증식 계획을 시행하였다.

오답 피하기 ① 당백전은 경복궁 중건에 필요한 재원을 마련하기 위해 흥선 대원군 집권 시기에 발행되었다.

② 제1차 한일 협약(1904)으로 파견된 재정 고문 메가타의 주도로 백동화 등을 일본 제일 은행권으로 교환하도록 한 화폐 정리 사업이 시행되었다.

④ 통일 신라 신문왕은 귀족의 경제 기반을 약화시키기 위해 관료전을 지급하고 녹읍을 폐지하였다.

⑤ 조선 후기에 대동법이 시행되면서 국가의 필요 물품을 관청에 납품하는 공인이 성장하였다.

03 원산 총파업의 이해

문제 분석 자료에서 라이징 선 석유 회사에서 일본인 감독이 한국인 노동자를 구타한 사건에서 비롯되었다는 점, 노동자들이 총파업에 돌입하였다는 점 등을 통해 제시된 총파업은 원산 총파업이며 밑줄 친 '이 도시'는 원산임을 알 수 있다. ⑤ 1928년 석유 회사인 라이징 선에서 시작된 파업은 1929년 1월 원산 지역 노동자 총파업으로 이어졌다. 파업 기간 중 국내는 물론 국외의 노동 단체까지 원산 총파업에 격려와 지지를 보내왔다. 하지만 일제가 경찰과 군대를 동원하여 탄압하면서 원산 총파업은 결국 실패로 끝났다.

04 근우회 파악

문제 분석 자료에서 신간회의 자매단체라는 점, '조선 여자의 공고한 단결과 지위 향상'을 목적으로 창립되었다는 점, 동아일보에 실린 강령이 제시된 점 등을 통해 (가) 단체가 근우회임을 알 수 있다. ④ 신간회 창립을 계기로 여성 단체들은 이념을 초월한 민족 협동 전선으로 근우회를 결성하였다.

오답 피하기 ① 별무반은 고려 숙종 때 윤관의 건의로 여진 정벌을 위해 편성된 특수 부대이다.

② 조선 정부는 개화 정책을 추진하면서 박문국을 세우고 1883년 한성순보를 발간하였다.

③ 흥선 대원군은 붕당의 근거지로 인식되어 온 서원을 47개소만 남기고 철폐하는 정책을 추진하였다.

⑤ 1941년에 대한민국 임시 정부는 삼균주의를 반영한 대한민국 건국 강령을 발표하였다.

05 방정환의 활동 파악

문제 분석 자료에서 어린이날 제정을 주도하였고, 잡지 『어린이』를 창간하였다는 내용을 통해 (가) 인물이 방정환임을 알 수 있다. ② 방정환은 천도교 소년회를 조직하여 소년 운동을 전개하였다.

오답 피하기 ① 지눌은 고려 무신 정권기에 수선사 결사를 결성하여 불교 개혁 운동을 전개하였다.

③ 1961년 5·16 군사 정변을 일으킨 군부 세력은 국가 재건 최고 회의를 설치하고 군정을 실시하였다.

④ 조선 건국 준비 위원회는 조선 건국 동맹을 조직하여 활동하던 여운형이 안재홍 등과 함께 결성하였다.

⑤ 발해는 중앙 교육 기관으로 주자감을 설립하였다.

06 조선어 학회의 활동 파악

문제 분석 자료에서 1931년 이래 조선 독립을 위한 실력 양성 단체로서 조선 어문 운동을 전개하였다는 점, 조선어 사전 편찬 사업을 추진하였다는 점 등을 통해 밑줄 친 '이 단체'가 조선어 학회임을 알 수 있다. ⑤ 조선어 학회는 1933년 한글 맞춤법 통일안을 제정하였다.

오답 피하기 ① 조선 세종은 유교의 덕치와 민본 사상을 바탕으로 훈민정음을 창제하여 반포하였다.

② 1896년 서재필 등이 정부의 지원을 받아 독립신문을 발행하였다. 또한 1919년 수립된 대한민국 임시 정부가 기관지로 독립신문을 발행하였다.

③ 통일 신라 원성왕 때 독서삼품과가 시행되었다.

④ 1923년 백정에 대한 사회적 차별 철폐를 주장하며 백정 등이 주도하여 진주에서 조선 형평사를 설립하였다.

07 신채호의 활동 파악

문제 분석 자료에서 『조선상고사』의 저자라는 점, 인상 깊었던 구절에 아와 비아의 투쟁이라는 내용이 언급된 점 등을 통해 (가) 인물이 신채호임을 알 수 있다. ② 신채호는 『조선사연구초』, 『조선상고사』를 저술하는 등 고대사 연구를 중심으로 민족주의 사학을 발전시켰다.

오답 피하기 ① 4세기 후반 즉위한 고구려 소수림왕은 태학 설립, 율령 반포, 불교 수용 등을 통해 국가 통치 조직을 정비하였다.
③ 1976년 재야인사 등은 명동 성당에 모여 유신 체제를 비판하는 3·1 민주 구국 선언을 발표하였다.
④ 박은식은 『한국통사』, 『한국독립운동지혈사』 등을 저술하였다.
⑤ 고려 인종 때 왕명을 받은 김부식 등이 유교적 합리주의에 기초하여 『삼국사기』 편찬을 주도하였다.

08 사회 경제 사학의 이해

문제 분석 자료에서 『조선사회경제사』를 저술하였고 유물 사관의 영향을 받았다는 점, 식민 사관의 정체성론에 대해 비판 의식을 가졌다는 점 등을 통해 밑줄 친 '그'는 백남운임을 알 수 있다. ④ 백남운 등은 한국사가 세계사의 발전 법칙에 따라 발전하였다고 주장하며 역사 발전의 보편성을 강조하였다.

오답 피하기 ① 진단 학회는 실증 사학의 입장에서 한국사를 연구하고 『진단 학보』를 발행하였다.
② 비변사는 임진왜란을 겪으면서 기능이 강화되었다. 세도 정치 시기 안동 김씨, 풍양 조씨 등의 외척 가문은 비변사의 주요 관직을 장악하고 권력을 행사하였다.
③ 이상설, 이준, 이위종은 을사늑약의 부당함을 세계에 알리기 위해 네덜란드 헤이그에서 열린 만국 평화 회의에 고종의 특사로 파견되었다.
⑤ 조선사 편수회는 일제가 한국사를 왜곡하기 위해 설립한 기관으로 식민 사관이 담긴 『조선사』를 편찬하였다.

12 전시 동원 체제와 광복을 위한 노력

자료 탐구 본문 115~116쪽

1 ② 2 ③

1 민족 말살 통치의 이해

문제 분석 자료에서 태평양 전쟁 발발 직후부터 광복까지라고 언급한 점, 조카가 국민학교에 재학 중이며 주인공의 동생이 과거 동아일보 기자였지만 실직한 상태라고 제시한 점 등을 통해 (가)에는 민족 말살 통치 시기 학교에서 한국어를 사용할 수 없다는 내용이 들어가야 함을 알 수 있다. ② 민족 말살 통치를 실시한 일제는 학교와 관공서에서 한국어 사용을 금지시켰다.

오답 피하기 ① 갑신정변은 1884년에 김옥균, 박영효 등 급진 개화파가 주도한 것으로, 그들은 일본의 메이지 유신을 모델로 근대 개혁을 추구하였다.
③ 원산 총파업(1929)은 라이징 선 석유 회사에서 일본인 현장 감독이 한국인 노동자를 구타한 사건을 계기로 일본인 감독 파면, 열악한 노동 조건 개선 등을 요구하면서 전개되었다.
④ 1980년 신군부 세력은 5·18 민주화 운동을 무력으로 진압한 후 국가 보위 비상 대책 위원회를 조직하였다.
⑤ 제1차 한일 협약(1904)으로 대한 제국의 재정 고문으로 파견된 메가타는 백동화 등을 일본 제일 은행권으로 교환하는 화폐 정리 사업을 추진하였다.

2 민족 연합 전선의 이해

문제 분석 자료에서 민족 연합 전선의 사례를 언급한 점, 신간회가 결성되었다고 제시된 점 등을 통해 (가)에는 민족 연합 전선을 펼쳤던 사례로 민족 혁명당이 창당되었다는 내용이 들어가야 함을 알 수 있다. ③ 1930년대 중국 관내에서 통일된 항일 전선을 만들려는 노력이 나타났다. 그 결과 1935년에 난징에서 민족 혁명당이 창당되었는데, 민족 혁명당은 민족주의 세력과 사회주의 세력이 만든 중국 관내 최대 규모의 민족 통일 전선 정당이었다.

오답 피하기 ① 별무반은 고려 전기에 여진의 침입에 대응하여 윤관의 건의에 따라 편성되었다.
② 중광단은 대종교 계통의 독립운동 단체로 1911년에 결성되었으며 서일을 단장으로 하였다.
④ 흥선 대원군은 1871년 신미양요 이후 통상 수교 거부 의지를 널리 알리기 위해 전국에 척화비를 건립하였다.

⑤ 이승만 정부는 정권 연장을 위해 개헌 당시 대통령에 한하여 중임 제한을 적용하지 않는다는 내용을 담은 개헌을 추진하였고, 사사오입의 논리를 내세워 개헌안을 통과시켰다.

수능 유형 익히기 본문 118~120쪽

01 ②	02 ④	03 ②	04 ④
05 ①	06 ⑤	07 ④	08 ④
09 ②	10 ④	11 ⑤	12 ④

01 민족 말살 통치의 이해

문제 분석 자료에서 한국인을 일왕의 충성스러운 백성으로 만들기 위해 중일 전쟁 이후 일제가 추진한 정책을 언급한 점, '일본식 성명 강요 정책 조사'라는 보고서가 제시된 점 등을 통해 (가)에는 '조선어 학회 사건 연구'라는 보고서가 들어가야 함을 알 수 있다. ② 일제는 우리말 사용을 금지하여 한국인의 민족성을 말살하려 하였다. 이에 일제는 1942년 조선어 학회 사건을 일으켜 조선어 학회 회원들을 체포하고 조선어 학회를 강제로 해산하였다.

오답 피하기 ① 1897년에 수립된 대한 제국은 광무개혁이라는 근대화 정책을 실시하였다. 황제권을 강화하기 위하여 원수부를 설치하였고, 근대적인 회사와 공장을 설립하였으며, 근대 시설 도입, 기술 교육 강화, 유학생 파견 등을 추진하였다.
③ 전민변정도감은 권세가들이 부당하게 빼앗은 토지를 본래 소유주에게 돌려주고, 불법적으로 노비가 된 자를 양인으로 해방시키기 위해 고려 후기에 여러 차례 설치되었다. 공민왕 때 설치된 것이 대표적이다.
④ 일본은 1875년에 운요호 사건을 일으키고, 이를 빌미로 조선의 개항을 강요하였다. 이후 1876년 강화도 조약이 체결되었다.
⑤ 발췌 개헌안은 기존의 대통령 간선제 조항을 대통령 직선제로 바꾼 것으로, 이를 통해 이승만 대통령의 재선 가능성이 더 높아지게 되었다.

02 국가 총동원법 시행 시기 이해

문제 분석 자료에서 정부가 전시에 국가 총동원상 필요한 경우에 칙령이 정하는 바에 따라 제국 신민을 징용하여 총동원 업무에 종사시킬 수 있다는 내용 등을 통해 밑줄 친 '이 법'이 국가 총동원법(1938)임을 알 수 있다. ④ 일제는 중일 전쟁을 일으킨 후 군량미 확보를 위해 미곡 공출제를 시행하였다.

오답 피하기 ① 일제는 1910년 회사 설립을 허가제로 규정한 회사령을 제정하였다.
② 신라는 귀족들이 참가하는 화백 회의에서 국가의 중요한 일을 결정하였다.
③ 1894년 조선에 출병한 일본의 도발로 청일 전쟁이 일어났다.
⑤ 14세기 중엽 원이 쇠퇴하는 상황에서 고려 공민왕은 기철 등 친원 세력을 제거하고 고려의 내정을 간섭하던 정동행성 이문소를 폐지하였다.

03 민족 말살 통치 시기 사회 모습 파악

문제 분석 자료에서 도조 내각이 새로운 살인술을 내놓았다고 언급한 점, 내후년부터 징병 제도를 조선에서 강제로 실시하기로 하였다는 점 등을 통해 자료의 사설이 작성된 시기는 중일 전쟁 발발 이후 민족 말살 통치가 실시되던 시기임을 알 수 있다. ② 일제는 1937년 중일 전쟁 발발 이후 한국인의 민족의식을 말살하기 위해 황국 신민 서사를 암송하도록 강요하였다.

오답 피하기 ① 일제는 1905년 을사늑약 체결을 강요하여 대한 제국의 외교권을 빼앗고, 이듬해 통감부를 설치하였다.
③ 박정희 정부는 미국의 요청으로 1964년부터 1973년까지 대한민국 국군을 베트남 전쟁에 파병하였다.
④ 교정도감은 고려 무신 정권기에 최충헌이 설치한 최고 권력 기구이다.
⑤ 1948년 제헌 국회에서 일제 강점기 반민족 행위자를 처벌하기 위해 반민족 행위 처벌법을 제정하였다.

04 양세봉의 활동 파악

문제 분석 자료에서 만주 사변 이후 조선 혁명군 총사령에 임명되었고, 중국인들과의 연합 작전을 하였다는 내용을 통해 (가) 인물이 양세봉임을 알 수 있다. ④ 양세봉이 이끄는 조선 혁명군은 중국군과 연합하여 영릉가 전투에서 일본군을 물리쳤다.

오답 피하기 ① 1811년 평안도 지역에 대한 차별과 세도 정권의 수탈에 맞서 홍경래의 난이 일어났다.
② 고려 말인 1388년에 요동 정벌에 나선 이성계가 위화도 회군을 단행하여 권력을 장악하였다.
③ 삼별초는 13세기에 고려 정부가 개경으로 환도한 것에 반발해 강화도에서 봉기하여 진도와 제주도로 근거지를 옮겨 가며 대몽 항쟁을 전개하였다.
⑤ 전봉준 등이 이끄는 동학 농민군이 황토현 전투에서 승리하였다.

05 한국 독립군의 활동 파악

문제 분석 자료에서 한중 연합군이 쌍성보 공격 계획을 수립하였다는 점, 이 격전이 한중 연합군의 승리로 돌아갔다는 점 등을 통해 밑줄 친 '이 부대'가 한국 독립군임을 알 수 있다. ① 1930년대 북만주에서 지청천이 이끄는 한국 독립군이 한중 연합 작전을 전개하여 쌍성보·사도하자·대전자령 전투 등에서 승리하였다.

오답 피하기 ② 신민회는 1911년 일제가 조작한 105인 사건으로 와해되었다.

③ 1908년 13도 창의군이 서울 진공 작전을 전개하였다.

④ 임진왜란 시기 조명 연합군은 평양성을 탈환하였다.

⑤ 1907년 일제의 강요로 체결된 한일 신협약의 비밀 각서에 따라 대한 제국의 군대가 강제 해산당하였다.

06 민족 혁명당 창당 시기 파악

문제 분석 자료에서 많은 독립운동가들이 중국 관내로 이동한 후 독립운동 세력을 통합할 필요성을 언급한 점, 의열단을 비롯하여 여러 민족주의 단체와 사회주의 단체가 난징에서 결성하였다는 점, 지청천, 조소앙 등이 이탈하였다는 점 등을 통해 새로운 정당은 민족 혁명당이며, ㉠ 시기는 민족 혁명당이 창당된 1935년임을 알 수 있다. ⑤ 만주 사변은 1931년 발발하였으며, 8·15 광복은 1945년에 있었던 사실이다. 따라서 밑줄 친 ㉠은 (마) 시기에 해당한다.

07 조선 의용대 파악

문제 분석 자료에서 중일 전쟁 과정에서 조국의 독립을 쟁취해야 한다고 언급한 점, 항일을 이끄는 지도자인 장제스 위원장과 뜻을 같이하고 집결하였다는 점, 조선 민족 전선 연맹의 군사 조직이라는 점, 김원봉을 중심으로 창설되었으며 중국 관내 최초의 한인 무장 부대인 점 등을 통해 (가) 부대가 조선 의용대임을 알 수 있다. ④ 1942년 김원봉이 이끄는 조선 의용대의 일부가 한국광복군에 합류하였다.

오답 피하기 ① 장용영은 왕권 강화를 위해 조선 정조가 설치한 국왕 친위 부대였다.

② 백제와 고구려가 멸망하자 당은 한반도 전체를 지배하려고 하였다. 이에 신라는 매소성·기벌포에서 당과 격돌하여 승리를 거두었다.

③ 간도 참변을 겪은 후 일제의 탄압을 피해 자유시로 이동한 만주 지역 독립군은 자유시 참변으로 다수가 희생되었다.

⑤ 1930년대 북만주에서 지청천이 이끄는 한국 독립군이 한중 연합 작전을 전개하여 대전자령 전투 등에서 승리하였다.

08 1940년대 대한민국 임시 정부의 활동 과정 이해

문제 분석 자료에서 윤봉길이 한인 애국단의 일원이 된다는 점, 중국을 침략하는 적의 장교를 도륙하기로 맹세한 점 등을 통해 (가) 시기는 1932년임을 알 수 있다. 미국 전략 정보국[OSS] 특수 공작 훈련이 끝났다는 점, 약 4년 전부터 태평양 전쟁에 직면한 미국도 대만족하였고 특수 공작 훈련을 받은 이들을 국내로 침투시키고자 하였다는 점 등을 통해 (나) 시기는 1945년임을 알 수 있다. ④ (가), (나) 시기 사이인 1941년에 대한민국 임시 정부는 대일 선전 포고를 하였다.

오답 피하기 ① 조선 전기에 사림과 훈구 세력의 대립 과정에서 여러 차례 사화가 발생하였다.

② 조미 수호 통상 조약 체결 이후 미국 공사가 부임하자 이에 대한 답례로 조선 정부는 1883년 미국에 보빙사를 파견하였다.

③ 일본은 1905년 미국의 주선으로 러시아와 포츠머스 조약을 체결하였다.

⑤ 1920년 김좌진이 이끄는 북로 군정서 등 독립군 연합 부대가 청산리 전투에서 일본군에 대승을 거두었다.

09 충칭 시기 대한민국 임시 정부의 활동 파악

문제 분석 자료에서 대한민국 임시 정부가 충칭에 정착하여 광복 때까지 독립을 위해 노력하였다는 내용을 통해 밑줄 친 '활동'은 대한민국 임시 정부가 1940년 충칭에 정착한 시기 이후에 이루어진 일임을 알 수 있다. ② 1940년 충칭에 정착한 대한민국 임시 정부는 한국광복군을 창설하였다.

오답 피하기 ① 1927년 신간회가 결성되자 민족주의 계열과 사회주의 계열로 나뉘어 있었던 여성 운동 진영의 통합 단체로 근우회가 창립되었다.

③ 브나로드 운동은 1930년대 전반 동아일보사 주도로 전개된 농촌 계몽 운동이었다.

④ 6·25 전쟁 당시 낙동강 전선까지 밀려났던 국군과 유엔군은 인천 상륙 작전을 성공시켜 전세를 역전시켰다.

⑤ 1961년 5·16 군사 정변을 주도한 세력은 국가 재건 최고 회의를 설치하여 군정을 실시하였다.

10 조선 건국 동맹 파악

문제 분석 자료에서 회의 장면으로 알려진 사진 속에 여운형이 있다는 점, 1944년 여운형이 사회주의자와 민족주의자를 아우르는 단체를 조직하였다는 점 등을 통해 (가) 단체는 조선 건국 동맹임을 알 수 있다. ④ 1944년 국내에서 비밀리에 여운형을 중심으로 조선 건국 동맹이 결성되었다.

오답 피하기 ① 대한 제국은 광무개혁을 추진하면서 양전 사업을 실시하고 근대적 토지 소유 증명 문서인 지계를 발급하였다.

② 서재필과 정부 관료 등이 독립 협회를 창립하여 독립문 건립을 주도하였다.

③ 조선 숙종 때 조선과 청은 대표를 파견하여 국경을 확정해 백

두산정계비를 세웠다. 이후 19세기 후반에 이르러 토문강의 위치를 둘러싸고 조선과 청 사이에 간도 영유권 문제가 발생하였다.
⑤ 이상재, 이승훈 등이 조선 민립 대학 기성회를 조직하고 민립 대학 설립 운동을 주도하였다.

11 조선 독립 동맹 파악

문제 분석 자료에서 조선 의용군이 옌안에 있는 토굴을 사용하였다는 점, 조선 의용군이 군사 조직이었다는 점 등을 통해 (가) 단체는 조선 독립 동맹임을 알 수 있다. ⑤ 조선 독립 동맹은 일제의 패망에 대비하여 민주 공화국 수립을 목표로 한 강령을 발표하는 등 건국을 준비하였다.

오답 피하기 ① 1895년 을미사변 이후 생명의 위협을 느낀 고종은 1896년 러시아 공사관으로 피신하는 아관 파천을 단행하였다.
② 대한민국 임시 정부는 독립운동 자금을 마련하기 위해 독립 공채를 발행하였다.
③ 원산 총파업은 라이징 선이라는 석유 회사에서 일본인 감독이 한국인 노동자를 구타한 사건에서 비롯되었는데, 신간회 등이 이를 지원하였다.
④ 2·8 독립 선언은 1919년 일본 도쿄에서 한국인 유학생들이 발표하였다.

12 카이로 회담 이해

문제 분석 자료에서 장제스, 루스벨트, 처칠이 이집트의 카이로에서 열린 회담에 참여하였다는 점, 선언을 발표하여 일본 세력을 몰아낼 것을 결의하였다는 점 등을 통해 발표한 선언은 카이로 선언임을 알 수 있다. 또한 밑줄 친 ㉠은 카이로 선언에 포함된 한국 문제에 대한 결의 사항임을 파악할 수 있다. ④ 1943년에 카이로 회담이 개최되었는데, 이 회담에 참여한 미국, 영국, 중국의 정상들은 선언문을 통해 적당한 시기에 한국을 독립시킬 것을 처음으로 결의하였다.

오답 피하기 ① 파리 강화 회의는 제1차 세계 대전이 종결된 직후인 1919년에 전후 처리를 논의하기 위하여 열린 회담이다.
② 운요호 사건을 계기로 1876년에 체결된 강화도 조약에는 부산 외 2개 항구의 개항, 일본에 해안 측량권과 영사 재판권을 허용한다는 내용 등이 담겨 있다.
③ 1953년 정전 협정 직후 한국과 미국은 한미 상호 방위 조약을 체결하였는데, 이 조약에는 한국의 독자적 군사력 사용 금지, 미군의 한국 주둔 허용 등이 명시되었다.
⑤ 대한국 국제는 1899년 대한 제국에서 반포하였다.

13 대한민국 정부 수립과 6·25 전쟁

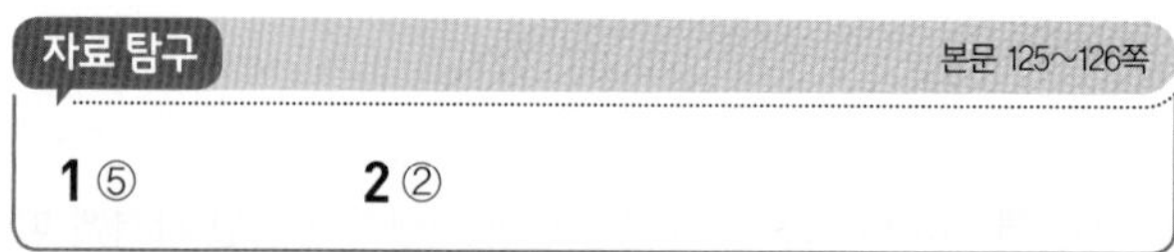

1 남북 협상의 배경 파악

문제 분석 자료에서 우리 민족끼리 이야기나 해 보자는 것이 진의이며, 조국 통일을 위해 김규식과 함께 이북행을 결정하였다는 내용을 통해 밑줄 친 '협상'은 김구와 김규식이 추진한 남북 협상임을 알 수 있다. ⑤ 유엔 한국 임시 위원단이 소련에 의해 입북을 거부당하면서 남북 인구 비례에 따른 총선거 실시가 무산되었다. 이에 김구는 김규식과 함께 통일 정부 수립을 위해 남북 협상을 추진하였으나 큰 성과를 거두지 못하였다.

오답 피하기 ① 1905년에 일본은 을사늑약을 강요하여 대한 제국의 외교권을 박탈하였다.
② 이승만 정부 시기인 1953년에 정전 협정이 조인되었다.
③ 고려 광종 때 본래 양인이었으나 불법으로 노비가 된 자 등을 조사하여 양인으로 신분을 회복시켜 주는 노비안검법이 시행되었다.
④ 제2차 수신사로 파견된 김홍집이 들여온 『조선책략』이 유포되자, 이에 반발하여 1881년 이만손 등이 영남 만인소를 제출하였다.

2 친일파 청산이 좌절된 이유 파악

문제 분석 자료에서 반민족 행위 특별 조사 위원회가 첫걸음부터 순조롭지 못하였고, 결국에 반민족 행위에 대한 공소 시효를 단축하는 법률이 나왔다는 내용을 통해 친일파 청산에 어려움이 있었음을 알 수 있다. ② 제헌 국회는 이승만 정부 수립 이후 민족정기를 바로잡고 반민족 행위자를 처벌하기 위하여 반민족 행위 처벌법을 제정하고 반민족 행위 특별 조사 위원회를 구성하였다. 그러나 반민 특위는 반민 특위 습격 사건, 반민족 행위의 공소 시효를 단축시키는 법률 개정 등 이승만 정부의 방해 행위로 활동에 어려움을 겪었다. 그로 인해 친일파 청산이 제대로 이루어지지 못하였다.

오답 피하기 ① 1960년 정·부통령 선거에서 이승만과 이기붕을 당선시키기 위해 3·15 부정 선거가 자행되자, 이를 규탄하며 일어난 시위가 전국으로 확산되어 4·19 혁명으로 발전하였다.
③ 1976년 재야인사 등은 유신 체제에 반대하며 명동 성당에 모여 3·1 민주 구국 선언을 발표하였고, 부산과 마산의 학생과 시민들은 1979년에 부마 민주 항쟁을 전개하였다.

④ 1980년 5·18 민주화 운동 당시 신군부 세력이 광주에 투입한 계엄군이 무력으로 시위 진압에 나서자 학생과 시민들이 시민군을 조직하여 이에 대항하였다.
⑤ 1929년 광주 학생 항일 운동 당시 신간회는 현지에 진상 조사단을 파견하고 민중 대회를 계획하는 등 운동을 지원하였다.

수능 유형 익히기 본문 128~130쪽

01 ④	02 ⑤	03 ④	04 ④
05 ⑤	06 ⑤	07 ①	08 ⑤
09 ④	10 ⑤	11 ③	12 ①

01 조선 건국 준비 위원회의 특징 파악

문제 분석 자료에서 신생 조선의 재건설 문제에 대하여 준비하기 위해 여운형과 안재홍이 광복을 맞아 결성하였으며, 당면한 긴급 문제가 민족 대중 자체의 생명과 재산의 안전을 도모하는 것이라는 내용을 통해 (가) 단체는 1945년에 결성된 조선 건국 준비 위원회임을 알 수 있다. ④ 조선 건국 준비 위원회는 여운형을 비롯한 조선 건국 동맹 세력을 기반으로 결성되었다.

오답 피하기 ① 신민회는 1911년 일제가 조작한 105인 사건으로 와해되었다.
② 대한민국 임시 정부는 기관지로 독립신문을 발행하였다.
③ 「조선 혁명 선언」은 1923년 신채호가 작성한 것으로 의열단의 활동 지침이 되었다.
⑤ 1929년 광주 학생 항일 운동 당시 신간회는 현지에 진상 조사단을 파견하고 민중 대회를 계획하는 등 운동을 지원하였다.

02 모스크바 3국 외상 회의의 특징 파악

문제 분석 자료는 모스크바 3국 외상 회의의 결정 내용이 국내에 보도되면서 좌익과 우익이 극심하게 대립한 상황을 보여 주고 있다. 자료에서 한쪽은 회의의 결정을 지지한다는 이유로 '빨갱이'라고 몰리고 있으며, 다른 한쪽은 회의에서 언급된 신탁 통치를 반대한다는 내용을 통해 밑줄 친 '회의'는 모스크바 3국 외상 회의임을 알 수 있다. ⑤ 1945년 12월 미국, 영국, 소련의 외무 장관이 모스크바 3국 외상 회의를 개최하여 한국 문제를 논의하였다. 이 회의에서 최고 5년 기한 4개국에 의한 한반도 신탁 통치에 관한 협약 작성 등이 결정되었다는 소식이 국내에 알려지자, 우익 진영은 신탁 통치 협약 작성 결의 등을 비판하며 대대적인 반대 운동을 벌였고, 좌익 진영은 초기에는 반대하였다가 모스크바 3국 외상 회의 결정 지지로 입장이 변화하였다.

오답 피하기 ① 1943년에 개최된 카이로 회담에서 미국, 영국, 중국의 대표들은 적당한 시기에 한국을 독립시킬 것을 약속하였다.
② 얄타 회담에서 소련의 대일전 참전 등이 결정되었다.
③ 고종은 을사늑약의 부당함을 알리기 위해 1907년 이상설, 이준, 이위종을 헤이그 만국 평화 회의에 특사로 파견하였다.
④ 1923년 대한민국 임시 정부의 새로운 노선과 활로를 모색하기 위해 국민 대표 회의가 열렸으나 창조파와 개조파의 대립 등으로 결렬되었다.

03 제1차 미소 공동 위원회와 제2차 미소 공동 위원회 시기 사이의 사실 파악

문제 분석 (가) 시기는 제1차 미소 공동 위원회 개회식이라는 내용을 통해 1946년이고, (나) 시기는 제2차 미소 공동 위원회 회담에 참석하였다는 내용을 통해 1947년임을 알 수 있다. ④ 제1차 미소 공동 위원회가 미국과 소련의 갈등으로 무기한 휴회되고 좌익과 우익의 대립이 심해지자 한반도가 분단될 수 있다는 우려가 확산되었다. 여기에 이승만이 정읍 발언을 통해 남한만의 단독 정부 수립을 주장하자, 여운형과 김규식을 중심으로 한 중도 세력은 좌우 합작 위원회를 구성하고 1946년 10월 좌우 합작 7원칙을 발표하였다.

오답 피하기 ① 12·12 사태는 1979년 전두환, 노태우 등의 신군부가 군대를 동원하여 실권을 장악한 군사 반란이다.
② 정전 협정은 이승만 정부 시기인 1953년에 조인되었다.
③ 일본은 1875년 운요호를 강화도에 파견하여 초지진과 영종도를 공격한 운요호 사건을 일으켰다.
⑤ 대한민국 임시 정부는 1941년 삼균주의를 반영한 대한민국 건국 강령을 발표하여 건국을 준비하였다.

04 대한민국 정부 수립 과정 이해

문제 분석 자료는 1947년 유엔 총회에서 한국 독립에 관한 문제를 해결하기 위해 채택한 결의안이다. 한국 국민의 대표를 뽑는 선거를 감시하기 위해 유엔 한국 임시 위원단을 설치하고 한국에 부임하게 한다는 내용 등을 통해 이를 알 수 있다. ④ 제2차 미소 공동 위원회가 결렬된 후 미국은 한반도 문제를 유엔에 이관하였다. 1947년 유엔 총회에서는 한반도에 통일 정부를 세우기 위해 남북 인구 비례에 의한 총선거와 선거 감시를 위한 유엔 한국 임시 위원단의 파견 등을 결정하였으나, 소련의 거부로 실현이 어렵게 되었다. 이에 유엔 소총회에서는 유엔 한국 임시 위원단이 접근 가능한 지역(남한)의 총선거 실시를 다시 결의하였다. 결국 1948년 남한만의 단독 선거인 5·10 총선거가 치러졌고, 이후 대한민국 정부가 수립되었다.

오답 피하기 ① 홍범 14조는 국정 개혁의 기본 강령으로 제2차 갑오개혁 시기에 고종이 발표하였다.

② 다루가치는 고려의 내정을 간섭하기 위해 원에서 파견한 관리이다.

③ 한일 협정 체결 움직임에 반발하여 1964년 6·3 시위가 전개되었다.

⑤ 신미양요 직후 흥선 대원군은 통상 수교 거부 의지를 널리 알리기 위해 전국에 척화비를 건립하였다.

05 제주 4·3 사건 이해

문제 분석 자료에서 1947년 3월 1일 경찰의 발포 사건을 기점으로 이듬해에 발생한 소요 사태 및 1954년까지 제주도에서 발생한 무력 충돌과 그 진압 과정에서 주민들이 희생당한 사건이라는 내용을 통해 (가) 사건은 제주 4·3 사건임을 알 수 있다. ⑤ 제주 4·3 사건은 미군정 시기인 1947년 제주도민에 대한 경찰의 발포와 이에 반발하는 시위에 대한 미군정의 무력 탄압, 1948년에 이루어진 남한만의 단독 선거 실시 결정 등을 배경으로 일어났다.

오답 피하기 ① 임오군란, 갑신정변 등이 청군의 개입으로 실패하였다.

② 박정희 정부가 일본의 식민 지배에 대한 사과와 배상 등을 무시한 채 한일 국교 정상화를 추진하자, 1964년 학생과 시민들은 이를 굴욕적 대일 외교로 규정하며 6·3 시위를 벌였다.

③ 구식 군인들은 별기군과의 차별 대우에 반발하여 1882년에 임오군란을 일으켰다.

④ 일제는 1919년에 일어난 3·1 운동으로 무단 통치의 한계를 인식하고 이른바 문화 통치를 표방하였다.

06 5·10 총선거 이해

문제 분석 자료에서 우리 역사상 최초의 민주적 선거라는 내용에서 (가) 선거가 1948년에 실시된 5·10 총선거임을 알 수 있다. ⑤ 남북 협상에 참가한 김구 등은 남한 단독 정부 수립에 반대하며 5·10 총선거에 불참하였다.

오답 피하기 ① 1972년에 제정된 유신 헌법은 통일 주체 국민 회의에서 대통령을 선출하도록 규정하였다.

② 통리기무아문은 1880년에 개화 정책을 총괄하기 위해 설치되었다.

③ 1960년에 치러진 정·부통령 선거에서 이승만과 이기붕을 당선시키기 위해 3·15 부정 선거가 자행되었고, 이를 규탄하며 4·19 혁명이 일어났다.

④ 고종은 러시아 공사관에서 경운궁으로 돌아온 이후 환구단에서 황제 즉위식을 거행하고 대한 제국 수립을 선포하였다(1897).

07 반민족 행위 처벌법 이해

문제 분석 자료에서 반민 특위를 구성한 법적 근거가 되었다는 내용을 통해 밑줄 친 '이 법률'은 반민족 행위 처벌법임을 알 수 있다. ① 반민족 행위 처벌법은 제헌 국회가 대한민국 정부 수립 이후 민족정기를 바로잡고 반민족 행위자를 처벌하기 위해 1948년에 제정한 것이다.

오답 피하기 ② 1954년에 이승만 정부는 개헌 당시 대통령에 한해 중임 제한을 적용하지 않는다는 내용을 담은 개헌안을 사사오입의 논리를 내세워 통과시켰다.

③ 조선 후기 대동법의 시행으로 관청에서 필요로 하는 물품을 구입해 납품하는 공인이 성장하였다.

④ 일제는 1925년에 사유 재산 제도를 부정하는 사회주의 운동 등을 탄압하기 위해 치안 유지법을 제정하였다.

⑤ 1976년 재야인사 등은 명동 성당에 모여 유신 체제를 비판하는 3·1 민주 구국 선언을 발표하였다.

08 농지 개혁 이해

문제 분석 자료에서 유상 매수·유상 분배의 원칙을 적용하였으며, 가구당 농지 소유 면적의 상한을 3정보로 제한하였다는 내용을 통해 (가)에는 농지 개혁에 대한 내용이 들어가야 함을 알 수 있다. ⑤ 이승만 정부 시기에 농지 개혁이 실시되어 유상 매수·유상 분배의 원칙에 따라 지주들에게는 지가 증권을 발행하였으며, 가구당 농지 소유 면적의 상한을 3정보로 제한하였다. 농지 개혁에 따라 농민 중심의 농지 소유가 확립될 수 있었다.

오답 피하기 ① 전민변정도감은 고려 후기 권세가들이 부당하게 빼앗은 토지를 본래 소유주에게 돌려주고 불법적으로 노비가 된 자를 양인으로 해방시키기 위해 설치되었다.

② 1904년 결성된 보안회는 일본의 황무지 개간권 요구를 반대하는 운동을 전개하여 이를 철회시켰다.

③ 1862년 임술 농민 봉기의 배경으로 지목된 삼정의 문란을 해결하기 위해 삼정이정청이 설치되었으나 큰 성과를 거두지 못하였다.

④ 일본은 1889년과 1890년에 함경도, 황해도에서 내려진 방곡령에 대해 조일 통상 장정의 조항을 어겼다고 항의하며 배상금 지불을 요구하였다. 이를 방곡령 사건이라고 한다.

09 6·25 전쟁 이해

문제 분석 자료에서 서울을 점령하였던 북한군 등의 내용을 통해 (가) 전쟁이 6·25 전쟁임을 알 수 있다. ④ 6·25 전쟁 당시 국군과 유엔군이 인천 상륙 작전에 성공하여 전세를 역전시켰고 이후 서울을 수복하였다.

오답 피하기 ① 고려는 몽골의 침입을 받자 수도를 강화도로 옮겨 저항하였다.
② 중일 전쟁 이후 일제는 전쟁 수행에 필요한 인적, 물적 자원을 동원하기 위해 1938년 국가 총동원법을 제정하였다.
③ 박정희 정부는 미국의 요청을 받아 1964년부터 베트남에 국군을 파병하였다.
⑤ 일본은 러일 전쟁 중이던 1905년에 시마네현 고시를 통해 독도를 자국 영토로 불법 편입하였다.

10 이승만 정부 시기의 사실 파악

문제 분석 자료에서 진보당을 이끌었던 조봉암이 사형되었다는 내용을 통해 밑줄 친 '이 정부'는 이승만 정부임을 알 수 있다. 이승만 정부는 1958년 간첩 혐의로 조봉암 및 진보당 관계자를 체포하고, 다음 해에 조봉암을 처형하였다. ⑤ 이승만 정부 시기인 1952년에 대통령 직선제 등을 주요 내용으로 하는 발췌 개헌안이 국회에서 통과되었다.

오답 피하기 ① 1895년 삼국 간섭 이후 친러 세력이 대두하는 상황에서 일본이 명성 황후를 시해하는 을미사변이 일어났다. 이후 고종은 신변의 위협을 느껴 이듬해인 1896년 아관 파천을 단행하였다.
② 무신 정변은 고려 시대에 무신에 대한 차별과 이에 따른 불만으로 1170년에 발생하였다.
③ 1875년 일본이 일으킨 운요호 사건을 계기로 이듬해인 1876년 조선은 일본과 강화도 조약을 체결하였다.
④ 일제는 1910년대 무단 통치를 자행하면서 헌병 경찰제를 시행하였다.

11 사사오입 개헌의 특징 파악

문제 분석 자료에서 초대 대통령은 1차 중임 규정의 제한을 적용받지 않는다는 내용을 통해 안내문의 내용을 골자로 개정된 헌법은 사사오입 개헌임을 알 수 있다. ③ 사사오입 개헌으로 1954년 당시의 대통령인 이승만에게 중임 제한을 적용하지 않으면서 이승만 정부의 장기 집권이 계속될 수 있었다.

오답 피하기 ① 6·25 전쟁 중인 1952년에 임시 수도 부산에서 발췌 개헌이 단행되었다.
② 6월 민주 항쟁의 결과 6·29 민주화 선언이 발표되고, 이에 따라 대통령 직선제 개헌이 이루어졌다.
④ 대한민국 임시 정부가 충칭에 정착한 후 헌법이 개정되어 주석 중심의 단일 지도 체제가 마련되면서 김구가 주석으로 선출되었다.
⑤ 통일 주체 국민 회의는 박정희 정부 때 제정된 유신 헌법에 따라 설치되었다.

12 이승만 정부 시기의 경제 상황 파악

문제 분석 자료에서 전후 복구 사업을 추진하면서 미국으로부터 밀을 무상으로 원조받았다는 내용을 통해 밑줄 친 '이 정부'는 이승만 정부임을 알 수 있다. ① 이승만 정부 시기에는 미국의 경제 원조로 받은 잉여 농산물을 국내에서 가공하는 제분, 제당, 면방직 공업 등 삼백 산업이 발달하였다.

오답 피하기 ② 김영삼 정부 시기에 투명한 금융 거래를 정착시키고 부당한 정치 자금 거래 등을 막기 위해 금융 실명제가 전면 실시되었다.
③ 일제 강점기인 1923년에 전라남도 암태도의 농민들이 높은 소작료 등에 저항하며 소작 쟁의를 일으켰다.
④ 대한 제국은 광무개혁의 일환으로 지계아문을 설치하고 토지 소유자에게 근대적 토지 소유 증명 문서인 지계를 발급하였다.
⑤ 박정희 정부는 경제 개발 5개년 계획을 추진하여 1977년에 처음으로 수출액 100억 달러를 달성하였다.

14 민주화를 위한 노력과 경제 성장

자료 탐구 본문 135~136쪽

1 ⑤ 2 ④

1 유신 체제 시기 사실 파악

문제 분석 자료에서 긴급 조치를 철폐하고, 허울만 남은 의회 정치를 회복해야 한다는 내용을 통해 (가) 헌법은 1972년에 공포된 유신 헌법임을 알 수 있다. ⑤ 박정희 정부는 1972년 평화 통일에 대비한다는 구실로 10월 유신을 선포하였고, 이후 유신 헌법을 국민 투표로 확정하여 공포하였다. 유신 헌법은 대통령에게 긴급 조치권을 부여하였고, 통일 주체 국민 회의에서 대통령을 선출하게 하였다. 유신 헌법은 1980년 제8차 개헌 전까지 적용되었다.

오답 피하기 ① 삼국 간섭 이후 친러 세력이 대두하는 상황에서 일본은 명성 황후를 시해하는 을미사변을 일으켰다. 이에 신변의 위협을 느낀 고종은 1896년 아관 파천을 단행하였다.

② 6·25 전쟁 당시 국군과 유엔군은 인천 상륙 작전에 성공하여 전세를 역전시켰으며 결국 서울을 수복하였다.

③ 김영삼 정부 시기에 투명한 금융 거래를 정착시키고 부당한 정치 자금 거래 등을 막기 위해 금융 실명제가 전면 실시되었다.

④ 1948년 제헌 국회에서 일제 강점기 반민족 행위자를 처벌하기 위해 반민족 행위 처벌법을 제정하였다.

2 5·18 민주화 운동 이해

문제 분석 자료에서 학생들이 전남대학교 정문 앞에서 비상계엄의 전국 확대 실시 등을 규탄하며 계엄군과 대치하고 있다는 내용을 통해 (가) 민주화 운동은 5·18 민주화 운동임을 알 수 있다. ④ 신군부 세력이 비상계엄을 전국으로 확대 선포하자 이에 반대하여 1980년 광주의 학생과 시민들은 신군부 퇴진과 계엄령 철회 등을 요구하며 시위를 벌였다.

오답 피하기 ① 박정희 정부가 한일 국교 정상화를 추진하자, 1964년 이에 반발한 시민과 학생들을 중심으로 6·3 시위가 일어났다.

② 1884년 우정총국 개국 축하연을 이용하여 김옥균, 홍영식 등 급진 개화파가 갑신정변을 일으켰다.

③ 4·19 혁명의 결과 장면 정부가 출범하였다.

⑤ 대한민국 정부 수립 이후 제주 4·3 사건 진압을 위해 여수에 주둔하던 군대에 출동 명령이 내려졌으나, 이 명령에 반발한 군 내부의 일부 세력이 봉기하였다. 이를 여수·순천 10·19 사건이라고 한다.

수능 유형 익히기 본문 138~140쪽

01 ④	02 ③	03 ②	04 ⑤
05 ④	06 ⑤	07 ③	08 ④
09 ⑤	10 ⑤	11 ④	12 ②

01 4·19 혁명 이해

문제 분석 자유당이 3인조 강제 편성 투표 등으로 민주주의의 초석인 자유 선거와 비밀 투표제를 파괴하였으니 3·15 선거는 무효라는 내용을 통해 자료는 4·19 혁명 당시 발표된 선언문임을 알 수 있다. ④ 1960년 3·15 부정 선거 등을 계기로 4·19 혁명이 일어나자 이승만이 대통령직을 사임하였다.

오답 피하기 ① 전두환 정부가 발표한 4·13 호헌 조치는 국민의 대통령 직선제 개헌 요구를 거부하고 기존 헌법에 따라 간선제로 대통령을 선출하겠다는 내용을 담고 있다.

② 조선 형평사는 백정에 대한 사회적 차별 철폐를 주장하며 1923년 진주에서 결성되었다.

③ 임술 농민 봉기는 세도 정치의 폐단으로 정치 기강이 문란해지고 삼정의 문란이 심화되는 상황에서 1862년에 일어났다.

⑤ 신간회는 1929년 한·일 학생 간의 충돌을 계기로 일어난 광주 학생 항일 운동을 지원하기 위해 진상 조사단을 파견하고 민중 대회를 계획하였다.

02 장면 정부 이해

문제 분석 자료에서 윤보선 대통령의 지명을 받아 국무총리에 인준되었고, 국무총리가 각 장관을 임명하였다는 내용을 통해 밑줄 친 '정부'는 장면 정부임을 알 수 있다. ③ 4·19 혁명 이후 내각 책임제와 양원제 국회 구성을 주요 내용으로 하는 헌법 개정이 이루어졌다(제3차 개헌). 이후 치러진 총선에서 민주당이 승리하면서 장면 정부가 출범하였다. 장면 정부 시기에 민의원과 참의원으로 구성된 양원제 국회가 운영되었다.

오답 피하기 ① 대한 제국은 구본신참을 개혁의 기본 방향으로 삼아 광무개혁을 추진하였다.

② 이승만 정부 시기인 1952년에 대통령 직선제 등을 주요 내용으로 하는 발췌 개헌이 이루어졌다.

④ 대한민국 임시 정부는 외교 활동을 위해 미국에 구미 위원부를 설치하였다.

⑤ 경부 고속 국도(도로)는 박정희 정부 시기인 1970년에 개통되었다.

03 5·16 군사 정변 직후 군정 시기의 사실 파악

문제 분석 자료에서 박정희를 비롯한 일부 군인들이 군사 정변을 일으키고, 이후 국가 재건 최고 회의를 통해 군정을 실시하였다는 내용을 통해 밑줄 친 '군정'이 실시된 시기는 1961~1963년임을 알 수 있다. ② 5·16 군사 정변 주도 세력은 1961년 중앙정보부를 설치하여 권력 기반을 강화하였다.

오답 피하기 ① 비변사는 임진왜란을 겪으면서 기능이 강화되었으나, 흥선 대원군 집권기에 기능이 축소되었다가 이후 폐지되었다.
③ 제주 4·3 사건은 미군정 시기인 1947년 제주도민에 대한 경찰의 발포와 이에 반발하는 시위에 대한 미군정의 무력 탄압, 유엔 소총회의 유엔 한국 임시 위원단이 접근 가능한 지역의 총선거 실시 결의 등을 배경으로 1948년에 발생하였다.
④ 한미 상호 방위 조약은 6·25 전쟁의 정전 협정이 체결된 직후인 1953년 10월에 체결되었다.
⑤ 1907년 고종은 을사늑약의 부당함을 국제 사회에 알리기 위해 네덜란드 헤이그에서 열린 만국 평화 회의에 이상설, 이준, 이위종을 특사로 파견하였다.

04 박정희 정부의 정책 파악

문제 분석 자료에서 6·3 시위가 일어난 지 올해로 60주년이 되었으며, 일본의 식민 지배에 대한 반성과 그에 따른 사과와 배상이 이루어지지 않은 상태에서 회담을 추진했다는 내용 등을 통해 밑줄 친 '정부'는 박정희 정부임을 알 수 있다. ⑤ 박정희 정부는 미국의 요청으로 1964년부터 국군을 베트남 전쟁에 파병하였다.

오답 피하기 ① 대한민국 임시 정부는 독립운동 자금을 마련하기 위해 독립 공채를 발행하였다.
② 조선 정부는 1876년 일본과 부산 외 2개 항구 개항 등의 내용을 담은 강화도 조약을 체결하였다.
③ 대한 제국은 1899년 황제권을 강화하기 위해 대한국 국제를 반포하였다.
④ 김영삼 정부는 투명한 금융 거래 정착과 부당한 정치 자금 근절을 위해 금융 실명제를 전면 시행하였다.

05 3선 개헌 시기 파악

문제 분석 자료에서 대통령의 계속 재임은 3기에 한한다는 내용을 통해 제시된 헌법 개정안은 1969년에 통과된 3선 개헌안임을 알 수 있다. ④ 3선 개헌은 박정희 정부 시기인 1969년에 대통령의 3회 연임을 허용하는 내용의 개헌안을 여당계 국회 의원들이 따로 모여 통과시킨 개헌이다. 4·19 혁명은 1960년, YH 무역 사건은 1979년에 있었던 사실이다.

06 유신 헌법의 특징 파악

문제 분석 자료에서 통일 주체 국민 회의에서 대통령을 선출하게 하였으며, 대통령의 영구 집권이 가능하도록 하였다는 내용을 통해 (가)에는 유신 헌법의 특징이 들어가야 함을 알 수 있다. ⑤ 1972년 제정된 유신 헌법은 대통령에게 긴급 조치권을 부여하였다.

오답 피하기 ① 제헌 국회에서 반민족 행위 처벌법, 농지 개혁법 등이 제정되었다.
② 발췌 개헌은 6·25 전쟁 중이던 1952년 임시 수도 부산에서 공포되었다.
③ 헌의 6조는 1898년 관민 공동회에서 결의되었다.
④ 1980년에 전두환 등의 신군부 세력이 마련한 헌법 개정안에서 대통령의 임기를 7년 단임으로 하였다.

07 유신 체제에 대한 저항 운동 이해

문제 분석 자료에서 유신 헌법 폐지와 정권 퇴진을 요구한 3·1 민주 구국 선언이 발표되었으며, 이후 유신 체제에 대한 저항 운동에 영향을 끼쳤다는 내용을 통해 밑줄 친 '저항 운동'의 사례는 3·1 민주 구국 선언 이후 전개된 유신 체제 저항 운동이어야 함을 알 수 있다. ③ 1976년 재야인사 등은 명동 성당에 모여 유신 체제를 비판하는 3·1 민주 구국 선언을 발표하였다. 이후 1979년에 부산과 마산의 학생과 시민들은 박정희 정부의 유신 체제에 반대하며 부마 민주 항쟁을 전개하였다.

오답 피하기 ① 1905년에 일본은 을사늑약을 강요하여 대한 제국의 외교권을 박탈하였다. 이에 최익현, 신돌석 등이 을사의병을 일으켰다.
② 조선 효종은 송시열 등을 중용해 병자호란 때 청에 당한 치욕을 씻겠다는 북벌 운동을 추진하였다.
④ 1919년 일본 도쿄에서 한국인 유학생들이 2·8 독립 선언을 발표하였다.
⑤ 1923년 고율의 소작료를 징수하는 지주의 횡포에 대한 반발로 암태도 소작 쟁의가 발발하였다.

08 5·18 민주화 운동 이해

문제 분석 자료에서 시민군이 계엄군에 맞서고 있으니 적극 협조하고, 도청 앞 광장에서 열리는 민주 수호 범시민 궐기 대회에 참석할 것을 광주 시민에게 촉구하는 내용을 통해 자료의 민주화 운동은 5·18 민주화 운동임을 알 수 있다. ④ 1980년 5·18 민주화 운동 당시 광주의 학생과 시민들은 신군부 세력의 퇴진과 계엄령 철회 등을 요구하며 시위를 전개하였다.

오답 피하기 ① 1960년 정·부통령 선거에서 이승만과 이기붕을 당선시키기 위해 3·15 부정 선거가 자행되자, 이를 규탄하며 일어난 시위가 전국으로 확산되어 4·19 혁명으로 발전하였다.

② 1884년 김옥균, 박영효 등 급진 개화파의 주도로 갑신정변이 일어났다.

③ 1945년 모스크바 3국 외상 회의의 결정 내용이 국내에 전해지자 신탁 통치 반대 운동이 전개되었다.

⑤ 5·10 총선거를 앞두고 제주도에서 남조선 노동당(남로당) 당원들을 중심으로 한 무장대가 단독 선거에 반대하며 무장봉기를 일으켰다.

09 1970년대 경제 상황 파악

문제 분석 자료에서 제1차 경제 개발 5개년 계획이 시작된 지 15년 만에 100억 달러 수출을 달성하였다는 올해의 10대 뉴스 내용을 통해 이 신문 기사는 박정희 정부 시기인 1977년에 작성되었음을 알 수 있다. ⑤ 박정희 정부는 1970년대에 제3, 4차 경제 개발 5개년 계획을 추진하여 중화학 공업을 적극적으로 육성하였다.

오답 피하기 ① 원산 총파업은 일제 강점기인 1929년에 원산 지역 노동자들의 주도로 일어났다.

② 일제는 1910년 회사령을 공포하여 회사 설립 시 조선 총독의 허가를 받도록 하였다. 회사령은 1920년에 폐지되었다.

③ 서울 올림픽은 노태우 정부 시기인 1988년에 개최되었다.

④ 김영삼 정부는 조선 총독부 건물을 철거하는 등 '역사 바로 세우기'를 추진하였다.

10 새마을 운동 이해

문제 분석 자료에서 1970년대에 농촌 환경 개선과 농가 소득 증대를 목표로 시행되었다는 내용을 통해 (가) 운동이 새마을 운동임을 알 수 있다. ⑤ 새마을 운동의 결과 농촌의 환경은 많이 개선되었지만, 한편으로 유신 체제 유지에 이용되었다는 비판을 받기도 하였다.

오답 피하기 ① 1904년 결성된 보안회는 일본의 황무지 개간권 요구를 저지하는 운동을 전개하여 이를 철회시켰다.

② 1897년 수립된 대한 제국은 구본신참을 원칙으로 삼아 황제권을 강화하는 한편, 근대 문물을 적극 도입하는 등 광무개혁을 추진하였다.

③ 1907년 대구에서 시작된 국채 보상 운동은 대한매일신보 등 언론의 지원으로 전국으로 확산되었다.

④ '조선 사람 조선 것'이라는 구호는 1920년부터 전개된 물산 장려 운동에서 제기되었다.

11 전태일 분신 사건 당시의 경제 상황 파악

문제 분석 자료에서 평화 시장의 재단사였던 전태일이 근로 기준법 준수를 외치며 분신하였다는 내용을 통해 자료의 사건이 전태일 분신 사건임을 알 수 있다. ④ 1960년대 경공업 중심의 수출 주도형 경제 정책 속에서 노동자들은 저임금과 장시간의 노동에 시달리며 생존권을 위협받았다. 이러한 상황에서 1970년 전태일은 근로 기준법에 명시된 노동자의 권리를 요구하며 분신하였고, 이는 이후 노동 운동의 발전에 큰 영향을 미쳤다.

오답 피하기 ① 6·25 전쟁 후 미국의 무상 원조를 바탕으로 밀가루(제분), 설탕(제당), 면직물(면방직)을 생산하는 삼백 산업이 발달하였다.

② 1980년대 후반에는 저유가, 저금리, 저달러의 3저 호황으로 물가가 안정되고 무역 수지에서 흑자를 기록하는 등 한국 경제가 성장하였다.

③ 제1차 한일 협약(1904)으로 파견된 재정 고문 메가타의 주도로 백동화 등을 일본 제일 은행권으로 교환하도록 한 화폐 정리 사업이 시행되었다.

⑤ 김대중 정부는 기업의 구조 조정을 비롯한 여러 개혁을 통해 지원금을 조기에 상환하고 국제 통화 기금[IMF]의 관리 체제를 극복하였다.

12 전두환 정부 이해

문제 분석 자료에서 프로 야구를 출범시키는 한편 보도 지침을 내려 언론을 통제했다는 내용을 통해 밑줄 친 '이 정부'는 전두환 정부임을 알 수 있다. ② 37년간 계속된 야간 통행금지 조치가 전두환 정부 시기인 1982년에 일부 지역을 제외한 대부분 지역에서 해제되었다.

오답 피하기 ① 대한민국 임시 정부는 독립운동 자금을 안정적으로 확보하고 나라 안팎의 원활한 연락망을 구축하기 위해 연통제와 교통국을 운영하였다.

③ 김대중 정부 시기인 2000년 평양에서 제1차 남북 정상 회담이 개최되었다.

④ 조선 고종 때 흥선 대원군은 경복궁 중건에 필요한 재원을 마련하기 위해 당백전을 발행하였다.

⑤ 박정희 정부 시기 한국군의 베트남 추가 파병과 관련하여 브라운 각서가 체결되었다. 브라운 각서는 베트남 파병의 대가로 미국이 우리나라에 군사적·경제적 지원을 해 주겠다고 약속한 것이다.

15 6월 민주 항쟁 이후 사회와 동아시아 평화를 위한 노력

자료 탐구

본문 143~144쪽

1 ③ 2 ④

1 6월 민주 항쟁 이해

문제 분석 명동 성당에서 6·10 국민 대회 관계 미사를 하고 시위대가 '호헌 철폐', '독재 타도' 구호를 외쳤다는 내용 등을 통해 자료에 나타난 민주화 운동은 6월 민주 항쟁임을 알 수 있다. ③ 1987년 6월 민주 항쟁 당시 시민들은 대통령 직선제 개헌을 요구하였다.

오답 피하기 ① 유신 체제는 박정희 대통령이 장기 집권을 위해 1972년에 유신 헌법을 마련하면서 시작되었다. 이에 3·1 민주 구국 선언, 부마 민주 항쟁, 서울의 봄 등 유신 헌법 철폐를 주장하는 민주화 운동이 전개되었다.

② 박정희 정부가 일본의 식민 지배에 대한 사과와 배상 등을 무시한 채 한일 국교 정상화를 추진하자, 1964년 학생과 시민들은 이를 굴욕적 대일 외교로 규정하며 6·3 시위를 벌였다.

④ 1960년 3·15 부정 선거에 항의하여 4·19 혁명이 일어났으며, 그 결과 이승만이 대통령직을 사임하였다.

⑤ 1929년 광주 학생 항일 운동 당시 신간회는 현지에 진상 조사단을 파견하고 민중 대회를 계획하였다.

2 노태우 정부의 통일 노력 파악

문제 분석 자료에서 남북 화해, 남북 불가침, 남북 교류·협력에 대해 규정한 남북 기본 합의서를 채택하였다는 내용을 통해 (가) 정부는 노태우 정부임을 알 수 있다. ④ 노태우 정부 시기인 1991년에 남한과 북한이 유엔에 동시 가입하였다.

오답 피하기 ① 박정희 정부는 냉전 체제가 완화되는 국제 정세의 변화 속에서 1972년 북한과 비밀 회담을 통해 7·4 남북 공동 성명을 발표하였다.

② 김대중 정부는 2000년에 제1차 남북 정상 회담을 개최하고 6·15 남북 공동 선언을 발표하였다.

③ 노무현 정부는 2007년에 개최된 제2차 남북 정상 회담에서 10·4 남북 공동 선언에 합의하였다.

⑤ 대한민국 임시 정부는 1941년 삼균주의를 반영한 대한민국 건국 강령을 발표하였다.

수능 유형 익히기

본문 146~147쪽

01 ③ 02 ④ 03 ③ 04 ④
05 ④ 06 ③ 07 ④ 08 ⑤

01 6월 민주 항쟁 이해

문제 분석 자료에서 박종철 군이 고문으로 숨지고 4·13 호헌 조치가 발표되었으며, 6·10 국민 대회 개최 이후 6·29 민주화 선언이 발표되었다는 내용을 통해 (가) 민주화 운동은 1987년에 일어난 6월 민주 항쟁임을 알 수 있다. ③ 6월 민주 항쟁으로 6·29 민주화 선언이 발표되었으며, 이에 따라 여야 합의로 5년 단임의 대통령 직선제 개헌안이 마련되었다.

오답 피하기 ① 1923년에 조직된 조선 형평사는 백정에 대한 사회적 차별을 없애기 위한 형평 운동을 전개하였다.

② 박정희 정부가 일본과 국교 정상화를 서두르자, 이에 대해 학생과 시민들은 굴욕적인 대일 외교라고 비판하면서 1964년에 6·3 시위를 벌였다.

④ 1960년 이승만 정부가 자행한 3·15 부정 선거에 항의하여 4·19 혁명이 일어났다.

⑤ 1945년 모스크바 3국 외상 회의에서 최고 5년 기한 4개국에 의한 한반도 신탁 통치에 관한 협약 작성 등이 결의되었다. 이 내용이 국내에 알려진 이후 신탁 통치 반대 운동이 전개되었다.

02 3당 합당의 배경 파악

문제 분석 자료에서 민주 정의당, 통일 민주당, 신민주 공화당이 합당하고 민주 자유당이 창당되었다는 내용을 통해 밑줄 친 '합당'이 1990년 노태우 정부 시기에 있었던 3당 합당임을 알 수 있다. ④ 1988년에 치러진 국회 의원 선거 결과 여당인 민주 정의당에 비해 야당이 더 많은 국회 의원을 당선시킴으로써 여소야대 국회가 형성되었다. 여소야대 상황으로 정국 운영이 어렵게 되자 노태우 정부는 이를 타개하기 위해 3당 합당을 단행하였다.

오답 피하기 ① 조선 후기 영조와 정조는 붕당 간의 세력 균형을 도모하고 국왕 중심의 국정 운영을 강화하기 위해 탕평 정치를 추진하였다.

② 1926년 사회주의 계열에서 정우회 선언을 발표하여 비타협적 민족주의 세력과의 제휴를 주장하였고, 이는 1927년 신간회 창립으로 이어졌다.

③ 1925년 미쓰야 협정의 체결로 인해 만주에서 독립군의 활동은 크게 위축되었다. 이러한 상황에서 3부 통합 운동이 전개되어 국민부와 혁신 의회가 성립되었다.

⑤ 1946년 이승만의 정읍 발언 이후 여운형, 김규식 등 중도 세력을 중심으로 좌우 합작 위원회가 구성되었다.

03 김영삼 정부 시기의 사실 이해

문제 분석 자료에서 대통령이 발표한 긴급 명령에 따라 금융 실명제가 전면 실시되었다는 내용을 통해 밑줄 친 '대통령'은 김영삼 대통령임을 알 수 있다. 김영삼 정부는 투명한 금융 거래를 정착시키고 부당한 정치 자금 거래 등을 막기 위해 금융 실명제를 전면 실시하였다. ③ 김영삼 정부는 조선 총독부 건물을 철거하는 등 '역사 바로 세우기'를 추진하였다.

오답 피하기 ① 의열단은 1919년에 김원봉 등을 중심으로 만주에서 조직되었으며, 김상옥, 나석주 등이 주요 단원이었다.

② 홍범 14조는 제2차 갑오개혁 당시 반포된 국정 개혁의 강령이다.

④ 한미 상호 방위 조약은 정전 협정이 체결된 직후인 1953년 10월 체결되었다.

⑤ G20 정상 회의는 세계 20개국의 정상들이 세계 경제 문제를 논의하는 회의로 이명박 정부 시기인 2010년에 서울에서 개최되었다.

04 외환 위기의 극복 배경 파악

문제 분석 자료는 금 모으기 운동을 숫자와 그림으로 표현한 인포그래픽이다. ④ 김영삼 정부 말기인 1997년에 외환 위기가 발생하자, 정부는 국제 통화 기금[IMF]에 구제 금융을 요청하였다. 이후 국민들은 자발적으로 금 모으기 운동에 동참하여 외환 위기 극복에 힘을 보탰다.

오답 피하기 ① 조선 고종 때 흥선 대원군은 경복궁 중건에 필요한 재원을 마련하기 위해 당백전을 발행하였다.

② 브라운 각서는 박정희 정부 시기 국군을 베트남 전쟁에 파병하는 대가로 미국이 우리나라에 군사적·경제적 지원을 해 주겠다고 약속한 문서이다.

③ 1910년에 일제는 한국인의 기업 설립과 민족 자본의 성장을 억제하기 위해 조선 총독의 허가를 받아야만 회사를 설립할 수 있게 한 회사령을 제정하였다.

⑤ 1862년 임술 농민 봉기의 배경으로 지목된 삼정의 문란을 해결하기 위해 삼정이정청이 설치되었으나 큰 성과를 거두지 못하였다.

05 7·4 남북 공동 성명의 발표 시기 파악

문제 분석 자료에서 닉슨 대통령의 대중국 협상에 대한 부산물, 한·일 간의 분규를 해결한 박정희 대통령이 공산 진영과 자유 진영 간 전쟁 위험을 방지하려는 의도 등의 내용을 통해 (가) 성명이 1972년 발표된 7·4 남북 공동 성명임을 알 수 있다. ④ 1969년 닉슨 독트린 발표 이후 동서 화해 분위기가 조성되자 박정희 정부는 1972년 북한과 비밀리에 접촉하여 남북통일을 위한 협의를 진행하였다. 그 결과 서울과 평양에서 자주적·평화적·민족적 대단결이라는 통일의 3대 원칙을 담은 7·4 남북 공동 성명이 발표되었다. 한일 협정 체결은 1965년, 10·26 사태는 1979년의 사실이다.

06 노태우 정부 시기의 사실 파악

문제 분석 자료에서 남북한 유엔 동시 가입이 성사되었다는 내용을 통해 밑줄 친 '이 정부'는 노태우 정부임을 알 수 있다. ③ 노태우 정부는 남북 고위급 회담을 통해 1991년 남북 기본 합의서를 채택하였다.

오답 피하기 ① 박근혜 대통령은 헌법 재판소의 결정에 따라 재임 중인 2017년에 탄핵되면서 임기를 마치지 못하였다.

② 3선 개헌은 박정희 정부 시기인 1969년에 대통령의 3회 연임을 허용하는 내용의 개헌안을 여당계 국회 의원들이 따로 모여 통과시킨 개헌이다.

④ 이승만 정부 시기인 1948년에 친일파를 처벌하기 위한 반민족 행위 처벌법이 제정되었다.

⑤ 2000년 김대중 정부 시기 평양에서 열린 제1차 남북 정상 회담에서 6·15 남북 공동 선언이 발표되었다.

07 김대중 정부의 통일 노력 이해

문제 분석 자료에서 소 떼를 북한에 보내고 금강산의 관광 개발에 합의하였다는 내용을 통해 연설이 행해진 정부는 김대중 정부임을 알 수 있다. ④ 김대중 정부 시기인 2000년에 제1차 남북 정상 회담이 개최되었고, 그 결과 6·15 남북 공동 선언이 발표되었다.

오답 피하기 ① 정전 협정은 이승만 정부 시기인 1953년에 체결되었다.

② 고종은 을사늑약의 부당함을 국제 사회에 알리기 위해 1907년 네덜란드 헤이그에서 열린 만국 평화 회의에 이상설, 이준, 이위종을 특사로 파견하였다.

③ 좌우 합작 위원회는 1946년에 민주주의 임시 정부 수립, 미소 공동 위원회의 속개 등을 요구한 좌우 합작 7원칙을 발표하였다.

⑤ 노무현 정부 시기인 2007년에 개최된 제2차 남북 정상 회담에서 10·4 남북 공동 선언이 발표되었다.

08 동아시아 역사 갈등 파악

문제 분석 자료에서 피해 사실을 공개 증언한 김학순 할머니, 고노 담화, 수요 시위 등의 내용을 통해 (가)에는 일본군 '위안부' 문제에 대한 내용이 들어가야 함을 알 수 있다. ⑤ 일본은 불법적 식민 지배와 침략 전쟁으로 많은 아시아인에게 큰 피해를 남겼지만 공식적인 사죄나 배상을 외면하고 있다. 일본군 '위안부' 강제 동원에 대해서도 이를 부인하며 반성하지 않는 등 역사 갈등을 일으키고 있다.

오답 피하기 ① 동북공정은 중국의 사회 과학원 산하 조직에서 추진한 동북 3성 지역의 역사 등에 관한 연구 프로젝트로, 한국의 고구려사 등을 중국 역사로 편입하려 하였다.

② 1972년에 북한에서 제정된 사회주의 헌법에 따라 '수령'인 김일성을 절대시하는 주체사상이 국가 통치 이념으로 공식화되었다. 주체사상은 김일성의 독재 체제를 강화하고 반대파를 숙청하는 데 이용되었다.

③ 19세기 후반 백두산정계비에 기록된 토문강의 위치를 둘러싸고 조선과 청 사이에 간도 영유권 문제가 발생하였다.

④ 조선사 편수회는 일제가 한국 침략과 식민 통치를 정당화하기 위해 식민 사관을 날조하고, 이를 확산시키고자 설립한 기관이다.

수능 유형 마스터 1회

본문 150~154쪽

01 ⑤	02 ③	03 ④	04 ⑤
05 ③	06 ③	07 ④	08 ①
09 ①	10 ④	11 ②	12 ⑤
13 ⑤	14 ⑤	15 ②	16 ③
17 ④	18 ⑤	19 ①	20 ④

01 구석기 시대의 생활 모습 파악

문제 분석 자료에서 제시된 유물이 주먹도끼이며, 뗀석기를 사용하고 사냥, 어로, 채집으로 생활하였다는 내용 등을 통해 (가) 시대는 구석기 시대임을 알 수 있다. ⑤ 구석기 시대에는 무리를 지어 이동 생활을 하였으며 주로 동굴이나 바위 그늘에서 생활하였다.

오답 피하기 ① 금속 화폐인 상평통보는 조선 후기에 주조되어 전국적으로 유통되었다.

② 비파형 동검은 청동기 시대의 대표적인 유물이다.

③ 부여에서는 12월에 영고라는 제천 행사를 열었다. 부여는 철기 시대에 성장한 여러 나라 중 하나이다.

④ 철기 시대에 철제 농기구를 사용하여 농사를 지었다.

02 백제의 발전 이해

문제 분석 자료에서 근초고왕 시기 수도 한성의 모습이라는 내용을 통해 (가) 국가는 백제임을 알 수 있다. ③ 백제는 4세기 근초고왕 때 마한의 여러 소국을 복속시키면서 세력을 확장해 나갔다.

오답 피하기 ① 고려는 광종 때 본래 양인이었으나 불법으로 노비가 된 사람들을 양인으로 회복시키는 노비안검법을 시행하였다.

② 고려는 최고 교육 기관으로 국자감을 설치·운영하였다.

④ 발해는 9세기 선왕 이후 중국으로부터 해동성국으로 불렸다.

⑤ 고조선은 8조법으로 사회 질서를 유지하였는데, 현재는 그중 3개 조항만 전한다.

03 삼국 통일의 과정 이해

문제 분석 (가)는 신라의 김춘추가 당을 설득하여 동맹을 맺었다는 내용을 통해 648년 나당 동맹이 결성된 시기, (나)는 신라가 기벌포에서 승리를 거두고 삼국 통일을 완수하였다는 내용을 통해 676년 신라가 삼국을 통일한 시기임을 알 수 있다. 따라서 (가), (나) 시기 사이에는 나당 동맹 결성과 삼국 통일 사이에 있었던 사실이 들어가야 한다. ④ 나당 연합군의 공격을 받은 고구려는 668년 평양성이 함락되며 멸망하였다.

오답 피하기 ① 동북 9성은 고려 시대에 윤관이 별무반을 이끌고 여진을 몰아낸 후에 축조되었다.
② 위화도 회군은 1388년 요동 정벌에 나섰던 이성계가 위화도에서 군대를 돌려 최영 등을 제거하고 권력을 장악한 사건이다.
③ 신라는 6세기 지증왕 때 이사부가 우산국을 복속시켰다.
⑤ 서희는 고려 성종 때 거란 장수 소손녕과 외교 담판을 벌여 강동 6주 지역을 확보하였다.

04 고려 무신 집권기 이해

문제 분석 자료에서 몽골의 침략에 맞서 강화도로 천도하였다는 내용을 통해 (가) 국가는 고려임을 알 수 있다. ⑤ 고려 시대 무신에 대한 차별 대우, 의종의 실정 등을 배경으로 정중부, 이의방 등의 무신들이 정변을 일으켜 권력을 장악하였다.
오답 피하기 ① 통일 신라는 신문왕 때 유학 교육 기관으로 국학을 설립하였다.
② 대한 제국의 고종은 을사늑약의 부당함을 세계에 알리기 위해 1907년 네덜란드 헤이그에서 열린 만국 평화 회의에 특사를 파견하였다.
③ 을지문덕이 이끄는 고구려군이 612년 살수에서 수의 대군을 물리쳤다.
④ 조선 세종 때 이종무는 왜구의 소굴인 대마도(쓰시마섬)를 정벌하였다.

05 병자호란의 영향 파악

문제 분석 자료에서 청 태종이 조선을 침략하고 인조가 남한산성으로 피신하여 항전하였다는 내용 등을 통해 (가) 전쟁은 1636년에 일어난 병자호란임을 알 수 있다. ③ 병자호란 이후 조선에서는 청에 당한 수모를 씻고 명에 대한 의리를 지키기 위해 청을 정벌하자는 북벌 운동이 추진되었다.
오답 피하기 ① 1882년 구식 군인들은 별기군과의 차별 대우 등에 반발하여 임오군란을 일으켰다.
② 천리장성은 고구려와 고려 때 축조되었다. 고구려에서는 당의 침략에 대비하여 축조되었고, 고려에서는 거란의 침략을 물리친 뒤 거란과 여진의 침략에 대비하여 축조되었다.
④ 간도 참변은 독립군에게 패배한 일본군이 간도 지역 한인촌을 무차별 공격하여 많은 피해를 입힌 사건이다.
⑤ 고려는 몽골과의 전쟁 중에 부처의 힘으로 외적을 물리치려는 염원을 담아 팔만대장경을 조판하였다.

06 조선 정조의 업적 파악

문제 분석 자료에서 초계문신제를 시행하고 규장각을 만들었다는 내용을 통해 밑줄 친 '왕'은 조선 정조임을 알 수 있다. 정조는 자신의 권력과 정책을 뒷받침하기 위해 규장각을 정치 기구로 육성하는 한편, 관리를 재교육하는 초계문신제를 실시하였다. ③ 정조는 붕당 정치의 폐단을 해소하고 국왕 중심의 국정 운영을 강화하기 위해 탕평 정치를 실시하였다.
오답 피하기 ① 백제 성왕은 중흥의 기틀을 마련하기 위해 웅진에서 사비로 천도하였다.
② 조선 세종이 우리 민족의 고유 문자인 훈민정음을 반포하였다.
④ 조선 고종은 제2차 갑오개혁 시기에 교육입국 조서를 반포하여 근대 교육의 중요성을 강조하였다.
⑤ 고려 공민왕은 14세기 중엽 고려의 내정을 간섭하던 정동행성 이문소를 폐지하였다.

07 신미양요의 배경 파악

문제 분석 어재연이 방어하고 있으며, 초지진에 상륙한 적군이 광성진을 함락하였다는 점 등을 통해 자료는 신미양요에 대한 것임을 알 수 있다. ④ 1866년 미국인 소유 상선 제너럴 셔먼호가 대동강을 거슬러 평양에 와서 통상을 요구하며 횡포를 부렸다. 이에 분노한 평양 관민은 제너럴 셔먼호를 불태웠다. 이 사건을 구실로 미국이 1871년 신미양요를 일으켰다.
오답 피하기 ① 후삼국을 통일한 고려 태조는 후손들에게 훈요 10조를 남겨 고려 왕조의 나아갈 방향을 제시하였다.
② 1905년에 일본은 을사늑약을 강요하여 대한 제국의 외교권을 박탈하였다. 이에 최익현, 신돌석 등이 을사의병을 일으켰다.
③ 조선 세종 때 압록강과 두만강 유역의 여진을 몰아내고 4군 6진 지역을 개척하였다.
⑤ 영국은 러시아 견제를 구실로 1885년부터 1887년까지 조선의 거문도를 불법으로 점령하였다.

08 갑신정변의 이해

문제 분석 자료에서 140년 전에 김옥균 등 급진 개화파가 일으켰으며, 삼일천하로 끝났다는 내용을 통해 (가) 사건은 1884년에 일어난 갑신정변임을 알 수 있다. ① 1884년 우정총국 개국 축하연에서 김옥균, 홍영식 등 급진 개화파가 갑신정변을 일으켰다.
오답 피하기 ② 1862년에 일어난 임술 농민 봉기의 배경으로 삼정의 문란이 지목되자 이를 해결하고자 삼정이정청이 설치되었다. 그러나 별다른 성과를 거두지 못하였다.
③ 고려 시대 묘청 등이 서경 천도를 주장하다가 뜻대로 되지 않자 서경을 근거지로 반란을 일으켰다. 그러나 김부식 등이 이끄는 관군에 의해 진압되었다.

④ 1919년 3·1 운동이 일어나자 일제는 한국인의 반발을 무마하고 친일파를 양성하기 위해 이른바 문화 통치로 통치 방식을 바꾸었다.
⑤ 홍경래의 난은 1811년 평안도 지방에 대한 차별과 세도 정치의 폐단에 반발하여 일어났다.

09 대한 제국의 광무개혁 이해

문제 분석 자료에서 순종 황제의 즉위 기념 휘장이 제시되어 있으며, 원수부를 창설하고 황제의 대원수복을 마련하였다는 내용을 통해 (가) 정부는 대한 제국임을 알 수 있다. ① 대한 제국은 1899년 광무개혁의 일환으로 대한국 국제를 반포하였다. 대한국 국제는 대한 제국이 자주독립 국가임을 천명하고 입법, 사법, 행정에 관한 절대적 권한을 황제에게 부여하여 전제 정치 실시를 명문화하였다.

오답 피하기 ② 전민변정도감은 고려 후기에 권세가들이 부당하게 빼앗은 토지를 본래의 소유주에게 돌려주고, 불법적으로 노비가 된 자를 양인으로 회복시켜 주기 위해 설치된 임시 기구이다.
③ 국민 대표 회의는 대한민국 임시 정부의 새로운 활동 방향을 모색하기 위해 1923년에 개최되었다.
④ 박정희 정부 시기 베트남 전쟁에 국군을 파병하였다.
⑤ 발해는 당의 문물을 수용하여 3성 6부의 통치 체제를 갖추었다.

10 신민회의 활동 파악

문제 분석 자료는 태극 서관이 신문에 게재한 서적 할인 광고이다. ④ 안창호, 양기탁 등이 중심이 되어 비밀 결사 형태로 조직한 신민회는 대표적인 애국 계몽 운동 단체이다. 신민회는 오산 학교와 대성 학교를 설립하는 등 민족 교육을 실시하고, 태극 서관과 자기 회사를 운영하는 등 민족 산업 육성을 위해서도 노력하였다.

오답 피하기 ① 17, 18세기 사회·경제적 변동에 따른 사회 모순의 해결책을 모색하는 과정에서 발달한 학문과 사회 개혁론을 실학이라고 한다. 실학자들은 농업과 상공업 등에 대한 개혁론을 제기하였다.
② 『조선책략』은 청의 외교관인 황준헌이 쓴 책으로, 제2차 수신사였던 김홍집이 국내에 소개하여 유포되었다. 『조선책략』이 유포되자 이만손 등은 영남 만인소를 올려 이를 비판하면서 미국과의 수교와 개화 정책을 반대하였다.
③ 독서삼품과는 통일 신라 원성왕 때 관리 선발에 활용하고자 국학 학생들의 유교 경전 독해 능력을 시험하여 상·중·하로 등급을 나눈 제도이다.
⑤ 조선 물산 장려회는 1920년대에 토산품 애용을 통해 민족 산업을 보호하기 위한 물산 장려 운동을 주도하였다.

11 전차의 개통 시기 파악

문제 분석 자료는 한성 전기 회사의 전차 개통식 초대장이다. 전차 개통식은 원래 1899년 5월 1일로 예정되어 있었으나, 기계 상태의 점검 등으로 연기되어 5월 4일에 개최되었다. ② 개항 이후 정부의 개화 정책에 따라 통신, 전기, 교통 분야 등에서 근대 시설이 도입되었다. 대한 제국 황실은 1898년 산업 진흥 정책의 일환으로 한성 전기 회사를 설립하였다. 한성 전기 회사는 발전소를 세우고 1899년부터 서대문에서 청량리를 잇는 전차를 운행하였는데, 실제 경영은 미국인 콜브란 등이 하였다. 강화도 조약 체결은 1876년, 국권 피탈은 1910년의 사실이다.

12 민족 말살 통치 시기의 사실 파악

문제 분석 자료에서 일제가 국가 총동원법이 실시된 이후 강제 동원된 한국인 징용 노동자를 징병 검사 대상자로 선정하였고, 징병 검사 통달서에 일본식 성명으로 바뀐 이름이 기재된 것 등을 통해 징병 검사 통달서가 발행된 시기는 민족 말살 통치가 실시되던 1940년대임을 알 수 있다. ⑤ 일제는 대륙 침략을 본격화하면서 한국인의 민족의식을 말살하여 전쟁에 동원하기 위해 황국 신민 서사를 암송하도록 강요하는 등 황국 신민화 정책을 실시하였다.

오답 피하기 ① 1907년 일본이 고종을 강제 퇴위시키고 대한 제국 군대를 강제로 해산시키자 많은 해산 군인이 정미의병에 가담하였다.
② 을미사변 이후 성립된 김홍집 내각에서 태양력 사용, '건양' 연호 사용, 단발령 시행 등을 주요 내용으로 하는 을미개혁을 추진하였다.
③ 1592년 일본군의 침입으로 임진왜란이 발발하였다.
④ 일제는 1912년 조선 태형령을 제정하여 한국인에게만 태형을 가하였다. 조선 태형령은 1920년에 폐지되었다.

13 3·1 운동의 영향 파악

문제 분석 자료에서 민족 자결이라는 문제가 신문에 게재되고, 조선 민족 대표 33명이 서명한 선언서가 배포되자 황제의 인산일을 앞두고 독립 만세를 불렀다는 내용 등을 통해 자료에 나타난 민족 운동은 3·1 운동임을 알 수 있다. ⑤ 1919년에 일어난 3·1 운동을 계기로 독립운동의 구심점에 대한 필요성이 제기되어 대한민국 임시 정부가 수립되었다.

오답 피하기 ① 일제는 1910년 회사령을 공포하여 회사 설립 시 조선 총독의 허가를 받도록 하였다.
② 대한 제국은 구본신참을 개혁의 기본 방향으로 삼아 광무개혁을 추진하였다.
③ 1875년에 일본 군함 운요호가 강화도에 접근하자 조선이 경고

포격을 가하였고, 이를 구실로 운요호가 초지진과 영종도를 공격한 운요호 사건이 일어났다. 운요호 사건을 계기로 1876년 강화도 조약이 체결되었다.

④ YH 무역 사건은 1979년 YH 무역 회사의 여성 생산직 노동자들이 회사 폐업 조치에 항의하여 야당인 신민당 당사에서 농성 시위를 벌인 사건이다. 경찰이 강제로 해산하는 과정에서 여성 노동자가 사망하였다.

14 민립 대학 설립 운동 이해

문제 분석 우리 손으로 민립 대학을 세워야 한다는 내용 등을 통해 자료는 민립 대학 설립 운동과 관련된 것임을 알 수 있다. ⑤ 1920년대에 전개된 민립 대학 설립 운동은 이상재 등이 조직한 조선 민립 대학 기성회를 중심으로 국내외에서 모금 운동을 추진하였다.

오답 피하기 ① 독립 협회는 국민 참정권을 실현하기 위해 의회 설립 운동을 추진하였다.

② 육영 공원은 개항 후 조선 정부가 외국어와 근대 학문을 교육하기 위해 설립한 학교이다.

③ 1907년부터 시작된 국채 보상 운동은 대한매일신보 등의 지원을 받아 확산되었다.

④ 3·1 운동은 일본 도쿄에서 한국인 유학생들이 발표한 2·8 독립 선언 등에 자극을 받아 일어났다.

15 조선어 학회의 활동 이해

문제 분석 자료에서 조선 어문의 발전을 위해 노력하고 있으며, 우리말(조선말) 큰사전 편찬을 진행하고 있다는 내용을 통해 (가) 단체는 조선어 학회임을 알 수 있다. ② 조선어 학회는 한글 맞춤법 통일안을 제정하고 우리말(조선말) 큰사전을 편찬하려 하였다. 그러나 1942년 일제가 일으킨 조선어 학회 사건으로 많은 학자들이 투옥되는 등 큰 타격을 입었다.

오답 피하기 ① 사회주의 계열에서 발표한 정우회 선언을 계기로 1927년에 사회주의 세력과 비타협적 민족주의 세력이 연대하여 신간회를 결성하였다.

③ 신민회는 민족 교육을 실시하기 위해 오산 학교와 대성 학교를 설립하였다.

④ 한인 애국단의 윤봉길은 상하이 훙커우 공원에서 의거를 감행하였다.

⑤ 대한 자강회 등은 고종 강제 퇴위 반대 운동을 전개하였다.

16 한국 독립군의 활동 파악

문제 분석 자료에서 지청천이 이끌었으며 쌍성보 전투에서 일본군에 승리하였다는 내용을 통해 (가) 군사 조직은 한국 독립군임을 알 수 있다. ③ 일제가 만주 사변을 일으키고 만주국을 수립한 이후 중국 내 항일 감정이 고조되면서 중국인과 한국인의 항일 연합 전선이 형성되었다. 북만주에서 지청천이 이끄는 한국 독립군은 한중 연합 작전을 전개하여 쌍성보 전투(1932), 사도하자·대전자령 전투(1933) 등에서 승리하였다.

오답 피하기 ① 고구려군은 645년 안시성 싸움에서 당군을 물리쳤다.

② 1940년 충칭에서 창설된 한국광복군은 영국군의 요청에 따라 병력의 일부를 미얀마·인도 전선에 파견하여 영국군과 합동 작전을 전개하였다.

④ 자유시로 이동한 만주 지역의 독립군 부대들은 자유시 참변(1921)으로 세력이 약화되었다.

⑤ 1894년 재봉기한 동학 농민군은 서울로 북상하던 중 공주 우금치 전투에서 일본군과 관군에 패배하였다.

17 의열단의 활동 파악

문제 분석 자료에서 김원봉 등을 중심으로 결성되었고, 단원 김상옥이 종로 경찰서에 폭탄을 던지는 의열 투쟁을 전개하였다는 내용을 통해 (가) 단체는 의열단임을 알 수 있다. ④ 의열단은 1919년에 만주에서 결성된 비밀 결사로 김상옥, 나석주, 김익상 등이 주요 단원으로 활동하였다. 의열단은 1923년 신채호가 작성한 「조선 혁명 선언」을 활동 지침으로 삼았다.

오답 피하기 ① 독립 협회는 자주독립 국가의 위상을 높이기 위해 독립문을 건립하였다.

② 1890년대 초반 동학교도는 최제우의 억울함을 풀어 줄 것과 포교의 자유를 허용할 것을 요구하며 교조 신원 운동을 전개하였다.

③ 1945년 광복 직후 조직된 조선 건국 준비 위원회는 미군이 한반도에 진주한다는 소식이 알려지자 조선 인민 공화국 수립을 선포하고 해체하였다.

⑤ 김좌진이 이끄는 북로 군정서와 홍범도가 이끄는 대한 독립군 등 독립군 연합 부대는 1920년 10월 청산리 전투에서 일본군을 크게 물리쳤다.

18 유신 헌법의 내용 파악

문제 분석 자료에서 박정희 대통령이 비상계엄을 선포하고 국회를 해산한 뒤 비상 국무 회의를 통해 헌법 개정안을 마련하였다는 내용 등을 통해 밑줄 친 '국민 투표'로 확정된 헌법은 유신 헌법임을 알 수 있다. ⑤ 1972년에 제정된 유신 헌법은 대통령에게 국민의 기본권을 제한할 수 있는 긴급 조치권을 부여하였다.

오답 피하기 ① 4·19 혁명 직후 마련된 헌법에서 내각 책임제와 양원제 국회를 채택하였다.

② 을사늑약에 따라 1906년에 통감부가 설치되었다.
③ 조선 고종은 제2차 갑오개혁 당시 국정 개혁의 기본 강령이라 할 수 있는 홍범 14조를 반포하였다.
④ 일제는 우리말(조선말) 큰사전 편찬을 준비하고 있던 조선어 학회 회원들을 치안 유지법 위반으로 탄압하였다.

19 5·18 민주화 운동 이해

문제 분석 자료에서 비상계엄 확대 등에 항의하는 학생들을 계엄군이 강제 해산하였고, 계엄군의 무력 진압에 맞서 시민군이 결사 항쟁하였다는 내용을 통해 (가) 민주화 운동은 5·18 민주화 운동임을 알 수 있다. ① 신군부 세력이 비상계엄을 전국으로 확대 선포하자 이에 대항하여 1980년 광주의 학생과 시민들은 신군부 퇴진과 계엄령 철회 등을 요구하며 시위를 벌였다.

오답 피하기 ② 모스크바 3국 외상 회의에서 최고 5년 기한 4개국에 의한 한반도 신탁 통치에 관한 협약 작성 등이 결의되었다. 이 내용이 국내에 알려진 이후 신탁 통치 반대 운동이 전개되었다.
③ 일제가 황무지 개간권을 요구하자 1904년 결성된 보안회가 반대 운동을 전개하여 이를 철회시켰다.
④ 1929년 광주 학생 항일 운동이 일어나자 신간회는 현지에 진상 조사단을 파견하고 민중 대회를 계획하였다.
⑤ 1987년에 일어난 6월 민주 항쟁으로 6·29 민주화 선언이 발표되었고, 이에 따라 여야 합의로 5년 단임의 대통령 직선제 개헌안이 마련되었다.

20 노태우 정부 시기의 통일 노력 이해

문제 분석 자료에서 분단 46년이 지난 오늘 남북 기본 합의서에 서명하였다는 내용을 통해 연설이 행해진 정부는 노태우 정부임을 알 수 있다. ④ 노태우 정부 시기인 1991년 남북한이 유엔에 동시 가입하였다.

오답 피하기 ① 1894년 동학 농민 운동 당시에 전주성을 점령한 동학 농민군은 정부와 전주 화약을 체결한 뒤 전라도 각지에 집강소를 설치하여 폐정 개혁을 추진하였다.
② 6·10 국민 대회는 1987년 6월 민주 항쟁 당시에 민주 헌법 쟁취 국민운동 본부가 전개한 대규모 시위였다.
③ 독립 협회는 1898년에 만민 공동회를 개최하여 이권 수호 운동 등을 전개하였다.
⑤ 경부 고속 국도(도로)는 박정희 정부 시기인 1970년에 개통되었다.

수능 유형 마스터 2회

본문 155~159쪽

01 ④	02 ④	03 ①	04 ①
05 ⑤	06 ①	07 ④	08 ②
09 ②	10 ①	11 ⑤	12 ③
13 ⑤	14 ④	15 ⑤	16 ⑤
17 ⑤	18 ④	19 ②	20 ①

01 고구려의 특징 이해

문제 분석 자료에서 주몽이 압록강 중류 지역에서 건국하였다는 점, 졸본 지역, 제천 행사인 동맹이 제시되었다는 점 등을 통해 (가) 국가가 고구려임을 알 수 있다. ④ 고구려에서는 제가 회의에서 나라의 중요한 일을 결정하였다.

오답 피하기 ① 영정법은 조선 인조 때 처음 마련되었으며, 풍흉에 관계없이 전세를 1결당 쌀 4~6두로 고정하여 징수하는 제도였다.
② 향·부곡·소는 고려 시대의 특수 행정 구역으로, 이곳의 주민들은 일반 군현민에 비해 조세의 부담이 컸고, 거주지 이전에 제한을 받았다.
③ 5세기에 백제는 고구려의 침입으로 한성에서 웅진으로 천도하였다.
⑤ 전민변정도감은 권세가들이 부당하게 빼앗은 토지를 본래 소유주에게 돌려주고 불법적으로 노비가 된 자를 양인으로 해방시키기 위해 고려 후기 여러 차례 설치되었다. 공민왕 때 설치된 것이 대표적이다.

02 신라의 발전 파악

문제 분석 자료에서 답사 유물이 단양에 위치해 있다는 점, 유물명에 적성비가 제시된 점, 6세기 중반 고구려 영토였던 적성을 점령하였다는 점 등을 통해 (가) 국가가 신라임을 알 수 있다. ④ 7세기에 신라는 당과 동맹을 맺어 나당 연합군을 결성하였고, 백제를 공격하여 멸망시켰다.

오답 피하기 ① 고구려는 장수왕 때 평양으로 천도하였다.
② 5도 양계의 행정 구역은 고려 시대에 설치되었다.
③ 조선 인조는 병자호란이 발발하자 남한산성에서 항전하였으나 결국 청에 항복하여 군신 관계를 맺었다.
⑤ 부여에서는 12월에 영고라는 제천 행사를 개최하였다.

03 발해의 관제 이해

문제 분석 자료에서 선조성, 중대성, 정당성을 두었다는 점, 충부를 포함한 6부와 주자감이 제시된 점 등을 통해 밑줄 친 '이 나라'는 발해임을 알 수 있다. ① 대조영은 고구려인과 말갈인을 이끌고 동모산 부근에서 발해를 건국하였다.

오답 피하기 ② 조선 정부는 개화 정책을 추진하면서 박문국을 세우고 1883년 한성순보를 발행하였다.

③ 독서삼품과는 통일 신라 원성왕 때 실시되었다.

④ 조선 세종 등은 의정부 재상들이 6조의 업무를 먼저 심의한 후 국왕에게 보고하고, 국왕의 지시를 6조에 전달하여 시행하는 의정부 서사제를 실시하였다.

⑤ 조선 고종은 1881년 일본의 근대 문물 시찰을 위해 조사 시찰단을 비밀리에 파견하였다.

04 고려 시기의 사실 파악

문제 분석 자료에서 이승휴가 『제왕운기』를 저술하였다는 내용 등을 통해 (가) 국가가 고려임을 알 수 있다. ① 국자감은 고려 시대에 설치된 유학 교육 기관이었다.

오답 피하기 ② 조선에서는 세조 때부터 법전인 『경국대전』이 편찬되기 시작하여 성종 때 완성되었다.

③ 임신서기석은 신라에서 제작되었다.

④ 새마을 운동은 1970년부터 박정희 정부가 농촌 환경 개선과 소득 증대를 목표로 추진하였다.

⑤ 1920년대 초반에 조직된 조선 민립 대학 기성회를 중심으로 민립 대학 설립 운동이 전개되었다.

05 임진왜란의 이해

문제 분석 자료에서 왕의 임시 거처가 평안도에 있다는 점, 의병장 고경명이 언급된 점, 관군이 일본군에 패했다는 점 등을 통해 밑줄 친 '이 전쟁'이 임진왜란임을 알 수 있다. ⑤ 임진왜란 당시 이순신이 이끄는 수군은 한산도 해전 등에서 일본군을 격퇴하여 조선이 전세를 역전시킬 수 있는 발판을 마련하였다.

오답 피하기 ① 기원전 194년 고조선에서는 위만이 준왕을 몰아내고 왕위를 차지하는 정치 변동이 발생하였다.

② 별무반은 고려 시대 윤관의 건의로 편성되었는데, 윤관은 이를 이끌고 여진을 몰아낸 후 동북 9성을 쌓았다.

③ 1636년에 일어난 병자호란 당시 인조는 남한산성으로 피란하여 청에 항전하였으나 이듬해 청에 굴복하였다.

④ 고려 후기 공민왕은 쌍성총관부를 공격하여 영토를 수복하였다.

06 북학론의 이해

문제 분석 자료에서 화이론적 명분론에서 벗어나 청의 앞선 문물제도를 받아들이자는 주장이라는 점, 조선이 청에 연행사를 파견하고 물자도 교역하는 과정에서 대두되었다는 점 등을 통해 (가)가 북학론임을 알 수 있다. ① 청의 발전된 모습을 보고 자극을 받은 일부 실학자와 지식인은 청의 문물을 받아들여 조선을 발전시키자는 북학론을 제기하였다. 특히 박제가는 『북학의』에서 조선이 청과 교역하여 청의 문물을 적극 수용해야 한다고 주장하였다.

오답 피하기 ② 고려의 김부식은 유교적 합리주의 사관에 입각하여 『삼국사기』를 편찬하였다.

③ 일제는 1925년 국가 체제나 사유 재산 제도를 부정하는 사상을 탄압하기 위해 치안 유지법을 제정하였다.

④ 신라 선덕 여왕은 주변 나라의 침략으로부터 나라를 지키겠다는 염원을 담아 황룡사 9층 목탑을 건립하였다.

⑤ 고려 무신 정권 시기 지눌은 세속화된 불교를 개혁하기 위해 수선사(송광사)를 중심으로 결사 운동을 펼쳤다.

07 강화도 조약의 체결 시기 파악

문제 분석 자료에서 운요호가 강화도로 난입해 들어와 군사들이 포를 쏘았다는 내용을 통해 (가) 시기가 운요호 사건이 일어난 1875년임을 알 수 있다. 정부가 새로 통리기무아문이라는 것을 설립하였다는 내용을 통해 (나) 시기가 1880년임을 알 수 있다. ④ 일본은 1875년에 운요호 사건을 일으키고, 이를 빌미로 조선의 개항을 강요하여 1876년 강화도 조약을 체결하였다.

오답 피하기 ① 1894년 전주 화약 체결 이후 조선 정부는 교정청을 설치하여 개혁을 추진하였다.

② 조미 수호 통상 조약 체결 이후 조선은 미국 공사 부임에 대한 답례로 1883년 미국에 보빙사를 파견하였다.

③ 임오군란 이후 청의 내정 간섭으로 개화 정책이 후퇴하는 상황에 반발하여 급진 개화파가 1884년 갑신정변을 일으켰다.

⑤ 조선 숙종 때 조선과 청은 대표를 파견하여 국경을 확정하고 백두산정계비를 세웠다.

08 임오군란 파악

문제 분석 자료에서 1882년 6월 9일 난민 수백 명이 일본 공사관을 둘러싸고 방화하며 공격하였다는 점 등을 통해 제시된 자료의 사건이 임오군란임을 알 수 있다. ② 임오군란이 일어나자 조선 정부는 청에 군대 파견을 요청하였고, 청군은 임오군란을 진압하였다.

오답 피하기 ① 평안도 지역민에 대한 차별과 세도 정권의 수탈 등에 반발하여 1811년 홍경래 등이 신흥 상공업 세력, 광산 노동자, 빈농 등을 모아 봉기하였다.

③ 1907년 일어난 국채 보상 운동은 대한매일신보 등 언론의 지원으로 전국으로 확산되었다.

④ 1926년 순종의 장례일에 맞추어 일어난 운동은 6·10 만세 운동이다.

⑤ 전두환 등 신군부 세력은 1980년부터 1981년까지 사회 정화를 명목으로 삼청 교육대를 운영하였다.

09 독립 협회의 활동 이해

문제 분석 자료에서 서재필이 개혁적 관료들과 창립하였다는 점, 영은문을 헐고 그 자리 부근에 성금을 모아 독립문을 건립하였다는 점 등을 통해 (가) 단체가 독립 협회임을 알 수 있다. ② 독립 협회는 1898년 만민 공동회를 개최하였다.

오답 피하기 ① 신민회는 남만주 지역의 삼원보에 신흥 강습소를 세워 민족 교육과 군사 훈련을 실시하여 독립군을 양성하였다.
③ 좌우 합작 위원회는 1946년 미소 공동 위원회의 속개, 민주주의 임시 정부 수립 등의 내용을 담은 좌우 합작 7원칙을 발표하였다.
④ 대한 자강회는 고종 강제 퇴위 반대 운동을 벌이다 일제에 의해 강제로 해산되었다.
⑤ 일제가 황무지 개간권을 요구하자 1904년에 결성된 보안회가 반대 운동을 전개하여 이를 철회시켰다.

10 화폐 정리 사업 파악

문제 분석 자료에서 백동화를 제일 은행권으로 교환해야 한다는 점, 백동화가 병종으로 분류되었다는 점 등을 통해 밑줄 친 '이 사업'이 화폐 정리 사업임을 알 수 있다. ① 제1차 한일 협약으로 대한 제국의 재정 고문이 된 메가타는 화폐 정리 사업을 추진하였다.

오답 피하기 ② 조선 세도 정치 시기에 삼정의 문란 등으로 임술 농민 봉기가 일어났다.
③ 통일 신라 신문왕은 통치 체제를 정비하는 과정에서 관료전을 지급하고 녹읍을 폐지하여 귀족의 경제력을 약화시키고자 하였다.
④ 6·25 전쟁 후 미국의 경제 원조를 바탕으로 밀가루(제분), 설탕(제당), 면직물(면방직)을 생산하는 삼백 산업이 발달하였다.
⑤ 제헌 국회가 제정한 농지 개혁법에 따라 농지 개혁이 추진되면서 농지의 유상 매수·유상 분배가 이루어졌다.

11 13도 창의군 파악

문제 분석 자료에서 1907년 한일 신협약(정미 7조약)이 체결되고 의병 전쟁이 재발하였다는 점, 의병 지도자들이 부대를 결성하여 서울 진공 작전을 추진하였다는 점, 군사장 허위가 서울 성문 밖 30리 지점에 이르렀다는 점 등을 통해 (가) 부대가 13도 창의군임을 알 수 있다. ⑤ 의병 지도자들은 이인영을 총대장, 허위를 군사장으로 추대하여 13도 창의군을 결성하였다.

오답 피하기 ① 동북 항일 연군의 한인 유격대는 함경도 일대의 사회주의 세력과 민족주의 세력까지 통합하여 조국 광복회를 조직하였다.
② 신라는 7세기 후반 매소성 전투와 기벌포 해전에서 당군을 격퇴하였다.
③ 지청천이 이끄는 한국 독립군은 한중 연합 작전을 전개하여 대전자령 전투에서 일본군을 물리쳤다.
④ 1894년 동학 농민군의 제1차 봉기 결과 전주 화약이 체결되었고, 농민군은 전라도 각 지역에 집강소를 설치하였다.

12 산미 증식 계획 시행 시기의 사회 모습 이해

문제 분석 자료에서 일제가 식량 문제를 해결하기 위하여 시행하였다는 점, 수리 시설 개선 등을 통해 증산이 이루어졌다는 점, 증산된 쌀보다 더 많은 양이 일본으로 반출되었다는 점 등을 통해 밑줄 친 '이 계획'이 1920년부터 실시된 산미 증식 계획임을 알 수 있다. ③ 조선일보는 1920년 창간되어 1940년 폐간되었다.

오답 피하기 ① 광무개혁의 일환으로 지계아문이 설치되었고, 토지 소유자에게 지계가 발급되었다.
② 조선 고종은 1886년 양반 자제와 관리를 대상으로 근대 학문을 교육하고자 육영 공원을 설립하였다. 근대적 관립 학교인 육영 공원은 헐버트 등 외국인을 교사로 초빙하여 운영되었다.
④ 조선 후기 대동법이 실시된 이후 왕실이나 관청에서 필요로 하는 관수품을 납품하는 공인이 성장하게 되었다.
⑤ 중서문하성은 고려 시대에 국정을 총괄하는 최고 기구였다. 고려는 2성 6부의 중앙 통치 제도를 갖추었다.

13 3·1 운동의 이해

문제 분석 자료에서 유관순 열사가 수감된 방이 제시된 점, 유관순이 시위를 주도하다가 체포되었다는 점 등을 통해 밑줄 친 '만세 운동'이 3·1 운동임을 알 수 있다. ⑤ 1919년 3·1 운동을 계기로 독립운동의 구심점에 대한 필요성이 높아지면서 대한민국 임시 정부가 수립되었다.

오답 피하기 ① 독립 협회는 1898년 관민 공동회를 열고 헌의 6조 결의를 주도하였다.
② 1894년 김홍집 내각은 군국기무처를 설치하고 제1차 갑오개혁을 추진하였다.
③ 삼정이정청은 1862년에 일어난 임술 농민 봉기의 원인 중 하나인 삼정의 문란을 해결하고자 조선 철종 때 설치되었다.
④ 1880년대 국내에 유입된 『조선책략』의 내용에 반발하여 이만손 등을 중심으로 영남 지방의 유생들이 만인소를 올렸다.

14 광주 학생 항일 운동 파악

문제 분석 자료에서 1929년 한국인 여학생이 희롱당한 일을 계기로 나주역에서 한·일 학생 간 싸움이 벌어졌다는 점, 민족 차별에 분노한 광주 지역 학생들이 대규모 시위를 전개하였고 이후 전국적으로 확대되었다는 점 등을 통해 밑줄 친 '이 운동'이 광주 학생 항일 운동임을 알 수 있다. ④ 신간회는 광주 학생 항일 운동이 일어나자 현지에 진상 조사단을 파견하였다.

오답 피하기 ① 을미의병은 1895년의 을미사변과 단발령을 배경으로 일어난 의병 운동이다.

② 군국기무처는 1894년에 설치되어 제1차 갑오개혁을 주도하였다.

③ 대한 제국 시기에 서울의 시전 상인들은 황국 중앙 총상회를 조직하여 상권 수호 운동을 전개하였다.

⑤ 박정희 정부는 농촌 환경 개선과 소득 증대를 목표로 1970년부터 새마을 운동을 추진하였다. 그 결과 농촌의 환경은 많이 개선되었지만, 새마을 운동은 유신 체제 유지에 이용되었다는 비판을 받기도 하였다.

15 의열단 파악

문제 분석 자료에서 김원봉이 단장으로 있었다는 점, 박재혁, 김상옥 등이 일제 식민 통치 기관을 파괴하는 활동을 전개하였다는 점 등을 통해 (가) 단체가 의열단임을 알 수 있다. ⑤「조선 혁명 선언」은 1923년 신채호가 작성하였으며 의열단의 활동 지침이 되었다.

오답 피하기 ① 1623년 일어난 인조반정으로 광해군이 폐위되고 북인이 정치적으로 몰락하였다.

② 신민회는 일제가 조작한 105인 사건으로 와해되었다.

③ 조선 물산 장려회는 1920년대에 토산품 애용을 통해 민족 산업을 보호하기 위한 물산 장려 운동을 주도하였다.

④ 1920년 김좌진이 이끄는 북로 군정서를 비롯한 독립군 연합 부대가 청산리 일대에서 일본군에 대승을 거두었다(청산리 대첩).

16 한국광복군의 활동 이해

문제 분석 자료에서 미국 전략 정보국[OSS]과 공동 작전을 추진하였다는 점, 작전의 핵심 내용이 특수 훈련을 실시하고 이후 한반도에 투입된다는 점, 독수리 작전이 대한민국 임시 정부 주석인 김구의 재가를 거쳐 추진된 점 등을 통해 (가) 군사 조직이 한국광복군임을 알 수 있다. ⑤ 한국광복군은 미얀마 · 인도 전선에 공작대를 파견하여 영국군과 함께 공동 작전을 펼치기도 하였다.

오답 피하기 ① 갑신정변 이후 청의 내정 간섭을 견제하기 위해 조선 정부는 러시아와 비밀 협약을 체결하고자 하였다. 이러한 상황에서 영국은 러시아를 견제한다는 구실로 1885년 조선의 거문도를 불법 점령하였다.

② 양세봉은 조선 혁명군을 이끌고 영릉가 전투 등에서 일본군에 승리하였다.

③ 일본군의 경복궁 기습 점령 등을 규탄하며 재봉기한 동학 농민군은 서울로 북상하던 중 우금치 전투에서 일본군 및 관군에 맞서 싸웠으나 패하였다.

④ 양헌수는 1866년 병인양요 당시 정족산성에서 프랑스군을 물리쳤다.

17 조선 건국 동맹 파악

문제 분석 자료에서 1944년 비밀리에 여운형을 중심으로 국내의 사회주의자와 민족주의자가 연합하여 만들었다는 내용을 통해 밑줄 친 '단체'가 조선 건국 동맹임을 알 수 있다. ⑤ 여운형은 조선 건국 동맹을 중심으로 안재홍 등과 함께 좌익과 우익을 규합하여 조선 건국 준비 위원회를 결성하였다.

오답 피하기 ① 고려의 식목도감은 중서문하성과 중추원의 고관인 재신과 추밀의 합의제로 운영되었다.

② 대동법은 조선 후기 광해군 때 방납의 폐단을 해결하기 위해 경기도에서 실시되었고, 이후 시행 지역이 점차 확대되었다.

③ 1930년대 전반 동아일보사에 의해 추진된 브나로드 운동은 '배우자, 가르치자, 다 함께 브나로드'라는 구호 아래 농촌 계몽의 성격을 띠고 추진되었다.

④ 국채 보상 운동은 일본의 강요로 도입한 차관을 갚아 일본의 경제적 예속에서 벗어나기 위해 일어난 운동으로 1907년 대구에서 시작되어 전국으로 확산되었다.

18 제헌 국회의 활동 이해

문제 분석 자료에서 우리나라 최초의 보통 선거 장면을 담은 사진이라는 점, 유엔 소총회의 결정에 따라 38도선 이남 지역에서만 투표가 이루어졌다는 점 등을 통해 밑줄 친 '이 국회'가 제헌 국회임을 알 수 있다. ④ 제헌 국회가 제정한 농지 개혁법에 따라 농지 개혁이 추진되면서 농지의 유상 매수·유상 분배가 이루어졌다.

오답 피하기 ① 비변사는 조선 중종 때 왜구와 여진의 침입에 대비하여 설치된 임시 기구이다. 임진왜란을 거치면서 기능이 강화되어 조선 후기에 국정 전반을 관장하게 되었다.

② 일제는 1920년 회사령을 폐지하여 회사 설립을 허가제에서 신고제로 전환하였다.

③ 당백전은 경복궁 중건에 필요한 재원을 마련하기 위해 흥선 대원군 집권 시기에 발행되었다.

⑤ 대한국 국제는 1899년 대한 제국에서 반포되었다.

19 4·19 혁명의 이해

문제 분석 자료에서 3·15 부정 선거에 대한 당시 사람들의 반웅이 언급된 점, 김주열의 죽음이 당시 학생들에게 준 영향을 언급한 점, 경무대로 향하는 시위대에 대한 발포가 언급된 점 등을 통해 (가) 민주화 운동이 4·19 혁명임을 알 수 있다. ② 이승만 정부가 자행한 3·15 부정 선거에 반발하여 4·19 혁명이 일어나자 이승만 대통령은 사임 성명을 발표하고 대통령직에서 물러났다.

오답 피하기 ① 1948년 김구와 김규식 등은 단독 정부 수립을 막기 위해 평양을 방문하여 남북 협상을 추진하였다.

③ 신군부 세력이 비상계엄을 전국으로 확대 선포하자 이에 반대하여 1980년 광주에서 5·18 민주화 운동이 일어났다.

④ 제주 4·3 사건 진압을 위해 여수 주둔 군대에 출동 명령이 내려지자, 이 명령에 반발하여 군 내부의 좌익 세력이 봉기하였다(여수·순천 10·19 사건).

⑤ 1987년 박종철 고문치사 사건, 4·13 호헌 조치 등을 배경으로 일어난 6월 민주 항쟁으로 6·29 민주화 선언이 발표되었다.

20 박정희 정부 이해

문제 분석 조국을 통일하는 문제를 협의하기 위한 회담이 최근 평양과 서울에서 있었다는 점, 서울의 이후락 중앙정보부장이 평양을 방문하였다는 점, 통일을 자주적으로 해결하고 평화적 방법으로 실현하며 민족적 대단결을 도모한다는 점 등을 통해 자료의 성명이 박정희 정부 시기에 발표된 7·4 남북 공동 성명(1972)임을 알 수 있다. ① 박정희 정부가 한일 국교 정상화를 위한 회담을 진행한 것에 반발하여 1964년 한일 회담 반대 시위(6·3 시위)가 일어났다.

오답 피하기 ② 교육입국 조서는 제2차 갑오개혁 시기에 반포되었다.

③ 노태우 정부는 1991년 남북 기본 합의서를 채택하였다. 남북 기본 합의서는 서로의 체제를 인정하고 상호 불가침에 합의하였다는 점에서 큰 의미를 지닌다는 평가를 받는다.

④ 김대중 정부 시기인 1998년부터 금강산 관광 사업이 시작되었다.

⑤ 신한청년당은 1919년 파리 강화 회의에 김규식을 대표로 파견하였다.

수능 유형 마스터 3회

본문 160~164쪽

01 ②	02 ④	03 ①	04 ③
05 ④	06 ②	07 ⑤	08 ①
09 ②	10 ⑤	11 ②	12 ①
13 ①	14 ①	15 ⑤	16 ④
17 ①	18 ①	19 ③	20 ①

01 청동기 시대의 사회 모습 파악

문제 분석 자료에서 고인돌이 대표적인 문화유산이라고 하였고, 계급이 발생하였다는 사실을 통해 (가) 시대가 청동기 시대임을 알 수 있다. ② 비파형 동검은 청동기 시대의 대표적인 문화유산이다.

오답 피하기 ① 골품제는 신라에서 운영한 신분 제도이다.

③ 철제 농기구는 철기 시대 이후에 사용되었다.

④ 상평통보가 널리 유통된 것은 조선 후기의 사실이다.

⑤ 구석기 시대의 사람들은 주로 동굴이나 막집에 살았다.

02 고구려의 특징 파악

문제 분석 자료에서 수의 군대가 침입하였고, 수 양제가 별동대 30만을 편성하여 수도인 평양성을 공격하도록 하였다는 점, 수의 군대를 살수에서 대파하였다는 점 등을 통해 밑줄 친 '이 나라'가 고구려임을 알 수 있다. 고구려의 을지문덕은 살수에서 수의 군대를 크게 물리친 살수 대첩을 이끌었다. ④ 고구려 소수림왕은 유학 교육 기관인 태학을 설치하여 통치 체제를 정비하였다.

오답 피하기 ① 아관 파천은 1896년 신변의 위협을 느낀 고종이 러시아 공사관으로 처소를 옮긴 사건이다.

② 백제 성왕은 백제의 중흥을 꾀하며 웅진에서 사비로 천도하였다.

③ 조선 세종은 이종무로 하여금 대마도(쓰시마섬)를 정벌하게 하였다.

⑤ 고려 전기 윤관은 별무반을 이끌고 여진을 정벌한 후 동북 지역에 9성을 축조하였다.

03 발해의 문화유산 이해

문제 분석 자료에서 당으로부터 이탈한 대조영 집단이 승리하였고, 대조영이 동모산 인근에 성을 쌓고 건국하였다는 점을 통해 (가) 국가가 발해임을 알 수 있다. ① 이불병좌상(두 부처가 나란히 앉아 있는 형태의 불상)은 발해 유적에서 출토된 대표적인 문화유산이다.

오답 피하기 ② 도교와 불교 등의 영향을 받은 백제 금동 대향로는 백제의 뛰어난 금속 공예 기술을 보여 주는 문화유산이다.

③ 상감 기법으로 제작된 청자인 청자 상감 운학문 매병은 고려의 대표적인 문화유산이다.
④ 빗살무늬 토기는 한반도의 신석기 문화를 대표하는 문화유산이다.
⑤ 경주 석굴암 본존불상은 신라를 대표하는 문화유산이다.

04 묘청의 서경 천도 운동 시기 파악

문제 분석 자료에서 폐하께서 묘청을 총애한다고 한 점, 대화궁의 공사가 시작된 이후 백성을 괴롭혀 원망이 커졌다는 점 등을 통해 해당 내용이 묘청의 서경 천도 주장에 대한 반론임을 알 수 있다. ③ 이자겸의 난 이후 묘청, 정지상 등의 서경 세력은 서경으로의 천도와 칭제건원을 주장하며 서경 천도 운동을 전개하였다. 이에 대해 김부식 등의 개경 세력이 반대하여 서경 천도가 좌절되자 묘청 등이 서경에서 난을 일으켰으나 진압되었다. 이자겸의 난은 1126년에 일어났고, 무신 정변은 묘청의 서경 천도 운동 이후인 1170년에 일어났다.

05 조선 세종의 업적 이해

문제 분석 자료에서 집현전을 설치하였고 훈민정음을 창제하였다는 점 등을 통해 (가) 국왕이 조선의 세종임을 알 수 있다. ④ 세종은 최윤덕과 김종서 등으로 하여금 여진을 몰아내고 압록강과 두만강 유역에 각각 4군 6진 지역을 개척하게 하였다.

오답 피하기 ① 조선 영조는 백성의 군역 부담을 줄이기 위해 균역법을 제정하였다.
② 고려 공민왕은 쌍성총관부를 공격하여 원에 빼앗겼던 영토를 회복하였다.
③ 고려 광종 때 본래 양인이었으나 불법적으로 노비가 된 사람들을 양인 신분으로 회복시켜 주는 노비안검법을 시행하였다.
⑤ 백제 무령왕은 지방 통제를 강화하기 위해 22담로에 왕족을 파견하였다.

06 대동법의 영향 이해

문제 분석 자료에서 경기 지방에서 실시한 지 20년이 되어 가고 있다는 점, 광해군 때 방납의 이익을 독점하는 권세가들이 팔도에 시행하는 것을 저지시켰다는 점, 공물 대신 토지 1결당 10두씩의 미곡을 거둔다는 점 등을 통해 밑줄 친 '이 법'이 대동법임을 알 수 있다. ② 대동법 실시 이후 왕실이나 관청에서 필요로 하는 관수품을 납품하는 공인이 성장하였다.

오답 피하기 ① 대한 제국은 광무개혁을 추진하는 과정에서 양전 사업을 실시하고 근대적 토지 소유 증명 문서인 지계를 발급하였다.
③ 흥선 대원군이 군정의 문란을 시정하기 위해 호포제를 시행하면서 양반에게도 군포가 부과되었다.
④ 신라 신문왕 때 녹읍의 폐지로 진골 귀족의 경제 기반이 약화되었다.
⑤ 광복 이후 제헌 국회에서는 농지 개혁법을 제정하여 가구당 농지 소유 면적의 상한을 3정보로 제한하였다.

07 흥선 대원군의 정책 이해

문제 분석 자료에서 대원군에 대해 묻고 있으며, 고종의 아버지라는 점 등을 통해 (가) 인물이 흥선 대원군임을 알 수 있다. ⑤ 흥선 대원군은 왕실의 권위 회복을 위해 경복궁 중건 사업을 추진하였다.

오답 피하기 ① 고려 태조는 후대 왕들에게 지켜야 할 정책 방향을 담은 훈요 10조를 남겼다.
② 신라 지증왕 때 이사부가 우산국을 복속시켰다.
③ 고려 공민왕은 고려의 내정을 간섭하던 정동행성 이문소를 폐지하였다.
④ 백제는 근초고왕 때 마한의 여러 소국을 복속시켰다.

08 개항 이후 조선의 개화 정책 이해

문제 분석 자료에서 개항 이후 추진된 조선의 개화 정책에 대해 조사한다고 한 점, 수신사 파견, 통리기무아문 설치 등이 제시된 점 등을 통해 (가)에는 개항 이후 추진된 조선의 개화 정책이 제시되어야 함을 알 수 있다. ① 조선은 개항 이후 개화 정책의 일환으로 신식 군대인 별기군을 창설하였다.

오답 피하기 ② 신미양요 이후 흥선 대원군은 전국 각지에 척화비를 세워 통상 수교 거부 의지를 알렸다.
③ 조선 정조는 자신의 정치적 이상 실현을 위해 수원 화성을 축조하였다.
④ 박정희 정부는 경제 개발 5개년 계획을 통해 성장 위주의 경제 정책을 추진하였다.
⑤ 고려 성종은 최승로의 건의를 받아들여 주요 지역에 12목을 설치하고 지방관을 파견하였다.

09 동학 농민 운동의 전개 과정 이해

문제 분석 자료에서 1894년에 '보국안민'과 '제폭구민'을 내세우며 전개되었다고 한 점을 통해 (가) 운동이 동학 농민 운동임을 알 수 있다. ② 동학 농민 운동 전개 당시 동학 농민군은 전주성을 점령한 이후 정부와 전주 화약을 체결하였다.

오답 피하기 ① 조선 정조는 국왕의 친위 부대인 장용영을 설치하였다.

③ 독립 협회는 자주 국권을 수호하고 자유 민권을 신장시키며 자강 개혁을 실현하기 위해 1898년에 만민 공동회를 개최하였다.

④ 1866년 미국인 소유 상선 제너럴 셔먼호가 대동강을 거슬러 올라가 통상을 요구하며 횡포를 부리자 평양 관민이 제너럴 셔먼호를 불태웠다(제너럴 셔먼호 사건).

⑤ 1636년에 발발한 병자호란 당시 조선의 국왕이었던 인조는 남한산성으로 피란하였다.

10 독도의 역사 이해

문제 분석 자료에서 강원도의 관리가 일본이 이 섬을 자국의 영토로 편입했다는 사실을 보고한 문서라고 한 점, 참정대신이 일본이 아닌 울도군의 관할임을 밝힌 점 등을 통해 밑줄 친 '이 섬'이 독도임을 알 수 있다. ⑤ 대한 제국은 1900년에 칙령 제41호를 발표하여 울도(울릉도) 군수의 관할 범위를 '울릉 전도와 죽도(울릉도 바로 옆의 바위섬), 석도(독도)'로 규정하였다.

오답 피하기 ① 고려의 원 간섭기에는 제주도에 탐라총관부가 설치되었다.

② 고려 말 요동 정벌이 추진될 당시 이성계는 위화도에서 회군을 단행하였다.

③ 고려의 서희는 거란의 1차 침입 당시 외교 담판을 통해 강동 6주 지역을 확보하였다.

④ 제너럴 셔먼호 사건을 빌미로 조선을 공격해 온 미국은 강화도를 침략하였다(신미양요, 1871).

11 을사늑약의 결과 이해

문제 분석 자료에서 일본의 대사와 공사가 군대를 인솔하여 대궐을 포위한 뒤에 우리의 참정대신들을 가두어 놓았다는 점, 억지로 조약을 조인케 해서 우리 외교권을 강탈하였다는 점 등을 통해 밑줄 친 '조약'이 1905년에 체결된 을사늑약임을 알 수 있다. ② 통감부는 을사늑약에 따라 설치되어 대한 제국의 외교와 내정을 간섭하였다.

오답 피하기 ① 영선사는 1881년 조선이 서양 무기 제조술을 배울 유학생들을 청에 파견할 때 이들을 인솔한 사신이다.

③ 조선 영조는 탕평의 의지를 알리기 위해 성균관 입구에 탕평비를 세웠다.

④ 고려 성종 때 서희는 거란의 침략을 외교 담판으로 막아 내고 강동 6주 지역을 확보하였다.

⑤ 1876년에 체결된 강화도 조약에 따라 부산 외에 원산, 인천이 개항되었다.

12 신민회의 특징 이해

문제 분석 자료에서 안창호, 양기탁 등이 주도하여 결성한 비밀 결사라는 점, 학교 설립에 노력하여 오산 학교, 대성 학교 등을 설립하였다는 점 등을 통해 밑줄 친 '이 단체'가 신민회임을 알 수 있다. ① 신민회는 장기적인 무장 투쟁을 위해 국외 독립운동 기지 건설에 앞장서 남만주(서간도) 지역의 삼원보에 신흥 강습소를 설립하였다.

오답 피하기 ② 민립 대학 설립 운동은 1920년대에 이상재 등이 조직한 조선 민립 대학 기성회를 중심으로 전개되었다.

③ 김원봉이 주도한 의열단은 신채호가 작성한 「조선 혁명 선언」을 활동 지침으로 삼았다.

④ 고종 강제 퇴위 반대 운동은 대한 자강회 등이 주도하였다.

⑤ 우리말(조선말) 큰사전 편찬을 시도한 단체는 조선어 학회이다.

13 조선 태형령 시행 시기의 사실 이해

문제 분석 자료에서 태형을 식민 통치의 한 수단으로 이용하였고, 일제가 조선 태형령을 제정하고 적용한 시기라는 점을 통해 밑줄 친 '이 시기'가 1910년대임을 알 수 있다. 일제가 한국인에게만 적용한 조선 태형령은 1912년에 제정되어 1920년에 폐지되었다. ① 1910년대 일제는 무단 통치를 시행하면서 관리와 교사에게 제복과 칼을 착용하도록 하였다.

오답 피하기 ② 동아일보사는 1930년대 전반에 브나로드 운동이라는 이름으로 농촌 계몽 운동을 전개하였다.

③ 일제는 중일 전쟁 발발 이후 황국 신민화 정책의 일환으로 황국 신민 서사를 암송하도록 하였다.

④ 국채 보상 운동은 1907년 대구에서 시작되어 전국으로 확산되었다.

⑤ 일제는 1925년 국가 체제나 사유 재산 제도를 부정하는 사상을 탄압하기 위해 치안 유지법을 제정하였다. 일제는 치안 유지법을 이용하여 항일 민족 운동에 대한 탄압을 강화하였다.

14 대한민국 임시 정부의 활동 이해

문제 분석 자료에서 상하이에 수립되었다고 한 점, 통신 기관으로 교통국을 설치하였다는 점 등을 통해 (가)가 1919년 상하이에 수립된 대한민국 임시 정부임을 알 수 있다. ① 대한민국 임시 정부는 외교 활동을 위해 미국에 구미 위원부를 설치하였다.

오답 피하기 ② 제1차 갑오개혁을 추진한 기구는 군국기무처이다.

③ 신민회는 1911년 일제가 조작한 105인 사건으로 와해되었다.

④ 독립 협회는 자주독립의 의지를 알리기 위해 모금 활동 등을 통해 독립문과 독립관을 건립하였다.

⑤ 일제의 황무지 개간권 요구에 맞서 보안회가 반대 운동을 전개하였다.

15 신간회의 특징 이해

문제 분석 자료에서 1927년에 비타협적 민족주의 세력과 사회주의 세력의 연합으로 창립되었다는 점, 순회 강연회를 개최하고 농민·노동 운동 등과 연계하여 대규모 단체로 성장하였다는 점 등을 통해 (가) 단체가 신간회임을 알 수 있다. ⑤ 신간회는 정치적·경제적 각성 촉진, 단결 공고, 기회주의 일체 부인 등의 강령을 내세웠다.

오답 피하기 ① 한인 애국단은 1931년에 김구가 대한민국 임시 정부의 침체를 극복하기 위해 결성하였다.
② 독립 협회는 1898년 관민 공동회를 열고 헌의 6조의 결의를 주도하였다.
③ 1862년에 일어난 임술 농민 봉기의 배경으로 삼정의 문란이 지목되자 이를 해결하고자 삼정이정청이 설치되었다. 하지만 별다른 성과를 거두지 못하였다.
④ 신민회는 태극 서관과 자기 회사 등을 운영하였다.

16 청산리 전투의 발생 지역 이해

문제 분석 자료에서 1920년 10월에 약 6일간 전개된 전투라는 점, 김좌진이 이끄는 북로 군정서군이 제시된 점, 북로 군정서군과 홍범도 연합 부대가 어랑촌에서 격전을 벌인 점 등을 통해 밑줄 친 '이 전투'가 청산리 전투임을 알 수 있다. ④ 청산리 전투는 1920년 10월 백두산 부근의 (라) 지역에서 전개되었다.

오답 피하기 ① (가)는 중국의 베이징 지역에 해당한다.
② (나)는 중국의 랴오둥반도 지역에 해당한다.
③ (다)는 중국의 산둥반도 지역에 해당한다.
⑤ (마)는 러시아의 블라디보스토크를 중심으로 한 연해주 지역에 해당한다.

17 이승만 정부 시기의 사실 이해

문제 분석 자료에서 부결이라고 선포한 것이 계산 착오이므로 취소하고 가결 통과되었다고 변경한 점, 개헌안이 재적 의원 2/3인 135명의 찬성으로 가결된 것으로 정정한 점 등을 통해 해당 내용이 1954년에 있었던 사사오입 개헌에 대한 내용이며, 밑줄 친 '정부'가 이승만 정부임을 알 수 있다. 이승만 정부는 1954년 이승만 대통령의 중임 제한 철폐를 위해 사사오입 개헌을 단행하였다. ① 이승만 정부 시기에는 미국의 원조 물자를 바탕으로 하여 제분, 제당, 면방직의 삼백 산업이 발달하였다.

오답 피하기 ② 원산 총파업은 일제 강점기인 1929년에 전개되었다.
③ 김영삼 정부 말기에 외환 위기가 발생하자 국민들이 금 모으기 운동에 동참하여 외환 위기 극복에 힘을 보탰다.
④ 경제 개발 5개년 계획은 1962년부터 시행되었다.
⑤ 모스크바 3국 외상 회의는 1945년 12월에 개최되었다.

18 5·18 민주화 운동의 특징 이해

문제 분석 자료에서 전남대학교 앞에서 학생 시위가 전개되었고 공수 부대 등을 동원하여 무력 진압한 점, 계엄군이 광주를 완전 봉쇄하고, 전남도청에서 시민군을 무력 진압하였다는 점 등을 통해 (가) 민주화 운동이 1980년에 전개된 5·18 민주화 운동임을 알 수 있다. ① 1980년 광주의 학생과 시민들은 신군부의 퇴진과 비상계엄 철회 등을 요구하며 시위를 전개하였다.

오답 피하기 ② 1987년에 일어난 6월 민주 항쟁의 결과 대통령 직선제 개헌이 이루어졌다.
③ 3·15 부정 선거를 배경으로 1960년에 4·19 혁명이 일어났다.
④ 1964년에 전개된 한일 회담 반대 시위(6·3 시위)는 일본과의 굴욕적인 국교 정상화 추진에 반대하였다.
⑤ 1976년 재야인사 등이 명동 성당에 모여 유신 체제를 비판하는 3·1 민주 구국 선언을 발표하였다.

19 김영삼 대통령의 활동 이해

문제 분석 자료에서 모든 금융 거래를 실명으로 한다는 점을 통해 밑줄 친 '대통령'이 김영삼 대통령임을 알 수 있다. 김영삼 대통령은 투명한 금융 거래 정착과 부당한 정치 자금 근절을 위해 금융 실명제를 전면 시행하였다. ③ 김영삼 정부는 1995년에 지방 자치제를 전면적으로 시행하였다.

오답 피하기 ① 노태우 정부는 북방 외교를 펼쳐 소련 등 사회주의 국가들과 수교하였다.
② 박정희 정부는 미국의 요청을 받고 1964년부터 국군을 베트남 전쟁에 파병하였다.
④ 대통령 직선제를 요구하는 시민의 요구에 맞서 1987년 전두환 정부는 4·13 호헌 조치를 발표하였다.
⑤ 1948년 제헌 국회는 민족정기를 바로 세우기 위해 반민족 행위 처벌법을 제정하였다.

20 6·15 남북 공동 선언의 영향 이해

문제 분석 자료에서 분단 이후 최초로 열린 남북 정상 회담 모습이 제시된 점, 이 회담의 결과 발표된 선언으로 추진되었다는 점 등을 통해 밑줄 친 '정책'이 2000년에 발표된 6·15 남북 공동 선언의 결과 추진된 정책임을 알 수 있다. ① 6·15 남북 공동 선언 발표 이후 남북 교류와 경제 협력이 활성화되면서 개성 공단 건설이 추진되었다.

오답 피하기 ② 좌우 합작 운동은 1946년 제1차 미소 공동 위원회가 무기 휴회되고 이승만의 정읍 발언 등으로 단독 정부 수립론이 대두되는 상황에서 전개되었다.

③ 노태우 정부 시기인 1991년에 남북한이 유엔에 동시 가입하였다.

④ 신한청년당은 1919년 파리 강화 회의에 김규식을 대표로 파견하였다.

⑤ 한반도 비핵화 공동 선언은 노태우 정부 시기에 발표되었다.

수능 유형 마스터 4회

본문 165~169쪽

01 ②	02 ④	03 ②	04 ⑤
05 ④	06 ③	07 ②	08 ⑤
09 ③	10 ①	11 ③	12 ②
13 ⑤	14 ⑤	15 ⑤	16 ③
17 ②	18 ②	19 ①	20 ⑤

01 신석기 시대의 사회 모습 이해

문제 분석 자료에서 대화를 나누는 장소가 암사동이며 움집이 재현되어 있는 점, 농경과 목축이 시작되었고 유물이 빗살무늬 토기라는 점을 통해 (가) 시대는 신석기 시대임을 알 수 있다. ② 신석기 시대에는 갈돌, 갈판 등 다양한 간석기가 사용되었다.

오답 피하기 ① 골품제는 신라의 신분 제도로 골품에 따라 개인의 사회 활동과 정치 활동의 범위까지 제한하였다.

③ 상평통보는 조선 후기에 주조되어 전국적으로 유통된 금속 화폐이다.

④ 철기 시대에는 철제 무기의 사용으로 부족 간의 전쟁이 늘어나면서 정치 세력의 통합이 활발하게 이루어졌다.

⑤ 소도는 삼한에 존재하였던 신성 지역으로 정치적 지배자의 권력이 닿지 않았다.

02 고구려의 발전 이해

문제 분석 자료에서 4세기에 전진으로부터 불교를 수용하였다는 점, 소수림왕이 태학을 설립하였으며 율령을 반포하였다는 점을 통해 (가) 국가는 고구려임을 알 수 있다. ④ 광개토 대왕릉비는 고구려 광개토 대왕의 업적을 기념하기 위해 아들인 장수왕이 세운 것이다.

오답 피하기 ① 신라 지증왕 때 이사부가 우산국을 복속시켰다.

② 고려는 윤관의 건의로 여진의 침입에 대응하기 위하여 별무반을 조직하였다.

③ 발해는 무왕 때 장문휴가 이끄는 수군을 보내 당의 산둥 지방을 공격하였다.

⑤ 조선 세종 때 이종무가 왜구의 근거지인 대마도(쓰시마섬)를 정벌하였다.

03 후삼국의 성립 과정 파악

문제 분석 자료에서 북원의 양길이 부하인 궁예를 보내 여러 군현을 습격한 점, 완산주에서 견훤이 스스로 나라를 세웠다는 점을 통해 신라 말의 상황임을 알 수 있다. ② 신라 말 중앙 정부의 통치력이 약화되고, 호족 세력이 성장하는 가운데 견훤과 궁예가 각각 후백제와 후고구려를 세우면서 후삼국이 성립하였다.

오답 피하기 ① 고려 무신 정권 시기에 조직된 삼별초는 1270년 고려 정부의 개경 환도 결정에 반발하여 강화도에서 봉기하였다. 삼별초는 이후 진도, 제주도로 이동하여 항쟁하였으나 결국 진압되었다.

③ 프랑스는 병인박해를 구실로 1866년 강화도를 침략하였다(병인양요). 병인양요 때 한성근 부대가 문수산성에서, 양헌수 부대가 정족산성(삼랑성)에서 프랑스 군대에 맞서 싸웠다. 프랑스군은 물러가면서 의궤를 비롯한 강화도의 외규장각 도서와 문화재를 약탈하였다.

④ 19세기 후반 위정척사 운동은 보수적인 유생층을 중심으로 전개되었으며, 서양 세력과의 통상 반대, 일본에 대한 개항 반대, 미국과의 수교 반대 등을 주장하였다.

⑤ 고려 말 홍건적과 왜구를 격퇴하며 신흥 무인 세력인 이성계 등이 성장하였다.

04 고려 광종의 정책 이해

문제 분석 자료에서 후주 출신 쌍기의 과거제 건의를 받아들였다는 점 등을 통해 밑줄 친 '그'가 고려의 제4대 왕인 광종임을 알 수 있다. ⑤ 고려 광종은 본래 양인이었으나 불법으로 노비가 된 사람들의 신분을 양인으로 회복시키는 노비안검법을 시행하였다.

오답 피하기 ① 조선 중종은 왜구와 여진의 침입에 대비하여 임시 기구인 비변사를 설치하였다.

② 조선 고종은 1886년에 근대 교육 기관으로 육영 공원을 설치하였다.

③ 조선 정조는 정치적 기능과 군사·상업적 기능을 함께 고려한 수원 화성을 축조하였다.

④ 고려 공민왕은 쌍성총관부를 공격하여 원에 빼앗겼던 영토를 되찾았다.

05 조선의 통치 체제 파악

문제 분석 자료에서 세조 때 편찬되기 시작하여 성종 때 완성되었으며 유교적 통치 체제를 정비하는 토대가 되었다는 점을 통해 밑줄 친 '이 법전'은 『경국대전』이고, 편찬한 국가는 조선임을 알 수 있다. ④ 조선은 중앙 행정 기구로 국정을 총괄하는 의정부와 실무를 담당하는 6조를 두었다.

오답 피하기 ① 부여의 마가, 우가, 저가, 구가 등 제가가 별도로 사출도를 다스렸다.

② 백제는 22담로에 왕족을 파견하여 지방 통제를 강화하였다.

③ 통일 신라는 지방 요충지에 5소경을 설치하여 수도가 동남쪽으로 치우친 점을 보완하고자 하였다.

⑤ 발해는 중앙 교육 기관으로 주자감을 설립하고 유교 경전을 가르쳤다.

06 세도 정치 시기의 모습 파악

문제 분석 자료에서 삼정의 폐단을 바로잡기 위해 이정청이 설치되었다는 점을 통해 세도 정치 시기의 상황임을 알 수 있다. ③ 1862년에 일어난 임술 농민 봉기의 배경으로 삼정의 문란이 지목되자 그 폐단을 개선하기 위해 조선 철종 때 삼정이정청이 설치되었다.

오답 피하기 ① 갑오개혁은 김홍집 내각의 주도로 1894년에 실시되었다.

② 새마을 운동은 박정희 정부 시기인 1970년부터 농촌 환경 개선과 소득 증대를 목표로 추진되었다. 그러나 새마을 운동은 유신 체제 유지에 이용되었다는 비판을 받기도 하였다.

④ 일제는 자국의 부족한 쌀을 한국에서 확보하기 위하여 1920년부터 산미 증식 계획을 실시하였다.

⑤ 제2차 수신사 김홍집이 들여온 『조선책략』에 반발하여 1881년 이만손 등이 영남 만인소를 제출하였다.

07 흥선 대원군의 개혁 정치 내용 이해

문제 분석 자료에서 옛 대궐을 중건한다고 한 점, 원납전을 내도록 한 점 등을 통해 밑줄 친 '중건'은 조선 고종 때 실시된 경복궁 중건임을 알 수 있다. ② 당백전은 경복궁 중건에 필요한 재원을 마련하기 위해 발행된 고액 화폐이다.

오답 피하기 ① 통일 신라 신문왕은 녹읍을 폐지하여 귀족의 경제력을 약화시키고자 하였다.

③ 조선 고종은 제2차 갑오개혁 당시 국정 개혁의 기본 강령이라 할 수 있는 홍범 14조를 반포하였다.

④ 고려 후기 몽골의 침입 당시 실권자였던 최우가 강화도 천도를 단행하였다.

⑤ 전민변정도감은 고려 후기 권세가들이 부당하게 빼앗은 토지를 본래 소유주에게 돌려주고, 불법적으로 노비가 된 자를 양인으로 해방시키기 위해 여러 차례 설치되었다. 공민왕 때 설치된 것이 대표적이다.

08 갑신정변의 영향 이해

문제 분석 자료에서 우정총국의 개국 축하연이 열리던 날 방화를 시작으로 거사가 시작되었다는 점, 급진 개화파가 권력을 장악하고 개혁 정강을 발표하였다는 점, 3일 만에 권력을 잃고 망명하였다는 점 등을 통해 (가) 사건은 갑신정변임을 알 수 있다. ⑤ 갑신정변은 청군의 출동과 일본군의 후퇴로 3일 만에 진압되었으며, 이후 청과 일본 사이에 톈진 조약이 체결되었다(1885). 톈진 조약은 조선에서 청과 일본 양국 군대의 철수와 향후 조선에 파병 시 상대국에 미리 알리도록 할 것을 규정하였다.

오답 피하기 ① 고려 말 이성계와 신진 사대부는 전·현직 관리에게 토지 수조권을 지급하는 과전법을 마련하였다.

② 6·10 만세 운동은 민족주의 세력과 사회주의 세력이 연대하는 계기가 되어 민족 협동 전선 운동으로 이어졌다. 그 결과 1927년에 신간회가 결성되었다.

③ 병자호란 이후 청에 당한 수모를 씻고 명에 대한 의리를 지키기 위해 청을 정벌하자는 북벌 운동이 추진되었다.

④ 운요호 사건을 계기로 1876년 강화도 조약이 체결되었다.

09 동학 농민 운동의 시기 파악

문제 분석 자료에서 무주 집강소에 보낸 글이라는 점, 외적이 대궐을 침범하였다는 점, 외적들이 청국의 군사와 대적하여 싸우고 있다는 점을 통해 글이 작성된 시기는 1894년 동학 농민군의 제2차 봉기 직전임을 알 수 있다. 제1차 봉기 때 전주성을 점령한 동학 농민군은 정부와 전주 화약을 체결한 이후 철수하고 전라도 각지에 자치 기구로 집강소를 설치하였다. 그러나 일본군이 경복궁을 기습 점령하고 청일 전쟁을 일으켰다. 이후 동학 농민군이 재차 봉기를 일으켰으나 우금치 전투에서 일본군과 관군에게 패배하였다. ③ 임오군란은 1882년에 일어났다. 을미사변 후 신변의 불안을 느낀 고종은 1896년에 러시아 공사관으로 피신하였다(아관 파천).

10 대한 제국의 정책 이해

문제 분석 자료에서 고종과 명성 황후의 무덤인 홍릉이라는 점, 고종이 황제에 즉위하였다는 점 등을 통해 (가) 정부는 대한 제국임을 알 수 있다. ① 대한 제국은 광무개혁을 추진하면서 양전 사업을 실시하고 근대적 토지 소유 증명 문서인 지계를 발급하였다.

오답 피하기 ② 고려 최씨 무신 정권은 인사 행정 담당 기구인 정방을 설치하였다.

③ 발해는 당의 문물을 수용하여 중앙 관제를 정비하면서 3성 6부를 운영하였다.

④ 대한민국 임시 정부는 독립운동 자금을 마련하기 위해 독립 공채를 발행하였다.

⑤ 고려는 전국을 5도 양계로 편성하였다.

11 신민회의 활동 파악

문제 분석 자료에서 대표적인 애국 계몽 운동 단체라는 점, 오산 학교와 대성 학교를 설립하였다는 점, 남만주 삼원보에 국외 독립운동 기지를 건설하였다는 점을 통해 (가)에는 신민회의 활동에 관한 내용이 들어가야 함을 알 수 있다. ③ 안창호, 양기탁 등이 비밀리에 조직한 신민회는 태극 서관과 자기 회사를 운영하였다.

오답 피하기 ① 진단 학회는 실증 사학의 입장에서 한국사를 연구하고 『진단 학보』를 발행하였다.

② 『조선책략』은 1880년에 제2차 수신사로 일본을 다녀온 김홍집이 국내에 소개하였다.

④ 신한청년당은 1919년 파리 강화 회의에 김규식을 대표로 파견하였다.

⑤ 김구 등은 대한민국 임시 정부의 침체를 극복하기 위해 1931년 한인 애국단을 조직하였으며, 1932년 한인 애국단원 윤봉길의 상하이 훙커우 공원 의거를 지휘하였다.

12 대한매일신보의 이해

문제 분석 자료에서 베델이 발행하였다는 점, 한국인들이 일본의 만행에 대하여 항의할 수 있는 유일한 신문이라 여겼다는 점 등을 통해 (가) 신문이 대한매일신보임을 알 수 있다. ② 대한매일신보는 1907년에 전개된 국채 보상 운동을 후원하여 이 운동이 전국적으로 확산되는 데 기여하였다.

오답 피하기 ① 한성순보는 1883년 조선 정부가 개화 정책의 일환으로 설립한 박문국에서 발행되었다.

③ 1927년에 창립된 민족 협동 전선 여성 단체인 근우회는 기관지 『근우』를 간행하였다.

④ 1896년 서재필 등이 정부의 지원을 받아 독립신문을 창간하였다.

⑤ 민립 대학 설립 운동은 1920년대 초반에 전개되었으며 조선일보, 동아일보 등에 관련 기사가 보도되었다.

13 무단 통치 시기의 상황 파악

문제 분석 자료에서 일본 정부가 조선인을 징벌하는 데 적용된다는 점, 매질하는 형벌이라는 점 등을 통해 밑줄 친 '이 법'은 조선 태형령임을 알 수 있다. 일제는 1912년 조선 태형령을 제정하여 한국인에게만 신체적 고통을 가하는 태형을 적용하였다. 조선 태형령은 1920년에 폐지되었다. ⑤ 1910년대 일제는 관리와 교사들에게 제복을 입고 칼을 차게 하는 등 강압적인 무단 통치를 자행하였다.

오답 피하기 ① 운요호 사건은 1875년에 일어났으며 이듬해 강화도 조약이 체결되는 계기가 되었다.

② 한일 협정은 박정희 정부 시기인 1965년에 체결되었다.

③ 군국기무처는 1894년에 설치되어 제1차 갑오개혁을 주도하였다.

④ 일제는 1930년대에 대륙 침략을 본격화하면서 한국인의 민족 의식을 말살하여 전쟁에 동원하기 위해 황국 신민 서사를 암송하도록 강요하는 등 황국 신민화 정책을 실시하였다.

14 대한민국 임시 정부의 활동 이해

문제 분석 자료에서 파리 강화 회의에 승인을 요구하였다는 점, 임시 헌법과 연통제를 제정하였으며 임시 사료 편찬회를 두었다는 점 등을 통해 (가)는 대한민국 임시 정부임을 알 수 있다. ⑤ 1919년에 일어난 3·1 운동의 영향으로 독립운동의 구심점에 대한 필요성이 제기되어 대한민국 임시 정부가 수립되었다.

오답 피하기 ① 고려는 중서문하성과 중추원의 고위 관리인 재신과 추밀이 국방과 안보 문제 등을 논의하는 도병마사를 설치하였다.
② 조선 숙종 때 조선과 청은 '서쪽은 압록강, 동쪽은 토문강을 경계로 한다.'는 내용의 백두산정계비를 세웠다.
③ 대한 제국은 1899년 황제권을 강화하기 위해 대한국 국제를 반포하였다.
④ 조선은 1876년 강화도 조약을 체결한 이후 일본에 수신사라는 외교 사절을 파견하였다.

15 신간회의 활동 파악

문제 분석 자료에서 비타협적 민족주의 계열과 사회주의 계열이 연합하여 결성하였다는 점, 지회와 회원을 거느린 전국적인 단체라는 점 등을 통해 (가) 단체가 신간회임을 알 수 있다. ⑤ 신간회는 1929년에 일어난 광주 학생 항일 운동의 진상을 규명하기 위해 현지에 조사단을 파견하였으며, 민중 대회를 계획하여 광주 학생 항일 운동을 전국적으로 확산시키기 위해 노력하였다.

오답 피하기 ① 고려 시대의 대표적 유학자인 최충은 관직에서 물러난 후 9재 학당을 설립하여 제자를 양성하였다.
② 독립 협회는 1898년 만민 공동회를 개최하여 열강의 이권 침탈 등을 규탄하였다.
③ 고려의 승려 지눌은 수선사 결사를 중심으로 노동과 수행을 강조하는 개혁 운동을 벌였다.
④ 조선어 학회는 우리말(조선말) 큰사전 편찬을 추진하였다. 그러나 1942년 일제가 일으킨 조선어 학회 사건으로 많은 학자들이 투옥되는 등 탄압을 받았다.

16 브나로드 운동 파악

문제 분석 자료에서 조선의 문맹을 퇴치하고자 한 점, 동아일보사에서 주최하는 운동이라는 점, 학생들이 참석하였다는 점을 통해 브나로드 운동에 관한 내용임을 알 수 있다. ③ 동아일보사는 1930년대 전반에 '배우자, 가르치자, 다 함께 브나로드'라는 구호 아래 농촌 계몽 운동인 브나로드 운동을 추진하였다.

오답 피하기 ① 조선 정조는 관리를 재교육하는 제도인 초계문신제를 실시하였다.
② 민족주의 사학은 한국사의 독자성과 주체성 및 민족정신을 강조하였다. 박은식, 신채호 등이 대표적인 학자이다.
④ 1946년 제1차 미소 공동 위원회가 무기 휴회된 상황에서 여운형, 김규식 등은 한반도에 통일 정부를 수립하기 위해 좌우 합작 위원회를 결성하고 좌우 합작 운동을 전개하였다.
⑤ 1890년대 초반 동학교도들이 최제우의 억울함을 풀어 줄 것과 포교의 자유를 허용할 것을 요구하며 교조 신원 운동을 전개하였다.

17 한중 연합 작전의 이해

문제 분석 자료에서 지청천이 이끄는 부대가 쌍성보에서 일본군을 물리친 점, 양세봉의 지휘 아래 일본군과 싸웠으며 영릉가성을 점령하였다는 점 등을 통해 (가), (나) 군사 조직은 각각 한국 독립군과 조선 혁명군임을 알 수 있다. ② 1931년 만주 사변 이후 중국 내 항일 감정이 고조되면서 만주에서는 한국 독립군, 조선 혁명군 등 한국의 독립군이 중국군과 항일 연합 작전을 펼쳤다.

오답 피하기 ① 조선 세종은 압록강과 두만강 유역의 여진을 몰아내고 4군 6진 지역을 개척하였다.
③ 의열단은 1923년 신채호가 작성한 「조선 혁명 선언」을 활동 지침으로 삼았다.
④ 1895년 을미사변과 단발령에 반발하여 일어난 을미의병은 아관 파천 이후 고종이 단발령을 취소하고 의병 해산 권고 조칙을 내리자 대부분 해산하였다.
⑤ 1940년 충칭에서 창설된 한국광복군은 영국군의 요청에 따라 일부가 연합군의 일원으로 미얀마·인도 전선에 파견되었다.

18 반민족 행위 특별 조사 위원회(반민 특위)의 활동 이해

문제 분석 자료에서 피의자가 군수 회사를 경영하며 종업원에게 일본 정신과 군대적 훈련을 강행한 점, 국민 총력 조선 연맹 등 단체의 간부로 활약한 점, 징병제를 찬양하고 학도병을 종용한 점을 통해 친일 반민족 행위자임을 알 수 있다. 이에 대하여 반민족 행위 처벌법으로 피의자의 죄를 판단한다는 내용을 통해 (가) 위원회는 반민족 행위 특별 조사 위원회(반민 특위)라는 사실을 알 수 있다. ② 제헌 국회는 대한민국 정부 수립 이후 민족정기를 바로잡고 반민족 행위자를 처벌하기 위하여 1948년 반민족 행위 처벌법을 제정하였으며, 이 법에 따라 반민족 행위 특별 조사 위원회를 설치하였다.

오답 피하기 ① 대한민국 임시 정부는 외교 활동을 위해 미국에 구미 위원부를 설치하였다.

③ 1945년 12월에 열린 모스크바 3국 외상 회의의 결의에 따라 이듬해인 1946년 제1차 미소 공동 위원회가 열렸다. 그러나 미국과 소련의 의견 차이로 무기한 휴회되었다. 1947년 제2차 미소 공동 위원회가 열렸으나 미국과 소련의 의견 차이로 역시 결렬되었다.

④ 조선 건국 준비 위원회는 1945년 광복 직후 여운형과 안재홍을 중심으로 좌익 세력과 우익 세력을 통합하여 조직된 단체이다. 전국에 지부를 설치하고 치안대를 조직하였다.

⑤ 고종은 을사늑약의 부당함을 국제 사회에 알리기 위해 1907년 네덜란드 헤이그에서 열리는 만국 평화 회의에 이상설, 이준, 이위종을 특사로 파견하였다.

19 6월 민주 항쟁 이해

문제 분석 자료에서 박종철 군 고문 살인 은폐 조작을 규탄한다는 점, 호헌 주장 철회를 요구하는 점, 민주 헌법을 쟁취하자고 주장하는 점 등을 통해 1987년 6월 민주 항쟁과 관련된 내용임을 알 수 있다. ① 6월 민주 항쟁 당시 학생과 시민들은 4·13 호헌 조치 철폐와 대통령 직선제 개헌을 요구하였다.

오답 피하기 ② 1919년 민족 대표 33인과 학생들이 3·1 운동을 준비하였다.

③ 1948년 2월 유엔 소총회의 결의에 따라 5월에 남한만의 단독 선거인 5·10 총선거가 치러졌고 제헌 국회가 구성되었다.

④ 대한민국 임시 정부의 활동이 침체되자 독립운동 노선에 대한 논의 및 활로 모색을 위해 1923년 상하이에서 국민 대표 회의가 개최되었다.

⑤ 1960년 정·부통령 선거에서 이승만과 이기붕을 당선시키기 위해 3·15 부정 선거가 자행되자, 이를 규탄하며 일어난 시위가 전국으로 확산되어 4·19 혁명으로 발전하였다. 시위에 참여하였다가 사망한 김주열 학생의 시신이 4월 11일 마산 앞바다에서 발견된 것을 계기로 시위가 전국으로 확산되었다.

20 7·4 남북 공동 성명 이해

문제 분석 자료에서 1972년 서울과 평양에서 동시에 발표되었다는 점, 분단 이후 남북한이 통일과 관련하여 처음으로 발표하였다는 점을 통해 밑줄 친 '이 성명'은 7·4 남북 공동 성명임을 알 수 있다. ⑤ 박정희 정부 시기인 1972년 남북은 7·4 남북 공동 성명을 통해 통일의 3대 원칙(자주적·평화적·민족적 대단결)을 표방하였고 남북 조절 위원회를 설치하였다.

오답 피하기 ① 정전 협정은 이승만 정부 시기인 1953년에 조인되었다.

② 김대중 정부 시기인 2000년에 최초의 남북 정상 회담이 개최되었고, 그 결과 6·15 남북 공동 선언이 발표되었다.

③ 노태우 정부 시기인 1991년에 남북한 유엔 동시 가입이 이루어졌고 남북 기본 합의서가 채택되었다.

④ 1940년 충칭에 정착한 대한민국 임시 정부는 이듬해 삼균주의를 바탕으로 한 대한민국 건국 강령을 발표하였다.

수능 유형 마스터 5회

본문 170~174쪽

01 ③	02 ④	03 ①	04 ③
05 ④	06 ②	07 ③	08 ⑤
09 ①	10 ③	11 ③	12 ③
13 ②	14 ②	15 ①	16 ③
17 ③	18 ⑤	19 ②	20 ⑤

01 부여의 특징 파악

문제 분석 『삼국지』 위서 동이전에 따르면 가축의 이름으로 관직명을 정하여 마가, 우가, 저가, 구가라고 하였다는 것, 12월에 영고라는 제천 행사를 지냈다는 것을 통해 (가) 국가는 부여임을 알 수 있다. ③ 부여에서는 마가, 우가, 저가, 구가 등 제가들이 사출도를 다스렸다.

오답 피하기 ① 발해는 9세기 선왕 이후 중국으로부터 해동성국으로 불렸다.

② 통일 신라 원성왕은 유교 경전의 이해 수준을 시험하여 관리 선발에 활용하고자 독서삼품과를 실시하였다.

④ 고구려는 4세기 후반 소수림왕 때 태학을 설립하였다.

⑤ 조선은 사헌부, 사간원, 홍문관을 일컫는 3사를 두어 관리를 감찰하고 정치의 잘잘못을 논하는 등 권력 독점을 견제하였다.

02 백제의 발전 과정 이해

문제 분석 근초고왕 때 고구려를 침략하여 고국원왕을 전사시키고 동진 및 왜와 교류하였다는 것, 고구려의 공격으로 한강 유역을 빼앗겼다는 것, 성왕 때 사비로 천도하였다는 것 등을 통해 밑줄 친 '이 나라'는 백제임을 알 수 있다. ④ 백제는 근초고왕 때 마한의 여러 소국을 복속시켰다.

오답 피하기 ① 조선 세종 등은 의정부 재상들이 6조의 업무를 먼저 심의한 후 국왕에게 보고하고, 국왕의 지시를 6조에 전달하여 시행하는 의정부 서사제를 실시하였다.

② 제2차 갑오개혁 시기인 1895년에 조선 정부가 한성 사범 학교를 설립하였다.

③ 도병마사와 식목도감은 중서문하성과 중추원의 고관이 참여한 고려의 회의 기구이다.

⑤ 신라는 내물왕 때부터 마립간이라는 왕호를 사용하였다.

03 가야의 성장 과정 파악

문제 분석 풍부한 철을 생산하여 낙랑, 왜 등과 활발히 교류하였다는 것, 중심지가 김해에서 고령으로 이동하였다는 것, 6세기 중반 신라에 완전히 흡수되었다는 것 등을 통해 (가)는 가야 연맹임을 알 수 있다. ① 가야는 변한 지역에서 성장하여 3세기경에 금관가야를 중심으로 연맹을 이루었다.

오답 피하기 ② 고조선은 사회 질서를 유지하기 위해 8조법을 만들어 시행하였다.

③ 전민변정도감은 고려 후기 권세가들이 부당하게 빼앗은 토지를 본래 소유주에게 돌려주고 불법적으로 노비가 된 자를 양인으로 해방시키기 위해 설치되었다.

④ 백제는 5세기에 고구려의 침입으로 한성에서 웅진으로 천도하였다.

⑤ 5경 15부 62주의 지방 행정 구역을 갖추었던 국가는 발해에 해당한다.

04 고려 공민왕의 개혁 정책 파악

문제 분석 충숙왕의 둘째 아들이라는 것, 원의 노국 공주와 혼인하였다는 것, 정동행성 이문소를 폐지하였다는 것 등을 통해 (가) 왕은 고려 공민왕임을 알 수 있다. ③ 공민왕은 쌍성총관부를 공격하여 원에 빼앗겼던 영토를 되찾았다.

오답 피하기 ① 1910년대 일제는 한국인을 강압적으로 다스리는 무단 통치를 실시하여 관리와 교사에게 제복과 칼을 착용하게 하였다.

② 흥선 대원군은 붕당의 근거지였던 서원을 철폐하여 왕권을 강화하고 민생을 안정시키고자 하였다.

④ 1894년 동학 농민 운동 당시 농민군과 전주 화약을 체결한 조선 정부는 동학 농민군의 폐정 개혁 요구를 국정에 반영하고 일본의 내정 개혁 요구에 대응하기 위해 교정청을 설치하였다.

⑤ 통일 신라 시기 토함산에 경주 석굴암 석굴이 조성되었다.

05 세도 정치 시기의 특징 파악

문제 분석 안동 김씨 세력이 비변사의 요직 임명을 요구하고 있다는 것, 관직을 얻은 탐관오리가 삼정(전정, 군정, 환곡)을 백성에게 과도하게 수취하는 상황을 표현한 그림 등을 통해 (가) 정치 시기는 세도 정치 시기임을 알 수 있다. ④ 임술 농민 봉기는 세도 정치의 폐단으로 정치 기강이 문란해지고 지배층의 수탈이 심화되는 상황에서 1862년에 일어났다.

오답 피하기 ① 신라는 통일 이후 신문왕 때 전국을 9주 5소경 체제로 정비하였다.

② 을미사변 발생, 을미의병 봉기 등 불안한 정세 속에서 신변에 위기를 느낀 고종은 1896년에 러시아 공사관으로 피신하는 아관 파천을 단행하였다.

③ 수선사 결사는 고려 무신 정권 시기에 지눌이 불교 개혁 운동을 추진하면서 제창되었다.

⑤ 통일 신라 말에 진골 귀족들이 왕위 쟁탈전을 벌였다.

06 천주교 탄압 이해

문제 분석 17세기에 서학으로 수용되었다는 것, 제사를 거부하고 신주를 없애는 등 유교적 질서를 인정하지 않았다는 것 등을 통해 (가) 종교는 천주교임을 알 수 있다. ② 천주교는 사교로 규정되어 박해받았는데, 1866년 흥선 대원군 집권 시기에 있었던 병인박해가 대표적이다.

오답 피하기 ① 천도교는 기관지로 『만세보』를 발행하였다.
③ 1890년대 초반 동학교도가 최제우의 억울함을 풀어 줄 것과 포교의 자유를 허용할 것을 요구하며 교조 신원 운동을 전개하였다.
④ 대종교 계열의 인사들은 국권 피탈 이후 북간도에서 독립운동 단체인 중광단을 조직하였다.
⑤ 고려 인종 때 묘청과 정지상 등은 풍수지리설을 바탕으로 서경 천도를 주장하였다.

07 제1차 수신사 파견 배경 이해

문제 분석 일본이 서양 기술을 받아들여 부자가 된 게 맞는 것 같다는 것, '수신'에 역점을 두고 사절로서 임무를 다해야겠다는 것, 김기수 대감이라고 부르는 것 등을 통해 밑줄 친 '사절'은 일본에 파견된 제1차 수신사임을 알 수 있다. ③ 조선은 1876년 강화도 조약을 체결한 이후 제1차 수신사 김기수와 그 일행을 일본에 파견하였다.

오답 피하기 ① 조선이 청의 군신 관계 요구를 거부하자 청이 조선을 침략하면서 1636년 병자호란이 일어났다.
② 조선 고종은 제2차 갑오개혁 시기에 국정 개혁의 기본 강령이라고 할 수 있는 홍범 14조를 반포하였다.
④ 1894년 동학 농민군이 반봉건, 반침략을 기치로 동학 농민 운동을 전개하였다.
⑤ 일본은 중일 전쟁 발발 이후 민족 말살 통치를 본격적으로 전개하면서 일본식 성명 사용을 강요하였다.

08 임오군란의 전개 과정 파악

문제 분석 이유원을 전권대신으로 삼고 제물포에서 협상하게 하였다는 것, 이로부터 공사관 경비를 위해 일본군이 서울에 주둔하게 되었다는 것 등을 통해 밑줄 친 '사건'은 임오군란임을 알 수 있다. ⑤ 구식 군인들은 별기군과의 차별 대우와 개화 정책에 반발하여 일본 공사관과 궁궐을 습격하는 등 봉기를 일으켰다(임오군란, 1882).

오답 피하기 ① 통일 신라 신문왕은 문무 관료에게 관료전을 지급하고 녹읍을 폐지하여 귀족들의 경제력을 약화시키고자 하였다.
② 임진왜란이 일어나자 곽재우는 일본군의 침입에 맞서 의병장으로 활약하였다.
③ 1904년 제1차 한일 협약에 따라 일제가 메가타를 재정 고문으로 파견하였다.
④ 일제가 무단 통치를 실시하던 1910년대에 토지 조사 사업을 추진하였다.

09 제1차 갑오개혁의 이해

문제 분석 연좌제 폐지, 조혼 금지, 과부의 재가 허용, 공사 간의 노비 폐지 등의 신법 개정령, 고종을 대군주로 칭하고 개국 기년을 사용하였다는 것 등을 통해 자료에 나타난 개혁은 제1차 갑오개혁임을 알 수 있다. ① 군국기무처는 1894년 제1차 갑오개혁 때 설치되었다가 제2차 갑오개혁이 추진되면서 폐지되었다.

오답 피하기 ② 통감부는 을사늑약의 체결에 따라 1906년에 설치되어 1910년에 국권을 빼앗길 때까지 운영되었다. 국채 보상 운동 등이 통감부의 탄압으로 실패하였다.
③ 갑신정변(1884) 이후 조선과 일본은 한성 조약을 체결하였다.
④ 1880년 국내에 유입된 『조선책략』의 내용에 반발하여 이만손 등을 중심으로 영남 지방 유생들이 만인소를 올렸다.
⑤ 일본의 강요로 도입한 차관을 갚아 일본의 경제적 예속에서 벗어나기 위해 1907년 국채 보상 운동이 시작되어 전국으로 확산되었다.

10 독립 협회의 특징 파악

문제 분석 독립문 건립 등의 활동을 전개하였다는 것, 서재필을 중심으로 이상재, 윤치호 등이 참여하였다는 것, 만민 공동회를 개최하였다는 것 등을 통해 (가) 단체는 독립 협회임을 알 수 있다. ③ 독립 협회는 국민 참정권을 실현하기 위해 의회 설립 운동을 전개하였다. 그 결과 중추원을 의회식으로 개편한 중추원 관제가 반포되었다.

오답 피하기 ① 대한민국 임시 정부는 독립운동 자금을 마련하기 위해 독립 공채를 발행하였다.
② 1980년 5·18 민주화 운동 당시 광주의 학생과 시민들은 신군부 퇴진과 계엄령 철회 등을 요구하며 시위를 벌였다.
④ 신간회는 1929년 광주 학생 항일 운동이 일어나자 진상 조사단을 파견하고 민중 대회를 계획하는 등 운동을 지원하였다.
⑤ 신민회는 민족 교육을 위해 오산 학교와 대성 학교를 설립하였다.

11 정미의병의 활동 파악

문제 분석 이완용, 이병무 등이 황제를 다그쳐 무기와 탄환을 모조리 반납하게 하였다는 것, 군사들을 해산하게 하였다는 것 등을 통해 밑줄 친 '의병'은 정미의병임을 알 수 있다. 대한 제국 군대가 강제 해산되자 일부 해산 군인들이 정미의병에 가담하여 의병 투쟁의 규모가 확대되었다. ③ 정미의병 때 의병 연합 부대인 13도 창의군이 결성되어 1908년에 서울 진공 작전을 전개하였다.

오답 피하기 ① 1931년 만주 사변 이후 중국 내 항일 감정이 고조되면서 만주에서는 한국 독립군, 조선 혁명군 등이 중국군과 항일 연합 작전을 전개하였다.

② 조선 세종은 압록강과 두만강 유역의 여진을 몰아내고 4군 6진 지역을 개척하였다.

④ 1894년 동학 농민군 제1차 봉기 때 전주성을 점령한 농민군은 정부와 전주 화약을 체결하였다.

⑤ 간도 참변을 겪은 후 일제의 탄압을 피해 자유시로 이동한 만주의 독립군은 자유시 참변으로 다수가 희생되어 세력이 약화되었다.

12 1920년대 일제의 식민 통치 이해

문제 분석 3·1 운동 이후 실시된 이른바 문화 통치의 실체가 전시 내용이라는 것 등을 통해 (가)에는 일제가 내세운 '문화 통치'를 선전하거나 '문화 통치'의 기만성을 보여 주는 전시 자료가 들어가야 함을 알 수 있다. ③ 1920년 일제는 이른바 문화 통치를 표방하여 한글 신문의 발행을 허용하였다. 그 결과 동아일보 등이 창간되었으나 조선 총독부의 검열로 기사 삭제, 정간 등의 어려움을 겪었다.

오답 피하기 ① 조선 통신사는 개항 이전 조선이 일본에 파견한 사절단으로 조선의 문화를 일본에 전하여 일본 문화 발전에 큰 영향을 주었다.

② 1871년 신미양요 당시 미군은 광성보 전투에서 승리하고 어재연 장군의 수자기를 가져갔다.

④ 육영 공원은 개항 후 조선 정부가 외국어와 근대 학문을 교육하기 위해 설립한 학교이다. 육영 공원은 1894년에 폐교하였다.

⑤ 일제는 1937년 중일 전쟁을 일으킨 후 한국인의 민족의식을 말살시키기 위해 황국 신민 서사 암송을 강요하였다.

13 한인 애국단의 활동 파악

문제분석 상하이 홍커우 공원에서 발생한 폭탄 투척 사건으로 시라카와 대장과 가와바타 단장이 사망하고, 시게미쓰 공사 등이 부상을 입었다는 것, 체포된 후 오사카로 압송되었다는 것 등을 통해 밑줄 친 '한국인'은 윤봉길임을 알 수 있다. ② 윤봉길은 한인 애국단 소속으로 상하이 홍커우 공원에서 진행된 일왕의 생일과 상하이 사변의 승전을 자축하는 기념식 단상에 폭탄을 던졌다.

오답 피하기 ① 박은식은 민족주의 사학자로서 일제 식민 사관의 역사 왜곡에 맞서 국혼을 강조하였으며, 『한국통사』, 『한국독립운동지혈사』 등을 저술하였다.

③ 양세봉이 이끄는 조선 혁명군은 중국 의용군 등과 연합하여 1932년 영릉가 전투에서 승리를 거두었다.

④ 1945년 12월 개최된 모스크바 3국 외상 회의의 결정 사항이 국내에 알려진 이후 김구, 이승만 등은 신탁 통치 반대 운동을 전개하였다.

⑤ 대한민국 임시 정부는 1940년 주석 중심제로 체제를 개편하고 김구를 주석으로 선출하였다.

14 물산 장려 운동의 전개 이해

문제 분석 민족 경제 자립을 실천하기 위해 전개되었다는 것, 포장지 뒷면에서 토산품 애용을 독려하는 문구를 확인할 수 있다는 것 등을 통해 밑줄 친 '이 운동'은 물산 장려 운동임을 알 수 있다. ② 물산 장려 운동은 1920년부터 국내 민족 기업과 자본을 보호·육성하기 위하여 전개되어 전국으로 확산되었다. 그러나 사회주의 계열로부터 자본가를 위한 운동이라는 비판을 받았다.

오답 피하기 ① 을사늑약 체결 이후 조직된 신민회는 장기적인 무장 투쟁을 위해 국외 독립운동 기지 건설에 앞장섰다.

③ 6·25 전쟁 후 미국의 경제 원조를 바탕으로 밀가루(제분), 설탕(제당), 면직물(면방직)을 생산하는 삼백 산업이 발달하였다.

④ 1862년 임술 농민 봉기의 배경으로 지목된 삼정의 문란을 해결하기 위해 삼정이정청이 설치되었으나 큰 성과를 거두지 못하였다.

⑤ 1907년부터 시작된 국채 보상 운동은 대한매일신보 등 언론의 지원을 받아 전국으로 확산되었다.

15 봉오동 전투의 특징 파악

문제 분석 독립군이 봉오골 저수지 부근에서 적을 대파하였다는 것, '독립 전쟁의 제1회전'으로 불렸다는 것 등을 통해 밑줄 친 '이 전투'는 봉오동 전투임을 알 수 있다. ① 봉오동 전투는 1920년 홍범도가 이끈 대한 독립군을 비롯한 여러 독립군 부대가 봉오동에서 일본군을 크게 물리친 사건이다.

오답 피하기 ② 고려 숙종은 윤관의 건의를 받아들여 여진 정벌을 위한 특수 부대인 별무반을 편성하였다.

③ 조선 고종 때 흥선 대원군은 신미양요 이후 통상 수교 거부 의지를 널리 알리기 위해 서울, 부산, 함양 등 전국에 척화비를 건립하였다.

④ 병자호란 이후 조선에서는 청에 당한 수모를 씻고 명에 대한 의리를 지키기 위해 청을 정벌하자는 북벌 운동이 추진되었다.

⑤ 1950년에 일어난 6·25 전쟁 당시 국군과 유엔군이 인천 상륙 작전에 성공하여 전세를 역전시켰다.

16 원산 총파업 발발 시기 파악

문제 분석 함경남도 원산의 노동자들이 총파업을 결의하였다는 것, 일본 관헌, 군대 등의 야만적인 탄압하에서 투쟁을 계속하고 있다는 것 등을 통해 제시된 전단은 원산 총파업 당시 배포되었음을 알 수 있다. ③ 원산 총파업은 석유 회사의 일본인 감독이 한국인 노동자를 구타한 사건을 계기로 1929년에 일어났다. 간도 참변은 1920년, 만주 사변은 1931년에 발발하였다.

17 한미 상호 방위 조약의 특징 파악

문제 분석 태극기와 성조기 그림이 있고, 대한민국과 미합중국 간의 상호 방위 조약이라는 제목이 있는 것, 변영태 외무 장관과 덜레스 미 국무 장관의 사진이 있는 것 등을 통해 자료에 나타난 조약은 한미 상호 방위 조약임을 알 수 있다. ㄴ. 한미 상호 방위 조약은 한국의 독자적 군사력 사용 금지, 미군의 한국 주둔 허용 등을 명시하였다. ㄷ. 한미 상호 방위 조약은 6·25 전쟁의 정전 협정이 체결된 직후인 1953년 10월에 체결되었다.

오답 피하기 ㄱ. 조미 수호 통상 조약(1882), 조일 통상 장정(1883) 등에 최혜국 대우 규정(혹은 조항)이 포함되어 있다.

ㄹ. 박정희 정부가 한일 국교 정상화를 위한 회담을 진행한 것에 반발하여 1964년 한일 회담 반대 시위(6·3 시위)가 일어났다.

18 사사오입 개헌의 영향 파악

문제 분석 이미 부결 선포된 개헌안을 2일 후에 통과시켰다는 것, 자유당식 또는 정부식 수학이라는 것 등을 통해 밑줄 친 '이 사건'은 1954년 사사오입 개헌임을 알 수 있다. ⑤ 1954년 이승만 정부는 장기 집권을 위해 개헌 당시 대통령에 한해 중임 제한을 적용하지 않는다는 내용을 담은 사사오입 개헌을 단행하여 이승만 대통령의 장기 집권이 가능해졌다.

오답 피하기 ① 노태우 정부는 여소야대 상황으로 정국 운영이 어렵게 되자 이를 타개하기 위해 3당 합당을 단행하였다.

② 애치슨 선언은 1950년 1월 미국의 국무 장관 애치슨이 미국의 태평양 지역 방위선을 발표한 것이다. 이 선언에 따라 미국의 극동 방위선에서 한국이 제외되었다.

③ 1987년에는 박종철 고문치사 사건과 4·13 호헌 조치 등을 배경으로 6월 민주 항쟁이 전개되었다.

④ 1972년에 제정된 유신 헌법에 근거하여 통일 주체 국민 회의가 설치되었다.

19 박정희 정부 시기의 사실 파악

문제 분석 부산직할시 일원 비상계엄 선포에 즈음한 특별 담화라는 것, 유신 헌정이 시작된 지 7년이 지났다는 것 등을 통해 자료의 담화는 박정희 대통령 재임 기간에 일어난 부마 민주 항쟁 당시에 발표되었음을 알 수 있다. 부산과 마산의 학생과 시민들은 1979년 박정희 정부의 유신 체제에 반대하며 부마 민주 항쟁을 전개하였다. ② 박정희 정부는 농촌 환경 개선과 소득 증대를 목표로 1970년부터 새마을 운동을 추진하였다. 새마을 운동은 유신 체제 유지에 이용되었다는 비판을 받기도 하였다.

오답 피하기 ① 일제는 1910년 회사령을 공포하여 회사 설립 시 조선 총독의 허가를 받도록 하였다.

③ 조선 고종은 제2차 갑오개혁 과정에서 교육입국 조서를 반포하였다.

④ 서울 올림픽 대회는 노태우 정부 시기인 1988년에 개최되었다.

⑤ 금융 실명제는 투명한 금융 거래를 정착시키고 부당한 정치 자금의 거래 등을 막기 위해 김영삼 정부 시기에 전면 실시되었다.

20 제1차 남북 정상 회담의 결과 파악

문제 분석 김대중 대통령 일행이 평양에 도착하였다는 것, 김정일 국방 위원장 주최 오찬에 참석하였다는 것 등을 통해 제시된 일정으로 진행된 행사는 제1차 남북 정상 회담임을 알 수 있다. ⑤ 김대중 대통령은 2000년 6월 평양을 방문하여 김정일 국방 위원장과 제1차 남북 정상 회담을 가졌고, 그 결과 6·15 남북 공동 선언이 발표되었다.

오답 피하기 ① 6·25 전쟁 중 전선이 교착되면서 1951년 7월 소련의 제안으로 정전 회담이 시작되었다.

② 1880년 조선 정부가 개화 정책을 추진하면서 통리기무아문을 설치하였다.

③ 노태우 정부는 1991년 남북 기본 합의서(남북 사이의 화해와 불가침 및 교류·협력에 관한 합의서)를 채택하였다.

④ 우리나라는 2004년 칠레를 시작으로 여러 나라와 자유 무역 협정[FTA]을 체결하였다.

수능 유형 마스터 6회

본문 175~179쪽

01 ⑤	02 ①	03 ①	04 ②
05 ②	06 ⑤	07 ⑤	08 ⑤
09 ④	10 ④	11 ②	12 ②
13 ④	14 ④	15 ②	16 ⑤
17 ③	18 ⑤	19 ①	20 ③

01 고조선 이해

문제 분석 자료에서 단군이 건국하였고, 위만이 준왕을 내쫓고 왕위를 차지하였다는 내용을 통해 (가) 국가가 고조선임을 알 수 있다. ⑤ 제정일치의 지배자인 단군왕검이 청동기 문화를 바탕으로 고조선을 건국하였다.

오답 피하기 ① 신라 법흥왕은 금관가야를 병합하여 영토를 확장하였다.

② 고려 광종 때 본래 양인이었으나 불법으로 노비가 된 자 등을 조사하여 양인으로 신분을 회복시켜 주는 노비안검법을 시행하였다.

③ 부여에서는 12월에 영고라는 제천 행사를 열었다.

④ 광개토 대왕릉비는 고구려 광개토 대왕의 업적을 기념하기 위해 세워진 것이다.

02 백제 이해

문제 분석 자료에서 수도 사비에서 발견되었으며, 산수무늬 벽돌이 대표적인 문화유산이라는 점을 통해 (가) 국가가 백제임을 알 수 있다. ① 백제는 5세기에 고구려 장수왕의 공격을 받아 한성을 점령당하고, 웅진으로 천도하였다.

오답 피하기 ② 고려 광종 때 쌍기의 건의로 과거제를 도입한 이후 조선 시대까지 과거제를 실시하여 인재를 선발하였다. 과거제는 제1차 갑오개혁 때 폐지되었다.

③ 조선 후기 상공업이 발달하면서 금속 화폐인 상평통보가 발행되어 전국적으로 유통되었다.

④ 화백 회의는 신라의 귀족들이 모여 만장일치로 국가 중대사를 의결하였던 기구이다.

⑤ 5경 15부 62주의 지방 행정 구역을 설치, 운영한 국가는 발해이다.

03 신라의 유학 발달 이해

문제 분석 자료에서 강수, 설총, 최치원 등이 대표적인 유학자라는 점, 6두품 출신 최치원이 귀국 후 개혁을 추구하였으나 뜻을 이루기 어려웠다는 점 등을 통해 (가) 국가가 신라임을 알 수 있다. ① 통일 신라는 신문왕 때 유학 교육 기관으로 국학을 설치하여 운영하였다.

오답 피하기 ② 고려의 승려 지눌은 수선사 결사를 중심으로 노동과 수행을 강조하는 개혁 운동을 전개하여 개혁적인 승려와 지방민으로부터 많은 호응을 얻었다.

③ 조선 후기인 1894년 무장에서 봉기한 동학 농민군은 황토현 전투와 황룡촌 전투에서 승리한 뒤 전주성을 점령하였다.

④ 교육입국 조서는 제2차 갑오개혁 시기인 1895년에 조선 고종이 반포하였다.

⑤ 도병마사는 중서문하성과 중추원의 고위 관리인 재신과 추밀이 국방과 안보 문제 등을 논의하던 고려의 회의 기구이다.

04 이자겸의 난 발생 시기 파악

문제 분석 자료에서 자겸과 준경이 거병하여 궁궐을 불태웠고, 이자겸이 반란을 일으켜 스스로 왕위에 오르려 하였으나 실패하였다는 내용을 통해 밑줄 친 '반란'이 이자겸의 난임을 알 수 있다. ② 이자겸의 난은 국왕과 측근 세력이 외척으로 권력을 독점했던 이자겸을 몰아내려고 하자, 이에 반발하여 이자겸과 척준경 등이 일으킨 사건이다(1126). 귀주 대첩은 1019년, 무신 정변은 1170년에 발생하였다.

05 조선 정조의 업적 파악

문제 분석 자료에서 화성을 쌓아 모든 시설을 호위하게 하였으며, 규장각을 정비하였다는 내용을 통해 밑줄 친 '국왕'이 조선 정조임을 알 수 있다. 조선 정조는 정치적 기능과 군사·상업적 기능을 함께 고려한 수원 화성을 건설하였다. 또한 규장각을 통해 신진 관료를 육성하여 자신의 정책을 뒷받침하게 하였다. ② 조선 후기 영조와 정조는 붕당 정치의 폐단을 해소하고 국왕 중심의 국정 운영을 강화하기 위해 탕평책을 실시하였다.

오답 피하기 ① 고려 태조는 후대 왕들이 지켜야 할 정책의 방향을 제시한 훈요 10조를 남겼다.

③ 조선 왕조의 기본 법전인 『경국대전』은 세조 때부터 편찬되기 시작하여 성종 때 완성되었다.

④ 통일 신라 원성왕은 유교 경전의 이해 수준을 시험하여 관리 선발에 활용하고자 독서삼품과를 실시하였다.

⑤ 전민변정도감은 권세가들이 부당하게 빼앗은 토지를 본래 소유주에게 돌려주고 불법적으로 노비가 된 자를 양인으로 해방시키기 위해 고려 후기 여러 차례 설치되었다. 공민왕 때 설치된 것이 대표적이다.

06 조선 후기 신분제 동요 상황 파악

문제 분석 자료에서 공명첩을 돈을 받고 판매하며, 백성들이 원하지 않으면 억지로 배당한다는 내용을 통해 조선 후기의 상황임을 알 수 있다. ⑤ 양 난 이후 궁핍한 재정을 보충하기 위해 국가에 곡식을 바치는 대가로 공명첩을 발행하였다. 이를 통해 경제력을 갖춘 상민 등이 양반 신분을 취득하였고, 이는 신분제의 동요로 이어졌다.

오답 피하기 ① 신라 말기에는 김헌창의 난을 비롯한 진골 귀족들의 왕위 쟁탈전이 빈번하게 일어났다.
② 고려 전기에는 이자겸의 경원 이씨를 비롯한 문벌이 성장하여 정권을 장악하였다.
③ 고려 무신 집권기에는 망이·망소이의 봉기 등 하층민의 봉기가 빈번하게 발생하였다.
④ 고려 후기에는 공민왕이 권문세족을 약화시키는 개혁을 추진하면서 신진 사대부가 성장하였다.

07 신미양요 배경 이해

문제 분석 자료에서 어재연 장군이 광성보 손돌목 돈대에서 미군에 맞서 싸우다가 전사하였다는 내용을 통해 밑줄 친 '이 사건'이 신미양요임을 알 수 있다. ⑤ 미국은 1866년에 미국인 소유 상선 제너럴 셔먼호가 평양 관민과 충돌하여 불태워진 사건(제너럴 셔먼호 사건)을 빌미로 신미양요를 일으켰다(1871).

오답 피하기 ① 별무반은 고려가 여진을 상대하기 위해 편성한 부대이다. 윤관은 별무반을 이끌고 여진을 몰아낸 후 동북 9성을 쌓았다.
② 비변사는 조선 중종 때 왜구와 여진의 침입에 대비하여 설치된 임시 기구였으나 임진왜란을 거치며 최고 기구가 되었다.
③ 자유시 참변은 약소민족의 독립운동을 지원하겠다는 러시아 혁명군의 약속을 믿고 자유시로 이동한 독립군이 내부의 주도권 분쟁과 러시아 혁명군에 의한 무장 해제 과정에서 희생된 사건이다(1921).
④ 조선 고종은 을사늑약의 부당함을 국제 사회에 알리기 위해 1907년 네덜란드 헤이그에서 열린 만국 평화 회의에 이상설, 이준, 이위종을 특사로 파견하였다.

08 조선책략 유포의 영향 파악

문제 분석 자료에서 영남 유생 이만손 등이 척사 위정의 의리로 상소를 올렸다는 내용을 통해 1880년대 위정척사 운동에 대한 것임을 알 수 있다. ⑤ 1880년대 이만손 등 유생들은 영남 만인소를 올려 수신사 김홍집이 들여온『조선책략』을 비판하며 개화 정책에 반대하였다.

오답 피하기 ① 1905년 을사늑약이 체결된 이듬해 최익현이 의병을 일으켰다.
② 1907년 한일 신협약(정미 7조약)의 비밀 각서에 따라 대한 제국의 군대가 해산되었다.
③ 고려 성종 때 최승로는 시무 28조를 올려 유교 이념을 바탕으로 국가를 운영할 것을 주장하였다.
④ 고구려의 을지문덕은 살수에서 수의 군대를 크게 격파하였는데, 이를 살수 대첩이라고 한다.

09 제1차 갑오개혁의 내용 파악

문제 분석 자료에서 군국기무처가 회의를 열어 국왕의 재가를 받아 개혁을 시행하였다는 내용을 통해 밑줄 친 '개혁 안건'이 1894년 군국기무처에서 시행한 제1차 갑오개혁에 관한 것임을 알 수 있다. ④ 제1차 갑오개혁 때 군국기무처는 과거제를 폐지하고, 공·사노비 제도를 폐지하는 등의 개혁을 추진하였다.

오답 피하기 ① 과전법은 고려 말 신진 사대부들의 주도로 마련된 토지 제도이다.
② 신식 군대인 별기군은 조선 정부의 개화 정책에 따라 1881년에 설치되었다.
③ 1895년 명성 황후 시해 사건(을미사변) 이후 성립된 김홍집 내각은 단발령 등의 개혁을 단행하였다(을미개혁).
⑤ 이승만 정부 시기인 1949년 제헌 국회에서 가구당 농지 소유 면적의 상한선을 3정보로 제한, 유상 매수와 유상 분배 등을 내용으로 하는 농지 개혁법이 제정되었다.

10 독도 이해

문제 분석 자료에서 일본에서 제작된 지도에 '조선의 것'이라고 기록하고, 일본이 러일 전쟁 중에 주인이 없는 섬이라고 주장하며 시마네현에 불법으로 편입하였다는 내용을 통해 밑줄 친 '이 섬'이 독도임을 알 수 있다. ④ 대한 제국은 1900년에 칙령 제41호를 선포하여 울릉도를 울도군으로 승격시키고 독도를 관할하게 함으로써 독도가 우리 영토임을 천명하였다.

오답 피하기 ① 9세기 전반 통일 신라의 장보고가 지금의 완도군 장도에 군사·무역 기지인 청해진을 설치하였다.
② 대한 제국 시기에 고종은 이범윤을 간도 관리사로 임명하였다.
③ 고려 성종 때 서희는 거란의 침략을 외교 담판으로 막아 내고 강동 6주 지역을 확보하였다.
⑤ 일제는 1909년 간도 협약을 맺어 만주 철도 부설권과 탄광 채굴권 등의 이권을 얻는 대신 간도를 청의 영토로 인정하였다.

11 대한매일신보 이해

문제 분석 자료에서 베델이 사장이었다는 내용을 통해 (가) 신문이 대한매일신보임을 알 수 있다. 대한매일신보는 영국인 베델이 발행인으로 참여하였기 때문에 일제의 탄압 속에서도 우리 민족의 의사를 대변할 수 있었다. ② 1904년부터 국권 피탈 때까지 발간되었던 대한매일신보는 국채 보상 운동을 지원하여 이를 전국적으로 확산시키는 데 기여하였다.

오답 피하기 ① 동아일보사는 브나로드 운동이라는 이름으로 농촌 계몽 운동을 추진하였다.
③ 1896년 서재필 등이 정부의 지원을 받아 순 한글과 영문으로 간행한 독립신문이 최초의 한글 신문이다.
④ 조선 총독부는 1925년 제정된 치안 유지법을 한국에도 시행하여 민족 운동을 탄압하였다.
⑤ 1883년부터 1884년까지 박문국에서 발간된 한성순보는 조선 정부의 개화 정책을 홍보하였다.

12 민족 말살 통치 시기의 모습 파악

문제 분석 자료에서 국가 총동원법을 실시하여 침략 전쟁에 필요한 인력과 물자를 수탈하고, 농가마다 미곡 공출량을 할당하여 곡식의 유통을 통제하였다는 내용을 통해 밑줄 친 '당시'가 민족 말살 통치가 시행되던 시기임을 알 수 있다. ② 일제는 1937년 중일 전쟁 발발 이후 한국인의 민족의식을 말살하여 침략 전쟁에 동원할 목적으로 민족 말살 정책을 본격적으로 추진하였다. 이 시기 일제는 황국 신민 서사 암송과 신사 참배 등을 강요하였다.

오답 피하기 ① 1910년에 일제는 한국인의 기업 설립과 민족 자본의 성장을 억제하기 위해 조선 총독의 허가를 받아야만 회사를 설립할 수 있게 한 회사령을 제정하였다.
③ 구식 군인들은 1882년 임오군란 당시 일본 공사관을 습격하였다.
④ 김좌진이 이끄는 북로 군정서와 홍범도가 이끄는 대한 독립군 등 독립군 연합 부대는 1920년 10월 청산리 전투에서 일본군을 크게 물리쳤다.
⑤ 독립 협회는 1898년에 대한 제국 정부 대신들과 민중이 함께 참석한 관민 공동회를 열고 헌의 6조 결의를 주도하였다.

13 독립 의군부 활동 파악

문제 분석 자료에서 임병찬이 조직하였고, 일본 내각 총리 대신을 비롯한 조선 총독 등에게 국권 반환 요구서 제출을 추진하였다는 내용을 통해 (가) 단체가 독립 의군부임을 알 수 있다. ④ 임병찬 등은 1912년 고종의 밀명을 받아 독립 의군부를 조직하였다.

오답 피하기 ① 신민회는 1911년 일제가 조작한 105인 사건으로 사실상 와해되었다.
② 1915년 박상진 등이 대한 광복회를 조직하여 국권 회복과 공화 정체의 근대 국가 수립을 추구하였다.
③ 정미의병 시기에 조직된 13도 창의군은 1908년 서울 진공 작전을 전개하였다.
⑤ 1904년에 결성된 보안회는 일제의 황무지 개간권 요구를 반대하는 운동을 전개하여 이를 철회시켰다.

14 물산 장려 운동 이해

문제 분석 자료에서 평양에서 조만식 등이 주도하면서 시작되었으며, '내 살림 내 것으로' 등의 표어를 내걸었다는 내용을 통해 밑줄 친 '이 운동'이 물산 장려 운동임을 알 수 있다. ④ 일제의 회사령 철폐와 관세 폐지 움직임에 따라 한국 시장과 산업에 위기가 닥칠 것이라는 생각에 조선 물산 장려회가 결성되고 물산 장려 운동이 전개되었다.

오답 피하기 ① 강화도 조약은 운요호 사건을 계기로 1876년에 체결되었다. 이 조약을 통해 조선은 부산 외 2개 항구의 개항, 해안 측량권, 영사 재판권 등을 인정하였다.
② 일제는 자국의 부족한 쌀을 한국에서 확보하기 위해 1920년부터 산미 증식 계획을 추진하였다.
③ 흥선 대원군 집권 시기에 경복궁 중건 비용을 마련하기 위해 고액 화폐인 당백전이 발행되어 물가가 급등하였다.
⑤ 조선 후기 대동법의 시행으로 관청에서 필요로 하는 물품을 구입해 납부하는 공인이 성장하였다.

15 6·10 만세 운동 이해

문제 분석 자료에서 순종의 국장 의식을 기회로 군중에게 불온 문서를 살포하고 조선 독립 만세를 고창함으로써 조선 독립의 희망을 달성하기를 기하였다는 내용을 통해 밑줄 친 '이 운동'이 1926년에 일어난 6·10 만세 운동임을 알 수 있다. ② 6·10 만세 운동은 민족주의 세력과 사회주의 세력이 연대하는 계기가 되어 민족 협동 전선 운동으로 이어졌다. 그 결과 1927년에 신간회가 결성되었다.

오답 피하기 ① 을미의병은 1895년의 을미사변과 단발령을 배경으로 일어났다.
③ 고려 인종 때 묘청 등 서경 세력은 풍수지리설을 내세워 서경 천도를 추진하고, 칭제건원(황제 칭호와 연호 사용)을 주장하였다.
④ 독립 협회는 만민 공동회를 개최하여 러시아의 절영도 조차 요구를 저지하는 등 이권 수호 운동을 전개하였다.
⑤ 1919년에 일어난 3·1 운동의 영향으로 대한민국 임시 정부가 수립되었다.

16 박은식의 활동 파악

문제 분석 자료에서 『한국통사』의 지은이이며, 나라는 멸망할 수 있으나 그 역사는 결코 없어질 수 없다고 한 내용을 통해 (가) 인물이 박은식임을 알 수 있다. ⑤ 박은식은 민족주의 사학자로 일제 식민 사관의 역사 왜곡에 맞서 국혼을 강조하였으며, 『한국통사』, 『한국독립운동지혈사』 등을 저술하였다.

오답 피하기 ① 천도교 소년회 활동을 주도한 방정환 등은 어린이날을 제정하고, 잡지 『어린이』를 간행하였다.

② 1907년 고종은 을사늑약의 부당함을 국제 사회에 알리기 위해 네덜란드 헤이그에서 열린 만국 평화 회의에 이상설, 이준, 이위종을 특사로 파견하였다.

③ 신채호는 김원봉의 요청에 따라 1923년 「조선 혁명 선언」을 작성하여 무력 투쟁에 의한 민중의 직접 혁명을 강조하였다. 이는 의열단의 활동 지침이 되었다.

④ 여운형, 김규식 등을 중심으로 조직된 좌우 합작 위원회는 1946년에 민주주의 임시 정부 수립, 미소 공동 위원회의 속개 등의 내용을 담은 좌우 합작 7원칙을 발표하였다.

17 조선 의용대 이해

문제 분석 자료에서 조선 민족 혁명당이 창립한 조선 민족 전선 연맹의 무장 단체이며, 중국 관내에서 최초로 조직된 한인 무장 단체라는 내용을 통해 (가) 군대가 조선 의용대임을 알 수 있다. ③ 조선 의용대는 1938년에 조직되어 중국 국민당 정부를 도와 중일 전쟁에서 정보 수집, 포로 심문 등의 활약을 하였다. 이후 조선 의용대의 대다수가 화북 지역으로 이동하였고, 김원봉은 남은 세력을 이끌고 대한민국 임시 정부 산하 군대인 한국광복군에 합류하였다.

오답 피하기 ① 고려 시대 윤관은 별무반을 이끌고 여진을 정벌한 후 동북 9성을 축조하였다.

② 동학 농민군은 황토현 전투와 황룡촌 전투에서 관군에 승리하였다.

④ 한국 독립군은 한중 연합 작전을 전개하여 쌍성보, 대전자령 등지에서 일본군을 크게 물리쳤다.

⑤ 한국광복군은 1940년 충칭에서 창설되었으며, 영국군의 요청에 따라 미얀마·인도 전선에 공작대를 파견하여 영국군과 함께 연합 작전을 펼치기도 하였다.

18 6·25 전쟁의 전개 과정 파악

문제 분석 자료에서 유엔군이 전단지를 제작·살포하여 북한군의 투항을 권유하고 있다는 내용을 통해 밑줄 친 '이 전쟁'이 6·25 전쟁임을 알 수 있다. ⑤ 6·25 전쟁 초기인 1950년 9월에 인천 상륙 작전이 성공을 거두면서 국군과 유엔군은 서울을 되찾을 수 있었다.

오답 피하기 ① 아관 파천은 을미사변 발생, 을미의병 봉기 등 불안한 정세 속에서 신변에 위기를 느낀 고종이 1896년 러시아 공사관으로 피신한 사건이다.

② 1925년 체결된 미쓰야 협정은 만주 군벌과 중국 관헌이 한국의 독립운동가를 체포하여 일본에 넘겨준다는 내용을 담고 있다.

③ 정미의병 때인 1907년 의병 연합 부대인 13도 창의군이 조직되어 이듬해에 서울 진공 작전을 전개하였다.

④ 1948년 2월 유엔 소총회의 결의에 따라 5월에 남한만의 단독 선거인 5·10 총선거가 치러졌고, 그 결과 제헌 국회가 구성되었다.

19 6월 민주 항쟁 이해

문제 분석 자료에서 박종철 군을 고문 살해하고 진상을 조작·축소·은폐한 것에 분노하며, 4·13 조치에 따라 진행되는 정치 일정에 대해 거부한다는 내용을 통해 6월 민주 항쟁 때 발표된 성명서임을 알 수 있다. ① 1987년 박종철 고문치사 사건, 4·13 호헌 조치 등을 배경으로 일어난 6월 민주 항쟁으로 6·29 민주화 선언이 발표되었고, 이에 따라 여야 합의로 5년 단임의 대통령 직선제 개헌안이 마련되었다.

오답 피하기 ② 1929년 한·일 학생 간의 충돌을 계기로 광주 학생 항일 운동이 일어났다.

③ 1948년 제헌 국회에서 반민족 행위 처벌법을 제정하고, 반민족 행위 특별 조사 위원회(반민 특위)를 설치하였다.

④ 1960년 4·19 혁명으로 이승만 정부가 붕괴된 이후 치러진 총선에서 민주당이 승리하면서 장면 정부가 성립되었다.

⑤ 1980년 5·18 민주화 운동 당시 신군부 세력이 광주에 투입한 계엄군이 무력으로 시위 진압에 나서자 학생과 시민들이 시민군을 조직하여 이에 대항하였다.

20 노태우 정부의 통일 정책 이해

문제 분석 자료에서 오늘 발효된 남북 기본 합의서와 한반도 비핵화 선언의 내용을 성실하게 실천하겠다는 내용을 통해 노태우 정부 시기에 발표된 담화임을 알 수 있다. ③ 노태우 정부 시기인 1991년에 남북한 유엔 동시 가입이 이루어졌다.

오답 피하기 ① 이승만 정부 시기인 1953년에 6·25 전쟁의 정전 협정이 조인되었다.

② 김대중 정부 시기인 1998년부터 금강산 관광 사업이 시작되었다.

④ 7·4 남북 공동 성명은 1972년 박정희 정부 때 자주적·평화적·민족적 대단결 등 통일의 3대 원칙에 남북이 합의하며 서울과 평양에서 동시에 발표된 합의 문서이다.

⑤ 노무현 정부는 2007년에 개최된 제2차 남북 정상 회담에서 10·4 남북 공동 선언에 합의하였다.

인용 사진 출처

©국립중앙박물관 주먹도끼(8, 150쪽) / 빗살무늬 토기(8, 15, 16, 160쪽) / 산수무늬 벽돌(12, 175쪽) / 갈판과 갈돌(15쪽) / 비파형 동검(15쪽) / 당백전(15쪽) / 복녕 궁주 묘지명(29쪽) / 상평통보(42쪽) / 「대장간」(47쪽) / 청자 상감 운학문 매병(160쪽) / 『경국대전』(166쪽) / 최치원 초상(175쪽) / 『화성성역의궤』에 실린 거중기(181쪽)
©국립청주박물관 가락바퀴(15쪽)
©국립경주박물관 임신서기석(15쪽)
©문화재청 『삼국유사』(15쪽) / 능산리 고분(18쪽) / 하남 교산동 마애 약사여래 좌상(29쪽) / 순천 송광사 보조 국사 감로탑(31쪽) / 척화비(50쪽) / 강화 묘지사지 온돌 건물지(150쪽) / 단양 적성비(155쪽) / 석굴암 석굴(160쪽) / 홍릉(167쪽) / 공민왕 사당(170쪽) / 강화 광성보 손돌목 돈대(176쪽)
©복천박물관 가야 시대 철제 갑옷(17쪽)
©국립김해박물관 양동리 78호 종장판주(17쪽)
©국립부여박물관 백제 금동 대향로(19, 160쪽)
©고려대학교박물관 「야연사준도」(36쪽) / 민영환 유서(74쪽)
©연합뉴스 『경국대전』(38쪽) / 양세봉 흉상(118쪽) / 충칭에 있는 대한민국 임시 정부 청사(120쪽) / 대화궁 터에서 발굴한 용머리(평남 대동 출토)(180쪽) / 정전 협정 문서(183쪽)
©독일 게르트루트 클라센 「경직도」(모내기)(47쪽)
©뉴스뱅크 「순무영진도」(48쪽) / 독립문(62쪽) / 헤이그 특사 파견 신문 기사(75쪽) / 조선 총독부 해체(91쪽) / 강제 공출한 금속물(112쪽) / 조선 건국 동맹 모임(120쪽) / 장제스, 루스벨트, 처칠(120쪽) / 제2차 미소 공동 위원회(128쪽) / 조봉암(130쪽) / 민주 인사 석방 요구 시위(139쪽) / 제5차 남북 고위급 회담(144쪽) / 갑신정변 주역들(151, 166쪽) / 군산항(157쪽) / 여운형 집 터(159쪽) / 제1차 남북 정상 회담(164쪽) / 강화도 조약 체결을 위해 회담하는 조선과 일본 대표(181쪽) / 러시아 공사관(182쪽) / 4·19 혁명(183쪽) / 수출액 100억 달러 달성 기념 아치(184쪽) / 명동 성당에서 열린 침묵시위(184쪽) / 유엔 본부 앞에 게양된 태극기와 인공기(184쪽) / 6·15 남북 공동 선언 후 남북 정상(184쪽)
©Naval History and Heritage Command 미국 군함 위의 조선인들(56쪽)
©American Geographical Society Library, University of Wisconsin–Milwaukee Libraries 미국에 파견된 조선 사절단(56쪽)
©대한민국역사박물관 홍영식 동상(59쪽) / 지계(63쪽) / 대한민국 임시 정부가 발행한 독립신문 창간호(89쪽) / 5·10 총선거 참여 독려 전단(129쪽) / 밀가루 구호 포대로 만든 바지(130쪽) / 독립 협회가 발행한 보조금 영수증, 안내문, 이것을 담은 봉투(172쪽) / 동양목 포장지(173쪽) / 『대한민국급 미합중국 간의 상호 방위 조약』 표지(174쪽)
©서울역사박물관 환구단(63쪽) / 인천 상륙 작전 성공 전단(127쪽) / 6·25 전쟁 당시 유엔군이 제작하여 살포한 전단지(179쪽)
©독립기념관 『관동창의록』(73쪽) / 중국에 있는 대한민국 임시 정부 청사(93쪽) / 순종 장례일(104쪽) / 쌍성보 전투지 서문(153쪽) / 헤이그 특사(182쪽)
©현담문고 대한자강회 취지서(76쪽)
©Hangidan/CC BY-SA 4.0 옛 일본 제일 은행 인천 지점(82쪽)
©경주시 박상진 묘소(92쪽)
©국사편찬위원회 이봉창 인물 카드(102쪽) / 여운형 수인 카드(127쪽)
©사회영 중앙실비진료원 북촌(종로 일대)의 한국인 상가(105쪽)
©신안군청 암태도 소작 쟁의(105쪽)
©서울대학교중앙도서관 『근우』 창간호(106쪽)
©부산광역시립박물관 식량 배급표(112쪽)
©민족문제연구소 일제 시대 금속류 공출식(117쪽)
©국가기록원 제1차 미소 공동 위원회(128쪽) / 5·10 총선거(159쪽)
©제주 4·3 아카이브 제주 4·3 사건(129쪽)
©e영상역사관 대한 뉴스 278호(138쪽)
©새마을운동중앙회 새마을 운동 유네스코 세계 기록 유산(140쪽)
©국립고궁박물관 순종 황제의 투구를 새긴 기념장(152쪽) / 『갑오군정실기』(162쪽)
©국립일제강제동원역사관 징병 검사 통달서(152쪽)
©국립중앙도서관 『김상옥 열사의 항일투쟁실기』(154쪽)
©전라남도선거관리위원회 1972년 투표 안내 용지(154쪽)
©한국향토문화전자대전/한국학중앙연구원 강원도 삼척 천은사(155쪽)
©이육사문학관 이육사(158쪽)
©독도박물관 이명래 보고서 호외 및 참정대신 박제순 지령(162쪽)
©수원광교박물관 삼국접양지도(177쪽)
©이천시 문화원 미곡 공출 할당 및 출하 증명서(177쪽)

SMU 세명대학교
SEMYUNG UNIVERSITY